70

省部共建南京师范大学立德树人协同创新中心成果之一

虞永平　原晋霞　主编

新中国学前教育 70 年 大型访谈录

INTERVIEWS ON THE 70 YEARS OF EARLY CHILDHOOD EDUCATION IN CHINA

南京师范大学出版社
NANJING NORMAL UNIVERSITY PRESS

图书在版编目(CIP)数据

新中国学前教育70年大型访谈录 / 虞永平,原晋霞主编. — 南京 : 南京师范大学出版社, 2020. 1
ISBN 978-7-5651-2502-7

Ⅰ. ①新… Ⅱ. ①虞… ②原… Ⅲ. ①学前教育-教育工作者-访问记-中国-现代 Ⅳ. ①K825.46

中国版本图书馆CIP数据核字(2019)第215702号

书　　名	新中国学前教育70年大型访谈录
主　　编	虞永平　原晋霞
策划编辑	官军燕　王　瑾
责任编辑	官军燕　王　瑾　张泽芳
出版发行	南京师范大学出版社
地　　址	江苏省南京市玄武区后宰门西村9号(邮编:210016)
电　　话	(025)83598919(总编办)　83598412　83598312(营销部)
网　　址	http://press.njnu.edu.cn
电子信箱	nspzbb@njnu.edu.cn
照　　排	南京凯建图文制作有限公司
印　　刷	南京爱德印刷有限公司
开　　本	787毫米×1092毫米　1/16
印　　张	32
字　　数	644千
版　　次	2020年1月第1版　2020年1月第1次印刷
书　　号	ISBN 978-7-5651-2502-7
定　　价	168.00元
出 版 人	张志刚

序

中华人民共和国成立 70 年来，学前教育事业得到了重大的发展，从 1949 年以前主要为达官贵人们提供的小众的学前教育发展为真正面向广大人民群众的普及性的学前教育。截至 2018 年，我国大陆地区共有幼儿园 26.67 万所，在园幼儿 4 656.42 万人。幼儿园教职工 453.15 万人，专任教师 258.14 万人。学前教育毛入园率达到 81.7%。这是世界上最庞大的学前教育体系，是世界学前教育事业的重要组成部分，对人类未来一代整体的发展成长具有举足轻重的作用。

70 年来，我国的学前教育事业虽然也经历了多次波折，但总体上看，发展是迅速的，基本满足了广大人民群众不断增长的教育需求。国家把学前教育看作影响儿童终身发展、影响千家万户的切身利益和影响国家民族、未来的重要事业，积极推进，不断投入，深化改革，规范发展。我国的学前教育坚持公益普惠的发展方针，广大人民群众拥有较为充分的受教育机会。国家形成了国务院领导，省市统筹，以县（区）为主的发展学前教育的体制。政府在学前教育的发展中起着主导的作用。国家通过多种途径不断增加学前教育资源，满足学前儿童接受教育的需要。国家通过不断加大投入，与家庭共同分担学前教育成本，使我国的学前教育逐步向便利就近、可接受和安全优质的方向发展。党中央、国务院和国家有关部门出台了一系列有关促进学前教育发展的方针和政策，大大推动了学前教育事业的持续稳定发展。

我国的学前教育坚持党的教育方针，促进儿童在体智德美劳各个方面全面发展，培养全面发展的一代新人。国家颁布了有关学前教育的法规和政策，引导学前教育增进儿童的身心健康，锻炼体魄，促进身体机能的协调发展，增强体质；培养幼儿的好奇心和求知欲，促进儿童与周围世界的相互作用，不断获得并积累对客观事物和现象的经验，提高观察能力、分析能力、表达能力、思维能力，提高发现问题和解决问题的能力，发展学习品质；培养幼儿积极交往的能力，在与他人的共同活动中增进合作、交往、分享、轮流及助人等社会能力，形成关爱、同情等良好的情感；培养儿童的审美意识和审美情趣，增进儿童的创造意识和创造能力。我国的学前教育坚持遵循儿童的身心发展规律，加强幼儿园课程建设，坚持以游戏为基本活动，让儿童真正成为活动的主人，不断为儿童的成长发展创造良好的条件，不断提升教育质量。

为了系统反映70年来我国学前教育的深刻变化和重大发展，充分反映学前教育的巨大成就，不断总结学前教育发展的经验和规律，促进学前教育事业更加普及、普惠、安全、优质地发展，我们组织了本次大型访谈。本次活动共访谈了全国不同地区教育行政部门负责人、高校和科研机构研究人员、一线资深幼儿园园长、教研员等共70人。大家从学前教育事业发展、学前教育政策、幼儿园教师培养、幼儿园教育教学及学前教育研究等多个视角展现了我国学前教育事业取得的巨大成就，回顾了学前教育发展的历史，总结了探索具有中国特色的学前教育发展道路的经验。主持或参与访谈工作的是各地的高校教师和研究生。整理的文稿已经被访领导、专家和老师确认和修改。

由于时间的原因，访谈工作还存在一些不够理想的地方，文稿也许还会存在一些不足，希望大家批评指正。

虞永平

2019年10月

目　录

幼教教研员

大、中专院校教师

ADMINISTRATOR

学前教育行政人员

学前教育行政是指国家和地方政府及其教育行政部门通过制定规划、法规政策等来对幼教事业进行宏观管理，包括制定规划、法规和政策，对幼儿教育进行组织、引导、督导，并协调有关部门的关系等，保证幼教事业的发展。①学前教育行政管理的方式、重点、体制等是影响学前教育事业健康有序发展的关键因素，引领学前教育事业的发展方向。对学前教育行政人员的访谈主要围绕分管学前教育的缘由、行政机构设置、人员配备、在任期间学前教育发展的重难点、工作协调状况以及对学前教育行政工作的愿景等方面展开，力求展示出学前教育行政改革和发展的重要历程。学前教育行政人员的访谈内容是学前教育行政发展的缩影，访谈显示，新中国成立70年来，我国学前教育行政管理层面也在不断地调适与完善，学前教育行政职能的作用日渐凸显，学前教育行政工作逐步走向规范化、科学化、法制化发展道路。

梳理学前教育行政人员的访谈内容发现，不同历史时期，学前教育行政管理的侧重点有所不同，政府因势利导，促进学前教育的改革与发展。新中国成立之初，在初等教育司内设立了我国第一个幼儿教育处，这意味着幼儿教育事业纳入了政府工作范畴。七八十年代，学前教育事业进入恢复和改革期，学前教育管理体制得以重建。1979年，国务院召开了全国托幼工作会议并成立全国托幼工作小组，确立了"政府牵头，各部门共同管理"的学前教育管理体制。随后全国各地也纷纷成立了地方性托幼工作领导小组，由妇联负责管理托幼工作，学前教育管理机构逐步恢复，如内蒙古自治区教育厅设立了幼儿教育处，天津市、南京市成立了幼教科。加强对学前班的管理是这一时期学前教育管理的重点，如山西省对城区和农村县区学前班展开试点工作，天津市针对小学办学前班存在的办学条件不合格等问题进行了整治和管理。80年代末90年代初，学前教育工作由妇联转归教育部门管理，各地教育行政部门纷纷开展调查研究，开始建章立制，从而规范管理学前教育。随后，在计划经济向市场经济过渡阶段，全国范围内掀起了幼儿园改制的浪潮，学前教育行政管理面临巨大挑战。各地区积极寻求解决方案应对改制难题，如江苏省教育厅于1999年印发了《关于制止幼儿园转制过程中教育资产流失问题的紧急通知》。随着教育改革的不断深入以及法制建设的加快，学前教育行政管理也开始了法制化探索。1989年，《幼儿园工作规程（试行）》《幼儿园管理条例》（以下简称《条例》）的颁布与实施标志着对学前教育事业的领导与管理走上了法治化道路。各地通过积极开展培训班、研讨会等方式学习幼教法规，通过办园体制改革、幼儿园课程建设、师资队伍建设等方面落实政策精神。2010年以来，学前教育更是受到国家和社会的高度关注，确立了"国务院领导、省市统筹、以县为主"的学前教育管理体制。中央和地方政府积极探索通过顶层设计来优化对学前教育事业的管理，出台了一

① 秦旭芳编.学前教育管理[M].长沙：湖南大学出版社，2015：27.

系列政策和标准，推进学前教育管理规范化发展，促进学前教育内涵和质量的提升。

70 年来，我国教育行政机构的设置、人员配备、部门分工等情况也进行着相应的调整与变革。总的来看，受体制改革和经济发展的影响，在幼教行政机构的设置和人员配备上，始终存在学前教育科室（幼儿教育处）时而独立时而合并、专职人员和兼职人员并存的情况，这一现象在全国范围内普遍存在。诸如原山西省教委于 1989 年成立幼儿教育处，1995 年机构改革撤销了幼儿教育处，学前教育行政管理工作交由原山西省教委普通教育处管理，只有太原市、运城市、晋中市、忻州市等保留了独立的学前教育行政机构。当前上海市设有托幼处，有 7 名管理人员，但在整个发展历程中同样存在学前教育行政机构分分合合的情况，因此，何幼华老师表示自己在任期间是“三进二出”基础教育处。尽管我国幼教行政机构的设置始终分分合合，但各个地区对于幼教行政管理部门之间的分工协作问题却在不断调整中得以优化。诸如，在吴寿茹老师的访谈中指出，七八十年代天津市存在教育局和教育委员会两头管理，工作中时常出现矛盾和冲突，直至九十年代末，两者合并为天津市教委，职能交叉、体制不顺等问题得以缓解，开始统一协调管理工作。广州市番禺区于 2007 年前后成立了独立幼教科，实行“块”管理，集中指导幼儿园方方面面的问题，三年后随着“三定方案”的落实，最终合并成立了职成幼民办教育科，幼教科原有的功能有所弱化，但还是保留了块管理的方式。湖北省在 1990 年由省教育行政部门接管幼教工作后，组建了幼教特有的“五驾马车”模式，在教育行政部门这个马车头的带领下，高校专业与专家、湖北省学前教育研究会、湖北省教育科学研究院以及出版部门齐心协力，形成了助力幼教健康发展的合力。此外，越来越多的地区，如江苏省镇江市等，开始通过每年定期召开学前教育联席会议，协调各部门工作，共同解决学前教育问题。

通过访谈可以看出，新中国成立 70 年来，党和政府逐渐加强对学前教育事业的重视，中央层面出台政策文件进行宏观管理，地方层面具体落实贯彻政策精神，在各级地方政府的领导下，学前教育事业取得了诸多成就。第一，各级政府及其相关部门对学前教育管理的职责和分工渐趋明确，通过学前教育联席会议制度协商解决学前教育事业中存在的重大问题，综合协调机制逐步形成。第二，全国各地在相继开展办园体制改革调研的基础上，逐步建立起“政府主导、社会参与、公办民办并举”的办园体制，实现办园主体多元化和办学形式多样化，学前教育的公益性、普惠性程度不断提高。各地教育行政部门通过幼儿园登记注册、评估定级、按质定价等工作加大主管力度，出台了实施办法和细则，明确幼儿园办园标准，规范幼儿园办园行为，使学前教育向着科学管理、规范发展方向迈进。第三，农村学前教育始终是整个学前教育发展中的薄弱环节，无论哪一时期都把解决农村学前教育发展问题作为重大议题，各级政府和相关部门积极进行农村学前教育实地调查、召开农村学前教育发展现场会、开展乡镇中心幼儿园建设，使得农村地区学前教育的发展经历了从无到有、从乱到治的转变，农村幼儿园师资条件和园所设备得到了极大的改善，办园效益和教学水平有了显著提升。第四，各级政府积极推动建立合理的成本分担机制，政府、家庭和社会共同参与的成本分担机制正在形成。中央和地方政府通过各种政策标准和制度手段提高幼儿园生均拨款标准、设立学前教育专项经费，将学前教育经费列入财政预算，确保经费投入不断增加，经费不足的问题得到缓解。第五，幼儿教师队伍不断稳定与壮大，专业水平逐年提高，地位待遇问题逐步得到落实。有些地区通过专项培训、在职进修等方式提升教师队伍素质，建立了不同层次的幼儿教师培养培训基地，形成了多样化、专业化的幼儿教师培养培训模式。有些地区采取共同购买养老保险、发放从教津贴、同工同酬等办法解决教师福利待遇问题。此外，学前教育行政管理工作也加强了同科研院所、高等院校的密切配合，各级教育行政部门积极联合当地院校开展课题研究、深入园所指导，为促进学前教育事业发展提供了科学的理论指引。

新中国成立70年来，我国学前教育行政逐渐形成了国家规范性要求与地方多样性需求相结合的管理模式，社会、市场在学前教育行政管理中也发挥了不可替代的作用。在这70年的改革发展历程中，学前教育行政层面积累了宝贵的历史经验，形成了瞩目的历史成就，走过不少弯路，遇过不少问题，同时还面临着未知的考验。访谈对象也表达了对学前教育行政工作的愿景，都表示希望幼教行政人员懂专业、接地气、有热情，幼教行政管理部门能够成为专业的管理部门，对学前教育事业进行布局规划和专业引领，并希望尽快出台学前教育法，使幼教行政工作有法可依。未来我国学前教育行政工作必将搭建起管理人员专业化、专职化，管理机构专门化、独立化，管理方式多元化、科学化的全方位教育行政管理网络，建立健全各部门统筹协调机制，实现学前教育行政管理的高效运转，从而破解学前教育事业发展难题，促进学前教育向着普及、普惠、安全、优质的目标发展。

访谈对象 | **王春英**（山东省教育厅基础教育处副处长）

访 谈 人 | 陈 莉

问 王处长，您好。首先，请您简单介绍一下您的学习经历和工作经历。同时，给我们讲讲是什么样的机缘让您分管学前教育的。

答 就学习经历而言，比较简单。我1983年至1987年在北京师范大学教育系学前教育专业学习，师从庞丽娟、冯晓霞等老师；1995年至1998年在山东师范大学学习英语专科，属于成人第二学历；2003年至2006年在山东师范大学攻读教育硕士；2006年至2008年在美国詹姆斯麦迪逊大学（James Madison University）做访问学者，主要研究美国基础教育理论，学习期间参观了许多幼儿园和中小学。

我的工作经历也比较简单。1987年从北京师范大学毕业后到1990年，在山东省教学研究室工作；1991年至1998年在山东省教育厅学前教育处工作；1998年机构改革，学前教育处合并至基础教育处，在基础教育处工作一直到现在。从1987年参加工作到现在，32年了，属于"一辈子干一件事"的人。

什么机缘让我来分管学前教育的呢？在大学我本身就是学习学前教育的，工作后从事幼儿教育教研工作。1987年，国务院办公厅转发国家教委等部门《关于明确幼儿教育事业领导管理职责分工的请示的通知》（国办发〔1987〕69号），明确幼儿教育从妇联移交到教育部门主管。山东省教育厅要成立学前教育处，于是，我被调到教育厅，一是筹建学前教育处，二是筹备交接会议。这样一来，我就从教研工作转到了行政工作。

问 学前教育处具体是哪段时间为独立科室呢？当时共有几名管理人员？

答 从1991年到1998年，这八年，学前教育处是独立的。那时候的编制是6个人，工作人员也是6个人。可以说，当时编制挺多，配备的人员也挺多。不像现在，一个人负责多项工作。

问 您认为是否需要设置独立的学前教育行政科室？应根据什么配备管理人员？

答 当然需要设置独立的学前教育行政科室。这是我们一直盼望的，也是我们一直呼吁的。第一，学前教育面广量大，以山东省为例，山东省的适龄儿童目前是300万左右，但是预计到顶峰的时候，也就是到2021年，适龄儿童将达到500多万，这是一个多么巨大的面。如果要达到90%的入园率,那就意味着有450万幼儿在幼儿园里,这个量是非常大的。第二,学前教育与义务教育阶段以及高中教育阶段相比,历史欠账多,因为2010年以前,学前教育从上到下,长时间没有得到足够的重视,在政策法规方面也比较欠缺,所以说基础比较差。学前教育应该是整个教育事业的弱势和短板,需要花大力气才能弥补。第三,学前教育从2010年开始处于一个改革发展期,特别是现在到了一个攻坚期,困难和问题很多,需要专门机构和专业人员去研究问题、解决问题。第四,人民群众对学前教育的重要性认识到位了,大家对"幼有所育""幼有优育"的期盼度比较高,所以要满足这样的需求就比较困难,就需要极大的努力。第五,学前教育阶段和其他的学段是很不相同的,有很多的独特性,所以和其他学段在一个处室里边往往容易被忽视、被边缘化,一统的政策也是不适合学前教育的。第六,国家有明确的规定,《中共中央国务院关于学前教育深化改革规范发展的若干意见》(以下简称《意见》)明确要求各级教育行政部门健全管理机构,充实管理力量。从这几个方面来看,我认为肯定是需要设置独立的学前教育行政科室的。

关于人员配备,《意见》中的规定很明确——"建设一支与学前教育事业发展规模和监管任务相适应的专业化队伍"。一是数量,数量得够;二是质量,需要专业化。

问 您能具体谈谈学前教育行政人员需要什么样的素养吗?

答 一是专业化,要有较高的政策理论水平,要了解与学前教育相关的各类行政法规和规章制度;二是年轻化,要有创新精神,年轻人毕竟有魄力、有干劲、有上进心;三是有爱心,能奉献,要有为民做事的情怀,为民做事、为民执政就是要为老百姓做事,要站在人民群众角度去做事。

问 您认为学前教育发展遇到的主要问题有哪些呢?

答 遇到的问题很多。不同的时期,问题都不一样,因此也就有不同的解决办法。比如说,90年代初期,学前教育刚从妇联移交到教育部门主管,那个时候主要就是各种规章制度的建立、教育主管部门职责的履行问题。到了计划经济向市场经济过渡那段时期,很多单位纷纷把幼儿园推向市场,让幼儿园走市场化道路,给幼儿园"断奶",这个时候考虑的是如何维持这些幼儿园的生存,就是幼儿园的生存和发展的问题。到2010年以后,国家开始重视发展学前教育,出台了一系列的文件,比如国务院印发了《关于当前发展学前教育的若干意见》,也就是我们说的"国十条";实施了三个学前教育行动计划,这个时候就面临着学前教育体制机制的建立和完善问题,比如办园体制。现在提出政府主导,公办、民办并举,扭转了2003年国务院办公厅的文件规定"以公办幼儿园为骨干和示范,社会力量办园为主体"的办园体制,特别是2018年11月《意见》出台后,明确提出公办幼儿园在园幼儿占比要达到50%,那就要考虑怎么大力发展公办幼儿园的问题。对山东省来说，全面二孩政策实施以来，许多夫妇压抑多年的生育愿望在短时间内集中爆发，2016 年比 2015 年多出生了 54 万个孩子，2017 年比 2015 年多出生了 52 万个孩子，两年时间，多出生了 106 万个孩子。所以山东面临着一个资源扩增的问题，这是一个最大最硬的任务，得首先保证老百姓的孩子能上幼儿园，亟须扩增学前教育资源，特别是扩增普惠性学前教育资源成为我们的重中之重。

另一个资源的问题就是教师的问题。目前教师数量不足、在编比例偏低、素质偏低、待遇偏低，这些问题不仅是山东省面临的问题，也是全国学前教育面临的瓶颈问题。问题的原因从源头上说可能就是幼儿园教师的待遇问题，编制少、待遇差，所以大家不愿意学学前教育专业，学完之后不愿意从事学前教育工作，即使到了幼儿园也还会离开，造成教师的流失。这是一个很大的问题。

问 怎么去解决这些问题？

答 关于解决策略，主要谈谈普惠性学前教育资源扩增的问题。山东省有一个“1+6”的工程：“1”就是一个规划，省里要求以县为单位做幼儿园的布局规划；“6”指的是六个工程。第一个是城镇幼儿园配套工程，随着出生率的提高和城镇化的推进，很多家庭由农村转向了城市，所以城镇怎么样来满足孩子的入园需求，只有一条路，就是抓住小区配套幼儿园的规划、建设、管理和使用，办成公办幼儿园或普惠性幼儿园，这是解决入公办园难、入民办园贵的关键所在；第二个是开展历史遗留的小区配套幼儿园整治工程，要把所有居住区配套幼儿园存在的规划不到位、建设不到位、移交不到位、普惠不到位的问题进行摸底排查、集中整治；第三个是农村幼儿园建设与提升工程，提升农村幼儿园的办园条件和保教质量；第四个是民办幼儿园发展工程，鼓励社会力量办园；第五个是普惠性民办幼儿园的扶持计划，只要经过政府认定的普惠性民办幼儿园，可以获得生均财政补贴；第六个是“优质园+”办园模式，在农村实行镇村一体化管理，由乡镇中心幼儿园统一管理村办幼儿园，在城市，实施片区化管理或者集团化管理，优质园带动和指导附近的薄弱园或者新建园。通过上述工程实现优质学前教育资源的扩增。

问 资源扩增的解决效果如何？

答 山东省政府要求 2018—2020 年每年要新建、改扩建 2 000 所幼儿园，增加 50 万个学位。实际上，我们 2018 年新建、改扩建 2 602 所幼儿园，新增了 50.1 万个学位，超额完成了任务。2019 年，我们已经完成了 5 717 所幼儿园新建、改扩建任务，新增了 59.9 万个学位。应该说成效巨大。

问 山东省是怎么解决幼儿园教师问题的？

答 第一，先解决公办幼儿园机构设置的问题。原来很多公办幼儿园没有纳入编办的事业机构编制管理，就是这些幼儿园在编办没有户头，没有户头就没法核定幼儿园的编制，没法核定编制就没法招聘在编教师。所以，我们首先核定公办幼儿园的机构编制。去年（2018年），我们和编办做了一件很重要的事情就是首先保证各级政府办的幼儿园、乡镇中心幼儿园和公办学校附属的幼儿园纳入机构编制管理，去年一年新增了770个公办幼儿园的机构编制管理。其次就是核定人员编制。有了户头之后就开始核编，一是核定正式编制，去年核定了正式编制6 000名，但这6 000名肯定满足不了公办幼儿园的需求，还差得很远。但是国家以2012年为界，严格控制在编机构的数量和在编人员的数量，机构数和编制数只减不增，所以就很难突破。对此，山东实现了一个突破，就是"人员总量控制、备案管理"，通俗地说，这是一种山东省内部的编制，也是通过政府招考，和在编老师完全同工同酬、同等待遇，并且享受事业单位保险。这样，我们去年核定了14.9万个"控制总量、备案管理"人员，这是山东的一大突破。

第二，我们从2018年开始，实行师范生免费政策，每年招1 500名公费师范生，计划在三年之内，每个乡镇中心幼儿园配三个左右的公办教师，给乡镇、农村幼儿园配备师资。

问 这期间山东省出台了哪些与学前教育有关的政策文件？出台这些政策文件的意图和背景是什么？

答 出台的政策文件很多。我从事这项工作30多年了，基本上山东省出台的与学前教育有关的文件我都经历了，有很多是我起草的或者是参与起草的，并且我还多次参与国家学前教育政策的讨论及起草。

出台的政府令有两个，一个是1991年出台的《山东省实施幼儿园管理条例的办法》，我们也叫1991年21号省长令；另一个是2014年出台的《山东省学前教育规定》，这个是省政府令，我们也叫2014年272号省政府令。从去年（2018年）开始到今年，我们在起草《山东省学前教育条例》，是一个地方法规，7月份（2019年）省政府常务会议已经通过了，7月底人大一审，9月份人大二审，9月底颁布，自2020年1月1日起实施。地方法规的话就这些。

政府出台的文件也比较多，主要是宏观的政策性文件。比如，2018年出台了两个省政府办公厅的文件，第一个就是《山东省人民政府办公厅关于加快学前教育改革发展的意见》（鲁政办字〔2018〕71号），我们叫71号文，这个文件对山东省的学前教育的改革发展进行了顶层设计，实现了很多的政策突破；另一个就是2018年印发的《山东省城镇居住区配套幼儿园专项整治工作方案》《山东省无证幼儿园专项整治工作方案》的通知（鲁政办字〔2018〕174号）。这两个都是宏观的政策性文件。

部门联合下发的文件就太多了，比如三个三期行动计划就是部门联合发的；我们还发了居住区配套幼儿园的文件，2016 年是五个部门联合发的，2018 年是七个部门联合发的；另外还有生均公用经费的文件（《山东省财政厅 山东省教育厅关于幼儿园生均公用经费财政拨款标准有关问题的通知》）、编制标准的文件（《山东省机构编制委员会办公室 山东省教育厅 山东省财政厅关于印发山东省公办幼儿园编制标准的通知》）、普惠性民办幼儿园认定的文件（《山东省教育厅 山东省财政厅 山东省物价局关于开展普惠性民办幼儿园认定工作的通知》）、办园条件标准的文件（《山东省幼儿园办园条件标准》）等等，都是部门联合发的。

应该说，这几年山东省学前教育的政策规定相对来说比较健全了，各个方面的体制机制都建立起来了。

问 政府各部门间的工作协调情况如何？

答 学前教育不光是教育部门的事，而应该是社会各部门通力来做。学前教育刚从妇联移交过来的时候，妇联本来就有托幼工作领导小组，这个小组是由副省长任组长，各部门的分管厅长或主任任副组长。后来，撤销托幼工作领导小组，成立了联席会议制度，就是山东省学前教育联席会议制度。再到后来，联席会议制度又废除了，部门之间就没有这样一种协调机制了。

但是，如果我们有什么问题的时候可以随时把他们请过来，比如去年我们下发省政府文件的时候，经常把住建、国土、物价等有关部门领导请过来，一起来协商、讨论学前教育的政策。特别是 2017 年，省政协举办了一个居住区配建幼儿园的协商会议，邀请了很多厅局，包括住建、规划、国土、编制、财政等很多个部门的领导，就居住区配建幼儿园各自的职责以及落实的情况进行说明，还要说明下一步打算怎么做。还有就是 2018 年山东省人大组织了一个学前教育专题询问，一个是听取省政府的工作报告，了解学前教育的改革发展情况；第二个就是把有关厅局请到人大，每一个厅局都要汇报对学前教育做了哪些工作，下一步应该怎么做。这两个会议特别管用。再就是 2018 年省政府办公厅发的 71 号文中明确规定了各个部门的职责。所以到目前为止，各个厅局基本上了解了各自的职责是什么，应该如何履行职责，现在各部门的协调应该是比较好了。此外，省委组织部把学前教育列入了科学发展观考核；省委统战部、省审计厅、省统计局等都对学前教育进行调研，支持、关注学前教育工作。每年省政府都把学前教育列入省政府的实事，列入政府的工作报告，省委、省政府督查室督查的重点工作里面也有学前教育。应该说现在各个部门都重视学前教育，形成一个良好的社会氛围。

问 工作至今，您最难忘的事情是什么？

答 最开始的时候，居住区配建幼儿园问题没有引起足够的重视。而我看到了省里“十三五”的人口发展规划，其中预测了 2016 年、2017 年、2018 年的出生人口数量，同时看了省里的城镇化推进方案,方案要求从2016年到2020年全省要解决1 000万人口由农村进入城市的问题,同时700万城中村人口就地转化。所以,分析这些数据之后,再联系全面二孩政策放开后山东省将要迎来的生育高峰,就会得出结论——在城市里就只能去抓小区配套幼儿园建设。所以我从2014年、2015年就开始关注小区配套幼儿园的建设问题,搞了小区配套幼儿园的调研,撰写了《山东省城镇居住区配建幼儿园的规划设计和管理使用的调研报告》。在这个报告中,我分析了2011年以来,建了多少小区,应该规划多少幼儿园,实际规划了多少所,规划的幼儿园实际建了多少,建的这些幼儿园有多少交给教育部门办成公办的,有多少办成了高收费幼儿园,有多少闲置的,有多少挪作他用的。我当时就这个事情做了大量的工作,还请人大代表、政协委员去呼吁。张志勇副厅长在参加全国人民代表大会的时候也问过这些数据,他也在两会上进行了宣传和呼吁。

后来,我把这个调研报告简化了一下,交给了山东省民进(中国民主促进会山东省委员会),然后上了省政协的提案,这个提案做成了省政协的议案,就是重点提案。省政协就召开了前面所说的那样一个协商会议,各部门都来汇报情况,张厅长作为教育部门的领导参加了这个会议,还有编办的、住建的、国土的、财政的,召开部门的协商会议,我作为民进的特邀研究员参加了这个会议。我在会议上就分析了这些情况。当时这个会议邀请了媒体代表参加,会议结束之后,媒体代表发表了很多文章,其中《齐鲁晚报》发了一篇《二孩来了配建还没跟上 山东省幼儿园缺口6 300所》,这篇报道被刘家义书记(山东省委书记)看到了,刘家义书记当即做了批示,要求山东省教育厅研究对策、提出意见,我们厅里就抓住这个机会给刘家义书记写了专项报告,我们在专项报告里提出了六条措施,刘家义书记对此做了批示——省教育厅的六条措施很好,形成意见,以省政府的名义下发。我们就开始着手起草71号文,71号文就是这么来的。

山东省在2018年先发了71号文,里面有一大块是实施居住区幼儿园的配建工程;后来又下发了针对遗留问题专项整治的文件;2018年9月份又专门下发了针对居住区配建幼儿园的整治、历史遗留问题整治的通知。这样,一系列的文件就都出来了。咱们山东省的文件要比国家早半年,国家的文件是2019年的年初发的,国家的政策很多地方吸纳了山东省的这些政策。这项工作,山东省走在了全国前列,全国基础教育工作会议、城镇居住区幼儿园专项整治工作电视电话会议等,山东都做了重点发言。

有时候就得这样抓住机会去推动,当自己推动不了的时候,就得迂回去做。居住区配建幼儿园历史遗留问题的整治确实很难,牵涉到利益分配的问题,牵涉到开发商的利益问题,所以下一步的难度仍然很大。教育部、住建部要在山东日照开治理现场会,日照做得不错。

问 您工作至今遇到的最大困难是什么？

答 就是幼儿教师队伍问题，特别是非在编幼儿教师的工资待遇、社会保险与保障的问题，不论我走到哪个地方，包括我在制定文件的时候都是要求保证幼儿园教师的工资待遇。如果幼儿园教师的工资待遇上不去、保障上不去，幼儿教师工作就没有职业吸引力，就不可能吸引优秀人才到幼儿园工作，工作的时候就不安心，老了以后不放心。因为没有解决他的后顾之忧这一问题，没有解决他的养家糊口的问题，他就没法安心工作。每次去检查幼儿园我首先呼吁的是保障幼儿园教师的工资待遇，3 000—4 000 元的月工资都没法招聘到一个餐厅的服务员，一个学前教育专业人员学习了三年到五年的时间，花了那么多的钱，结果毕业到幼儿园工作只有一两千块钱收入，有的连保险都没有，怎么叫老师安心？光讲奉献可能吗？老师们也得养家糊口、养育子女啊。

这是一个很大的问题，但是解决起来很难。目前，咱们省有两个地方解决得相对来说比较不错，一个是东营，另一个是青岛。东营专门下发了一个解决农村非在编教师工资待遇的文件，这些教师的工资和社会保障由区县和乡镇财政来解决，基本上五险都买了，还有两个地方解决了一金的问题，除了五险一金，人均月工资达到了两千五六百块钱左右。青岛明确规定非在编幼儿园教师的工资待遇要达到在编幼儿园教师工资待遇的 80%，并且 80%的工资是由区县和乡镇财政来解决。青岛的黄岛区在去年给所有农村的村集体办的幼儿园或者是乡镇中心幼儿园里的非在编教师买了养老保险，这样就解决了教师的后顾之忧问题。有了保险，工资待遇提上去了，这样干起工作来就安心了。但是，全省目前还达不到，全省很多地方幼儿园教师的工资待遇相对来说还比较低。这是我比较关心，也是比较揪心的问题。幼儿园教师的待遇不好，生源吸引不来，大家干得不安心，教师流失得多，那么质量怎么往上提呢？

问 我们非在编教师的数量是多少？

答 就全省幼儿园专任教师来看，基本上 80%都是非在编教师，公办幼儿园在编教师也就占公办幼儿园专任教师的三分之一左右。非在编教师好多没有评职称，评职称的也就 20%左右，有 80%没有评定职称，工资待遇就上不去，社会保障没有，所以很多年轻教师就流失了。

问 您在任至今取得了很多成就，您认为最大的成就是什么？工作创新是怎么体现的？

答 谈到这一点，我觉得比较自豪的是我们抓住了乡镇中心幼儿园的建设、认定和提升工作。对农村来说，乡镇中心幼儿园是最重要的，它是骨架，有承上启下的作用，“上”接县级实验幼儿园，“下”指导村幼儿园。所以，从学前教育第一期三年行动计划开始，我们要求所有的乡镇都要建一所公办的中心幼儿园，并且通过省级认定，通过省级认定的可以获得十万元奖励，结果全省1 714个乡镇中心幼儿园通过认定，这就等于把农村幼儿园的骨架给搭起来了。有了乡镇中心幼儿园才能谈其他的东西，如果没有乡镇中心幼儿园或者乡镇中心幼儿园不是公办的，那怎么去指导村幼儿园？第二期计划就要求乡镇中心幼儿园实现提升，所有的乡镇中心幼儿园都要达到省级示范幼儿园的办园标准，只要达到这个标准并通过验收，就可以获得十万元的奖励，最后基本上都通过了验收。再一个就是在农村推行镇村一体化的管理，就是乡镇作为一个总园，村幼儿园作为分园，由乡镇中心幼儿园实行行政统一管理、业务统一指导、教师统一招聘、工资统一发放，实行这样几个"统一"的管理。其实，这是日照的经验。这样，由乡镇中心幼儿园带动村办幼儿园以及周边的幼儿园，才能提升幼儿园教育的质量。事实上，镇村一体化管理体制真是一个正确的方向，我们从2009年就开始推行镇村一体化管理，截至目前，有的地方做得很好，但是有的地方做得还不是很到位。

我还有一件比较自豪的事，是这几年我一直跟教育部、联合国儿童基金会保持联系，从去年开始，儿基会把一个项目放在临沂，叫"流动儿童的质量提升"项目。项目派了华东师范大学的华爱华教授、天津师范大学的梁慧娟教授、上海市教研室的徐则民老师，还有安吉的程学琴主任四位专家来给我们指导两个区，每个区三所实验幼儿园，指导幼儿园的游戏开展。咱们省前几年主要抓规模发展，抓硬件建设，抓普及率，对质量提升尤其是游戏的开展、内涵的发展这一块我们下的功夫不够。所以，从去年开始我们着重抓内涵的发展，而游戏质量是幼儿园教育质量的关键指标。我们依托项目搞了两期培训，第一期组织了80人，去安吉进行了免费的现场参与式培训；第二期就是上周在临沂搞了一次培训，全省60名教研员的培训。当时，除了上述四位老师之外，冯晓霞教授和鄢超云教授也都去了。他们进行了现场教研和点评，效果非常好。一方面，通过这个项目带动了两个点、六个园；另一方面，就是通过这个项目打造了两支队伍，一支是省级、市级和区县级的专家队伍，一支是以教研员为主体的队伍，指导本区域的游戏开展。安吉现场培训和临沂教研员的培训都要求他们交两篇作业，一篇是写安吉培训的感受，另一篇是写下一步推广游戏的计划是什么；还有一个作业就是录一段孩子的视频，然后解读孩子的发展。这样做的目的是把教研员培养起来，让他们更好地去指导幼儿园，现在教研员的积极性都调动起来了。

问 您的工作理念是什么？

答 我的工作理念真的就是凭着良心，我的工作要对得起良心，对得起孩子，对得起最广大的人民群众。当然有人可能认为"执政为民""站在人民立场上"这样的说法就像一个很大的口号，但是，当我们在制定文件、制定政策的时候，是一定要考虑站在谁的立场上的，是站在老百姓的立场上，还是站在部分人、少数人的立场上。比如，学前教育的普及、普惠的问题,有的人就会说“为什么非要普惠?”“为什么不多建一些高收费的幼儿园?”“好多老百姓能上得起。”问题是,这是站在谁的立场上,有多少人能上得起这种高收费的幼儿园?所以,要推进普及、普惠幼儿园,让最广大的普通老百姓的孩子都能上得起幼儿园,一定要维护最广大的人民群众的利益,这是我制定政策、文件的出发点。

问 *您如何看待幼儿园多头管理的问题?是否需要解决?怎么解决?*

答 这个我还真是没有深入到幼儿园去问问到底有哪些方面的管理,到底多到什么程度。如果幼儿园的反映属实的话,那确实应该解决。我应该到幼儿园里面多看看,了解了解情况,了解一下他们都有哪些诉求、都有哪些问题,哪些管理是不必要的,就可以协调,作为主管的教育部门负责去协调解决,能减负的就减负。一般我们到幼儿园,涉及的就是省级示范幼儿园的验收、分类评估等事项。分类评估是受到幼儿园欢迎的,为什么?因为我们都找的是专家、名园长。我对这些评估专家的要求:首先是宣传员,宣传国家的政策;第二个是评估员,评估幼儿园的发展;第三个是指导员,把自身的好经验、好做法介绍给幼儿园,幼儿园有哪些问题要指出来,告诉幼儿园应该怎么做。分类评估相当于是免费的宣传与培训。我的主张就是到幼儿园就要给幼儿园带来收益,让幼儿园有提高。我们去幼儿园一般都是做这些工作。

问 *最后,请您谈一谈对学前教育发展的愿景。*

答 我希望所有的孩子都是幸福快乐的,都能度过一个幸福快乐的童年;所有的幼儿园教师都能安居乐业,找到职业幸福感;所有的幼儿园不为生存发愁,从而能够一心一意去抓质量、抓发展,都能成为高质量的幼儿园。希望我们普及普惠、安全优质的目标尽快实现,真正做到幼有所育、幼有优育,切实增强人民群众的获得感、幸福感。

访谈对象 | **尹后庆**(上海市教育委员会原副主任、巡视员)

访 谈 人 | 钱 雨

问 尹会长,我曾经读过您在 2019 年 1 月发表的一篇论文,题目是《敢为天下先——上海教育的气质与气魄》。上海的学前教育可谓"敢为天下先",有着许多政策与管理的创举,教育质量水平也处于国际先进水平。您能具体谈谈上海学前教育缘何有这样的气质和气魄吗?

答 上海的学前教育被公认为在全国是领先的。不只是指那些市级示范性名园,我到过许多弄堂里普通的一级、二级幼儿园,都有着自己的亮点,哪怕在国际上比较都毫不逊色。上海学前教育的领先性与开创性,对全国学前教育事业的发展有着深远的影响。这种"敢为天下先"的气魄,有着上海独特的根基,可以追溯到上海早期的幼儿师范教育的发展背景。进入 20 世纪后,上海学前教育已经开始了探索与发展。陈鹤琴先生在上海的幼教实践为上海学前教育的发展奠定了良好的基础。上海市幼儿师范学校成立于 1952 年 7 月 14 日,由上海市私立岭南中学改建而成。这是新中国成立后上海新建的第一所学校,陈毅市长亲自题写校牌。第一任校长是左淑东。1958 年后上海市幼儿师范学校开始探索"教养结合"的幼教模式,培养出了一大批的学前骨干,引领上海幼儿园的进步与发展。60 年代初已发展成为中国规模最大的幼儿师范学校之一,当时有在校学生约 1 200 人,教职员 150 余人。自建校至"文革"前,是上海唯一直属于市教育局的中等师范学校。到"文革"开始前,累计毕业约 3 691 人。上海老一辈区、县的幼教干部和幼儿园园长,绝大部分都是"文革"前的上海幼师毕业生,她们中的不少人都曾经成为幼教界的知名人士和业务骨干。

"文革"结束后上海市幼儿师范学校复办。1985 年,上海市幼儿师范学校改建为上海幼儿师范专科学校,培养具有大专学历的幼教师资。这是新中国第一所培养高层次幼儿园师资的基地,设师范部(大专、中专)、函授进修部和科研室,课程有教育专业课、艺术专业课和文化基础课。1988 年学校成立了上海幼儿教育师资培训中心,负责主持全市幼儿园园长研究班,区、县幼教干部专题研究班、大专班,主持每年的自学考试。通过各种形式提高在职幼儿教师的素质。1992 年改名为上海幼儿师范高等专科学校。1994 年师范部进行了三二分段和五年一贯两种学制的比较研究,以培养高层次、高质量的幼儿教师为教育目标。幼教师资培训中心负责培训在职的幼儿教师及幼教管理干部,至 1995 年已经毕业大中专学生 8 000 余人。

可以说,上海市幼儿师范学校在 80 年代末“拨乱反正”之后招收了大批优秀的师范生,其中包括“文革”前后被耽误的一批优秀学生。这批学生素质很高,她们是承先启后的一代,在上海学前教育事业改革发展的历史中整整驰骋了四十年,封丽蓉、黄琼、毛美娟等都是当时的毕业生,有的虽然已经退休,但至今仍然活跃在学前教育的专业舞台上。可以这样说:今天上海学前教育的发展(特别是改革开放之后上海学前教育的长足进步)中留下了她们的足迹。也可以说,幼儿师范恢复之后的十余年为上海学前教育事业的领先奠定了厚实的人才基础。

问 师资人才的确是学前教育事业发展的重要资源,上海市政府和市教委对学前教育的政策支持更是促进了学前教育事业的繁荣发展。您认为政府在支持上海学前教育事业发展中提供了哪些有力政策?能否简单介绍一下当时的背景?

答 我认为,学前教育政策发展需要不断地关注人口变化。新中国成立以来,上海曾经历两次入园高峰,第一次是在二十世纪五六十年代,第二次是在二十世纪八九十年代,2010 年上海步入第三次入园高峰。每个高峰持续 10 年左右,在高峰之间有 10 年左右的低谷。幼儿入园的高峰与低谷与人口出生数的变化呈正相关。我当教委副主任的时候,每半年就要找计生委要一次人口数据,根据新生儿出生率来预测三年后的儿童入园数量。上海人口出生数在 1981 年到 1989 年期间均在 15 万人以上,1990 年开始下降,1992 年跌到 10 万人以下,到 2004 年又回升至 10.3 万人,2007 年起上升至 16 万人以上。只有不断地关注人口发展趋势,才能采取弹性管理模式,争取在人口高峰和低谷期都能满足和适应老百姓的需求。20 世纪 80 年代中期入园高峰时,本市在园儿童数为 49.66 万人,当时仅普及学前二年教育。从 20 世纪 90 年代开始,本市已基本普及户籍人口适龄儿童的学前三年教育。

从 2007 年开始,政府每年新建三四十所幼儿园,连续六七年。结果就是:在幼儿人数增加十多万的情况下,幼儿园人均占地面积仍然比 2005 年增加了,为后面人口发展的高峰留了空间。这就是政府管理的远见——按照人口数据敏锐地审时度势,及时地迎合城市公共服务的要求,为学前教育储备教育资源。上海学前教育公共服务体系建设影响深远,政府一直关心学前教育事业的发展,关心老百姓的民生工程。

21 世纪初,市教委根据市计生委人口预测的数据,及时预测了人口增长以及外来人口大量流入所带来的入园高峰,并剖析存在的主要问题:一是本市城市发展规划实施中,托幼机构配套建设出现缺配、少配的现象;二是托幼房产资源被侵占和出租、出售,使得托幼园舍资源在数量与办园条件上不能适应未来学前教育发展;三是由于幼儿园工作人员的配置、培养的规划滞后，以及受大专院校布局结构的调整，导致本市幼儿园教工人员数量严重不足。为此，市教委先后以简报、专报形式向市政府及时反映了上海市学前教育资源紧缺的问题，提出了解决问题的举措。在市委、市政府的重视、支持下，2006年召开“上海市学前教育工作会议”，会上下发了由市教委等十二个部门联合印发的《上海市学前教育三年行动计划》，明确各级政府责任，积极推进学前教育事业发展。

《上海市学前教育三年行动计划》实施期间，园舍数量和面积大幅增加，幼儿园保教人员有了很大的补充，为应对“十二五”的入园高峰做了铺垫。学前教育内涵发展也得到进一步提升。根据教育督导部门对各区县学前教育三年行动计划实施情况的督导评估，全市幼儿园中，家长满意、社会信誉度高的园所占全市园所数80%以上。在教育部门的指导和扶持下，民办幼儿园不断提高办学水准，提高办学的竞争能力，形成了教育部门办园与社会力量办园共同发展的格局。当然，虽然公办园与民办园在数量上接近持平，但从在园幼儿数量上看，上海公办幼儿园容纳的幼儿体量是远远大于民办园的。

问 *您曾参与和主持了多项上海基础教育重大改革方案和政策的制订。以浦东为例，过去二十年中，浦东基础教育经过“二元并轨”，实现了基础教育的城乡一体化管理，形成了著名的管理一体化的“浦东模式”。您指导了上海浦东新区管、办、评联动机制建设，实现了基础教育的管理创新。浦东的改革成果受到了全国学前教育管理者的关注，您能介绍一下浦东模式的主要经验吗？*

答 浦东经济迅速发展为教育事业发展带来机遇，但同时大量人口导入也为浦东教育带来了现实压力。与中心城区相比，浦东教育处于后发地位，效益和品质均有待提高，有特色、有个性的学校较少，各阶段优质教育资源比例低于全市的平均水平。与此同时，政府管理格局面临“小政府管理宽领域”的压力和挑战。因此，2005年，国务院批准浦东综合配套改革试点，积极探索管、办、评联动机制，推进政府职能转变，构建能促进和谐社会建设的学前公共教育管理服务体系。

浦东教育“管、办、评联动”的前提是“管、办、评分立”，即厘清教育三大“主体”（政府、学校与社会）的基本职责与关系。浦东模式的主要经验有：

第一，管、办、评的“职能分立”与“职能联动”。政府宏观管理包括法律法规制定与执行、公共政策设计、发展规划制定、监管职责完善等方面；幼儿园作为办学主体，有效运用各种资源，为社会提供各类教育服务；社会专业组织（非政府、非企业、非营利专业机构）承接政府委托、购买的具体管理事务，包括管理、评估、咨询指导等各种类型，为幼儿园提供专业服务。

第二，管、办、评在分立基础上的“绩效问责”联动。政府通过建立教育服务标准、明确绩效标准、建立资源协议等,与幼儿园建立绩效管理合约,然后通过教育督导或购买第三方社会专业评估组织的专项评估,对合约方服务提供状况进行客观评估,评估结果向社会公布以接受监督,建立问责机制。

第三,创新学校法人治理,增强学校自主办学意识与能力,对有条件、有自主办学能力的学校,探索逐步完善学校法人治理结构。学校外部要以社区参与和家校合作为突破口,探索构建社区、家庭参与学校管理的有效机制。

第四,引入非营利概念,多渠道落实公共服务。如制定对非营利民办教育机构的支持政策,引进、鼓励民间资本举办民办幼儿园,同时政府通过向民办幼儿园购买“学位”的方式(即对口地段内的适龄儿童按公办幼儿园标准收费),落实公建配套范围内居民应享有的教育权利。

问 过去的70年里,上海学前教育事业发展在全国具领先地位,上海的学前教育公共服务体系建设不断发展,公办园的比例和质量水平都在不断提高。请问市政府或市教委是如何看待学前教育在整个教育中的地位与作用的?在实际工作中本市学前教育发展对社会与教育发展的作用有哪些?

答 上海市政府一直高度重视学前教育。在20世纪的50年代后期,发展学前教育的主要目的是解放家庭妇女,解决妇女就业的后顾之忧。1985年前后,上海迎来第一轮入园高峰,在教育经费紧张、教育资源有限的情形下,上海市政府确立了“动员全社会力量,多渠道、多形式办园建所,缓解入园矛盾”的政策架构。政府的重视和支持,加上有力的政策保障,使上海形成了政府主导、社会力量共同参与的多元办园体制。政府明确了提供学前教育服务是公共服务职能的一部分,并进一步完善学前教育作为公共教育服务的有关政策,逐步增加对学前教育的投入,不断提高学前教育公共服务的水平。

1977年恢复高考后,上海学前教育幼儿师范恢复招生,当时“文革”刚结束,正好招了一批积淀了很久、优秀的学生,这些人毕业后被分配到幼儿园去,幼儿园的质量迅速得以提高。改革开放以后,上海幼儿师范学校每年培养一批优秀的幼儿教师,他们在上海学前教育的舞台上驰骋30多年,打造了一个个高品质的幼儿园,成为上海学前教育舞台上的明星和主角。这对上海学前教育的历史发展有着深远的影响。

政府还积极应对入园高峰,教育、规划、财政、建设等职能部门全力合作,多项措施组合出击,努力满足适龄儿童就近接受学前三年的教育需求。主要有以下举措:一是加大落实公建配套园所建设的力度。严格按照批准的控制性详细规划,实施居住区公建配套幼儿园的建设,做到同步设计、同步建造、同步交付使用,同时产权交给教育部门。二是统筹和整合各区域内的教育资源,科学预测区域人口出生和流动的变化趋势,统筹区域内的各类教育资源，推进托幼一体化建设的进程，充分发挥托儿所园舍的学前教育功能，缓解园所资源紧缺的矛盾。三是继续加大市级财政转移支付和专项经费的力度，重点资助财政相对困难、基础设施条件较差、人口导入的郊区，促进学前教育资源的均衡配置。四是适当增加现有幼儿园的容量，在部分入园矛盾突出区域，允许适当扩大班额，以10%（最多不超过20%）的扩大比例为上限；同时适当扩大现有园舍的办班数量。五是调整招生政策，集中全部学前教育资源优先解决3—6岁儿童入园需求，公办幼儿园减少招收托班幼儿，充分发挥现有学前教育资源的效益，缓解资源不足的矛盾。

问 请问政府在支持上海学前教育事业发展中还提供了哪些有力政策？

答 随着社会需求和政府财力状况的变化，上海市政府加大投入，提高学前教育成本分担中的占比，进一步强化学前教育的公共服务，保障本市居民对学前教育的基本需求。

首先是提供充足的一级和二级公办幼儿园来满足本市居民适龄幼儿对学前教育的基本需求。对于有的居住区附近没有公办一、二级幼儿园，不能满足居民就近入园的，政府根据成本向附近民办幼儿园购买服务，让适龄幼儿以公办一、二级幼儿园收费标准入园，不足部分由政府出资补贴。比如，浦东新区、闵行区及杨浦区政府向民办幼儿园购买服务的人数在2010年已达万人，占上述三区民办幼儿数的三分之一左右。

除了提供基本的学前教育服务外，还向本市居民提供可供选择的学前教育服务资源，比如一定数量的公办示范性幼儿园和民办幼儿园。这些幼儿园有比较鲜明的办园特色和服务特点。政府还联合各方力量，整合各种资源，解决农民工同住子女入园、看护的需求。同时积极推进城郊对口交流工作，充分发挥以市级示范性幼儿园为首的优质园所的作用，加强对郊区幼儿园业务指导，特别是农村幼儿园教师的专业培训。

上海市政府一直大力投入学前教育，教育经费支出的若干指标均在全国各省市中列首位。2009年上海市学前教育经费总支出就达到了37.5亿元，比2004年的16.8亿元增加了123.2%，年均增长17.77%，占当年全市教育总支出的8.04%。财政性教育经费投入在学前教育的分配比例为7.93%，比2004年的5.49%提高了2.44个百分点。2009年，生均总支出为15 059.62元，比2004年的7 803.64元几乎翻了一番，年均增长14.05%。在全国各省市中，上海的学前教育经费投入列首位。之后若干年的情况都是如此。

问 作为国家督学，您担负着教育督导、促进中国教育事业健康发展的重要责任。请问您认为当前我国学前教育事业中存在的主要问题有哪些？学前教育健康发展的关键是什么？

答 当前学前教育事业发展主要的问题是教师队伍数量紧缺的问题。学前教育专业毕业生数量缺口大,非学前教育专业毕业生专业能力有待充实。托幼园所中保健教师、保育员、营养员没有正规的培养、培训渠道和来源,保育员的编制问题等相关的政策尚未到位。有的区县"0-3婴幼儿早教中心"机构的性质与教师编制问题也尚未落实。

其次,不科学的儿童教育观影响学前教育课程改革的进程。长期以来,受"不能让孩子输在起跑线上"观念的影响,社会、家长及部分幼儿园(尤以民办园为突出)以识字、算术、外语等作为衡量儿童成长和办园质量高低的标准,这些都直接影响了学前教育课程改革的进程。

学前教育事业健康发展的关键主要有以下几个方面:首先我们要明白幼儿教育的本质——幼儿发展的规律是什么?学前阶段幼儿应该学什么?这个阶段的儿童应该过怎样的生活?……这些是学前教育事业的根本。此外,师资队伍的培养也很重要。这涉及教师怎么理解儿童,怎么看待儿童。因此,未来我们要加强师资队伍建设,促进保教人员专业发展,多途径解决新教师来源,实行保教人员持证上岗,加强教师培养和培训,不断开拓学前教育工作者的专业视野,提升学前师资队伍现代化的专业素养。

问 您曾经说过:"评价很重要,评价很复杂,评价很专业,评价很艰难。评价改革是一个绕不过去的坎儿。"请问您觉得学前教育评价研究如何攻克当前的薄弱难关,取得新的进展?

答 我们一定要握好学前教育评价的功能。评价的目的是去发现孩子的特点,千万不能通过评价把孩子分成三六九等。评价要支持孩子的发展,为孩子提供适合的支持。通过科学评价,教师看到孩子哪些方面做得比较好,从而及时去鼓励;哪些方面需要支撑的,我们就去提供帮助。总之,评价是为了改善。每个孩子都是与众不同的,都是发展中的,孩子今天的表现与未来是怎样的联系,一切都未定论。我们首先要做的是通过孩子的行为去读懂孩子,去支持孩子。

我经常观察我的小外孙,观察他的发展特点。比如有一次我拿了一张很大的席子铺地上给他爬,他从一头爬到另外一头,爬回来的时候发现席子皱了,呈现出波浪形的弧度。席子和原来的平面不一样了,他这时就会停一停,思考要不要继续爬。我发现这个孩子的个性比较谨慎,他的气质已经凸显出来了。这没有什么好或不好,这就是孩子自身的性格特点,你要理解他,尊重他,用适合他的方式帮助他继续发展。家里放了一个小围栏,他可以坐在里面玩,有时候会站起来和我玩,但是之后想坐回地面时,他不像有的孩子,可能一屁股坐下去,而是小心翼翼地一只脚先跪下来,然后半个屁股着地后,再慢慢放手,这就是他的特点。所以,对儿童的评价就是要去发现孩子的特点,依据特点支持孩子的发展。

问 您多次提到过新质量时代核心素养对学生培养的意义。请问您认为核心素养对学前教育重要吗？它的影响会体现在哪些方面？

答 核心素养对学前教育当然重要！我认为学前教育最应该关注孩子的核心素养，特别是孩子的情感问题、身心健康问题。孩子的情感对其一生的发展都是具有重要意义的，而情感的发展是有一个关键期的。现在社会上的成人有一些不良情绪，整个社会文化比较急躁，这跟他们的情感在幼儿时期没有得到足够的关注是有关系的。第二个要关注的是幼儿的体育锻炼，健康的体魄对孩子未来的发展也是很关键的。此外，诸如创造力，对事物的兴趣、敏感等一些核心素养也是值得重视的。不过，创造力更重要的是保护，不压制儿童先天的创造力。

问 展望下一个学前教育70年，您对中国学前教育事业发展有怎样的期许？

答 我相信整个中国已经进入新时代了，物质生活的满足已经越来越不成为问题了。因此，学前教育内在质量的提高应该是下一阶段中国学前教育非常重要的任务。如果学前教育的质量好，儿童当然是安全的、身心健康的。有情感的人心理才是健康的，也才能正确地对待别人、对待自己、融入社会。

另外，我们还要回归学前教育的本位，坚持以儿童发展为中心，提供给孩子符合其年龄段的最好的、最符合其发展规律的教育环境，而不是把成人社会的功利心强加给孩子，要保持学前教育的纯粹性，不忘初心。比如幼儿园的低结构化游戏活动就应该得到推广。另外，还要抵御社会上家长过度的焦虑，抵御家长对孩子过多的功利性的干预。

最后，学前教育应该是贴近其生活的。儿童有他们的根：在蒙古包成长起来的孩子不仅要具有国际视野，同时也要热爱蒙古包，不能丢掉他的文化根基。诸如传统文化如何与幼儿园课程、幼儿生活结合的课题大有可为。学前教育的所有活动必须符合当地的文化环境，同时幼儿园课程也要生活化。虽然像上海等地区的学前教育质量已经很不错，但是今后还是要不断提升专业水平，追求专业发展是无止境的。

访谈对象 | **吕明凯**(陕西省教育厅原副厅长)

访 谈 人 | 高　游

问 是什么机缘让您来分管学前教育的?

答 我从陕西师范大学毕业后,就在陕棉八厂做职工教育工作。后来厂里办电大,我原来是学物理的,就被调去电大教物理课和电子技术课。之后又在陕西省纺织职工大学当过老师,在省旅游学校做过行政工作。再后来就到了省政府办公厅的文教处,负责联系教育、科技文化、卫生等十几个部门。可以说,我的工作一直和教育有关系,各类教育都干过。到2002年,省教育厅分管基础教育的岗位出现空缺,当时省委省政府的主管领导提出来一个要求,分管基础教育的副厅长必须有地方工作经历,也就是要从各市分管领导中选人。这样,我就有了机会从副地厅级的杨凌示范区党工委副书记的岗位调到了省教育厅,到了教育厅就分管基础教育,基础教育当然包括学前教育。

问 您在任期间,陕西省教育厅有独立的学前教育科室吗?共有几名管理人员?

答 基础教育处负责整个基础教育的四大块,包括高中教育、初中教育、学前教育、特殊教育。我在任期间,2003—2011年一直没有独立的学前教育科室,分管学前教育的管理人员包括一个副处长和一名干事。2011年,由于省政府时任主要领导的反复强调,省教育厅专门设置了基础教育三处,专管学前教育工作。

问 您认为是否需要设置独立的学前教育行政科室?应根据什么配备管理人员?

答 教育行政部门要管好学前教育,关键不在是否独立设置行政科室,我觉得应该根据具体情况具体分析。在学前教育改革发展任务艰巨、工作量十分大的时候,是需要比较多的工作人员来从事这项工作。比如说2010年以后,由于学前教育供需矛盾十分突出,在改革发展任务极其艰巨的情况下,增加学前教育专管人员配备是十分必要的。随着矛盾的逐步解决,必要人员的调整也在情理之中。

2011年,陕西省教育厅就设立了基础教育三处,而且明确了四个编制,管基础教育和学前教育。但是随着学前教育改革发展逐渐走向稳定,再加上机构编制是不容易轻易增加的,那么省教育厅在今年(2019年)就把基础教育三处撤掉,并入基础教育处,而基础教育处编制并未增加,这个变化就能说明问题。

问 您认为学前教育行政人员的准入条件应是什么？

答 关键是要有热爱学前教育的情怀，要有为满足人民群众学前教育需求而不懈奋斗的精神，有为基层着想的态度，有协调各方、调动一切积极性、整合各类资源为学前教育的改革与发展服务的胸怀和能力。

问 您在任期间，学前教育发展遇到的主要问题是什么？您是如何解决的？解决效果如何？

答 我在2002年底分管学前教育后，面临的主要问题是学前教育的发展严重滞后，城乡群众对学前教育的需求难以得到相应的满足。针对这个主要矛盾，我们主要从以下两个方面着手。

一方面，推动省教育厅和省政府先后出台了关于加快学前教育发展的一些重要文件。比如在2003年，教育厅等10部门联合出台了《陕西省实施国家关于幼儿教育改革与发展指导意见的方案》；2008年，省教育厅出台《关于普及全省农村学前三年教育的指导意见》；2010年，省政府又出台了《陕西省人民政府关于大力发展学前教育的意见》，随后又出台了一系列配套文件，我们用教育部门和省政府的文件来部署推动学前教育的发展，这是我们一项非常重要的措施。

另一方面，通过培养典型、召开现场会的方式，来推动工作的落实。2004年，我们在咸阳召开了农村学前教育发展现场会。从2009年一直到2012年我退休，四年时间我们先后开了五次现场会，2009年我们召开了长安现场会，2010年召开了西安现场会和洛南现场会，2011年在西安第二次召开现场会，2012年我们又在三原召开现场会。通过召开现场会，我们交流各地学前教育改革发展的经验，部署各个阶段的重点工作。每一次现场会对各地学前教育工作来说，都是一次很重要的激励、鞭策和推动。由于坚持不懈地抓学前教育的发展，全省幼儿园由2003年的2 288所，发展到2012年底的5 784所，在园幼儿由48.3万人增加到117.5万人。由于我们陕西学前教育发展的成绩比较明显，因此，2011年我国第一个学前教育三年行动计划现场推进会在陕西召开。时任国务委员的刘延东同志和教育部领导，对陕西学前教育改革发展的情况进行考察之后，也都给予了充分肯定和高度评价。

问 您在任期间出台了哪些政策文件？政策文件出台的背景及意图是什么？

答 除了上面说的促进发展的重要文件外，我们还在0—3岁儿童早期教育、城乡幼儿园对口支援、幼儿园规范管理、幼儿园园本教研等工作中出台了多个文件。出台这些文件，目的就是要促进学前教育全面、协调地科学发展，既要追求发展的速度和规模，也要重视学前教育的质量和效益，还要特别关注城乡学前教育的协调发展。

问 您在任期间政府各部门间的工作协调情况如何?

答 总体上,和各部门的关系是较为协调的,包括处理教育厅内各处室之间的关系,处理教育厅与财政、发改等部门的关系都还算顺畅。但由于职能交叉的原因,问题也有不少。

问 您最难忘的事情是什么?

答 印象最深的就是为学前教育发展争取专项资金,到处碰壁却毫无进展。如果不是党和政府重视,特别是"国十条"的出台,学前教育的发展就很难有后来的局面。

问 您在任期间遇到的最大困难是什么?

答 最大的困难就是人员和财政的分离,管事的人不管钱、不管人。工作的推进,既需要人员也需要经费。但是分管业务的人,既没有财力支配权,也没有人员调配权,推动工作的难度就很大。比如我们全省第一个农村学前教育发展现场会之后,我向领导汇报希望能够给学前教育几十万的专项资金。但是,由于种种原因,没能成功。2010年"国十条"出台以前,我省的学前教育一直没有专项经费,管业务的人对专项经费没有任何的支配权。

问 您工作的最大成就是什么? 您的工作创新体现在哪里?

答 我觉得任何工作的发展与进步,最根本的还是要靠群众,要靠组织,要靠党和政府。所以学前教育前几年有那么大的发展,如果没有各级政府,各级教育行政部门,一线的园长、教师努力的话,那是不可想象的,不可能有现如今这样好的局面。

如果说自己在陕西省学前教育事业发展过程中还做了哪些有效工作,那主要是较早地认识到陕西省学前教育的发展远远跟不上社会需求,对人民群众的期待我们必须下功夫努力去满足。因此我们利用陕西省教育厅这个重要平台,主要通过抓典型带一般的形式,坚持不懈地推动,终于创造了陕西省学前教育较快发展的生动局面。在质量提升方面,我们注意幼儿园的规范化管理,并专门出台相关文件;同时在城乡学前教育发展协调的问题上,我们专门召开会议、下发文件,要求所有的省级示范园都要对口支援、帮扶贫困地区的薄弱幼儿园。在这些方面我们花了很多工夫,形成了一个我认为是比较全面的文件,这对于推动学前教育公平有很大的作用。2005 年,我们开始重视 0—3 岁幼儿的早期教育,就这个问题我们开会、下发文件,我们几十所幼儿园在 0—3 岁早期教育这方面做了一些工作,应该说形成了一定的影响。今年(2019 年)国务院也下发了相关文件。所以我觉得如果从工作方法上讲的话,实际上我们还是沿用共产党的老办法、毛主席倡导的老办法,就是典型示范、先进带动一般,开现场会就是这种方法。

退休后我担任陕西省学前教育研究会的会长一职，期间我主要是着力于衔接高校专家、教研人员和优秀园长与教师，努力使这三方面的力量整合起来，让这三方面的力量紧密合作、各展所长。在学前教育研究会这个平台上，积极开展工作，通过深入地研究学前教育改革发展中每一个阶段的一些关键共性问题，推动学前教育研究工作，提升学前教育质量，更多地与学前教育改革发展的实际、实践紧密联系，并且为实践提供专业和学术服务，更好地为我省学前教育的改革发展服务。

问 您工作的基本理念是什么？

答 从职业良心和做人良心出发，竭尽全力做好每一项工作，这是我工作的基本理念。从职业良心这个角度讲，我在这个岗位上就应该履行这个岗位应尽的责任和使命，尽心竭力地把工作做好。从做人良心这个角度讲，要考虑到众多的家庭、众多幼儿的成长和发展都和自己的工作紧密相关，要时时考虑到这个问题，其他的一些细枝末节的事情就会较少干扰到自己。

问 结合您的经验，您认为如何做好学前教育行政工作？

答 第一，要坚持学习国家的大政方针，坚持深入调查研究，坚持既“瞻前”也“顾后”，认清方向，准确把握学前教育行政工作的形势与任务。

第二，要有宽广的胸怀，把一切可以团结的力量团结起来，善于整合各方资源，提高为推进教育改革发展服务的能力。

第三，尊重基层一线的创造创新精神，注意发现典型、培养典型，用典型带动一般，促进全局工作不断上新台阶。

第四，坚持统筹兼顾，在此基础上突出重点，牢牢抓住重点工作求突破，使各方面工作协调发展、整体提升。

问 现在幼儿园普遍反映“婆婆”太多，他们疲于应付政府多头管理，甚至是相互矛盾的管理，您认为这种现象需要改变吗？如何改变？

答 多头管理，急功近利，造成基层忙于应付，难以静下心来抓工作，这是目前非常突出的问题，必须下功夫来研究和解决。改变这一现象要真心实意地抓好放管服务改革，真正给出教育行政部门的权力清单，哪些工作该行政管，哪些工作该社会管，哪些工作要放手让园长、老师们自己去做。这个问题我觉得一直以来我们都没有梳理清楚。虽然国家早就提出权力清单的问题，但是真正落实的仍然不多。因此我觉得最重要的就是抓好放管服务，切切实实地列出行政机关的权力清单，一步步推进，才有可能出现新局面。

问 您对学前教育行政工作的愿景是什么?

答 希望学前教育行政工作人员都能成为党和政府的放心人,成为人民群众的贴心人,成为基层园长和教师的“娘家人”。

访谈对象 | **刘彦泽**（内蒙古自治区教育科学研究所所长、研究员）

访 谈 人 | 王乃正　庞　悦

问 是什么样的机缘让您来分管学前教育的？

答 一是在学业上，虽然是学学校专业的，由于和学前教育同属一个系，任课教师都十分熟悉，受这些老师的影响很大；二是来到研究所后，与学前教育相近的专业人员就我一个，自然这项工作就落到我的肩上。

问 您在任期间，教育行政机构中有独立的学前教育科室吗？有几名管理人员？

答 内蒙古自治区教育厅从 1997 年初开始，就将学前教育从基础教育处分离出来，独立设立了特教幼教处，设有处长、副处长、专职干事共三人。2000 年，我们研究所对照行政处室，也设立了学前教育研究室，工作人员两人，兼职研究员十人。同年，内蒙古幼儿教育研究会换届，我担任副理事长兼秘书长，有了更多时间和空间开展幼儿教育工作。

问 您认为需要设置独立的学前教育行政科室吗？根据什么配备管理人员？

答 应该是特别需要设置独立的学前教育行政科室，根据学前教育的特有属性和办园体制设置。

问 您认为学前教育行政人员的准入条件应是什么？

答 必须具有学前教育本科学历，而且还有不少于五年的幼儿园教育实践经历。

问 您在任期间，学前教育发展遇到的主要问题是什么？您是如何解决的？解决效果如何？

答 主要问题是“小学化倾向”严重；《幼儿园教育指导纲要（试行）》（以下简称《纲要》）《3—6 岁儿童学习与发展指南》（以下简称《指南》）的落实比较困难；幼儿教师专业化水平较低，学历达标专业不达标的现象严重。

解决的办法：一是加大培训力度，近十年来每年开展分领域培训的幼儿教师在1 000人左右；二是设立课题研究，近十年来每年纳入自治区教育规划的课题在130项左右，引导幼儿教师通过课题研究提升专业素养，参与人数在1 500人左右；三是组织有关人员深入幼儿园进行指导，每年在30所左右。

访谈对象 | **齐桂芝**（内蒙古自治区教育厅原幼儿教育处处长）

访 谈 人 | 王乃正 朱大勇

问 是什么样的机缘让您来分管学前教育的？

答 1979年内蒙古自治区教育厅成立了幼儿教育处，需要一名蒙汉兼通、有幼教工作经验、符合国家干部所需条件的人员。我在基层幼儿园工作过19年，其中在民族幼儿园工作过15年，并且在自治区首府呼和浩特市分管过托幼行政管理工作，愿意为全区幼教行政管理工作服务。经教育厅审查及本人同意后，我就调入教育厅分管了学前教育工作。

问 您在任期间，内蒙古自治区教育厅有独立的学前教育科室吗？共有几名管理人员？

答 我在任期间，内蒙古自治区委教育厅有独立的幼儿教育处，共有四名管理人员，从80年代初期开始，我区各盟市教育行政部门都有一至两名专职幼教行政干部，有的盟市还设有幼教科。

问 您认为是否需要设置独立的学前教育行政科室？

答 幼教工作者都很怀念当初自治区和各盟市有独立的学前教育行政机构和专职人员开展工作的局面。

问 您认为学前教育行政人员的准入条件应是什么？

答 学前教育行政人员的准入条件应高标准严要求，因为这项工作范围广、责任重，除具备一般公务员德才兼备的条件外，还应系统学习过学前教育专业性理论知识，在基层幼教岗位上有过锻炼和体验，应热爱学前教育事业，不断学习领会党和政府学前教育的方针、政策、法规，精力充沛，有能力有责任经常深入基层调查研究，并能结合实际开拓性地工作。

问 您在任期间,学前教育发展遇到的主要问题是什么？您是如何解决的？解决效果如何？

答 内蒙古学前教育基础十分薄弱,新中国成立前只有几处私立幼儿园,新中国成立后学前教育有了一定的发展,但在“文革”中,这些幼儿园遭到了极大破坏。党的十一届三中全会,特别是改革开放,给内蒙古学前教育事业带来了巨大的生机和活力。但80年代初,国家各项事业刚刚恢复发展,内蒙古偏远贫困地区仍存在居住分散、交通不便、自然条件恶劣、经济发展滞后、教育经费紧缺等问题,这些使内蒙古学前教育发展很不平衡。

根据当时的实际情况,我们对农村、牧区、半农半牧区因地制宜,开办了多种形式的幼儿园,其中有全日制、半日制、季节性幼儿园,草原流动幼儿园,小学附设学前班等,使那些偏远贫困地区的幼儿受到了一定的学前教育。这些办园形式也受到了家长的大力支持和孩子们的热情欢迎,从而在内蒙古形成了以公办园为骨干发挥其示范辐射作用、公办和民办相结合的格局,为幼儿体智德美劳全面发展,促进其身心协调发展打下了良好的基础。

问 您在任期间,出台了哪些政策文件？政策文件出台的背景及意图是什么？

答 根据自治区实际情况,为使内蒙古学前教育尽快步入规范化、法制化轨道,幼儿教育处先后出台了《关于发展我区农村牧区幼儿园教育的意见》《关于加强城镇学前班管理的若干规定》等。为使各类幼儿园学有榜样,以点带面,推动全区幼教事业的发展,经过检查评比,我们于1982年确定了首批自治区级10所示范性公办幼儿园。

1993年,教育厅又检查审定了机关、事业、工矿企业单位的10所幼儿园为自治区第二批示范性幼儿园。之后,各盟、旗县也都确定了本级示范性幼儿园。为充分发挥全区示范园的示范辐射作用,教育厅下发了《关于试行办好首批示范园的意见》。《幼儿园工作规程(试行)》和《条例》颁布后,为使各方面深入学习,贯彻落实两个文件的精神内涵,我们适时地下发了《内蒙古自治区幼儿园管理条例实施办法》等文件。

问 您在任期间,政府各部门间的工作协调情况如何？您最难忘的事情是什么？

答 我在任期间,政府各部门在学前教育方面协调情况很好,让我最难忘的是:第一,80年代初,内蒙古学前教育进入全面恢复发展时期,为加速发展学前教育事业,提高保育、教育质量,幼儿教育处主要通过短期培训、在职进修、“请进来走出去”等多种形式,提高幼教队伍的思想业务水平。当时,幼儿教育处与内蒙古民委、语委、妇联、工会等部门多次联合举办过农村、牧区、偏远贫困地区的幼儿园园长、主任、教师、医护人员专项培训班,组织幼教同仁参观考察、互相学习。各部门为了学前教育事业的发展配合得很好。

第二,到80年代中后期,为逐步建立不同层次的幼儿教师培养、培训基地,教育厅与内蒙古计委、财政厅等有关部门共同商定:高层次的培训由内蒙古师范大学学前教育系承担,中级的培训由内蒙古幼儿师范学校(在赤峰)和内蒙古民族幼儿师范学校(在鄂尔多斯)承担;呼和浩特市幼儿教师进修学校及一些盟市的师范学校、教师进修学校、职业高中也承担了培养、培训幼儿教师的任务。各部门都从各自的职责分工出发,齐心协作,大力支持了这项任务的落实。1986年以后,内蒙古师范大学学前教育专业专科生、本科生及函授生相继毕业,大大充实了内蒙古幼儿教师队伍。经过各方面共同努力,幼教队伍的思想观念、专业水平都有了很大进步。

问 您在任期间遇到的最大困难是什么?

答 我认为,过去在一个地区制定、落实长远的事业发展规划较难,因为存在诸多不确定因素。

问 您工作的最大成就是什么?您的工作创新体现在哪里?

答 一方面,1979年教育厅幼教处成立以来,在自治区领导的重视关怀下,在教育厅各级各届领导的带领下,在老处长俞敏女士的带领和她之前所做的工作的基础上,幼教处全体同志奋发努力,使内蒙古学前教育事业取得了长足发展。到1990年,内蒙古幼儿园数量和在园幼儿数量都比十年前成倍增长,每万人人口中的在园幼儿数从全国的第28位上升到第11位。内蒙古幼儿教育不仅普及面空前扩大,保育教育条件日益改善,教师的专业化程度、教育思想理念、幼儿园管理水平也都迅速提高。

为使内蒙古学前教育逐步走上科学管理的轨道,不断提升幼教质量,1980年,自治区成立了幼儿教育研究会,经过几年的努力,该研究会被评为自治区教育学会先进集体。1996年经教育学会同意和内蒙古民政厅批准,该研究会由一个只有13名会员的二级学会,发展成为有130多名骨干会员的一级学会,成为内蒙古幼教科研的中坚力量,同时研究会也成为中国学前教育研究会和自治区社科联的团体会员。有的盟市也成立了幼教研究分会。

为了持续深入开展幼教科研工作,研究会调动各方面的积极性,如大、中专院校教师,幼儿园园长,各盟市幼教干部。特别是各盟市幼教干部,他们各个精明强干,在当地有影响力、号召力,他们成了热心为幼教研究会服务的骨干力量。

为了及时交流内蒙古幼教改革信息,研究会创办了内部刊物《幼教信息》,该刊也很受幼教界的欢迎。1991年我有幸被内蒙古自治区少工委评为全区热爱儿童先进工作者。

另一方面,民族幼儿教育是我区幼教工作的主要特色和地区特点,创办民族幼儿教育是贯彻党的民族政策和民族语言、文字政策的具体体现,也是我们的工作重点。

我区少数民族幼儿教育基础十分薄弱,新中国成立初期,我区根本没有少数民族幼儿园。到50年代中期,在党的民族政策下,在自治区首府创办了全区第一所公办民族幼儿园(呼和浩特市第四幼儿园,今呼和浩特市新城区蒙古族幼儿园),这也是我区民族教育发展史上的第一所民族幼儿园。到60年代中期,全区只有20所少数民族幼儿园,其中蒙古族18所,其他少数民族幼儿园两所。党的十一届三中全会,特别是改革开放后,由于党和国家、自治区领导的重视,在教育厅各届领导的领导和各有关部门的密切配合下,大家共同努力,到80年代末,全区少数民族幼儿园已发展到上百所,其中蒙古族幼儿园79所,蒙汉合园22所,其他少数民族幼儿园7所,少数民族幼儿园数比80年代增加了4.4倍,在园幼儿数增加了6倍。各盟市旗县所在地都建起了设备条件较好、师资力量较强的公办幼儿园,有些偏远地区、牧区根据当地居住分散、交通不便、气候寒冷等实际情况,因地制宜地办起了半日制、季节性、流动性幼儿园,有不少民族小学也附设了学前班。

在这么短的时间里快速兴办民族幼儿园,这在内蒙古民族幼教发展史上是突破性的进展。民族幼教在发展过程中也遇到了不少困难和问题。当时,我在抓全处工作的同时,对全区民族幼教倾注了较多的精力。

80年代初期,蒙文幼儿教材因数量少、出版经济效益低、没有专项经费等原因,在内蒙古图书市场上奇缺,而当时的民族幼儿园都刚刚恢复,保教人员大都从各行各业调转过来,基本没有受过专业训练。针对这样的情况,我做了以下几方面的工作。

第一,为了尽快提高民族幼儿园的保育、教育和管理水平,我结合实际,带领处里面蒙文水平较高的同事,利用业余时间,编译了《幼儿教育工作指导》一书,较系统地讲述了幼儿教育的地位与作用、幼儿园管理、教育教学、卫生保健、幼儿教师的素质、幼儿园与家长的关系、幼儿园与小学的衔接等诸多内容,供民族幼儿园教师学习使用。

第二,为使内蒙古广大民族幼教工作者更便捷地学习国家出台的幼儿教育工作的法规和方针政策,使民族幼儿园管理工作逐步走上法治的轨道,我带领同事将《幼儿园管理工作法规文件选编》翻译成蒙文,这是国家教委基教司选编的一本工具书,全书共收录自1983年至1989年10月发布的11个法规、文件,然后以民教处、幼教处名义,发至全区蒙授幼儿园、学前班和幼教行政管理人员。

第三,根据当时国家教委颁发的《幼儿园教育纲要(试行草案)》(以下简称老《纲要》),结合内蒙古蒙授幼儿园、学前班特点及幼儿应以游戏为基本活动形式的原则,我们组织编译了《幼儿游戏》一书,书中囊括了蒙古族幼儿民间传统游戏、智力游戏、科学游戏、棋类游戏、活动性游戏等220个游戏。本书由内蒙古人民出版社出版发行,内蒙古新华书店经销,并于1992年7月在第二届优秀蒙古文图书评选中荣获二等奖。

第四,为防止蒙授学前班出现"小学化"现象,我协调幼教处、民教处、内蒙古少数民族义务教育促进会编译了蒙古文《幼儿学前班读物丛书》。本套书有语言、数学、常识、美术、智能培训、思想品德，分上下册，还有音乐、体育两本教师用书，共14册，由内蒙古教育出版社出版发行。本套教材的问世，为蒙授学前班教师和管理人员提高教育教学质量和检查评估工作提供了依据，受到教师、家长的广泛好评，很快被全国蒙古文教材审查委员会审查通过，并成为内蒙古蒙授学前班唯一指定用书。

第五，根据内蒙古偏远农村、牧区幼儿园和学前班没有蒙文音乐教材，没有乐器，没有音乐教师的实际情况，我联络幼教研究会和内蒙古文化音像出版社，出版了蒙语《幼儿歌曲》《幼儿舞蹈》两套音像制品，因内容符合民族特点、幼儿年龄特点，填补了此类教材的空白，得到了高度评价。《幼儿歌曲》于1998年8月荣获第二届全国优秀教育音像制品三等奖。

内蒙古蒙授幼儿教材没有前人的经验可以借鉴，我是根据当时基层的迫切需要，结合内蒙古民族特色和幼儿年龄特点，开创性地解决了一些蒙文幼儿教材的燃眉之急。

问 您工作的基本理念是什么？

答 我认为要想提高全民整体素质，必须从学前教育抓起，《意见》明确指出，学前教育要为培养德、智、体、美、劳全面发展的社会主义建设者和接班人奠定坚实基础。大家要认真深入学习，贯彻落实这一指导思想，常抓不懈，代代紧抓，定会见效。

问 结合您的经验，您认为如何做好学前教育行政工作？

答 学前教育行政人员一定要认真学习党和国家的有关政策、法规，特别要深入领会这次《意见》之精神内涵，并深入基层调查研究，结合时代特点和实际情况，创新性地开展工作。

问 现在幼儿园普遍反映“婆婆”太多，他们疲于应付政府多头管理，甚至是相互矛盾的管理。您认为这种现象需要改变吗？如何改变？

答 对基层幼儿园多头管理，多部门、多人次去幼儿园，又不解决实际问题，增加基层负担，这是严重脱离实际的形式主义。我们应该认真学习领会《意见》精神，按照相关的体制、机制，各负其责、互相协作，共同解决好基层最需要解决的问题，这才是推进学前教育发展的有力保证。

问 您对学前教育行政工作的愿景是什么？

答 我们多年从事学前教育行政工作的人，在学习《意见》后，心情无比喜悦，备受鼓舞，期待着全社会尽快呈现关心、支持学前教育深化改革、规范发展的良好氛围。

访谈对象 | **贡 青**（镇江市教育局学前教育处原处长）

访 谈 人 | 张 帅

问 什么样的机缘让您来分管学前教育的？镇江市教育局学前教育处共有几名管理人员？

答 1994年开始，我在句容市教研室先后担任音乐教研员、幼教教研员，从而与学前教育结下了不解缘分。后来，我又先后在句容市教育局基教科和镇江市教育局基教处工作，但当时工作的重心都不在学前教育。但从2010年镇江承担了国家学前教育体制改革试点任务之后，我的工作重心就逐步从小学教育等转到学前教育，直至2014年，镇江成立学前教育处，我成为镇江历史上第一个学前教育处处长后，就完完全全成了学前人。镇江市学前教育处也从只有1名兼职管理人员到现在的3名同志负责学前教育的行政管理工作。

问 镇江市教育局学前教育处的设置经历了一个怎样的过程？在这个过程中有没有遇到困难？又是如何解决的？

答 随着"国十条"的出台，国家对学前教育越来越重视，学前教育的改革任务和要求也前所未有地多了起来，原有的1名兼职人员根本满足不了工作的需要，迫切需要有专门部门和专职人员来负责学前教育的管理工作。为此，市教育局多次和编制部门及相关领导汇报请示：一是江苏省出台的《江苏省学前教育条例》明确要求成立学前教育机构，省人大代表、市人大也对镇江执行《江苏省学前教育条例》情况进行了执法调研和专题检查；二是成立学前教育处不仅是国家学前教育体制改革任务的需要，也是重要的改革内容之一；三是学前园所数量、办园类别及体制机制等问题，与中小学、职业教育相比要复杂很多，但学前教育的行政管理人员、教研员的配比却是最低的，是否可以像青岛、上海等其他试点地区一样，在教育局设立独立的学前教育管理机构，配备专门的人员负责学前教育改革及行政管理。为此，市编制部门专项考察山东青岛、浙江宁波、安徽合肥等地区，经过两年多的充分调研及镇江改革成效及需求，2014年秋季，市编办将学前教育改革办公室工作内容和原来基教处负责的内容进行合并，成立学前教育处并核编1名行政人员。独立的学前教育处在镇江历史上，甚至在江苏都是一项教育管理体制的重大改革突破，意味着学前教育阶段的行政管理工作与中小学教育、高中教育、职业教育有了同样的地位，尽管当时配备的人员还只有1名，但体现了学前教育事业发展逐步专业化的过程。之后，经过三四年的努力，镇江从市到县市区，都成立了独立的学前教育管理部门，并且都配备了2—3名专职行政干部，加大了对学前教育改革工作的推进，加强了对课程内涵质量提升的指导，在努力完成“广覆盖、保基本”的改革任务的基础上，更要“有质量、高质量”地提供学前教育公共服务。

当然，任何一个部门独立设置时，都会遇到困难。关键就是领导和相关部门的认可问题。很多人对学前教育的认识还停留在学前教育机构只是满足于孩子日常的吃吃喝喝，不知道随着社会的发展、科学的进步，0—6岁的学前教育对孩子的认知、行为、习惯以及学习品质等起着重要的作用。但这似乎也不奇怪，俗话说“隔行如隔山”，别的部门不了解教育，那就需要教育人自身向相关部门和领导积极宣传，进行沟通，用行动证明学前教育改革后的变化和成效，不能太急，要一步步得到政府、相关部门及领导越来越多的支持和关心。可以说，镇江的学前教育处之所以能成立，一方面是改革任务的需要，还有一方面是因为改革所取得的成效。

问 是否需要设置专职部门和专职人员来管理学前教育呢？

答 学前教育需要设置独立的管理部门，并配备专职人员来管理。原因有以下几个方面。

第一，学前教育比起中小学教育、高中教育和职业教育，具有其复杂性和特殊性。所谓的复杂性，首先是办园体制的复杂性。公有性质办园里面有多种公办幼儿园，比如教办园、集体办园、单位办园；民办幼儿园的类型也是多种多样。对于不同类型的园所，管理政策和要求是不一样的。

第二，学前教育正处于改革发展期，各项政策的制定、各种建设的规划与实施以及内部教育质量的管理，都需要有一个专门的学前教育管理部门来统筹、组织、推进。幼儿园园所数量众多，像我们镇江就超过了中小学一半，是职业教育的十几倍。如果没有一个专门的部门，如何对这些幼儿园进行管理？

第三，有质量的学前教育需要精细化的管理，优质的管理才能出质量。

问 行政人员的准入条件是什么呢？

答 有教育情怀，有丰富的教育实践经历，又能符合现有的人才选拔规定。

问 在国家发展学前教育的背景下，镇江发展学前教育的思路和重点是什么？

答 2000年之前，我国的学前教育发展模式是以公办园为骨干和示范，以社会力量办园为主体。这样的一个发展模式也使我们受到了一定的冲击：10年之间幼儿园的办园性质虽然没有改变，但幼儿园基本是以生养园，财政投入很少，编制教师几乎没有，甚至部分地区原有的编制教师还调整到中小学去，因此幼儿园一直为生存、运转发愁。2007 年，镇江及各地区紧紧抓住江苏省创建区域教育现代化的契机，推进乡镇中心幼儿园“规划建设以政府为主导、财政投入以政府为主导”的发展思路，经过短短三年的发展，我们所有的乡镇中心幼儿园办园条件迅速得到改善，入园率也有了较大幅度的提高。

2010 年，镇江承担了国家学前教育体制改革的试点项目，成为全国教育体制改革试点地区。在原有发展基础上，我们提出了“五为主”的发展思路，即学前教育事业以公益性为主、办园体制以公办为主、经费投入以公共投入为主、师资队伍以在编幼儿教师为主、管理以教育行政部门为主。以政府为主导，明确政府职责是重中之重。学前教育是国民教育体系的一部分，属于基础教育的范畴，应该纳入公共服务体系，因此政府就应该负责任。只有学前教育的地位性质明确，才能进一步明确政府应该承担的责任。政府责任明确后，才能对财政投入、教师编制、幼儿园建设等事宜做出规划和要求。

2011 年，镇江市政府制定出台了《关于做好国家学前教育体制改革试点工作的实施意见》，文件中指出要坚持政府主导、社会参与、公办民办并举的办园体制，健全“辖市（区）统筹，辖市（区）镇（街道）共建”的管理体制，健全教育部门主管、有关部门分工负责的工作机制。这个文件出来以后，紧接着就明确各个部门的职责，之后，我们教育局内部又明确各个处室的改革任务，出台相应的配套文件。根据“广覆盖、保基本”的第一阶段改革任务要求，历时一年多，2012 年 8 月，镇江市人民政府办公室下发《关于印发〈镇江市市区学前教育设施布局规划指导意见〉的通知》。在这个专项规划布局中我们做了几个突破：第一次明确了优质幼儿园的规划布局标准，即每一万人要配建 1 所三到四轨的幼儿园，法规性刚性明确幼儿园的资源配置。第二个重点是关于学前教育的经费改革问题，我们制定出台了《镇江市学前教育发展专项经费使用管理办法（试行）》，明确学前教育经费单列，将学前教育经费列入财政预算，财政性学前教育经费在同级财政性教育经费中占 5%，并逐步增加；生均公用经费要高于省定标准，并设立镇江学前教育专项经费。第三项重点工作就是学前教育师资队伍的数量及质量问题。2012 年，镇江编制部门率先在全省出台了《关于加强公办幼儿园机构编制管理工作的意见》，文件中明确提出编制班额标准及公办幼儿园每班配一个在编教师等编制核编标准。“1+x”文件群的出台，构建了镇江学前教育系统政策制度设计，之后随着改革发展的不断推进，镇江市政府及相关部门又不断出台了若干配套文件，不断将国家改革发展的重点任务通过明确政府主导、教育局主管、辖市区政府主办、幼儿园独立法人等责任主体，学前教育事业也逐步从没人管到政府管、从规划建设不明确到规划建设综合审议、从政府投入生均成本不到5%到占比达50%以上、从单一的程序化一日活动安排到以儿童为中心灵活多样稳定的一日活动安排，学前教育事业获得飞速发展，特别是当镇江的学前教育从政策上、体制上解决了房子、经费、人员等问题后，从2013年开始，改革发展的重心逐步转移到学前教育的内涵质量改革上来。

2012年《指南》颁布后，以儿童为本的幼儿园一日活动究竟应如何开展，成为我们又一项关注的改革重点，课程改革水平关系到质量水平。2013年，我们和江苏省教科院幼教特教所签订合作协议，他们定时、定人、定专题到镇江的部分幼儿园开展追踪式专家陪伴的新型教研，探寻镇江区域范围内幼儿园课程改革的实施策略。

各项制度、政策的顶层设计很重要，建立科学的督导评估体系也很重要。从2011年开始，督导室就加强对学前教育的督导，由分管副市长带队，按照文件要求，对学前教育每年的重点任务进行督导，把督导结果报市政府，同时把结果纳入到各个县市区的考核体系之中。除了政府督导以外，我们还有人大执法、人大约谈制度。人大执法的三大重点：第一，学前教育的财政性经费投入是否达到整个财政性教育经费的5%，生均经费是否达到小学的一半；第二，对幼儿园整体规划布局、班额、小区配套幼儿园建设、公办以及普惠办园等问题进行数据重点督查分析；第三，教师编制的问题，每年幼儿教师编制给了多少，非公办幼儿园教师的工资待遇财政有没有给予兜底解决等等。2013年10月，镇江市人民政府教育督导室、市教育局联合印发了《镇江市幼儿园办园水平督导评估实施方案》，由政府对幼儿园办园水平进行督导。总的来看，镇江学前教育就是按照“五为主”的发展思路，重点落实好管、建、钱、人、事等五个方面的问题。

问 您在任期间，镇江学前教育发展遇到的主要问题是什么？您是如何解决的？解决效果如何？

答 领导的重视。如何让市政府领导以及各个部门领导，包括教育部门的领导更重视学前教育，如何转变他们的观念，使相关部门及领导承担起发展学前教育的重要责任是最困难的。如果学前教育有法，有明确的性质和定位，各级政府责任明确，也许就不那么难改革了。

就这个问题，我们做了以下工作。第一，建立学前教育联席会议制度。在市政府的要求下，我们组织相关部门的领导每年召开一次联席会议，讨论协调改革中的重大问题。第二，每年制定出台学前教育改革十大重点任务，并明确时间表、路线图、责任人。第三，将改革任务纳入政府督导考核体系。每月对完成的任务情况进行汇总，报市政府；每年进行专题调研，并对完成的任务情况进行考核。这样一来，相关政策不只是落实在纸上，更重要的是落地生根。

问 您在任期间,政府各部门的工作协调情况如何?

答 我们每年召开学前教育改革发展联席会议,协调各个部门的工作。像我们做的专项规划,住建、规划、国土、物价等部门都是分工协作的。

在规划建设方面,规划部门有个段总工程师,非常支持我们的工作。他主动问我们幼儿园的规划,空间应该多大、如何进行布局,他主动把幼儿园的规划全部做到位,并严格要求开发商按照这个规划执行。另外,我记得当时一个阴雨绵绵的下午,我们编办的一个同志来找我,他们做了一个公办幼儿园的现状调查,想要出台幼儿教师编制的文件,不知道应该遵从什么标准来制定,因为当时国家没有相应的文件做参考。经过讨论,最后我们就按照省优质幼儿园小班30人、中班35人、大班40人的班额,每班配备两教一保这样一个要求作为核定编制的标准,来规定班额、规模,保证一个班有一名在编教师。同时我们还有一个创新,规定了三轨制幼儿园园长的配备要求,即配备一名园长、两名副园长。另外,保健教师也要有编制。后来江苏省出台了1∶16的师幼比标准,我们自己的规定就作废了。

幼教行政工作最大的一个技巧就是沟通。其实很多部门是想要支持学前教育工作的,当我们跟相关部门去沟通的时候,把国家文件以及存在的实际问题传达给他们时,在相关部门力所能及的范围内,他们是积极支持的。

问 镇江出台了哪些政策文件?出台的背景及意图是什么?

答 镇江市人民政府出台的第一个文件是2011年印发的《关于做好国家学前教育体制改革试点工作的实施意见》。在这个文件里面我们明确了三点。第一个明确学前教育的地位是什么;第二个明确学前教育的改革目标任务是建立广覆盖、保基本、有特色的学前教育公共服务体系;第三个明确要建立五个机制:管理体制、办园机制、投入机制、教师队伍建设机制、质量发展机制,明确了"五主导"的发展模式。这个文件是属于镇江模式1.0版,最重要的是广覆盖、保基本,有明确指标要求一万人建1所三到四轨规模的幼儿园。但是这个文件中关于经费和人员的问题指标不够明确,改革还不够到位。

改革是一个逐步发展的过程,到了2012年,市政府出台了《关于进一步深化学前教育体制改革试点工作的意见》,完成镇江模式2.0版综合性文件制度设计。这个文件重点关注保运转、建队伍,明确提出学前教育财政经费占5%的指标,明确保证公办幼儿园的编制,并且提出了80%的公办幼儿园要配备1名有编制的男教师,也提到了人事代理教师队伍的财政保障问题,明确了非在编教师的企业身份的定位。在办园机制方面,以财政投入为主,以公办教师为主,进一步健全完善了投入机制和教师队伍建设机制。

2015年,市政府出台了第三个综合性文件《镇江市人民政府关于加快推进学前教育优质均衡发展的实施意见》，完成镇江模式3.0版政策制度设计。这个文件开始关注提升质量，第一次明确提出全市幼儿园中公办幼儿园占比要保持在60%以上，在公办园和普惠性民办园就读的幼儿达90%以上。这是对前面所讲的政府为主导、财政投入为主的一个落实。

这几个文件一步步明确了学前教育的性质和地位、学前教育的管理问题、园舍问题、经费问题、人员问题，最后形成以公办幼儿园为主体的局面。

问 您在任期间，感觉到工作上最大的成就是什么？您的工作创新体现在哪里？

答 最大成就，一方面是领导开始重视学前教育，学前教育的地位提升了，家长对学前教育的认可度提升了。另一方面，幼儿园教师的职业认同感以及专业能力也得到了提升，工作的激情、热情得到了激发，职责意识得到了加强。教师的工作态度由“要求他做”转变为“我要去做”。幼儿园办园面貌发生了很大的变化。无论是哪个部门，都感觉到幼儿园的变化是颠覆性的，现在幼儿园呈现出一种生动活泼的面貌，追随儿童的发展，为儿童服务。

工作创新体现在我们提出了“三好”的目标。第一个目标“好入园”，第二个目标“入好园”，第三个目标“入园好”。前一阶段的学前教育改革，我们侧重结构性指标的改革，包括办园条件、经费、人员等方面。到了第三步改革的时候，我们重视过程性，以儿童的体验作为主要的价值判断，遵循儿童的身心发展规律和教育规律，给儿童应得的科学保教服务。这样的教育理念逐渐被社会、部门、家长、大多数老师接受。

问 您在任期间，感觉到工作上最大的挑战是什么？

答 学前教育改革对自身工作能力、自我专业要求是一个挑战。实际上，幼教行政这一岗位，一方面不仅要对行政工作有比较全面、系统的认知和了解，能够融会贯通，最重要的是还要能够从专业层面给予幼儿园政策上的支持和保障。因此，对自身工作能力的恐慌以及能力提升的迫切需要导致当时我最大的愿望就是教育部或者省里面对我们行政干部能进行针对性专题培训，诸如政策解读、工作经验交流、问题研讨等，通过多种形式来提升广大幼教干部的专业素养。但当时，这种系统对幼教干部的专业培训几乎没有。

另一方面，幼教行政工作需要一支能干、肯干、会干的专业的队伍来落实国家、省、市的政策文件。这支队伍要有热情，有能力，有解决问题的方法。

问 您工作的基本理念是什么？

答 学前教育太薄弱了，需要有人去关心学前教育，当时我就是一门心思想要发展好学前教育，做好这个岗位应该做的事情，让孩子得到更好的发展。“不输在起跑线上”，这句话不是对孩子讲的，而是对我们讲的。幼教行政工作不是高高在上的，幼教行政人员是政策的制定者，也是政策的推进者、实施者，还是出谋划策的参谋者。所以，幼教行政人员的工作应该竭尽全力，发扬雷锋的钉子精神。

问 现在幼儿园普遍反映管理他们的“婆婆”太多，他们疲于应付政府多头管理，甚至是相互矛盾的管理。您认为这种现象需要改变吗？如何改变？

答 各个部门在学前教育的管理上都有其分管的块面，它们需要针对其分管的块面对幼儿园进行管理，否则政府会追究这些部门的责任。关键的问题在于各类检查不能各行其是，这种各行其是的“多头管理”如果不解决，就会限制幼儿园的发展，一线教师为了应付各种检查，深入班级和陪伴孩子的时间就会减少，影响师幼互动的质量。

改变这种现象首先需要通过联席会议制度，由教育局学前教育改革办公室对各类的检查进行统筹，把各类的检查都统一在幼儿园的一个系统当中，以同一个标准和相对统一的要求来管理幼儿园。各部门明确了各项职责以后该如何去管理和检查幼儿园，这是下一步改革需要解决的。要发挥多媒体的信息化作用来改变这一现状，这也是我们现在正在做的。这里又涉及另一个改革，就是如何提高幼儿园的信息化装备，哪些任务是通过网络传输就可以完成的，哪些内容需要进行现场检查。另一方面，需要明确幼儿园的质量评估标准，然后进行统一检查，不干扰幼儿园正常的教学活动。这也是需要政府统一协调的问题。

问 您对学前教育行政工作的愿景是什么？

答 希望能够尽快出台学前教育法，从法律层面明确和保障学前教育的地位，形成法规性的要求。这样行政部门的各项工作和职责才能够有法可依。

希望《意见》能够层层落实，希望能出台相应的配套文件，在人员问题、经费问题、师资问题、管理问题等方面制定可操作性的指标和具体标准，将学前教育纳入到各级政府的考核体系中。

访谈对象 | **严善本**（南京市教育局原幼教处处长）

访 谈 人 | 原晋霞

问 严老师，请您简要介绍一下您的工作经历。

答 1958年，我从南师大附属幼师毕业。毕业后分配在南京原白下区太平巷幼儿园任幼儿教师，之后，被调到了九条巷幼儿园（现梅花山庄幼儿园）当教师兼工会主席，不到两年时间，又调到区教师进修学校（现在的教研室）任幼教辅导员（后改称教研员）。1976年后国家百废待举，政府重视幼儿教育，为了有效推进幼教改革，让市教育局牵头，妇联、工会各出一名干部，对全市各类型幼儿园进行摸底，了解现状。我被市里从白下区借调，代表市教育局参加调查工作。当我走进某一个工厂幼儿园时，看到七八十名孩子挤在一个房间里，没有玩具，只有一排破旧的小椅子，就看有一个年轻人，是从厂里调出来的一个工人。那她怎么带孩子呢？满满一屋子的孩子，就听见她喊"坐好，不许讲话"，然后她就跟来找她的大人聊天说话，孩子们又乱成一团。她生气地让孩子站起来，罚站！孩子哪能站好，过一会儿又全乱了，你碰我一下，我打你一下。她更气了，边骂孩子边举起手重重地给每个孩子一巴掌，看到此情此景我眼泪都掉了下来。我们就在旁边，她也不知道我们是哪里的。我们当时是"微服私访"，我着急地说："你怎么可以这样打孩子呢？"她就说："你什么人啊？"我说："你不用管我是谁，你都不能打孩子呀。"她说："这么多娃，我怎么带啊？"是啊！她又不是幼师，不会带孩子玩游戏，又没玩具，是很难的。调查结束后，我们将妇联、工会、教育局三家的调查情况进行了汇总，幼儿园的现状不容乐观，南京市幼儿教育亟待改革，我们提交了调查报告向市政府呼吁重视。1980年左右，市政府出面在教育局内设立了市政府托幼领导小组，全市的幼儿园教育教学工作归托幼办负责。同年，我正式调入了南京市教育局，成为托幼小组办事员，随后成为执行副组长。

托幼办公室成立以后，幼儿教育由南京市统筹管理，幼儿园有工厂办、部队办、院校办、公办、街道办五路大军，当时的担子蛮重的。原来是安排小教科里面的一个人去管幼儿园，这个人，既要管小学，又要管幼儿园，他不是专门管幼儿园的。当时政府重视幼儿教育，我们做了调研后，1980年成立了幼教科，有3名管理人员，还从各区借调了六七位幼教干部协助管理五路大军。

问 那时候，区里有没有幼教干部？

答 随着对幼教的重视，80年代初，各个区也都成立了幼教科，教育局专门有一位副局长分管幼教。80年代末90年代初，是幼教发展的兴旺时代，幼教科改为了幼教处，处里有十个人，两人分管一条线，对工厂办、集体办、部队办、院校办、公办幼儿园进行管理，定期开会汇报情况。由于编制有限，幼教处只有两三个人，其他人员从区里借调而来，统一管理及指导各类幼儿园，南京幼教有声有色。1993年左右，在广东江门的国际幼教会议上，我代表南京市发言，发言内容就是如何围绕南京各类幼儿园五路大军共抓共管展开，国际同行友人对我的发言很感兴趣，会后还不断向我咨询。

问 您在任期间，做了哪几件至今仍然记忆犹新的大事？

答 "大跃进"后，国家要解放劳动力，就要把大量的妇女解放出来，加入生产当中，很多街道组织了幼儿班。街道的妇女，稍微有一点文化程度的，初中以上的都招来，开办幼儿班。当时编教材，基本上都是南师大组织的，我们在唐淑老师带领下，编写南京市的各科幼儿教材，我参与编写音乐舞蹈教材。我热爱幼教，当老师我爱孩子，当领导我要对全市幼儿园负责任，有时候做梦脑子里都是幼儿园，是孩子。有时第二天要开大会，晚上做梦都在想大会发言提纲，由于热爱与责任感，我精力充沛地投入幼教事业！

我在任的时候做了几件事。

第一件事，大力推广儿童歌曲。当时的儿童大多唱成年人的歌曲，这并不符合儿童的生理发展特点，也不利于儿童的健康成长。为了改变这一现状，我们在处里召开会议，想办法推广儿童歌曲。我们收集了各个幼儿园优秀的儿童歌曲，并借南京市第三幼儿园的场地进行了现场拍摄，同音响公司合作，制作并发行了"娃娃爱唱卡拉OK"光盘。随后，每个区的幼儿园都开始开展"娃娃爱唱卡拉OK"比赛，并将比赛推向了全市。市幼教处因为为全市幼儿园服务的热情，后被评为"江苏省少年儿童工作先进单位"。

第二件事，创办《幼儿教育报》。《幼儿教育报》创办的目的在于加强家长对幼儿教育的关心了解，让家长配合幼儿园开展教育。很多家长认为把孩子交给幼儿园即可。当孩子回到家里面，看见家长随地乱扔垃圾，小朋友就说："爸爸，不能随地丢。""这有什么关系啊？"家长说着用脚踢了踢垃圾。这是我们看到的现象。我们联合教研室创办了《幼儿教育报》，我做主编。报纸主要是发行给家长，告诉家长如何配合幼儿园进行教育。但是很遗憾，我退休后不久，因为种种原因，停刊了。

第三件事，开展幼小衔接。我在任期间，联合国儿基会在江苏开展了一个幼小衔接的课题。随后，我们在鼓楼幼儿园和琅琊路小学也开展了幼小衔接课题，幼小衔接的实验就安排在鼓楼幼儿园进行。当时的幼小衔接强调习惯的衔接、学习意识的衔接、教育意识的衔接、任务意识的衔接。

问 严老师，您在二十世纪八九十年代的时候是幼教干部，那个时候，国家发展学前教育的思路和重点，就您感受而言，主要是什么？

答 一方面，注重保教结合。一开始是重视0—6岁儿童教育，后来又强调3—6岁儿童教育。1980年左右国家教育部有学前教育处，孙岩任第一任处长。孙处长十分重视幼儿园教育，强调要保育儿童，因此当时国家颁布老《纲要》，南师大随后出版了一套保教结合丛书，提升教师在生活管理、卫生管理以及智力管理方面的能力。另一方面，注重幼小衔接。

问 那时候，发展幼教的经费怎么样？

答 当时，我们市局管辖的南京市幼儿园有1 470所。现在的南京市幼儿园只有959所，因为三个班以上才算幼儿园，很多地方上的小班不在计算范围内。所以现在又开始强调普惠率，大力发展公办园。我在任期间只有60多所公办园，现在已经发展到了100多所。现在很多街道园（大集体幼儿园）发展起来后都列为公办园，一方面身份变了，成了公办园，但另一方面，却享受不到国家补贴，而且还限制收费。我在任期间，针对街道办的幼儿园，市政府托幼小组会给予补贴，即三个50万。第一个50万，补助教师外出进修；第二个50万，补贴退休教师的工资，因为当时还没有退休金；第三个50万，补助房舍维修。每年三个50万，我们统筹安排，补贴给有需要的幼儿园，现在补助由三个50万变成了三个80万。

当时发展幼教的经费来源于国家拨款。除了市政府托幼小组给予的三项补助外，按照要求拨给教育的经费在整个南京市税收中有一定比例，教育经费中以义务教育为主，分给幼教的经费很少，经费投入不是平均分配，而是以点带面、保证重点。经费拨款向骨干幼儿园倾斜，如市实验幼儿园、太平巷幼儿园、鼓楼幼儿园等，他们翻建与改建，省、市、区都会拨款。后来只要幼儿园达到市级示范标准，就给予拨款补助。当然，有些幼儿园也存在先拨款改造、后达标的情况。以教育局为主，联合妇联、儿保所、卫生局，各出一名代表作为评委，我亲自带队，对幼儿园进行市级评审，评审后报到省里，由省级代表再进行审查。

问 当时为什么要进行幼儿园评级？

答 幼儿园的评级具体划分为合格园、标准园、一般园、市级示范园、省级示范园，目的在于规范办园，鼓励大家把幼儿园办好，增强教师的工作积极性和集体荣誉感。通过幼儿园评级，也能够增强各个区的荣誉感。我们经常报道各类幼儿园的数量，从而使各个区之间争相发展优质园，促进幼教事业发展。其中，鼓楼区、白下区、玄武区等区优质幼儿园较多。

问 为幼儿园评定等级是否与收费有关系?

答 当时的幼儿园评级与幼儿园收费还没有关系,评级的出发点在于使幼儿园规范起来、合格起来、标准起来、优秀起来。之后就与收费有关系了。

问 幼儿园评级之前各类幼儿园的收费都一样吗?

答 公办幼儿园的收费标准由市里统一规定。在按质定价之前,我们公办幼儿园的收费都差不多。

问 后来,幼儿园的收费逐渐就跟评级有关系了?

答 是的。如果幼儿园没有达到优质,它的收费就不敢太高,而有些幼儿园,尤其是市区里的幼儿园,占地面积较小,先天条件不足,很难评上优质园。这就使得政府不得不为幼儿园扩充土地,如秦淮区的中华路幼儿园,区里多次拨款改建之后成为区里第一家省级示范园。经费问题与领导的重视程度存在很大关系,由于有些区对幼教不重视,存在骨干教师流失的隐患,我们就想尽办法使区里重视幼教,私下里做工作,帮助教师解决问题,留住骨干教师。作为幼教干部,有责任去把这件事情做好,所以我们采用激励机制,通过幼儿园评级的方式鼓励各个区把幼儿园办好,并带动全市重视起幼教发展。站在行政的角度,我们希望每个幼儿园都办好,使全市孩子都受益。

问 现在幼儿园普遍反映管理他们的"婆婆"太多,您在任时有这种情况吗?

答 我在任期间同样存在幼儿园"婆婆"太多的问题,针对这个问题,我们采用了"五路大军齐抓共管"的方式。幼儿园验收时,在我的带领下,教育局会同卫生局、妇联等各个部门的验收代表统一进行检查。在进行幼儿园检查时,行政、教育、卫生等各个方面齐抓共管,将检查意见统一传达给幼儿园,就不存在多头管理。大概我退休两年后,幼教处被撤销,合并到初教处。各个部门如卫生局、儿保所等开始单独管理,现在儿保所享有一票否决权。幼儿园被多头管理,感到很疲惫,各部门关心幼儿园是好事,但检查多了影响幼儿园正常秩序。我希望各部门关心,但检查幼儿园最好联合起来进行。

问 严老师,您认为幼儿园评估关键应看什么?

答 我当过幼儿园老师,当过幼教干部,后面当行政领导,所以我理解幼儿园,了解什么是好的幼儿园,什么是不好的幼儿园。老师对孩子好、态度好、微笑服务,还要上课,当中把握几个关键性的东西,我们往班级里面一站就晓得班级的教育质量怎么样,往门口一站就知道幼儿园的管理怎么样。要进班看师生互动,看幼儿园环境是否符合孩子的发展,我打分就很实在,务实为好,仅仅看资料是看不出来真实保教质量的,很难反映出幼儿园真实的教育状况,还容易出现材料作假、投其所好的现象。

问 严老师，您认为是否需要设置独立的学前教育行政科室？

答 首先，设置独立的学前教育行政科室是必要的，因为幼儿教育是基础教育，应得到重视，有单独机构精力集中，有利幼儿园管理。其次，学前教育的行政管理人员最好要是学前教育专业的。

问 什么时候是教研室合署办公的？

答 我调到市局之前市教研室就有一名教研员在局里合署办公，后来从南师大毕业的陆克俭、余碧君分配到市教研室也在教育局办公。

问 严老师，你工作期间遇到的最大的困难或遗憾是什么？

答 整体来看，工作还是比较顺畅的，如果说有什么困难，主要是经费缺乏和人才缺乏两个方面。

首先，幼儿园经费不足。实际上要点钱还是蛮难的。有时候要较真一点，因为盘子里头就这么多蛋糕，幼教能切多少还得使劲争取。每次到年底分钱的时候，我们局长就说："严善本，你不要吵，会分给你的。"先把我安抚好，因为他怕我吵，我吵也是从幼儿园角度出发来吵。我说中教处的大哥哥、小教处的小哥哥，你们多关心一下我们小妹妹。因为我争不过他们，他们中学有升学率，升学率很重要，局长也重视。我只能"赖"在局长后面要钱，幼儿园的各项建设都需要经费支持，但是幼儿园经费占整个教育经费的比重很小。比起小学、初高中教育，幼教不受重视，每年的幼教经费都少之又少，需要竭尽全力才能为幼教争取到"一杯羹"。

其次，幼教师资不足，素质不高。幼儿教师数量少，市幼师每年培养八十多名教师，但幼儿园迅速发展，教师的数量和教学水平难以满足发展需要。因此，各个区都办教师培训，但培训的次数和作用是有限的，无法与接受过正规训练的专业幼教教师相比。教师素质的提升、教育基本功的夯实是当时比较困难的一项任务。当时我在白下区进修学校的时候，也亲自教课，教音乐教学法。

问 严老师，那时候幼儿教师的社会地位怎么样？

答 我报考幼师那时候，没考虑什么社会地位。当时选择幼师一方面是因为家庭经济条件比较差，而幼师是免学费的，每个月还有八块钱的伙食费；另一方面，我的兴趣爱好比较广，能跳能唱能说，班主任认为我适合考幼师，我才选择了幼师。

改革开放以后，第一是国家重视幼教了，幼儿园老师的地位也就高了；第二是幼儿园老师工资跟小学老师的工资持平了，工资高了地位就高了，现在人家说幼儿园的老师退休就能拿到六七千；第三是幼儿园老师的学历层次也提升了，幼儿园老师都要大专以上学历了，过几年说不定都要本科学历，有的幼儿园都要研究生了。地位是随着这些因素来的。

目前来看,公办幼儿园老师的待遇还不错,但公办园每年编制很少,考编制的人多,能够进编的人很少,这一点还是和经济挂钩。就整个幼儿教育行业来看,幼儿教师的社会地位还是不理想。与小学老师的工作不同,幼儿园的工作是脑力劳动和体力劳动相结合,不是纯粹一堂课结束了就能休息10分钟,幼儿园老师是从早忙到晚。我当过幼儿园老师深有体会,从幼儿园回到家筋疲力尽,自己的孩子都顾不上管。幼儿园老师很辛苦,所以要提高幼儿园老师的待遇。

问 严老师,请您总结一下,如何做好一名行政干部?

答 首先,幼教行政干部要接地气,能够与幼儿园同呼吸,要想他们所想,要帮他们解决困难。我认为这一点我做到了,我做过幼儿园老师,深知幼儿园老师的不易,也了解幼儿园的困难,所以我与他们关系很好,不管是公办园还是民办园、部队园,都是培养祖国的未来,手心手背都是肉,只要幼儿园有困难,我都想办法解决。我是这样想的,也是这么做的。我希望分管幼教的行政干部多站在幼儿园立场,热心为幼儿园服务。

其次,幼教行政干部要专业,懂业务,思想与时俱进,关心国家大事。比如,“六一”儿童节的节目,不是仅仅让孩子穿得花花绿绿跑进跑出,节目需要有教育性,符合儿童的年龄特点。每年中央台的“六一”儿童节目我都会看,从中归纳重要的教育内容和国家精神来影响地方上的幼儿园。所以,一定要传承中国传统文化,与时俱进,更要学习陈鹤琴先生提倡的“活教育”,让幼儿教育活起来!

访谈对象 | **李　珈**（广州市番禺区教育局副局长）
访 谈 人 | 覃江梅

问 是什么样的机缘让您来分管学前教育？

答 2006 年，我被调到教育局的时候，主要负责体育、卫生与艺术教育的管理，还有青少年宫的工作，服务于低龄少年儿童。当时的学前教育由区托幼办负责，独立在政府的部门设置里面，与教育局的关系属于业务联系，不叫分管。那时候我对学前教育了解不是很具体，主要是联系、协调部门给予支持。

问 番禺区教育局有独立的学前教育科室吗？共有几名管理人员？

答 直到 2010 年底，我们区实施机构改革，区托幼办被撤销合并到教育局，新成立了独立的幼教科，由我分管学前教育。从行政管理来讲，有"块"管理和"条"管理。原来的托幼办是"块"管理，负责人事、安全、财务等方面的管理，改革后整个职能迁移到幼教科，也是"块"管理，当时全广州只有番禺区独立设置学前教育科室，其他区或是中小教科兼幼教的工作，或是归并到其他科室。独立设置幼教科一个很大的优势就是专业性强，人和事统一管理，效率很高。比如说，要推动学前三年行动计划，关于教师队伍建设、办园条件完善、政策设计等方方面面的问题，统一由幼教科来推进效率很高，因为责权都集中，不需要经过其他协调，这是当时幼教科"块"管理的优势。同时，也存在不足之处，如在人力不足的情况下，会出现任务多、负担重、手忙脚乱的情况。

作为独立机构的时候，幼教科有 6 名管理人员，其中公务员 2 名，事业编制教研员 2 名，另外还有 2 名合同制人员。后来，经过六年的时间，由于形势需要，教育局机关内设科室又进行了调整，主要是由于涉及一些职能整合的需要和法律法规的执行，最后合并成新的职成幼民办教育科，包括职业教育、成人教育、幼儿教育和民办教育。职能整合后，没有以前那么专一，但是实际上还是保留了"块"管理的方式。

问 您认为是否需要设置独立的学前教育行政科室？应根据什么配备管理人员？

答 设置独立的学前教育行政科室非常必要。像番禺区中小学是 208 所，幼儿园是 339 所。幼儿园从数量上比中小学都要多，当然，它规模小，但管理难度大，因为 70%的幼儿园是民办的。这几年我区公办、民办学校融合得非常好，很少收到投诉。因为区教育局在行政上的执行,还有培训、开会等工作推动都做到了一视同仁,不会在公办、民办之间进行刻意的区分。

如果说应根据什么来配备管理人员的话,管理层和业务层两方面都需要。另外,还需要一些行政人员能够进行基础的统计、数据管理等工作。

问 您认为学前教育行政人员的准入条件应是什么?

答 第一,思想政治方面和道德品质符合教育大政方针的要求。

第二,专业素养方面的要求。所谓"外行看热闹,内行看门道"。作为管理人员需要强调专业性,对一些教育本质有基本的认识,我所说的专业素养不仅仅局限于学前教育,还包括在整个教育背景下对教育深层次的本质的理解,这些对于学前教育行政人员来说是共通的。实际上,对人的培养、思维的形成、能力的形成、认知的形成都是有规律的。

第三,就是管理能力。除了具备教育方面的专业素养外,还需要具有一定的管理能力。管理能力最强调的是协调能力和分配资源的能力。不失时机地把握住周围诸多的因素和条件,协调和优化这些资源的能力是非常讲究的。

问 您认为目前番禺区学前教育发展遇到的主要问题是什么?您是如何解决的?解决效果如何?

答 存在的主要问题:

一是对学前教育认识不足。大部分农村家长甚至是镇村干部对学前教育还停留在"保姆型、放养式"的认识上,认为孩子只要有人看管就行,所以占全区幼儿园总数60%以上的农村幼儿园,多数属于村民福利性质,村集体在资金投入方面极为不足,导致不少园舍简陋,设施落后,保教人员素质偏低。

二是管理机构不完善。人员配备不足,以前区托幼办只配备3名人员,要负责全区340多所托幼园所6.7万以上师生的日常管理工作。大多数镇(街)托幼办虽然设有负责人,但由于身兼数职且未配备专职幼教管理人员,管理难以到位和落实。

三是保教费过低。由于公办园收费所定标准时间久远,收费偏低,而绝大多数集体办园经费自筹,导致经费不足,难以为继,陷入困境。

四是村办园保教质量偏低。由于经济实力不足和观念滞后等因素,村办园的保教质量较为落后。学前教育发展不均衡,存在着城乡差距、区域差距和园所之间的差距。随着城市化进程的推进,不少村办园实行转制,有的村简单地想甩掉包袱,有的甚至希望幼儿园成为营利工具,对承包者没有把关,实行价高者得的方式。由于承包以营利为目的,因而产生了保教质量差、教师福利待遇低且流动性大等诸多不利于幼儿园发展的因素,极其不利于幼儿的健康成长。

五是幼儿教师整体待遇低。由于幼师待遇普遍偏低,队伍不稳定,从业人员的素质参差不齐,保教质量难以提高,阻碍我区学前教育的发展。尤其是部分中心幼儿园,办园经费严重不足,教师待遇得不到保证,未能充分发挥示范辐射作用。

面对这些问题,我们很早就进行了针对性地调研,从2008年起着手实施改革,我认为改革效果是非常好的。当时,我刚接手学前教育管理工作不久,教研员韩老师跟我讲了一件事,让我印象非常深刻。她们去检查一个比较偏远的农村幼儿园,发现有的孩子连裤子都没有穿,还光着脚;幼儿园的屋顶是用新瓦补盖的,大风一吹整个房顶就会掀起来;去检查厨房的时候,发现正在烧开水,却有孩子直接闯了进来但没有人管,这是严重的安全隐患!后来,我很快组织开展了一系列的专题调研,包括财政投入统计、幼儿园的办园条件、幼师工资待遇、安全管理等多个方面的研究,形成了专门的调研报告,向区委书记作了专题汇报,区领导十分重视。当时的区委谭书记亲自召开座谈会,听取幼儿园举办者和园长的发言,区领导意识到学前教育问题很突出,必须要改革,也指示教育局要制订一个改革方案。2008年的时候,国家层面还没有对学前教育提出具体要求,而番禺已经在紧锣密鼓地进行研究,准备出台一个全区性的指导意见。到了2010年底,国家发布了"国十条",要求各地出台三年行动计划。当时我们已经进行了反复酝酿和论证,制订了学前教育的改革意见和方案。这样,我们就根据上级要求,把这个方案改为番禺区的三年行动计划。这个方案在2011年1月12日以区委区政府1号文印发出台,可以体现区里的空前重视。同时,这也是番禺区在全广东省全广州市第一个出台三年行动计划。

在党委政府的重视和全社会的支持下,番禺学前教育就以三年行动计划作为抓手,从一期到二期到三期,一路高歌猛进。2014年和2017年在广州市首期和二期学前教育三年行动计划督导验收中,番禺均是获得"优秀"等级第一名,到了2019年10月,接受广州市组织的第三期计划中期督导也获得了"优秀"评价。一次"优秀"不足为奇,但连续三期近十年的工作都是获得"优秀",可以反映出番禺学前教育工作的成绩。

在整个发展过程中,我觉得我们的工作成效,用很多人的话说就是"翻天覆地的变化",无论是在量还是质方面。2016年2月,番禺被教育部评定为全国学前教育改革发展实验区,广东省有两个,广州市唯一一个就是我们。2019年2月,番禺被省教育厅评定为广东省学前教育发展改革实验区,同时石碁镇被评定为实验镇。这个用专家的话来讲,番禺学前教育已经成为全省、全市的先进区、龙头区,形成了快速城市化地区学前教育公益普惠、均衡优质发展的"番禺模式"。

番禺发展学前教育的改革和探索,得到了大家的肯定,不少经验还在大范围推广。省教育厅在番禺召开了两次现场会,三次专题刊发番禺学前教育的工作经验。市委办公厅的《广州信息》、市教育局的《广州教育》也推广番禺学前教育改革发展的新思路、新成效。2018年1月28日,《中国教育报》在"国家改革实验区"专题栏目以"区镇街联动扩容提质,真金白银让教师有'获得感';学前教育从'痛点'变'红利'"为题头版头条报道番禺情况。2019年5月26日,《中国教育报》以“建联动管理机制,用机制保驾护航——广州番禺精准施策办好小区配套园”为题报道番禺区小区配套园治理工作。2019年5月27日,《广州日报》在“广州贯彻落实四个走在全国前列排头兵报告”专栏整版报道番禺推动村级园回收转制公办的成效。

问 番禺区出台了哪些与学前教育相关的政策文件?这些政策文件出台的背景及意图是什么?

答 仅仅在一期三年行动计划中,我们就出台了15个相关的文件。

(1)《番禺区学前教育三年行动计划(2011—2013)》(番办发〔2011〕1号)

(2)《关于印发番禺区规范化幼儿园评估标准的通知》(番教文〔2010〕58号)

(3)《番禺区学前教育三年行动计划(2011—2013)幼教从业人员培训实施方案》(番教文〔2011〕42号)

(4)《番禺区学前教育三年行动计划(2011—2013)规范化幼儿园创建实施方案》(番教文〔2011〕49号)

(5)《关于印发番禺区幼儿园保教质量分级量化考核方案(试行)的通知》(番教文〔2011〕85号)

(6)《番禺区区属幼儿园、镇(街)中心幼儿园与农村薄弱幼儿园结对组团、捆绑考核实施方案》(番教文〔2011〕100号)

(7)《番禺区房地产小区配套幼儿园举办权招标方案(试行)》(番教文〔2012〕35号)

(8)《番禺区普惠性民办幼儿园认定实施方案(试行)》(番教文〔2012〕52号)

(9)《番禺区扩充公办学前教育资源实施方案》(番教文〔2013〕1号)

(10)《番禺区集体办幼儿园管理办法》(番教文〔2013〕11号)

(11)《番禺区幼儿教师岗位考核实施方案》(番教文〔2013〕75号)

(12)《广州市番禺区教育局印发番禺区学前教育资助制度实施办法》(番教文〔2013〕93号)

(13)《关于调整广州市番禺区学前教育业务辅导片的通知》(番教通〔2013〕135号)

(14)《广州市番禺区教育局关于成立番禺区学前教育中心教研组及学科教研组的通知》(番教通〔2013〕45号)

(15)《番禺区清理整治无证学前教育的工作方案》(番教通〔2013〕291号)

二期三年行动计划我们也陆续出台了一些文件。总的来说,政策文件出台的背景及意图主要围绕三个方面:一是幼儿园管理,二是保教保育,三是教师。围绕“优园优奖”“优教优奖”“优师优奖”这三个目标来制定政策,引导学前教育向优发展。“优园优奖”就是幼儿园办得好,就在硬件条件改善等方面去奖励它们。“优师优奖”就是教师的学历高、教学效果好，就给予奖励。一期学前教育三年行动计划的时候，“优师优奖”是对大专以上学历进修的教师全免费，费用由政府负责。由于有了这个政策，教师的大专学历率大大提升，原来是30%多，现在是80%多。二期的时候，我们就又开始奖励其他方面，实际上就是为了引导教师向好的方面发展。比如说“优教优奖”，我们每年做了一个省区分级量化考核，既要分级又要量化。分级量化是我们在一期的时候出台的，根据《指南》，我们把教学的规范化行为分解为108个细项。这些细项其实就是规范幼儿园应该怎么做。分级量化考核拿到优秀的幼儿园，幼儿园的所有老师每个月奖励100元，一年就是1 200元。虽然奖励金额并不高，而且是我们区自己制定的，但是教师们的教学积极性、集体荣誉感都有所提高，我们区幼儿园基本上不存在“小学化”现象。所以出台的这些政策文件都是在激励幼儿园，主要围绕着幼儿园怎么发展好、教师怎么发展好和教学质量怎么提高这三个方面来设计的。

问 您工作期间，政府各部门间的工作协调情况如何？您最难忘的事情是什么？

答 番禺区历年对教育工作比较重视，工作的协调情况还是不错的。我们有一个联席会议制度，妇联、民政、安全、消防、土地建设等各个职能部门成立一个小组，共同研究学前教育工作，每年召开一到两次的联席会议。当然还有个原因，是我个人除了管学前以外，还分管财建科，对全局经费安排特别是学前教育的经费要求非常清楚，有这样的一个优势在里面。协调情况的话基本都是没问题的。我们每次去财政局都是一个园长代表、一个教研员和科长一起，大家一起说明问题并沟通解决。职能部门沟通的情况还是挺好的。这一点与我们番禺政府的工作风气有关。他们都是很支持教育的。

最难忘的还是历任的几位区委书记，当然我们的区领导都非常支持学前教育的发展。刚才说的谭书记，他就亲自召开了学前教育座谈会，听取大家的意见，还召集镇街的书记开会，要求全区各镇街都建立一个中心幼儿园。那时候好多镇街就说没钱，2012年的时候经济也是挺困难的。然后书记就说砸锅卖铁也要把中心幼儿园建出来、建好。所以我非常感动，他对我们学前教育真的是非常的关心。后来的区长也非常重视学前教育的发展。比如说财政方面我们对事业单位叫拨款，对村办的幼儿园叫补助，因为它不是真正的事业单位，我们只能补助，这些要求都很精准，差一个字就不一样了，当时他亲自一个字一个字地帮我改，我非常感动。包括现在的区委何书记，我在村集体幼儿园发展遇到困难时，把报告发给他，他总是专门抽时间来调研和指示，帮助我们解决困难，非常支持、关心学前教育的发展。

问 您工作期间，遇到的最大困难是什么？

答 遇到最大的困难一个是经费不足的问题。财政这方面的问题我是非常理解的。番禺区财政一年能够使用的钱大概是100亿左右，其中三分之一给了教育，已经是很不错了。社会上有一些声音说政府财政投入不够,要逼政府多给点编制,所有的幼儿园老师都应该有编制。其实政府真的是没钱。因为我是管财政的,比较了解。但另一方面确实是因为经费不足,存在诸多问题。比如近几年我们每年都接手六七所小区配套园。一年增加六七所公办园的话经费要增加几个亿,实际上是非常困难的。还有一些村办幼儿园、集体幼儿园,为了有收入确保能正常运行,把幼儿园出租就变成了民办,难以确保办园质量。所以这些都是比较纠结的,我们只能在最大限度的政策范围内去做事,经费不足是困难之一。

另外一个是政策问题。首先是村集体幼儿园的认定问题,这个问题十分重要,如果村集体幼儿园不能够得到认定的话,办园质量、教师的福利待遇等都得不到保障,会引发一系列问题。我们没有权限突破这个问题,就只能尽最大努力去争取。我多次跟省厅、省编办领导沟通,上级领导认为,村集体幼儿园不能登记为公办幼儿园的原因在于它的资产是属于村的资产,不是国有的。后来,我去跟分管冯科长建议,能不能把村集体这部分的资产搁置,承认这是属于村的资产,同时每年政府都有 100 多万的经费投入,这些是国有资产,承认国有资产这一部分。后来他就去沟通,最后通过了,拟定了一个草案。2019 年 6 月份在肇庆举行了全省学前教育宣传周,厅长在会议上也说了这个问题,这个全省性的问题有望得到解决。随后我们召开会议,与财政局和农业局进行沟通,以后村集体幼儿园可以独立。如果村集体幼儿园能够独立的话,园长会有自主权,有些问题就能够迎刃而解。政策的问题时时在牵制着我们的工作进展。二孩生育政策放开以后,今年(2019 年)是幼儿园入学高峰的第一年,面对学位缺口压力,我们需要以创新的思维来考虑这个问题,要突破原有的思维桎梏,问题才能得以解决,但现实中,有的牵涉其他部门的问题,政策的支持就尤其重要了。比如说消防问题,随着国家二孩政策后生育高峰的到来,学前教育学位缺口矛盾突出,政府难以在短期内通过新增教育用地和资金加快建设更多的幼儿园,从长远布局来看,一味新增土地建设也不科学,那么通过改造现有的建筑物用于幼儿园舍是一个可行的办法。但是这些建筑物在办理消防审批手续时会遇到难题,由于这些旧建筑物的土地性质,不符合消防审批要求而领不到消防合格证,因此教育部门也未能做出办学许可审批。这些问题必须要在顶层设计上予以政策支持才能解决。

问 您工作的最大成就是什么?您的工作创新体现在哪里?

答 每突破一个难题就是我最大的成就。学前教育的不断发展、幼教从业人员的满足感也是我自己感到非常满意的地方。比如,番禺区机关幼儿园一半的教师没有编制,工资待遇很低。一期行动计划的时候,幼儿教师到手的工资也就是三千多。我们就制定了一个工资方案指导意见,规定幼儿教师的工资要达到社会平均工资水平,三四千这样子,但是我个人还是觉得比较低。所以在二期行动计划的时候,我与当时的区长进行了沟通,召集了三个幼儿园的园长进行了工资核算,最后规定幼儿教师每年平均收入62 000元。但在实行的第二年就出现问题了,那年社保变了四次,全国社保的提价意味着教师要拿出来交社保的钱变多了,那么到手的钱就显得少了。于是,我又去跟财政局沟通,最后定在了每年平均工资73 000元。但是,到了第三年,仍然出现了问题,我开始反思,寻找规律,最后我想了一个办法跟财政局定了下来。现在财政局打给每个(临时聘用)老师的工资是100 800元,在编老师每年的平均工资在27—28万元这样子。虽然临时聘用教师和在编教师的工资差距还是很大,但是与其他区的临时聘用教师相比,我们的老师还是挺满意的。以前村集体园教师的平均工资也就是两三千,现在都有五六千。因为现在对幼儿园的补助力度很大,特别是村集体幼儿园,三期行动计划的时候,我们对村集体幼儿园特别倾斜。我们新制定了一个工资奖补方案,对村集体幼儿园的每个老师每个月有2 200—2 900元的补助。学前教育就业人员有就业满足感也使我很有成就感。因为只有幼儿园教师安居乐业,学前教育事业才会有所发展。

在工作创新方面,番禺区还是不断在创新的,所以才成就了广州市或者说是广东省的番禺模式。

第一个创新是番禺区公办园的招生模式在全市开了一个先河,我们叫“革自己的命”。当时我们3所最好的区属幼儿园招生对象都是面向公务员子女,特别是机关干部的孩子。但是随着社会的发展,逐渐出现了一种声音:为什么只能机关干部的孩子上质优价廉的幼儿园,普通老百姓就不行?这样一种声音的出现,是正常的,也是合理的,所以从2011年开始,我们开始用电脑派位的方式,拿出学位向社会开放。实际上,我当时的压力非常的大,有些行政机关的领导干部是反对的,认为触动到了他们的利益。但教育是公平的,要公平地面向社会,每个人都应该拥有这个权利。当然我们现在的学位不多,只能进行抽签,但是我们机会是给到普通老百姓的。我们通过联席会议决定先把30%的学位拿出来,然后再到70%,到90%,慢慢一步步来增加,现在是固定下来90%的学位拿出来抽签。这个招生模式是番禺开创的。

第二个创新是开创了公建配套幼儿园的商务综合评标办法。之前,没有公办园要达到50%的要求,对于收回的公建配套的幼儿园应该如何来办,当时很多人认为可以出租办成民办幼儿园。出租则采用价高者得的方式,但是我个人认为教育不能价高者得。如果价高者得的话,相当于成本增加了,最后羊毛出在羊身上。针对这一问题,我们制定了商务综合评标的办法,固定幼儿园的售价,以办学资质而非出资的多少来决定是否可以办幼儿园。这也开创了广州市的先河。我们出台了相关的政策文件,广州市很多其他区纷纷借鉴。随着时代的变化,我们也在不断探索创新的做法。

第三个创新是教师的从教津贴。我们从二期行动计划开始给教师发从教津贴,每个老师每月300元补贴，这在当时整个广州都没有的。三年以上的幼儿教师证照齐全的我们也补发了从教津贴。到了现在第三期三年行动计划，我们加大了从教津贴的补贴力度，只要在幼儿园工作并且证照齐全的教师每个月都能领到300元的从教津贴，有三年以上工作经验的教师每个月能领到600元的从教津贴。我们还有一个"优才计划"，研究生毕业的教师每个月可以领到1 000元的补贴，副高级职称的教师每个月可以领到2 000元的补贴。我们还有一个"男教师津贴"，幼儿园里的男教师每个月可以领到500元的教育津贴。在教育经费的分配和管理方面，我比较擅长去设计一个机制，将经费分解，达到何种要求可以得到何种奖励等等，让教师努力争取，引导他们向我们希望的方向去发展。

问 您工作的基本理念是什么？

答 工作的基本理念就是充分利用政策资源优势和机遇来发展学前教育。人是需要做一点事情的。你可以很轻松地过一天，你也可以很辛苦或者很有挑战地过一天，我宁愿选择后者。面对困难不轻言放弃，专注于要做的事情。像村集体幼儿园认定的那件事情，真的让我头疼了很久，但我还是会一直想怎么解决。

问 您对学前教育行政工作的愿景是什么？

答 我对学前教育的愿景是"幼有所育，幼有优教"。这里包括了四个层次。

第一个是希望各级领导对学前教育有高度的认可和认识，这是非常重要的。有句俗话"屁股指挥脑袋"，就是说角度不同，看待问题也会不一样。一个区有多名副区长，各个区长管理和关注的方面各不相同，要想每个领导都能对学前教育有充分的认识是不容易的。但领导的高度重视对学前教育的发展十分重要，有了领导的重视，学前教育才能拥有一个外部的保障。

第二个是希望全社会形成良好的育儿观。一方面，教育部门要做好宣传工作，另一方面，我们也需要时间让一代又一代人的基本素质得到提高。真正让孩子按照自身发展规律来成长，这是我非常期望的。

第三个是拥有良好的师资队伍。良好的师资队伍需要财政等各方面的大力保障。区与区之间的人才竞争非常激烈，这几年我们通过课题等形式培养了很多种子选手，但由于待遇问题，很多种子选手被其他区挖走了，造成了人才的流失。所以良好的师资队伍对我们学前教育来说是非常大的一个保障。

最后一个是希望学前教育形成公平的、均衡的、优质的、普惠的、公办民办并举的良好局面，逐步实现从"幼有所育"到"幼有优育"的过渡和转型。

访谈对象 | **李道佳**（辽宁省教育研究院研究员，辽宁省委教育工作委员会原幼教处负责人）

访 谈 人 | 王小溪

问 是什么样的机缘让您来分管学前教育的？

答 1980年，国务院托幼工作领导小组成立。从1979年7月全国托幼工作会议到1980年底，全国29个省、市、自治区一级建立了托幼工作领导机构和办事机构。我们辽宁省也成立了托幼领导小组，负责全省的托儿所、幼儿园工作，这个工作量就非常的大，所以教委就把我调到托幼领导小组做行政，是这样的一个机缘。

问 您在任期间，教育行政机构中有独立的学前教育科室吗？

答 1982年，赶上机构改革的风潮大浪，好多机构都被撤销了，托幼领导小组撤了，幼教办公室也撤了，事情都交给了省教委。1988年，省教委正式成立幼教处。那个时候，幼教处做了不少事情，例如参与制定了一系列辽宁省的幼教文件、条例。像幼教处的董学军，他毕业后先是分到了省幼师，又被借调到了教育厅，后来在幼教处是个"笔杆子"，他参与汇编了《辽宁省幼儿教育工作手册》。

问 您认为学前教育行政人员应该具备哪些条件？

答 政治、品德、专业和实践经验都很重要。首先，应该有专业背景；其次，最好有点基层工作经验，你到省里来工作，没有一点市里区里的经验，省里这么大面积的工作你怎么指导；最后，还得是负责任的"不忘初心，牢记使命"的人。

问 您在任期间，学前教育发展遇到的主要问题是什么？又是如何解决的？

答 大家思想上不重视，就觉得小学还没搞好，你幼儿园忙什么，幼儿园得排在小学的后边，教育部门中很多人就是这个观念，我觉得这是最可怕的一个观念。凭什么幼儿教育要排在小学后边？其实幼儿教育事多着呢，复杂着呢。你不要觉得小学的工作能做，幼儿园的工作就能做，绝对不是那么回事。要真正把幼教做好太不容易，比小学难多了。但是当时教委大部分人都是这个观念：高等教育最受重视，中学教育很重要，小学教育是基础，幼儿教育排在最后。我那时候同时抓幼教和科研，到打字室去打东西，打字室的人就说："小学都没你们这么些事，你们怎么那么多事？"当时在他们的观念里头，就是小学还没忙完，你们幼儿园忙什么。我觉得这是一个很严重的观念上的问题，要解决还是得从上面来。行政管理就得看上面，国家越重视，国家的文件要求越紧，这个问题越有可能被解决。国家重视了各级政府也要关心，要在经济上、人力上给予保障。

问 您在任期间，辽宁省出台了哪些与学前教育相关的政策文件？这些政策文件出台的背景及意图是什么？

答 都是贯彻中央幼教方针，结合辽宁省的实际，出台了一些文件。《辽宁省幼儿教育工作手册》，很全面地贯彻了《幼儿园工作规程（试行）》的要求，制定了幼儿园的工作标准。之后辽宁省又出台了示范性幼儿园的相关标准，幼儿园交费、经费的一些标准，还有幼儿园玩具设备的标准等方面的文件。像这些文件，我觉得都非常关键，办幼儿园要有一个最基本的标准。

问 您在任期间遇到的最大困难是什么？

答 一是觉得自己能力不足；二是缺乏现代化的手段，我工作那会完全都是靠笔写、算；三是没有什么经费；此外，各级组织机构不健全，有些幼教工作无人负责，有些幼教工作"婆婆"又太多，总有人插手。

问 您做行政工作的基本理念是什么？

答 贯彻上级决定，下来为基层服务，解决基层问题。

问 结合您的经验，您认为如何做好学前教育行政工作？

答 首先要有责任感，有为人民服务的责任感，脑子里有人民群众，你才能做好这份工作。其次还需要有一定的专业和组织能力，你不懂这行，你没法指导。

问 您对学前教育行政工作的愿景是什么？

答 第一，要有一个单独的领导机构，有一定的组织队伍；第二，相关部门加强合作，大家来共同研究，发挥集体智慧，从不同的角度为国家幼教事业的发展规划献言献策。

问 李老师，您也曾在辽宁省幼儿师范学校工作过，辽宁省幼儿师范学校幼师专业的招收对象是初中还是高中毕业生？有没有变化？

答 幼师专业招初中毕业生，学制三年，毕业后就相当于高中毕业，是中专生。1962 年开始，还是招收初中毕业生，但是学制统一为四年，这四年毕业后就相当于大专毕业，是大专生。

问 辽宁省幼儿师范学校幼师专业当年生源充足吗？哪些学生会选择报考幼师专业？

答 充足。好多都是保送来的，还有一部分通过考试。生源都是优秀生，在当时都是学习好、品德好的学生，被保送到省幼师或者考上省幼师。我们那时候非常受教育厅重视。人家说辽宁省教育厅有两个宠儿，一个是省实验中学，一个是省幼师。什么好事都先紧着我们，每年让校长去挑老师，去看档案，充实幼儿师范学校的教师队伍。我们的教师队伍很强，吸引的生源不管是保送的还是考上的，也都是好学生。

问 辽宁省幼儿师范学校幼师专业的招生条件是什么？为什么要设置这些条件？

答 应该是除了笔试还有面试。笔试是统一由教育部门组织的，面试时会问她们一些问题，如喜不喜欢幼儿教育，为什么同意被保送上幼儿师范学校等，还会让她们展示才艺。因为这些学生不仅要学《普通教育学》《幼儿教育学》的课程，还要学习音乐和美术等，音乐包括声乐和器乐，器乐是学风琴，那时候辽宁要求幼儿园设立风琴课，而不是钢琴课。

问 辽宁省幼儿师范学校幼师专业的培养目标是什么？有没有变化？

答 1958年到1962年，幼师专业的培养目标就是培养幼儿园的合格教师。到1962年成立大专班以后，除了培养幼儿园的合格教师，还要培养能具备初幼师教师资格的教师。因为当时有一些市、县学校培养的是初幼师，就是小学毕业以后再学三年幼师然后进入幼儿园工作的教师，她们属于初中文化水平，叫初幼师。初幼师是为了满足当时社会发展需要，因为光是中专毕业和大专毕业的幼师数量还不够。那么这帮人（初幼师）谁教呢？就是我们四年制毕业的大专生，出去要可以教这些初幼师。当时这也是辽宁省教育厅下达的任务，是当时幼教事业发展的需要。

问 学校有哪些实践课程？具体如何安排？为何这样安排？

答 实践课程就是教育实习，一般持续三个月。学校所有课程基本结束的时候，学生去实践这些内容，实习结束了也就快毕业了。指导老师一般是承担本班教学工作的教育组的老师，同时音乐、美术组的老师也会去指导学生音乐和美术课。

问 学生就业情况如何？从事学前教育专业的毕业生多吗？

答 当时还是分配制。学生毕业后，一般都是按培养目标分配的，专业都很对口。我们有教育、音乐和美术三个方向。那些音乐班、美术班的学生，现在好多都是专家了。前年（2017年）六五届的毕业生搞了一次聚会，把我也请去了，这些学生有的当处长了,有的当校长了,有的是研究员,还有的成了教育专家,一个个都在自己的岗位上发光发热。从事学前教育专业的毕业生也多。我们那时候的学生都是被好的幼儿园抢着要,省委幼儿园一去多少个,省政府幼儿园一去多少个,还有军区的、后一、后二、政治部幼儿园,都来抢,学生不够分的。

问 您喜欢做教师么?

答 我很喜欢当老师,我觉得做老师这一段时光特别好。我的好多学生,现在都是我在幼教界的好朋友。她们有的当园长了,有的当教研员了,我们现在都还在一起活动。工作的时候,我跟她们就差几岁,我毕业的时候 24 岁,那时候幼师的师范生年龄都比较大,十七八岁了,我就比她们大六七岁,根本看不出来谁是老师,谁是学生,我们打成一片,感情特别好,特别融洽。

问 您对幼儿园教师的师资培养有何建议?

答 幼儿园教师的师资培养,我觉得要重视两头。一个是理论,一个是实践。没有正确的理论指导,就没有正确的实践。所以理论学习还是很重要的,但是同时一定要给他们实践的机会。光空学理论不行的,一定要实习。而且实习要有指导老师下去指导,而不是把学生送到幼儿园就不管了,等实习结束就让她们回来了。我们那时候指导实习是帮助她们一一修改教案,告诉她们为什么要这样改。指导她们的教学计划,要给她们分析对不对、合适不合适,你应该注意什么,教具准备得如何等等,有时还要让学生试讲一遍。一个老师指导好几个学生,非常辛苦。当然除了我们学校的指导老师,本班的幼儿园老师也要指导实习生的,她不是没责任的,她最了解孩子,最知道应该怎么样上好这节课。所以两个指导老师都要认真负责,这样实习结束以后学生才有收获。不然的话学生到了幼儿园,她爱怎么干怎么干,那是不行的,可能她也有收获,但肯定会差许多。教师培养,特别是第一线老师的培养,理论不可以缺少,实践也不能缺少。一定要有实践的体会,哪怕是失败的体会,也是很好的学习材料。一定要让她有实践,要去做,这样对理论的学习才有更深的认识。

访谈对象 | **吴邦俐**（南京市教育局初等教育处调研员）

访 谈 人 | 张 帅

问 吴老师，请问是什么样的机缘让您来分管学前教育的？

答 我是1982年毕业于南京市幼儿师范学校，“文革”后的第一批幼师生。毕业后，在南京市第一幼儿园做了六年的幼儿教师和四年的行政工作。1992年调到了市教育局。过去教育局业务处室的工作人员都需要从有基层工作经验的人员中选调。因为我是学幼儿教育的，又在基层一线做了十年幼教工作，在各类教学竞赛、论文评比等活动中取得了一些成绩，就这样被选拔上来做管理工作了。

问 南京市教育局有独立的学前教育科室吗？有几名管理人员？

答 我是1992年进的南京市教育局，开始是在幼教处。最早教育局的学前教育科室设置是有幼教处的，后期机构改革，幼儿教育和小学教育合并了，叫初等教育处，一直延续到现在。早期，幼教处是集教研、行政、科研于一体的，其实我觉得这也是我们南京的一个特色，那时候有七八名学前教育管理人员。大概在1994年，我们就独立出来成立了专门处室，教研和科研就剥离到了市教研室和市教科所，这会才是真正意义上的幼儿教育处，严善本是处长。那时候有5名学前教育管理人员，工作上是分工不分家。当时的幼儿园分为教办园、工厂办园、院校办园、集体办园、部队办园、私立园这几大类。我们每个人的分工不一样，也不仅仅是从幼儿园管理的类别来分工，还会有其他工作上的交叉。我们的工作是分工不分家，可以叫协同发展、纵横交叉，有行政上的工作，也有业务上的工作，我们的职能主要是业务指导。

问 现在没有独立的学前教育行政科室了，您认为是否需要设置独立的学前教育行政科室？

答 现在没了，有点可惜，我个人认为应该是要设立独立的学前教育行政学前教育行政科室的。学前教育毕竟是教育体系中的一部分，当然它跟小学教育放在一起也有好处，便于幼小衔接。但是这两块毕竟是不同的，一个是义务教育，一个是非义务教育。而且学前教育的体量也很大。当然，这样的机构设置也有各地政府的考虑，其实现在很多地方好像也开始设立幼教处了。我们是经历了分分合合的一个过程，现在好像要分开来，不太容易，但是目前我们处里面也有两三名同志在做幼教行政的工作。

问 吴老师，您觉得如果要是设立独立的学前教育行政科室的话，应根据什么样的条件来配备管理人员呢？

答 学前教育有特殊性，这跟孩子的年龄特点有关系。我认为成为幼教行政管理人员需要具备以下几个条件：

首先是热爱幼教，通俗讲就是专业思想巩固。如果做幼儿教育没有一个正确的教育思想、正确的教育观，这项工作是不可能做好的。

其次要有专业素养。要懂幼教，要有专业的背景，我觉得这很重要。比如，幼儿园一日活动有哪些环节，做些什么。这些最基本的常识都不了解的话，就会缺乏有针对性的专业指导。

另外要有基本的能力。幼教行政人员要跟方方面面打交道，需要具备决策能力、沟通能力、协调能力、研究能力以及学习和应急处理的能力。

最后，还要有健康的身心。学前教育是个阳光的事业，幼教行政人员要有阳光的心理，才能做好这个阳光的事业，才会把这种积极阳光的正能量传递给他人。我经常跟我们幼教干部开玩笑讲，为什么我要对你们好，我对你们好，你们就会对园长好，你们对园长好，园长就会对老师好，老师就会对孩子好。它是一个连锁的反应。

问 您分管学前教育以来做了哪几件至今仍然记忆犹新的大事？

答 要谈印象比较深的，90 年代末我们做了一个农村学前教育的提升工程。这个工程缘起于我们做的一个农村学前教育的调查。当时农村幼儿园条件很差，很多偏远地方的幼儿园里厕所都没有，孩子上个厕所都要跑好远，用的是小学厕所或成人厕所，幼儿园里什么玩具也没有。然后我们市教育局就拿出一笔经费来做了这项提升工程：要求每一个乡镇建 1 所中心幼儿园，中心幼儿园建成以后，设备由我们市教育局按照装备标准来配备。所以这一下子就给我们农村学前教育带来了翻天覆地的变化，这是我们早期改革的一大成果。在这样的一个基础上，后来才逐渐有了“行动计划”“三项工程”等等。这是我们最早做的一个工程。

我们还做了一个集体园的提升工程。集体幼儿园是南京的一个特色。集体幼儿园实际上最早是小作坊、手工作坊，由家庭妇女带带孩子发展起来的，叫街道的集体幼儿园，在当时解决了当地政府举办幼儿园没有场地、经费不足、条件不够等问题。但是因为它规模小、没有财政投入，所以生存也比较困难。80 年代末，在关心下一代工作委员会的老领导们的关心下，我们和财政部门做了一个集体园的提升工程，投了 240 万。每一年三个 80 万，一个 80 万用来做园舍的更新，一个 80 万是做设备的补充，还有一个 80 万是做教师学历的提升。为什么是 80 万呢？因为最早我们的集体幼儿园是 80 所，就相当于1所幼儿园1万块钱。这是关工委的老领导们和财政、教育部门一起做的。这个工程让集体幼儿园的面貌有了很大改观。设施设备、园舍,包括我们现在教师学历的提升,跟这个工程是分不开的。当时是教师自己学,拿到文凭学费报销,所以这样一个工程使我们教师的学历有了比较大的变化,后期因为教师学历基本达标了,2011年以后这个项目就改成了继续教育培训项目延续到现在。现在我们对集体园的扶持,就不仅仅是三个80万了,而是在专项资金的分配上有了比较大的突破。

此外,80年代我们还率先制定了合格幼儿园、优质幼儿园的标准,这在全国都是领先的,包括现在很多幼儿园的标准实际上是这一标准的升级版。那个时候南京学前教育的内涵发展,得益于南京师范大学的专业引领。80年代中期,幼儿园课程改革,1983—1986年开展了"幼儿园综合教育主题活动",把南京市实验幼儿园作为学前教育改革实验的试点,我们还在国际会议上做了交流。80年代末90年代初,由于当时幼儿园课程比较杂乱,我们制定了幼儿园各科教学进度安排的指导手册,幼儿园在每周、每学期该做些什么,有一个总的进度表,为全市做了一些引领和规范,这在当时是领先的。我们还在全省率先开展了幼儿教师基本功大赛,激励幼儿教师不断提升说、拉、弹、唱、画、跳方面的基本技能。

问 吴老师,从您开始工作到现在,南京发展学前教育的思路和重点是什么?

答 早期,我们学前教育依靠南京师范大学的专业引领一直在做课程、做课题、做研究,其实是练内功。因为没人关注我们,我们也没有经费。这几年主要是围绕解决"有园上、上得起、上好园"的问题来开展学前教育工作。所以从2012年开始到现在我们重点做了"三大工程":一个是增量工程,一个是普惠工程,一个是提优工程,三项工程同步推进。

第一个增量工程就是解决"有园上"的问题。随着外来人口数量的增加、二孩政策的实行,学前教育这几年发展也很迅速,但还是不能满足所有的孩子有园上的需求。所以这几年我们通过建立资源预警机制、规划动态修编,采取提速新园建设、扩容老园规模、盘活闲置资源转办幼儿园、鼓励社会资本办园等多种措施一方面加强新园建设;另一方面就是老园的扩容,对新建幼儿园、改扩建幼儿园都按照班级给予补助。当然经费补助的条件也要有专家来审核、到现场考察等等。六年来,全市通过新改扩建新增幼儿园370多所,新增幼儿学位9.5万个,实现了每1万常住人口配建幼儿园不少于1所的规划目标。

第二个普惠工程是解决"上得起"的问题。早期的学前教育国家提倡"两条腿走路",实际上两条腿是"瘸腿",多半是民办、厂矿企业办幼儿园。因为早期的学前教育很多是单位职工的福利,后来厂矿企业关、停、并转了,更多发展的是私立幼儿园。现今,我们积极引导民办园举办普惠园,加快提高普惠性幼儿园资源比例。六年来,我市坚持新建幼儿园办成公办园为主,小区配套幼儿园必须办成公办或普惠性民办园,鼓励将民办园回购成公办园等,多种途径提高学前教育普惠度,政府有生均公用经费的补贴,全市新增普惠性幼儿园近400所,其中新增小区配套园249所,全市普惠性幼儿学位占比从2011年的54%提高到78%。

第三个提优工程是解决"上好园"的问题。怎么样才能上好园呢?我们就提升学前教育的质量坚持"四管齐下":一是实施"无证园治理专项行动",清理了150多所无证办园;二是严格落实新园建设均须达省优质园标准要求;三是通过政策倾斜对集体园、单位园和农村园办园,除实施专项提升计划,还建立了年生均财政补助制度,补助标准从2013年每生每年300元提高到2 000元;四是推动优质园创建,市区以创建省、市优质园为载体,加快提高幼儿园办园水平。通过设立市级专项财政经费,对集体和单位办园实行经费补助,改善办园条件。实施"农村办园点标准化建设工程",农村办园点全面提档升级。六年来全市新增省市优质幼儿园300多所、新增优质园学位超过八万个,就读幼儿比例达88%,比2013年提高19个百分点。

问 您工作中遇到的学前教育发展的主要问题是什么?您是如何解决的?解决效果如何?

答 集体幼儿园的发展是一个瓶颈。集体幼儿园是公办性质的幼儿园,但没有财政经费拨款,还要按公办园的标准收费,对于收费政策来讲,它是一个"假公办"。相当于民办,但又是公办的身份,处于这样一种比较尴尬的境地。我们现在正在做这方面的一个解决方案,想给这类园,让它自己有个造血功能。这是目前比较大的一个困难,是部分区学前教育发展的难题。

教师短缺也是一个问题。我举个例子,前两天有人跟我说,有个幼儿园老师调到南京,看看哪所幼儿园需要,我还没有在群里面发,只跟两个科长一讲,秒回,一分钟就抢走了。我们明显感到在发展的进程中,教师数量不够、出口少,幼儿园发展速度和教师培养数量不匹配。比如说,某区虽然这两年都是按照一百多的编制数招教师,但是建设规模更大,都是几十所几十所地建。所以我们前几天开玩笑讲,我们是自己人抢自己人,只是把我们没有编制的转成了有编制的。教师从这个区考编到另一个区,始终是缺少数量上的补充。其实我们省幼师撤掉是挺可惜的,早期还有职业学校,毕业的学生都到幼儿园当老师。现在我们对教师的要求提高了,准入门槛也提高了。南京师范大学这么优秀的一个团体,培养的老师是有限的。所以在最近新做的改革规划发展实施方案中,我们就提出通过高职来培养保健人员、营养师,从而补充后勤人员。但是教师不足的问题,我想也不仅仅是南京,可能各地都存在这个问题。我觉得国家真是要花点大力气,要对学院的专业设置做调整。还有怎么留住人才也是我们现在最焦虑的问题。我们现在也在不断调整,一个办法是人事代理,还有一个是自己定向培养。现在某区跟南通师范高等专科学校开展了师资培养合作,由南通师范高等专科学校每年为该区定向培养80名本籍幼师生。

问 在这期间有没有哪些政策文件对您影响比较大?这些政策文件出台的意图是什么?

答 出台政策文件主要就是为了解决“有园上、上得起、上好园”的问题,我们出台了《市政府办公厅关于进一步推进学前教育普惠优质发展的实施意见》和“三项工程”实施办法等“1+3”文件。另外还下发了《市政府办公厅关于开展全市学前教育发展重点指标监测评估工作的通知》。

问 吴老师,您觉得您工作中比较有成就感的事情是什么?

答 我觉得学前教育就像机器上的一个螺丝钉。说到成就感,就是看到我们发展了一批有特色的幼儿园。现在南京成立了50所课程基地,其中12所示范基地,这在全市是起引领作用的。这些幼儿园各具特色,比如太平巷幼儿园的田野课程、南京市实验幼儿园的综合教育课程、鼓楼幼儿园的单元教育课程,在全国的课程建设中都拿到了成果奖。我们还有一批像北京东路小学附属幼儿园、中华路幼儿园、第一幼儿园等等专业引领的幼儿园,它们取得的成果是南京教育的骄傲。

问 您工作到现在秉持着一个怎样的工作理念呢?

答 基层确实是不容易的,我们行政工作就是要服务基层。第一个是要做放大镜,发现他们的闪光点。然后要做显微镜,能看到并彰显他们的个性。还要做望远镜,就是看到我们每所幼儿园未来发展的可能,为他们做好服务。我们希望每一所幼儿园都能有特色的发展。

问 结合您的经验,您认为如何做好学前教育行政工作?

答 学前教育的工作太琐碎了,首先要有计划,然后做好的计划必须要量化。不量化,就没办法进行考核。比如说班额的大小、时间的规定等等,都需要有一定的要求。这是我们做好工作的一个前提。最后要落到实处,事事有落实,件件有回应。

问 现在幼儿园普遍反映管理他们的“婆婆”太多,他们疲于应付政府多头管理,甚至是相互矛盾的管理。您认为这种现象需要改变吗?如何改变?

答 这个现象确实需要改变,不仅是管理的“婆婆”多,而且干扰的“七大姑八大姨”也多。有时候我们开玩笑说,幼儿园也不要太好,一个不被人看上的幼儿园,可能还可以安安心心做它专业的事。太喧闹的幼儿园，根本静不下来，今天来参观，明天来考察，后天来督查。这实际上很不利于幼儿园的发展。

先不谈教育局外部的部门，仅教育局内部就有初教处、安全处、法规处、体卫艺处等等。所以我们市里面现在就是加强学前教育督导，想通过督导这个抓手来整合管理，比如一个项目，组织人员统一下去进行全面检查，包括经费、法规、语言文字、教学管理等各个方面。

还要下大决心，真真实实发挥联席会议的作用。我们现在有个联席会议，但是作用没有完全发挥。如果真正发挥联席会议的作用，就是各方面力量整合起来，做一个专项督导，我觉得可以解决。这个工作我觉得要从制度层面来设计，从上到下抓，要上下一条心，齐步走，才有可能解决"婆婆"多的现象。或者说规定一个制度化的要求，像年检一样，一年一次年检，这样才能有所控制。否则，今天这个来检查，明天又有那个监测，幼儿园不可能不做，不做就过不了关。到底谁来把关，谁来做这项工作，其实都不明确。像我们现在市教育局里是有规定的，我们逐步在规范，所有的检查、验收、评比、评优等都放在督导室统整。

问 您对学前教育行政工作的愿景是什么？

答 首先是学前教育立法。有法可依、依法办园是幼教人最大的愿望。其次是专业引领事业发展上的规划。最终达到教师、幼儿共同成长，怎么让每个老师都有成就感，让每个孩子都健康阳光成长是我们工作的目标。让学前教育行政工作走向专业化发展道路。让幼教行政工作借力使力少费力，因为行政工作不借助政府的力量做不下去，费再多的力气都没用。当然我们也要努力坚守初心，最后才能共同发展。

问 后来又是什么样的机缘让您成为学前教育督学？当时是否有专职的学前教育督导？

答 说实在的，我不是因为做学前教育才成为督学，只是因为岗位的调整。到了督导室以后，因为我具有学前教育的背景，才做了一些学前教育的督导工作。市一级学前教育的专门督学还没有。但是从区开始实行责任督学挂牌督导，现在推广到了幼儿园，所以有些区开始有专职的督学。比如玄武区、建邺区、六合区均有特级教师、资深园长、幼教科长调到了督导室担任专职督学。由此可见，学前教育督导慢慢受到重视。

问 您在任期间，开展过哪些学前教育的督导工作？

答 督导现在做得最多的是义务教育阶段，优质均衡、教育现代化等等。督导就是一项规定的工作。我们对每个区的区政府做过一次学前教育的专项督导。首先督导组听取区域学前教育的情况汇报，然后对照标准主要是经费、质量、人员等进行考核，最后到幼儿园实地查看,之后给出一个综合的评价。在进行区政府督政的时候,也会有一两个指标涉及学前教育。

目前在做的一个就是责任督学挂牌督导。另外,在督导的监督、检查等功能的指导下,督导室牵头做了学前教育示范区的创建工作,南京在全省率先全市各个区都通过了学前教育示范区的创建。由于学前教育的内容很多,2017年我们还做了一个学前教育重点项目的督导,督导工作与市督查办一起来做。学前教育督导内容开展均以专项督查为主。

问 您认为具备哪些资质或特质的人适合做学前教育督学?

答 到了督导室以后,我就理解了为什么督导室在早期被人们认为是个“养老”的机构。督导工作,其实对一个督学的综合素质要求是比较高的。这样的一个角色,注定了你要有一定的经历和阅历。你没有一定经历,就说服不了别人,你看不出问题,也解决不了问题。所以就会把有经验的老同志调入督导室,结果因为老同志多,让人觉得这是“养老”的地方。但随着现代化的发展,现在督导任务包括督政、督学、质量监测等等,涌入大量信息化内容。我们现在督导室全是小伙子,因此做学前教育督学,除了具备督学的基本素养外,懂幼教、有学前教育专业的背景也很重要。

访谈对象	**吴寿茹**（天津市教育局学前教育处原处长，天津市幼儿教育教学研究室原主任）
访 谈 人	梁慧娟

问 吴主任，您好。首先能谈谈是什么样的机缘让您来分管学前教育的吗？

答 我是从1956年开始工作，到1998年退休，掐头去尾，从事了42年幼教工作。在我初中临毕业前夕，那年是需要大量教师，师范扩大招生，团组织号召团员报考师范，动员女生报考幼儿师范。那会儿想法非常简单，团组织号召咱共青团员就响应。所以，1953年我升高中考试的时候，志愿里面填了天津师范学校，也填了天津幼儿师范学校。那会儿报幼儿师范的几乎没多少人，我对幼儿师范也没什么认识，就知道组织上号召咱就响应，结果就这样进了幼儿师范学校（以下简称幼师）。学了三年，1956年从幼师毕业。我们这届学生是幼师第二届正式毕业生，第一届是1954年，再以前都是速成班。1956年从幼师毕业以后，我就留在了老幼儿师范附属幼儿园（以下简称老幼师附幼）工作，老幼师附幼跟现在的幼师附幼根本不是一回事，也不在一个地方。后来也换过几所幼儿园，然后就到了现在的和平区第十一幼儿园。

1976年，我调到了和平区教育局，那会儿局里还没建幼儿教育科。当时，和平区有12个街道，有20多所街办（民办）幼儿园，都交给教育局了。当时局里就一个幼教干部，忙不过来，就把我调到局里了。大概在1977年或1978年成立了幼儿教育科。

1984年，我又调到天津市教育局，1月去报的到。我在和平区工作那段时间感觉很好，局长也挺支持的，和同事相处也挺和谐的，所以我不太愿意到市教育局。但组织上调动那我就服从安排。1984年到了市教育局，一直工作到1995年。

1995年我又去了天津市幼儿教育教学研究室。确切来说，1994年我就开始兼任市幼教教研室主任。后来组织处让我行政和教研两边都兼着，我就找组织处，我说我没那么大能力，特别是教研，它和行政有不同的地方，而且那会儿要求教研室就是主任负责制，我人不在那儿待着我怎么负责任，没办法两边顾、两边跑。两边工作性质不完全一样，管理和教研不一样。当时我就提出要求，你们把我安排在哪边都可以，但是，我要求只安排一边。1995年组织处决定把我关系转到幼教教研室，到1998年，我就退休了。

这基本上是我的整个经历。

问 您在任期间，学前教育的发展经历了哪几个阶段？

答 回忆我工作这四十多年，我感觉学前教育它跟整个社会大背景不能脱离，受每个时期社会大背景的影响。比如说我刚工作那会儿，那时学前教育是学苏联。苏联曾经派过2名专家（来华），第一个叫葛琳娜，第二个是马努依连科。我赶上的是"学苏联"的初期那一段儿。据说在1952—1953年，葛琳娜去老幼师附幼指导过工作，后来老幼师附幼就整个大变样了。实际上，当时（的做法）脱离中国的现实生活水平，比如，孩子喝水的茶杯，各个年龄班用的都是非常好看的、细瓷的茶杯和盘，每个年龄班的花色都不一样，吃饭用的都是花瓷碗，勺子、盘子都是瓷的。但在苏联专家指导下有些方面还是有提高，那时候打下一个很好的基础，就是当时对游戏还是比较重视的，每一个年龄班都有符合本班年龄特点的大型积木、中型积木、桌面积木，而且屋里都专门有一个玩角色游戏的"角"，有专门打制的小桌子、小椅子、小床铺供孩子玩。当时的玩具虽然不像现在的玩具那么能发挥孩子的创造性，但相比较而言老幼师附幼总体水平上还是走在前列的。当然，当时的游戏和现在的游戏含义也不完全一样。当时还是老师主导，老师今天想组织这种游戏，孩子今天就都玩这种游戏：今天要玩建构游戏，就都是建构游戏；今天要玩角色游戏，就都是角色游戏。这是当时老幼师附幼的情况。

1960年经济困难时期过后，就把幼儿园的体育提到前面了。开始都是德、智、体、美，虽然说"德"在第一位，但幼儿园对德育该怎么进行，并不是很重视。虽然口号上是说德、智、体、美，主要的还是智育，老师们心中还是把智育看得更重要。当时还是知识的教授和技能的培养，这是当时传统的教育思想。后来经过经济困难时期，可能在60年代初，我记得张小清校长还在全市范围内组织过讨论：到底应该把德育放在第一，还是把体育放在第一？就两种不同意见当时辩论得挺激烈。从那以后，就变成体、智、德、美，把体育放在前面了，强调孩子健康教育的重要性。我刚工作那几年没有保健员，后来开始各园都配备了，（负责）平常入园的体检、对孩子的护理、伙食的营养测算，把这些工作都提升上来了。

过去（幼儿园）都有统编教材，如小班应该教哪几首歌、哪几个故事，认识社会、认识自然等，都有个大概的范围，也有老师自己从其他刊物上选的一些教材。但是那会儿都是老师想教什么就教什么，并不考虑孩子；虽然也考虑孩子的年龄特点，但是只考虑年龄的共性特点，不考虑孩子的个性。老师备课呢，每天写教育计划，还是比较重视"作业"：小班一个作业，中、大班两个作业，都是老师自己拟定。这是当时传统的教育情况。

1979年末，党中央召开十一届三中全会，当时要求全党把工作重心转到经济建设上来，转到社会主义现代化建设上来。在这种背景下，1981年教育部就颁发了老《纲要》。我觉得颁布老《纲要》还是很有必要的,起到了拨乱反正的作用,把原来的工作都重新梳理回来。颁布老《纲要》时,我正好在和平区教育局工作。当然,当时还是以教师为主,还是分科教学,不注重孩子个人的发展,还是过去传统的教育,不过就是把幼儿园的秩序恢复过来了。比如说,那会儿我在和平区教育局,抓幼儿园的管理、提高园长的水平就是要求做好卫生保健工作。幼儿园的工作无大小,都影响到孩子的发展。所以,不能只重视那两节课,应该是全方位的。比如说孩子的伙食,过去是一周休息一天,孩子六天都在幼儿园吃饭,如果你的伙食质量不高,保证不了孩子必需的营养,那么对孩子身体的健康成长就是非常不利的。有的幼儿园将孩子的伙食安排得就好,有的幼儿园就差。那段时间主要是在贯彻老《纲要》的过程中把幼儿园的工作秩序恢复过来。

我感觉咱们学前教育发展历史上一个关键的转折点,就是1989年《幼儿园工作规程(试行)》的颁布。这是一个大的、从根本观念上的转折点。在我工作的几十年中,感觉是一个最大的工作进步。当然呢,我1998年就退休了,限于我个人的水平,我对《幼儿园工作规程(试行)》理解也不是那么深刻。但是初步的一个理解认为这在当时是一个很大的转折。当时请时任教育部幼教处处长的陈巧兰来天津做了一次贯彻《幼儿园工作规程(试行)》的讲座,还看了试点园。贯彻《幼儿园工作规程(试行)》,我在天津给开了个头,开了头我就退休了。当时国家教委在全国搞了10所《幼儿园工作规程(试行)》试点园,天津就是河西区第一幼儿园,是全国先抓的试点,后来试点园的工作就扩大了,天津市又在每个区各设了两个试点园。我记得当时的工作过程,首先是抓科长这一层,动员科长;试点园确定以后再组织所有试点园园长学习、落实。当时我就强调一点,必须出"一把手",那时候幼儿园都有两位或三位园长,由"一把手"主持全面工作,一位副园长管业务,就是教育教学这大块儿,还有一个副园长就是管后勤。当时有的区就提出来,不要请"一把手",就请业务园长。我说不行,必须是"一把手"。因为幼儿园的方向要把握,这个主持全面工作的"一把手"非常关键。所以《幼儿园工作规程(试行)》的试点工作我抓的都是园里主持工作的"一把手",因为这样园长抓幼儿园的全面工作,不论哪一方面都得要服务于幼儿的发展,贯彻教育方针不是靠说的,而是整个工作要围绕幼儿的发展(展开)。不过现在回忆起来,当时对《幼儿园工作规程(试行)》的理解,从我个人来说,还不够深刻。工作中有些幼儿园也出现一些形式化(的问题),没有认识到以幼儿为主体这个根本。

问 您在任期间各部门间的工作协调情况如何?

答 当时,有天津市教育局和天津市教育委员会两个单位。教育局的工作比较具体,教委的工作比较宏观。教委里面有一个托幼办公室,教育局里面有个幼儿教育处,经常工作不到一起。当时那种环境又合并不了、不能合并。我退休以后这俩就合并成了天津市教委。

问 您在任期间，工作上有没有遇到什么困难？

答 当时工作中也遇到了好多困难。第一个困难我就感觉是师范教育没有跟上当时学前教育的改革。幼儿园一线在贯彻《幼儿园工作规程（试行）》，幼师还在按过去的（要求）教学生，甚至因为有一段（时间）社会上对"让一部分人先富起来"也没真正理解，都只想让自己的收入增加，孩子小肌肉还没发育好，幼师有的老师愣是把硬笔书法弄到幼儿园。当然他们说服了园长，额外跟家长收一部分费用。这部分费用幼儿园（从中）得到一些好处，教硬笔书法的老师本人得到一些好处。硬笔书法搬进了幼儿园，有人又想把围棋也搬进去，也是另外收费。反正我当时，虽然对《幼儿园工作规程（试行）》体会也不深，但就有一个观念，不适合幼儿发展的这些东西，要坚决抵制。当时我就跟这个幼儿园提出来了，后来他们不搞了，结果我也挨了骂。幼儿园老师就说了，本来我们进行得挺好，就那个老太太不同意。

当时还有公开教学，再有就是识字教育。让孩子适当认识一些字，会写一些简单的字是可以的，但是采用的方式违背孩子的发展规律就应该制止。我在一所幼儿园听过一节课，孩子都有识字的课本，老师要求中班孩子在识字课上概括段落大意。孩子就随便翻，有翻这儿的，有翻那儿的，注意力根本没在老师要求上。哎呀，当时我很震惊。结果我为这事儿也挨骂，我退休以后还有人骂我，意思是我反对识字教育。反正我工作期间，但凡违反和有碍于幼儿发展的事，我不管你是谁，都坚决反对。

再举个例子，小学办学前班。当时小学办学前班的目的就有一个，给老师增加点儿收入。我作为行政管理者，我对各方面、各类型的情况都要深入了解，我得掌握一线情况，不能总待在办公室。我到了一所小学，当时学校里办学条件本身也不是特别优越，把一间又阴暗又潮湿，不能做教室的辅助用房作为学前班教室。我去看的时候，那学前班的孩子坐那儿，好多都咳嗽。没有户外活动，因为怕影响（小学）学生活动。校长也跟我哭穷，意思是一到节日老师都没钱。校长也说了实话，实际上办学前班的目的就是收费，这些钱干什么，就是发给老师。这事我呼吁也没用，因为我也不管普通教育。有一次我们到市政府去，我还跟市长直接反映这个问题。我想当时还不仅仅是"小学化"的问题，是对孩子整个身心发展太不利了。它不具备办学前班的最基本条件。当然后来市政府也提了要求，要求各区要管理一下学前班，改善最起码的办学条件。我退休以后，就禁止小学办学前班了。这跟家长的教育观念也有关系，家长认为进了学前班就能给上小学打基础，其实完全不是这么回事。过去说小幼衔接，总感觉幼儿园毕业的孩子到了小学课堂纪律不好，这里面有小学教育的问题，我分析也有幼儿园教育的问题。因为幼儿园老师教的不是孩子感兴趣的东西，不是符合每个孩子发展水平的东西，孩子的注意力根本没在老师身上，没引起他学习的兴趣。老实的孩子坐那儿不动脑筋，调皮的孩子就弄点儿小动作，抓抓这儿，逗逗那个，所以孩子在幼儿园就没有养成良好的习惯。幼儿园得培养孩子的学习兴趣，而不是脱离孩子的兴趣硬性灌输。这是当时我在工作中遇到的一些阻碍。

问 您工作的基本理念是什么？

答 现在回忆起来，教育改革是一个逐步深入的过程，我退休以前那段儿就是开了一个头，铺了一个面，我退休后这20年有了很大的进展。不过呢，我就感觉做教育行政工作，现在都说为人民服务，做幼教行政工作为谁服务？就得为幼儿服务。脑子里唯一的观念就是为幼儿的发展服务。当然不同时期发展的内涵不完全一样，但一切都得有利于孩子的健康成长。所以，管理工作最根本的一点，就是不符合幼儿健康发展的就得制止。幼儿园工作当中不管是卫生工作、伙食工作还是教育工作，都应该考虑孩子的发展，不符合的就得纠正，逐步提高。把握住了这个最根本的出发点，工作方向就明确了，不然在这纷纷扰扰的环境中很容易失掉方向。

问 结合您的经验，您认为如何做好学前教育行政工作？

答 从幼教行政干部的素质要求上说，我认为做幼教行政干部，他应该熟悉幼儿教育工作，当然更好的是他具有一定的幼儿园工作经验。再有一点就是，除了符合对干部的基本要求之外，最好是接受过高等教育，具有比较高的理论水平。这一点是我最大的弱点，我就感觉工作起来有时候力不从心，我想好好干但又干不好。我自己就是幼师毕业，中专生，没受过高等教育，就感觉工作受这个限制。现在学前教育改革发展越来越深入了，那么不论是对幼教行政管理工作也好，对园长也好，对老师也好，要求是越来越高了。过去老师备课有教材，自己准备好了一讲就完成任务了。现在不行，对老师的要求高了，你得了解每一个孩子的发展，你还得在他原有水平上思考怎么促进他发展，不能“一刀切”。还得以游戏为基本活动，让孩子感兴趣，融入活动当中。（可见）对老师的要求高了，对园长的要求也高了。自己本身的观念必须有一个改变，有什么样的指导思想，就有什么样的行动。我希望行政管理的领导一定要深入基层，作为天津市学前教育的行政管理者，得从天津市的实际水平出发，了解基层的真实情况，这样才能知道工作应该从哪儿下手。

我很不爱看所谓的观摩活动。事先全园努力为这一个老师下大功夫准备一个活动，然后领导来了展示一下，感觉很不错。我不爱看这些活动，我就爱不打招呼去幼儿园，就看幼儿园日常的工作情况。在幼儿园没有加工、特殊准备的情况下，深入进去，才更能够反映出它的真实水平。而且，到了幼儿园不能听两节课就完了，那不行，必须看孩子整个活动，包括孩子吃饭。当时我深入基层就发现，幼儿园把平常做卫生的抹布用来给孩子擦饭桌，抹布跟黑泥条一样，你说在家里能这样吗？孩子掉了米粒儿还不能浪费，必须捡起来吃，那多不卫生！这些情况幼教行政管理人员不了解就没法儿制定相关规定。还有过去幼儿园给孩子盛汤的那个搪瓷桶，这些桶炊事员刷的时候只刷里面，不刷外面，桶都在地上放着，这个桶摞那个桶，下顿饭再开饭的时候把这个桶拿下来就盛汤，你说这样脏不脏？不看这些活动是不能发现这些问题的。

所以，幼教行政管理者要促进孩子全面发展，对孩子就得有全面了解，不能只重视某一个方面，这样园长才能重视全面的工作。我就希望我们的幼教行政人员能够踏踏实实地深入基层，了解实情，切切实实为幼教尽心尽力，推进我们幼教事业的发展。

访谈对象 | **何幼华**(上海市教委基础教育处原处长)

访 谈 人 | 朱美玲

问 何老师,请问是什么样的机缘让您来分管学前教育的?

答 1978—1983年期间,我在幼儿园担任园长。1983年,华东师范大学开设学前教育专业,我带职考进了华东师范大学,作为首届学前教育专业学生,脱产进修学习两年,1985年毕业。此时,上海市教育局恰好需要有新鲜血液来充实教育行政岗位,因为我之前做过园长,所以就被推荐到了市教育局工作。

问 您在任期间,教育行政机构中有独立的学前教育行政科室吗?

答 1985年,我进市教育局的时候,是没有独立的学前教育科室的,学前教育是普通教育处的组成部分。普通教育处当时分管学前教育有两名工作人员,后来又去了我和另外一个同志,变成了4名工作人员。1987年,成立了独立的幼教处,有3名在编人员。当时为了解决"入托难""入园难"的问题,还在市政府教育卫生办公室(以下简称教卫办)下成立了一个市托幼工作办公室,后与幼教处合署办公,一套班子两块牌子。1995年,政府机构精简,上海市教育局、市高教局和市政府的教卫办合并,成立了上海市教育委员会,幼教处又合并到了基础教育办公室(以下简称基教办),成为基教办的一部分。由于学前教育的特殊性,1997年又从基教办中分离出来,成立了学前教育处,主管全市0—6岁学前教育。2000年,再次进行政府机构改革,学前教育处又合并到基础教育处。所以我是"三进二出"基础教育的处室。2008年我退休时还是在基础教育处。现在市教委又成立了托幼处,有7名管理人员。学前教育行政科室随着事业发展的需要以及政府机构的改革,时而合并,时而独立。

问 您认为是否需要设置独立的学前教育行政科室?

答 设立学前教育行政科室是有必要的。首先,学前教育与中小学教育相比具有特殊性,而且各种各样的办园形式以及它和家长、社会联系的这种密切程度,都需要有一个单独的科室来进行管理。其次,学前教育容易被忽视。若将学前教育划归基础教育处负责,中小幼合在一起,此外还有特殊教育、民办教育等,在社会上普遍重视升学教育的情况下,学前教育会是其中最不容易受关注的学段,大家很容易把这样一个对人生发展具有关键作用的阶段忽略掉。如果设立独立的行政科室，就有专门的管理人员整体思考学前教育的发展，有针对性地提出意见和建议给上级领导决策，有助于促进学前教育事业的发展。

问 您认为做好学前教育行政管理需要工作人员具备哪些条件？

答 首先，要有责任心，熟悉学前教育专业。作为一方学前教育行政人员，承担着一方学前教育管理的职能，他们必须具有责任心和专业热忱，了解学前教育发展趋势，对区域学前教育发展既有大局把握，又要了解基层情况。要能够调研反映区域学前教育发展的现状，自主地去思考区域学前教育事业的发展，提出促进学前教育发展的建议，供领导决策参考等等。

其次，具有良好的沟通协调能力。学前教育的发展不是单靠一个部门就能够解决的，它涉及方方面面，作为学前教育行政人员要具备良好的协调能力，不仅协调好教育行政部门的各个相关处室，还要协调政府相关部门来支持学前教育的发展。

最后，要有包容心，以大局为重。推进学前教育发展依靠全体学前教育工作者的努力以及相关部门的支持，在促进学前教育事业发展的认识与推进举措上，存在意见分歧是客观的，作为学前教育行政人员，既要从大局考虑，换位思考他们的想法，也要积极争取他们对学前教育发展的认同与支持，一切以有利于学前教育事业发展为重。我曾听到老的幼教干部说，分管学前教育要有"铜头、铁嘴、蛤蟆肚"。"铜头"的意思是尽管屡屡碰壁，但只要是有利于学前事业发展的还是要去争取；"铁嘴"意味着要向各个部门宣传，反复地沟通，即便回复并不理想，但是遇到适当的机会还得要去说去做；"蛤蟆肚"就是要大气，要有气量，能够包容一些不公。这在前些年学前教育没受到重视时，确实是幼教干部的真实写照。

问 您在任期间，学前教育发展遇到的主要问题是什么？您是如何解决的？解决的效果如何？

答 我从1985年从事行政工作，到2008年退休，整整在教育行政部门工作了23年，学前教育发展所遇到的问题实在是太多了，它既有事业发展中的一些问题，也有学前教育改革当中的一些问题。

首先，事业发展问题。在职期间，我曾遇到了一轮半事业发展的高峰。1985年，我到市教育局时正好是上海"入托难""入园难"的高峰期，从1985年到1987年净增了12万名儿童，导致学前教育资源严重不足，包括幼儿园园所资源和师资的不足，这是事业发展的第一个高峰。另外半个事业发展的高峰是2002年到2008年，到我退休时还没达到顶峰。2002年上海全市在园儿童只有23.4万，到2008年，在园儿童有35万名左右，其中最主要的问题出现在农村。原来上海郊区村村办园，每个镇都有一个中心幼儿园，然后乡镇中心幼儿园辅导村办的幼儿园，满足了农村适龄儿童的入园需求。

随着改革开放，农民渐渐富了起来，也希望自己的孩子能够受到良好的教育，更愿意把孩子送到乡镇中心或者县城的幼儿园。到2002年时，村办幼儿园的孩子逐渐减少，村办园关闭，乡镇与县城幼儿园的办园条件受到了极大的挑战，没有足够的园舍、师资，这就提出了增加乡镇、县城幼儿园的要求。从2002年起，我们开始写专题报告给政府，希望相关部门能够加大对农村学前教育的建设，促进农村学前教育事业的发展。在第一轮入园高峰的应对中，我作为参与者，与处室的领导与同事一起，向市政府积极反映学前教育资源不足的现状，提出解决问题的举措，通过成立分管市长牵头下的托幼联席会议，协调各方提供资源解决适龄儿童入托、入园问题。在第二轮入园高峰的应对中，我是设计者与实施者，鉴于前一轮入园高峰应对的反思，我们一直关注本市人口出生的情况，二十世纪末上海出生人口开始走出低谷，逐年增加，当时预测到2014年至2017年将为高峰，人口从每年出生7万多到16万多；另一方面，由于生活条件改善与家长文化水平的提高，市民对优质学前教育的需求更为强烈，郊区乡镇与县城幼儿园已经出现供不应求的局面。为此，我们提出促进上海学前教育发展的三年行动计划。由于市政府与相关部门的支持，各区县政府积极贯彻，第一轮学前教育三年行动计划得到很好的实施，上海学前教育资源得到补充，为后期入园顶峰期的到来做了很好的储备。

第二，学前教育改革问题。在上述两个事业发展的高峰期间，我们主要的工作就是“练内功”，进行学前教育改革，提高学前教育的专业性。这个阶段的学前教育改革主要涉及了三个方面，一个是1999年的0—6岁学前管理体制改革，一个是二十一世纪初的幼儿园办园体制改革，还有一个是从二十一世纪初至今的幼儿园课程改革。

第三，管理体制改革方面。第一个是要求区县的政府应该承担起统筹协调规划学前教育发展的职能；第二个就是0—6岁儿童教育的统筹管理，教育部门承担0—6岁儿童的教育工作，卫生部门承担0—6岁儿童的卫生保健工作；第三个就是资源的合理配置，即托儿所、幼儿园园舍与师资等资源统筹使用。这三个方面的改革内容对整个上海学前教育发展起了相当大的推动作用。

第四，幼儿园办园体制改革方面。进行不同办园体制下幼儿园办园行为的比较研究，并就当时市民家庭经济能力调研，对学前教育经费承受能力分析，对幼儿园办园经费核算比较等，在教育科研的基础上，提出上海市《关于深化幼儿园办园体制改革的意见》，文件除了提出区县要加强公、民办幼儿园的布局规划，根据区域市民的可接受程度扶持民办幼儿园发展，满足市民对民办幼儿园的选择性需要外，明确规定任何公办幼儿园的改制必须要报上海市教委。这对上海市公办幼儿园的稳定与发展起到了很好的保障作用。

第五，课程改革方面。上海经历了由下而上，从上到下的过程，改革的重点是突出幼儿的主体地位,以促进幼儿身心和谐发展为本。1984年左右,上海部分幼儿园就开始进行课程改革,并不断推进。90年代,上海进行一期课程改革,突破以课堂教学为主要形式的学科教学模式,采用综合设计,以“一日活动安排”为主线,设置体育、歌舞与游戏、故事、讲讲做做、生活五门课程。1995年,上海受国家教委委托编制地方学前教育纲要,1998年我们出台了《上海市学前教育纲要》。随即,我们便开始编制《上海学前教育课程指南》,2002年颁发征求意见稿。从2002年开始,我们着手编制幼儿园教师参考用书,2004年完成。同时,下发《上海学前教育课程指南(试行)》,并一直在几十所幼儿园进行课程改革研究,从幼儿园园本化课程实施方案的编制,延续到现在进行幼儿园课程领导力的实践研究,已进行到第三轮,幼儿园的课程改革一直在不断地深入。

问 您在任期间出台了哪些政策文件?政策文件出台的背景和意图是什么?

答 二十多年的行政工作是个漫长的过程,前面许多年我是在处室领导与同事们的共同努力下推进学前教育事业发展,2000年起我主管学前教育工作。主管期间所出的政策文件大致可归为三类。第一类是关于办园体制改革方面,出台了以《深化幼儿园办园体制改革的意见》为主的文件,主要背景是在社会改革的背景下,教育经费短缺,大量公办幼儿园面临改制,意图是保障学前教育改革方向,确保上海公办幼儿园的主体地位,满足幼儿入园需求。第二类是促进0—3岁婴幼儿早教工作的一系列文件,包括外部的协调管理与内部的规范管理,背景是上海在1999年进行了0—6岁学前教育管理体制改革,教育部门要主管0—6岁儿童的教育,对3岁以下儿童的教养是项新任务,需要认真研究探索。我们从1999年就这个问题开展教育科研,2000年《0—3岁婴幼儿早期关心与发展的研究》立项为国家哲学社会科学“十五”规划重点课题,八年我们结合8个部门、7个区县、20多所幼儿园开展理论探索、机构教养、家庭育儿指导、儿童跟踪了解以及早期干预等全方位的研究,边研究、边实践、边梳理,出台了一系列相关文件,对上海的0—3岁婴幼儿早教工作起到了积极的推进作用。第三类是规划发展类的文件,背景是应对由于城市发展与人口出生高峰带来的新一轮婴幼儿入托入园高峰,制订了《上海市学前教育三年行动计划(2006—2008年)》,解决上海郊区学前教育资源不足与优化问题。除此之外,我们还出台了很多规范内部管理的文件,涉及园长对幼儿园课程管理的指导意见、加强幼小衔接工作的指导意见、提高教师专业成长的手册、幼儿园保教质量评价指南等,既抓事业发展,又抓质量提高。

问 您在任期间政府各部门间的工作协调情况如何?您最难忘的事情是什么?

答 学前教育仅仅依靠从事学前教育的工作人员去推进是不可能的,需要与方方面面协调,形成合力来促进发展。我们主要从三个方面进行协调。第一,政府各部门的协调,与发展改革委、住建委、农委、编办、财政局、人保局、规划局、公安局、卫生局等委办局进行沟通。第二,市教委内部的协调,包括人事、规划、财务、科技、未成年人保护等相关处室等。第三,学前教育相关部门的协调,如华东师大、上海师大等开设有学前教育专业的高校,教研室、教科院、教育评估院、学前教育信息中心、托幼协会、上海托幼杂志等等,推动某项工作适合哪个部门牵头,其他部门就共同携手协助这个部门把工作做好。所以虽然行政部门就 1.5 个编制负责学前教育管理,这些年我们还是做了很多的工作,使上海学前教育有了非常大的发展。

最令我难忘的是上海市学前教育三年行动计划的推进工作。当时,学前教育并不受重视,我们提出要开展幼儿园三年行动计划时,很多部门都不理解。城市化建设过程中,各方出于经济利益考虑,幼儿园是个容易疏漏的环节,而面临已有预期的入园高峰,以及市民生活改善对优质学前教育强烈的需求,已有的学前教育资源肯定不能满足发展的需要。在这样的背景下,我们提出希望开展三年行动计划,推进幼儿园的园舍建设、师资队伍建设,去迎接新一轮高峰的到来。为了进行三年行动计划,从 2002 年开始,我们每年都向政府递交学前教育专题报告,还通过市政协进行专题研究,请市人大代表提案。此外,还请了地方党报的一些记者写内刊,通过各种各样的途径向市领导反映我们将面临一个高峰期,要重视幼儿园园舍与师资队伍的建设,并提出了解决“入园难”的举措,协调市政府 12 个相关部门获得支持。在分管市长重视下,2006 年 9 月,市政府召开了上海市第一次学前教育工作会议,下发了《上海市学前教育三年行动计划(2006—2008 年)》,分管市长要求各区县政府必须承担起贯彻实施的责任。市教委财务处下拨专项经费,并提出经费使用管理的意见,市教育督导办公室提出三年后对各区县实施学前教育三年行动计划进行督政的意见,市政府相关委办局对三年行动计划实施过程予以监督支持。从 2006 年到 2008 年,上海的幼儿园建设大规模展开,这也为当时上海市学前教育的发展,尤其是农村学前教育的发展打下了很好的基础。

问 您工作的最大成就是什么? 您的工作创新体现在哪里?

答 最大的成就是顶住了压力,保住了上海公办幼儿园的主体地位;开创了 0—3 岁婴幼儿早期教养指导工作的局面;重视对学前教育事业发展的规划,首次提出学前教育三年行动计划的举措。

对我而言,每一项工作都是创新。因为上海学前教育发展较快,要有新的发展需要学习国内外发达地区的经验,然后再结合上海社会、经济发展,以及学前教育发展现状,来创造性地推进工作。学前教育在某些阶段难以得到政府足够的重视,也没有领导告诉我们学前教育该怎么发展,在这样的情况下,我们只能自己创新,自己往前闯,结合发展的现状,提出工作思路,争取领导与相关部门支持,然后不断地去推进。其中,很重要的是要在调研与科研基础上进行决策,《深化幼儿园办园体制改革的意见》《上海学前教育三年行动计划(2006—2008年)》以及0—3岁婴幼儿早教指导的一系列文件等都是建立在调研与科研的基础上,得到了很好的贯彻实施。我经常跑区县、跑幼儿园,了解区县学前教育工作的情况,了解幼儿园的研究与实践,基层的很多工作创新、亮点都通过我们的发现及时得到推广。当然,前提就是自己要加强学习,正确把握学前教育发展方向,才能认准苗子进行推广。同时,把每一个区县和每一所幼儿园的工作积极性调动起来,形成不断向上发展的态势。这种态势对学前事业发展的推进十分重要,这是人心所向。

问 您工作的基本理念是什么?

答 我工作期间支撑我的就是两个字:责任。既然我承担了这个工作,就要对得起这份事业。上海学前教育的发展并不是我一个人的工作成绩,实际上是建立在前人的工作基础上的,也是全市学前教育工作者努力的结果,我常常从他们身上吸取到前进的动力。上海的学前教育发展可以走弯路,可以走比较曲折的道路,但是不能走倒退路。我的责任就是承前启后,来推进上海的学前教育事业不断发展,保证它的领先地位。

问 结合您的经验,您认为如何才能做好学前教育行政工作?

答 领导关注的时候,我们要借力多推进学前教育事业的发展,领导不关注的时候,我们要多"练内功",也就是抓学前教育质量,提高专业程度。我一直强调,要用我们的表现去争取领导的发现,用我们自己的专业发展来争取领导的发现。我刚开始从事学前教育时,很多人认为幼儿园老师就是个高级保姆,是教养员,是看管孩子的,在很多领导眼中也是如此。如今,学前教育发展成为一个专业,实际上是很多学前教育工作者,包括幼儿教师和园长共同努力的结果。正是由于大家的努力和付出,才把学前教育越做越好,才能够使得家长更重视学前教育,领导也能够更关注学前教育的发展。

问 现在幼儿园普遍反映"婆婆"太多,他们疲于应付政府的多头管理,甚至是相互矛盾的管理。您认为这种现象需要改变吗?如何改变?

答 幼儿园所处位置是在社区,幼儿园所教育的内容涉及儿童的吃喝拉撒,幼儿园不仅面临教育行政部门的管理,还涉及方方面面部门的检查。虽然这些检查的出发点是为了保护儿童,但多头管理导致教师疲于应付,而忽视了对儿童的深入了解以及教师自身的专业成长,从而影响教育质量的提高。

要改变这一现状,可以将多头管理转变为综合督查,将相关部门多头的工作要求进行汇总,整合到督学,然后由专门督导的部门派出督学对教育机构进行督导。诸如现在的责任督学已落实到幼儿园,我认为应该把检查要求都汇总到责任督学,把对幼儿园进行日常工作的监督改成综合监督,而不是各司其职进行检查。这只是我的建议,需要在实践中逐步改善。

问 您对学前教育行政工作的愿景是什么?

答 首先,希望学前教育行政部门向着专业化方向发展,成为专业管理部门,管理者应该具备相关专业的背景。其次,希望学前教育行政干部在推进工作遇到困难时,能得到领导的支持,能得到相关部门的配合,减少干扰。最后,希望学前教育事业能够不断发展,道路可以是弯曲的,但事业发展不能倒退。

访谈对象 | **张民生**(上海市教育委员会原副主任)

访 谈 人 | 钱 雨

问 您曾经主持和指导了上海市和国家多次学前教育重大变革与政策制定,见证了中国学前教育近半个世纪的历史发展。能否请您先从宏观层面介绍一下近年来上海学前教育事业发展的历史背景?

答 上海学前教育的整体发展状况和我国改革开放的社会历史大背景是密切相关的。改革开放以来,上海的学前教育质量在政府支持下节节提升,教育质量的提升主要是通过提高教师队伍的水平来实现的,这可以从教师职前与职后发展的视角分为三个阶段:第一,教师学历达标阶段;第二,教师学历提升阶段;第三,教师职后培训阶段。

第一阶段,提高幼儿园教师队伍学历达标率。这一阶段大致是从 1977 年到 1986 年,围绕教育上的拨乱反正,首先要增加幼儿园的数量,满足学前教育的需要。1970 年时,上海市幼儿园数量从 1962 年的 1 474 所骤减至 692 所。1972 年,数量恢复到 1 057 所。1976 年,上海市幼儿园数量上升至 3 501 所,在园幼儿数达 23.71 万人。经过"文革"十年,各类幼儿师范没有培养新教师,而老教师又逐渐退休,新旧教师断层。教师达标率大幅下降。当时,高中教师要求本科学历,幼儿园教师要求中专学历。以静安区为例,幼教系统中专以上的达标教师比例从 82%降到了 40%以下。

20 世纪 70 年代,上海市再现幼儿入园高峰,匮乏的资源使得大量学龄前幼儿无法入园。例如,杨浦区长白一村小学附属幼儿园从 5 个班扩招到 9 个班,但由于条件有限,只能与小学合用厕所。为了缓解入园难压力,政府再次想方设法增开幼托园所,但师资匮乏没有得到配套解决,许多幼儿园出现了一名教师带一个班的情况。

于是上海市兴办了一大批新幼儿师范以培养教师。例如,上海市南林师范学校于 1982 年建立,由上海市南林中学改建,1997 年并入华东师大;1981 年上海第二幼儿师范成立,主要承担上海郊县幼教师资培养工作;1985 年成立了上海市幼儿师范专科学校,这是我国第一所培养大专学历幼师的院校……上海市全力以赴开办新的幼儿师范。当时政府为保证学前教育质量非常重视教师培养,首先努力把教师队伍从很低的学历水平通过达标培训提升到达标水平。

这一个由新、老师范培养合格幼儿教师,同时通过达标培训发展达标教师的历史阶段功不可没，是上海学前教育现代化发展的第一阶段，让学前师资学历从不达标发展到达标。

第二阶段是幼儿园教师学历提升阶段。改革开放后，全国迎来了科学和教育的春天。进入90年代，上海提出了“一流城市一流教育”的目标。随着幼儿师范大量培养新教师以及达标培训，上海的幼儿园教师学历迅速达标，上海开始进行以提高教育教学能力和科研能力为目的的轮训。

1988年我调到市教育局分管人事和科研等工作。因为我来自第一线，充分认识到提高教师素养是提升教育质量的重要因素。那个时候，我们竭尽全力提高教师学历水平，采用多种途径、多种方式推动幼儿教师的学历提升与在职学习，形成了覆盖全市幼儿园教师的电视培训网络，拍摄了幼儿师范学校电视课程11门。其他手段还包括幼师函授辅导、夜大、自学考试、面授等。在达标培训中，每个区都在组织自己的教师辅导点。农村学生考入幼儿师范，还可以把户口从农村转到城市，实现“农转非”，这在当时是很不容易的事情。那时，至少要达到区重点高中以上的分数线才可以进幼师，所以最早录取进来的一批幼儿教师质量非常高。我那时就觉得，上海的师资培育不光要达标，还要提升到全国先进水平。学前教育发展好，最根本是教师队伍好。

第三阶段是积极开展幼儿园教师职后培训的阶段。1989年，上海出台了“上海市中小学教师进修规定”的文件，由当时的市长朱镕基签发，开始全面实施教师职后培训的计划。在“八五”“九五”期间，上海建立了市和区两级培训系统，以保证职后培训计划的完成。“八五”期间的教师培训由原市幼专师资培训中心承担，并统一培训的课程；“九五”以后由各区自主培训，教师可在自我发展设计基础上选择培训内容。市教委则把培训重点放在对骨干教师、后备干部的培养上，通过包括专业理论的提高和专家带教等多种途径，提高他们的管理水平和专业素养。最终形成了完整的园长、教师培训和等级保育员的培训体系，建立了园长、教师学历和非学历两大培训系列，其中非学历培训又包括干部培训和教师培训。到2004年的时候，上海幼儿园教师的合格学历（中等师范学校、高中毕业）已经达到98.5%，大专及以上学历达到78.7%，部分园长、教师达到或在读本科学历。

此外，托幼机构保健教师的培训工作采用了学历培训由教育部门承担、业务培训由儿童保健部门承担的方式。幼儿园保育员、营养员等特殊技术工种的人员培训由劳动部门和卫生部门负责，市儿童保健所制定培训计划。保育员、营养员从初级到高级的培训逐步走向社会化，由劳动部门负责鉴定核发等级证书。

当全国还在追求教师学历达标率、提高教师基本学历的时候，上海已经先一步开发并完成了达标任务，并进一步开发了提高学历层次和能力的全员培训。针对在职的教师普遍面临知识老化的问题，针对不同级别的教师们设置了五个模块的在职培训课程,称为职务培训,每位在职教师每五年必须经过240学时的培训,培训通过才可以参加职称评选工作。上海的这一做法对全国产生了积极的影响。这一系列的政策举措,使得上海的幼教师资水平节节提高,不断超越过去,力争一流。

问 上海的学前教育在过去七十年里迅速发展,得益于政府部门的高度重视与支持。今天,无论是入园率、教育质量,还是师资水平,上海市都处于全国领先地位。上海市政府是如何解决这个人口大市的“入园难”问题的?市政府和市教委又是如何看待学前教育在整个教育中的地位与作用的?

答 上海市政府一直注重学前教育的价值,为实现上海学前教育的普及化、优质化提供政策支持。1980年,为加强对全市托幼工作的领导和协调,上海市就成立了市托幼工作领导小组,由分管教育的副市长牵头,市教育局等9个部门的负责人参加。

20世纪80年代中期,由于几十万知青回沪就业、结婚和生育,上海再次出现严峻的入托入园高峰。为了解决幼儿入园的矛盾,市政府采取了一系列积极有效的应对措施。1985年底,为应对“入园难”问题,上海市发挥托幼工作领导小组的作用,分管副市长作为领导小组组长,定期召集市教育局、市财政局等15个部委开联席会议研讨“入托难”“入园难”问题。市托幼工作办公室作为市托幼联席会议下属办公机构,挂靠在市教育卫生办公室,编制6人。托幼工作领导小组具体解决“入托难”“入园难”所需的经费审批、教师编制、园舍建设、师资培养等工作。时任市长江泽民曾多次在市长办公会上就“入园难”问题组织专题研究。

1985年,市集体事业办专门成立了上海市地区托幼协会。同年4月,市教育局向市政府呈递《关于坚持“两条腿走路”的方针,解决本市幼儿“入园难”问题的请示》,提出集体事业单位和企事业单位已办的幼儿园要挖掘潜力,扩大学额,增收适龄幼儿。5月,市妇联、市集体事业办公室向市政府呈递《关于解决市区“入托难”和民办托儿所经费困难的请示》,提出继续想方设法增加收托人数,进一步发动街道里弄开办简易托儿所的设想。

1986年,市教育局成立独立的幼教处,编制3人。在同年的上海市第八届人民代表大会第五次会议上,市政府工作报告把保证适龄幼儿全部入园列为市政府1986、1987年要完成的与人民生活密切相关的十五件实事之一。

1986年5月,市政府办公室转发市托幼工作办公室《关于妥善解决本市婴幼儿入托入园问题的请示》的通知,要求各区托儿所挖掘潜力附设幼儿班,各区属有关公司和机关事业单位,以及千人以下有条件的工厂、市属商业公司等都要自办、联办或按系统设点办幼儿园;已停办的应复办,未办的要创办,同时增加招收名额;动员并要求街道、里弄兴办简易托儿所。教育部门要利用现有园舍扩建和改建一批幼儿园,在竣工的公房配套设施中新建幼儿园，并做到同步交付使用；在有条件的小学和中学增收幼儿班，在有条件的幼儿园增加学额；收回部分被占用和出租的校舍，适当调整后开办幼儿园。

1987年，市政府办公室又在转发市托幼工作办公室《关于妥善解决1987年本市婴幼儿入托入园问题报告》中，要求各级人民政府和各部门、各单位把解决婴幼儿入托入园工作作为大事和实事来抓，切实解决1987年净增的五万名4岁适龄幼儿入园和两万名婴儿入托的问题。12月，按照市政府的有关文件精神，市托幼工作办公室和市教育局幼教处合署办公，实行一套班子两块牌子的工作模式，由市教育局直接领导；市托幼工作联席会议制度进一步明确了幼教工作的领导管理以区、县政府负责为主，各有关部门各司其职。

经过各方努力，到20世纪80年代末，上海已基本解决入托难、入园难的问题。据市教育局幼教处统计，1982年全市在园幼儿28.4万人，占适龄幼儿的80%，其中，市区入园率为108%，郊县入园率为65%。1989年，本市独立幼儿园发展到905所（市区723所，郊县182所），其中，教育部门办716所；中小学、托儿所附设幼儿班4 301个。在园幼儿41.8万人（市区30万人，郊县11.8万人）；市区4—6岁幼儿入园率为100%，郊县为90%。

1990年，由于机构变动，集体办托儿所由原来的市集体事业办公室领导划归市教育局领导，这为1999年推行0—6岁学前教育管理体制改革打下了基础。

上海当初也经受过比较大的考验。当时，为满足社会和家长对学前教育的需要，因此要通过社会力量办园来进一步发展学前教育，全国有些地方把公办园转制成民办园，但上海坚持以公办为主，公、民办协同发展之路。老百姓最基本的问题就包括孩子的教育问题，这是重要的民生工程。如果把最好的幼儿园、小学和初中都变成了民办的，老百姓会有想法的。今天，虽然上海民办园的数量也在增长，但就幼儿在园总人数的比例来讲，上海市公办园的占比还是全国最大的。

上海市政府和市教委的历任领导都很重视学前教育。20世纪90年代，上海市委市政府提出了建设“一流城市一流教育”的目标。上海市搞了五大工程，第一大工程是对较薄弱学校的更新工程，主要针对初中。第二大工程叫实验性示范性高中建设。第三大工程和幼教有关，我们叫作义务教育标准化建设工程，把所有义务教育按照国家标准，严格制定规范政策。虽然针对义务教育，但是这个工程延伸到了学前教育。1985年上海颁布了《上海市普及义务教育条例》，1986年国家颁布了《中华人民共和国义务教育法》。由此，上海率先步入了依法治教之路。

为了顺应托幼一体化的趋势，从1998年开始，上海市教研室就率先在市级示范园和一级园的三个实验班里，进行托班幼儿发展特点、课程设置、环境创设以及师幼互动方式等方面的研究，为《上海市0—3岁婴幼儿教养方案》的编制提供了先期的实践经验。

比如0—3岁托育服务到底归谁管理？上海市领导非常重视托育管理，曾经多次协调托育工作的体制问题。过去托儿所由很多部门管——有教委的相关部门，也有妇联、街道等其他部门，这不利于学前教育的发展。

1999年，市政府办公厅转发市教委等九部门《关于推进上海市0—6岁学前教育管理体制改革的若干意见》，提出了0—6岁一体化学前教育管理的新体系，为上海0—6岁婴幼儿教育的全面发展提供了政策保证。由此，上海学前教育管理体制的改革全面启动，主要围绕加强政府宏观管理、制定和实施托幼事业发展规划、优化配置托幼资源、开展学前一体化教育等方面展开。具体包括：(1) 将0—6岁的教育作为一个完整的体系，全面提高学前教育的研究和发展水平；(2) 充分发挥教育和卫生部门的管理优势，实现0—6岁托幼保教业务管理的系统化和整体化，由教育部门主管0—6岁儿童教育工作，卫生部门对卫生保健业务进行管理；(3) 政府统筹安排托儿所、幼儿园的教育资源，宏观规划本地区托幼事业的发展工作。

杨浦区最早开始探索托幼一体化改革实践，紧接着宝山区、虹口区也在政府的支持下突破了体制改革的难题，而后其他区县也都结合区情进行托幼一体化改革实践。当时，由市教委副主任夏秀蓉牵头，开始了0—3岁婴幼儿早期关心与发展的研究。2002年，这个课题由我牵头正式立项为国家哲学社会重点课题，复旦大学、华东师范大学等高校参与了研究。上海7个区和无锡市作为实验区，同时有教育、卫生、妇联等各部门参与研究，每个区的分管副区长担任课题组长。可以说从行政到科研都高度团结，非常重视这个课题。

上海当时对0到3岁婴幼儿的研究产生了深远的影响。当时我正分管学前教育，提出把研究结果转化为文件，对托幼实践产生实实在在的影响。课题研究成果为政府的教育政策与标准制定做出了贡献。

课题在2007年结题，在课题研究成果的基础上，出版了《婴幼儿行为观察卡》等17本专业书籍，及时推广科学的教养理念和教养方法，开展了多样化的早教服务方式的探索，形成了有区域特点的管理网络。到2009年，本市96.2%的0—3岁婴幼儿家庭接受了一年四次有质量的科学育儿指导。现在，这个免费育儿指导已经增加为一年六次。

上海市政府一直高度重视学前教育，历年来投入学前教育的总经费在全国都名列前茅，一直稳中有升。比如2009年上海市的幼儿园生均总支出为15 059.62元，比2004年(7 803.64元)几乎翻了一番，年均增长14.05%，当年生均财政拨款占生均支出比例为68.04%，比2004年的65.55%提高了2.49个百分点，涨幅居全国首位。2006年召开了“上海市学前教育工作会议”，会上下发了由市教委等十二个部门联合印发的

《上海市学前教育三年行动计划》，明确了各级政府责任，积极推进学前教育事业发展，加强学前教师师资队伍建设。

学前教育管理体制改革首先是强化政府宏观管理与统筹的职能。按照《中华人民共和国教育法》关于"地方各级人民政府根据分级管理、分工负责的原则，领导和管理教育工作"，区县政府应承担起统筹、规划、协调的功能。上海各区县相继成立了由分管区长牵头，由计生委、卫生局、建委、发改委、民政局、财政局、物价局、总工会、妇联等相关政府职能部门领导参加的托育领导小组，建立健全了全市三级托幼管理网络，切实维护儿童的权益，推进学前教育事业的发展。

问 在政府的关怀下，如火如荼的教科研工作也积极推进了上海学前教育的质量发展。您早年学习物理专业，理科的思维使您具有严谨的科研视角，上海幼儿园课程改革在您的指导下对全国教育实践领域都产生了广泛的影响。您能介绍一下深化上海幼儿园课程改革的大致情况吗？

答 1988年，我从上海师范大学调到上海市教育局担任副局长，分管教师队伍建设以及教育科研等工作。就在那一年，上海启动了基础教育课程教材改革。当时市教育卫生办公室主任王生洪，他牵头了上海教育战略发展研究。这份研究报告里面对于基础教育有六个字特别打动我："先一步、高一层！"说得真好。

"先一步"，即上海敢为改革先。大家一起做的时候，上海就要做得"高一层"。其中蕴含的精神，其实就是"创新"精神。

1990年，上海市中小学课程改革委员会办公室根据幼儿园新课程设置的总体思想和课程标准，组织编写《生活》《体育》《歌舞与游戏》（上、下册）《故事》《讲讲做做》等教材，同时设计制作了相应的音带、录像等电化教学软件。1995年，上海成立教育委员会，我担任了教委副主任，课程改革是我分管的主要工作之一。

课程改革中，我们有三点经验：一是"全覆盖"。如果说"一期课改"仅仅关注3—6岁幼儿的课程改革，局限于31所课改园，那么1998年上海正式启动的学前教育课程改革（后称"二期课改"），就是要构建一个面向全体0—6岁儿童和家庭的课程体系，把改革成果推进到全市范围。当时上海采取了一系列有力的措施，着重扩大和优化供给以及提升内涵和质量两个方面的工作。二是"全过程"。如果说"一期课改"更关注课堂质量的提高，那么"二期课改"则对幼儿一日生活的全部环节进行了更加科学的设计，涉及师幼互动的全过程。三是"全推广"。"二期课改"注重宣传和实践研讨，建立了一个覆盖全市的课改实践系统，把理念转化为教师实践的指南。

二期课改阶段，上海在质量提升的基础上追求创新性，还涌现了许多创新性的研究型课程案例。我举一个例子。芷江中路幼儿园的园长、特级教师郑惠萍介绍了一个探究性课程案例:《牙齿的功能》。牙齿是非常重要的探究对象,牙齿有什么作用呢？虽然小朋友们不会写字,但可以用绘画来表达！牙齿可以吃东西,小朋友就画个大嘴巴吃饭。有的小朋友说牙齿可以把东西嚼断、可以磨食物,就在嘴巴里画上剪刀和菜刀。还有小朋友说,嘴巴虽然很好、很重要,可是“病从口入”,如果嘴巴没管住,这个细菌也会出现在牙齿里,引起蛀牙,引起生病……这是幼儿园的探究性课程,启发儿童去思考自己的牙齿和身体的关系,鼓励幼儿多种方式的表达。我觉得孩子们讲得非常好,学习与表达融合,体现了幼儿想法的精彩。

再说一个上海市崇明区莺莺幼儿园的儿童戏剧案例,他们的课改案例是以“自由剧”为载体,促进幼儿关键经验的获得。戏剧在西方学校里是非常重要的课程,但我们重视还不够,即使有也是侧重于表演活动,而形式大多是课外兴趣小组,选择有特长的学生,即语言表达、音色都比较好的少部分儿童。其实戏剧表演应该视作一个普遍的、可以开发学生综合能力的课程,它能够培养幼儿的社会交往与合作能力,角色饰演又能够发展儿童的社会情绪能力,培养共情能力。比如扮演妈妈大肚子是什么样的？扮演弟弟会说什么？戏剧表演之前,有的小朋友分工去做推广,跑到别的班级去宣传,就又成为宣传员。

如何保留儿童戏剧开放性的优势,让所有幼儿获得自由探索的机会并培育创新意识、自主能力？创设怎样的环境可以让幼儿的天性获得最大释放？从2001年起,这所幼儿园提出了“自由剧”的概念,要真正让幼儿自己“玩戏剧”“做戏剧”。教师追随幼儿的天性开展戏剧教育,让自由剧活动成为专属于幼儿自己的学习,生成幼儿独特的深度学习方式。在这中间,从表演素材选择到阅读故事方式均由幼儿自己决定。

幼儿园里的自由剧会根据“幼儿自制的剧本书”,通过小“演员”们的最后合作演出完成。在2017年大班幼儿的毕业典礼上,孩子们表演了全园共通性剧本《白雪公主》和绘本故事《小狐狸爱妈妈》,感受、体验自己在不同的“爱”中慢慢成长,实现了一种情感的传递。戏剧表演让幼儿在深入学习中主动建构经验,获得了满足与发展。

所以,二期课改中重点要培养孩子的创新性,发展孩子的综合能力。真正推进上海的“先一步、高一层”,我们就必须在课改中努力办好每一所学校,教好每一个学生。

问 您提到教育好,离不开一支好的教师队伍。上海市政府除了加强学前教师的职前与职后培训之外,还为幼儿园教师科研发展提供了哪些有力政策？

答 除了教师学历提升和职后培训等政策支持之外,引领和鼓励学前教师从事实践中的科研工作也非常重要。上海市一直非常注重教师科研体系的建设。教师科研的成果繁荣不只是源于我们强大的科研体系与专家团队,还得益于上海教育优秀的改革和科研氛围。

1980年以后,上海首先在市、区县陆续建立幼教科研组织机构。1986年,上海市参与了国际教育成就评价协会(简称IEA)幼儿教育项目的研究,通过在全市范围的抽样调研,逐步建立起了一支市、区县的幼教科研队伍,形成了幼教行政、教研、科研、师范学校密切合作的有效机制。上海市教育科学研究所于1988年建立了幼儿教育研究室。几乎同一时期,许多区教育学院科研室(组)中先后设立专职幼教科研人员,部分郊县教师进修学校和教育局的科研室(组)从1990年起也开始设立专职教研人员。

1991年我们已经有专职幼教科研人员29名,其中市区25名,郊县4名。全市已有16个区县形成了幼教科研组织网络。市与区县科研组织机构的逐步形成,有效地促进了全市幼教科研事业的发展。如闸北、徐汇等区是以点带面式的科研骨干小组,宝山等区则在基层幼儿园普遍设立科研联络员。在全市各级幼教科研人员的组织带动下,广大基层教师踊跃参与教育科研活动,全市上下形成了一支专职、兼职和普通教师为一体的强大科研队伍。1996年1月,成立了上海市教育科学研究院,幼教研究室随即成为上海市教育科学研究院普通教育研究所幼儿教育研究室。

1998年,市教育局教学研究室设专职幼教教研员(由原幼师人员兼任)。1989年,市教学研究室成立幼教教研组,有专职教研员2人。

上海市教科所当时的副所长李洪曾就是从事幼教工作的,在上海市幼教事业发展中,他有着重要的贡献。李所长积极推进学前教育科研指导。当时的市教科所和市、区教研室引导教师参与研究、科学研究。所有这一切,构成了上海市庞大而有序的教师科研指导网络,这些科研机制也成为上海市推进幼教事业发展的基础与动力。

问 您非常重视教师的专业素养和科研活动对于学前教育质量提升的重要性。在您心目中,一名优秀的中国学前教师应当具有哪些重要的品质?怎样才是一名好老师呢?

答 这是个很重要的问题。没有好的教师,永远没有好的教育。什么是好的教师?有一些对教师的基本要求是相通的,比如教师必须热爱教育、热爱学生,这是起码的师德要求。

此外,我认为,好的教师不一定是教育家,但一定是研究型教师。一个有事业心、有追求的教师,必须通过不断结合工作的研究才会获得持续不竭的动力。研究是人生的动力,也是人和机器不一样的地方。(在张老的茶几上,堆着厚厚的、比人还高的学术杂志与书籍。在家里,书籍和期刊随手可及。)

重视教师科研首先因为我1988年从事教育行政工作后一直分管教育科研工作,教师的科研与发展是我关注的主要内容。另外,1988年前由于我在中学和大学工作期间都是一直坚持研究。对我而言,教育科研和终身学习的理念都非常重要。我认为,教师要有开展研究工作的敏锐性。

我也非常欣赏教师开展工作研究。"工作研究"和"科学研究"这两个术语是有区别的。"工作研究"指教师通过研究去解决自己在工作中碰到的具体问题。而"科学研究"是指通过研究发现问题的一般规律,上升到理论层面,产生新知识。教师开展工作研究和科学研究都会让教师更加具有前瞻性,可以帮助教师把自己的工作变成一种追求。

第二,好的幼儿园老师必须具有专业能力,懂得儿童的成长规律。在师德方面,幼儿园老师要热爱教育、热爱学生。但你有良好的愿望,做不好事情,缺乏专业能力也不行。你要懂得促进儿童的成长,你也要懂得我们教育方面以前很多专业知识的积累,思考知识如何为我所用,并且又能够通过自己的这些创新反思到新的东西。在专业方面,好老师必须十分关注儿童的身心安全。孩子是缺乏自我保护能力的,偶然的身心创伤有时候是不可弥补的。所以老师要去关爱、理解学生。掌握师幼互动的技巧、谈话的艺术。有些老师和孩子说话,不分青红皂白就各打三十大板。小孩子心里非常恐惧。教师应该有和幼儿谈话的艺术。比如有的孩子盯着手机玩,不休息,怎么办?不是叫他马上停止,而是问他:"你再看几分钟?"他可能说"五分钟",到了时间再提醒他,他就停下来了。如果你直接说:"再玩五分钟就关啦!"这不是自主决定,这是你替他做决定,孩子的感觉是不一样的。

第三,幼儿园老师还要具备课程领导力,可以根据班级的具体情况来调整课程,善于班级管理、时间管理。我到香港去当了几年顾问,到他们的班级去看,我发现许多班级教学中的时间管理有问题:教师经常拖堂,从来不以为然,还以为这样好,觉得我好负责任、好认真!错了!首先,下课时间是学生的时间,教师不能占用;其次,教师应该知道学生的心理,应该控制自己,这样才能提高教学的效率。教师应该知道如何将前人积累的经验为我所用,同时又能够在实践中不断创新,在教学中研究儿童。

第四,幼儿教师要善于和家长沟通、合作,家长和教师应该是一个共同体。这是中西方教育最大的差别之一。我们中国学校里强调师道尊严,教师觉得家长必须听我的,没必要开展家长合作。而国外认为家长和学校是一个共同体,教师和家长必须倾听彼此,理念上完全不一样。所以中国的家长没地位,内心又很矛盾,既希望老师对自己的孩子好一点,背后又对老师有不满,经常议论老师、抱怨老师。

问 您自己如何看待优质学前教育和教师对个人发展的作用?为什么?

答 曾经有个关于学前教育的新闻,其中有些内容说得很对。故事说:1978年,全世界诺贝尔奖获得者在法国巴黎聚会。有记者问当年的诺贝尔物理学奖得主卡皮察:"您在哪所大学、哪个实验室里学到了您认为是最主要的东西?"出人意料的是,这位白发苍苍的老人回答道:“是在幼儿园。”记者愣住了,又问:“您在幼儿园学到了些什么呢?”老人如数家珍地说道:“把自己的东西分一半给小伙伴们,不是自己的东西不要拿,东西要放整齐,吃饭前要洗手,做了错事要表示歉意。午饭后要休息,学习要多思考,要仔细观察大自然。从根本上说,我学到的全部东西就是这些。”

我自己的经历也告诉我,童年时代得到好的教育、遇到一个好的老师,对个人的影响可能持续一生。好的老师可以激发学生学习的动力。例如,我的初中语文老师引导我们阅读课文《鲁提辖拳打镇关西》时,他问我们:“这三拳分别打在什么地方?”我之前看过《水浒传》,但我回答不出来。课后我又重新把这部分看了一遍,书上说:第一拳,正打在鼻子上,“却便似开了个油酱铺,咸的、酸的、辣的一发都滚出来”。第二拳打在眼眶际眉梢,“似开了个彩帛铺,红的、黑的、紫的都绽将出来”。第三拳,在太阳穴上正着,“却似做了一个全堂水陆的道场,磬儿、钹儿、铙儿一齐响”。原来细节描写可以如此精辟!从此,我产生兴趣又看了《水浒全传》《水浒后传》《武松》等书,大大提升了我的阅读兴趣。

总之,从儿童早期开始培养读书和终身学习的习惯,是人一生发展中的重要基础。

问 您认为在过去和现在,中国学前教育发展最宝贵的经验是什么?最突出的问题又是什么?

答 百年大计,教育为本。教育大计,教师为本。学前教育发展中最突出的问题就是质量问题。要想提高学前教育质量,首先我们要把真实的情况摸清楚告诉社会,让政府知情。90年代上海做达标工程时,我们组织工作人员去上海的农村调研,发现农村的教育情况十分严峻。我们收集了很多资料,反馈给领导,随后开展了大规模的学校标准化建设工作。

幼教现在作为国家重视的民生工程,也应该有调研队伍去到全国各地,收集、了解当地情况,然后通过视频、录像、文字等手段反馈给政府和社会。一定不能报喜不报忧,怕暴露自己不行,面子难看。这样不利于学前教育的发展。

第二,针对核心问题采取措施,我们国家现在实力不断增强,也不缺乏好的政策,关键是我们如何把政策用好,用到点上。比如国家在培养师资队伍上就花了很大的力气,“特岗计划”就是很有效的一个政策。做了才有希望改革,不做永远没有希望。教师有水平,教学质量也会相应提高。我们必须通过各种途径,进一步提高教师的师德和专业水平以适应当前学前教育的发展。

问 展望下一个学前教育70年,您对中国学前教育事业发展有怎样的期望?

答 对于中国学前教育事业发展而言,最重要的一点是,我们必须深入研究幼儿,尤其是低龄儿童的成长规律,使未来的学前教育更科学、更有效,对幼儿的成长更有价值。

孩子应当在多样化的游戏中、在适宜的活动中学习符合他们能力水平的知识、健康成长。其次,成人还要保护好孩子。不只是身体上的保护,还要保护孩子天然的好奇心,这对一个人的终身发展是很重要的。好奇心和求知欲是创新的来源。

现在有些家长对孩子呵护过头,替孩子做很多选择,为孩子报各种培训班,剥夺了孩子玩耍的机会,无形中也会慢慢削弱孩子的求知欲和好奇心。我觉得学前阶段,知识多学点、少学点并不是最重要的,最重要的是培养孩子良好的习惯与提高交往能力。一定要克服“不能输在起跑线上”的错误观点。

问 展望未来,您对中国的学前教师群体有怎样的期许?

答 在政府的支持和引领下,中国学前教师的专业水平和质量要不断提高。关于未来的教师发展,我想谈学前教师应当具备的四个视野:

第一,教师要具有政策视野。今天,教师一定要在政策的要求下深化改革,所以教师必须对国家的方针政策有正确的理解。比如,我们现在提倡儿童“个性化教育”。什么是个性化教育?它和全面发展、集体教育、团队合作之间是什么关系?教师是否要把个性培养与全面发展结合起来?很多学前教育工作者也许只看到了政策的表面,但是没有理解政策的内涵,实践中也有很多肤浅的、口号式的、标签式的内容,教育要从正确解读理念出发。

第二,教育者要具有全球视野。全球视野意味着教师应当了解、熟悉当前关于学前教育的热点问题和理论,但不能随大流,要关注真正有价值的信息。前些年全球热点问题是核心素养的培养,现在联合国教科文组织、欧盟和OECD等组织又开始公布2030教育计划,强调教育信息化等问题。

第三,教师要具有改革视野。教师应当知道国家教育改革的方向,如课程改革、教学改革、评价改革等等。教师做研究是为了改革,为什么呢?所有的研究都是对现在状况的变革,不是维持原状,所以我们始终面对挑战。

第四,教师要具有实践视野。教育者最终是实践工作者,实践才是最重要的层面。另外,所有的改革要求如何在自己的工作范围内加以落实,这也是一个实践问题。无论是上级的要求还是自己去完善、改进、改革自己的工作,最终都需要从实践上去思考和检验。

访谈人 感谢您接受访谈,您谈到了政府的政策引领对于学前教育质量提升的重要作用,也用自己的亲身经历证明了研究和终身学习的重要性,给一线教师开展工作研究、持续发展提供了启示,衷心祝愿在您的引领下,有更多优秀的学前教育工作者加入这一学习共同体,为中国学前教育开拓更加美好的明天!

访谈对象 | **张志勇**(山东省教育厅一级巡视员)

访 谈 人 | 陈 莉

问 张厅长,非常感谢您接受我们的访谈邀请。请您简单介绍一下您个人的基本情况。

答 我叫张志勇,1963 年 9 月出生。现在的工作单位是山东省教育厅。

我的教育经历非常简单,1981 年至 1985 年我在曲阜师范学院(现改名曲阜师范大学)上学。四年时间读了两个专业,中文和教育,读完了两个专业的主要课程。2005 年到北京师范大学读了在职教育博士,专业是教育经济与管理。

我的工作经历分为三个阶段:1985 年大学毕业,我到山东省教科所工作,主要做基础教育研究和教育科研管理工作;一直到 2001 年 3 月,我离开了省教科所到省教育电视台工作,在省教育电视台待的时间比较短,不到一年的时间;2002 年 2 月份就到山东省教育厅工作了。因为在教育厅工作的时间比较长,所以除了高等教育我没有分管过,其他业务工作几乎全都分管过,基础教育、职业教育、教师教育、学生处、考试招生、成人教育、民办教育、语言文字工作等都分管过。

问 能给我们谈一谈是什么样的机缘让您分管学前教育的吗?

答 我从 2002 年开始分管基础教育,同时分管学前教育。因为学前教育工作一直在基础教育这个板块里面。

问 那您分管学前教育以来,教育行政机构中有独立的学前教育科室吗?共有几名管理人员?

答 从教育厅来讲,我们现在没有专门的学前教育的处室,但基础教育处有一位分管学前教育的副处长,由一位同志协助。所以,我们省教育厅是没有独立学前教育处室的。地方上呢,有些地方设学前教育科,但是不多,管理人员也比较少,整个学前教育管理的机构建设和队伍建设都是非常薄弱的。

问 您认为是否有必要设置独立的学前教育行政科室?

答 当然有必要。过去,学前教育为什么没有独立设置的管理机构?因为过去,学前教育并没有纳入正式的国民教育体系。过去，学前教育是带有福利性质的，不归教育部门管理，而是由妇联管理的，不是正规教育的一部分。所以，从整个管理来讲，它过去以及转过来以后，学前教育管理的机构和队伍都没有很好地加强起来。这与学前教育的地位和作用是有关系的，包括对它的性质的定位。所以，一直没有专门的学前教育管理机构。2010年国务院出台了“国十条”，“国十条”对中国学前教育产生了重大促进作用。2010年全国教育工作会议上，胡锦涛总书记讲，落实《国家中长期教育改革和发展规划纲要（2010—2020）》第一个就是要从学前教育突破。所以，落实2010—2020年的教育改革与发展规划纲要，落实2010年全国教育工作会议的精神，中央采取的第一个重大举措就是加快推进学前教育的普及。我们国家最薄弱的一个短板就是学前教育，所以当时中央决定要突破学前教育。经历了九年的发展，应该说学前教育事业发展超出了当时国家提出的75%普及水平。当然山东省的普及率更高，我们对外公布的数据是85%，实际上已经超过了这个数字，已经达到90%以上了。在这种情况之下，我们山东省学前教育规模（在园儿童）已达到300多万，全口径计算的话，在园儿童已经达到350万了。这么大的学前教育规模，在园儿童，再加上近30万的幼儿园教师，学前教育当然需要加强管理机构和队伍建设。所以，基于这种情况，我特别主张学前教育要独立设置管理机构，有了独立的管理机构，管理队伍才会得到加强。去年，《意见》里要求加快推进学前教育管理机构的建设。

问 那要配备管理人员的话，需要具备什么条件？

答 需要具备的条件很多。作为一个学前教育行政管理工作人员，需要了解党的教育方针，了解教育的法律法规，了解学前教育专业的知识，具备行政管理基本的知识能力和素养。

问 哪些人可能会被遴选为学前教育行政人员？

答 从教育行政的工作人员或者是有学前教育工作经验的园长中来选拔。

问 您任职期间，学前教育发展遇到的主要问题有哪些？

答 我从2007年开始分管基础教育，同时分管学前教育，学前教育面临的最大的挑战是什么？首先，就是学前教育事业的属性不明，到底是公办还是民办，到底是靠市场、靠社会，还是靠政府、靠公共财政来保障？办园主体不明朗，这是我们面临的最大挑战。而且在公共服务方面，我们在学前教育这个问题上走过弯路。本来学前教育作为公益事业，当然应该以政府举办为主，但是我们曾经出台过这样的文件——学前教育以公办为示范，以社会力量办园为主，这对学前教育影响巨大，实际上等于把学前教育推向了市场。这是我分管学前教育面临的最大的挑战。

但是，这里面有个背景，就是当时国家要保障义务教育。因为2005年国家对义务教育保障体制的改革，就是在教师配置，包括教师工资待遇、生均公用经费、办学条件标准化、校舍、设施配备、图书配备等方面，国家要进行保障。1985年国家提出普及九年制义务教育，1986年出台《义务教育法》，但当时我们国家的义务教育是只有“义务”不“免费”的，所以当时我们的义务教育多半是收费的，乡村教师的工资很多是靠学生缴费来维持的。所以，农业税里边包括教育这一块，老百姓交的税里面包括义务教育经费、教师工资和学校运转的经费。2002年国家推行废除农业税，就把教育的收费也废除了。在那种情况之下，义务教育保障出现了财政困难，所以财力都要往义务教育转移。国家在那个时候没有财力再加大投入办学前教育。所以，当时学前教育基本上是靠市场、靠社会来办。一个县就一个机关幼儿园，那是给政府机关服务的。乡镇幼儿园实际上也基本没有公办老师，基本都是民办老师，也是靠收费来养着这些老师。当时，我们省教育厅基教处曾经推出《山东省学前教育条例》，我们早就要立法，不是现在才立法，今年我们省人大才进行《山东省学前教育条例》的审议。我可以告诉大家，我们早在2005年就起草好了，但是当时义务教育的保障都困难，哪有财力保障学前教育呢？所以，我们就被迫停下来了。我们主要是想通过立法来保证学前教育的公益性，让政府承担更多的职责，但做不到。

我们学前教育遇到的最大的困难，首先就是学前教育的公益属性、公共服务的属性没有真正确立起来。所以，中央出台《意见》最大的贡献是确立了学前教育的公共服务属性。我最近在《人民政协报》有一个4 000多字的访谈，其实我是有所指的。到现在为什么有很多争论呢？就是在这个问题上，大家没有统一思想，有人认为学前教育还是应该由社会办，应该是发挥各种力量来办，政府包办不了，政府不能包办。只要它是社会公益事业，政府当然要承担主导责任和主体责任，就不应存在这些争论。

第二，没有公办编制、公办老师。到现在为止，中央对于公办幼儿园、公办教师编制配备没有政策，没有一个公办幼儿园编制标准。

第三，有些所谓的公办幼儿园并没有机构身份、没有事业单位身份。既不能给其核定编制，又不能给其下拨公用经费，因为这种幼儿园不是独立的事业单位法人。我们现在很多幼儿园说是公办幼儿园，但它并不是独立的事业单位法人，在省编办、市编办、县编办那里，无法批准它是事业单位机构。

第四，没有生均拨款标准。实行这个政策是非常困难的，财政没有钱，制定之后大家压力大，财政又保证不了。我们制定的是不低于小学生均拨款的标准，也就是目前每个孩子每年不低于710块钱。到现在看，这个标准在全国来说都是高的。尽管这个钱不多，但这个标准制定是非常困难的。

另外，我们出台幼儿园编制和机构的政策更困难。不是像今天讲故事这样容易的事情，我们编制出台这个政策经历了五任分管省长。所以，很多公共政策的出台是一件非常困难的事情。

问 您是怎么去解决这些问题的？解决的效果怎么样？

答 这些年我分管学前教育，我认为我们最主要的政策就是在2018年5月出台了《山东省人民政府办公厅关于加快学前教育改革发展的意见》，我们这个政策在全国出得是很早的，我们是在中央出台《意见》之前出的。这个文件审议的层次很高，是经过了省委深化改革领导小组审议，经过省委常委会审议通过的，最终发文是省政府办公厅。这个文件为什么重要？因为这个文件解决了几个很关键的问题。

第一，我们这个文件强调要以公办为主、公民办并举，但是要发挥公办的主导作用。我们一直在讲“入园难”“入园贵”，2010年我就给刘延东副总理讲，“入园难”是“入公办园难”，我们现在95%的孩子都上幼儿园，入园难吗？不难！入公办园难！因为公办园数量太少。公办园少，人们又想上好一点的幼儿园，就挑选民办幼儿园，那民办园就贵，收费就高。所以，“入公办园难”“入民办园贵”，这是我们面临的挑战。解决这个问题的根本举措就是要发展公办学前教育事业。但是，公办学前教育事业，除了县里那个“实验幼儿园”，其他都说不上公办，一无公办老师，二无财政拨款，怎么叫公办？那我们的乡镇幼儿园是公办吗？是公办。有财政拨款吗？有公办老师吗？都没有！这种“两无”状态怎么叫公办幼儿园？都不是真正的公办学前教育。说实话还是由老百姓交费的，完全由个人分担的，政府分担的比例太低了。那我们这个文件最大的贡献是什么？就是强调以公办为主。

第二，关于公办教师编制的问题，我们怎么突破呢？我们最早出台了公办幼儿园教师编制配备标准，山东省编办是支持的，2012年就出了。我们出了编制标准但没有编制，还是一张空头支票。我们这个文件最大的突破在哪里？就是有编给编，没编用岗位总量管理的办法，人员工资等由财政保障。我们这个文件在全国是第一个突破。所以，我们按照编制标准核定公办幼儿园应该用多少老师，比方说应该用100个，编制只能供10个，没有关系，这10个是有编制的，那90个给予总量管理，财政保障，同工同酬，就是工资一样、待遇一样、保险一样。这是总量管理的概念，就是没有编制的编制。对此，山东是做了重大突破的。我们去年核定幼儿园用人的计划，我们编制增加得很少，全省增加了6 000个编制，但是我们有14万岗位总量管理的人员，意味着可以用财政来招聘这些老师。这是我们的一个重大突破。

第三个突破就是公办幼儿机构的核定，我们挤了其他单位的很多过去的事业编制机构资源。关于事业编制机构，我给你讲一个概念，2012年中央对编制是有控制的，叫“天花板”，实行总量管理。2012年各省的财政供养人口封顶了，不能超出。这叫作财政供养人口一个不增。第二个"一个不增"是财政供养的事业单位一个不增。那批一个公办幼儿园就增加一个事业单位,这个事业单位的资源从哪里来?那只能挤别人的,别的事业单位转企改制注销的拿过来。现在有一些注销的,比如说有的学校调整合并了之后可能少了一些机构,那就把这些机构转为学前教育机构,其他的还有转企改制的一些事业单位。我们这个文件有一个很重要的政策,就是街道、乡镇中心幼儿园、二类事业单位学校附属的幼儿园都应该给事业单位机构编制。到目前为止,这个政策在全国是唯一的。所以,我们在去年增加了700多个幼儿园编制的机构。我们过去有1 700多个,现在有2 500个左右了。我们原来想再增加一部分,能达到3 500个左右,山东省在公办幼儿园的骨干基本上就起来了。同时我们这个政策还有一个非常好的地方,公办幼儿园作为独立法人事业单位可以依托举办多个幼儿园,也就是说它的分园同样纳入编制或人员总量核定。等于说如果有3 000个公办幼儿园机构,每个幼儿园依托举办3—4个,就可以办12 000个幼儿园。我们这个政策非常重要,如果有12 000个幼儿园的话,就把山东省公办幼儿园和骨干幼儿园的整个框架搭起来了。编制怎么突破,公办幼儿园机构怎么突破,这是我们这个政策里面非常重要的两件事情。

第四,关于幼儿园生均拨款标准的制定。我们当时和省财政厅的同志反复地进行沟通,他们说只能保证300—400块钱。我们是用了各种各样的办法达到了710块这个标准。今天没有时间谈决策的过程,包括编制解决、机构解决、公用经费的解决,那都不是说打个电话或者把文件送过去就签的问题。为了生均拨款这个问题,我去财政厅沟通不下五趟,去跟教科文处的处长谈,跟分管厅长谈,那叫动之以情、晓之以理,用我们的教育情怀去感动大家,还要用一定的策略来感化、调动大家。我可以讲,我们把出台生均拨款标准这件事情写进了5月份省政府办公厅的文件,上半年要出台,不出台就等于是失职。文件已经发了,出台的标准达不到是通不过的。财政厅的同志就有压力了,所以我卡着710块,原来我说的是800块,我们让了一步。财政厅在没有退路的情况之下就出台了这个文件。这是非常不容易的。财政厅也算支持,我们也是想各种办法去做这件事情。出台这些政策,也不要说人家不支持,确实是没有钱,但是怎么让他做,就得想各种各样的办法。我领他们去调研不下三次。财政厅、编办、人社厅、物价、发改委的同志们、处长们跟着我下去。下去干什么?就看幼儿园是怎么运转的。我跟他们说:"公办幼儿园不给收费、财政不管,让它死掉吗?总要让它运转吧?总要让它生存下去。我们的孩子在城里怎么上幼儿园?你看下边怎么上幼儿园?"那就是一个个地去地方调研,让他们去感受、受感化。我们的公共政策是这么出台的。

还有增加财政拨款的政策,省财政厅的同志讲学前教育是地方的事情。我说,不错!那中央财政为什么给山东钱?中央是有责任推动地方学前教育发展的。中央给钱,省财政为什么不给钱?如果是地方事业,中央离得更远嘛!这就说明这个事业是需要各级财政推动的,我们拿一点钱来撬动地方的发展是必要的。我跟省财政厅的同志讲,用老百姓的话来说,唤个鸡还要撒一把米呢。所以,我说这样吧,中央给多少省财政拿多少。谈了多少次,终于谈下来了。中央拿5个亿,省财政也拿5个亿。让市、县拿钱,省里要率先多拿一点钱。我们那个政策里面增加财政拨款是这么出台的。

第五个政策是最难的,就是幼儿园居住区配套政策。幼儿园居住区配套的政策,到现在为止,还有一些开发商的“代言人”对这个政策有极大的意见,因为他们的盈利空间没有了或者说被大幅度压缩了。居住区幼儿园配套得越多,公办幼儿园扩张越快,他们盈利的市场越小。但是,我们维护的是公共利益。所以,从山东省来讲,我们在推动居住区幼儿园的配套方面下了极大的功夫。大家可以看到,我们降低了标准,3个班就可以配套,3个班的幼儿园就可以办。为什么不能办呢?如果3个班还不能配套,那孩子被分到哪里去呢?我们把幼儿园居住区配套政策纳入出让土地的协议,从源头上要管住,我们进行同步规划,然后同步建设、同步监管、交付使用,建好之后整个交给教育部门。我们把这套政策完善起来。

最难的是居住区幼儿园配套政策的日常落地,我们教育厅没有这个手段啊。所以,经过反复与其他部门协调,我们让自然资源厅和住建部门来牵头,他们可以管。规划现在归到自然资源部门和住建部门,这两家是最关键的。由这两家来牵头,能管住开发商,所以我们的配套政策落地,可以说比过去的环境要好得多。但是,这两家都不愿意牵头,要把我们放在前头。我们要求必须由他们来牵头,他们说他们来配合,我说那不行。最后打了个平手,我们共同来牵头。这个山东在全国是第一家。我们把居住区配套建设和整改的责任,让自然资源部门和住建部门一块给我们承诺,这在全国也是第一家。所以,做公共政策的这些突破是非常困难的。

问 刚才讲的涉及了各部门之间的协调。还有哪些问题是您去推动解决的?

答 这里面谈到部门协调了,其中的困难也都说了。

还有一件我推动的,现在还没有完成的事情是分担机制,个人分担这一块。社会事业、公益事业并不是政府全包,而是由政府、社会,还有个人来进行分担。现在呢,政府要多拿一点,在整个教育投入里面的份额多切一点,另外,老百姓要多拿出一点出来支持学前教育发展。但学前教育的收费这一块,物价的定价权不在教育部门,收费的定价权在发改委物价管理部门,过去叫物价局。我与物价局的同志多次沟通,我希望能够完善非义务教育的收费标准,包括高中和幼儿园,家长多拿一点。我们的高中收费标准18年没调了,幼儿园的收费标准有的地方很低。我下去调研,德州、聊城这些地方的乡镇幼儿园收费标准是75块钱一个月,这个钱能留住谁啊?老师每月七八百块钱,肯定有机会就离开了,因为这个钱太少了。看上去收费很低,最后损害的是老百姓的利益。

没有好的老师、没有好的条件，孩子受的学前教育质量很差。所以，提高老百姓分担的成本，多交一点学费；政府多拿一点，多配公办老师。我们把好老师留住，这是对老百姓的公共利益最大的维护。所以，我就想办法推动物价的调整，这是很难的事情。当时我去聊城，聊城市长在那里，我说："你们能不能把收费标准调一调？从 200 来块钱调到 400 块钱，老百姓一年增加 2 000 块钱，但老百姓享受的教育和师资力量会得到改善。"我跟省物价局来谈，由省物价局统一来调。省物价局的同志讲物价的定价权交给地方了，调不调是地方的事情。而地方说，省里不统一来调，我不能调。我说你们这是上推下卸，不承担责任、不作为、懒政、惰政。这是非常困难的一件事情。去年物价局撤销了，合并到发改委，我现在正在跟发改委重新来谈这个事情。所以，推动合理地承担成本分担这件事情我们还是要做的。

再一个我们的文件有一个重要的政策，就是幼儿园的分类办园，优质优价。这里就缺临门一脚了，就是定价。我们把幼儿园分成四类，就是一类幼儿园、二类幼儿园、三类幼儿园和省级示范园，不同的幼儿园有不同的办园标准，叫作同质同价、优质优价，我们把这个制度写进了文件。现在来说，山东省的幼儿园有一个统一的设园标准，地方按这个标准去给幼儿园挂牌，如果这个幼儿园是一类幼儿园，那么全省最低幼儿园的价格都应该达到这个价格。也就是说一类幼儿园可以在省城，也可以在乡镇，只要达到这个标准的都可以是一类幼儿园。省城收 500 块钱，那么下边也应该收 500 块钱，我们要把这个制度建立起来。只要是达到同样标准的幼儿园，包括管理、园长、校舍、师资、教育水准，只要达到了这个标准就应该这样。所以，我们把这个制度写进了我们的文件。不能乡镇的一类幼儿园收 200 块钱，省里的收 500 块钱，那是没有道理的。只要达到同样的条件和办园的管理水平，那么就应该优质优价、同类同价。这是我们做的一件很重要的事情。

问 能不能跟我们谈谈令您难忘的事情？

答 我说的这些突破都是难忘的，都不是简单地能够实现的事情。2018 年是山东省学前教育顶层制度突破的一年，为了突破，我们想办法让省委书记批示了六次。在党的领导下，我们的主要领导怎么样对待教育事业的发展是很关键的。我们用这样一个领导的批示来做分管省长的工作、部门的工作。可以讲，没有省委书记的六次批示，我们这些事情可能都做不成。但是，怎么样让省委书记重视呢？这里面有很多工作方法的问题。我们的党委领导、主要领导不是不重视教育工作，他们都重视教育。问题是他们要知道情况，要知道我们的教育现状，要知道我们教育面临的挑战。所以，当时为了引起省委领导的重视，我们专门策划了一件事情，通过提案把山东省学前教育的问题暴露出来。在重点政协提案办理过程中把矛盾公开，把压力公开，把学位供给缺额公开，我们省缺170万个学位，我们都是通过这种方式向社会公开。媒体报道之后，缺这么多的幼儿园和学位，山东省的孩子怎么上幼儿园呢？领导看到了之后就批示。批示了之后，我做了一个调研报告，关于山东省学前教育怎么发展，就一块交给领导。领导第二次批示怎么落实。我们是通过这些方式让领导知道的。然后，我们反过来再跟各个部门来谈为什么要推动这些政策。所以，2018年我们重大的顶层设计基本完成，都是在这样一个环境下来做的。

问 您工作的基本理念是什么？

答 做这些工作，确实要有一种教育情怀在里边。用习总书记的话来讲就是“坚持以人民为中心”。把老百姓的事情办好，要把每一个孩子真正地放在你的心上才行。我们做这些事情，要考虑到国家的利益、民族的利益，我们要考虑到执政党的执政基础。说实话，这不是唱高调。如果老百姓的事情办不好，用总书记的话来讲就是“你执政的合法性在哪里”。只有把老百姓的事情办好，老百姓的满意度高了，才有执政的合法性。我们为什么强调学前教育事业的公益属性，从学前教育到义务教育为什么强调它的公共属性，因为如果只有有钱人才能接受好的教育，那么社会的分层从教育上就开始了。我们国家现在的贫富差距就比较大，如果我们这么搞下去，将来的社会稳定会成大问题。如果我们办教育没有这样的一个高度和境界，我们可能考虑问题就不会那么长远、不会那么根本。

访谈对象 | **张维春**(湖北省教育厅基础教育处原处长)

访 谈 人 | 王雅婧

问 张处长您好,能跟我们谈谈是什么样的机缘让您来分管学前教育的吗?

答 1989 年,国家确定将幼儿教育归入教育行政部门主管,1990 年,湖北省就把幼儿教育从妇联转移到了教育厅。我当时在教育厅基础教育行政管理的岗位上,实际上是工作分工的变化,让我走进了幼儿教育。我不是学幼教的,但是我对幼教工作非常喜欢。幼儿教育在人一生发展当中的奠基作用非常重要。俗话说:三岁看大,七岁看老。三到七岁之间正好是在幼儿园度过。因此,我感到责任重大。当时幼儿教育被定性为福利事业,转到教育部门以后,开始成为基础教育的一个组成部分。我开始接手幼儿教育管理工作后,一干就是二十多年,逐渐对幼儿教育产生了深厚的感情。尽管现在已退休十年,依然割舍不下对幼教的这份情结。

问 您在任期间,教育行政机构中有独立的学前教育科室吗?共有几名管理人员?

答 当时的湖北省教育行政部门没有专门的机构来管理学前教育,但在基础教育部门配备了一名幼教专干。教研室没有专职的教研人员,我们就组建了一支临时的研究队伍,从事幼儿园内部的专业指导和管理。

问 您认为是否需要设置独立的学前教育行政科室?应根据什么配备管理人员?

答 非常需要设置独立的学前教育行政科室,而且也很有必要。学前教育发展到今天,事业的规模和专业的提升都到了一个新的阶段。政府空前重视,特别是最近几年,出台的政策文件不少。前几年开展了几个学前教育三年行动计划,现在又提出了学前教育事业规模发展的硬性指标要求,事情多、情况复杂、专业性也强,如果没有专门的科室管理,恐怕难以达到预期的效果。所以我认为,学前教育作为基础教育的一个学段,又是后期纳入到教育范畴的一块,沉积的问题和需要研究解决的问题很多,老百姓的关注度高,党和国家的重视度更高,在各级教育行政部门应该设立独立的机构,专门研究管理这些工作,以推进和规范学前教育的健康发展。

问 您认为学前教育行政人员的准入条件应是什么？

答 学前教育有它自身的发展规律，需要有懂专业、爱事业、敢担当的人来做这项工作。这样就会提高效率，避免很多窘境的出现。

问 您在任期间，学前教育发展遇到的主要问题是什么？您是如何解决的？解决效果如何？

答 第一个问题是过去学前教育机构属于福利机构，作为教育的一部分，尚未形成成熟的经验。当时，幼儿园的主要任务是看孩子，保育工作是第一位的。但幼儿园转到教育部门之后，其性质发生了质的改变，如何按照学前教育的规律促进幼儿健康发展，已有的经验和问题、当时的现状是什么，这对我们来说都是新问题，具有很大的挑战性。过去我们的学段主要是从小学到大学，从《教育法》颁布之日起，学前教育作为教育的一个学段正式有了法律地位。所以我们从妇联手上接过学前教育之后，第一件事就是要摸清情况、提出对策、建立机制、规范管理。全省范围大，幼儿园分布广，城市、农村，山区、湖区，形式多样。当时人手少，任务重，但只有调查摸清情况，才能有的放矢，这一步我们花了近一年时间，为后面的对策机制打好了基础。

第二个问题是我们的园长和老师对新形势的适应问题，特别是适应教育定性后的转变和提升。这个问题我们在后面的工作当中，可以说是花了大力气。

第三个问题是幼儿园的教育教学工作。因为刚刚转到教育部门，我们从头开始，例如教材和课程的设计与实施，我们一步一步，经历了从无到有、从小到大、稳扎稳打、从弱到强的过程。

在1990年接管幼教工作以后，我们面对一个点多面广、情况复杂的局面，经过认真的调查研究、深入思考、集思广益，分步推进了七个方面的工作：

第一，调查研究，摸清家底。从1990年到1991年，我们着重开展调查研究，分析问题；1992年，开始制定工作机制和发展规划。

第二，建章立制，规范管理。针对调查中发现的问题和面临的现状，提出了加强制度和机制建设的工作思路。我们联合省物价部门，出台了一个幼儿园登记注册制度，规定所有幼儿园按质定级、按级收费。在这个过程中还充分利用和整合政府各方面的行政资源来发展幼教。省教委、省卫生厅、省物价局、省发改委、省财政厅等，特别是联合省卫生厅，加强幼儿园保育工作的规范与指导。我们配合非常默契，一起出台了几个规范性的文件，这对当时幼儿园的规范和保育工作质量的提升起到了很大的推动作用。值得一提的是，妇幼保健院的专家一直参与幼教的整个调研和政策制定，并且经常到幼儿园开设讲座、进行指导等。省物价局、省财政厅也给予了政策与经费方面的大力支持。

第三，整合资源，合力促进。通过努力，我们对湖北省幼教的专业资源进行有效的整合，组建了湖北省幼教特有的“五驾马车”模式，激励大家致力于发挥自己的优势，共同促进湖北幼教事业的发展。五驾马车：一是教育行政部门，发挥着马车头的功能。二是高校专家与专业指导（华中师范大学老教授杨爱华、李宁达、沈立明；中青年教师孙民从、张莉、王雯等）。这些都是湖北省学前教育品质提升、课程建设的重要力量。当年他们为幼儿园一线教师提供了大量讲座和培训指导，可以说是有求必应，鼎力相助，湖北幼教有今天的发展，他们功不可没。三是湖北省学前教育研究会。这是湖北幼教的专业学会，他们在自己的职责范围之内，发挥自身的专业影响力，组织相关的骨干教师、园长参与各种专业性的活动，提升幼儿园的教育教学活动的质量，引导幼儿园的专业办园方向。四是湖北省教育科学研究院。省教研室当时没有专职教研员，教科院担任了幼儿园教研指导的任务。五是出版部门。当时经费非常紧张，出版部门在经费方面是有优势的，我们与省少儿出版社进行了课程研究和教材开发方面的合作，他们为我们的教研和科研以及课程建设等提供了经费的支持，也成了我省幼教发展的得力助手。这五方面力量的共同努力，在湖北省不仅成就了一批优秀幼儿园，也成就了一批热爱幼儿教育事业的有识之士。这五驾马车在教育行政部门这个马车头的带领下，齐心协力，各显神通，形成了当时助力幼教健康发展的合力，成就了湖北省幼儿教育事业成效显著的精彩历程。

第四，课程开发，提高质量。课程是教育的核心。组织专家队伍进行课程建设，也是当时十分重要的工作。1991 年，我省承办了教育部第一次学前教育教材编写研讨会。之后，我们迅速组织了各方面专业人才，专门挤出时间，理出专业课题，认真分析、大胆讨论、理清思路，提出了方案。

在课程建设的过程中，首先是转变观念，统一思想。教授、园长、教师、卫生专家、装备人员等各路人马各抒己见，经过两天的讨论，最后形成了高度一致的意见，确立了我省课程建设的指导思想和课程编写的基本方案。1992 年，我们正式提出了“大分科，小综合”课程建设理念。大分科即把课程分成五大领域：语言、科学、社会、艺术、健康。小综合即在教学活动中以一科为主，整合和渗透相关学科的内容；同时要把不同领域的培养目标和教学内容有机地综合起来，形成一个完整的教学活动。如在组织一个语言教学活动的时候，教学的目标和内容应该涉及幼儿的语言发展、社会性发展，还要有艺术方面的审美和表达等。

我省是农业大省，农村学前教育非常薄弱。我们决定首先从农村学前班开始，计划编制我省第一套学前班教材。我省第一套学前班教材，在方向的引领、活动的设计以及课程的实施方面，都有很具体的操作和要求，填补了湖北省农村幼儿教育教材的空白，推动了我省农村学前教育的发展。

第五，加强培训，提升师资。我们在管理中认识到，高素质的教师队伍是幼教质量的核心。首先是园长队伍建设，我们提出，一个好的园长，才能管理好一所幼儿园，所以大家都非常重视园长素质的提高。这不仅是对幼儿园的专业引领，更是一种理念上的与时俱进和管理上的科学合理。从20世纪90年代中期开始，我们就建立了园长上岗培训制度和持证上岗制度。园长的培训，我们采取了分级培训：华中师范大学进行示范幼儿园园长的培训；省幼师负责一级幼儿园以下的园长培训。

当时，孙民从老师组织来华中师范大学学习的十八所省级示范幼儿园的园长和副园长闭关学习两个半月。一是“务虚洗脑”，转变观念。二是幼儿园的科学管理。三是把握方向，注重品质，加强团队建设，促进教师专业化成长。四是骨干教师的培训、教师专业技能的培训等等。在学习的最后半个月，还组织他们分别赴北京、上海、南京、广州、深圳等幼儿教育发展好的城市考察学习。1997年，教育厅发文并授牌，在省幼师成立了“幼儿教育培训中心”。该中心到现在依然为全省幼儿教师的培训尽职尽责，发挥作用。这些培训对提升湖北的幼儿园教育质量，促进湖北优秀教师的成长起到了重要作用。

第六，教科研并举，提升品质。我省多年没有专职的教研员，只有一些骨干教师在工作中做一些兼职的教研工作。尽管如此，我们还是开创性地推进了教研和科研工作。当时我们的园长们就很不理解，她们把科研看得非常神秘，既害怕，又不自信。于是，我们借用华中师范大学的专业力量，按地域把市州分成片区，把教授们分配到各个片区，实行一人包片的办法，下基层、到一线，到幼儿园跟园长、老师们从选题开始，手把手地教，一起设计研究活动，一起开展研究，一起写研究报告。这样一来，幼儿园的园长和老师对课题从害怕到喜欢，从不会到会，从没有任何基础到后来一个课题接一个课题，一个成果接一个成果，一本书接一本书，研究成果丰富多彩。

园本教研活动也广泛开展。先从比较好的幼儿园开始，做出一批典型的教研项目。通过他们的引领，促进各类幼儿园按照实际情况出发进行园本教研，这样一来就弥补了省里没有教研员的空缺。当时虽然没有专职的教研人员，但教研活动有声有色，成效显著。到2009年，每个市州才配有专职的教研员。

同时，本着教研工作的宗旨，我们还借助电化教育和现代化教学手段的力量，建立了全省幼教教研网络，当时主要有三大亮点：第一个就是教研网络不断完善。建立了省、市、县、园四级一体的教研指导网络，形成了高校教师、教科研人员、特级教师、教学园长、骨干教师等五大类人员合作的教研队伍网络。第二个亮点是教学研究。我们以课题研究、课例研磨、课堂探索、课程创新等为切入点和突破口，逐步形成以幼儿园体验课程为核心的课程改革与教学创新研究体系。第三个亮点就是教师的教育研究不断创新。我们开展了教师技艺比武、园长论坛、集中分层的专题培训等等，来促进教师的专业化成长。

第七，分类定级，评估指导。从1995年开始，我们就开始实施按质定级、评估指导。教育厅制定了《湖北省幼儿园办园水平综合评估标准（试行）》，把幼儿园的等级评估作为一项制度确定下来，促进和提高了幼儿园办园行为的科学化和幼儿园保教质量。在评估中，我们以诊断性评估为主，派专家到幼儿园，与园长、老师们一起，总结亮点，找出问题，帮助幼儿园找到方向，提高质量。

2008年开始，我做了几年的省政府督学，主要负责中小学办学水平的综合督导评估。四年后回到原来的岗位，我对原有幼儿园的评估标准，做了颠覆性的修订，重新拟定了幼儿园的评估标准。我当时的想法就是一条：不管你是内行还是外行，不管你是老园长还是新园长，只要拿到评估标准，落实文件上要求的内容，就能够获得良好的发展。

这个评估标准当时有三个变化。第一个，文本的变化。2008年国家行政部门开始要求凡是政策性、法规性的文件，要以"规"字号的文件来出台，这也是中国依法治国的一个措施。2009年，省教育厅以"教规字一号"文件颁发了这个评估细则，这在历史上是前所未有的，足见教育厅对幼儿园规范是何等的重视。第二个，评估内容的变化。我们评估内容上的变化主要是在五个A级指标当中新增了一些内容，特别是办园资格和办园理念的强调，安全防护、环境创设和幼儿的发展，加入了许多新的要求。第三个，评估对象的变化。开始的评估主要针对示范性幼儿园，新的标准是面向全省各级幼儿园的，包括当时对民办幼儿园的规范和管理，在这个时候也纳入到了轨道上来。所以湖北省在民办幼儿园的规范管理方面，应该说起步比较早。

问 您在任期间政府各部门间的工作协调情况如何？您最难忘的事情是什么？

答 行政层面，我最难忘的是卫生部门和教育部门为保教结合共同努力。保育一条线、教育一条线，各司其职，配合非常默契，工作也非常有效。

专家层面，华中师范大学对我们的帮助令人难忘。教授们、老师们，经常和我们在一起，深入到幼儿园，深入到一线，指导是那样的细致、专业并接地气。那个时候，没有任何额外的报酬给他们，杨爱华教授跟我说："能为学前教育做一点事，感觉非常高兴。看到幼儿园的变化，看到园长和老师们的成长，看到我们的课程从无到有，真的是由衷的欣慰。园长们成长了，我们自己也成长了。我们年轻的老师和教授们，包括华师也成长了。"

当年，大家都为了一个共同的目标而奋斗。各方面的人，对幼教事业这种高涨的热情，被我们很好地激发了出来，并逐渐凝聚在一起，拧成了一股绳。因此在工作之余，我们这一批教授、园长、老师们，结下了深厚的友谊。到现在，回忆起当年的努力，感觉都很甜蜜，很享受这种成就感。

问 您在任期间遇到的最大困难是什么?

答 最大的困难,首先就是刚开展工作的时候没有现成的经验可以借鉴,一切都要靠自己去摸索和创新。加上我不是幼教科班出身,不仅自己要学习,还想让大家都能接受、认可,并且做出一点成绩来,当时感觉到困难很多。

第二,外部的协调工作非常艰难。过去一说起幼儿园,都认为不就看几个孩子,有那么多的名堂吗?不仅社会有这方面的误解,甚至领导也觉得幼儿园只要不出事就行了。陈旧的观念影响着工作的进展。要让各方面的人都认识到幼教的重要性非常艰难。从1990年我们接手到1995年这几年当中是没有相关法规文件参考的,很多事务就要靠自己去呼吁和协调,难度还是相当大的。

问 您工作的最大成就是什么?您的工作创新体现在哪里?

答 谈不上最大的成就,只是在力所能及的范围内,为我们湖北省幼教的规范性发展、质量的提高,尽了自己的绵薄之力。即使退休这么多年,大家还时常津津乐道地回忆起当时"工作狂"的状态,那些年的辛苦付出和成果的呈现,大家都不约而同地感到由衷的欣慰!园长们成长了,老师们成长了,我自己也成长了,真正地感到了"辛苦并快乐着"!

要说工作创新,一是把各方资源进行了整合协调,形成了当时各司其职的"五驾马车"模式。让社会上能够为幼教出力、为幼教添砖加瓦的人们都真诚地团结在一起,助力幼教发展。在这个过程当中,不仅要有情感的联络,还应具备一定的智慧。二是体现在幼儿园的等级评估的理念和操作上,尤其是较早地把民办幼儿园的管理与评估指导纳入了整个幼教管理的轨道。三是我们的课程建设比较早,1995年就提出了"大综合、小分科"的课程模式。可以说,在这几个方面我们是有创新的。

问 您工作的基本理念是什么?

答 第一,要摸清情况,做到了解基层、了解一线园长工作的困难,进一步厘清分管的工作。第二,要换位思考,行政长官不能高高在上。第三,制定政策要集思广益,不能闭门造车。

专业人做专业事,专家也好,学者也好,他有他独到的地方,而基层干部有实践经验,行政管理就是要把各方面的智慧集中起来,为我所用。这个"我"是指大社会,是指我们的幼儿教育事业。这样一来,不管是出台的文件,还是下到基层和一线幼儿园,你的言语和行为才能接地气。相关工作人员才能够接受,能够感觉到你确实是为他们的进步和提升着想,他们自然会主动地往上游努力地走。否则大家只会觉得你是在打官腔,也会敷衍了事、应付工作。

问 结合您的经验，您认为如何做好学前教育行政工作？

答 行政工作不能高高在上，不能打官腔。行政人员最好也要去钻研分管事务的相关知识。倘若你完全没有专业的东西，说外行话、做外行事，对方不仅不服气，也不会认真地去改进、去落实。行政官员还是得真心实意、脚踏实地地为基层做好事、做实事，从事业出发，为基层着想。

问 您对学前教育行政工作的愿景是什么？

答 这么多年，我对学前教育的感情还是很深的，尤其是经过自己的努力之后，更是对它的发展充满希望。湖北的学前教育历史悠久，第一所幼稚园，就是张之洞在湖北开办的，这也是我们中国第一所公立幼儿园。湖北，可以说是近代中国幼儿园的发祥之地。因此对于湖北幼教的发展，我满怀期待。我希望湖北的幼教，第一，观念上走在前面，能够引领学前教育事业的发展；第二，湖北所有的适龄儿童，能够就近接受规范的、高品质的学前教育；第三，政府在幼儿园的管理上要百花齐放，不要搞“一刀切”。总而言之，幼儿园的选择就像自助餐一样，有山珍海味，也有青菜萝卜，要提供多元的、多彩的、有质量的、有品质的幼儿教育，让老百姓自己各选所需。

访谈对象 | **陈学锋**（联合国儿童基金会驻华办事处儿童发展与教育专家）

访 谈 人 | 张月红

问 陈老师，您好。请您先简要介绍一下您的个人经历。

答 我在联合国儿童基金会驻华办事处的教育处工作，主要负责儿童早期发展项目，协调早期教育与发展团队。

我1963年11月出生于济南，先后就读于历下区三合街小学和济南二中，18岁考入北京师范大学心理系，1987年进入北京师范大学儿童心理研究所（现发展心理研究所）师从朱智贤先生读硕士，1998年我又回到母校师从林崇德教授在职攻读发展心理学的博士。

我1989年硕士毕业分配到中国儿童发展中心工作，2004年由中国政府派出到联合国儿童基金会（UNICEF）工作。2007年人事制度改革，改为由联合国直接聘用。

问 您能具体介绍下您在中国儿童发展中心的工作吗？

答 我在中国儿童发展中心的工作可以从以下三方面进行梳理。

（一）中国儿童发展中心与联合国儿童基金会的渊源

联合国儿童基金会创建于1946年。1947年，中国成为联合国儿童基金会在亚洲首个开展援助的国家。在1947年至1951年间，联合国儿童基金会曾向中国提供援助，援助内容包括：紧急救援、食品营养以及卫生保健培训等。20世纪70年代末到80年代初，通过全国妇联的老前辈，包括康克清、邓颖超等人的努力，做了大量工作，UNICEF对华援助工作得以重新开始。1979年，联合国儿童基金会正式开始与中国政府合作，这是一个很重要的时刻。当时的联合国儿童基金会的执行主任詹姆斯·格兰特（James Grant）对中国是非常有感情的，也力促这件事情。在他的支持下，联合国儿童基金会对华援助工作投入了很多资金。在当时国家领导人的批准和支持下，成立并建设中国儿童发展中心，行政方面受全国妇联领导，致力于儿童发展的综合性研究，是覆盖母婴保健、儿童保健、儿童营养、儿童心理、早期教育等领域的跨学科的研究单位。联合国儿童基金会提供大约550万美元，用于1982—1984年建立中国儿童发展中心所需的物资、设备和其他专业技术合作项目。从此以后中国儿童发展中心协调、执行了大量的联合国儿童基金会对华儿童援助项目，在业务上受对外经济贸易部、全国妇联、保卫儿童委员会等领导。[①] 中国儿童发展中心还建立了4个研究分中心，即北京医学院第一附属医院、中国医学科学院卫生研究所、北京市儿童保健所和中国科学院心理研究所，接受联合国儿童基金会的援助；并逐步在全国设立了8个科学育儿基地和宣传培训分中心，包括云南、新疆、黑龙江、上海、内蒙古、山东、河北等，形成了一个跨地域的工作网络。建立这些中心和基地，是为了确保援助项目在中国落地。当时援助的资金特别大，还有大量的设备，项目涉及卫生、教育、儿童保护等很多领域，内容则包括宣传、人员培训等。很多幼教专家，就是UNICEF资助去国外进修的。

争取对华援助是各个部委，包括外交部、外经贸部、全国妇联等共同努力的结果。UNICEF的援华项目由国家外经贸部牵头。有相当长的一段时间，项目都是通过中国儿童发展中心与其他各个部委、研究所，包括其他分中心（基地）、大专院校等技术单位合作来实施的。中国儿童发展中心主要负责项目的策划、立项、实施、策略的讨论、资金的管理等等[②]。记得老同事们说，1987年新一届专家委员会共36位成员，来自19个省、市、自治区，共9个专业，7个少数民族地区，平均年龄56岁。聘严仁英教授为专家委员会名誉主任，王如文教授为主任，荆其诚教授、张宗昊副教授为副主任。专家委员会的跨学科专家为合作项目如何紧扣中国儿童成长的需要、如何学习国际经验、科学严谨而有效地做好项目、花好每一分钱，起到了非常重要的作用。

（二）跨学科的儿童早期发展研究

我毕业后在中国儿童发展中心心理与教育研究室，主要从事联合国儿童基金会支持的项目研究工作，比如独生子女、儿童社会性发展、儿童早期发展的社区服务模式等。印象深刻的是儿童早期发展社区服务模式研究，当时在全国搞试点，包括山西、云南、贵州、上海等省市，利用社区的力量对家庭提供儿童保健营养方面的指导，给儿童提供一些游戏活动，意在摸索形成一个好的工作体系。记得我1990年怀孕期间搞了自制玩教

① 1981年10月制定《中华人民共和国和联合国儿童基金会关于建立“中国儿童发展中心”的行动计划（1982—1984年）》，明确中国儿童发展中心的总目标是：旨在促进中国儿童的全面发展，通过调查研究，了解3亿多儿童的身心发展现状及存在问题。收集儿童保健、教育、心理、营养等方面资料，交流经验。结合当前实际，对儿童发展进行研究，实施实验与推广、普及与提高、预防与治疗相结合的方针，为提高中国人口素质、开发人力资源服务，为四化建设服务。具体目标是：① 为制定政策服务；② 开展应用性研究；③ 提供资料文献；④ 对儿童工作者进行培训；⑤ 普及科学育儿知识；⑥ 建立实验机构；⑦ 发挥示范与观摩作用；⑧ 提供咨询服务。

② 1987年7月16日中国儿童发展中心总部大楼落成典礼，国务委员陈慕华、全国妇联主席康克清、全国政协副主席雷洁琼、全国妇联书记处第一书记张帼英、全国儿童协调委员会副主任荣高棠、北京市委书记徐惟诚、卫生部副部长何界生、宋庆龄基金会副主席高登榜、吴全衡以及国家科委、经贸部、经委、计委、教委、民委、全国妇联等有关领导出席。联合国儿童基金会执行主任格兰特先生、方案司司长尼尼博士、驻华办事处代表艾哈迈德先生出席典礼。典礼由伍蓓秋主持，全国妇联书记处第一书记张帼英讲话，陈慕华、康克清、格兰特为大楼剪彩。来宾参观中心举办的营养展览、音像室、培训班、图书馆、阅览室、计算机房以及营养、心理、生长发育监测三个研究室，观看“中国儿童发展中心工作展览”。

具展评;转年儿子出生后,我产假刚刚结束,就受中心宣传处委托,创作了录像脚本《亲子游戏育儿篇》,又因为儿子的年龄恰好符合要求,就带着半岁多的儿子出演了一番。1992年作为技术人员还参与了全国妇联的“三优工程”——优生、优育、优教,尤其是抽调到全国妇联与中央电视台合作的三优知识全国大赛决赛工作组,负责出题、评分的秘书工作。策划时为了有现场感,还提了一个创意,后来由张国立和刘莉莉扮演一个孕妇和丈夫来串场,向“邻里”提问优生和优育的知识。“三优活动”在全国产生了很大影响。

随着中国国力的增强,联合国儿童基金会的资金走向逐渐做出调整,从一开始的硬件投资,包括车辆、设备等,逐渐转向能力建设。我个人的成长也得益于在儿童中心的工作。我在联合国儿童基金会的资助下到过一些国家学习,记得到菲律宾、新加坡等国家学习,都是将近一个月的时间,主要学习如何做好对成人的培训以及幼儿教育的方法。这样的培训对我个人的成长非常有帮助。另外,就是受到跨学科的专家们的影响。比如当时我们有儿童保健研究室,有儿童营养研究室,还有儿童心理与教育研究室,能够得到多方面的知识。这也体现了跨学科的优势。

(三)对儿童的发展提供服务与支持

随着工作的开展,我也从一个普通的研究人员,慢慢做到心理与教育研究室主任;处室合并成立科研处(部),我又做科研处(部)的主任,后来成为中国儿童发展中心副主任,负责中心的科研有关处室和国际合作。在这个过程中团结大家一起做了很多探索,比如成立儿童心理咨询中心,对儿童发展状况进行评估,对家庭养育、教育和学校教育提供咨询与指导;编制方案开展了提高学习困难儿童的学习能力的训练项目。记得那时来接受学习能力提高培训的大多是小学一、二年级在学校不太适应学习的孩子,从他们身上切实感觉到,儿童在学前时期,无论是由于家庭还是幼儿园的原因使儿童身体运动、语言、交往、问题解决等等经验太少,发育、发展都不充分,就难以获得充足的后继学习能力。也正因如此,我向中心领导申请筹办了中国儿童中心实验幼儿园,强调在游戏和多元的经验中发展儿童的能力;我们还在每个班留出两个名额招收智力障碍的儿童进班共同学习和生活,进行了融合全纳的教育实验,结果发现孩子们都进步明显,相处得很好,学会了关爱,家长们也很愿意,尤其关爱和照料智障的孩子们,很令人感动……这些工作其实也得益于与联合国儿童基金会合作过程中受到的很多启发。因为联合国儿童基金会的宗旨,一是面向所有的儿童,尤其是弱势儿童;二是建立以儿童为中心、家庭为基础、社区为依托的服务体系和模式。1989年,联合国大会通过了《儿童权利公约》,它是第一项具有法律约束力的、确认所有儿童的各项权利的国际公约,也是迄今为止历史上获得最广泛批准的人权条约。中国于1990年签署了《儿童权利公约》,并于1992年批准了《儿童权利公约》。儿童作为人类个体生来是有权利的,包括生存权、发展权、受保护权和参与权。《儿童权利公约》规定了儿童应享有的各项权利，同时也规定了政府的责任。我个人非常欣赏其理念，那就是我们要为儿童服务，包括家庭和国家都要负起相应的责任，这其中政府是最有主动性和最有资源的因素。儿童不是家庭的附属品，他首先是一个独立的个体；他也不是家庭的财产，而是家庭的成员，也是社会的财富，和人类的未来。所以，对儿童的关爱和服务是我们应该做的，所有儿童都享有平等权利，而不是可有可无、有差别的。在这期间有两项工作让我印象深刻。

1. 流动儿童状况调查

在中国儿童发展中心工作期间，一件印象很深的事情，也是在联合国儿童基金会和国务院妇女儿童工作委员会办公室的支持和指导下，我们做了一个“中国九城市流动儿童状况调查”。当时(2002—2004 年)中国的人口流动已经开始了，面临大规模的人口迁徙，大家过去都没有经验，不知道这种迁徙会带来什么，会对社会带来哪些影响，对家庭、对孩子带来哪些影响，所以联合国儿童基金会和国务院妇女儿童工作委员会办公室合作进行调查研究。随着研究的展开，对我的触动越来越深，因为一开始我们没有意识到它会对社会带来哪些变化，不像今天，我们能深刻地感觉流动儿童、留守儿童会有哪些心理上的问题。当时政府一方也有对这些儿童有关问题很敏锐的一些干部，比如当时国务院妇女儿童工作委员会办公室的宋文珍等，他们和联合国儿童基金会都认为这个题目是值得研讨的，就立为合作项目。

九城市流动儿童状况调查的研究方法是多样的，除了问卷之外还做了一些孩子的访谈。孩子们比我想象的要敏感，对于有差别的对待，他们是很委屈的，而且影响到他们对生活的感受、对自己的信心。这次研究让我对儿童的事情也增加了敏感度，也体会到国家的政策是如何影响着每一个家庭和儿童的生活，作为研究者既有责任把问题搞清，也有责任把研究发现更好地传播，影响决策者。

2.《儿童权利公约》培训

中国儿童发展中心还做过大量的有关《儿童权利公约》的培训工作，也是联合国儿童基金会当时委托中心做的，包括在联合国儿童基金会指导下编了培训教材。当时一起参加的、培训的或者被培训的都是正在做联合国儿童基金会项目的一些政府的和机构的合作伙伴，有人就戏称为“黄埔军校”。我记得那时候培训的方法非常好，都是从讨论个人经历开始，所以大家对什么是儿童权利，儿童为什么生来就具有这样的权利，儿童权利的落实到底意味着什么，就有了更多切身的认识。

举一个印象深刻的培训活动的例子。活动开始给每个人随机发一张纸片，上面描述了不同的角色，比如，你是一个在中国边远地区生长的、家庭比较贫困的 8 岁的女孩，你有几个兄弟，他们需要上学，可是家里很穷，选择让你退学。其他人的角色可能是城市的女孩或者是男孩，总之每个人都有一个不同的角色。然后主持人会说出各种条件，比如,从小有机会上学的往前迈一步,从小家里会给你买玩具的往前迈一步,穿什么衣服家长都会征求你意见的再往前走一步,小的时候由于家里贫困不得不辍学的往后走一步,或者没有得到足够的营养……到最后你会发现,这一班学员,他们人生(站位)前、后的差距越来越大。这个培训就是让大家非常直观地看到,当我们每个人的境遇不同的时候,每个人能够达到自己潜力、能够达到幸福的程度的机会是不一样的！当一个国家政府推动公平发展的时候,就是要给这些没有机会的人提供更公平的机会,让更多的人,尤其是机会少的人,能够得到更多的机会。这才是一个真正公平的概念。很多人落在后面,并不是因为他天生没有那个潜力,而是因为在他的境遇里面机会太少了。近几年国际上又提出了"多维度儿童贫困"的概念——贫困不仅仅是一个金钱的问题,还有可能是机会的丧失,是机会的贫困。我们的使命就是要努力给更多的儿童创造公平的机会。

这些培训扩展了我在学校学习的儿童发展心理学的知识。我们在学校学习的是一些心理学的科学原理,有些理论说明的是一个理想的、或者说是一个概念当中的一个孩子。但是当我到了工作单位以后发现,当你面对一个具体的人的时候,其实可能影响他更多的是他的境遇——他的阶层、他的经济状况、他的机会状况,等等。仅靠某些方面的规律很难全面解释一个活生生的孩子面临的问题,也很难找到适合他的有效的办法。而与联合国儿童基金会合作的工作经历扩展了我的知识体系,特别是社会学知识,帮助我更丰富、更立体地去看一个儿童和一个家庭,这对我影响比较大。这对我日后比较愿意加入联合国儿童基金会起了很大的作用,因为我比较认同这份工作的价值。

问 那您在联合国儿童基金会又是具体负责哪些工作呢?

答 当时联合国儿童基金会需要招一名儿童早期发展的官员,我就通过部委申请、面试,然后开始了在联合国儿童基金会的工作。联合国儿童基金会于1979年开始与中国政府合作,一开始就把儿童早期发展与教育作为项目重点领域之一。1982年起,联合国儿童基金会与中国教育部开展了多个在儿童早期教育与发展领域的合作项目,包括支持12所高等师范院校学前教育专业和27所幼儿师范学校进行了两期"学前教育师资培训"项目,投入大量教学设备、交通工具等硬件配备,进行专业人才能力建设,选送教师出国进修,召开国际会议交流经验。我在发展中心工作后第一趟出差就是参加基金会在南京师范大学举办的幼儿教育国际研讨会,非常开阔眼界。海外学习培养的专业力量如周欣、肖湘宁、王坚红、李薇、王小英和周兢等老师,直至今天仍然在学前教育理论研究和教育实践中发挥着积极作用。在我之前任职的联合国儿童基金会教育官员邵伯栋老师,长期负责面向儿童早期的项目,做过许多事情。

我在联合国儿童基金会的幼儿教育工作,一方面按时间来划分,以2010年为界可以分为两个阶段(2004—2010年,2010年至今);另一方面按工作内容划分,可以划分为三部分,政策研究倡导、提升对儿童的服务水平(比如,幼儿园保教服务质量提升)以及对家长和社会的宣传工作。

(一) 2004—2010年

1. 幼儿教育服务与质量提升(西部10省29个县的儿童早期发展项目)

我是2004年来到联合国儿童基金会工作,2005年到2010年,正好是5年的一个周期,当时做的很重要的一件事,就是和教育部合作,在西部29个县(前后差不多有31个县)推动儿童早期发展项目。

联合国儿童基金会根据对一个国家儿童权利状况的评估(认识),即儿童应该享受的权利需要推进之处而设立项目。有时在国家政府还没有完全意识到的情况下会进行意识的提升,在尚薄弱的领域投入大量的资金和精力提供技术和资源的支持。当时的背景是,中国在经济改革中,许多单位的幼儿园作为后勤和单位剥离被推向社会,学前教育入园率一度到了最低点——2003年那个时候的入园率好像是33%。联合国儿童基金会跟教育部持续不断地进行着合作,来探索在基层动员地方力量,扩大社区举办幼儿教育,并指导家长进行科学育儿。在2006年一个五年周期开始之际,双方共同选定了29个县,主要分布在西部10个省。项目推进的目标是动员当地的资源实验多渠道动员发展幼儿教育。在项目的启动会上跟这些县的县长签订一个责任书,他们承诺宣传儿童早期发展与教育的重要性,动员社区等资源搞好当地的幼儿教育。联合国儿童基金会主要提供培训等技术支持,也提供一些玩教具等物资援助。但是地方需要自己想办法解决园舍和教师工资等,所以地方政府还是要有相当的决心来做这件事。专家也会下到基层提供支持,比如肖湘宁老师、周欣老师、王化敏老师,包括姜瑾副司长(当时任教育部基础教育司学前教育处的处长),经常深入到边远的项目点。这些专家到各个点上一方面进行宣讲和培训,让地方县长、局长、社区领导者意识到早期教育的重要性;另一方面随时通过项目的交流学习,以及一些项目资金,来支持省里、县里的工作开展,帮助他们开展幼教工作。

我印象深刻的是,各地因地制宜想了许多办法做幼教。一些地方为了搞幼儿教育,他们就把村支书家的房子,或者村里的警务室,或者其他的空房子用来搞学前教育。我记得贵州有一个旅游景点,好像是江上旅游船的小码头,旁边有晚上表演节目的竹楼,白天那个地方空着,他们就用来组织幼教活动。在一些特别偏远的没有幼儿园的地方,就采取走教的方式,就是幼儿园老师背着玩具和书籍去到乡村送教。我记得是广西隆林因为做得很好,在2010年出台“国十条”召开电视电话会议时,他们还成为农村边远地区发展幼儿教育的典型案例去做报告。

当时试点项目的幼儿园同时还要带一个资源中心,邀请家长带着0—6岁小朋友来参加活动。专家们为资源中心编写了6本小册子宣传科学的早期养育与教育，还做了“父亲参与育儿”的招贴画。后来以王化敏、张咏等为主编又做了14页的一套关于游戏的折页，就是告诉大家生活、游戏中都蕴含着学习机会。基层的老师们就用这些材料在当地做宣传，比如赶场的时候或者节日的时候散发，吸引更多的孩子接受学前教育。

后来我们又在六七个县做了爱生幼儿园的项目。我们就是想探索一个理想的“爱生”的幼儿园应该是什么样子。它的硬件可以比较简单，但是首先应该无歧视，要接纳所有的儿童；让儿童生活在一个有关爱的幼儿园里。其实这是幼儿园质量最应该突出的要求。第二个原则就是基本的健康和卫生。第三个就是有效的教育教学，包括以游戏为主，要根据儿童的特点、学习的程度来提供和更新材料；还有老师们要集体备课，形成亲密的团队。总之尽量让农村的老师在有限的条件下也能够实施高质量的教育教学。还有一点就是要和家长及社区合作。低成本的情况下也要做出有质量的幼儿教育。

这个项目做得非常好。我还记得和王化敏老师到广西一个县看到一个幼儿园，它以前是一个旅游学校，后来包给了个人举办幼儿园。它有一个楼房，楼前面有10来米见方的活动场地，再前面就是一个水塘，都没有栅栏，孩子们就在没有栅栏的院子里玩；食堂是没有盖顶的，我们还看见一只老鼠从灶台上蹿过去了；厕所也是没法看的。教室窗台上只有几件城里买来的塑料玩具，孩子们坐在空空的桌前，小手脏脏的。冬天，孩子们流着鼻涕……当时有教育局局长一起，王化敏老师就把那位教育局局长严厉地批评了一顿。但是我们理解基层的局长，他确实不知道该怎么抓，所以王化敏老师就手把手地指导他。后来他们就让小学的校长来负责这个幼儿园，承包的人就变成了这个幼儿园聘用的老师。由于校长的号召力大，老百姓比较信任他，招生就招得很好。三个月以后我们再去就发现，厨房有顶了，院子和那个水塘之间有了栅栏，院子里有了沙坑、树桩等孩子们可以玩的游戏材料，他们还学会了利用当地的文化资源，比方说做五彩米饭，其实村里有老人会做，有些年轻老师也是第一次学做民族传统节庆食物……之所以发生这么大的变化，关键是领导的观念转变了，他就可以带领团队做资源整合了。这个镇和另外一个县挨着，因为这里做的好了，别的县的人都把孩子送过来！这说明只要你树立信心，利用好资源，你就可以因地制宜地办出一个有质量的幼儿园。这样的例子太多了，在宁夏、甘肃都能够看到，只要县长、局长或者有的园长接受了项目的理念之后，就会变化得非常快，他就能用当地的材料办好教育。后来我们出版的《爱生幼儿园》里的照片，大部分都是王化敏、肖湘宁、周亚君等老师到各地实地拍的，像玉米秆、羊骨头等游戏材料，还有西北用木头、西南用竹子等等做的儿童运动器材！

项目评估的时候发现，这样的贫困县，他们的入园率达到了77%—80%，当时全国到2010年的时候入园率大概是56.6%。之所以取得这么好的成绩，地方同仁们的努力在起作用，超过了国家平均入园率，这一方面源于教育部这个重要的合作伙伴，另一方面就是专家们起了非常大的作用。

其实这个项目的目的就是想探索这样的路能不能走得通，一个县政府怎么能够负起责任，把本县域的学前教育搞好。所以教育部合作的同事们也多次说，“国十条”里的许多规定，后来实施起来效果比较好，还是和联合国儿童基金会的项目有很大的关系。儿童基金会的项目大多有前期基线调查、中期评估和末期评估，目的就是探索这个过程当中，哪些政策、哪些培训、哪些服务等措施是更有效的。联合国儿童基金会的项目就是以这种不断地研究、回顾、反思、评价为依据的。这些做事的方法也锻炼了许多干部建立系统性的思维方式。

2. 政策服务

在政策方面，联合国儿童基金会也和教育部合作，许多时候也借助中国学前教育研究会来管理，那时候王化敏老师领导的项目就有很多。比如，2007 年我们参加过亚太地区一个学前教育的成本分析项目，就是分析研究学前教育的成本到底有哪些，而且哪些要素是必要的成本。另外，联合国儿童基金会、教育部、联合国教科文组织三家做过一个儿童早期发展政策回顾。这个研究意义重大，是在“国十条”出台之前，把一些国家的政策以及政策实施的效果梳理了一遍。像历史上一些国家和地区的学前教育的投入模式是什么样的，在当时产生了什么样的作用。这些国际经验对于制定中国的政策有非常重要的借鉴意义。这些研究的目的，主要是为政府提出各种方向的政策选择，预估其可能的结果，以确立政策导向。这些研究是“幕后”工作，也体现了联合国儿童基金会做事的初衷，它主要还是根据儿童的需要提供援助，它没有自己的利益，而是以推动事业发展为目的。

那时候（2010 年以前），学前教育没有得到足够重视，每年的项目会全国各省（市）的幼教干部都参加，每个省的两到三个县的幼教干部、专家也来参加。在项目会上我们会交流各地的有益经验，也介绍一些相关的研究，比如霍克曼（James Heckman）的研究，以提高大家对学前教育重要性的认识。我们还支持教育部邀请全国人大共同进行立法调研，为学前教育呼吁。

那个时候教育部的姜瑾副司长等同事一直都在思考学前教育的政策如何制定，很多专家也在呼吁重视学前教育，所以我们就支持了一些调研活动，包括请全国人大代表到地方调查学前教育的发展情况。另外还组织了国际考察活动，比如去印度、英国考察儿童早期发展的项目以及国家的政策设计。国际考察除了教育部，还有相关部委，包括卫生部、国家发改委、财政部、国务院妇儿工委的人员，学习儿童早期发展的国际经验，希望借此提高大家对学前教育的重视程度。也参加一些国际研讨会。这些活动是一种政策倡导，都为 2010 年“国十条”的出台打了很好的基础。

“国十条”颁布的时候,我们正在南美交流学习当地的学前教育经验,为了庆祝“国十条”的出台,我们晚上还在中餐馆包了饺子。知道政府终于决定要加快发展、要普及学前教育了,大家一直努力倡导的事情有了结果,心情都特别激动。也是从那时开始,中国的学前教育有了快速的发展。我作为联合国儿童基金会的工作人员最大的感受就是,中国一旦集中精力办大事就能够发展得很快。虽然中国学前教育发展还不平衡,质量方面也还需要努力,但是中国的步伐是很快的,非常令人欣慰和鼓舞。我们支持中国政府的代表参加亚太地区儿童权利高级别会议,就学前教育专题做报告。这个会议基本上都是由每个国家的部长以上组别参加的。中国代表团带队的是国务院妇女儿童工作委员会办公室的苏凤杰主任,教育部的姜瑾副司长专门去发言,讲“国十条”和国家的五百亿投资计划,真是很令人骄傲。

还有一项工作从2006年底开始,一直贯穿到了2010年之后,就是“3—6岁儿童学习与发展指南”项目。当时联合国儿童基金会总部为了推动儿童早期发展,发起一个名为“走遍全球”的项目,实际上是想帮助40个发展中国家建立儿童早期学习与发展的标准。总部要求我们征求所在国的意见,是否愿意参加,很快得到教育部的响应。中国是第二批参加的。总部专门邀请哥伦比亚和耶鲁大学的两位专家来辅导第二批的6个国家同步开发这个儿童早期学习发展的标准。我们和教育部商量后,选择了周欣和辛涛作为中国的专家代表,与我一起参加了一个亚太地区的培训。回来商议后,教育部欣然表示愿意加入这个项目。然后双方就共同邀请21位专家,包括幼儿教育和心理学的专家,组成编制小组。其间数次有专家组成员到亚太地区参加中间过程的培训。

儿童早期学习与发展标准(《指南》)的制定,是由联合国儿童基金会提议,总部提供技术上的指导,我很荣幸作为联合国儿童基金会的协调人参与了全过程。印象很深的就是专家们对于中国儿童应该发展成什么样子,有什么共同的价值期待,有过许多讨论与研究,为《指南》确定了基调。最初将儿童学习与发展领域划分为6个,包括卫生与健康、语言与表达、科学与数学、艺术与审美、社会情感、学习品质等。这些发展心理学和幼儿教育专家,都是在研究和实践领域非常有经验的,他们参与了无数次的《指南》讨论会,都很投入,有时争论也很激烈,比方说关于指南的架构,包括哪些领域和子领域等等。专家组都做了文献梳理,借鉴了一些发达国家已经有的儿童学习与发展的标准。当时大家还考虑到“标准”这个词可能会给家长和老师带来很多压力,所以后来就改成了“指南”。这其实是比较创造性的,把“标准”变成了一个儿童发展目标和达成策略建议的指导文件。除了以上6个组的专家(组长分别是冯晓霞、李季湄、周欣、陈会昌、朱莉琪、肖湘宁)负责文稿本身的结构和内容外,还有测量技术上比较专精的专家,像周欣和辛涛老师,负责设计各种效度检验方案。内容效度检验包括120人次的分领域的专家咨询,请专家对结构和条目的准确性等提出意见,还有分别赴六个省市县对家长和一线老师的座谈和咨询，对概念的可理解性、文字的可读性进行检验。为了检验各年龄的目标是否准确，在全国通过标准化抽样选择了 3 600 名 3—6 岁儿童进行实际测量。之后又进行了预测效度检验，就是对同一批孩子在一年之后再测一次，看他们的发展在前后两年是不是在同一个水平（相对位置）上。中国的专家团队完全按照国际专家建议的最高标准来做研究和小组检验。以上每一轮检验之后都是多次的修改。这个项目的阶段性国际汇报会上，中国每次提交的报告都得到了国际专家的盛赞，Sharon Lyn Kagan 教授说："中国的报告让我感到非常激动，学锋你看，我手臂上的汗毛都竖起来啦。"经过又一轮征求意见之后，有几位核心专家又对文稿进行了反复的修改。2012 年，教育部组成了一个指导委员会，包括部里的领导和各地专家，不仅仅是幼教专家，还有学校教育专家，有 30 多人，听取冯晓霞老师汇报整个研制过程和文稿说明。非常顺利地通过！听说部长说这是我见过的"教育部最好的文件"，网上征求意见时获得广泛好评，因为它关于儿童学习与发展的阐述和目标既有前瞻性和科学性，老百姓又能够读得懂，接地气。

2012 年《指南》颁布后，马上又开始进行《指南》培训手册的编写。记得当时请了对教师培训非常有经验的新西兰专家 Doren Launder 对培训内容和方式提出建议。当时我们也提出来要用参与式的培训方式。几乎所有编制《指南》的专家都参加了讨论，还特别邀请了刘占兰、沈心燕等专家。多数情况是争论过几轮后，专家们分头根据框架的每个部分编写参与式的培训活动方案。还在天津做过一次培训资源包的预实验。然后教育部就召集各省主要行政、教研负责人，分两次用参与式的方式进行了培训。后来针对《指南》又开发了一个《家长手册》，在学前教育宣传月期间广为散发。

2010 年之前还有一个值得回顾的是汶川地震以后我们与中国学前教育研究会一起做的援助项目。在震后，我负责了联合国儿童基金会与国务院妇女儿童工作委员会办公室在地震受灾地区开展的社会心理援助项目——儿童友好家园；中国学前教育研究会也几乎同时进行着"流动幼儿园"的志愿援助项目。在地震一年之后，冯晓霞、王化敏等老师和教育部姜瑾副司长都提出，比较短暂的支持难以有可持续的影响，于是联合国儿童基金会在国际上筹集了一些资金，在四川的 5 个县进行了后续三年的项目，即"幼儿教育重建更美好"。项目主要提供必要的物资援助和教师培训，进一步支持震区的五个县及所在的地区恢复和发展幼儿教育，达到不仅重建而且要更美好的目标。有很多专家，包括冯晓霞、肖湘宁、王化敏、李如琳等都去过现场，从绵竹、绵阳远至阿坝州的松潘县。四川师大的鄢超云老师和成都的 13 个名幼儿园发挥了很大的作用。这 13 个名园和这 5 个县配对，更多地提供培训和指导。同时，我们以爱生幼儿园的整套模式在四川实施培训，中国学前教育研究会的"流动幼儿园"的项目经验也发挥了积极的作用，提高了工作效果。震后，这几个县不仅仅恢复了幼儿园，幼儿教育的质量也有提升，在一定程度上保证了孩子们接受有质量的幼儿教育。

（二）2010年至今

1. 质量提升

2010年之后我们的工作重心继续围绕学前教育的质量研讨国家关注的问题，包括三期行动计划以及国家资金如何更好地落实到地方等，做了一些政策方面的研究工作。比如关于政府补贴普惠性私立幼儿园的政策研究，是中国学前教育研究会秘书长王化敏老师牵头的，分成了13个子课题。政府一方面要扩大公办幼儿园资源，同时还要扶持私立幼儿园的发展。因为其实越是基础薄弱的园，包括私立园，越是有弱势的孩子在里面。有些地方政府愿意提供经济补贴，课题就采取行动研究的方式，让每个地区根据各自的情况来设计政策实施的路径。比如，补贴主要补什么，是补贴机构还是补贴个人，补贴哪一块？补贴走生均，还是补基建？等等。参加实验的地区情况都不一样，有广东、深圳，也有四川、重庆，每个地方的路径也不一样。大家分头研究，比如有的地方研究成本核算的问题，有的地方研究补贴机构怎么做，有的地方研究定价机制等等。就是对相关的政策问题，尤其是财政投入和财政管理方面进行了分析，这对后来相关政策的出台，也起了很重要的作用，因为这些都是系统管理和治理过程中所遇到的实际问题。比方说，生均的概念，到底用什么样的“尺子”来衡量？

当时许多地方对幼儿园只是硬件的投入，后续怎么办还是不清楚。后来我们在政府补贴普惠性私立幼儿园的政策研究的基础上，和国务院妇儿工委在重庆做过一个“政府补贴普惠性私立幼儿园路径试点研究”的项目，就是给私立幼儿园的补贴加上软件支持，包括培训等来提高质量。有些私立幼儿园开始不愿意投资厕所和食堂，觉得差不多就行了。我们这个项目通过少量的投资来推动幼儿园的改造。其实投得很少，比如提供厕所里的洗手盆(但是这个对孩子的安全和舒适很重要)，幼儿园必须要自己做土建。通过爱生幼儿园的一系列培训，幼儿园举办人理念有所提升之后，也会和我们开展合作进行改造。除了卫生方面，还培训老师组织更丰富的活动。后来举办者发现他们的招生比原来好了，教师比原来稳定了，说明投资提升为孩子服务的水平，也会走向经营的良性循环。

我印象深刻的是有一个私立幼儿园变化特别大。这个幼儿园在一个临近菜场的、路边的社区里面，有4间教室分别在4个单元的一层，居民下楼穿过它，没有封闭的场地。这就需要政府帮助，由当地社区帮助跟居民做工作，当幼儿园组织活动的时候把过道封闭起来，孩子放学以后，再向居民开放。经过帮扶，幼儿园的赵园长非常激动，说第一次到寒假没有教师流失。当时还针对进城务工的幼儿家长进行个人卫生培训，培训内容具体到发给每个孩子家长三个盆和一套毛巾，告诉家长应该怎么用……幼儿园赵园长很积极肯干，重庆夏天很热，有些家长接孩子晚，幼儿园就给孩子洗好澡，减轻了家长的负担,孩子也健康。就是通过这些软件的提升,加上合理的补贴,幼儿园就可以走上一个健康发展的道路了。我非常钦佩国家和重庆妇儿工委曾国强、颜振武、王祖伟,专家李如琳、项春阳,还有我的同事马琅,他们都为此付出了大量心血和感情,为了这些孩子和家庭,克服了重重困难坚持不懈地努力,直到取得成功。

通过这些行动研究和实地项目试点,我们看到这条路是可以往前走的。

关于公立与私立幼儿园的政策布局,我们也组织了出国交流学习,看不同的国家采取什么形式。有一些国家,它的法制、信用体系比较健全,社会组织也比较发达,有很多私立幼儿园,也有一些社会公益组织举办非营利的幼儿园。国家通过提供补贴、监督评价等措施确保为平民提供服务,可以保证一定的质量。但的确也有一些国家是有教训的,公共服务由大量的企业集团来承办,后来产生一些致命的问题。因为政府的监管是有限的,很有可能会失控。一旦集团的资金链断裂,还是要政府负责收拾残局,影响到儿童和家庭。这其实是很危险的。所以在中国当前信用体系不健全,扶植监管、人员专业化或培训不到位的情况下,私立占主要比例对儿童来讲风险是很大的,因为儿童很弱小,他们的权利必须确保。

任何一种政策选择都需要进行效果的监测和评估。在政策研究和讨论当中都做过各种各样的设想,需要事实来验证,也可以通过吸取其他国家的经验和教训来调整。

2. 国培项目

随着学前教育的普及,质量提升就成为政府努力的重点,落脚点就在幼儿园教师培训。国家不断增加国培的经费,我们也在关注、支持和帮助国培项目。今年(2019年)刚刚结束一个西部5个县的农村教师能力提升项目,开发农村教师的培训策略。这个项目就是由中国学前教育研究会组织的,2013年是冯晓霞老师提议,虞永平老师组织5批5个教师培训的队伍,由他本人和张晖、刘云艳、郑健成、张春霞等专家们亲自带队,江苏、重庆、福建、浙江、广西等地的专家和骨干教师赴五省五县(重庆的忠县、新疆的疏勒县、云南的剑川县、广西的三江县、贵州的纳雍县)培训。我们尝试把一次性的培训变成三段式的培训,然后设计每一段应该培训几天,培训什么,并且做成一个资源包。同时改革培训方式,尽量采取参与式、体验性的方式来进行。本来设计了当堂培训后让老师们回去实践,半年后再来接受加强性培训,结果发现半年之后完全是另一拨的学员了。农村的教师流动性太大,培训的持续性难保证。所以后来我们工作的重心就是下沉到园,为老师们创造能够学习和发挥所学的环境。通过爱生幼儿园的理念改造幼儿园的软环境,这样接受培训的老师回去才能发挥作用。所以后来的策略是在每个县分片找一些项目幼儿园,创建爱生幼儿园,由他们带动这一片。农村贫困县里幼儿园的私有率是很高的,由于工资低、待遇低、录用水准比较低,教师的流动流失率非常高。由侯莉敏、梁慧娟、陈世联、周欣等专家跟进指导项目县。评估以后看到试点幼儿园环境还是有很明显改进的，老师也比过去能够更好地服务于孩子了，但是基础薄弱仍然使教师的教学水平提升受到很大限制。这说明我们对教师的政策还需要全面提升。

国家层面需要管理体系的构建和完善的顶层设计，所以在基层教师培训实验的同时，联合国儿童基金会开始重点围绕幼师国培的课程标准研制进行培训、研讨、介绍国际经验等。最近项目支持专家们完成了一个幼儿教师的快速分层的评估工具，有助于提高培训的针对性和有效性，意在帮助老师们快速评估自己的水平，以便选择对应幼儿教师培训的《课标》下的培训模块。比如帮老师评估自己在保教领域和/或儿童观察与支持领域大致处于什么水平，那么您可以选择参加对应的培训模块。这样培训就变成了菜单式的，针对性更强（当然也要留给老师按照兴趣选择培训的空间），也便于推进培训效果的评估与改进。我们主要支持了儿童观察与支持和保教这两块的《课标》对应的评估工具的研制活动。这个项目难度比较大，它不是一个简单的知识考试，而是对教师实际能力和实际理解的一种反映，是要更多的结合实际情境来出题由教师做判断，从中反映出知识方面的欠缺或是经验的、技能的欠缺。参与研发的专家老师们为了获得一线教师的真实反馈，在山东做过一次三百人的教师访谈，题目成型以后还有一次1600人的试测，专家们在夏天的雨季分赴八个地点主持试测。可以说这个工具研制对专家们的专业精神和能力是一次不小的考验。我们希望这个评估工具配合《课标》，能够对教师的培训效率提高有所作用。一方面，让教师更了解自己，能更有目的地选择合适自己的课程；另一方面，指导培训提供方根据《课标》做出更适合实践导向、适合不同水平、不同领域的培训资源。

3. 督导

我们另外一块重要的工作，就是在“国十条”颁布之后，开始和国务院教育督导局在督学方面的合作。政府督学要代表人民对幼儿园教育进行监督和指导，国家和地方政府需要掌握各类幼儿园的运行情况，包括他们的成绩和困难。督导报告要向社会公开，接受社会监督。督导对于政府、举办者、家长和社会履行责任有促进作用，尤其是对薄弱园的督导对于推动幼儿教育的均衡发展非常有意义。

国务院制定《幼儿园办园行为督导评估办法》的时候我们给予了一些支持，包括介绍国外经验，对各省的督导队伍进行全国性的培训等。我们希望办园行为督导指标体系能够越来越聚焦，同时希望能对现在的督导情况进行数据分析，以使督导指标和方式更合理，更能够反映真实的情况。我觉得办园行为督导的意义是很大的，要督导薄弱园甚至是无证园，说白了是一个质量的底线，也涉及公平的问题，让政府关注到在基本质量线下的幼儿园，怎么能够让它们提高，因为弱势的孩子大部分都是在这样的园里面。而且督导有法律的效应，督导报告可以督促政府更好地履行职责。园和园之间的差距大，一部分原因就是投入方面不均衡，往往对于质量已经不错的园不停地加大投入，

"锦上添花",对于那些基本质量的,尤其是还没有达到基本质量线的园反而容易忽视。所以从儿童利益的角度,其实督导就是要促进公平,不仅在入园机会上,在质量上也必须公平。

这些年幼儿教育政策一直在摸索当中,从幼儿教育的薄弱到快速扩大,政策不断变化,这种变化过程其实是很复杂的,很多政策可能需要一定的时间检验,才能够沉淀下来,摸索出一些成熟的政策体系。政府希望通过基于实证的研究来决策,并追踪政策执行的最终结果,看政策的影响到底是什么,尤其是对不同类型的幼儿园和儿童到底有什么影响。因为我们最终要对孩子负责。

4. 质量敏感指标——教师

目前这个督导的指标还是很全的,指标很多,今后需要逐渐抽取那些最敏感的指标,和质量最相关的要素,能够区分出不同水平幼儿园的指标。需要不断研究和不断分析现有的数据,最后形成一个质量评估和提升的工具箱。现在地方的质量标准有不同的侧重点,有些认为场地、规模重要,有些认为生师比重要。而国际经验认为员工的状态和专业水平可能是最重要的,而我们恰恰在教师这个问题上,政策还没有到位。评判幼儿园质量好不好,最终是要从评价儿童发展的结果来看。与儿童最终的发展结果最相关的那些因素才是最重要的评价指标。比如从课程的角度看,不管是综合课程还是分科课程,最重要还是什么人在实施,也就是教师是最重要的。所以保证教师的待遇,对教师的关爱和给予成长机会是非常重要的。

5. 旨在提高儿童社会情感能力的园长培训

近两年,我们和教育部的幼儿园园长中心合作了一个提高园长能力的项目,以儿童的社会情感能力提高为突破点,来提升园长对儿童的认识,通过项目过程提升幼儿园教育的管理能力。国际经验认为社会情感能力对未来至关重要,包括对认知的作用也很大,而现实中许多园长却可能经常忽略这个方面。儿童成长的环境,幼儿园的社会心理氛围,就是潜课程,是最大的影响因素。比方说平等、无歧视的关系,它其实包括老师与孩子、孩子之间、老师之间以及园长和老师之间、老师和家长之间的关系。我们希望园长意识到,其实园长和老师的关系特别重要,教育本质上就是人影响人,是关系,这也是园长领导力的体现。如果园长能够包容老师,那老师就更可能包容孩子。要让孩子自在,首先就要让老师自在。园长不做绝对权威,肯倾听,老师才可能有独立思考,行动时才能没有心理障碍,才能给孩子自由、独立的空间。所以园长特别重要,直接决定了一个幼儿园的文化空间。

6. 赋能

联合国儿童基金会做得最棒的一点,是给合作伙伴包括基层工作人员赋能,通过项目推进让他们变得非常有能力、有自信,这样才能把效果放大。

比如我们建在基层的社区儿童中心，就是在村里选一名志愿者，对她/他进行培训，给她/他提供一些材料、游戏和书籍，她/他就在村里建一个免费的供儿童来活动的中心。教育部和联合国儿童基金会共同开发的科学育儿网有260多个视频，都是关于儿童成长发育及如何照料、如何在生活中进行教育的内容，我们把它做成触摸屏放在中心便于志愿者和家长共同学习。我们坚持用参与式培训，让志愿者们把经验、感受和困惑都说出来，他们之间就能互相学习。最后出来的效果让我们特别感动。比如一个村有一个志愿者的名额，每月补贴共800元，他们就两三个人一起用这个补贴，一起组织村里的活动。再比如，我们要求中心一周要开放5天，但是由于孩子们太喜欢了，他们自动增加一天，一周开放6天，甚至于每天都开放。现在项目结束了，但是儿童中心还在运行，志愿者们说："我没法停下来，因为孩子们和家长们每天都要来玩。"再比如，中心有个台账，记录了村里共有多少孩子，如果有孩子老不来中心玩，志愿者老师就会去家访，还会想方设法背着玩具、图书去。这些事让我们特别感动，这都来自志愿者们自己的能动性。

项目里有一个很好的思维就是面向结果，为了达到目标，要创造充分的条件，项目人员要会计划、有策略，并且竭尽所能。所以随着目标的达成，人们会变得特别自信。我们看到项目当中走出了很多专家，也走出了很多干部。他们发展得越来越好，而且不管走到哪里，他们都一直坚守儿童权利。

访谈人 非常感谢陈老师接受采访。通过您的叙述，我们不仅了解了您的工作经历，更重要的是，通过您的回忆，我们触摸到了中国学前教育事业这几十年的发展脉络，真切感受到了您所代表的各界幼教同仁为学前教育事业发展所付出的热情和心血。相信在政府、社会各界以及幼教人的共同努力下，我们的学前教育事业会发展得越来越好。

访谈对象 | **赵桂丽**（江苏省教育厅督导室原主任）

访 谈 人 | 张 帅

问 您当初为何选择了学前教育专业，又是什么样的机缘让您来从事学前教育管理工作？

答 我为什么会做学前教育工作，其实并不是想好了才来做的。那个时候因为在农村插队，然后恰逢恢复高考，我在农村担任大队党支部书记，没有很多的时间复习，本来是想考理科的，但因为来不及复习了，就考了文科。参加高考的时候，分数其实还是蛮高的，在别人的建议下就读了教育系，偏偏我们南京师范学院教育系那一年招的是学前专业，就这样入了学前专业的门。

第一个学期学了一门课叫专业入门，大家逐渐了解了什么叫学前教育，对中国的幼儿教育有了一些了解，觉得它很了不起。当时我们刚进校不久，中国学前教育研究会成立大会在我们南京师范学院举行，我们去参加了，陈鹤琴老先生也参加了，一种崇敬的心情油然而生。会议结束以后，大家就觉得好像有一种天然的责任感在心里。另外，当时国外很多思潮涌入，特别是当时教育系有一批非常了不起的老师，很多都是从国外学习回来的，让我们能够接触到那些好老师的课。这对培养我们的专业兴趣起到了非常好的作用。所以那时候慢慢地觉得自己肩上的担子很重，觉得应该为我们中国的学前教育事业做点事情。

我们是全国高考制度恢复以后南京师范学院学前教育专业招的第一届学生。1983年毕业后，我进入淮阴师范学院任教。当时江苏省教育厅选择专业人员从事教育行政管理的工作，希望能够有一个具有学前教育专业背景的人来承担这项工作。我既是学前教育专业毕业的，又在师范学校担任过专业课的教师，基于这样的原因，1984年，我从师范学校教师的岗位调到了行政部门，主要就是从事学前教育的行政管理工作，直至2000年机构调整到了督导室，其间担任了16年幼教专职干部。

问 您任职期间，教育行政机构中有独立的学前教育科室吗？有几名管理人员？

答 那时没有专门的学前教育处室，学前教育由初教处管理。初教处既要管理幼儿园又要管理小学和特殊教育，同时还要负责校外教育等。当时，我负责学前教育和整个处室的内勤工作(包括义务教育、特殊教育、少先队工作、德育工作)。人员编制很紧张,一个人要负责多项内容。1986年省人大常委会通过的《江苏省幼儿教育暂行条例》中明确了要在教育行政部门设立专门的幼儿教育管理机构——幼教处,后来,省里采取了变通办法,把初教处改为幼教初教处,实际上没有增加一个人,也没有增加一个编制,只是换了个名称,但政府至少意识到应该有一个管理幼儿教育的机构。

《江苏省幼儿教育暂行条例》要求各个县也都要配备专职和专业的管理人员,在乡镇这一级也应该有乡镇的幼教辅导员。但是在具体执行过程中,我们省里执行得没有地方执行得好,比如说像南京市之前就有幼教处,像苏州和无锡,虽然没有专门的幼教处室,但是他们的管理力量也很强。

问 您认为是否需要设置独立的学前教育行政科室?根据什么配备管理人员?

答 独立的学前教育行政科室还是蛮重要的,像我们这些行政部门其实也应该有的。还有一点,我觉得很重要的就是应该有懂专业的管理人员,现在在这些方面可能各个地方的配备都不那么看重,我们那个时候还是蛮看重的。另外,管理人员最好能拥有学前教育一线工作经验,专业人员在怎么样能够把各方面力量按照学前教育的需求统合起来这上面是更有优势的,特别是在推进学前教育改革发展这一块上,专业人员肯定还是更有优势。

问 您在任期间,政府各部门间的工作协调情况如何?

答 早期,教育方面由教育行政部门管理,卫生保健方面由卫生部门管理,在管理体制上确实存在多头管理。1987年国家颁布《关于明确幼儿教育事业领导管理职责分工的请示》之后,明确了教育部门是幼儿教育的主管部门,省教育厅也根据上级要求对责任分工进行了调整。为了构建改革开放新时期学前教育的领导和行政管理框架,需要立下几根支柱:首先是法律支柱,各部门贯彻国家和地方法律法规,各司其职。其次是行政管理支柱,即作为政府部门,应该如何把学前教育事业管理好。我们首先是明确办园条件,规定具有什么样条件的团体或主办单位才能够来办幼儿园,也就是说办幼儿园应该具备什么样的条件,它应该有哪些物质条件、师资要求、自身的行为规范等。最后是经费支柱。由物价局、省财政厅、省教育厅、省妇联四部门联合对各类幼儿园成本分担状况进行调查,最后形成统一的收费标准,再根据各地具体情况实行。所以总的来看,主要是以教育部门为主,其他部门联合,主动沟通其他部门,协商来开展幼教工作。

问 在国家发展学前教育大背景下,江苏发展学前教育的思路和重点是什么?

答 当时对学前教育的管理和推进,实际上不仅仅是因为国内学前教育发展的需要,也受到国际上改革浪潮的影响。改革开放以后,大家对学前教育的认识普遍提高,学前教育不仅要“保”，还要“教”。我们顺应改革开放的潮流，法制意识有所增强，开始重视地方性学前教育法律法规的制定。江苏省在全国率先进行地方立法，这个我觉得是很了不起的。

第二个发展学前教育的思路就是依靠和动员社会力量办园。完全依靠政府办园是不可能的，当时教育领域流行的一句话是“人民教育人民办，教育人民办教育”。动员社会力量办园是为了解决发展的问题，让孩子有园上、上好园。从宏观战略的高度来思考学前教育的价值，贯彻法律法规的精神，把握幼教发展的方向。

在动员社会力量办园，群众办园积极性提高以后，管理好幼儿园、提高保教质量的责任历史性地落在了教育行政部门的肩上。我们各级教育行政部门一方面通过制订规划，让幼儿园有效、有序发展；另一方面，通过登记注册、评估定类、办示范性幼儿园、推进幼儿教育现代化等加大管理力度。

另外，我们也很注重加强教师职业能力的培养，要求通过对幼教行政干部、园长、骨干教师的培训来进行长期不断的岗位学习和岗位练兵，达到基本功的过关、过硬，其中特别强调职业道德提高和教育综合能力的培养。在提高幼儿教师地位和福利待遇方面也做出了不少努力，诸如评定职称、评选名师、医疗和养老保险、改善办公和住房条件等方面，逐步引起政府和主办单位的重视。

问 您任职期间出台了哪些政策文件？政策出台的背景及意图是什么？

答 为了激励与表彰幼教工作人员，规范和保障幼教师资队伍的建设和发展，我们围绕幼教师资开展了一系列工作。1984 年江苏省教育厅、卫生厅、妇联、总工会四单位联合出台了《江苏省托儿所、幼儿园工作人员职业道德规范（试行稿）》。试行了两年，然后结合试行期间各地提出的意见，我们又对试行稿进行了修改，于 1986 年联合发布了《关于印发〈江苏省托儿所、幼儿园工作人员职业道德规范〉的通知》。

1986 年，省人大常委会审议通过了《江苏省幼儿教育暂行条例》，这是当时全中国第一个地方立法的学前教育的法律法规。1987 年省政府又颁发了《江苏省幼儿教育暂行条例实施办法》。

1995 年，省教委抓住现代化建设契机制定了《江苏省幼儿园基本实现现代化要求（试行）》，1996 年又出台了《江苏省基本实现现代化幼儿园评估细则（试行）》，将《条例》和老《规程》的精神具体化，从操作层面提出阶段性目标和要求。

80 年代初，我们省有 3 所实验幼儿园、14 所示范幼儿园。为了发挥示范幼儿园的带头模范作用，引导幼教事业朝着现代化方向更加科学化、规范化发展，1996 年省教委制定《江苏省示范性实验幼儿园标准（试行）》和《江苏省示范性实验幼儿园评估细则（试行）》，将老《规程》的要求变成具体的、可操作的、可评估的行动指标。

为了贯彻落实《中共中央国务院关于深化教育改革,全面推进素质教育的决定》,建设一支高素质的幼儿教育师资队伍,江苏省教委于1999年制定了《江苏省幼儿教师职业素质基本要求(试行)》,作为聘用、考核和培训幼儿教师的依据。

问 您在任期间做了哪几件至今仍然记忆犹新的大事?

答 我调到江苏省教育厅的第一件工作就是起草《江苏省幼儿教育暂行条例》。

因为过去的那些幼儿园很多都不是正规的,教师也不是正规师范院校毕业的,举办人也是方方面面的都有。所以我们那时候觉得要立法,告诉大家哪些人能够办幼儿园、幼儿园要办成什么样子、具有什么样的资格才能担任幼儿园教师或者保教人员。准备工作做了将近两年,1986年,省人大常委会审议通过了《江苏省幼儿教育暂行条例》,从法律层面规定学前教育的性质、任务及幼儿园的举办和管理等事宜。从少数人有法律意识,到多数人能够真正贯彻法律,这中间有一个非常漫长的过程。

1987年以后开展幼儿园登记注册工作。政府办的正规幼儿园很少,很多都是企事业单位、街道、乡村在办幼儿园。这些幼儿园并不正规,像农忙托儿所和城市私托户等等,很多是为了解决家长的后顾之忧。这些幼儿园办起来了,我们也不能全部撤掉,但是又不能让它们乱办。为了对已经举办的幼儿园进行管理,1991年,明确教育部门主管幼儿教育以后,我们制定了《江苏省举办幼儿园的基本条件》和《江苏省幼儿园登记注册办法》,符合条件的幼儿园可以进行登记注册,然后由政府进行统一的正规管理。这实际上是对幼儿园进行全面的规范管理和整治,通过这样一项工作,把幼儿园全部纳入规范化管理。

随后,我们开展了幼儿园评估定类工作。因为国家拿不出那么多的钱来给我们办正规幼儿园,又要让幼儿园能够自己生存,怎么办?通过评估定类以后按类收费。省教委制定评估定类方案,各市教育行政部门根据老《规程》和本地实际,从办园条件、师资、管理、质量等方面制定出一类、二类、三类幼儿园评估标准。对各类幼儿园的经费进行成本核算,比如说什么样的幼儿园,哪些方面能够收费,哪些方面不能收费,收费的标准应该怎么确定,等等。核算完以后,物价局、省财政厅、省妇联和我们教育厅联合发文,改革全省幼儿园的收费办法。首先是登记注册、评估定类,然后按类收费,一步步走下来,财政也没有意见,物价也没有意见,家长也没有意见,如果没有前面这三个行政手段的话,直接收费就容易出乱子。通过这三步走,让幼儿园能够通过收费来解决自己生存的问题。

另外,我们在推进农村幼儿教育事业健康发展方面还做出了许多努力。1983年,教育部颁发《关于发展农村幼儿教育的几点意见》,我们及时提出贯彻意见,要求乡办中心幼儿园配备农村幼教辅导员,具体负责农村幼儿教育的管理。我们选择了一些试点，像南通的如东县。80 年代中期，我们选择的是扬州的邗江县(现在的邗江区)，再到后来是镇江的句容市，我们都是一个县一个县地推进农村幼儿教育的发展，以点带面。首先在这些点上进行大量的调查研究，基本上是所有的乡镇都跑过，然后在这些地方，其实也是培养一批人才，然后再在全省放样子。所以从如东到邗江到句容，都为推进全省农村幼儿教育的发展发挥了非常重大的作用。

我们那时候还做了什么呢？就是要让所有的教师持证上岗，园长要有园长证，教师要有资格证。1991 年，我们开始初步实行幼儿园园长和教师持证上岗制度。只要教师有证书，我们联合保险公司发文，解决教师的养老保险问题。所以这些真的是一步步的，让他们能够感觉到自己是一个教师，像一个教师，并且得到教师应有的地位和尊重。然后我们还做了幼儿园教师职业道德规范的要求，就是说不能让大家认为我们幼儿园教师都是不讲规矩的，我们当时就对这些方面都提出了要求，即作为幼儿园的教师应该遵守哪些职业道德规范。另外还提出了职业素质的培养要求，在这些方面就是一步一步地走。

问 *在您开展这些工作的过程中有没有发生过让您印象深刻的事情？*

答 1985 年左右，我们推进农村学前教育，也不是江苏单枪匹马地去做，其实我们几个方面的力量是融合的，比如说当时是国家教育部幼教处要利用联合国儿童基金会的一些项目来推进农村学前教育。当时教育部幼儿教育处魏振高处长，她特别重视学前教育，到我们江苏来，联系了南京师大的赵寄石老师和屠美如老师，要到县里去看一看。当时南师大有一个班级，是一个大专班，全班的同学都到扬州市的邗江县进行农村幼儿教育的调研。所有同学都进驻到乡镇，吃在那儿、住在那儿，跟家长、学生零距离接触。那时候全省的农村学前教育其实条件非常差，很多地方在牛棚里面教学，窗子都是篱笆墙上挖个洞，有的就是一张塑料薄膜或一张纸贴的。泥桌子、泥台子、泥凳子，黑黑的牛棚里面坐着一群泥孩子。魏处长来到江苏后，和赵寄石老师、屠美如老师，还有我，我们四个人就坐公交车去邗江县。我们下了长途车以后到处找车，那时候不像现在还可以打个出租车，我们只看到人家拉煤的三轮车，然后我找了一辆三轮车，我们一边坐两个人，坐在黑黑的拉煤的车子上，跑到邗江县那些乡镇里面去。到了之后要吃饭了，我们就在路边找了一个很小的餐馆，四个人就坐在门口，每个人端一碗面，吃完了以后他们还要给我交几毛钱的饭钱，我印象特别深刻。当时赵老师年龄也蛮大了，比我现在年龄大，然后我们一个乡镇一个乡镇地跑去看望教师、学生。这些教师和学生在第一线了解到的情况，也要让魏处长了解到，然后考虑怎么样去推进全国农村的学前教育。

我们厅里边还有一位教师，她过去也是专门搞学前教育的，我来了以后等于接她的班。她没有退之前，我们一块去过邗江县。她去的时候就是用自己的工资买了一些糖果，然后每到一个地方就发一点糖果给大家，很感人的。大家已经把公的事情和私的事情、公的感情和私人的感情都紧密地结合在一起了，学前教育就是自己热爱的事业，就是自己应该为之奋斗终生的事业。当时就是这样的，不在乎吃什么，也不在乎坐什么样的交通工具，这个我印象非常深刻。那时候虽然条件不好，但是大家决心很大，热情很高，并且手把手地教，感情也很深，跟农村的这些幼教辅导员也好，教师也好，感情都很深，然后他们对我们期望很高，我们对他们的帮助也很具体。

我们每年都要有一些推进农村学前教育发展的行政会、推进会，这样的话也在培训人员、培训教师。还有中央教科所，当时也有一批人在做这方面的研究，他们的这些研究课题也在不断地通过我们这种形式，辐射到所有的农村幼儿园。这几个方面形成合力特别好，那个时候的状态是最好的状态。真的就是上下行政一条心，研究人员一条心。教育部、中央教科所，像我们这边南京师范大学，我们省教育厅跟下面的县区一直到幼儿园一竿子到底，大家都非常努力。

问 您任职期间，学前教育发展遇到的主要问题是什么？您是如何解决的？解决效果如何？

答 面临的最大困难是90年代末的幼儿园改制问题，在国家政策的影响下，开始出现大规模地拍卖幼儿园，公办园转为私立园。我觉得改革显然跟简单地推向市场不是一回事情，但那个时候好像认为改革就是要把公有的搞死，把民办的搞活。所以卖幼儿园卖得太厉害，卖幼儿园这个事件是天大的事，当时真的觉得很舍不得。因为让幼儿园一步步规范起来是很难的。大家都指望跟着行政走，跟着国家走，按照国家政策的要求，一步一步地来规范自己的办园行为。但是后来凡是办得好的那些示范园，在社会上声誉好的这些幼儿园，首先被卖掉，那是很心疼的。市场化的初衷是好的，想大规模地发展，但是却没有考虑到当时的国力和实力。这是政府为了保九年义务教育的战略性要求，想通过拍卖幼儿园来补贴地方的财政。拍卖幼儿园折射出对学前教育的不重视。后来就想办法要制止国有资产流失，我们首先做了一些调研，回来写了一些报告，起草了一些文件，在起草文件的过程当中，也是统一思想的过程，后面程序规范起来，想要再卖也不是那么容易了。就是说改革是应该的，让幼儿园合理经营也没有什么错，但是不能够轻易地一说改革就卖，卖字当头，我觉得这是不应该的。

另一困难就是经费问题。之前政府举办的幼儿园很少，政府给的学前教育经费连1%都不到，很多幼儿园需要靠收费来维持自身的发展。学前教育的发展十分艰难。为了解决这一困境，1987年，我们开始进行幼儿园成本分担机制的研究，改革幼儿园收费办法。由物价局、省财政厅、省教育厅，还有省妇联四部门联合对公办园、社会力量办园、农村幼儿园、部门办园四种类型的幼儿园成本分担状况展开调研，对各类幼儿园的成本进行核算。调查后，邀请行业内外的人来进行论证，并选择四个市进行试点，最后在全省推行。各个市按照省里的原则，然后根据当地经济承担的能力，由各个市规定具体的收费标准。幼儿园的收费不是由家长独自承担，而是由主办单位、家庭、政府、社会共同分担，形成了保育费和管理费，收费标准与保教质量挂钩。保育费由家长负担，而管理费全部由主办单位、政府和社会负担。我们通过这样一种办法，让整个经费问题得到很好的解决。

问 您感觉自己工作上最大的成就是什么？您的工作创新体现在哪里？

答 我觉得做学前教育的时候，就认认真真地做好管理工作，包括推进立法、加强管理。后面在树立典范、推进改革，一直到推进幼儿教育的现代化这些方面所做的工作，我们都是一步一个脚印走得很扎实，这让我觉得心里面很踏实。看到学前教育在我们的共同努力下发展得越来越好，我感到很欣慰。

工作创新的话，其实刚刚提到的我们所开展的一系列工作都是创新，可以说在全国都是领先的。比如，起草的《江苏省幼儿教育暂行条例》，在全国来讲是领先的，可以看出，当时我们地方政府对学前教育的重视程度很高。通过登记注册、评估定类、办好示范性实验幼儿园、推动现代化建设等工作，加大了管理力度，提高了农村幼儿园的办园效益和水平。在全省范围内广泛开展的幼儿园评估定类工作中，农村幼儿园也引进激励竞争机制，实行优质优价，由省制定评估方案，各市教育行政部门根据老《规程》和本地实际，对县、乡、村幼儿园的办园条件、师资、管理、质量等方面进行评估，分类定级。

除了上述所提到的一些工作外，我觉得很值得骄傲的是我们有南师大这样一个师资培训基地，这对江苏省学前教育的发展起了非常重要的作用。陈鹤琴先生为我们留下了一笔宝贵的财富，南师大的老师们进入幼儿园切切实实进行了许多卓有成效的科研工作，如果没有这批老师的介入，江苏省幼儿园教改就没有今天的成果。不仅是南师大，每个地级市都有一个幼儿师范学校，省幼师为全省幼儿园的规范发展、推进幼儿园的教育改革，起到很好的示范作用，发挥了非常重要的作用。这可以称得上是江苏幼教的一个亮点。

问 那您是本着一种什么样的工作理念来开展工作的？

答 我觉得，当时在南京师范学院学习时，南京师范学院那批优秀的教师为我们树立了一个很好的榜样。在“文革”当中，他们的青春年华被耽误了，然后他们将对我们的那种期待在教学中传递给了我们。学习学前教育专业使得我们对孩子的爱，不同于家长对孩子的那种爱，也不同于一般的中小学老师对学生的爱，而是从人的自身发展的需要，觉得孩子在幼儿阶段语言的发展、行为的养成就是他整个人生的奠基，觉得这很有意义。当时我们就感觉到我们碰到了一个非常好的“干活”的年代，我们不能辜负。恰巧碰上了,然后就想为学前教育做点事情。我觉得当时我们好多同学应该都是这样想的。

问 结合您的经验,您觉得如何能做好学前教育行政工作呢?

答 我觉得就是要有几个依靠:

第一,有些大的政策一定要吃透,把握住,依靠上级。如果没有一个好的大的环境,靠一两个人努力是根本不行的。一定要依靠好的政策,对于中央规定的事情,国家已经确定了的大政方针,一定要吃透,一定要好好地去把握。

第二,依靠地方政府。推进整个事业发展的过程中,地方政府的力量不能忽视。

第三,依靠一线老师。我们不能说全部都是自上而下的,理念能够一竿子贯彻到底,是非常难的,那么就只能够通过培养、培训老师,然后把理念、教育思想传递给老师,然后通过他们让改革按照正确的方向去走。

问 现在幼儿园普遍反映管理他们的"婆婆"太多,他们疲于应付政府多头管理,甚至是相互矛盾的管理。您是如何看待这种现象的?

答 我觉得应该尊重专业,尊重规律。我们国家现在对学前教育越来越重视,顶层设计这一块越来越明确,这比我们做学前教育管理的时候好多了。现在整个政策方面的扶持越来越多,我们怎么样用好这些政策,怎么样能够把这些政策跟我们学前教育的规律很好地结合起来,这是值得考虑的。政策之下还应该要有个策略层面的考虑。在这些方面我觉得策略考虑得不够,就是说怎么样能够结合专业特点,怎么样很好地研究策略,这个上面应该有更多的作为。

问 那您觉得可以如何改变呢?

答 还是要激活学前教育这样一个非常大的改革场,来形成一个很好的磁场。不要捆住大家的手脚,一个幼儿园就是一个经营单位,只要在大的方面不违规、不违法,就应该放开手脚让他去做。因为我觉得大的方针、国家法律法规,从这个层面上来讲,基本上是在逐步完善起来的。我们现在只有放开他们的手脚,让他们很灵活地去办,这样才能形成各自的特色,我觉得应该给他们这些权利。但是如果他们有问题,比如说不尊重老师,不尊重孩子,违背了法律法规,那么受到的惩罚就会非常大。就是该严惩的时候严惩,该放手的时候就应该放手。

问 您对学前教育行政工作的愿景是什么?

答 我是觉得应该加强管理,应该有一部分专业的人员加入行政管理队伍当中。在行政管理方面,不能始终缺少专业人员,这是不合适的。另外就是说行政、科研、教研、整个的大学都应该融合、协调,形成合力。就像我刚才讲的,我们当时推动改革很难,推动事业发展很难，但是那个时候上下一条心，大家都非常想把事情做好，方方面面很协调，一呼百应。那么现在我觉得，不管是市场经济也好，多元化的氛围也好，都不应该把学前教育冲击得七零八落的。在这方面大家还是应该心往一块想，劲往一处使，这个是很重要的。改革也要有一个总体规划，然后推进事业发展这块，方方面面还是要形成合力。因为现在政府是越来越重视学前教育了，但是政府不可能具体到学前教育应该怎么办，还是要专业人员来引领，专业不引领，那大家公说公有理，婆说婆有理，大家都在那胡说一通，那不行。

问 我们知道您后来做了学前教育督学，那是什么样的机缘让您成为学前教育督学？贵单位何时才有专职的学前教育督学？

答 2000年进行机构改革，我就从基础教育办公室调到了督导室，开始从事督导工作，直至2018年退休。

各块教育督学都是兼职的督学或者是督导专家来做的。我们作为行政部门来讲，督导室相当于一个组织机构，我是组织督学，组织督导人员开展督导工作。但是现在国家并没有给我们一支专职的队伍，从上到下都没有专职的督学和专职的督导人员职称序列。这跟英国的皇家督学不一样，英国的皇家督学是每年国家拿出钱，专门用来聘请专职的督学。现在我们国家不是这样的，没有专职的人员怎么办呢？我们聘请兼职的督学。兼职督学当中有的也是有学前教育背景的，兼职的督导人员、督导专家当中有的也是有学前教育背景的。

问 根据什么确定督学数量？

答 每一届都从高校、科研教研机构、幼儿园园长当中聘请一些专家来做我们的督学和督导专家。我们一般都是选择具有学前教育专业背景的、业内有一定影响的人员来担任。

问 您任职期间，学前教育督导的重点是什么？督导方式是什么？督导成效如何？

答 作为省一级督导机构，学前教育督导的重点就是督政。督政就是要求政府必须制定有利于学前教育发展的政策，要求政府要拿出一定的经费来发展学前教育，必须要办示范性的幼儿园，比如说每一个乡镇都必须要有一个公办幼儿园，要办优质的幼儿园。

督导的方式有很多，比如说要听取政府的汇报，在督导之前我们就要给他们发督导的通知，要制定督导的标准，然后下发给他们。督导之前我们还要有一个督政的工作手册，让迎检的人知道要来督什么、每天做什么，这些在手册指南当中都进行了规定，所有的时间都把它安排得好好的，比如说什么时间到达，什么时间要听他们汇报，什么时间要去查他们的账、查学校各种经费的实际使用等等。然后就是要开座谈会，方方面面人员的座谈会，有行政人员的、园长的、普通教师的，还要进行个别访谈，有对行政管理人员的访谈，有对教师、园长的访谈，甚至有的时候还要对家长进行访谈。

我觉得督政的效果很好，为什么呢？因为跟其他各块事业相比，他们觉得我们有督导的机制太好了，我们能够要到经费，还有事业发展的大环境，领导也很重视，在督政府的同时，自身的要求也越来越高。督政以后政府也会根据存在的问题进行整改。所以我们觉得督政是一个推进事业发展的好办法。

问 您任职期间，每年开展几次督导工作？

答 我们有120多个县市区，我们是一年督1/4，四年督一轮，一轮过去以后再开始新的一轮，是这样子的。每一次督完了以后，第二年再来回访，所以就是每一轮4年当中每个县要经历两次督导。

问 您任职期间，最难忘的督导事件是什么？

答 我来做督导室主任后，每年的督政都把学前教育作为一项重要内容，委派幼教方面的督导专家，到各个区县同步督导学前教育。每年不仅有督政，对于在督政当中出现的问题该如何解决，我们还要进行回访督导，每次督导都有专项督导报告。我们还设立了学前教育的专项督导制度。我们委托教科院幼教所承担了一项关于县域内推动学前教育发展的评估指标体系的课题。这个课题做好以后，除了综合督导以外，我们在2016年和2017年对学前教育进行过两次专项督导，就是按照《江苏省县域学前教育工作督导标准（试行）》中的指标体系进行的。

问 这两次专项学前教育督导的效果怎么样？

答 督导的效果还是蛮好的，因为我们不是说把所有县区都督导一遍，而是带有验证性的，验证一下标准怎么样，国家的标准应用到我们江苏，我们还要能够根据江苏的实际情况把它修订一下，然后以我们的文件再把它重新发布。我们首先要求每个县自查，然后市里面按照我们的标准去督导。督导完了以后，我们省里面实际上是去抽查，2016年抽查了三个县，2017年是抽查了四个县。对县域整体情况进行抽查，为了验证政策的落实情况也要看一部分幼儿园。

但总的来说，各地不平衡，有的地方形势还是比较严峻的。因为有些地方已经制定了政策，但是没有全部执行到位，有的地方政策在制定过程当中，所以真正要想达到很理想的状态，还是有一大截的距离。

问 您认为督导工作最大的成就是什么？

答 督导工作最大的成就就是引起政府和社会对学前教育事业的理解、关心和重视，这个影响太大。我觉得首先就是使政府将学前教育摆上了位置；其次是给予了学前教育相应的尊重，给予教育规律的尊重；再次就是领导能够及时地关心学前教育，走进幼儿园，深入基层。我觉得现在这些领导们真的是比过去做事情要更加踏实了，做事情更投入。我觉得督导对于解决很多的问题还是有帮助的。督导不是唯一的办法，但肯定是个推手，起到很大的推动作用。

问 您在督导过程中有没有遇到过比较大的困难？

答 我感觉到的不是我的困难，我们没有困难。我们去督导的时候没有困难，政府很给力，很支持我们，我们聘请的一些专家也都很给力。我们感觉到下面推进事业发展的时候有困难，对于整个学前教育的管理，很多地方没有专业的人员在管，没有一个专门的机构，没有专门的人员，这个本身就会直接影响学前教育自身的进一步发展。

另外，怎样尊重幼儿教育规律去推进改革，这方面可能会存在一些偏差。在推进学前教育发展中，对上级下达的一些指示可能在理解上就有问题，产生一些偏差。要想在理解上没有问题，就要对这个规律把握得很好，要想很好地把握规律，必须懂专业。说到底专业还是很重要。你必须知道孩子是怎么发展的，你给他的东西是不是对他发展最重要的东西，我觉得这个理解好像千差万别。困难在这个地方。

现在的政策肯定比我们当初的政策要好，经费也比以前多，人员队伍建设也比以前好。但是为什么感觉幼儿园好像还是很吃力，不知道怎么去做，我觉得真的是缺少专业引领。作为行政来讲，行政做了很多事。作为政府来讲，政府也做了很多事。但是专业的引领在哪里？专业作用发挥在哪里？这一点我觉得很重要。

问 那您觉得这个问题可以怎样解决呢？

答 专业要发声，专业始终不发声，都让各种各样的声音盖过它，那肯定就不行。另外就是说我们还要能够很深入地、不加装饰地把学前教育最本真的东西体现出来。一个就是不要过分强调或忽视学前教育，要恰如其分地把它的重要性说出来。能够明明白白地告诉人家应该做哪些事，应该怎么做，让家长一看就明白，让行政管理人员一看就明白，让幼儿园园长一看就知道怎么去做，应该有人来做这样的事情。

我们原来，比如说对教师提要求的时候，一、二、三条写得都很明确，告诉他应该怎么做。现在研究是越来越多，但是越来越看不懂，如果是这样的话，这个研究就不是根据幼儿园的需要来的。最可怕的是，它是照搬照抄的别的教育经验。比如在管理上面，幼儿园就不能够按照工厂化管理，也不能够按照中小学的管理来进行，但是现在有的研究人员看上去是学前教育学者的身份，他讲的话完全没有一点学前教育的腔调，这就不行了，我觉得这方面是一个欠缺。

问 督导方面,您觉得自己工作的创新体现在哪些方面?

答 每年我们在督导的时候,都把学前教育纳入进来,再没有任何一个地方政府整个都不管学前教育了,把幼儿园全部卖掉了,90年代末那段时间是有人这样想,但是现在不是这样子。我们2005年开始对县级政府进行督导的时候,就已经把学前教育纳入进来,始终如一地把它放在整个督导大的体系当中,把它放在整个教育事业大盘子里考虑。这个是我认为做得非常好的地方。同时我们也根据每个地方的一些情况,再专门去进行专项督导,这也是对学前教育的特殊对待。

只不过就是说做督导的时候,没有像原来在行政管理处室那么具体地引导改革,规范幼儿园的办园行为。我们没有具体地面向幼儿园,但是面向政府以后解决了很多大的问题。比如说一些方针政策的制定,还有教师的配备,逐步解决办园水平、办园标准、教育经费、人员待遇等方面的问题,在这些方面我觉得还是有所帮助。

问 您觉得需要具备什么样的素质才能做学前教育督学呢?

答 我们目前选择学前教育督导人员的时候按照这么几块:第一块是幼儿教育的行政管理人员;第二块是幼儿教育的研究人员,比如说原来在高校工作的学前教育专业教师;第三块就是幼儿园园长,还有幼儿教师当中的一些特级教师;另外就是在社会中方方面面影响比较大的一些有成就的人。这样的人才能够当我们的督学和督导专家。

问 您所秉持的督导理念是什么?

答 督导最理想的状态是将来没有督导。因为大家按照法律法规做就行了,那么为什么要有督导,就是还存在一些问题,我们还是依据法律法规来督导他们,了解他们政策落实的程度怎么样,再把情况告诉他们,提出一些问题清单,让他们能够及时把问题清单上的问题整改掉。

问 您觉得如何做好学前教育的督导工作呢?

答 第一,要清楚学前教育的政策方针、法律法规。去督导的时候,时间有限,在看幼儿园环境的时候,在跟园长交流的时候,在观察孩子活动的时候,在检查各项材料的时候都要一眼就能看到问题。这要有非常敏锐的眼光,敏锐的眼光一定程度上就是基于对法律法规、政策的熟练掌握。第二,要具有学前教育专业知识,具备一定的专业水平。第三,要具有清晰的表达能力。最后,还要能够手把手地帮助他们找到解决问题的办法。我们督导人员从过去到现在基本都是按照这个标准去选,优中选优。

问 您对学前教育督导工作的愿景是什么?

答 我是这样想的,要逐步地从宏观进入微观。因为督导不光是督导一些大政方针，后面我们还是需要慢慢地能够进入到专业领域。特别是将来有一些幼儿园内部的管理、幼儿园的教育教学的过程等，这些方面需要督导人员更专业化。现在对学前教育的重视程度越来越高，将来肯定会越来越好。但如果没有一些专业人员的话，可能就还是一场风吹过去就算了，不是春风化雨。像我们推进农村学前教育，一步一个脚印地走，走过去以后留下了很多当时的想法，留下了一些足迹，让他们知道将来沿着什么方向走，是很重要的。

问 您之前从事幼教行政工作，后来从事督导工作，这两项工作，您更喜欢哪个？为什么？

答 如果再让我去做那些很具体的专业性的管理工作，我还是会很喜欢。因为还有很多的想法没有落实，我还是会更喜欢行政管理。但是我也觉得做督学很高尚，做督学比做行政管理工作要超脱。而且，做了督学以后能够很明显地感觉到自己另外的一种存在价值。有一种第三方的感觉，用第三只眼睛看幼教，比原来自己埋头做工作，视野更开阔。做了督学以后，会站在大教育的高度来看学前教育发展。因为原来一直在做幼教，后来因为要跟政府打交道，整个教育都在心里面，这个时候再回来看幼教，就觉得它应该可以少走哪些弯路。如果让我重新选择的话，做过督学再去做管理，肯定比那时候要聪明得多，尽管我觉得那时候做的事情都对。我没有做过任何一件后悔的事情，打的基础框架很扎实，在当时来讲一步一个脚印，走得很正确。

访谈对象 | **焦秋香**（山西省教育厅关心下一代工作委员会副主任）

访 谈 人 | 贾宏燕

问 是什么样的机缘让您来分管学前教育？

答 1978 年我从运城地区妇联借调到山西省妇女联合会（1979 年正式调入），先后在省妇联的福利部、儿童工作部、省托幼办工作过。

1979 年 7 月由全国妇联发起，协同教育部、卫生部、国家劳动总局、全国总工会在北京联合召开了全国托幼工作会议，国务院成立了全国托幼工作领导小组。我作为工作人员陪同山西省的相关部门分管领导参加了会议。全国会议之后，山西省的有关部门在省政府的领导下也成立了托幼工作领导组，办公室设在省妇联，由省妇联代管。

1986 年 1 月我被任命为山西省托幼工作领导组办公室副主任（主持工作），1989 年 1 月被正式任命为山西省托幼工作领导组办公室主任。

问 您在任期间，教育行政机构中有独立的学前教育科室吗？有几名管理人员？

答 刚开始工作的省托幼办公室，是由省妇联、省教委、省卫生厅抽调的 3 名工作人员组成的。随着工作的深入，省政府批准省托幼办增加了 2 名编制，工作人员增加至 5 人，并下拨了活动经费。

1989 年 10 月，为了理顺管理体制，省托幼工作领导组决定，省托幼办由省妇联代管改为省教委管理，省教委成立幼儿教育处，与省托幼办合署办公，工作人员共 7 人。我担任省托幼办主任、省教委幼儿教育处处长。

1995 年机构改革，省教委决定撤销省托幼办、幼儿教育处，学前教育行政管理工作交由省教委普教处管理。1996 年山西省幼儿教育中心正式成立，为省教委直属事业单位，主要负责全省幼儿教育教学研究和工作人员培训。此时，我任省教委主任助理，协助分管山西省幼儿教育中心。

按照上行下效的原则，山西全省原建立的三级学前教育行政机构纷纷改革，只有太原市、运城市、晋中市、忻州市等保留了独立的学前教育行政机构。

问 您认为是否需要设置独立的学前教育行政科室，应根据什么配备管理人员？

答 根据学前教育发展现状和社会的进步，以及我从事学前教育行政管理的经历来看，我认为应该设置独立的学前教育行政科室。其原因：一是学前教育虽属于基础教育，但作为一个独立的学段和中小学教育还是有很大的区别；二是按照国家提出的奋斗目标——幼有所育、学有所教，提供优质的学前教育服务来看，更应设置独立的学前教育行政科室；三是从工作任务来看，0—3 岁幼儿的早期教育也纳入学前教育范畴，应相应地设置独立的科室，增加工作人员；四是从目前学前教育行政管理现状来看也应设置独立的学前教育行政科室。省教育厅分管学前教育行政管理工作的人员只有 1 人，同时还兼管高中教育等工作，经常忙不过来。学前教育行政机构应是学前教育行政执法部门，力量不足难以执法到位，如对无证园、民办园的管理等。

关于学前教育行政机构工作人员配备，应根据学前教育发展状况和当地接受学前教育的幼儿数确定行政管理工作人员编制。

问 您认为学前教育行政人员的准入条件应是什么？

答 学前教育行政人员是教育行政管理机构的一分子，是教育行政执法人员。首先，应具备国家公务员的基本条件；其次，应具有教育行政管理专业知识；第三，应有丰富的实践经验。可采用职后实地培训或者遴选的办法进行，把在学前教育机构一线工作过的优秀管理人员选拔到学前教育行政机构做管理人员。

问 您在任期间，学前教育发展遇到的主要问题是什么？您是如何解决的，解决的效果如何？

答 我在任期间，遇到的主要问题是如何贯彻落实好党中央、国务院关于幼儿教育恢复、发展、整顿、提高的八字方针，贯彻落实好老《纲要》、《条例》和《幼儿园工作规程（试行）》。

解决的办法：

一是采取多种形式，利用一切可以利用的宣传工具，宣传关于幼儿教育的“八字”方针和两个幼教法规。如在省电台开办幼儿教育广播讲座，组织宣讲团巡回演讲，召开座谈会谈体会和认识，举办各种专题培训，表彰先进督促后进等。

二是加强管理，分类指导。

三是明确办园基本标准，规范幼儿园办园条件。

四是整顿幼儿教师队伍，加强农村幼儿教师队伍管理。如为了稳定农村幼儿教师队伍，在调查研究的基础上在山西省祁县搞试点，对考核合格的农村幼儿教师实行自己交一点、园所出一点、县政府补一点的办法解决幼儿教师的养老保险问题。1995 年 10 月省教委在祁县召开了全省农村幼儿教师队伍管理现场会，推广了他们的经验。我撰写了《山西省农村幼儿教育发展现状与农村幼教队伍管理体制改革的构想》一文，论文刊登在《学前教育》杂志 1994 年第 12 期，参加了在日本召开的亚太地区幼儿教育研讨会。

五是改变评价方式,积极开展学前教育教科研工作,落实老《纲要》和《幼儿园工作规程(试行)》,扭转小学化倾向,努力提高教育教学质量。具体做法是:

第一,分层次举办各种类型幼儿园学习、贯彻落实老《纲要》和两个幼教法规的培训班、研讨班。

第二,抓试点园。1994 年委托大同、阳泉、长治三市各自抓好一个城区学前班试点工作,委托运城、临汾、吕梁、忻州、晋中等五地区和朔州、晋城两市抓好农村县区学前班的试点工作。1990 年举办幼教干部和省级示范幼儿园园长培训班,要求示范园带头试行老《纲要》、《幼儿园工作规程(试行)》。

第三,转变评价方式。1990 年省教委转发老《纲要》和两个幼教法规后,根据山西省的实际情况,决定转变对幼儿园办园水平和对幼儿教师的评价方式,出台了《山西省幼儿园办园水平评估试行方案》。1993 年省教委评选第二批教学能手时,我们把幼儿园教学能手改为保教能手,制定了与以往不同的考核方案。要求保教能手除热爱事业、热爱孩子、具备一定的专业知识和必要的技能技巧外,还要具备较高的活动设计和组织实施的能力,创设良好环境的能力,组织管理幼儿生活的能力,培养幼儿良好的生活卫生习惯、学习习惯及行为习惯的能力,开展家长工作推行家园配合共同教育幼儿的能力,进行保育教育工作研究的能力等等。据此,在评选活动中对各市报送的选手进行了集中考察和深入所在班级实地考察相结合的方式进行了六项考核。其中,教学活动占 40 分,主要是考察活动设计和组织实施的能力;教案占 15 分,主要考察日常工作能否坚持一致性和一贯性,看是否注意观察了解幼儿、研究幼儿、合理设计半日活动;论文占 10 分,主要是考察教师是否有教学研究能力;环境创设占 10 分,主要考察环境的创设、活动区域的设置和材料的提供是否与教育目标相适应;幼儿常规培养占 15 分,主要考察教师的保教水平和幼儿的习惯养成;家长工作占 10 分,主要考察教师做家长工作的能力和沟通技巧等。我们的评价方式得到了时任中国学前教育研究会副理事长、中央教科所史慧中老师的肯定。《关于山西省保教能手评选工作情况报告》收录在史慧中主编的《适应我国国情,提高幼儿素质的实验研究》第三部文集中。通过五年的素质实验和逐步推广,山西省的幼教工作者初步树立了现代儿童发展观、全面课程观、幼儿园和家庭同步同向的大教育观,并开始把教育教学重心从教师为主、课堂为主、知识传授为主转移到以儿童为主的发展上,初步重视了一日活动各环节的教育因素和组织形式的多样化,作息时间的动态化,注意了环境与教育的协同,各种教育手段的协同,教与保、教与学的协同,智力因素和非智力因素的协同等等。

第四,以教科研工作为开路先锋,和中央教科所紧密合作开展了国家哲学社会科学基金"八五"重点课题"适应我国国情,提高幼儿素质"的实验研究。从 1991 年至 1996 年在山西省康乐幼儿园和太原市西羊市幼儿园开始前试验的基础上,发展到太原市城市、农村、厂矿企事业等不同类型的66所幼儿园、129个班、400余名幼教工作者参加。在中央教科所的帮助下，参加实验的广大幼教工作者转变了教育观念，更新了教育思想，转变了教育教学方法。通过举办观摩教育教学活动，也影响和带动了全省幼教工作者的思想转变。与此同时，还成立了山西省幼儿教育研究会。

第五，为帮助农村幼儿园和学前班改进教育教学工作，组织山西省的专家学者编写了《山西省幼儿园幼儿读物》。

问 您在任期间出台了哪些政策文件？政策文件出台的背景和意图是什么？

答 为了加强对幼儿教育事业的管理和指导，我省出台了以下政策文件：1986年出台了《关于在每县区办好一所示范性幼儿园的通知》，1991年以山西省人民政府31号省长令的形式出台了《山西省幼儿园管理实施办法》，1992年制订了《山西省幼儿教育事业"八五"和"九五"发展规划》《山西省幼儿园分级管理的意见》，1992年出台了《关于建设乡镇中心园的意见》，1993年出台了《关于在全省党政机关企事业单位中建设示范园的通知》，1995年出台了《山西省评估县(市区)基本满足学前三年教育工作试行方案》。

为了规范幼儿园办园条件，明确办园标准，我省出台了以下政策文件：1988年出台了《山西省幼儿园办园分类暂行标准》《关于学前班管理暂行规定》，1990年在试点的基础上出台了《山西省幼儿园(班)登记备案的规定》，1991年出台了《山西省幼儿园(班)收费项目标准管理办法》，1993年出台了《关于重申公民个人举办幼儿园(班)的审批程序和管理办法的通知》。

为了提升幼教师资队伍的专业性和稳定性，我省出台了以下政策文件：1987年出台了《山西省托幼园所保教人员职业道德规范(试行)》；1991年出台了《关于整顿幼儿教师队伍的实施方案》，下发了《关于进行幼儿教师预备资格考核的通知》，对考核合格的预备幼儿教师加强了培养培训，设法解决工资福利待遇问题；1993年出台了《山西省幼儿园园长任职条件和岗位要求》，对达不到国家合格标准的幼儿教师进行幼儿教师预备资格考核。

问 您在任期间，政府各部门的工作协调机制情况如何？您最难忘的事情是什么？

答 由于有省政府领导担任省托幼工作领导组的组长，每年都能定期研究学前教育发展中遇到的重大问题，五部门基本能按照各自的职责去开展工作。如1985年省托幼工作领导组就联合省财政厅、劳动厅、教育厅、建设厅下发了《关于解决托幼工作中几个问题的规定》，对托幼机构中长期临时保教人员的退养、托幼园所管理费、保教费的收费标准与报销、城镇小区建设、托幼园所的放假等问题做了具体规定。省财政厅每年下拨专项托幼经费，全省性的现场会、表彰会都是五部门领导参加，统一提要求和实施。

我最难忘的事情就是在重大问题上能得到省政府领导的支持,如解决经费和人员编制问题。

问 您在任期间最大的困难是什么?

答 最大的困难主要是由于当时普及义务教育任务繁重,学前教育列入不了整个教育工作的重要议事日程,每年总结安排工作时都要据理力争。

问 您工作的最大成就是什么?您的工作创新体现在哪里?

答 我的工作谈不上取得什么最大成就。山西省幼儿教育事业的发展得益于各级党政领导的重视和全体幼教工作者的努力,我只是起到了一个螺丝钉的作用。利用有利条件,和同志们一起创设了一个朝气蓬勃、奋发向上的学前教育小组的工作氛围。多少年之后,学前教育小组的老同志还是很怀念当时的工作情景。我在脱离学前教育工作十年后退休,大家还希望我回归学前教育小组,做学前教育学会会长就是一个例证。

工作创新也谈不上,只是做了一些探索。其一,为了稳定农村幼儿教师队伍,针对当时考核合格的、年轻的农村幼儿教师不能享受同中小学民办教师一样的待遇,而试行预备幼儿教师制度。要求县级教育行政部门对考核合格的预备幼儿教师登记注册,合理培养使用;在政治、经济、福利待遇方面享受中小学民办教师同等待遇;没有机会转为正式幼儿教师的人员退养问题,采取三级共同购买养老保险的办法来解决。其二,针对当时山西省学前教育教科研力量不足的问题,决定和中央教科所合作,开展"适应国情,提高幼儿素质"的实验研究,在实验工作中主动作为,积极配合,加强领导,解决实验中遇到的问题。同时也改进自己的行政管理方法,适应新要求。五年的实验工作更新了幼教工作者的教育观念,开拓了幼教工作者的视野,初步改进了教育教学方法,在一定程度上提高了保教质量。

问 您工作的基本理念是什么?

答 干一行、爱一行、专一行,不求做到极致但求尽力,最后无愧自己的良心、无愧组织和国家的培养教育。

问 结合您的经验,您认为如何做好学前教育行政工作?

答 现在党和国家十分重视学前教育,不仅出台了相关政策法规,习近平总书记、教育部部长在重要场合都有讲话要求。各级教育行政部门也重视了学前教育工作,把学前教育列入了重要议事日程,工作有安排布置、有检查总结,同时在人力财力上投入了许多,逐步在解决幼儿教师的编制问题,应该说目前是学前教育大发展的春天。做好学前教育行政工作的关键是要尽快出台学前教育法,增强教育行政部门是学前教育执法主体的意识，增强学前教育行政管理人员是执法人员的意识，只有认真落实有关法律法规，才是尽职尽责。

问 现在幼儿园普遍反映“婆婆”太多，他们疲于应付，政府多头管理，甚至是相互矛盾的管理。您认为这种现象能改变吗？如何改变？

答 能改变。根据改革开放初期托幼工作领导组的工作原则就能改变这种现状。托幼工作领导组既是一个领导机构，又是一个协调机构。只要各部门的职责明确，按照工作目标，认真履行职责，不越权、不懈怠就行。领导组定期研究工作，发现问题，及时研究解决就不会政出多门。

问 您对学前教育行政的愿景是什么？

答 十九大报告指出：“要在幼有所育、学有所教、劳有所得、病有所医、老有所养、住有所居、弱有所扶上，不断取得新进展。”习近平总书记也指出：“人民对美好生活的向往就是我们的奋斗目标”，并强调要“牢牢把握人民群众对美好生活的向往，提出新的思路、新的战略、新的举措”。因此，我希望学前教育行政管理工作能够设置独立的行政管理机构，增加工作人员编制，并选拔热爱学前教育事业、有责任感、专业的工作人员来担当复兴大任。希望在他们的努力工作下，描绘好发展蓝图，搭建好管理网络，严格执法执规，办好让人民群众满意的学前教育。首先，促进学前教育事业大发展，基本满足 0—6 岁幼儿接受学前教育的需求。其次，进一步改善幼儿园、早教机构的办园条件，提供更多更好的服务。第三，举办质量上乘的高等师范学前教育专业，提高幼儿教师学历层次；建好职后培训机构，不断提升幼儿教师及其他工作人员的保教水平；解决幼儿园教师及其他工作人员的编制问题，无论在哪种类型的幼儿园工作都有稳定的收入和体面的生活。第四，帮助所有的幼儿园、早教机构不断地学习先进的教育理念，掌握科学的教育保育方法，促使每个幼儿都能在原有的基础上得到全面发展。

PRINCIPLE

幼儿园园长

园长是幼儿园教育改革发展的领头羊和参与者,他们直接引领并深度参与了其在任期间本园教育的改革与发展,可以说他们是新中国幼儿园教育实践改革的探索者和记录人。将不同时期园长的经历拼接起来,就构成了新中国成立70年来幼儿园教育改革的历史画卷。本篇章主要围绕幼儿园课程改革、环境创设、教研活动、教师地位及家园关系等对园长进行访谈,力求呈现新中国成立以来幼儿园教育实践的发展变化。

新中国成立初期,我国社会百废待兴,为了尽快摆脱外部封锁,完成社会主义改造,幼儿教育全面向苏联学习,实行分科教学。六七十年代的绝大部分时期,幼儿园发展停滞不前,甚至发生倒退。70年代末80年代初期,幼儿教育领域拨乱反正,积极恢复正常的教育秩序。但由于当时幼儿教育基础薄弱,师资素质低下,为了尽力确保基本的教育质量,1981年国家颁布了《幼儿园教育纲要(试行草案)》,同时,人民教育出版社紧急组织专家出版了首套统编教材供幼儿园使用,仍以分科教学为主。80年代,随着西方心理学和教育学理论的引入,以及陈鹤琴幼儿教育思想重新受到重视,幼儿园掀起了课程改革的浪潮。针对分科教学强调人为割裂各科知识之间内在联系的弊端,南京、上海、北京等地幼儿园开始自发地开展课程改革实验,积极探索综合教育课程。1989年,在吸收了国外先进理论及国内幼儿园课程改革实验经验的基础上,国家教委颁布了《幼儿园工作规程(试行)》,发起了幼儿园课程改革的号令。90年代,更多幼儿园加入了课程改革的队伍。2001年,经过广大幼儿园的积极探索和验证,我国颁布了新世纪指导幼儿园课程建设的文件《纲要》,此后,我国幼儿园课程呈现百花齐放的蓬勃发展态势。当前许多研究基础扎实的幼儿园均有本园自主研发的、符合本园幼儿发展需要和兴趣及本园特定资源的园本课程。课程实践中幼儿的兴趣、需要、主体地位、个性等越来越受到尊重,教师作为课程决策者、设计者、评价者、领导者等身份不断被赋予和强化,生活化、游戏化、综合性等越来越成为幼儿园课程的核心理念和基本特质。

从课程实施途径来看,90年代之前,我国幼儿园多采用上课的形式,重教师直接教的作用,90年代之后,幼儿园重视活动教学法和游戏教学法,强调通过幼儿的操作、摆弄、交流等进行学习,通过游戏获得发展,教师的主要作用在于为幼儿提供可直接感知、操作摆弄和开展各种游戏的丰富适宜的材料和环境。本世纪以来,在《纲要》和《指南》的指引下,一些幼儿园一方面重视挖掘一日生活各环节特别是生活活动的价值,另一方面也加强了对区域活动的研究,以应对幼儿园教育"小学化"的问题,努力提高幼儿园教育质量。

幼儿园课程评价相对薄弱,但也呈现出以下发展趋势:评价内容从强调知识技能掌握到重视对情绪态度和能力发展的评价,评价目的从终结性评价到形成性评价,评价结果更多地被用于帮助教师反思并调适课程,评价方式从去情境评价到真实性评价和情境性评价,评价标准从使用统一标准到关注个体差异。评价主体从重视教园长、家长等参与的外部评价到意识到教师自评的重要性,并采用档案袋、学习故事、智慧评价等方法支持教师参与评价,同时也鼓励幼儿自评。

同时,幼儿园的环境创设和教研活动也发生了很大转变。从新中国成立初期教室里无活动区域到现在教室越来越区域化设计,并且有多种专用活动室同时使用;座位摆放形式从重视知识传授和教师管理的秧田单一式到根据需要灵活采用注重师幼对话、同伴交流的马蹄形、圆形或分组模块等混合形式;从以教师手工绘画作品为主的重装饰效果的环境布置,到以幼儿的表征和记录为主的强调互动功能的环境创设;教研活动也从以备教材为主转变为以备幼儿兴趣、需要和备资源为主。随着课程观及课程实践的不断更新,幼儿园教研活动也发生了很大变化。教研活动内容日趋丰富,即从单纯关注教学活动教研,到逐步增加了游戏活动教研、生活活动教研、观察评估能力教研、深度学习教研、园本课程或班本化课程教研、特殊幼儿的识别与支持教研等;教研参与者从封闭到开放,即最初的教研主要以本园教师相互观摩讨论为主,到现在跨园片区教研和教研员、专家及家长联合教研;教研模式也逐渐强调园本教研。教师作为教育实践研究者的身份愈加明显。同时,幼儿园对教师的评价也从注重考查教师的教学技能到开始全面考察教师的观察评价能力、师幼互动能力、课程生成能力和活动反思能力等,对教师进行评价的主体也从以园长为主,转变教师自评、同事互评、园长评价、家长评价等多主体、多形式相结合的综合评价。

从家园关系来看,新中国成立70年以来,家园关系经历了低期待、高信任到高期待、低信任的发展历程。新中国成立初期至80年代,我国社会对幼儿教育促进幼儿发展的认识程度不高,幼儿园的福利性较为凸显,家长对幼儿园的期待主要是让孩子吃饱、穿暖、睡好,幼儿园多数为各机关企事业单位为解决本单位职工后顾之忧而办的附属幼儿园,家长对单位附属幼儿园的信任程度很高。80年代以后,社会逐渐认识到幼儿教育对于人的发展的价值,“让一部分人先富起来”的市场经济体制改革也激发了家长对改变生活状态的积极性,加之独生子女政策实施使家长对子女的期待变高,幼儿园作为教育体制的第一学段,家长对其期待很高。但与此同时,随着市场经济的深入推进,幼儿园被迫脱离企事业单位母体,转由社会力量举办,家长对幼儿园的信任度降低,家园关系较为紧张。为了加强沟通,幼儿园通过设立家委会、召开家长会和家长委员会、举办家长学校等途径积极了解家长需求,邀请家长参与幼儿园多项事务的决策,指导家长科学育儿的方法,在形成相互支持型的家园共育合力方面做出了诸多有益的探索。

通过访谈也发现,读书免费且有生活补助,毕业包分配、喜欢小孩等是50年代至80年代许多园长们报考幼师的主要原因。虽然社会对幼儿教师的职业认知一直存在偏差,但并不影响一代又一代园长们对幼儿教育职业的热爱。她们吃苦耐劳、勇于创新、不断开拓、幸福地忙碌着,永不停歇。回顾历史,成就与问题相伴;展望未来,机遇和挑战并存。资深的老园长们希冀新时代的幼教人能不忘初心,坚守信念,永担“幼有所育”和“幼有优育”的时代责任。年富力强的现任园长们已在新时代学前教育事业发展的困境与机遇中,扬帆起航,不断突破,幼儿园教育实践已呈现出了一些新的面貌。园长们都期待各级政府及社会各界能够真正理解幼儿教育的价值和意义,能够给予幼儿教师应有的理解和尊重,不断提高幼儿教师地位,让幼儿教师成为令人尊敬和向往的职业,让幼儿园拥有稳定的、高素质的教师队伍!

访谈对象 | **王 芳**(浙江师范大学幼儿教育集团原副总经理)

访 谈 人 | 原晋霞

问 王老师,能谈谈您为何选择幼师这份职业吗?

答 选择幼师其实没有非常特别的想法,当年中考后要填报志愿,碰到一位幼儿师范学院毕业在我县实验幼儿园当老师的前辈,她建议我考幼师,说我适合,其实那时压根不知道还有幼师这一职业,她一指点,我家人和我自己一想也行,就填报了。爱上幼师其实就是工作中的日久生情,投入地工作,看到了孩子的成长,看到自己的成长,得到了家长和社会的认可,慢慢就产生了深爱这份职业的情感。

问 请您介绍一下贵园在幼儿园课程建设方面的重要探索与成就。

答 我 1982 年 8 月毕业后留在浙江幼儿师范学院附属幼儿园工作,2017 年 10 月退休,35 年的工作经验,从教师成长为园长、总园长、集团副总。从课程执行者转变为带领教师团队的课程建构者,经历了我园课程发展变化的全过程。从分科到综合到关注主动学习的园本课程,从关注教到关注学,我在亲身体验中理解课程。

1999 年开始,我和团队致力于以情感(情绪)为核心的织网式课程,坚持不懈,来回摸索。从模糊到清晰,从生疏到熟练,主要经历了三个阶段。

(一) 1882—1999 年,是孕育起步阶段,确立"爱与尊重"的教育理念,酝酿情感课程

1981 年国家颁布老《纲要》,幼儿园的一日教学、生活节奏就有了一个相对的参考标准。当时的幼儿园课程是小学课程的缩影,有学科之分,有备课及课时等要求。老《纲要》颁布之初,学术交流比较频繁,依托原浙江幼儿师范学院(以下简称浙幼师)的资源,经常会有一些老一辈学前教育专家来园评课、参观,如赵寄石、史慧中等,对我们的教育教学工作也有较高评价。

1996 年国家颁布老《规程》,我们敏锐捕捉到了整合教学的意义和重要性。因此,在幼儿园课程的设计上我们也与时俱进地做了一些思考和调整,最有影响的是两件事:第一件事,是我们率先进行"幼儿园兴趣小组"活动,每个教师根据自己的爱好,组建兴趣小组——科学实验小组、旅游小组、书画小组、音乐小组等,幼儿自己报名参加,教师

根据幼儿的兴趣增减、优化活动。在“幼儿园兴趣小组”活动中，我们看到孩子主动学习的力量、看到混龄活动的优势，同时这也是教师初步尝试生成活动、分层教学。第二件事，我们及时调整了教室的环境布局，开始建构区域活动、桌面游戏，希望在一日活动中弥散性地开展一些幼儿能自由选择的、能调动幼儿积极学习状态的学习活动，尝试让幼儿在玩中学。这些努力和尝试为后来的课程建设、环境创设做了很好的经验铺垫，也在这个过程中磨炼出一支既有分科教学经验、又有整合学习意识的实战型教师队伍。

（二）1999—2007年，细化研究开展系列科学研究，用科学的方法养育孩子

这一阶段，我们在改变调整的过程中反思，究竟什么能有效地推动孩子的学习和发展呢？我们发现，有效学习的第一步是要激发幼儿内在的学习主动性，只有调动起幼儿学习的内部动力系统，才有幼儿的全面发展。如何调动呢？需要让幼儿感觉到身处充满爱意的环境，能有足够的信心去选择，且不论做什么选择都会受到尊重、关心与助力。因此，我们在这一阶段确立了“爱与尊重”的教育理念，这也是后期萌生情感课程的最核心的关键词。

2001年《纲要》颁布，我们体会到国家对学前教育事业发展的支持，对幼儿身心发展的关照和对幼儿个别化差异的尊重。这些理念都与我园前一阶段确立的“爱与尊重”的教育理念不谋而合，说明我们的探索和思考在大方向上与国家对学前教育的期待是相吻合的，对我们来说也是极大的鼓舞。当时我们感到身上的担子更重了，那么到底什么样的活动、什么样的教育、什么样的课程设置、什么样的环境才是对幼儿身心全面、健康、协调发展有益的呢？要怎么做才能让我们“爱与尊重”的教育理念落到实处？这是当时我们的困惑和追问。

很幸运的是，在这期间我参加了华东师范大学专科课程的学习，了解到发展心理学的研究思路，接触到情绪情感的一些研究，我逐渐认识到健康的情绪情感是儿童幸福人生的基石。感恩我的团队，一致认同并一路支持我的判断，让我有信心坚持走下来。我们有幸邀请到浙江理工大学的葛列众教授、刘少英教授，他们的加入和支持是我们有效探索幼儿情绪情感能力培养路径的技术保障。

我们的情绪情感研究也经历了认识—调查—细化研究三阶段：前期，我们带领老师梳理学习幼儿情绪情感的相关理论，知道如何识别、表达、理解、调节情绪，了解情绪有积极情绪、消极情绪和复合情绪，为后面展开系统的科学研究做好了准备。中期，我们结合问卷调查法和观察法，了解幼儿情绪情感发展的特点以及引发幼儿负性情绪的相关事件，收集一系列幼儿情绪案例并从中提取典型的日常情绪情境及幼儿在典型情境中的情绪调节策略。后期，我们有目的地研究了梯度入园对缓解幼儿入园焦虑的作用，制定了幼儿情绪情感能力培养的方案并验证其有效性，调查分析了幼儿喜欢的色彩、空间、密度和材料，这些都为情感环境创设、情绪能力培养等奠定了基础。

在系统的科学研究中，我们看到了很多刷新以往认知的研究结果，原来幼儿在园的消极情绪主要是由需要未满足、同伴争执、教师批评而来，原来幼儿喜欢一定的隐秘空间，原来“说好听的话”可以帮低年龄段的幼儿找到好朋友……这些“发现”让我们坚定一个信念：要“用科学的方法养育孩子”，幼儿教育不能想当然，不能是教师的自以为是。

经过这一阶段的研究，我们渴望跳脱出“硬教”的说教模式，也发现幼儿情绪能力教育的三个关键词：日常浸润、专项练习、有效互动。

（三）2007—2016年，整合梳理，构建以幼儿情感为核心的织网式课程

2007年我们结合《纲要》精神，依托浙江省教育规划课题“幼儿园主题活动体系的‘附幼模式’探索”开始建构幼儿园的情感课程。2008年，我们申报了全国教育科学“十一五”规划重点课题“幼儿情绪能力培养”并于2014年11月顺利结题。课题梳理归纳前期的研究成果，并结合织网式的整合课程，尝试将情绪情感特色与幼儿的学习兴趣、学科学习、游戏活动、一日生活相融合。

我们也有困惑和不确定感，究竟什么样的活动才能真正推动幼儿的学习与发展，什么样的学习和发展才是有意义的呢？我们对幼儿的情绪情感培养的方向正确吗？2012年10月教育部颁布《指南》，慢慢地幼儿五大领域的核心经验概念进入我们的视野，李季湄老师对《指南》的解读、冯晓霞老师在学前教育年会上关于“幼儿深度学习”的报告等为我们课程目标及具体实施指引了方向。

立足“爱与尊重”的情感教育核心，我们上下求索，一方面运用幼儿正向、积极的情绪情感助推幼儿有效学习与全面发展，设计实施一些以情绪情感为特色的主题活动来提升幼儿调控情绪情感的能力；另一方面，我们以幼儿有兴趣并积极主动参与为基础，与五大领域核心经验交织相融，创生了促进幼儿全面发展的“织网式”整合活动课程。2016年“以幼儿情感教育为核心的‘织网式’课程”获浙江省基础教育一等奖，这是对我们团队多年努力的最大肯定。

我们课程的建构并没有结束，因为幼儿的情绪情感是在日常的人际交往和社会适应中发生发展的，多角度不间断地推进才能真正切入情感教育的本质，家长、教师、保育员、园所文化等一系列机制保障也同样重要。2018年“幼儿情感教育深度模式的建构与实践”获教育部基础教育成果二等奖，再次证明我们不断探寻的幼儿情感教育深度模式的实践价值。

20多年持续、动态的教育实践，终于算是打开了幼儿情绪情感教育的大门，我们会一如既往，努力前行。

问 贵园在课程改革过程中，遇到过哪些问题，是如何解决的？

答 首先是在教学法上的破旧立新：从关注教师的教到侧重幼儿的学。

说到“情感教育”，很多人第一个会质疑，怎么“教”。确实，我们在初期也经历过教学法不匹配的硬教阶段，但是经过专家引领的行动研究，我们认识到情感教育不能仅仅强调情绪情感知识能力的增长，不能简单通过“讲道理”奏效，更不能脱离其他学习内容单独存在。所以，我们将情感课程内容慢慢弥散在“一日生活”中，尝试把生活中充满“爱”的言行举止放大、聚焦，让幼儿在经历生活的过程中不断积累情绪经验，不断实现情感价值，即把情感体验作为一日生活的背景，孕育充满爱意的、积极健康的生活底色。

在这个过程中，我们感受到“体验”既是活动，也是结果。

感知体验是幼儿重要的学习方式，也是幼儿情感教育的必经之路。我园先从真实的事件、幼儿感兴趣的情境入手，在自然、无边界、贴近幼儿经验的生活情境中，比如可操作的情感区域——握手桥、心情角、和平区、悄悄话屋等，让幼儿在自然、放松的状态下“触景生情”。例如幼儿在下棋游戏的真实情境中反复真切地感受输赢，学习理性地表达自己输和赢的心理感受，在实践中感知提升同情、悦纳、理解等情绪能力。

我们也会围绕幼儿某一种情感品质或情绪能力开展综合性的情绪情感专题活动，启发幼儿感受、探究、体验、归因、提升，导之以行、习以成性。体验也有很多的组织方式，如同质体验主题“耐心”，不同的班级可以通过下棋、叠高、多米诺、刺绣、拼图、剪纸等多种形式开展活动以培养幼儿的毅力和专注力，即每个班级都以“耐心”为主题开展活动，最后做全园贯通的体验式主题活动展示；又如螺旋式体验法，在小、中、大班三阶段都开展“友谊”这一主题，但内容重点会各有不同，让幼儿的活动体验有积累又不重复、有侧重又不单调，让情感体验一次比一次更有深度。

其次是在学习观上的多元思考：从领域教学到生活、游戏、学习三位一体。

近16年来，我们以情感教育为学前教育内涵的起点与归宿，潜心研究幼儿情绪情感的发生发展规律，将积极情绪的培养、情感品质的培育、情绪能力的发展与幼儿的生活、游戏、学习耦合一体，积极构建与实施以情感为旨归的“织网式”课程，借此促进幼儿的认知、情感、意志的形成与发展，提升学前教育品质，剪除“小学化”弊端。我想这是我工作中做的最有意义的一件事情。

问 您在参与或带领幼儿园进行课程改革过程中，最难忘的经历或感受是什么？

答 最难忘的就是我们当时在研讨设计I-IDEA主题活动评价新构想时，看到了以评护情的魔力，这是我们克服一切困难，努力攻克理论、实践空白的最原始的力量。

在着手评价研究时，一个教学实践过程中的案例深深触动了我们，随即开启了我园主题活动评价研究的新篇章。那时正值合作小组成员一起探索“读画”的活动,我们为了启发幼儿发现美、表现美,从而提高审美情趣,选择了一个大班进行跟踪观察。活动中,一个躲在角落里的男孩吸引了我们,他安安静静的,不爱说话,但用剪刀剪出了很多图案。我们悄悄地靠过去,问:“让我们猜猜你剪的是什么吧?”(教师发起积极的鼓励式互动)这时周围的孩子也围过来,边看边七嘴八舌地说起来:“我看到了翼龙、梁龙、霸王龙……”(同伴促进式评价)小男孩默不作声地笑着。接下来的每天,小男孩都用不同的技能剪出各种各样的内容。主题快结束时,他竟能一剪刀连续剪出不同姿态的恐龙。孩子们都围在他身边,投去羡慕的眼光,“你好厉害,教教我吧!”(同伴赞美)我们看到这位小男生大声笑了,自信地给大家介绍他剪的各种恐龙以及它们的故事。据原任教师介绍,这位孩子比较内向,语言表达能力相对较弱,经常生病请假,同伴地位比较低,平时易被同伴忽视。但是,“读画”主题活动中,小男孩熠熠发光,他变得自信、主动积极,剪纸表现力大大提升,而且交到了好几个朋友。这个教学案例令整个团队振奋不已:的确,每个主题目标不一样,幼儿表现出的亮点不一样。每个孩子都有自己的长处,“以长补长”能激发幼儿的潜能,而融入主题活动的评价,能让每位孩子的才能得到不同角度的展示。

于是,我们的 I-IDEA 主题活动评价的新构想形成了:每个孩子都是一个独立的个体,每一个“我”都生活在一定的社会文化背景之中,有着不同的个性特征。这就意味着我们的主题活动评价相对主题活动而言是一个较为独立的评价,是注重幼儿个别化发展的评价;每一个主题活动评价都有一套独特的多元化评价思路;每一次评价都是为了激发幼儿思考,鼓励幼儿个别化学习,促进幼儿自我意识、自主探究、自信自尊、自我创意健康发展而展开。

问 您工作以来,在全面发展的目标框架下,在体、智、德、美、劳各方面,幼儿园教育实践的侧重点有变化吗?

答 我园多年来坚持探索以情绪、情感为核心的“织网式”课程。该课程以幼儿全面发展为目标,但在教育实践过程中我们关注幼儿情绪能力和情感品质的培养,并把它们作为课程的基础。

我是这样理解的:幼儿的积极情绪、兴趣是学习的发展动力系统,也是幼儿身心健康的保障,所以它应该是孩子学习与发展的基础。我们在情绪情感研究过程中,确定了三个目标:积极的情绪状态、初步的情绪能力、健康的情感品质。课程中需培养幼儿对周围世界探索的兴趣,提高幼儿情绪理解、情绪识别、情绪表达、情绪的调控能力,从而在学习中能应对挑战达成目标,在交往中获得好的情感体验,进而有好的交往能力。孩子情绪能力培养不是单独进行的,而是融入课程、融入一日生活从而渐渐培养起来的,但它对幼儿发展与学习的推动是明显的。所以我们将情绪情感作为课程的基础要素。

问 您工作以来,不同时期幼儿园如何使用教材?如何看待教材在幼儿园课程中的作用?

答 教材对不同层级的幼儿园会有不同的作用,我园会购买各种教材,但是只作为教学资源使用。在建构以情感为核心的"织网式"园本课程后,我园已无法在市面上找到合适的教材。我们把自己做过的实践内容,经过反思调整后,汇编成册、出书,给教师提供参考。每年教师根据孩子的兴趣,实施新的主题,经过反思再汇编成册,并在集团分享。过去实施的主题,只为教师提供参考,并非照样实施。我觉得教学是流动的,因孩子而改变,教学不是把教师想教的内容教下去,更不是把教材上的内容教下去就能有效促进孩子的发展。当然这需要教师有足够的专业水平。

问 不同时期,教师如何备课?谁参加备课?备课时通常会考虑什么?

答 园本课程探究进入不同时期,教师的备课:谁参加、备什么,也在动态地发生变化。

课程启动初期,全体教师集体备课。按活动四要素(活动名称、活动目标、活动准备、活动过程)来备课,教师主要是根据活动目标,设计活动的过程和方法将目标落实,强调活动的新颖、有趣和教师的可操作性。备课以课堂集体活动为主。

课程实施中期,教师们分年龄组梳理内容逻辑、审议活动有效性,并根据教师工作年限采用不同的备课程序。如工作1年内的新教师备一日活动安排、写详细教案;1—4年教师备活动的主要环节、解决重难点的策略、需要调整的地方、反思效果;5年及以上教师主要备课后反思,如反思目标是否合理,反思环节是否体现层层递进,反思策略是否能很好地促进孩子发展与学习,反思互动状态是否能激发孩子学习热情、是否顾及个别和整体,反思教学智慧和艺术等等。希望老师能独立思考,基于个人对活动的观察和感受,表达自己观点,无法抄袭他人的教案。每月上交教案,园长们可据此了解老师的思维能力,会跟每位老师进行后续互动讨论,或文字上的点评,园长也表明自己看法,不断地提高老师的独立思考、反思能力,树立科学的课程观。备课以个人与引领式相结合为主。

课程实施后期,教师备孩子学习情况、评价活动的价值和有效性分析,及后续的活动设想和如何调整环境等,以便为孩子们创设更合适的探究和学习的时间和空间,更好地培养孩子的情感品质和情绪能力。如这阶段的备课内容会涉及:教师观察、记录孩子一日活动并进行评估分析、I-IDEA主题活动中评价、分析孩子的自评互评表、情感环境融入使用的效果等,这些都成为备课的内容和补充,为更好地了解孩子、因材施教、把握课程方向、提供合理支架等提供依据。以集体、小组、班级、个人相结合的方式,从园长、教师、家长、孩子多主体的信息中整体思考,使备课更全方位地与课程融合,促进孩子最大化地学习与发展。

问 不同时期,教师如何评价幼儿?

答 不同时期,教师评价幼儿的水平和方式也随着我们研究的推进,发生着变化。

80—90年代,教师的评价是面向全班孩子,往往会在活动后进行,主要目的是为了纠正孩子的不良行为和习惯等;教师跟家长沟通时,反馈给家长的信息都以孩子的不良行为和习惯为主。

2003年后,我们的研究中发现孩子在园消极情绪的来源,其中教师的批评和表扬就是孩子消极情绪的重要源头之一,所以我们进行了如何让批评和表扬更有效的研究。批评和表扬也是评价,我们的方法是:教师应采用过程评价的方式,对事不对人地进行批评和表扬,帮助孩子形成持续增长的发展观。研究发现,教师对幼儿批评表扬内容不同会影响儿童未来的发展。批评表扬内容大致分为三类,一类是针对人,如"你真笨,这点小事情都做错""你真棒!";一类是针对做事的结果进行批评表扬,如"你这次任务完成很失败""你在这件事情中做得很好";一类是针对做事情的过程进行批评表扬,如"你这次任务中采用的方法是错误的/正确的"。研究指出,针对人的批评表扬导致儿童的无助反应,儿童对自身能力产生置疑和关注,遇到类似的任务反感,对成绩产生焦虑情绪,在以后的任务完成过程中,坚持性降低,逃避挑战,从而导致成绩下降。针对做事情的过程进行批评表扬会使得儿童形成掌握取向的反应,儿童认为本次失败或成果,只是方法用得是否正确,自身能力没有得到质疑,今后遇到类似的任务,会采取积极的态度去面对,相信自己"此次一定能够解决",在任务完成过程中,愿意接受挑战,并形成富有成效的策略去解决问题。而针对做事情的结果进行批评表扬对儿童产生的影响是混合的,即有些儿童能够形成掌握取向的反应,有些儿童则形成无助反应。由此可见,教师在批评表扬中,应该对事不对人,对事情批评时要针对事情的过程和做事情的方法。我们的研究成果结集出版了《我们的批评哪里去了》和《我们的表扬哪里去了》两本书,使教师和孩子身边的重要他人学会正确地批评和表扬孩子。

2010年后,我们开始课程评价研究,发现评价与孩子的学习成效有至关重要的相关性,评价与课程质量也是正相关的。

问 您工作的基本信念是什么?

答 作为园长我工作的基本信念是:教师幸福、幼儿成长。幼儿成长是幼儿园一切工作的出发点,但教师是课程的执行者,是幼儿成长的关键人物,所以园长必须要把教师工作作为自己的核心工作。

教师幸福我有这样几个理解:第一,幼儿园要营造和谐向上的工作氛围,教师工作环境正面向上。第二,教师专业的需求得到满足,经常有小小的成功或成长的体验。第三,教师承担的工作量、工作要求与教师个人能力基本匹配,正好跳一跳可以够得着。第四,教师工作相对单一,以带好班级为核心,内心平静,不过多参与行政工作以免分心。有来自家长不合理的压力时,管理者和教师分担并给予足够的心理支持。第五,教师工作有合理的经济回报。

关于幼儿成长,我们这样认为:幼儿园的核心工作就是促进每个孩子五大领域的全方面成长。促进孩子发展的机会在一日生活的每个环节中,同时教师要了解班中孩子发展特点和需要,用不同的方式促进孩子,因此教师要有足够的耐心和专业能力去关注孩子、发展孩子。

在课程中注重孩子发展,我们需要有几个关注点:一是孩子的个体差异、个体发展需求。二是一日生活的每个环节都有发展孩子的可能,需要充分利用。三是好的自主游戏有发展孩子的全部可能,给幼儿充分的游戏空间并实时关注孩子游戏水平的提高,这很重要。四是以集体或小组形式组织有目的的学习也能很好地促进幼儿的发展,但要避免拼盘式,解决经验的断裂问题,找到合适的学习路径,幼儿的学习兴趣和核心经验的获得会更加明显。

访谈对象 | **王　翔**（深圳市教育幼儿园党支部书记兼园长）

访 谈 人 | 原晋霞

问 您为何选择了幼教职业？

答 最初选择学习幼教专业有两个原因：一是出生于教师家庭，父母都是教师，两个姑姑及姑父都是教师、教授，从小耳濡目染，非常喜欢教师这个职业；二是80年代幼师是一个刚刚开设的新专业，入学招生时对学生的文化和文艺水平要求都挺高，父母觉得从小喜欢唱唱跳跳的我适合幼师这个职业，支持我去报考。

我1989年毕业的时候国家刚取消统一分配工作的政策，需要自己找工作单位，我先是去了聋哑学校，工作一年之后，受改革开放前沿城市人才政策吸引来到深圳，开启了幼教职业生涯。

从事幼教工作29年，一直坚持做这个职业是因为孩子的世界是单纯美好的，是快乐喜悦的，是自由向上的，能时时感受到生命的成长和灵动。幼儿教师是一份能感受爱与幸福的职业。能一路坚持，也是因为在20多年的工作中能保持不断探索与研究，不断地学习和改变，既体现了自己的价值也取得了一定的成就，实现了自我成长和超越。

问 您是哪年进入教育幼儿园工作的？

答 我从1996年至2004年在深圳市梅林一村幼儿园担任了八年的园长助理（那时幼儿园没有设副园长岗位），我负责教学管理工作，探索幼儿园课程改革和教师培养。2004年12月从园长助理岗位调任到教育幼儿园担任园长职务。

问 在您任职期间，遇到了哪些挑战？又是如何解决的呢？

答 作为一名新手园长，自己当时面临了很大的挑战：一是年轻没有经验，34岁当园长，人生阅历还很浅；二是不懂后勤、财物方面的管理，一直从事教学工作，没有人告诉我幼儿园的钱该如何管、人该如何管；三是幼儿园当时的情况不是很好，员工内部矛盾大，教学质量落后，生源不满，环境材料缺乏，没有自己的课程，家长工作难做等等。

由于有多年的教学管理经验，在课程建设和教师培养上有先进的理念和方法，所以尽管面临很大的困难和挑战，我还是充满信心和决心，要把教育幼儿园办成一所优秀的幼儿园。刚到教育幼儿园，我觉得要改变幼儿园的现状，必须从课程建设入手，一切工作都要以教育教学为核心和主线，进行改变和调整，以此改变幼儿园的各项工作。我们与教师共同讨论，在幼儿园还没有自己的课程时，召开主教会议，让大家讨论和选择课程的方向，让教师们自己说服自己，厘清错误的观念，统一正确的思想、目标和方向，建立共同的愿景，引领大家共同实现教育理想。

问 请您介绍一下担任园长工作以来在教育幼儿园课程建设与幼儿园管理等方面的重要探索与成就。

答 探索主要分为三个阶段。

2005年至2009年为第一阶段——返本阶段，顺应儿童的天性，探索全新的学习方式。

课程建设初期，深圳市对幼儿园的课程建设没有统一的要求，幼儿园的发展以民办为主，公办园数量少，属于差额拨款单位，实行园长负责制，管理上幼儿园有较大的自主权，当时很多幼儿园都开设各种特色课程，迎合家长的需要。课程理念上受西方瑞吉欧、蒙台梭利教育等影响大，比较注重自主开放。

返本阶段，我们追根溯源，将教育的焦点回归儿童本身，追寻儿童的本能、天性、需求等与生俱来和随生而发的特性以及儿童与成人不同的特定的心智和行为，为儿童设计符合其本性的课程，要把儿童的学习生活归还给儿童。我们从环境入手，打破班级的界限，将每一间教室创建为真实的、情景化的学习中心，通过丰富的区域和材料为幼儿提供了最大化的学习资源，让幼儿在不同的学习中心可以自由选择和走班学习，使他们充分地在玩中学、做中学，以一种全新的学习方式，实现回归儿童本质的教育理念。

2005年开始先创建机械建构、美劳创意、生活体验、科学探索四个学习中心，形成全园资源共享；2007年增设语言表达、音乐韵律、戏剧扮演、民间游戏中心，形成八大学习中心整体走班学习；2009年又增设自然博物、社会人文、数学感官、思维益智四个学习中心，形成儿童学习内容全覆盖的十二个学习中心自由走班学习。

这个阶段幼儿园在管理上形成自主管理模式，给予教师相应的课程决策权，给予教师充分的支持和服务，关注主体（幼儿、教师）价值，尊重差异，彰显以人为本的理念，注重人的态度、行为、素质对课程的直接影响，呈现自由、和谐、进取的校园氛围。

2010年至2013年为第二阶段——循本阶段，重点关注儿童的需求，构建完整的课程模式。

这一时期，国家对学前教育越来越重视，国务院颁布了学前教育“国十条”和《指南》，各地幼儿园都在开展课程改革和课程建设，深圳事业单位改革使幼儿园管理体制发生变化，实施绩效管理，这个阶段幼儿园的人员变动比较多，但课程建设的力度依然很大,课程理念更加倡导以儿童为中心,回归儿童本质。

循本阶段是在返本的基础上,遵循儿童发展的规律和特点,关注儿童的需求,让教育回归儿童的生活,将教育和生活融为一体,把幼儿园的人、事、物进行不同广度、深度和密度的连接,打破室内外和园内外学习的界限,建立微型社区,为幼儿创设一个自由独立的"王国"。孩子是生活的主人,可以真实地享受自己独特的生活。打破年龄界限,混龄编班,创设良好的社会性交往情境,形成自然的教育生态,让儿童快乐幸福地度过每一天,将课程理念、目标、内容与实施途径建立起内在关联,形成完整的课程模式。

2010 年,幼儿园进行混龄班级试点,开展混龄小组活动。2012 年,进行全园混龄编班,每个班级都由比例均衡的 3—6 岁儿童组成混龄班级,开展全混龄走班模式,通过混龄还原儿童真实的社会生活,实现儿童的社会交往与学习建构。2013 年创建微型社区,让幼儿体验各种社会角色,回归真实的社会场景,将儿童的社会性学习与发展融入课程。

这个阶段幼儿园的管理注重团队建设,大力促进教师的专业化发展,开展学习型组织的五项修炼,激发教师内在潜能,能有敏锐的专业觉察及解决问题的能力,在课程实施中可以灵活调整教育行为和策略,让每个教师成为自我成长、自我实现的学习者。

微型社区活动弥补了学习中心活动中社会及自然内容的缺失,大带小的混龄方式与走班学习形成完美结合,形成完整的课程框架并呈现良好运作,为课程深入发展与儿童的深入学习奠定基础。第二阶段取得的重大成就是 2011 年我园召开了全国首例"返本课程论证会",由虞永平教授带队的中国学前教育课程专委会的专家小组到幼儿园进行实地观察论证,专家们对返本课程给予高度评价,认为是践行国家《纲要》精神的实践典范。

2014 年至 2018 年为第三阶段——立本阶段,立足儿童的经验,促进师幼共同成长。

这段时期,全国都在学习和落实《指南》精神,政府加大力度为教师提供了多层次专业培训,各种学术研讨会也增进了幼儿园之间的交流学习,很多幼儿园在环境创设与资源利用方面成效都很突出,大家也越来越关注在环境材料下儿童的经验与经验建构,以及师幼持续性共同思考的高质量学习。

立本阶段,我们回归儿童经验,立足于经验与经验建构,探索目标、内容与经验的关系,在学习中心大量的实践活动中观察和提取幼儿的核心经验,梳理经验下不同年龄幼儿的行为特征和行为表现,以核心经验为体系形成课程标准,让儿童的学习目标清晰化、具体化。教师用"以学定教"的新思路,与幼儿进行平等对话和交流,倾听、回应儿童的想法,关注儿童经验生成与延伸,与儿童在富有挑战和持续性思考的深层次学习中共同成长，塑造了高素质的教师专业团队。

2014年开始，我们以园本行动研究的方式，让老师们在实践中观察幼儿，从大量的幼儿行为表现中提取幼儿学习的核心经验；2015年，完成了学习中心一级经验、区域二级经验及不同年龄段幼儿的行为特征、行为表现的经验体系模型；2016年，完成了学习中心和微型社区完整的核心经验体系。在建立经验体系的同时，不断探索儿童的深度学习，打造了幼儿、教师、家长、社区、校际等多元化的学习共同体，营造了课程可持续发展与影响的前景。

这个阶段，幼儿园的管理注重建立多元化和共享化合作的学习共同体，促进教师之间的合作性教学，使全园教师更好地协调一致行动，让课程更有序运作。通过合作教学中心、线上阅读中心、班群学习中心、课程审议中心等一系列方式发挥每个教师的才能，培养教师成为学习的专家，教师不仅互相学习，也从幼儿身上获得学习。

开放式的走班学习对教师来说挑战和难度非常大，教师如何观察指导幼儿，如何使每个幼儿获得完整和平衡的学习经验，需要专业的研究和提升，核心经验给课程实施提供了可操作性、可视化的依据。2016年我们出版了课程专著《幼儿园返本课程》，书中详细呈现了学习中心的核心经验体系，为广大幼儿教师开展多样化的区域活动提供了可操作性的借鉴。

问 *教育幼儿园在课程改革过程中，遇到过哪些问题，是如何解决的？*

答 在教育幼儿园的课程改革过程中，我们首先遇到的问题是如何转变教师的教育观念与教育行为。我们提倡“以人为本”，但在教育中体现的多是成人的“本”而不是儿童的“本”，成人缺乏对儿童以及儿童本质的正确认识，忽略儿童作为独立个体的内在自然发展，忽视儿童生活的本体价值和意义，儿童生活在成人的高控中，学习过于功利化和制度化，挤占了儿童的全部生活空间，教师缺乏对儿童学什么、怎么学以及如何学会学习进行思考，使隐藏于儿童思维中的特质潜能被抑制和抹杀，忽视了儿童的精神世界，偏离了促进儿童自我成长的教育本质。为解决这个问题我们主要是采取园本培训的方式，课程改革首先要转变教师的教育观念和教育行为，教师们受自身传统教育和原有的工作习惯影响，思维方式很单一、固化，只有通过大量的系统性学习，才能转变思想观念，如我们请瑞士专家培训积极心理学课程、请中国台湾地区专家培训蒙台梭利课程、请美国专家培训道德潜能课程、请中国香港地区专家培训方案等，以及研读名著、阅读专业书籍，让教师们重新认识、理解儿童，树立正确的教育观念和思想，建立新的教育理念和方式，让教育回归原点，以儿童为中心，让儿童做中学、玩中学，在真实的生活中学习，践行在行动中学习。

其次是幼儿园在课程建设中，如何以适宜的方式有效开展多样化学习。传统单一的学习方式不利于儿童大脑发育和智力开发，忽视儿童的兴趣跟需要，统整划一，被动式的学习使儿童的个性和潜能不能得到充分发挥，单一的学习主体和学习路径，无法真正实现儿童的自主性学习和深度学习，单一的交往群体无法塑造完整人格的儿童。解决这个问题首先我们通过课程资源开发，创设了一百多个不同的学习区域让幼儿自由选择，让幼儿有机会通过不同的环境和视角去运用原有经验、习得新经验。在丰富多样的活动中实现经验的生发和课程的生长，让每个儿童成为主动学习、热爱学习的自我学习者。以混合学习和合作学习为主要形式，透过异质互动和儿童学习的内驱力，实现对学习自我设计和自我转化的主动建构过程，培养具有良好的创造能力、思维能力及沟通合作能力的儿童，让儿童的差异性和发展的可能性推动教师教育实践的创造性，也使幼儿园教育从外在形式到内在本质发生深刻变化，促进幼儿有效适宜地学习和发展。在走班式学习的组织运作中，我们依靠团队的智慧，摸着石头过河，不断发现问题、解决问题，自下而上、群策群力、集体决策、统一行动，最终形成一套完善、良好的运行机制。

问 您在参与或带领教育幼儿园进行课程改革过程中，最难忘的经历或感受是什么？

答 我在带领教育幼儿园进行课程改革的过程中，最难忘的经历就是与老师们一起做事。课程改革初期，环境资源都要创造性地开发，老师们没有东西可照搬，常常没有思路和头绪，我就经常泡在班级，跟老师们一起改善环境，布置教室，摆放区域，包括去挑选材料，每天去学习中心观察幼儿活动，然后给老师们提建议。课程改革中，遇到问题都是与老师们一起讨论解决，当有些突出难题无法解决时，我就去班级带班，以教师的身份亲身感受，寻找最利于老师和孩子的解决办法。课程改革较为成熟后，我会与老师换岗，连续在班级待一个月，观察和体验孩子的学习，因为我觉得跟孩子在一起是很幸福的，作为一名园长，首先应该是一个教育者，创造跟孩子在一起的机会，跟孩子同欢乐共忧患，亲密无间的亲昵感是教育者工作的幸福所在。只有常常与孩子在一起，了解他们的思维、兴趣、个性、禀赋及需要，才能为他们提供更适宜的幸福生活，切身体会教师的工作，更好地提升教师专业价值，提供更准确的支持，减少教师工作中不必要的负担，还能从下往上观察管理上的问题和缺漏，提高幼儿园管理实效，寻求实践智慧，探索喜悦之道。

问 您工作以来，在全面发展的目标框架下，在体、智、德、美各方面，幼儿园教育实践的侧重点有变化吗？

答 我觉得无论在哪个时期，课程发展的哪个阶段，幼儿园都很关注全面发展这个目标，只是不同阶段对全面发展的认识不同。二十世纪八九十年代就提出德、智、体、美全面发展，幼儿园教育通过语言、数学、音乐、美术、社会、体育等学科教学完成。九十年代至今强调五大领域全面发展，幼儿园通过主题活动整合学科活动促进幼儿的全面发展。现在我们提出的核心经验、学习品质也是与《指南》的五大领域目标相匹配，满足幼儿全面发展的需要。

问 您工作以来，不同时期幼儿园如何使用教材？如何看待教材在幼儿园课程中的作用？

答 我参加幼儿园工作以来使用过分科教学的教材，1991—1993 年使用过南京鼓楼幼儿园的综合主题活动教材，1993—1995 年使用过肖湘宁教授的主编数学活动教材，许卓娅教授主编的音乐教材，2004—2010 年使用过北京师范大学的分享阅读教材。

教材在幼儿园课程中起到教学内容的作用，教师可以依据教材内容组织教学，也可以起到参考作用。1996 年起做主题探究课程时，我们常常要从多种教材中选择主题活动的内容，自从开展学习中心课程模式后，就没有再使用过教材。我认为幼儿园应该给教师提供丰富的教学参考用书，而不是提供某种教材，固定的教材会让教师有依赖性，照本宣科，不利于幼儿园的课程改革和课程建设。

问 不同时期，老师如何备课？谁参加备课？备课时通常会考虑什么？

答 分科教学时期，教师按学科分工，每个老师自己备自己的课，但是同年级、同学科的老师会一起研课，讨论课的设计和方案，比较像小学的备课方式。主题探究课程时期，同年级的老师会一起进行相同主题的集体备课，主题网络的脑力激荡。学习中心走班制课程中，全园老师每周要进行一次集体备课，轮流进行主题分享，制订选课计划，讨论每个学习中心的预设活动。

问 不同时期，教师如何评价幼儿？

答 分科教学时期，教师采用的是教育局统一的幼儿评价量表，每学期按照评价表给孩子评定优、良、中、差，每周使用统一的家园联系册盖小红花评价幼儿在园、在家表现。

主题探究课程时期，教师给每个幼儿建立学习档案袋，里面收集幼儿的基本情况、日常的作品、照片、观察记录等各种评价资料，期末老师会给孩子综合评价。

学习中心走班课程中，教师会用 APP 给孩子建立电子学习档案，幼儿每天用 APP 选区，系统会记录，并累计幼儿进区的次数，从而了解幼儿参与活动的全面性和倾向性。每天活动时教师会用 APP 及时记录孩子的活动，并对孩子的活动进行经验检核，检核的数据会自动生成幼儿的评价分值，学期末形成幼儿发展雷达图，供教师与家长参考评价，教师能看到每个孩子的学习档案，家长也能看到自己孩子的学习档案。

问 不同时期，幼儿园如何评价教师的业务水平？重点评什么？用什么方法评？

答 分科教学时期，幼儿园评价教师的业务能力主要看公开课，重点评价教师的上课技巧和课堂效果，用管理者打分的方式评价。

主题探究课程时期，幼儿园评价教师主要看教师的主题汇报和主题案例，以及环境创设等多项评价记录，采用教师共同评价的方式。

学习中心走班课程中，领导者可以通过跟岗及查看 APP 评价系统，了解每个教师每天的活动记录，每学期活动记录的数量、质量，了解教师的课题、论文、获奖、大型活动等方面情况，期末对教师进行教科研奖励，以及对照教师专业发展评价表进行自评和他评。

问 不同时期您的工作状态如何？不同时期分别忙什么？

答 我觉得在不同时期园长的工作角色和状态应该是有所不同的，在课程改革初期，我觉得自己是一名教练型园长，不辞辛苦带领大家一起探索、尝试改变。课程中期，我是一名激励型园长，树立愿景鼓励大家积极进取，共同努力。课程改革后期，我是一名委托型园长，放手让大家自主工作，让每个人追求卓越。不同时期角色不同，但对待工作的付出和投入的状态都是一样的，工作的重心都是放在幼儿园的课程建设、人才培养、自我提升上，跟随着孩子生活、学习的节奏忙碌。

问 在您工作以来，家长对幼儿园的期待有变化吗？何时开始发生变化？发生了什么变化？不同时期家园关系如何？您对家园工作有何建议？

答 从 90 年代到现在，家长对幼儿园的期待是有变化的，最开始是希望幼儿园能多教一些东西，关心孩子在幼儿园学了什么儿歌、会讲什么故事，家园关系比较平和。从 1996 年开始发生变化，开放教育的思想引进后，家长比较关注孩子在幼儿园快不快乐、开不开心，比较期待孩子在艺术、体能等特长上的发展，家园关系比较密切。2001 年开始，家长对幼儿园的期待又发生了一些变化，比较关注培养幼儿的专注力、学习能力，家园关系存在一些观念上的冲突。2009 年之后，家长基本上没有提出要求幼儿园必须学什么内容，而是比较尊重幼儿园的理念，让幼儿在玩中学、做中学，非常配合幼儿园开展学习中心混龄走班活动，支持返本课程的理念，家长对课程的参与度很高，满意度也很高，家长跟幼儿园成为学习共同体。

我认为家园关系的关键还在于幼儿园本身的工作是否尽职尽责，幼儿园的教育质量越好，家园关系就越和谐。家园关系中很重要的一点就是幼儿园要有开放的心态让家长可以通过多种方式、多种渠道参与进来，让家长也成为幼儿园的主人，成为幼儿学习的伙伴，为幼儿园的教育拓宽社会资源。

问 哪些人、哪些事、哪些书或哪些法规文件，对您的工作影响很大？

答 中国学前教育研究会理事长虞永平教授对我的工作及我们幼儿园课程建设的帮助很大，从2008年开始，虞永平老师一直对我们的课程进行引领和指导，虽然因为隔得远他来幼儿园的次数不多，但是我们经常通过看资料、面谈向他请教课程的问题和方向。每个阶段虞老师都会给我们宝贵的意见和建议，指导我们一步步完善课程建设，形成课程成果。虞永平老师的课程思想、教育情怀和人格魅力都深深影响着我，返本课程能走到今天，取得成就，都得益于他的帮助和影响。

问 您工作的基本信念是什么？

答 我工作的基本信念是“教育无他，唯有爱与榜样”。我在工作中提出：人人都要有逻辑思维，人人都要行喜悦之道。一个逻辑正确的人，能专注于积极面，拥有直觉，每天都能将喜悦带进工作，喜悦是一种态度，是一种对自己和别人展现的爱。一个充满喜悦的人，能遵从自己的力量而不是自己的弱点，有能力创造任何你想要的东西。这是我对自己的要求，也是对团队的要求。

逻辑思维正确能使我们理性思考、科学决策、明智行动，要求大家凡事想明白、做明白、说明白，这是工作的基本能力。要求每个人都尽其所能追求最好，做到要事第一、思考后再行动、复杂的事简单做。学习去选择，而不是逃避，智慧至上，而不是制度至上，以人为中心，不以权力为中心，明确目标，而不是自由无目的。

喜悦之道是以游戏的心情工作，维持豁达和平静，让我们更能找到方法，接受挑战。带着善意看世界，带着好奇心多体验，带着自信处理问题，带着正能量去沟通，带着玩乐去做事情，带着感恩拥抱新事物。只有站得更高，才有通透的智慧和真实的喜悦。当我们决定去创造与经历更多的喜悦时刻，我们就更能接纳挑战，能喜爱和享受每天的工作，无论周遭发生什么，都能保持内在的平静。

问 您在工作上有哪些创新？或您做过的最有成就感的事情是什么？

答 创新是我们工作的常态，我认为工作本身就应该是一个创造性的过程，教育的创造性在于发现价值，我们要随时随地依据孩子的需要而变化。我们要培养创新性人才就要从教师做起，有创新思维和创新意识的教师才能培养有创造力的孩子，所以我最有成就感的是多年来把教育幼儿园打造成了一个非常具有创造性张力的团队，幼儿园的每一个教师、员工都善于创造性工作，每学期的大型活动设计没有重样过，创建的返本课程独具特色，体现了五大创新：学习中心环境、混龄走班模式、微型社区运作、核心经验体系和大数据下的APP评价，日常工作中大家都能充满创造性和富有激情地做事情，时时感受创造性工作给我们带来的喜悦和成就感，并促使我们不断地向前走。创新其实是精神的进步，因为我们的心灵和精神是可以得到启发的，这种启发无法重复，只能进步。

问 您对幼儿园未来发展有何展望？

答 学前教育越来越被国家、政府重视，社会对幼儿园教育的期望也会越来越高，我相信未来幼儿园的发展会走上良性循环的道路。未来幼儿园的发展会呈现更多样化的样态，不受时间、空间、条件限制，各种情况下都能因地制宜地、创新性地办好学前教育，能灵活共享社区、城市、社会的各种资源，能利用先进的科技手段使幼儿园的工作更便捷，让管理者和教师们都腾出更多时间、精力与幼儿进行高质量互动。希望政府能把教育经费更多用在教师待遇上，让幼儿园拥有高素质、高学历的教师队伍，让幼师职业成为令人向往和幸福的职业。

访谈对象 | **王琪琪**(深圳实验幼儿园原园长)

访 谈 人 | 覃江梅

问 王园长,能否谈谈您为何选择了幼教这个职业?

答 一方面是机缘巧合,另一方面是我爱孩子。我没有上过师范学校,也没有学过学前教育。因为家庭出身的问题,我高中毕业后没有机会上大学,于是我就报名去新疆。当时很坚决,还写了决心书,都已经准备要去了。但我们校长很了解我,他知道我在学校里表现一直都很好,成绩也很优秀,就劝我留在上海,帮我安排工作,所以我才去民办学校做老师。1965 年到小学,70 年代初到幼儿园。去了小学之后我才觉得我蛮适合搞教育的,因为喜欢孩子,所以到了小学之后我很快乐。在小学里,我什么都教过,但我最喜欢的是教数学,我的数学教得很好,上课条理清晰,很受学生欢迎。我没有文凭,没有进过师范学校,但是我进了小学还能做班主任,这是学校和学生对我的认可。后来生完孩子,学校为了照顾我,把我调到了幼儿园。在上海的时候我是幼儿园的老师,还不是园长。后来我到深圳实验学校面试,校长看见我是上海来的,就要定我了。当时实验学校正在筹备,所以一开始让我在中学管财务,接着又去管后勤,这为后来当园长打下了基础。后来建好了幼儿部(属于实验学校的一个部),我就到幼儿部当主任。到了深圳实验幼儿园我就静下心来搞教学,当时只有我一个园长,还好有一个助理帮忙。他帮忙管理后勤,我管全面工作,但重点管教学。

问 当时幼儿园教师的社会地位如何?

答 在六七十年代的上海,教师的地位是比较高的,这个地位高不高,主要看家长对教师的感觉。在上海,家长是非常尊重幼儿园教师的,这点是我最大的感受。1985 年来到深圳后,感觉家长也是尊敬幼儿园教师的,所以幼师是有地位的。当时公办园对教师的培训很正规,老师们对孩子也很好。40 年代出生的那群人,不浮躁且很朴实。他们本身也是吃过苦的知青,来到这里之后不怕苦,觉得当老师就应该对孩子那么好。因此,家长也很尊敬教师。还有一点就是那个年代老师的敬业精神、责任心是从骨子里养成的。虽然当时老师的理论水平不高,但他们的工作态度与责任心是很强的。实验幼儿园之所以一办起来就红火的原因,主要是老师们的敬业精神感动了家长。

问 哪些家长送孩子入园？哪些家长不送孩子入园？为何不送孩子入园？

答 在上海的时候，进幼儿园很困难，因为幼儿园不多，入园是先到先得，报完即止。因为是政府办的，所以收费很低。家庭条件比较好的、家长重视孩子教育的或家里没人带孩子的就会把孩子送到幼儿园。0—3岁的孩子可以去托儿所，无须到幼儿园。到了深圳以后，当地人也很少上幼儿园。后来就渐渐有家长送孩子上大班，只上大班，那时候还有学前班。他们觉得家里有人带孩子，没有必要去上幼儿园。这与广东地区家里有老一辈的人帮忙带孩子的民情有关。到90年代初，家长的素质普遍提高了，逐渐意识到幼儿教育的重要性，因而入园率也随之提高。家长为了入园常常要半夜就来排队。为提高孩子入园公平性，实验幼儿园后来采用抽签的方法来录取。

问 当时家长对幼儿园的期待是什么？何时开始发生变化？

答 当时家长的要求也不高，老师把孩子带好就可以。后来就慢慢发生变化了，家长渐渐知道了教育的重要性。以前都不知道幼儿园教什么，后来家长们互相交流，逐渐了解课程。学前教育的口碑口口相传，家长们知道了幼儿教育也是很重要的。上过幼儿园的孩子与没上过幼儿园的孩子一比较就晓得了。上过幼儿园的孩子，有规矩、懂礼貌。在90年代初，家长们才开始重视学前教育。

问 您工作期间，在全面发展的目标框架下，在体、智、德、美、劳各方面，幼儿园教育的侧重点有变化吗？

答 教育侧重点主要是看园长的理念。公办园就比较注重均衡发展，民办园就会搞很多特色的东西。五大领域都很重要，我认为体、智、德、美，体是摆在第一位。健康很重要，包括生理和心理健康。以前孩子的心理健康是不受重视的，小孩子不合群，其实与家庭、社会都有关系。健康不仅是孩子锻炼好身体，幼儿园保育工作也要跟上。我在实验幼儿园的时候一直把健康放在第一位。孩子在这个年龄正是长身体的时候，养好身体很重要，幼儿园要抓好保育工作，让孩子拥有良好的生活、卫生习惯。

问 当时幼儿园使用的教材是什么？如何选择教材？在您工作期间，有变化吗？

答 在上海的时候有教材，是全国统一的教材。到了深圳以后，刚好搞改革。《幼儿园工作规程（试行）》刚出来后（在深圳）大家有很多困惑，也很盲目。不允许用教材。那时候上课不叫上课，叫活动。也不能排排坐，桌子撤掉，椅子撤掉。（所有人）全部坐在地上，不建议上集体活动了，我觉得这只是活动的形式，应该有集体、小组、个别不同的形式。集体活动还是必要的。集体活动能关注到每一个孩子。在教材使用上，当时我们还是选择了两种：一种是绘本，一种是数学。绘本是很重要的，我们帮家长选绘本，不设教程，就是绘本阅读。还有数学，数学它是要操作、要练习的。没有教材就去打印材料，当时的老师天天要去打印很多操作材料。老师应把有限的精力放在照顾孩子、观察孩子上，老师有参考的东西，就不用自己找资料了。

问 语言、数学、科学、美术、音乐、体育、社会等科目的主要目标是什么？主要采取哪些方法、手段进行？

答 语言领域是很重要的。我们除了提供好的绘本，还会给孩子创设一个良好的语言环境。语言就是在交往中发展，让他有说话交流的机会，例如我们经常让孩子们讲故事，不停地用各种形式让他们去讲。每个星期都有晨会，晨会的形式有表演、讲故事等。讲故事可以提高他们的语言能力，每个班轮流上去讲，老师、家长、孩子们都可以讲。一个学期下来，每个班大概有一到两次机会，大家都很珍惜这个机会。因此要创设很多的机会让孩子们说，让孩子们表现，培养他们的自信心。

在艺术方面，最重要的是老师能让孩子去感受什么是好的，什么是美的，去感受音乐的美。教室里放什么音乐是很重要的。比如吃饭的时候放什么音乐，睡觉前放什么音乐，收玩具时放什么音乐，这是一种感受，潜移默化地影响着孩子，培养他们的音乐感受能力。还有呢，就是经常带孩子去参观画展，各种各样的画展。幼儿园也要展示好的美术作品，让幼儿去感受：噢，这就是美的东西。我们还经常带孩子去商店，去最高档的商店。不是去买东西，是去看商店里面的布置，这样能培养孩子的审美能力。我们还会组织艺术节，让孩子们去表现、创造。

科学很重要，这个年龄段的孩子们特别好奇，我们现在的幼儿园在科学这一块普遍薄弱。从科学活动怎么开展讲，其实我觉得科学是需要让孩子们动手操作的，科学最重要的就是去培养孩子的一种科学精神、科学态度。科学精神就是一个孩子要对任何事物都感兴趣，他好奇，就会去探究：看到虫去看一下，看到草也去看一下。要经常把他们带到户外去，去发现很多自然界美妙的东西。为了培养严谨的科学态度，我曾经在幼儿园里建过一个很大的科学操作室，当时全国各地很多人来参观过。操作室提供各种各样的材料及操作程序，还提供各种范例，让孩子自己探索，自己去制作作品，最后还要制作成一个图表，在活动中培养孩子做事严谨、认真的科学态度。

问 不同时期游戏在幼儿园教育的地位有变化吗？

答 与教学活动相反，以前的游戏比例占很少。以前我在上海当幼儿园老师的时候是基本不搞游戏的，没有游戏，基本是户外活动。户外活动、体育活动也算是一种游戏吧，但是自由类的游戏是很少的。总的来说，现在有组织的教学活动是越来越少，但是游戏的比例是越来越重。

问 不同时期教学活动在幼儿园教育中的地位有变化吗？

答 以前教学活动所占比例重，后来越来越少。以前上课的时候，模式就基本是老师讲的多，幼儿参与、互动的机会少。现在凡是能让幼儿讲的，老师尽量不说。老师讲的越来越少，孩子讲的越来越多。

问 不同时期教师如何组织生活活动？

答 这个没有太大的变化，但是以前是没有保育员的，一个班上两个老师，两个老师兼任保育员。从《幼儿园工作规程(试行)》和《纲要》出台之后才开始重视保育员，现在的保育工作比较科学。以前就是给孩子吃饭、睡觉，其他不管。现在很注重保教结合，培养孩子生活自理能力。

问 不同时期，幼儿的座位摆放形式有变化吗？当时教室环境怎么布置？幼儿园有专用功能室吗？

答 最早的时候，孩子们的座位像小学一样，一排排一行行的。后来就有桌子围起来，六个人一桌。后来有一段时间没有桌子，之后又有了。但是现在也有很多幼儿园为了方便开展区域活动，把桌子分配到各个区域，我把这种称为“包房”。就是各个不同的区域，每个区域里面有一张桌子。吃饭也是在包房里面进行。有的幼儿园没有集体的区域，但是我还是主张保留一块集体活动区域。当时幼儿园的环境布置很简单，一般会在墙上贴一些儿童画，一放就是一个学期甚至一学年。

以前幼儿园一般没有专用功能室，最多有个音乐室。《幼儿园工作规程(试行)》出台后，幼儿园要进行等级评估，按照规定设立各种专用功能室，现在功能室越来越多。

问 不同时期，教师如何备课？谁参加备课？备课时通常会考虑什么？

答 以前备课主要备教材，按照五大领域分组备课，全园同领域的老师一起备课。也有的幼儿园每一个老师都要备每一个领域的课。年轻老师刚参加工作的要写详案，上课时老师要讲的每一句话都要写上去。一个学期老师要写好几本备课笔记。以前备课主要是老师想着怎么把知识教给孩子，甚至老师怎么说，孩子应该怎么说都是预先想好的。

问 幼儿园经常组织教研活动吗？教研内容一般是什么呢？

答 幼儿园都会搞教研活动，一般一个星期一次，可以分为大教研、小教研。大教研是全园的，小教研按年龄或各个领域进行。教研可以根据幼儿园制定的每一个学期的教学重点进行，也可以按照每个年龄段孩子的教学内容进行。现在有市、区教育局安排的教研，也有园本教研，越来越规范，形式也越来越多，老师们通过教研进步很大。

问 不同时期，如何评价幼儿？

答 以前不太重视对孩子的评价，主要是写评语。每个学期放假的时候写评语，点评孩子的优点及对孩子的希望，很长时间都是这样的。现在还增加了对孩子的观察、个案记录，展示孩子的作品等，形式上更多样。

问 不同时期，如何评价教师的业务水平，重点评什么？用什么方法评？

答 以前就是评上课质量，上课的质量是最重要的，带班的能力也很重要。有的老师轻轻松松带班，孩子很听话，班里常规很好；有的老师带班就很乱，这就是评价的标准。现在的评价指标会多一些，更全面一些，如家长工作、环境创设、教科研能力等。评价一个老师的师德好不好，主要是通过观察孩子。老师与孩子们在一起的时候，孩子的状态是很拘束、很压抑还是很开心、很活泼。还有，你看老师的笑容和孩子的笑容，老师跟孩子讲话的语气、态度。老师爱孩子是最关键的，老师会笑很重要。

问 幼儿园有几位园长？他们如何分工？园长如何对教师进行管理？

答 园长一般为一正两副，一个管全面，一个管教学，一个管行政与后勤。管理老师主要是按照科学规范制度——幼儿园的规章制度，我们是叫作文化手册。老师的管理要人性化，就是家文化。我们幼儿园的口号是幸福家、快乐园。要营造一种家的氛围，让老师们感觉在幼儿园有一种归属感，有一种家的温暖。老师从全国各地来到一个新的陌生的地方，首先要让她有一种安全感。幼儿园，就是一个家。他们都叫我奶奶，奶奶就是家长，家长就要承担责任。

问 不同时期您的工作状态如何？幸福吗？忙吗？不同时期分别忙什么？

答 累并快乐着。一直很忙，没有停过。但是不同时期的忙法是不一样的。以前我只在幼儿园的时候，我就专心做一件事情：幼儿园的事情。工作的范围很小，就天天在幼儿园里转。服务对象就是270个孩子，270个家庭及46个员工。由于范围小，所以服务就比较到位。我退休了以后就做社会性工作，在研究会、专委会、协会工作。虽然我现在有两所幼儿园，但这两个幼儿园的工作加起来，还不够我所有工作的四分之一。我主要的工作就是在协会的工作。这个平台更高，是服务于整个深圳的学前教育。服务的对象不同，工作性质不同，思考问题的角度也就不同了。最忙的就是退休后这17年，特别是筹备深圳学前教育专委会和协会的头两年是很累的。非常不容易，因为跟以前的工作对象、工作性质完全不同了。没有做过协会，万事开头难。熬过了这两年之后，本来就可以放松了。但我这个人闲不住，我会不停地想问题，总会有很多新的思路和想法。

问 哪些人、哪些事或哪些法规文件,对您的工作影响很大?

答 1988年深圳实验幼儿园开办,1989年就出台《幼儿园工作规程(试行)》。可以说我们就是按照《幼儿园工作规程(试行)》的要求,一步步去做。规程里面讲得很清楚,家长工作很重要。于是,我马上在1989年成立了家委会;《幼儿园工作规程(试行)》讲保育工作很重要,我就培养保育队伍。《幼儿园工作规程(试行)》是我学习的第一本文件,因为我们是《幼儿园工作规程(试行)》试点园。还有一个《指南》,《指南》明确了教育教学的形式,更加细致。《幼儿园工作规程(试行)》和《指南》先后引导着深圳实验幼儿园的顺利发展,让园长知道如何管理幼儿园,让教师知道如何指导幼儿。

问 您工作的基本信念是什么?

答 活到老、学到老、干到老。我经常去参加各种各样的培训,例如最近参加了0—3岁教育的培训,看到了0—3岁教育的前景。相信将来国家会越来越重视0—3岁教育这方面。去参加各种活动也是一种学习,去了解幼教发展的各种动态和趋势。

问 您做过的最有创新性的和最有成就感的事情是什么?

答 最有创新性的是无论在哪一所幼儿园,我都创造性地开展家长工作、体育教育及科学教育。尤其是在实验幼儿园时的家长工作经验在广东乃至全国都做过介绍,出了几本书,获得广东省和全国家庭教育先进。还创造性地开展幼儿健康教育、有特色的体育活动。乐天幼儿园的户外场地很特别,我留了最大的一块草坪进行户外活动,利用场地开展了很多有特色的体育游戏和体能训练。关于科学教育做了很多全国、省、市级的课题,我们是牵头人,在建立科学操作室这方面做了很多的尝试,得到同行的一致好评。

我做过最有成就感的事情是为幼教做公益。无论在全国、广东省和深圳市的各级学前教育社会组织中,我都会尽力为大家搭建各种平台,提供各种服务,让幼教人有一个学习、交流、展示的机会。以前当园长只服务于自己的"小家",现在服务于整个学前教育事业,更有成就感、更有意义。

问 您认为新中国成立70年来幼儿园教育经历了哪些阶段?

答 我个人认为经历了幼儿教育三个阶段。在《幼儿园工作规程(试行)》出台前一个阶段,也是我在上海时经历的,比较传统的中国式教育,一切都是那么统一、按部就班,天天重复地干那些事。我刚到深圳正好遇到《条例》、《幼儿园工作规程(试行)》出台,这是第二个阶段,感觉到当时中国幼教的改革是轰轰烈烈的。几十年来从开始时的懵懵懂懂、盲目跟风到现在越来越理性,从教育观念到教育实践都发生了翻天覆地的变化。近几年随着国家对学前教育的重视,幼教的春天真的到了,幼教的社会地位、经济地位将会发生新的变化，我认为这是幼儿教育的第三阶段。

问 您对学前教育未来发展有何期待？

答 关于高质量教育的问题，十分值得探讨。公平、质量是现代化教育的关键词。一直在讲优质的学前教育，优质的教育质量，首先应该是公平的、均衡发展的。什么是优质教育？孩子的发展最重要。优质教育的出发点和归属点都要落实在孩子的发展上。唯一的评价标准就是孩子发展得怎么样。评优不要只看硬件，不用过分强调硬件。有些安全问题在国外根本不是什么问题，我们已经把安全工作做到极致了，全部给孩子们想到了，孩子根本没有锻炼的机会，没有自我保护的能力。目前我们正在筹备一个大湾区的"高质量学前教育论坛"，致力于搭建大湾区经验的交流、分享的平台，尤其要学习香港地区、澳门地区很多先进的管理经验、教育质量监测等方面的经验。国际上学前教育先进的国家都是在理念上取胜的，评优活动要注重软实力。期待中国学前教育的未来不仅在办园条件、硬件设施上最先进，在教育观、儿童观以及师资队伍上也能赶上国际先进水平。期待真正体现公平、高质量的、有中国特色的幼儿教育新时代早日到来！

访谈对象 | **朱晓虹**（重庆市渝中区实验幼儿园原园长）

访 谈 人 | 陈世联 卢 静 陈 璨

问 朱园长，您能介绍一下您的教育经历和工作经历吗？

答 我上山下乡八年，1977年就读于重庆幼儿师范学校，1978年底进入重庆市渝中区区级机关幼儿园，任教十年。1985年，在西南大学进行不脱产专科学习。1988年4月，到新筹建的重庆市渝中区桂花园幼儿园担任园长，历时九年。1997年，到重庆市渝中区实验幼儿园担任园长。2004年，接手了渝中区第一个幼教名师工作室。谈到此，我要特别感谢西南大学苏贵民教授，他在名师工作室的相关事宜上给予了我极大的帮助与支持。2009年，到重庆市渝中区金点幼儿园工作至今。在2010年至2013年间，担任渝中区政府督学，当时我跑遍了渝中区的民办幼儿园。

我经历了1981年老《纲要》的学习实践过程，这是“文革”后的首部幼儿园教育大纲，要求使用全国统一编写的教材。在这一学习实践过程中，我得到了重庆市教委诸如王耀祖、何磊等老领导的指导与帮助。1989年，《幼儿园工作规程（试行）》颁布后，渝中区教委李萍科长带领区内各类幼儿园对《幼儿园工作规程（试行）》进行了系统性学习，当时全区以《幼儿园工作规程（试行）》试点园渝中区实验幼儿园为龙头，带动区内幼儿园在贯彻实施《幼儿园工作规程（试行）》过程中开展了大量的学习研究、实践工作。渝中区实验幼儿园开展的大量有关儿童发展的课题研究，对渝中区乃至全市的幼儿教育发展起到了很好的标杆引领作用。

1990年，渝中区实验幼儿园被国家教委确定为全国首批贯彻实施《幼儿园工作规程（试行）》的试点园之一。学习贯彻《幼儿园工作规程（试行）》的精神在渝中区整体工作中也有所体现——我们以整个片区为单位展开了一系列课题研究，如幼儿园课程研究、幼儿园管理研究、幼儿园区域研究等，这也为渝中区连续两届获得教育部“全国幼儿教育先进区”荣誉称号埋下伏笔。可以说，渝中区实验幼儿园为重庆贯彻实施《幼儿园工作规程（试行）》做了一定贡献。

2002年，渝中区实验幼儿园承担了贯彻实施《纲要》试点园的任务。于是，我有幸参与了当时李季湄、冯晓霞教授主持的关于贯彻实施《纲要》的全国性培训项目。这次过程是我从事幼教事业以来最主要、收获最大、认识最深刻的一次经历，也为我退休后的工作送来了滚滚动力。

问 不同时期,如何评价幼儿?

答 我们在贯彻实施1981年版老《纲要》时,区里有“体智德美”四大评价指标,每个幼儿园根据指标进行学期末的儿童评价,说白了就是一个标准评价所有孩子。而现在更多采取观察评价,根据国家整体目标要求来全面评价孩子的发展现状。孩子可能在某些方面有优势,某些方面还需要更加努力,这也为家长更好地认识儿童、促进儿童健康科学发展提供了相应依据。这两种评价幼儿的方式其实体现着观念的转变,转变为更关注人的发展,而不是看重以一个统一标准去衡量全部孩子。

问 您工作以来最难忘的事情是什么?

答 谈起从教生涯中最难忘的事,莫过于渝中区实验幼儿园在接受《纲要》试点任务后,制定《纲要》试点计划这一过程。不管是对《指南》的学习,抑或是对《纲要》、《幼儿园工作规程(试行)》的学习,作为一线教师,其实她们更关注具体的事情。

2002年,在上海参加贯彻实施《纲要》培训结束后,我们带着一丝疑虑、鼓着一份勇气来制定试点计划。我们当时的想法很简单,就是想“出新”,想要使幼儿园在所有试点园所中更加“出彩”。在这个过程中所发生的一切都令我记忆犹新。2003年1月,华爱华教授对我们幼儿园的《纲要》试点计划进行了核查,华教授给我们的评价是“空洞”等字眼。经过反思发现,其实是我们忽略了一个最根本的问题,即幼儿园自身的实际情况。在《纲要》试点过程中,我们到底需要解决什么问题?当时受到挫折后的初步认识就是:应该注重一个孩子全面的发展,即全面地观察、评价孩子。幼儿园自身也好、幼儿教师也罢,都应该多读文本,从《纲要》本身去理解,实现从观念到行为的一种转变,而这一转变的过程是极其漫长的,但当时我们对这一过程却认识不足。如2003年李季湄教授到我园交流指导,有几位老师十分兴奋地告诉李教授:“我觉得儿童的大部分需要是……我觉得儿童……”还没等老师们说完,李教授就反问道:“你凭什么判断一个幼儿的需要?你怎么知道……”霎时间,我们的老师满脸通红……

当时作为渝中区实验幼儿园的园长,我也非常震撼。在之前接到任务时,我们会习惯性地告诉大家我们所取得的成就,但实际上这一次并不是一般性的任务,而是一个法规对儿童的要求,那么老师们在思想与行为上如何认识、如何转变?怎么去关注、观察、判断一个孩子的行为发展?这是一件非常困难的事情。那么,作为园长而言,要着眼于每一位老师最细微的进步,比如她只发现了一点,而这一点对她来讲是一个跨越。所以后来在学习《指南》时,我一再提醒自己,《指南》的学习绝不是分领域的事情,它只是为老师提供了一个可参考的建议,让老师懂得如何把握幼儿、如何全面观察幼儿。这是我近30年幼教生涯中最深刻的一个体会。

问 您对民办幼儿园有何关注？为什么退休之后选择了金点幼儿园这一民办幼儿园？

答 对于民办幼儿园的关注，起因是我当过渝中区三届人大代表，共14年。在这14年间，我一直致力于呼吁外界关注学前教育，尤其是对民办园的重视。民办幼儿园有一大批亟须学习与提高的教师，他们也有相应的热情与要求，但社会没有这样的发展机会给予民办园。当民办园教师没有学习、没有职后培训时，就会影响其专业能力的提高，从而影响孩子的发展。

退休之后我选择了金点幼儿园，而且一干就是十年。我深信，一个民办园的发展与此园园长的理念、价值观、教育情怀等是密不可分的，恰好我与该园的翁园长有着相同的追求、一致的目标，所以我选择留下来。我的两个孙子也就读于金点幼儿园，很多人可能不理解，不过我是非常认同它的课程、它的理念的，我觉得要对民办幼儿园抱有希望。另外，我也想把自己积累下来的、还未完成的事情，带到金点继续完成。

问 您工作的基本信念是什么？

答 无论是在工作中，还是其他任何时候，一直支撑着我的一个非常重要的信念就是——做一项工作就要爱一项工作。在我的38名幼师毕业的同班同学中，真正一直坚守在幼教行业的人不多，但我仍然在坚持，即便退休后也战斗在一线。只要我还做得动，只要社会需要，我都会不顾一切做出贡献。

问 您拥有如此坚定的幼教情怀，是否考虑过到高校传递信念，从而使自己的思想散播到更广的人群中去，让更多的幼儿园受益？

答 我曾去西南大学讲授过课程，也曾拒绝过一些培训项目、期刊的邀请，可能是性格使然，也可能是价值观念、目标追求不同。我个人认为现在的一些工作掺和了更多功利成分，尚不够扎实，我看不到大家的教育理想。

当我走进这个行业，我就有责任与义务，尽我所能把它做好。所以，退休后我便没有接受高薪聘请，因为我的追求不在那儿，我只想脚踏实地，做一些自己能够看得见的事情，而金点幼儿园正是如此。

另外，我不想到高校讲课还有一个原因，那就是听课的学生没有需要，他们听不进去。我曾经到教师进修学校给园长讲课，进修学校老师在讲台上招呼半天没有一个人听，现场仍闹哄哄。于是我上去站了一会儿，一句话没讲，下面的园长们立马看着我，我说："今天我讲课，我对听课要求很高，我会告诉你们今天讲课的内容，给你们五分钟时间考虑自己到底有没有需要。没有需要可以离开，有需要可以留下，留下那就请你们保持安静。"

问 哪些人、哪些事或哪些法规文件，对您的工作影响很大，促使您决定扎根幼教行业？

答 对我影响最深的是渝中区机关幼儿园的老园长。刚从农村回到城市时，我对外界的看法是比较灰暗的，再加之我在幼师的经历，当时的我并没有远大的理想而仅仅只想把眼下的工作做好。

老园长认为我工作负责，打算介绍我入党，但一开始被我拒绝了。于是老园长找我深谈，了解了我的一些家庭情况。听完我的讲述后，老园长感同身受，也讲起了他的爱人在“文革”中遭受迫害的事例，这对我触动很大。他说：“你的人生才刚刚开始，难道要一直生活在过去的阴影里吗？你肯定要向前看，要想自己接下来的日子怎么过。那么，我给你的建议就是‘脚踏实地，做好自己的事情，做一个出色的老师’。加入中国共产党，这会为你的成长经历注入活力。”老园长的一番话使我倍感触动，于是我连夜写好了入党申请书。可以说，老园长是我进入幼教行业的引路人，给了我今后工作的不竭动力。

曾经，因为不愿、不忍看到某些现象，我也动摇过，这其实在一个人的成长过程中是不可避免的，但最终我还是坚持了下来。我觉得一个人一辈子从始至终只做一件事情，是一个很困难的事情。如果我自己能够把接下来的事情做好，也不枉费“文革”中荒废的八年，试问一个人能有几个八年？当然从另一角度来看，也不能说是荒废的八年，正如高尔基所言“读了一个社会大学”，因为下乡时，农民从未歧视我。在农村，我懂得了什么是温暖，村民们可以在你人生最低谷的时候让你到他家的火炉边，塞给你一个滚烫的、烤熟的红薯。你会觉得那种热从你的手心一直热到心里，而这种人与人之间情感的交流是最真实的。每每讲到这里，我都十分感慨与感恩。他们，是我在那个年代中最大的温暖。

这些就是我能够坚守在一份工作上，努力地、从始至终地做好这份工作的精神支柱。我觉得一个人的经历能给他的成长奠定扎实的基础，我便如此。

问 您对政府管理幼儿园有什么建议吗？

答 我希望政府能够加强督导队伍建设。督导工作对规范和提高幼儿园的保教工作质量是极其必要的。目前虽建立了挂牌督导制度，但这些督导都有本职工作，因此我提议为学前教育设立区级专职督导。

现渝中区设有两个退休兼职督导，他们主要针对公办园，而民办园往往缺乏监督与指导。所以，我们需要大量地充实专业督导队伍，建设一支专业性强、政策性强的督导队伍，对学前教育的发展进行科学合理的评价与指导。

问 针对目前的家园工作开展情况，您有何建议？

答 现在的家长工作是非常难的，既要兼顾普及科学育儿知识，又要完全转变家长观念。虽说重庆也有《重庆市家庭教育指导大纲》,但落实是个问题。金点幼儿园就花了大量精力投入到家长工作中,为家长普及科学育儿知识,如亲师工作室于每月举办一次讲座,每月邀请家长参与幼儿园的大型活动,每班的家委会定期交流,家长沙龙等。

又如,家园沟通平台——微信群。有些家长会在群里质问“我的孩子怎么被咬了?我的孩子怎么被抓了?”等一系列问题,并将照片发至群里。我们都是专业出身,都知道儿童的交往技能在他的成长过程中是不断学习与积累的,比如孩子喜欢你,他可能就会给你一拳或者推你一下,这些都是孩子独特的交往方式。鉴于此,每年的新生家长会必然由我主持,借此机会让家长懂点儿教育学、心理学知识。虽说家长们也认可我的观念,但一到现实生活中就做不到。

另外,像手足口病等传染病的传播,如果我是一个手足口病患儿,我今天被幼儿园拒绝入园,那么我就可以到附近的龙湖时代天街去玩,于是又感染了其他孩子。尽管幼儿园再三给家长强调“孩子生病了就尽量不要到人多的地方去”,可家长不听。于是,一个、两个甚至更多孩子被感染,按照疾控中心的要求幼儿园就会关办,而此时家长就会有巨大意见。实际上,关办幼儿园是避免手足口病传播的方式之一,这也是上级疾病预防控制中心的规定,而家长们却嚷道:“关办可以,你得另外找个时间把我们孩子这一两个星期的课补回来!”

所以,家长工作面临着一系列困难,他们会戴着有色眼镜来看民办幼儿园。我们依然在探索,能做就做,能做到哪个地步就做到哪个地步。所以,要从社会这个角度来提高对家庭教育的重视,整个舆论也应该强化提高家长对科学育儿观念常识的宣传。

问 您选择幼儿园教师的标准是什么?

答 李季湄教授曾经问我:“很多园长都会选择具有特长的老师,如舞蹈几级、钢琴几级等,那么你选择老师的标准是什么?”我回答道:“我选择老师的标准是——你有没有一双读懂孩子的眼睛。”这怎么来看呢?就是在活动中,看老师如何评价孩子的行为。

我经常给金点幼儿园的老师强调:一个班有 30 位孩子,每一天你来到班上,这 30 双无辜、天真、烂漫的眼睛渴望地看着你,作为老师你能够给予他们什么?这是需要老师自己思考的,如果头脑里没内容,你这个老师怎么进教室?即使对来我园实习的学生,我对他们也是一样的要求:只要进入幼儿园,你就不是学生,你要认真思考如何对待自己的这张“专业名片”。

问 您所在幼儿园是否考虑引进男教师?您认为男教师可以为孩子带来什么影响?

答 考虑过的。曾经金点幼儿园引进过男教师,但是因为住宿、待遇等外在条件,不能使这些男教师得到他们想得到的东西。

我认为男教师可以给孩子带来性格方面的影响，可以培养孩子刚强的气质和意志。

问 我们说，环境是第三位老师，环境具有育人作用。那么幼儿园环境的创设有何变化？

答 之前的幼儿园环境打造更注重外部的美观程度，更注重1.2米以上部分，主要是老师布置教室。《规程》颁布后更注重1.2米以下部分，留下老师真实的教学痕迹和幼儿的学习情况。

问 您对幼教未来发展有何期待？对幼教工作者有什么寄语？

答 希望学前教育发展越来越好，专业性逐步提高，国家政策惠及更多幼儿园。

一方面，我期盼能多途径提高幼儿教师待遇。幼儿教师确实很辛苦，每天工作时间较长，到了下班时间但实际上并未下班，可能晚上还在工作。

另一方面，希望加强对幼儿教师的培训，尤其是民办园教师，给予她们更加专业、科学的培训与考核机会，让民办园教师有机会为自己赢得一些荣誉，来证实自身的专业水平与能力。如，幼儿园骨干教师的评选中，民办园是没有名额的。如果我们区有两个骨干教师名额，其中有一个是给民办园，那么她就可以在整个民办园中产生榜样效应。我呼吁国家不断落实学前教育相关政策，更加惠及至广大民办园教师身上，使教师能更专心于一线工作，这是幼教行业发展之需。

访谈对象 | **朱静怡**（湖州市实验幼儿园特级教师、浙江省特级教师）

访 谈 人 | 许芳芳 禹莉沁

问 您为何选择了幼教职业？当时幼儿园教师的社会地位如何？

答 幼教职业不是我自己主动选择的。1960 年 9 月份正要读初三的我突然接到通知，要我上幼儿师范学校（浙江幼儿师范学校），我是提前毕业被湖州一中保送至杭州的学生。我那个时候也比较幼稚，没有去思考将来要从事什么职业，只是为去杭州读书而高兴。那个年代我们牢记“党指向哪就奔向哪里”，这是我们读书时候的一种信仰，或者说一种思维方式吧。到了幼师经过一周的职业教育，我才知道自己将来是去当幼儿园老师的。自己小时候没上过幼儿园，幼儿园到底怎么一回事，当时我还是很懵懂的。1963 年从浙江幼儿师范学校毕业以后我就进入了湖州市第一幼儿园做老师，1988 年我到了湖州市实验幼儿园做教师，1995—1997 年期间我在湖州市教育局教研室担任教研员，1997 年后我继续回到了湖州市实验幼儿园做老师直到 2007 年我退休。

那个时候社会上的人对幼儿园老师的认知还是不足的，视幼儿园老师是“高级保姆”。因为人们心里想的学校是文化教学为主的，对幼儿园的认知就是唱唱跳跳，通俗地说就是玩。当时人们意识不到玩是幼儿学习的主要方式，是教学的主要策略。

问 当时哪些家长送孩子入园？哪些家长不送孩子入园？为何不送孩子入园？您工作期间关于这一问题有变化吗？

答 当时，在我们湖州城区，家长希望孩子上幼儿园受教育的意识还是比较浓的。50 年代不到十万人口的湖州中心城区已经有了教育局举办的 4 所独立幼儿园，4 所小学附属幼儿园。到了 50 年代末期有了两所街道办的民办幼儿园，另加地级机关幼儿园、县级机关幼儿园和工人托儿所。当时还是不能满足家长让幼儿入园的需要。幼儿教育除了培养幼儿德、智、体、美、劳全面发展的任务以外，还有另一个任务是“解放妇女劳动力”，所以在接受孩子入园上有条件：第一类必须是双职工的孩子；第二类是军人的孩子，这一类是随时随地都必须收入幼儿园的。不送孩子进幼儿园的家长也有两类：第一类是单职工子女或者家中有老人可以帮助看管的；第二类是家庭特别贫困，极少的学费都难以支付的。

不能满足家长让幼儿入园需要的状况直到改革开放以后有所改变。当时在妇联、工会的主持和组织下,要求女工集中的大型企业自己举办幼儿园,解决双职工家长的困难。所以一下子增加了多所企业办的幼儿园,招收对象由教育局统一划分施教区,让工厂职工的子女很快就近上学,并由教育系统协助管理教育教学,使企业幼儿园很快地纳入了教育轨道。由于招生统筹安排,缓解了整个城区幼儿入园难的问题。80年代末,每个村都有幼儿班,到了90年代每个乡都有独立幼儿园,让城乡幼教渐趋普及。21世纪初,出现了个体办幼儿园,幼儿入园难的问题得到了缓解。

问 当时家长对幼儿园的期待是什么?何时开始发生变化?您工作期间,家长择园吗?

答 对于湖州市的家长来说,对幼儿园的第一期待是"孩子愿意上幼儿园",由此可见家长首先看重的是,幼儿在幼儿园快乐吗?可以说我们湖州公办幼儿园从来不进行认字之类的超前教育,一般家长对孩子在幼儿园里面学什么,虽然不是很清晰,但有最朴实的希望。常有家长说:"老师,我的孩子聪明的,但是脾气不好。"家长已经意识到孩子智力因素、非智力因素都很重要。正因为有家长的这种思考,才引发了80年代中期我带领同伴进行课程改革的行动。

每个家长都希望孩子受到最好的教育,也知道孩子的发展与幼儿园的教育理念以及教师的教育理念和教育策略密切相关。因此家长择园的行为一直是存在的。家长择园的标准,一是靠行政单位对幼儿园的评价,我们湖州市第一幼儿园60年代初就被评为全国的幼教先进单位,办公室里挂着锦旗,这给家长择园提供了依据,同时给我这位刚毕业的新老师一种暗示、一种鼓舞。二是靠幼儿园老师对孩子的教育态度和教育方法。家长从孩子的自身进步中来感悟和评价,由此还带来择老师的要求。可以说六七十年代的孩子进我们湖州市第一幼儿园确实是很难的,当年我们的录取比例是1:4。

问 您工作期间,在全面发展的目标框架下,在体、智、德、美、劳各方面,幼儿园教育的侧重点有变化吗?

答 在我工作期间,也就是60年代初到现在,我们幼儿园在我的记忆中我觉得对孩子全面发展教育的意识没有多大的变化。因为孩子的身心特点决定了他的学习方式是以游戏为主,他的学习环境是以大自然为主。在这一方面我觉得六七十年代比现在更为凸显。当然也有客观原因,那时的物资匮乏,人为创设的环境需要钱,而整个国家的经济状况是不容许用钱去换取,我们只能向大自然求取。好在城市与农村比较接近,交通安全系数强,这客观上保证了孩子有自由充分活动的场景;充足的认知对象。特别要提的是当时我的老园长叶励君1956年在北师大进修一年,当时我们创造性游戏(角色游戏)玩得很起劲。再加上陈鹤琴先生的主题课程的精神已在我们幼儿园教育中应用。例如:春天带孩子到郊区看农民伯伯插秧、种田;秋天带孩子到稻田里捡稻穗、在田埂上走跑练平衡,回来后参观碾米厂,听工人叔叔介绍谷子变成米的过程。以此为例,可以看到我们的教育内容、教育目标、教育形式是相互作用的。可以说我们一直关注孩子的德、智、体、美、劳的整体发展。

问 当时幼儿园使用的教材是什么?如何选择教材?在您工作期间,有变化吗?

答 当时我们的教材是宽泛的,是真正的教学材料,不是今天提供的完整的连教案都写好的课程内容。那时候没有这种现成的案例,反而促成教师用自己最基本的教育理念和眼前环境中的材料,借鉴老教师的教育实操经验,由自己建构具体执教计划。我们以幼儿年龄段为单位在每周六下午安排两小时,共同商量下周教育内容的制度,自然地促成了老带新,确实有师傅带徒弟代代相传的传统。具体的教学材料一般是相对稳定的,因为它是一代代幼教人的经验积累。当然也是有变化的,这个变化是随着环境的变化、科学的进步、信息量的增加而产生的。以现在的教育理念,给孩子学习的内容既有眼前的,也应该有遥远的,以此来拓宽孩子的视野,同时也拓宽教师的视野。我觉得最大的变化是促成教师成为教学材料的选择和组织者。

问 语言、数学、科学、美术、音乐、体育、社会等领域的主要目标是什么?主要采取哪些方法、手段进行?

答 关于这个问题,这么多年来变化是比较大的。60 年代、70 年代的时候,我们比较多地站在一个指向学科的知识、技能的角度去思考,常常会把"学到""学会"作为目标的要求。希望孩子能够学到技术、记住知识。当然那个年代里也有情感目标,比如说,认识水稻,总会提到尊重劳动、尊重劳动人民,这也是那个时候的情感教育的表达方式,这种情感教育是外力比较多的、带有说教意味的、教师指导下的情感教育,还没有真正做到引发孩子自发的情感。而如今也就是说从 80 年代开始,特别是我们幼儿园,我所主持的"幼儿园能力发展课程"逐渐地从知识技能目标到思维目标到情感目标,再到如今更多的是从儿童的学习品质目标上来表述,把孩子的探究、合作、交流、自我调整、学习责任放在第一位。主要方法和手段都落在孩子的实践操作上,保证人人都能在一个单位时间里平行学习的机会、落实个体以自己经验为基础探究式的学习,为孩子的相互交流准备了前期经验,既给每个孩子有感悟成功的机会,又给孩子吸纳他人经验的机会,真正做到孩子间的相互作用,尽力使幼儿成为学习的主人。

问 不同时期游戏在幼儿园教育的地位有变化吗?

答 对于我来说没有变化。60 年代初,我刚入职,就恰好遇上了幼儿园实施角色游戏活动的高峰期。那时候孩子的游戏是在模拟成人的劳动生活，这种活动就像今天我们说的区角活动，只不过当时称为“晨间活动”，但是它的特性就是今天的区角活动。当然因物质材料、活动空间不足的影响，其游戏的程度和今天的区角活动是有差异的。幼儿游戏自主性的差异应该归结于教师自身的教育观问题，不能简单地以时代而论，而是与教师自身的个性特点、教育观念程度、当时的评价观念密切相关。

如今只是不同时期的某个游戏在整个幼儿园的教育安排、时间、场景、方式上可能会发生变化。实际上游戏的种类是很多的，每一种游戏对孩子的发展都是有作用的。就拿区角活动中角色游戏来说，它的最大价值就是促进孩子社会性的发展。在今天的孩子社会性发展确实有一些缺陷的背景下，我认为应该更为重视这种游戏。当然重视并不等于增加量而是在于提升游戏的质。体育游戏它对孩子身体健康的作用人人皆知，近年来无论从材料上、形式上还是空间上表现得更为突出，确实对孩子在健康意识、动作调适、体育品质形成等方面起到了推进作用。但也不能忽略儿童的年龄特点，尤其是生理特点，深思体育游戏的度。我只是建议无论从理论角度还是实践角度对游戏的研究应该放在课程落实中整体思考，今天我们更应该加强民间游戏落实到课程中的研究。

问 不同时期教学活动在幼儿教育中的地位有变化吗？

答 教学活动在幼儿教育中始终占有一定的地位，它是课程的组成部分。但不同时期对教育活动的呈现方式和教学活动中的师生关系的认知有了很大的变化。在改革开放之前，把教学活动看成一日活动中最为重要的环节这种现象比比皆是。在备课中，这一点表现得非常明显。备教学活动时，目标、准备、过程甚至连结尾都不少。备游戏活动，一般都是略写。但现在，尤其是从21世纪开始，游戏活动、生活活动和教学活动在思想重视上，渐趋平等。把教育活动的价值做了一些认知上的调适。我现在认为教学活动是师幼之间交流的一种策略和方式，也是幼幼之间互相交流和学习的方式。此作用始终不变。近年来，在我们课程实施中，对教学活动的空间、教学活动的形式有了新的调适。特别是表现在教学活动空间、时间的安排上，更为宽泛，绝对不是原来意义上的教学活动是单一的课堂教学。

问 不同时期教师如何组织生活活动？

答 在改革开放之前，生活活动是存在的，但在生活活动的过程中，孩子自主度弱。现在生活环节中幼儿的自主权大了，体现了尊重儿童、尊重事实的基本理念，这一点确实是课程实施中的一大进步。

问 不同时期，幼儿的座位摆放形式有变化吗？当时教室环境怎么布置？幼儿园有专用功能室吗？

答 座位摆放形式对于我来说是基于学习内容和学习形式定的，如果是操作类的，同桌和同伴都可以临时自选；有的活动是以孩子的共同兴趣或者共同选择的内容来进行，那么它的座位可以是不规则的，因具体情况而定；但有的活动它必须是规则的座位摆放；有的教学内容它可能随时会给孩子表达的机会，仍然采用“半圆形”“马蹄形”等排列方式。这些座位摆放方式的调整主要是受幼儿阶段学习特点的影响。幼儿园的学习不是以黑板为中心的，也不是单一以教师为中心的，而是要关注学习中孩子的视觉焦点。特别是现在，幼儿同伴互动的价值甚至超越了师幼互动的价值，再加上儿童视觉的特点，他需要具体物象的刺激，才能做到有意义的关注。

幼儿园环境布置是很重要的，环境布置在80年代前一般都是用平面的画面，明显地带有教育的价值，特别是道德行为教育的价值。这种布置内容基本出自老师之手，本意是想通过环境画面给孩子以潜移默化的教育影响，但忽略了幼儿的参与。到了80年代尤其到了90年代，随着教师对课程内涵理解的深入，孩子常会主动地带一些与课程相关的辅助物来补充认知，表示孩子及其家庭对学习的关注，特别是种植类的，使环境布置更有流动性，同时发挥了环境引发孩子主动参与学习的作用。环境布置和教室大小有关系，我认为环境布置不要过分花哨，悬吊物不要太多，吊得低容易碰到头，吊得高远离孩子的视线高度，没有价值。我们要把环境布置的价值落到引发孩子观察、发现和参与上，使环境布置成为教育和课程实施的一部分。

幼儿园有没有专门功能室是基于幼儿园环境的大小和幼儿入学人数的多少而定的，当然有幼儿专门功能室更好。如果没有可以一室多用，交替投放相应的物品，尽可能地创设功能室，保证孩子操作中的效果。

问 不同时期，教师如何备课？谁参加备课？备课时通常会考虑什么？

答 六七十年代备课主要是备教学活动，所以在备课前集体讨论的重点就会落在每天的集中教学活动上。至于游戏，除非是新设置的，不然也会像备教学活动一样的，完整规范地写目标、准备、过程。到了80年代，我们因为园本课程建设的需要，已经将注意力投放到游戏活动的书面计划上。近年来我们把课程以一日活动链的方式展现，文字不一定很多，但迫使教师去梳理一日活动中的每个环节如何实施、如何过渡。

备课的流程30多年来一直坚持平行班共同审议，然后分别备课，分别做书面计划。有时分管业务的幼儿园领导也来参与备课，以了解备课中教师所遇到的问题。

我们备课时通常会考虑原来所选择的课程内容和课程实施方式是否合适，然后进行互相探讨。一旦确定了内容和实施方式，就由各班老师自己备课了，给每个老师基于班级情况做调整的机会。

问 幼儿园经常组织教研活动吗？教研频次和教研内容分别是什么呢？

答 幼儿园一直是组织教研活动的。在60年代就有观摩课了，就是现在所说的研讨课或者叫展示课。虽然名称不一样，但都是有目的、有意识的研讨。所以这种活动经常会引发上课者和听课者之间的共鸣，也有两三个幼儿园共同参与的片区研讨备课。当然教研活动也有口头交流，有时是为一个中心议题展开讨论，有时是老师自己介绍自己教育中的困惑或者收获。这种活动我们都称之为“教研”，只要有幼儿教育存在，就有教研活动。

如果说把平行班备课算作教研，那么是1周1次。如果是其他类型，那么是一个学期1—2次。

问 不同时期，如何评价幼儿？

答 60年代评价幼儿的标准主要是：乖，守纪律，不给老师添麻烦；记得住老师教的内容；上课能积极发言。那时候因为这种统一的评价标准，很多孩子的个性化特征和创造性是很难得到肯定的。这些年随着课程理念和教育理念的升华，老师对幼儿的评价更多地转向在与孩子共同生活中，通过观察孩子是否敢于表现自己、能不能和同伴友好相处、会不会正确传递信息等方面的信息来对幼儿做出综合评价。现在教师在评价中已经开始意识到评价标准的多维度、多层次。

问 不同时期，如何评价教师的业务水平？重点评什么？用什么方法评？

答 在我的经历当中，60年代对教师教育水平的评价比较多的是看教学活动的组织能力，同时还看教师与家长的关系处理能力。从80年代开始，评价教师业务水平的标准转变为看教师的思维变通能力、对孩子的评价有没有多维度地去思考，同时还看教师和家长交流中的策略等。现在我认为对教师的评价是看他能不能理性地思考，能不能对自己的行为定时地做出分析、做出反省，有没有观察孩子以及对孩子的行为做出理论思考等等。

问 幼儿园有几位园长？他们如何分工？园长如何对教师进行管理？

答 幼儿园有两位园长，有时候是一位园长。20世纪60年代到21世纪初，幼儿园都比较小，虽大也不超过10个班级，最多两位园长，园长没有财政权、没有人事权，仅仅是负责幼儿园的日常教育教学工作。其中，正园长是负责全面工作，包括园内教师的思想情绪，园外的家园关系，和社会街道上下级的关系与指令的传递。同时正园长也介入业务，只要有空就会进班听课，甚至负责批改部分老师的备课笔记。那时的副园长还需要带班，当然以管理教学业务为主，落实在听课指导、备课指导上。

问 不同时期您的工作状态如何？幸福吗？忙吗？不同时期分别忙什么？

答 对于我个人来说，不同时期的工作状态都是很幸福的。年轻时，一有健康的身体；二有满腔热情；三有全心全意为人民服务的社会环境；四有不求回报的老教师，不需要定协议的真师傅；五有一心一意求进步，自我鞭策尽快进入幼教之门的内驱力。这就是我的入门期。

第二阶段是处在“文化大革命”期间，虽然规范的管理少了，专业的教育研讨少了，但有孩子的爱，有家长的信任和委托，不敢怠慢，促使我快快起步。我把它称为起步期。

第三阶段，是我的青年末期，也是我幼教生涯的升温期。这一时期，我已经有了20年的教龄，锻炼出了自己的教育思考能力与教育实践能力。在改革开放的冲击之下，我抓住了参与高等学府培训一线老师的机会，受到了南京市实验幼儿园课程改革的影响。这一阶段，我提高了学习国外教育理念的主动性，并更加积极地投入学习之中。

第四阶段，理论学习给了我想做事的冲动，这是我一生中最有激情的时期，我把它称为沸腾期。我在南京师范大学赵寄石教授、唐淑教授的指导下，进入了建构园本课程的实践中，并把园本课程放置在一轮一轮的反复实践中，同时也锤炼了我的教育理念与教育行为，让我收获到了幸福。

第五阶段，我把它称为结晶期。当我职业生涯快结束的时候，在上级行政部门和同伴们的鼓励之下，出版了《幼儿园发展能力课程》一书，以此书展现中国一线幼儿园教师对课程四要素的理解和实践。

第六阶段，我把它称为雕琢期。退休后，我还游走在多地的幼儿园一线教师之中，展示我的教育行为。我在实践操作、组织一日教学活动中，表达我对课程的理解，为年轻老师做榜样。我希望我们的年轻幼教老师与我的幼教快乐共鸣。

问 不同时期家园关系如何？您对家园工作有何建议？

答 不同时期的家园关系确实有所不同。在六七十年代，家园关系还是很淳朴的，也相互信任。家长和教师之间的交流都是教师上门家访，围绕着孩子的发展而进行，交流的语言比较直白。家长对老师的评价往往是看重生活上的关心，因为当时的家长工作比较忙，孩子身上的许多服务内容，如梳头、整理服饰等都是老师代替完成的。所以家长对老师有一种感激之情，那时候对孩子学习上的表现，不是特别关注。

80年代的孩子基本都是独生子女，家长开始感受到独生子女性格上的一种不足，便希望老师关注孩子的习惯。

到了90年代，家长对孩子的关注开始往知识获取、同伴相处方面转变。当然不管什么时期，不关心孩子发展的家长，也始终觉得孩子放在幼儿园就好了，由老师管着。

现在的家长有所不同,比较多地受社会的影响,尤其关注孩子上各种培训班的问题,其实这当中有很多人有从众心理。再加上我们教师比较年轻,有时遇到一些家长发问时就不知所措,更有个别家长碰到某些事,不采用与教师或园长当面交流的方法,而是会用投诉的方式,这种方式不仅伤害了教师,也破坏了彼此信任的家园关系。

问 哪些人、哪些事或哪些法规文件,对您的工作影响很大?

答 从20世纪90年代到现在,对于我来说,《规程》《纲要》和《指南》对我的影响最大。尤其是《指南》,它让老师的具体操作和对孩子发展状况的评判有了科学的依据。

问 您工作的基本信念是什么?

答 一个人不管做什么工作,只要做到"做一行、爱一行、专一行",总会有所收获,总会让你感受到人生的价值。

问 您最难忘的事情是什么?

答 20世纪八九十年代,我获得了参加在南京市召开的国际幼教研讨会的机会,在那里,我站在讲台上做了我们幼儿园园本课程"幼儿园发展能力课程"的介绍。作为一个一线老师,能够有这样的机会,真是莫大的荣幸,它让我终生难忘,也给了我鼓舞。从此以后,我把毕生的精力都用在幼儿园园本课程的调适和完善之中。

问 您对幼儿教育未来发展有何期待?

答 我只希望,幼教人能够静下心来做幼教。把幼儿园园长还给幼儿园老师和孩子,让园长在教育教学过程中看教师的成长、看孩子的发展。把老师还给孩子,让老师和孩子真正在一起玩,建立师幼的亲和关系,在玩中教师要观察孩子,了解孩子心态与学习能力等发展状况。由此引发教师的思考,产生主动调适教育策略的自觉性,提升教师的执教能力。这一切都是为了建构、调适、提升幼儿园执行课程的能力。

访谈对象 | **刘淑兰**（天津市河西区第一幼儿园原园长）

访 谈 人 | 梁慧娟

问 不同时期您的工作状态如何？幸福吗？忙吗？不同时期忙什么？

答 工作状态呢是紧张有序、精神饱满。那是幸福的，幸福伴随着敬业，伴随着拼搏与进取！

各个时期都非常忙！1984 年暑期，区教育局安排我到中央科学院儿童心理研究所学习一个月，结业考试我考了全国第一名的成绩，同年 8 月底被分配到天津市河西区第一幼儿园（以下简称一幼）任副园长。1985 年到天津党校脱产进修一年，1986 年初任一幼园长。

不同时期忙的事也不同。

1986—1988 年忙幼儿园管理制度的改革。我接手的一幼，是一所建园历史较长，具有优良革命传统的老园。在改革开放的社会背景下，幼儿园面临着幼儿教育改革新的挑战，干部队伍、教师队伍处于新老交替。作为新一届的园长，如何引导一幼传承发展？经过深思熟虑，我从发动群众、分析幼儿园发展的优势和劣势入手，当时征集群众提案几十件，在归纳群众提出的关于我园发展优势意见中，有一条引起我的重视，“河西一幼曾在八十年代初，被评为市级示范园”，这就是我园在天津市所处的位置，就是一幼发展的优势。如何保持优势？面对现状，引导群众深入讨论，找差距、提措施，最后大家达成了共识：从建立和规范管理制度入手，使幼儿园的各项工作纳入制度化、规范化、科学化的轨道，突破薄弱环节，保持市级先进不掉队。

1986 年 2 月一幼召开第一届教代会第二次会议，审议通过了《加强幼儿园科学管理实施方案》，以抓住优势的思路，保持市级先进位次，从规范制度管理入手，推进幼儿园发展。1988 年 10 月，我们召开了第二届教代会第一次会议，审议通过了《完善以岗位责任制为核心的考核方案，深化管理制度改革》的报告，深化改革的力度首次体现在人事聘任制度和分配制度上。

1988—1989 年忙幼儿园改造。1988 年，天津市在“改善城市人民生活 20 件实事”中，有一件是改善一所幼儿园，这个指标给了河西区。我们抓住机遇，争取到了这个指标，并得到了区领导的同意，拆除一幼年久失修的 7 号楼和 9 号楼，进行彻底改造。

在此期间，为了保障幼儿正常入园，我们分三处开班，园长分三处办公，坚持正常的教学和生活管理。由于有两处没有做饭的条件，我们就克服困难，在本园做饭，往其他两处送饭，一天三顿，整整坚持了一年。

由市、区政府投资145万元，建筑面积3000平方米的乳白色新教学楼，于1989年6月1日落成，市、区领导亲自为大楼落成剪彩、揭幕，大楼被命名为"河西区幼教中心和科研培训基地"，同年9月1日正式投入使用。

1990—2000年承担《幼儿园工作规程（试行）》试点任务，召开了两次全国性的交流会。1990年11月，被国家教委确定为全国贯彻《幼儿园工作规程（试行）》十所试点园之一，由此开始了紧张的试点工作，包括制定方案、确定试点班、培训与课程研究。

1996年5月召开了"全国试点园贯彻《幼儿园工作规程（试行）》研讨会暨河西一幼试点五周年成果汇报会"，国家教委基础教育司幼教处原处长马建华、副处长周菲，市、区教育局的领导，全国十所试点园及全国各地幼教代表260多人参加会议，我园向大会作了五年试点工作汇报，并推出三本成果总结：《幼儿园管理集成》《幼儿园教育课程》《幼儿园教育活动资料库》。北京师范大学冯晓霞教授、北京市教科院方明研究员作了贯彻《幼儿园工作规程（试行）》专题培训。国家教委原副主任柳斌同志为我园题词："贯彻幼教规程，促进和谐发展。"

1999年9月在庆祝建园50周年之际，再一次成功举办了贯彻《幼儿园工作规程（试行）》十年改革成果汇报会，教育部基础教育司朱慕菊副司长到会并做了报告，天津市教育局原副局长袁晴凯、河西区原副区长张俊芳到会讲话。到会的市、区领导及专家，全国十所试点园园长，各省市幼儿园园长和教师代表一共三百余人，我园做了十年改革成果汇报，总结撰写的《幼儿园课程实施指导手册》一书由北师大出版社出版并面向全国发行。同时我们承办了教育部"纪念幼教两个法规颁布十周年研讨会"，在研讨会上，北京师范大学冯晓霞教授做了《让幼儿成为学习的主人》的报告，华东师范大学李季湄教授做了《幼教改革的理性回顾》的报告，深圳市教委教研室肖湘宁教研员做了《幼儿园课程改革的反思》的报告，天津师范大学教育系学前教研室郝永娟主任做了《幼儿园课程现状与思考》的报告。

2001—2004年继续留任一幼。2001年初，我已到退休年龄了，服从局党委的安排留任三年，并签订了《2001—2003年园长三年任期目标责任书》。2001年11月第七届教职工代表大会上，一幼确认了"创办全国示范性幼儿园"的三年任期目标。这是进入新世纪促进一幼跨越式发展的战略选择。这三年，我带领全园教职工干了四件大事，实现了一幼发展的新跨越。

第一件大事：积极进行课题研究，突显科研先导办园特色。2001年底，我们完成了幼儿园第四阶段课程改革成果，即"河西一幼发展课程"，参加了天津市幼儿园课程改革研讨会，获得一致好评，其研究成果被收录在《天津市幼儿园课程改革集萃》一书中。

我们还申报了“十五”科研课题，申报了国家级课题“以多元智能理论为依据的教育实施方案的研究”，三年间共有11项国家级、市级、区级课题批准立项。为此我们成立了科研室，召开了第二届教育科研工作会议暨“十五”课题开题会，市、区领导，幼教专家及同行应邀参加了会议，对开题报告进行了科学的论证并给予高度评价。

第二件大事：“名师”培养工程。2003年3月，中国学前教育研究会来园拍摄了“纪念幼教百年”专题片，我接受了专访，介绍了幼儿园教师队伍建设的经验。2003年4月，召开了“河西区幼儿园名师——李奇拜师会”，我作为师傅介绍了李奇的成长经历。

第三件大事：软硬件协调发展，以信息化推动河西一幼跨越式发展，将幼儿园信息化建设纳入幼儿园整体发展规划，制定了《河西一幼信息化建设实施方案》，并开始了实践与探索。

几年中，逐年加大硬件投入，先后安装了双向教学系统、硬盘录像系统、广播对讲系统，建立了多媒体教室，用先进的设备装备了开发室，创办了“小小电视台”，建立了网站和数据库等，构建了覆盖全园的局域网，为数字化幼儿园的实现打下了坚实的物质基础。2002年底参加了全国教育科学“十五”规划教育部“教育信息资源网络建设对策研究”重点课题的研究。

我始终坚持信息化建设必须软件先行，坚持全员、分层次、园内外的培训，在培训中，坚持培训与实践体验相结合，实现教师培训、课件开发和教学实践三位一体有机结合，在课件开发中形成了既有教学实践又有软件开发能力的骨干教师队伍。教师制作的教育课件不仅在全区多次进行展示，而且在全国获奖。教育信息化建设方面的有关专家欣喜地说：“河西一幼的信息化建设在全国是处于领先地位的。”

第四件大事：拓宽发展空间，发挥幼教机构的辐射作用。2000年，一幼承担了教育部与联合国儿基会ECCD（早期儿童养育与发展）合作项目，我被推荐为天津实验区专家组成员，率先在本园成立了社区早期教育资源中心。2002年1月，教育部、联合国儿基会项目官员及中国教育电视台记者到河西一幼进行了参观、采访。

2004年4月，“河西一幼小海豚早教中心”落成，并召开了社区教育委员会第一次会议，讨论并通过了一幼《社区教育委员会章程》。一幼在建立社区早期教育新模式的实践中做了有益的尝试。

问 不同时期家园关系如何？您对家园工作有何建议？

答 幼儿家长是幼儿园科学、民主管理，提高办园质量所依靠的最为直接、最主要的社会力量之一。1996年4月5日，经过全体幼儿家长的民主选举，成立了园、班两级家长委员会，班级家委会由5人组成，其中一人为园级家委会委员，最后共选举产生了15

名家长为第一届园级家长委员会委员，并举行了第一次会议。

为了增进幼儿家长对教师的了解，促进保教工作，幼儿园决定试办《河西一幼简报》月刊，如实介绍幼儿园工作计划、家委会工作情况，反映家长对幼教工作的要求、建议及幼儿园对此采取的相应措施，刊登幼教成果等。这一活动开展得井井有条，收到了许多封家长热情洋溢的来信，对幼儿园的工作给予极高的评价，有效促进了家园合作。园、班两级家委会的工作带动了全体幼儿家长参与幼儿园管理的积极性和主动性，促进了幼儿园民主管理的进程。我们在市幼教处召开的家长工作经验交流会上做了《我们是如何做好家委会工作的》的发言，这也为今后更好地开展家长工作打下了坚实基础。

问 哪些人、哪些事或哪些法规文件对您的工作影响很大？

答《幼儿园工作规程（试行）》对我的工作影响最大，这让我重新认识幼儿园的科学管理。主要改变有两点。

第一，在思想上树立起“不抓业务的园长不是合格园长”的观念。在班子分工上改变过去一把手抓行政，二把手抓教学的习惯，确立由园长主抓，一名副园长专抓，加强对保教工作的领导。园长主要抓保教工作，是贯彻《幼儿园工作规程（试行）》，实施科学管理、完成育人任务的当务之急，需增强紧迫感，再也不能只满足于一般的行政管理。

第二，园长要树立依靠全体教职工办园的指导思想，民主管理是幼儿园科学管理的关键。在试点工作中我注重思想发动，调动群众积极性，增强主人翁意识。每个学期都召开献计献策民主建议会，广泛听取幼儿园群众意见。同时，我们按照《幼儿园工作规程（试行）》的要求，加强了教代会工作，明确了教代会的审议建议权、审议通过权、审议决定权及民主评议权。充分激发了教职工参与幼儿园管理的积极性，提高了园长的决策水平和工作效率，使幼儿园的工作获得稳定的发展。

在教育教学改革的实践中，也在不断调整课程管理的方式，突破单纯指令性的“自上而下”的课程管理，突破以往“既成性”的缺乏变通的课程管理，突破课程管理的包办性。这促使在整个课程改革中不再机械听从园长指挥，而是教师作为主体参与课题研究，结合本班幼儿实际需要，创造性地设计和实施班级课程，大大提高了教师的主动性和专业自主性。

问 您的工作基本信念是什么？

答 做一个有思想、有作为、有担当的园长，为幼教事业贡献自己的力量。

第一，园长要有思想。正确的教育思想和办园理念对外是一面旗帜，对内是一个纲领。园长要把它作为指导幼儿园工作的核心，贯彻到幼儿园教育改革和教育活动中去，内化为全体教师的自觉行动。

第二，园长要有所作为。园长的地位决定了其在幼儿园整体工作中是发挥导向作用的。园长的作为就是通过制定发展规划，引领幼儿园的改革、发展和办园方向。

第三，园长要有担当。即对工作要有强烈的责任心，敢于负责。幼儿园发展规划需要幼儿园一系列的管理活动付诸实践，园长要履行组织、指挥、协调、控制等管理职责，合理地组织利用各种教育资源，确保保教质量的提高，实现幼儿园预期发展规划。

问 您在工作中有哪些创新？或者说您做过最有成就感的事情是什么？

答 那应该是我园十几年的课程改革探索了，我园课程改革每前进一步，都凝聚着老师们的聪明才智，都是老师们创造性劳动的结果。

回顾我园课程改革的探索过程，大致可以分为三个阶段。

第一阶段从1990年10月至1993年8月。我们在深刻理解《幼儿园工作规程(试行)》总的教育目标基础上，遵循幼儿身心发展规律与特点，将之分解转化为体能与健康、认知、语言、社会性四大领域发展目标，并围绕课程目标规定相应的教育内容、组织方法及评价各要素，初步构建了新的教育课程框架。

第二阶段从1993年9月至1996年5月。依据课程四要素进行了新的教育课程的实施验证，边实施验证边总结，逐步充实和完善课程结构。

第三阶段从1996年5月至今。课程改革进入实质性研究阶段，教师实施新课程面临着新教育技能的挑战，要在实践中习得诸多至关重要的教育技能，对新、老《规程》教育思想的理解由观念水平逐步转化为教师的实践操作过程，课程改革向纵深发展。

在第三阶段，我们从理论与实践的需要出发，将"如何在活动中促进幼儿发展"确定为研究的核心课题。从实践上看，围绕活动过程中三个主要要素(教师、幼儿、环境)之间的相互作用关系，反映在教师实践过程中还存在着这样或那样的困惑与问题，重点做了以下三个方面的研究。

第一方面是教师教育行为的调查与研究。在教师教育行为的调查基础上，研究制定《教师教育行为指导手册》，为提高教师在教育活动中与幼儿相互作用，正确发挥教师主导作用，增强自我评价、自我调控能力提供参考。

第二方面是幼儿发展现状的调查与分析。在调查幼儿发展现状的基础上，修改完善幼儿发展评估指标、评估方法、记录及统计分析，准确把握幼儿发展水平，总结制定《幼儿发展评估手册》。

第三方面是活动区材料的投放和使用。主要研究活动区材料投放的依据、种类、功能、制作、幼儿操作及教师指导，在收集、筛选原有材料的基础上，要研究设计一套活动区的基本材料。

经过几年探索实践，我园的教育课程日趋完善，其总体结构可以概括表述为：以现代幼儿教育理论为指导，以促进幼儿全面和谐、生动活泼、主动发展为主导，统领课程目标、课程内容、课程组织及课程评价四要素，以优化的教育环境为依托，以幼儿主动学习为基本原则，最终达到促进每一个幼儿在原有水平上得到应有的发展。

问 您对学前教育未来发展有何期待？

答 一是期待优先发展学前教育。因为首先国家已经有了经济实力；其次这也是由学前教育的地位和任务决定的：为升入小学及终身学习打基础，为人的一生发展奠基。学前教育关系到民族素质和国家的命运，发展学前教育不仅仅是解决民生问题。

二是期待"放慢"教育改革的脚步，深化"静悄悄的革命"。摆脱急于求成、急功近利，重结果、轻过程的形式主义和浮躁风气，追求一种求真求实、自然从容的研究氛围和工作状态。

三是期待教研下沉，教研人员深入教学实践，发现真问题，引领教师进行实例研究，与教师合作，解决真问题，帮助教师将教育观念、教育理论转化为教育实践，提高教育质量。

访谈对象 | **许芊芊**(成都市蒲江县南街幼儿园党支部书记、园长)

访 谈 人 | 原晋霞

问 许园长好,请问您为何选择了幼教职业?

答 因为父亲是教师,我耳濡目染,从小对教师职业有所向往。家中兄妹三人,我是老二,当时幼师包分配,并且都分配在城区,所以初中毕业后就在父母指导下考入了成都市幼儿师范学校。

问 您哪年进入蒲江县南街幼儿园工作的?哪年开始做了园长?

答 因爱人在蒲江,我于1995年从乐山犍为县机关幼儿园调入蒲江县南街幼儿园(以下简称"南幼"),2002年担任南幼业务园长,2016年担任南幼园长。

问 新中国成立70年以来或改革开放以来,蒲江南街幼儿园在课程建设与幼儿园管理等方面做过哪些重要探索?取得了什么样的成就?

答 南幼坐落于蒲江县鹤山镇建设路,建于1953年,创办初附属于鹤山镇南街小学,于1987年7月起实行独立建制。其后的发展历程可分为三个阶段:

第一阶段是在历尽艰辛中修建新园,时间为1987—2000年。

当时我们从小学附属幼儿园中独立出来,单独建制。独立建制时,正是80年代后期,幼儿园被一步一步推向市场。由于小学分的场地窄小,为了园所发展及为幼儿提供更适宜的环境和条件,所以我们全园编制教师自筹资金,在城乡接合部实地修建新园。当时,修建新园的艰辛、我们的奉献让所有知情者为之动容,我们的胆略也让全市各姐妹园所刮目相看。我们无比自豪,因为我们的努力,蒲江建起了第一所标准化的幼儿园;因为我们的努力,南幼的孩子们得到了他们父辈没有享受到的教育条件;因为我们的坚持,那扩征的10亩地为我园开展自然教育提供了可能。

第二阶段是在争等创级中打造环境,时间为2000—2006年。

这是幼儿园进行争等创级及科研课题初探的阶段。这一阶段,我们尝试以市"十五"课题研究为载体,逐渐形成了全园幼儿可以使用、探索、游玩的四大工程环境。与此同时,我们以"环保探索主题活动"为突破口尝试进行课程改革。精心创设的自然环境,具备了教学与记录的功能,为我园的课程搭建了一个平台。这一阶段,我园"省级示范性幼儿园”及“成都市一级园”验收顺利通过,“生态、人文、富有教育价值”的自然环境受到了省内外专家、同行的关注和肯定,2006年《学前教育研究》12期上,专门刊载了南幼在创设利用本园自然环境中的阶段成果。同时,南幼在社会上树立了良好的形象,生源逐渐充足、稳定、饱和。最为关键和重要的是,我们把科研融入日常教学教研,走出了一条科研导航、教科研相长、提升教师、培育幼儿、成长园所的有效路径,科研逐渐成为了解决南幼教师教学实践问题最基本的一种工作方式。

第三阶段是科研导航形成自然教育体系阶段,时间为2006年至现在。

前期精心创设的自然环境,成了一部立体的、富有吸引力的教科书,为孩子制造着问题与冲突,激发着孩子的探索兴趣,不断引发着孩子的思考,为我园自然教育课程的架构和实施奠定了良好的基础。同时,市“十五”课题的成功极大地提高了全员教师参与科研的热情,于是我们开始依托园内自然资源进行课程改革,持续深入地进行了市“十一五”、市“十二五”、省资助金课题的研究。通过研究,不仅根据本园实际,建立起了能追随幼儿经验与生活、以幼儿终身可持续发展为本的自然教育园本课程。而且教师变得越来越自信、聪慧,思维方式也逐渐发生转变,学会站在幼儿的立场思考和工作,在“追随儿童的教育”中还原着教育的本质:教育顺应自然,因性而教,教育应让孩子“走得更远,而不是走得更快”。

问 您在参与或带领南街幼儿园进行课程改革过程中,最难忘的经历或感受是什么?

答 一直以来,幼教界从没停止过各种新名词、新理念、新方法的更替,就像时装一样,不断更换但万变不离其宗,时装最高境界是简约、合体,教育也一样,好的教育一定是朴素的、适合孩子发展的,因为人的成长,是内在的成长,过程安静而朴素,幼儿教育应回归真实、自然、简单、质朴本来的样子。

我从2002年担任业务园长开始,就一直带领南幼老师立足于本园自身的实际和问题,不追风、不盲从,坚持以儿童学习和发展为中心,以《纲要》《指南》为准绳,在研究中不断对本园课程进行调适完善,永远行进在促进幼儿身心全面和谐发展的课程建设路上。最深的感受是不同的幼儿园因资源、现状、条件等现实因素不同,应该有不同课程形式,外在的形式并不重要,重要的是对内涵的把握,好的幼儿园不是花哨、浮躁,而是处处彰显教育智慧,满足幼儿全面发展需要。

问 您工作以来,不同时期幼儿园如何使用教材?如何看待教材在幼儿园课程中的作用?

答 我园从以前使用统一教材到丢掉教材,然后借助课题研究,慢慢积累形成适合本园资源和实际的园本课程。在这个过程中,我的认识是:教材是一把双刃剑,对于新建园或师资水平整体偏低的幼儿园，教材可以成为抓手和保底，但使用时，也要结合本园资源和实际进行因地制宜的调整，不然就会导致老师照本宣科灌输和幼儿静坐静听情况的出现；对于老园或专业水平整体较高的幼儿园，可结合园本资源及实际，研发适宜的园本课程，慢慢丢掉教材，这样可以让老师更关注幼儿的兴趣和需要，更关注教育契机的把握和活动的生成，更有利于促进幼儿身心全面和谐发展。

问 不同时期，幼儿园如何评价教师的业务水平？重点评什么？用什么方法评？

答 以往的教师评价，更多是评价教师的教育技能方法，如优质课时主要看教师形式的多样创新、组织的教态语言、课堂的掌控引领；环境创设主要看手工水平、花样创造、整体布局、教师介绍等，这些评价都是从成人的角度来看待教育的效果，很多华而不实，为了评价而评价，幼儿园耗费了大量的人力、物力和财力，但对日常教学质量的改善，可谓收效甚微，甚至让老师眼中只有功利的方法和成绩，而无幼儿实在的发展和课程。

随着课程改革深度推进，我清楚地意识到，幼儿的发展与成长才是教育的归宿，也是评价教育质量的关键。只有引导教师把评价视角转向幼儿，日常课程才会有深度，才会有生长，教师也才能成长。于是，我尝试把教师专业水平的考核评价，从以前重视展示教师个人专业素养的教师岗位技能竞赛等静态式的结果性评价，调整为对教师所在班级幼儿的学习与发展情况进行现场检测的动态式的发展性评价。如关于班级环境创设质量的评价，之前的评价方式就是组织评委，利用离园后的某一段时间进行集中评比，很显然，这样的班级环创质量的评价，是属于幼儿缺位的评价。我认为，既然班级环境创设是为幼儿服务的，那么幼儿与环境的互动质量，以及幼儿在环境中所获得的发展就应该是教师班级环创质量的主要评价标准。于是，我采用园考核小组分别在期初、期中和期末时，不定期到班抽看各班的班级区角游戏活动现场，并随机抽问班级幼儿本班环境中的各项内容及使用情况，以检测幼儿在班级环创中的参与程度及区角游戏中的真实发展情况。事实表明，采用新的评价方式，不仅更能真实地考核出教师所创设的班级环境质量的高低，更为重要的是，这样的诊断式、过程性评价，有利于教师及时发现问题，并及时进行调整与改进，真正发挥“以评促改，以评促教”的功能，回归到因何而评的初衷。再如，我们将以前对保育老师进行叠被子技能考核，调整为在幼儿午睡起床时，园行政随机到班现场检测班级幼儿叠被子的能力。对保育员岗位技能考核方式的转变，客观上就迫使保育员要通过各种方式去引导幼儿掌握好叠被子的技能，增强幼儿生活自理能力，而不是简单的包办代替，变相地剥夺了幼儿发展的机会。如此，看似简单的日常的“叠被子行为”，于幼儿而言便有了课程的价值。以幼儿学习和发展为中心的评价视角，让教师重视日常活动带给幼儿的收获和成长，全体保教人员也专注于常态课程的推进和规范，大家把工作重点和视线聚焦于幼儿的发展、幼儿在园的实际获得感上。

问 哪些人、哪些事、哪些书或哪些法规文件,对您的工作影响很大?

答 中国学前教育研究会虞永平、侯莉敏、李季湄、鄢超云等专家教授对我帮助和影响很大,他们对中国学前教育的方向引领和对幼儿园课程的指导建议,让我能在园本课程建设中,不断回归教育本质和规律,不断反思调整自己的教育行为,真正慢下来、静下来、深下来,在一日活动中去注重幼儿美好心灵的培育,引导教师和孩子自然、从容成长。

教育部在不同时期颁发的《纲要》《指南》对我园课程建设帮助很大。《纲要》颁布,让我们根据幼儿的学习特点和方式进行了日常教学变革,重视幼儿身心全面和谐发展;《指南》的颁布,让我们在园本课程不断调适完善中能“心中有目标、眼中有孩子、手中有方法”。

问 您工作的基本信念是什么?

答 做一个幸福的麦田守望者。因为南幼地处环境及划片招生因素,进入南幼的孩子几乎都是拆迁户、安置户的孩子,这些孩子的家庭不可能给他们提供更多的帮助和资源,所以,只有我们把幼儿教育做得越扎实、基础奠定得越全面,这些孩子才可能拥有更好的未来。我一直牢记同为教师的父亲告诉我的一句话:“教育靠的是良心,庄稼误了一季可以重来,人误了可是一辈子!”父亲先后担任过乡镇初中校长、县城职业中学校长,面对的都是家境不好、学习也不太好的孩子,但因为他的全心付出而改变了许多孩子的命运。现在,虽然父亲早已退休多年,但因他而改变命运的许多孩子仍牢记他的恩情,经常到家里来看望他。从他身上,我深刻理解了教师工作的价值和意义。

幼儿园教育是孩子们一生能力、品质、价值观形成的关键期,只有沉下心来,不追风、不浮躁,着眼于改革完善课程,提升日常教育质量,南幼孩子才会拥有美好的未来,才会因我们的存在而更加幸福!

问 您对幼儿园未来发展有何展望?

答 记得乔治·福门博士在《儿童经历的寻常时刻》中认为:儿童的大部分时间,是由一个个细微的生活片段联结而成的;恰恰是这些片段,蕴含了令人难以想象的潜在契机,最佳的时刻是简单细小的寻常时刻,而不是那些庞大复杂的时刻。所以,好教育就是粗茶淡饭,不用过多雕琢,不用花里胡哨的东西影响幼儿学习最本质的过程。以后,我会继续带领南幼团队行走在园本课程质量提升路上,继续把寻常教育时刻的课程做实、做细、做精,让简约的常态课程变得不简单,同时,对自然教育研究成果进行梳理提炼,力争让成果物化推广,让自然教育课程惠及更多的家庭和孩子,为中国的学前教育尽一份自己的微薄之力!

访谈对象	**李建丽**(北京市西城区棉花胡同幼儿园党支部书记、园长)
访 谈 人	原晋霞

问 您为何选择了幼教职业?

答 做一名教师是我从小的理想,做幼儿教师则是通过学习和感知后不断加深对职业的了解而做出的选择。学前教育阶段是一个人终身发展的奠基阶段,启蒙教育十分关键。从情感而言,我喜欢孩子,和孩子们在一起能够给我带来快乐,幼教职业能够让我有幸福感。

问 请您介绍一下新中国成立70年来棉花胡同幼儿园(以下简称"棉幼")课程探索的背景、过程与取得的实践研究成果。

答 棉幼从1957年建园,迄今已有62年的建园历史。我们开展课程探索的历程可能很难用时间去严格地划分开,因为每个阶段有其特定的时代背景,探索过程中也会有多种情况。根据每个阶段我们在课程实践中的关键事件,大概可以分为五个阶段。

第一阶段是棉幼建园初期,幼儿园传承老一辈幼教人"一切为了孩子,为了孩子的一切"的精神,在"热爱孩子赛妈妈"的口号激励下,棉幼教职工就像"母鸡护小鸡"那样呵护每一个孩子成长,以无私的爱和奉献奠定了"爱"的基础。

第二阶段是在七八十年代,恢复高考同时北京幼儿师范学校获得新生,幼儿教育成为教育的一部分逐渐被大家认识和了解。从那时起,研究幼儿教育开始萌芽:棉幼在北京师范大学学前教育系梁志燊教授的带领下,开展"幼儿园品德教育"的研究,并成为北京师范大学教育实习基地。那时有许多学前教育的前辈都曾在棉幼进行实习,如刘焱、冯小霞、李季湄、徐明等,她们为学前教育奉献青春年华,为幼教事业发展做出了巨大贡献,也对棉幼当时形成研究的氛围产生了重要影响。在这个过程中,我们的教师在实践中做研究的意识、课程实践能力都得到了提升,涌现出了宋志婧、琚贻桐等具有一定影响力的优秀教师,棉幼在北京市形成了"棉幼老师爱孩子"的口碑。在专家教授的指导下,棉幼许多教师参与编写幼儿品德教育的大纲、案例、课件及经验总结,把实践经验进行提升和分享。在当时的背景下,在幼儿园做研究是非常少的,而棉幼领先走上研究之路，经过日积月累逐渐形成了幼儿园教育科研特色与优势，教科研引领园所发展的办园思路延续至今。

第三阶段是在90年代，当时在贯彻落实《幼儿园工作规程（试行）》的大背景下，幼儿园普遍对课程的理解更多是五大领域教育教学，也注重教师专业技能、组织集体教学活动的能力。在一日生活中，老师也很关注儿童的身体锻炼、卫生保健、习惯养成，给孩子"妈妈般的爱"。随着棉幼教育科研走向深入，在北京市早教所徐明老师的指导下进行幼儿园课程改革，我们打破了集体教学的单一模式，以幼儿游戏为基本形式，倡导"玩中学"，注重幼儿主体性发展。棉幼成为当时北京市幼儿园课程改革试点园，开展了大量的实践、教研和培训，教师编写了大量教案，总结发表了丰富的实践成果，为北京市《快乐与发展课程》的研发贡献了力量。

第四阶段是"十五"期间，棉幼作为北京市唯一的首批贯彻《纲要》试点园开展了"贯彻《幼儿园教育指导纲要（试行）》行动计划"的实践研究。在华东师大学前教育专家李季湄教授的带领下，以"创设丰富可选的教育环境，促进幼儿富有个性发展"为切入点，开展全面贯彻落实《纲要》研究与实践，转变教育观念，将关注点聚焦在每一个个体的幼儿身上，开展个性化教育，注重环境育人，提出"让墙饰会说话"。改变管理与研究的模式，探讨行政教研的内容与方法，研究地点由办公室转向幼儿活动室，形成了"乐研究、善合作、重支持、求实效"的教研价值观，实现了教研的四大转变，形成了棉幼的教科研文化。幼儿园公开出版了《幼儿园〈新纲要〉伴我行》和《幼儿个性化教育实施策略》经验案例，首次汇集了干部、教师课程改革的经验和教育实践成果。在此期间，棉幼上下进行了幼儿社会领域教育的专项研究，形成了在《纲要》指导下的幼儿园社会性园本课程，也奠定了我园社会性教育特色。

第五阶段是"十一五"以来，根据幼儿发展需要，我们对园本课程进行重新审视与思考，对棉幼社会性教育实践进行梳理和提升，成功申报了北京市规划办校本研究课题"幼儿社会性园本课程建设的实践研究"，通过研究形成了幼儿社会性园本课程的理念、原则、方法和实施途径，此课题研究成果获北京市基础教育研究成果二等奖。随着《指南》的颁布，"十二五""十三五"以来，我们的园本课程有更多的理论依据支持，一日生活皆课程、儿童的主动学习、儿童视角等理念和原则对我们的课程实践产生了深刻的影响，课程实践中的游戏化、生活化特点越来越明显，一日生活环节的价值、师幼互动的质量、教师的目标意识和课程实践能力得到了提升。我们编写了《幼儿社会领域教育的思考与探索》《让教育之爱绵延不断》《园本课程案例集》和《园本课程操作手册》，并参与了多本社会领域教育活动相关专著的编写工作，我们的课程实践探索得到了专家、实践工作者的认同，并广泛应用于实践中。

问 作为棉幼课程改革的参与者,您有何感受呢?

答 课程改革是自下而上、自上而下地转变理念、改变行为、提高质量的过程,是不断地反思"培养什么人""怎么培养人"的过程,更是我们的儿童观、教育观转变的过程。课程改革的浪潮中,教师是课程改革实践的主体,教师的专业理念、专业知识、专业能力是关键。研究是有效推进改革的关键,因为改革不是随意地改,而是需要我们实践工作者实事求是、科学严谨地进行反思、研究,这个是非常重要的,不能只做不研或者只研不做。同时,幼儿园要有定力,这并不是说墨守成规,更不是为了特色而特色、为了求新而求新,而是明确我们的初心是办人民满意的教育,是提高我们的教育质量以更好地支持每个儿童发展,并在此基础上进行创新。

问 在棉幼课程探索中,教师们有何变化?幼儿有何变化?

答 课程探索的过程,是教师理念、行为转变的过程。这个过程中,教师的儿童视角越来越明显,以幼儿为本,关注幼儿的意愿,支持幼儿自主学习等越来越多地被教师所理解、所认同、所践行。教师不仅关注幼儿的卫生保健、知识技能的习得,还越来越把幼儿看成独立的完整的人,他们的情绪情感、学习品质、身心健康等都得到了更充分的培养。教育的过程是师幼相互作用的过程,幼儿的主动性、创造力、学习力也被发现、被支持,他们能够自主地解决问题,自主地自我服务和服务他人,勇敢、自信地表达表现,师幼之间能够建立平等、信任的关系,我想这些都是和我们课程改革过程中,教师儿童观、教育观、课程观的转变是密不可分的。

问 您工作以来,在全面发展的目标框架下,在体、智、德、美各方面,棉幼教育实践的侧重点有变化吗?

答 一个人的发展应该是整体的发展,各个方面的发展也都是相互联系、相互影响的,所以我们一直以来也是秉承这样的观念开展我们的教育工作,正如棉幼"健体、仁爱、尚美、求新"的培养目标,全面发展是必需的。棉幼自"八五"期间开始,在北师大专家的带领下开展了幼儿品德教育的研究,时至今日一直着力于幼儿社会性发展的实践与研究。我们认为,社会性发展是个体的自我意识、社会适应、社会交往、情绪情感、品德品质等的发展,对一个人的身心健康和终身成长,与家庭的幸福和国家的发展都有着紧密的联系,我们做社会性教育,可以说就是在贯彻落实"立德树人"这一根本目标。所以,我们会非常重视儿童社会性的培养,在各个领域中渗透社会性教育。儿童社会性的发展又会对其他领域的发展发挥积极影响。

问 您工作以来，不同时期棉幼如何使用教材？如何看待教材在幼儿园课程中的作用？

答 幼儿园跟中小学不同，没有颁布明确的教学大纲或课程标准，各园在开展课程实践的过程中因地制宜地选择教材。早期是非常缺乏科学的、普适的教材的，后来在专家的带领下，在对《纲要》的贯彻与落实过程中，逐渐形成了适合幼儿园运用的五大领域教材。最初教材在一定程度上可以说是作为开展教育教学活动的重要依据或者蓝本，让老师能够有计划地开展五大领域的教学实践，而随着教育改革的推进、教育理念的转变，幼儿为本的思想在影响着我们对教材的使用。也就是说，教材是我们贯彻落实以幼儿为本的其中一种载体。如何利用好、发挥好教材服务幼儿发展的作用成了我们更为关注的问题。使用教材给了教师有计划、有目的开展教育教学的抓手，高质量的教材结合教研、培训、有效备课，能够转化成支持教师专业成长的途径。我觉得是否要使用教材、如何使用教材没有绝对的对与错，要看幼儿园的实际情况，要根据幼儿园师资专业水平、师幼比、教育理念等灵活选择和使用。

问 不同时期，教师如何备课？谁参加备课？备课时通常会考虑什么？

答 教师备课是根据幼儿园的教育理念和课程，在学年、学期、月计划、周计划等基础上进行备课。备课过程本身差异并不是很大，可以说我们一直秉承的原则是从幼儿发展需要出发，是在分析幼儿的基础上，由教学干部和执教教师或班长共同备课，是根据幼儿阶段性的能力与需求、发展目标、班级开展活动的条件、教师自身的教学能力与教学风格等进行备课。在不同时期的关注点是有一些区别的，比如是相对更关注教师教学过程中的组织、形式、内容的选择，还是更多关注过程中的师幼互动、幼儿的主体性作用，这个可以说在不同阶段会有一些差异的。

问 不同时期，教师如何评价幼儿？

答 最初教师评价幼儿是以“好孩子”“淘气”“聪明”等来进行主观评价，教师普遍存在评价意识薄弱、缺乏科学的评价方法和工具、运用评价结果改进教育教学的能力欠缺等情况。现在则是从幼儿发展出发，在尊重个体差异的基础上，全面而客观地分析评价。为了提高教师的评价能力，我们运用了白爱宝老师编写的《幼儿观察评价手册》进行阶段性的、总结性的量化评价。现阶段，我们综合运用过程性评价和结果性评价的方法，比如每天的观察记录、学习故事、电子档案袋等进行评价，把家长评价与教师评价、幼儿自评结合起来。

问 不同时期，幼儿园如何评价教师的业务水平，重点评什么？用什么方法评？

答 “什么是好老师”是评价教师的问题，也是对教师专业能力发展的一个导向。在传统的评价观念里，会比较注重教师唱歌、跳舞、讲故事、弹钢琴等基本功，后来我们注重教师上课的能力，会有许多的评比活动激励教师上好课。再到现在，我们把教师的业务能力进行了更为全面的、更具体的评价，主要包括了师德师风、观察解读与支持幼儿学习、保育、教育教学、游戏组织与指导、幼儿发展评价和家长工作等方面，对教师整体的综合素质提出了更高的要求。评价是采用日常的教师自评与他评、学期末的量化自评与他评的方式，教师在日常完成岗位职责的情况、取得的业绩、承担的园所任务、发挥的影响力等都会纳入其中，综合评价教师各方面的表现。

问 不同时期您的工作状态如何？不同时期分别忙什么？

答 各时期我的工作状态都是积极主动的，善于思考，不断改革创新。在做教师的10年里，热爱幼儿，积极参与课题研究，研究幼儿教育过程中出现的问题；在做管理的27年里，进行管理实践研究与探索：经历从对人的管理到制度管理再到文化管理的整个过程，开展课程改革、确立育人目标，开展信息技术研究，引领并推动教育科研向纵深发展，形成自己的办园思想与特色。

问 您工作以来，家长对幼儿园的期待有变化吗？何时开始发生变化？发生了什么变化？不同时期家园关系如何？您对家园工作有何建议？

答 随着时代的变化，不同时期家长对幼儿成长的期待、教育的方式乃至家园关系都是有差异的。比如很早以前家长关注的只是孩子能否吃饱穿暖，再后来有家长会关注老师有没有能够公平、平等地对待每个孩子，关注孩子的身心健康，再到现在家长对孩子的解决问题能力、社会交往、创造力等方面的能力有了更多的关注和要求。这个和家长群体本身的成长经历和受教育情况、新闻媒体的影响、家园合作等都有着密切关系。

我园倡导融合共通的家园文化，是指幼儿园与家长要在教育问题上站在统一立场上，形成共同的教育理念，实现相互沟通，资源共享，共同育人。2012年10月，教育部颁布了《指南》，将提高家长的教育能力和家庭教育质量再次提升到一定的高度：即帮助家长形成对幼儿、对幼儿的学习和发展、对幼儿的入学准备、对幼儿教育的本质的正确理解，学会尊重、理解孩子，用科学的方法教育孩子。现在，幼儿园家长工作已经由简单的信息传递向多维互动转变，建立完善的家长学校体系，全方位地对家长进行指导，引导家长参与幼儿园教育，增强亲子互动学习逐渐成为幼儿园实践的一大趋势。实现“幼有所育”是家园的共同目标与期待。

问 哪些人、哪些事、哪些书或哪些法规文件，对您的工作影响很大？

答 苏霍姆林斯基《给教师的一百条建议》和卡内基的管理思想与经营理念，对我的工作影响很大。

问 您工作的基本信念是什么？

答 爱是一切工作的基础。

问 您工作以来最难忘的事情是什么？

答 2002年棉幼成为办园体制改革试点园和贯彻《纲要》试点园，两项改革都是一场自我革命，给我们带来了前所未有的发展机遇和翻天覆地的变化。为了扩大办园规模，我们接管了一所街道幼儿园，根据实际提出“一园两治”开展管理机制的改革创新，根据不同园所的发展背景、人员结构、现实条件等因地制宜地采用不同的管理的方式方法，保障幼儿园教育质量的平稳提升。《纲要》让我们重新审视幼儿教育，转变教育观和儿童观，进行管理的创新，均取得良好的成效。但是，过程中的甜酸苦辣使我永生难忘。改革创新就是一场革命，改革创新永远在路上。

问 您在工作上有哪些创新？或您做过的最有成就感的事情是什么？

答 创新是幼儿园持续发展的不竭动力，也是与时俱进的必然选择，毕竟我们培养的儿童是要适应时代发展、符合社会需要的人。提到棉幼的特色，比如社会性教育、园本课程、园所文化、信息化、教科研等，可以说都是创新的成果。比如“十五”期间，教育信息化初具势头的时候，我带着棉幼开展了信息化教育的探索，在班级中购置了电子白板，对全体教师进行相关的培训，教师研发了丰富的教学课件、微课资源，服务于教育教学；“十一五”时期，我们开展园本课程建设，并且依托课题研究进行探索、梳理、提升。这些对进一步提升棉幼办园品质，转变教育观念，提高教师队伍的专业素质，可以说发挥了非常重要的作用。

问 您对幼儿教育未来发展有何期待？

答 幼儿教育是民生大事，得到了党和政府的高度重视，“幼有所育”、办好学前教育是党的重托、人民的期待。在我国教育事业发展的大好前景下，幼儿教育将获得前所未有的发展，办人民满意的幼儿教育是我们的奋斗目标和努力方向。

访谈对象 | **李玲仙**（呼和浩特市第五幼儿园原党支部书记、园长，内蒙古自治区特级教师）

访 谈 人 | 王乃正　庞　悦

问 您为何选择了幼教职业？当时幼儿园教师的社会地位如何？

答 一开始是被调整到幼师班的，那就服从组织分配。20 世纪 60 年代，当时幼儿教师的社会地位不高，被认为是“哄孩子”的，所以，有的在工厂干不了、在小学教不好等，都被安排到幼儿园。当时工资 37 元，70 年代末涨到 110 元。

现在，幼儿教师的社会地位还是不太高。比如，幼儿教师的工资很低；评定职称也是向小学倾斜；公办幼儿园的编制远远不够等。

问 哪些家长送孩子入园？哪些家长不送孩子入园？为何不送孩子入园？如有变化，具体变化是什么？变化发生的时间是什么？

答 20 世纪 60 年代，公办幼儿园特别少，一般都是机关单位的职工才有可能送孩子到幼儿园。家长不送幼儿进幼儿园的情况是：一是送不进来。不是每个孩子都有机会进幼儿园的，大多数都是机关职工的子女；普通老百姓家的孩子入不了幼儿园。二是家里有老人帮助照看孩子，不需要送到幼儿园。三是对孩子进幼儿园接受教育不重视。

改革开放之后，社会和家长都越来越重视学前教育，基本上城市的家长都会送孩子上幼儿园，幼儿园的发展达到鼎盛阶段。20 世纪 90 年代后，出现了各种幼儿园，民办幼儿园也出现了。学前教育被重视起来，特别是《中华人民共和国教育法》（简称《教育法》）《中华人民共和国教师法》（简称《教师法》）颁布之后，幼儿教师的地位也比原来高了。

问 当时家长对幼儿园的期待是什么？何时开始发生变化？您工作期间，家长择园吗？

答 60 年代，家长能将孩子送到幼儿园就可以了，因为那时幼儿园特别少。家长把孩子送到幼儿园，就可以全身心投入工作了。80 年代以后，幼儿园越来越多，包括增加了许多民办幼儿园。择园是 20 世纪 90 年代才开始的。之前，主要是各个单位的职工子女，或者家在附近的。

问 当时幼儿园使用的教材是什么？如何选择教材？在您工作期间，有变化吗？

答 60年代没有教材，也没有要求，教师自由找教材，所以造成参差不齐的现象。

到了70年代末80年代初，呼和浩特市教育局有幼教科了，幼教科开始组织各园骨干教师编写各科幼儿教材，进行教学研究。

90年代选用的教材发生了变化，主要用的是北京编写的幼儿园教材。同时，教育局不断组织教学观摩活动，使教学质量有了很大的提升和创新。

现在又没有了固定的教材，用主题教学、各班自选内容、在幼儿游戏中实践主题内容等方式来开展教学。

问 语言、数学、科学、美术、音乐、社会等领域的主要目标是什么？主要采取哪些方法、手段进行？

答 语言：培养幼儿的口语表达能力；数学：认识数字、形状，分辨不同的图形；常识：以游戏为主，有科学角活动；美术：按教材组织幼儿进行各种美术活动；音乐：一般都是自选的内容；社会活动：组织幼儿玩创造性游戏，比如认识邮局、医院等。

问 不同时期游戏在幼儿园教育中的地位有变化吗？

答 游戏始终贯穿在幼儿园教育中，贯穿在一日生活中，而且越来越被重视了。

问 不同时期教学活动在幼儿园教育中的地位有变化吗？

答 一般就是以教材来规范教学活动。

60年代时教学活动主要是教师自选，没有专门的人员来管理教学，在任期间变化主要体现在特长活动越来越多，越来越丰富了，幼儿园的教学是以游戏、实践为基本活动的，和小学的课程不同。

问 不同时期，幼儿的座位摆放形式有变化吗？当时教室环境怎么布置？幼儿园有专用功能室吗？

答 一般就是摆成长条形，幼儿围着桌子活动；到大班后，像小学那样把小桌子摆好，两个小朋友一张桌子。60年代，教室没什么布置，很简单的，后来越来越好了，布置也越来越丰富了。

我们幼儿园1986年就有舞蹈室，后来多功能活动室也越来越多。

问 不同时期，教师如何备课？谁参加备课？备课时通常会考虑什么？

答 备课活动一直都有。60年代因为没有教材，所以每次备课，老师都需要去找上课的材料，或者自己制作等。上午班的老师下午备课；下午班的老师上午备课。全园的教养员都参与备课活动,保育员不参加。备课一般主要考虑上课的内容、方法、使用的材料等,挺自由的。

问 幼儿园经常组织教研活动吗?教研频次如何?教研内容有哪些?

答 幼儿园组织教研活动,但次数和频率不是太多,开始是每个月一次,后来是每学期一次。开始时,教研活动主要是自己找材料;后来,有了科研课题后,教师就进行这方面的教研。其实,幼儿园的教研活动内容挺杂的,遇到什么问题就进行什么教研。

问 不同时期,如何评价教师的业务水平,重点评什么?用什么方法评?

答 各个时期评价教师,主要是通过观摩教学;重点评价是看对教学大纲的完成情况。主要方法是幼儿园自己组织教学观摩活动。

问 幼儿园有几位园长?他们如何分工?园长如何对教师进行管理?

答 一开始是三四位园长,分工不是很明确。一般正园长抓幼儿园全面工作;一位副园长抓业务、协助教学;一位主要抓政治工作;还有一位进行技能培训等。后来我在职时就我一个园长。对教师的管理主要抓业务,政治学习,以及对于新任教师的技能培训。

问 区县市等上级部门有幼教教研员吗?他们是专职还是兼职教研员?他们经常组织教研活动吗?教研内容是什么?您认为教研员组织的教研效果如何?

答 从60年代起就有教研员,而且都是师范学校毕业的。他们经常组织教研活动。教研的主要内容,原来是进行观摩教学,后来就是根据研究课题组织教师进行教研活动。感觉教研活动的效果还可以,挺好的。

问 那时有专门的幼教行政部门吗?有专职幼教干部吗?那时行政会对幼儿园进行哪些方面的管理?如何进行管理?如何评估幼儿园?您希望政府如何管理幼儿园?

答 刚刚工作时的60年代,没有幼教行政部门,没有专职幼教干部。对幼儿园的行政管理一般是人事方面的管理、教学方面的管理等。进行管理的方式主要是到幼儿园检查工作,搞教学观摩活动。评价幼儿园主要是对幼儿园硬件的评估。希望政府能够把幼儿园严格地管理起来,对办园的资质、条件,幼儿教师的入职门槛应该严格把关,要提高教师入职门槛。

问 不同时期您的工作状态如何?幸福吗?忙吗?

答 一个明显的感觉就是忙,一直都感觉特别忙。当然幸福!从事幼儿教育的感觉特别幸福。我在职时一直都在第一线代课,以教学为主,为幼教事业奉献自身的力量,同时也侧重实践活动。

问 不同时期家园关系如何？您对家园工作有何建议？

答 从新中国成立后，到20世纪80年代独生子女政策出台之前，家园关系非常好，特别和谐。那时候，孩子一点儿也不娇气，家长也非常支持幼儿园的工作。“五幼”那个时候都是“全托”，每周日下午6点把孩子送到幼儿园，然后到周六下午再接回家，家长很放心孩子在幼儿园的一切，包括每周给孩子们洗澡、孩子生病住院等，都是幼儿园老师在做。

自从实行独生子女政策后，孩子们越来越娇气，家长的要求也越来越过分，甚至提出一些不合理的要求，使得幼儿园不能再办成“全托”，都改为“日托”。

家长要配合幼儿园，对孩子必须严格要求，不能再那么娇气，要培养幼儿的独立意识、独立能力。家长应当了解、理解、配合、支持幼儿园对幼儿的教育工作，我们反对家长对孩子包办代替。

问 哪些人、哪些事或哪些法规文件，对您的工作影响较大？

答 蒙台梭利教育思想对我自己影响很大。此外，《教育法》《教师法》《纲要》等，对自己工作的影响都非常大。

问 您工作的基本信念是什么？

答 一切为了孩子的发展，一切为了家长服务，一切为了培养好孩子！一心一意地为孩子着想。

问 您最难忘的事情是什么？

答 “文革”结束后，上级领导多次想给我调动工作：到教育局、到小学、到中学，甚至要调动到呼和浩特师范学校去任教。但我不为所动，始终坚持在幼儿园工作，并且大部分时间都在教养员岗位上工作。我自己感觉特别骄傲！

问 您认为新中国成立以来幼儿园教育经历了哪些阶段？

答 我觉得应该分为三个阶段：

一是新中国成立初期，主要是为了解决双职工家庭的后顾之忧，特别是一些机关单位。

二是“文革”时期，幼儿教育管理工作几乎处于停滞状态。

三是改革开放之后，我国的幼儿教育事业蓬勃发展，公办幼儿园发展得非常快，另外，各个单位基本上也都开办了自己的幼儿园，包括机关、工厂等。

问 您对幼儿教育未来发展有何期待？

答 我希望在现有的基础上能够多发展公办幼儿园、机关幼儿园。除此之外，呼吁教育厅恢复幼教处，加紧抓幼教质量。这是非常重要的，也是需要专门的人才的。

最后，希望学习学前教育的学生，尤其是本科生、研究生要深入幼儿园，光靠闷头搞研究是不够的，要走入幼儿园，多了解幼儿、幼儿园的情况，在幼儿园搞研究，甚至可以和幼儿园教师共同研究课题，都是很好的。

访谈对象 | **汪　丽**（南京市太平巷幼儿园园长）

访 谈 人 | 原晋霞

问 您为何选择了幼教职业？

答 我出生于教师家庭，对学校环境和教育有着与生俱来的亲切感。但说实话，我当时并没有做好初中毕业考幼师的准备，因为身体健康及家庭突发状况等原因，选择了幼教专业。在校期间及工作中，与孩子们在一起的时间多了，就越发觉得自己喜欢和孩子们在一起，他们是那么的有趣，充满着无限可能，幼儿教师的工作也很有创造性，我喜欢这样的有趣、挑战和变化。

问 您哪年进入太平巷幼儿园（以下简称"太幼"）工作的？

答 1990 年 8 月。

问 请您介绍一下 20 世纪 80 年代以来太幼课程探索的背景、过程与取得的实践研究成果。

答 第一阶段是从 1999 年到 2001 年。

自 20 世纪 80 年代始，我园学习践行陶行知先生的"生活教育"与"创造教育"理论，将生活作为幼儿园活动的重要资源，开展"小问号"探索活动；90 年代末，我国《纲要》呼之欲出，同时，意大利瑞吉欧方案教学课程经验传入我国。

我们的课程探索是从学习开始的，我们阅读了《心灵之旅》《方案教学》等书籍的复印件，学习了《纲要》的讨论稿；同时，结合学习收获对本园课程实施的现状进行情境分析，讨论拟定课程优化方案，并集中全园精力在试点班探索田野课程的建设，特别是主题活动设计与项目活动组织的基本思路及策略，半年后全园所有班级同时推进。

在这一阶段，我们对方案教学有了初步的了解，特别是对主题、项目、网络等概念有了一定的理解；我们进一步认识了儿童，特别是对儿童学习方式和表征方式的理解，我们更多地从儿童视角开展课程实践活动，我们形成了制度化的教研方式——课程研讨日，特别是自由的、创新的、主动的教研氛围的形成；同时我们更加关注家长工作，鼓励家长参与到课程中来，出版了第一本田野课程专著《田野课程——观念与实施》。

第二阶段是 2002 年到 2008 年。

2001年下半年,教育部颁布了《幼儿园教育指导纲要(试行)》,关于方案教学课程经验文献资料的数量和种类快速增长,我国有更多幼儿园开始关注课程建设,我园教师参与田野课程建设的热情高涨、经验逐渐丰富。

在此期间,我们关注对儿童的整体把握,强调儿童是全面发展的;我们关注田野课程的整体建设,对理念、目标、内容、实施直至评价等课程基本要素开展实践研究;我们以新园建立为契机,做好课程环境的规划并根据课程建设需要不断优化;开展课程资源的深度挖掘和利用研究;开展系统的课程审议活动,以及家长参与课程建设活动。

在这一阶段,我们建立了田野课程的整体结构;生发了以真实、参与、现场、开阔、清新为核心的田野课程理念;明晰了田野课程内容组织方式和五大实施途径;完善了课程管理机制,特别是建立了三级课程审议模式和三级课程资源库;出版了第二本田野课程专著《田野课程——架构与实施》,获江苏省首届基础教育教学成果特等奖。

第三阶段是从2009年到2012年。

在这一阶段,我国越来越多的幼儿园开展课程研究,也形成了一定的实践经验。田野课程经过10年的实践研究,形成了完整的课程框架,我们对框架中的每个课程要素也进行了较为深入的研究,我们期待进一步完善田野课程,提高课程质量,更好地回归幼儿园课程的本质。

我们开展读书分享活动,阅读《与孩子们共同生活》《儿童早期游戏规划》等书籍;我们开展"提升田野课程适宜性的实践研究",将田野区域活动作为主要的课程实施途径之一,全园教师按兴趣并兼顾不同的年级,分成不同小组进行田野区域活动的研究,着重在班级空间的规划、区域材料的提供、活动中幼儿的工作及教师记录等;同时,就田野区域活动与其他田野课程实施途径及主题活动之间的关系展开实践研究。

在这一阶段,我们丰富了田野课程的实施途径,教师们的区域活动意识不断增强,幼儿是在经验中学习、在行动中学习的观念进一步得到践行;形成了田野区域活动的经验体系、内容体系、组织方式与支持策略;与南师大教科院合作举办了海峡两岸暨香港、澳门"幼儿园课程建设与质量提升研讨会";出版了第三套课程丛书《走进幼儿心灵的田野——田野区域活动》,获江苏省教学成果一等奖。

第四阶段是2013年至今。

在这一阶段,全球幼儿教育对完整儿童和优质幼儿教育强烈呼唤;关于人脑的研究成果逐渐增多,神经科学家积累了大量数据,揭示了儿童大脑如何发展,更好地帮助幼儿教育工作者理解教与学;田野课程实践与理论研究持续推进,让我们进一步明确:我们最终的目的是回到儿童。

在此期间,我们开展持续的学习活动,阅读分享《幼儿全人教育》《和儿童一起学习》《热情投入的主动学习者》等,进一步思考儿童的发展问题及幼儿教育的基本价值问题；我们关注幼儿园课程的质量，围绕“幼儿经验”“幼儿园保教质量”两个核心问题开展实践研究；我们开展深度的田野项目活动研究，践行幼儿学习是自主的、持续的、探究的理念；我们建立灵活的教研组织并不断优化教研方式；我们进一步改善家园关系，充分发挥家长在课程建设中的作用。

在这一阶段，我们梳理了各年龄段幼儿关键经验内容体系，建立了田野课程中幼儿经验的生发机制，形成了关于“幼儿经验生发”的一系列观点和实践成果；初步建构了幼儿园保教质量体系，明晰其关键影响要素，尝试建立了保教活动质量检测量表及其使用方法，形成了一系列高质量的保教实践方案与策略，不断提升幼儿园保教质量；师幼关系及家园关系更加和谐；幼儿教师发展呈现更为良好的态势；项目《幼儿园田野课程的架构与实施》获基础教育国家级教学成果二等奖。

问 *您参与了太幼田野课程的建构与完善过程，能说说作为参与者，您的经历和感受吗？*

答 1999年，在南京师范大学虞永平教授的引领下，我园开始建设田野课程并持续至今，我很有幸参与了田野课程的整个建设与完善过程。20年来，我在幼儿园课程建设方面的感受颇多，主要有以下几个方面：

幼儿园课程建设只有起点，没有终点，是一段旅程，永远在路上，旅途中充满魅力和快乐，也充满艰辛和挑战。

幼儿园课程在孩子的生活中，在孩子的行动中，教师建设课程的过程其实就是与幼儿共同生活，不断关注幼儿内心世界、注重幼儿天性、支持幼儿自我成长的过程。

幼儿园课程建设是一个人人参与的过程，是不断汇聚教职工、孩子、家长、专家、社区人士等集体实践智慧的过程，全员参与的力量总是无穷的。

幼儿园课程建设应关注课程的整体框架，幼儿园课程是一个完整的系统，包括课程理念、目标、内容、实施方式及评价等。

幼儿园课程建设过程中困难重重，坚定的课程信念和科学的课程理念是克服困难、不断前行的关键力量。

问 *在太幼田野课程探索中，教师们有何变化？幼儿有何变化？*

答 探索田野课程的过程中，教师的变化和幼儿的变化是同步发生、相互影响的。教师的变化基于对幼儿的重新认识和真正理解，幼儿的变化源于教师的观念更新和实践改善，说到底，这种变化是儿童观、教师观、课程观等不断更新并持续探索践行的过程。

教师的变化首先是从观念开始的。田野课程发展初期，我们在虞永平教授的引领下，学习国内外先进的幼儿园课程理论与实践资料，我们的儿童观受到了较大的冲击，怎样看待儿童、怎样倾听儿童、怎样理解儿童、怎样支持儿童是我们自始至终反思得最多的问题，儿童观的改变是最根本的改变。我们越学就越觉得有一种激情在燃烧，我们大胆尝试，关注儿童兴趣和需要、调整活动空间及时间、改变活动方式、改善师生关系和家园关系……我们学习、实践、反思，再学习、再实践、再反思，循环往复，教师在学习与实践、反思中不断实现从观念到行为的发展。

在田野课程探索中，我们惊喜地发现幼儿的自主规划能力、自主发现问题与解决问题的能力、创造性地表现和表达的能力、尊重他人及自我认知能力，以及专注、坚持等学习品质等都有了明显变化。

问 太幼田野课程成果获得了 2014 国家教学成果（基础教育）二等奖的荣誉，您认为太幼有哪些课程管理的宝贵经验可以与大家分享吗？

答 鼓励全员参与。幼儿园课程建设依赖于人人参与，其中，教职工是田野课程建设的主体力量，需要成为行动的研究者、智慧的奉献者、全新的学习者、主动的合作者。

持续深化学习。根据不同时期的课程研究重点及教师面临的挑战，有针对性地提出学习建议，开展相关学习活动，通过不断学习来为田野课程建设提供源源不断的发展动力。

采用审议推进。针对田野课程建设中的问题，采用多种形式开展班级、年级组和教科室三级课程审议，在平等对话中，解决课程理念与实践问题。

依靠专家引领。专家是不可或缺的教育资源，通过专家的引领，帮助教工实现观念与行动的转变。

关注资源建设。幼儿园课程建设是一项系统工程，其中课程资源建设状况在一定程度上决定着课程建设质量。

建立课程机制。根据课程建设需要，不断建立健全幼儿园管理制度，形成有效的管理机制，为幼儿园课程建设提供有力保障。

坚定课程信念。理想、信念与追求等精神力量是无穷的，我们坚信：为幼儿提供适宜的课程，能让幼儿的童年生活更愉悦、充实和幸福。这也是我们的使命。

问 在您工作以来，在全面发展的目标框架下，在体、智、德、美各方面，幼儿园教育实践的侧重点有变化吗？

答 我园是江苏省首批示范园，长期以来认真学习并贯彻《规程》的精神，关注幼儿全面发展，不断实践与研究。20 世纪 90 年代，幼儿园在教育实践中侧重两项研究实践，即德育教育（包括幼儿良好行为习惯和情绪情感两方面）、幼儿创造教育启蒙与发展，除集体教学活动、生活活动和游戏外，尝试通过区角活动、特色活动（如大地图活动、科学发现室活动）等活动方式，支持和促进幼儿多方面的发展。

1999年末，在南京师范大学虞永平教授的指导下，我们开展了园本课程——田野课程的实践研究。我们通过学习，进一步认识了儿童，特别是对儿童学习方式和表征方式的理解，我们的教育实践活动更多地会从儿童的视角展开，这也让我们进一步理解儿童的全面发展和主体性。2001年《纲要》颁布，标志着我国幼儿教育改革迈进了一个新阶段，我们结合田野课程实践，反复认真学习这一指导性文件，在教育实践中，我们关注幼儿的兴趣和需求，不仅关注集体也关注个别，尊重他们的观点和意愿，采用多种方式支持幼儿操作、探究、调查、欣赏交往与表达。我们关注创设丰富的生活和活动环境，包括室内外和园内外，以满足幼儿多方面发展需要。随着我们的学习及田野课程实践的不断深入，我们对幼儿发展的整体性及个体差异性也有了更深的理解，于是在教育实践中着力提升田野课程的适宜性，我们关注个别差异，将田野区域活动作为课程实施的重要途径之一，在班级空间规划、区域材料提供、活动中幼儿的工作及教师记录等方面开展实践研究，努力为幼儿提供适宜的支持，促进幼儿富有个性的发展。

2012年，《指南》正式颁布，我们围绕"幼儿经验""保教质量"两个核心问题开展实践研究。我们开展深度的田野项目活动研究，我们珍视游戏和生活的独特价值，关注幼儿的生活，包括在园一日生活、家庭生活、社区生活，关注幼儿游戏，以《指南》为依据，努力关注每个幼儿经验发展的平衡性与连续性。我们重视幼儿的学习品质，特别是在活动中表现出来的主动、专注等积极态度及不怕困难、勇于探究、乐于创造等良好行为倾向。

问 不同时期，教师如何备课？谁参加备课？备课时通常会考虑什么？

答 在开展田野课程建设以前，我园的教学活动大多为统一、固定的内容，教师备课时，主要就接下来一周的活动内容和计划进行细化，侧重思考或讨论具体的活动策略，如：需要的教具是怎样的？活动中教具如何出示？活动环节如何自然过渡？教师的站位、动作、提问、小结等。简单来说，那时的教师备课，更像是将一个具体的活动在老师的头脑中做一个充分的"预演"。

在进行田野课程开发和实践后，教师的观念不断产生转变，最大的转变是从教师的"教"转为孩子的"学"。此时的教师备课不仅仅限于教师本人或专业教师，司机、厨师、幼儿、家长、社区人士等常常会参与其中；"备课"的内容也不仅仅限于活动方案或是教具准备，往往是幼儿的经验和兴趣、价值判断、可利用的资源、可开展的活动方式、幼儿可能的活动及经验、环境准备、家园互动等。简单来说，这样的教师备课，更多的工作是课程审议和环境准备。

问 不同时期，幼儿园如何评价教师的业务水平，重点评什么？用什么方法评？

答 我园一直关注教师的专业发展，也会通过多种方式对教师的业务水平进行评价。随着教育观念和课程实践的不断推进，对教师业务水平评价的重点和方法也会产生变化，有所侧重。

20世纪八九十年代，幼儿园评价教师业务水平时，更多关注的是教师的技能水平，如：讲故事时能否绘声绘色，折纸是否平整且折得又多又快，弹唱时能否流畅、协调、准确，跳舞姿势是否优美，制作的主题墙是否生动吸引眼球……其次，也关注教师组织活动的能力，如：是否能在规定的集体活动时间内达成教育目标，一节活动后幼儿都学会相应的知识与技能吗？开设示范课的能力强吗……当时的评价方式主要是结果性的，如：弹、唱、说、跳、画、写、设计活动计划或主题墙等的比赛，以及开设汇报课、示范课等等。

在田野课程实践中，我们的幼儿观、教师观和课程观不断发生转变，随之而来的是对教师业务能力的评价重点和方式的改变。侧重评价的方面有：教师观察、了解、理解幼儿的能力，教师基于幼儿经验和兴趣规划活动的能力，与幼儿互动的能力，创设支持性环境的能力，家园协作的能力等等。评价的方式主要是过程性的，如：进入现场感受教师及幼儿的状态，班级的活动环境及活动过程，与教师、幼儿、同伴、家长互动交流，看或听教师的经验分享等等。

问 不同时期您的工作状态如何？不同时期分别忙什么？

答 总体来说，我觉得不同时期的工作都有一定的挑战性，有新鲜感，我喜欢和大家共同努力解决面临的一个个问题。

不同时期，工作重点的确会有所侧重。如：担任管理者初期，我更多的是深入幼儿园每个部门，了解教工的工作内容、规范标准等，并且倾听他们的想法，在此基础上，规划幼儿园工作思路、重点、制度与举措等。在课程建设起步阶段，更多的是与试点班的老师在一起，学习、讨论与实践。在新园建设时期，更多的是调动多方资源，忙室内外空间设计与规划、材料与设备的选择、环境与资源的创设、资金筹措等。随着规模的扩大、班子成员的调整，微调组织结构、管理制度、活动组织方式等则成了我的阶段性重点工作。

但是，有一些工作是在任何时期都一直在忙的，主要有：幼儿园课程理论及管理理论的学习、实践与反思；教师队伍建设；园所文化建设；家园关系改善等。

问 您工作的基本信念是什么？

答 让幼儿拥有真正幸福的童年，让教师获得惠及终身的发展。

问 您工作以来最难忘的事情是什么？

答 工作以来，触动和感动我的事情很多，要说最难忘的，应该是在2000年初，也就是田野课程建设初期，我们对幼儿园课程建设充满热情，我们如饥似渴地学习先进的中外幼教理论和实践经验，渴望并珍惜得到虞永平教授的引领，可是虞教授太忙了。当时虞教授只有大年二十九的晚上才能抽空和我们一同讨论，于是幼儿园发布了这个信息，请老师们自愿参加。让虞老师和班子成员没有想到的是，除了个别在外地的老师外，其余的老师都来参加了。那晚，大街上到处洋溢着欢乐的节日气氛，我们正聚精会神地倾听着虞教授细细分析课程观念、实施方式……并展开热烈的讨论。

问 您在工作上有哪些创新？或您做过的最有成就感的事情是什么？

答 20年来，幼儿园几度搬迁，人员更替，一园多址，但太幼人对田野课程的信念、行动和追求始终未变，大家坚守“儿童为本”，持续提升田野课程的适宜性，从而更好地支持儿童的发展。这让我最有成就感。

问 您对幼儿教育未来发展有何期待？

答 我期待各级政府及社会人士越来越真正理解幼儿教育的意义及肩负的责任；期待所有的儿童利益相关者更加尊重幼儿学习特点和发展规律，为幼儿创设更适宜的成长环境；期待不同地域、不同类型的幼儿园得到优质均衡发展；期待不断提高幼儿教师地位和待遇，保障更优质的教师来源……

访谈对象 | **沈 清**(宁波市第一幼儿园园长)

访 谈 人 | 原晋霞

问 您为何选择了幼教职业?

答 我成长于一个文化氛围浓厚的教师家庭,父亲曾是一名中学校长,后来因为工作需要进入文化系统,担任过天一阁副馆长等职务,离休前父亲的教育情怀又让他选择重新回到学校。受父亲影响,我对教育有一种天然的亲近感,从小就是院子里的孩子王,再加上喜欢孩子,1980 年,我高中毕业后就进入宁波市第一幼儿园工作。

但我当时对如何当好幼师并没有概念。1981 年,一幼分进了一名正规幼师生。她多才多艺,手风琴拉得尤其好,我一下子成了她的铁杆粉丝。在"偶像"的引领下,我开始业余学习钢琴、美术。1984 年我顺利考入浙江幼师,进行为期两年的专业学习,这让我在专业发展上有了质的飞跃。从 17 岁成为幼儿园老师开始至今我已经在幼教领域耕耘了 39 个年头,是幼教界的"老兵"了,念及过往几十年的工作历程,虽已过天命之年,我无悔当初的选择,因为这个职业带给我的一直是无穷的欣喜和快乐。

问 请您介绍一下宁波一幼在传承与发展张雪门行为课程方面做出的探索与贡献。

答 一幼传承、创新张雪门行为课程的过程大致经历了三个阶段。

第一阶段:回顾——引经据典,摸石过河。

发展的前提是继承,而没有对张雪门教育思想的深入学习,又何来的传承?然而在 1998 年之前,关于张雪门教育思想的理论书籍极其匮乏,我们就从幼儿园仅有的一套《张雪门幼儿教育文集》入手,组织全体教师进行全面深入的学习,一章章、一段段地研读,一篇篇、一节节地摘录,我们发现在张雪门先生的教育思想中,"行为课程"的理论最为珍贵。行为课程借鉴了行为主义、实用主义等理论,是张先生运用实验的方法,亲身实践所形成的产物。张雪门课程思想的精髓就是强调生活实践对儿童生长的重要意义,强调儿童经验的获得是课程的目的,强调教师的作用是引发幼儿的行为。1998 年到 2009 年,是一幼对张雪门行为课程的首次探索。这一时期,主要是系统学习张雪门教育思想,建立新的课程框架,并在实施过程中不断调整,一幼人称之为"摸石过河"。2009 年,一幼正式提出"新行为课程"这一概念,并建构了完整的课程体系。这一课程体系突破了集体教学方式,开始关注个人、小组活动,并且将张雪门提出的工作、旅行、动机等课程要素,通过“儿童工作室”“蜗牛考察队”“蛤蟆剧团”等特色活动呈现了出来。

第二阶段:发展——践行反思,投石问路。

2009年至2013年是新行为课程发展的第二阶段。我们根据张雪门先生的行为课程理论,摸索着将张雪门先生的行为课程进行还原,并结合当时的课程领域体系及八大智能等现代教育信息,形成了我们的园本课程“幼儿园新行为课程”的基本雏形。经过这一阶段的探索,课程结构更加完善,幼儿的八大行为(工作行为、社会行为、语言行为、运动行为、心理行为、科学行为、考察行为、艺术行为)成为课程主要内容,同时,提出了场景模拟、调查访问、经验共建等课程组织的策略,以确保课程目标的达成。

第三阶段:展望——吐故纳新,金石为开。

任何一个课程的研究,都需要动态、持续、发展的理念,需要不断地实践和完善,课程的建设永远都处于进行时,没有最好,只有更好。2012年10月,《指南》正式颁布,《指南》中提出要珍视游戏和生活的独特价值,创设丰富的教育环境,合理安排一日生活,最大限度地支持和满足通过直接感知、实际操作和亲身体验获取经验的需要。我们惊喜地发现,《指南》的精神和张雪门先生的理论竟是那么高度的契合,这也让我们对正在实施的园本课程更加充满信心。同时我们重新审视了当时的新行为课程目标内容,进行了更深层次的思考:课程如何站在儿童的视角,更好地关注儿童的经验,关注儿童的活动,促进儿童的生长?此时,我们的课程研究也遭遇了瓶颈:虽然知道课程是新的,但究竟新在哪里,还说不清楚;道路是否正确,也不够自信。非常幸运的是,2013年海曙区教育局启动了幼儿园品牌建设项目,虞永平教授带领的南师大专家团队多次深入我园进行观摩指导,为我们的课程建设提供了极大的助力。尤其是虞教授对我们坚持行为课程的探索精神给予了充分的肯定,让我们的教师团队激情饱满。我们从课程目标、内容、实施与评价等入手,在原有的基础上重构了“新行为课程”。2016年,新行为课程体系在课程目标、内容、实施与评价等方面都有了进一步发展。课程内容被整合为主题、领域与区域三部分,这种调整更符合幼儿认识事物的特点,而且也与张雪门“幼儿看宇宙间的一切东西都是整体的”这一思想相契合。同时,在课程组织策略上,采用了张雪门提倡的“设计教学法”,即通过创设问题情境,让幼儿自己去解决问题。张雪门认为,只有“在劳力上劳心”的行为才是有价值的,而设计教学法正切合这种要求,因此是最适宜的。

经过三个阶段的发展,一幼的新行为课程更加科学、完善,理论根基也更扎实了。一个好的课程,最终一定是会伴随着儿童的发展,教师的成长,幼儿园内涵的积淀。在课程的建设过程中，我们经历了艰辛，也收获了成果。

2012年1月，《幼儿园新行为课程的开发与研究》获得宁波市基础教育成果一等奖，并于同年6月获得了浙江省基础教育成果二等奖。

2014年，《幼儿园新行为课程》被评为浙江省首届幼儿园优秀精品课程。

2014年12月，哥伦比亚大学学前教育专家莅临我园观摩指导，教授们惊叹：在中国，在宁波，居然有一所幼儿园把杜威的"做中学"理论实践得比他们本土还要好。

除了课程研发上的成果，近20年的积极探索也促进了师资队伍的快速成长和青年教师的脱颖而出。这20年来，我们幼儿园有浙江省春蚕奖获得者，宁波市王宽诚育才奖获得者，宁波市名园长，宁波市名师，浙江省教坛新秀。幼儿园更是为宁波市其他园所输送了十多位园长，成为宁波市幼教届的"黄埔军校"。

我们不但创新与发展了张雪门先生的行为课程，更是积极地宣传与发扬张雪门先生的教育思想。早在2001年，我园就牵头成立了至今拥有近百家会员单位的"宁波市张雪门教育思想研究会"，从一个园的力量扩充到更多的研究团体，每一年的"张雪门教育思想研讨会"已经成为宁波市幼教系统的常态学术活动。

2003年的中国幼教百年大会，我们就做了专题发言，扩大了张雪门行为课程的影响力，同时我们还得到了张雪门先生的学生钱玲娟奶奶的支持，在北京成立了"张雪门行动小组"，南北两地同时开展了张雪门教育思想的研究。

2010年起我园还分别在宁波、台湾相继承办了四届"海峡两岸暨香港、澳门张雪门教育思想研讨会"，来自香港、台湾、大陆各地的专家与同行欢聚一堂，共襄盛举。

问 对于新的教师团队，宁波一幼如何确保张雪门幼儿教育思想得到落实？

答 我们的团队通过"感受体验—理论提升—思行合一"，确保张雪门幼儿教育思想得到落实。

首先，感受体验。

让老师们感受"快乐工作、灿烂生活"的工作氛围，感悟我们的学习、工作和生活都离不开"从生活而发生，也从生活而展开" 的张雪门教育思想理念。潜移默化中让每位教师充分感受张雪门的课程理念在幼儿园各项工作中的继承和创新，对张雪门幼儿教育思想有了总体的体验。

其次，理论提升。

"生活即教育，行为即课程"，这是张雪门行为课程的核心理念，也是张雪门幼儿教育思想的重要理论。我们就从《张雪门幼儿教育文集》入手，组织全体教师进行全面深入的学习，一章章一段段地研读，一篇篇一节节地摘录。让张雪门的"生活 行为 经验"教育思想深深印入每一位教师的脑海。

最后，思行合一。

张雪门先生认为“立志—省察—力行”是一位教师成长的必然经历，所以“思”“行”必须合一，我们通过“自由与自主、经历与经验、劳力与劳心、有趣与有意”的“四与理念”确保张雪门幼儿教育思想得到落实。

问 能说说您作为宁波一幼课程改革的参与者，有何经历和感受吗？

答 现在回过头来看一幼所取得的成绩，觉得还是很有收获的，但是摸索中跌打滚爬的辛苦只有亲历了才能感受。在这20多年的一幼掌门人工作中还是有辛苦、有眼泪、有焦虑，甚至是病痛，但是作为园长，必须要有责任意识、目标意识、创新意识，尤其是责任意识，就像习总书记说的那样“不忘初心、砥砺前行”。如何带领全体教职工继承和创新，促进这所百年幼儿园的发展，保持一直的生命力？这是我不可推卸的责任和担当。

我始终认为，幼儿园的课程改革一方面要紧紧抓住自己的根基，同时也要了解“万变”的信息，始终坚持“生活 行为 经验”的张雪门课程理念，始终坚持“办家门口好园，惠千万家百姓”的办园目标。通过不断地思考和反省，才能保持清醒的头脑，确保正确的前进方向。正如张雪门先生担任北平幼稚师范校长时的校歌歌词中所写的：生活兮教育，我们生命唯一之伴侣；淳朴兮孩子，未来世界好坏之主体。这是我们一幼人为之努力奋进不断探索的教育理想，我们相信，课程的研究之路没有终点，更好的我们，总在前进的路上。

问 您对幼儿教育的未来有何展望？

答 首先，我希望每所幼儿园在自己原有的基础上更加契合《纲要》和《指南》的精神，真正做好自己园所的课程改革，始终以儿童为中心，在同一片蓝天下让每一个孩子都受到良好的教育，实现教育公平。

其次，我们每一位幼儿园教师都是课程改革的实践者，我们希望国家加大对幼师生的培养力度，提供更好的职业保障，减少一些不必要的压力和杂事，使老师们能真正把时间和精力放到孩子们身上。

最后，祝愿我们国家的幼儿教育越来越好。

访谈对象 | **张新敏**(乌鲁木齐市红旗幼儿园党支部书记、园长)

访 谈 人 | 闵兰斌

问 张园长,您好!请您先做一个自我介绍吧。

答 我1986年参加工作,到今天已经从事教育工作33年了。先后在乌鲁木齐市第一幼儿园、第二幼儿园、红旗幼儿园担任过幼儿园教师、副保教主任、副园长、园长、副书记,现任乌鲁木齐市红旗幼儿园党支部书记。

回顾我的工作历程,早期是从一线教师逐步成长起来的,后来逐渐进入到幼儿园管理工作之中,在工作生涯中我感触最深刻的是专业成长的过程,这不仅是工作性质的需要,也与我个人的专业兴趣有关系。在工作中我很注重利用参与或主持各类课题研究的方式来促进个人的专业成长,近年来我先后参与的国家级课题有2项,独立主持的自治区级课题4项,例如,主持了新疆师范大学的自治区人文社科重点研究基地——新疆教师教育研究中心的科研项目《幼儿园教师有效组织集体教学活动策略的探究》、自治区课题《〈3—6岁儿童学习与发展指南〉背景下少数民族幼儿早期阅读能力培养实践研究》、自治区教育厅重大课题《幼儿园园本课程资源的开发与实践研究——以乌鲁木齐市红旗幼儿园为例》等,这些课题让我对学前教育工作中的一系列现象和问题进行了深入思考,也不断促进我成长。正因为个人对专业的兴趣和要求,使我在多年前就获得了中小学(幼儿园)高级教师职称、国家二级心理咨询师,同时也荣获了乌鲁木齐市优秀教育工作者、乌鲁木齐市学科带头人、乌鲁木齐市教研先进个人等荣誉称号。

问 您是因为什么样的一个机缘进入到幼教行业的?

答 最初选择这个职业,一方面是因为我母亲就是一位小学教育工作者,从小受家庭环境和母亲的影响,觉得人民教师是一个非常受人尊重的职业,另一方面,我个人也很喜欢孩子,跟孩子在一起我能感受到工作的乐趣和生活的价值。之所以坚持到现在,除了爱孩子以外,还因为我在工作的过程中深切地体会到了幼儿教育在教育体系中的根基作用,幼儿园阶段对一个人的发展产生着深远的影响。幼儿教师的工作虽然很朴实,但是在与幼儿的互动中可以让我感受到教育对他们的点滴影响,包括行为习惯和学习品质的养成。带着这样的认识，我一干就是三十多年，也越来越喜欢幼教工作，觉得这份工作担负着沉甸甸的责任，同时也是实现自我价值的重要方式。

问 从您从业到现在，幼儿园教师的社会地位有没有变化？如有，在哪一个时期比较明显？

答 从我的从业生涯来看，我发现国家和老百姓对学前教育越来越重视。具体来说，记得我刚工作时是20世纪80年代，当时社会上普遍对幼儿教育的认同度不够，幼儿教师的社会地位低下，幼儿教师只是单纯对幼儿进行养护与照料，帮家长看护好孩子就行，所以时常被称为“阿姨”“保姆”；到了90年代，随着1996版《幼儿园工作规程》的颁布，当时提出来幼儿园的任务之一就是为家长参加工作、学习提供便利条件，幼儿园也开始有意识地为孩子教授点东西，意识到幼儿园是教育机构，要体现出教育的目标性和计划性，但幼儿教师的地位并没有太大的变化。我认为最明显的变化是从2000年开始，随着国家先后出台《规程》《指南》《国家中长期教育改革和发展规划》《关于当前发展学前教育的若干意见》等文件，在这一个过程中明显感觉到学前教育受到了前所未有的重视。同行经常说“学前教育的春天来了”，教师也明显感觉到这份职业开始受到社会和家长的认可和支持。另外，从国家到地方政府的发文来看，越来越强调学前教育的“奠基”性质，这也促使着幼儿园教师要走专业化的发展之路，教师的专业化属性越来越强，家长对幼儿园教师的尊重感也明显增强，教师的社会地位明显提高了。

问 幼儿园在发展的过程中，当时好像有很多的家长也不送孩子到幼儿园，是否有这样的情况存在？

答 从我工作的经验来看，在20世纪八九十年代确实有这种情况存在。一般来说，城市家庭只要有人能担负起照看孩子的任务，家长就不会把孩子送到幼儿园来；另外也与家庭的经济状况有关系，一般收入比较高的家庭，普遍会把孩子送到幼儿园来接受教育。但对农村地区来说，尤其在南疆农村，在过去很多地方都没有幼儿园，孩子也就没有接受幼儿园教育的机会。

问 从您33年的工作经历来看，家长都有哪些变化？

答 就这个问题来说，家长的变化还是很大的。一方面，从不同时期来看，早期家长普遍关心孩子在幼儿园“吃饱没有”，教师看护孩子的情况。到20世纪90年代，家长逐渐开始关心孩子在幼儿园“学到东西没有”。家长态度的变化，也使得幼儿园开始关注孩子获得了哪些知识经验，认为幼儿园的教育一定要给孩子传授一些知识技能。进入到新世纪，随着家长素质的提高，越来越多的家长开始关注幼儿的全面发展、早期智力的开发、生活习惯和学习品质的培养。另一方面，随着2001年《纲要》的颁布，随着家园共建观念的落实，家长主动参与幼儿园教育的意识明显增强，认识到了家园配合对孩子成长的重要性。

2010年国务院印发了《关于当前发展学前教育的若干意见》，提出大力发展学前教育，不断满足广大家长对学前教育的需求；同时提出要重点发展农村学前教育，通过多种形式扩大农村学前教育资源，新建扩建托幼机构，支持贫困地区发展学前教育。2017年乌鲁木齐市实施了幼儿园免费教育，广大家长入园期望更加强烈，学前教育越来越受到社会和家庭的重视。

问 您在工作期间，存在家长择园的情况吗？

答 每个时期都存在家长择园的情况。近年来，幼儿园的规范性管理更是家长所看重的，家长会从教育环境、师资队伍、教育理念等方面考虑，其实，择园的过程中体现出了家长对优质教育的渴望和期盼。

问 我们知道您所在的幼儿园是一所自治区级的优质园，在家长择园的过程中，是不是有很多孩子就会进不来？

答 我们处于天山区老城区，聚集的人口比较多，学龄前孩子也比较多，同时，学前教育阶段没有划分学区，幼儿园招生名额有限。红旗幼儿园坚持落实天山区国办园阳光入园的政策，也就是所有适龄幼儿均采取网上报名，家长通过网上注册，填报孩子的详细信息，招生全程网络操作，报名成功的孩子由家长带相关资料到幼儿园再进行现场审核报到。

问 无论是在《规程》，还是在《纲要》里面都谈到了家园合作，那您觉得在不同时期，家园关系如何？

答 随着时代的发展，不是不同时期的家园关系有变化，而是不同层次水平的家长对家园工作的要求不同。正如《纲要》中提到的“家庭是幼儿园重要的合作伙伴”，近些年我园充分调动家长的积极性参与幼儿园管理，比如邀请家长中的医生、交通警察和新疆大学教师等，发挥他们的职业特长参与到幼儿园的教育中。我们幼儿园一直定期开展家长讲座，对家长进行育儿指导，引导家长正确对待孩子成长中的问题；党员、团员老师们经常会到社区向居民介绍幼儿的年龄发展特点，分享育儿和家庭教育经验，把幼儿园教育的场地拓展到社区，共同提高家长的育儿水平，这些做法也得到了家长的支持。在家园工作中我们始终以尊重、平等、合作的态度争取家长的理解、支持，来构建和谐的家园关系。

问 您认为您所在的幼儿园达到目前的这种状况最主要的影响因素有什么？比如说您认为与幼儿园的管理和家长的素养方面有没有关系？

答 红旗幼儿园现在作为自治区示范性幼儿园，在发展的历程中能得到各方力量的支持，其中，我个人认为最主要的影响因素有：首先是各级政府和教育部门的关心、帮助、支持；其次就是幼儿园自建立以来各级园领导能遵循正确的教育方针和保教工作的客观规律，采用科学的工作方式和管理手段，如伙食费定期公布，家长就可以了解孩子一日三餐两点的就餐情况及资金的使用情况；第三，就是定期开展家园联系活动，为家长参与幼儿园教育提供了机会，通过开放日、家长会、家长委员会、家长讲座等形式，让家长充分了解幼儿园的教育理念、教育内容和教育方式，了解幼儿的基本特点，充分调动不同层次的家长参与到家园共育的工作中，发挥好教育的合力。

问 为了更好地推进家园共育工作，您有什么建议？

答 首先，对老师"家庭走访"工作要提出细化要求，要注重实效，切实解决幼儿生活中的问题；其次，做好新生家访工作，在幼儿来园之前老师就要了解幼儿及家庭各类情况，帮助幼儿尽快度过焦虑期；第三，充分利用和开发社区资源。比如说我们幼儿园附近的新疆大学、水上乐园、南公园等都是很好的教育资源，老师可以带孩子到新疆大学去体验大学校园浓厚的人文氛围和大学生的生活，带孩子到南公园去近距离观察和认识植物，邀请片区交通警察给孩子们开展交通安全讲座，充分挖掘和利用社区资源，将其有机地整合到幼儿园教育资源中来；最后，充分利用现代媒体技术，加强家园联系。例如，通过微信或其他平台及时共享幼儿的在园状态，建立稳定的家长志愿者或助教队伍参与到园所管理和教育之中。

问《幼儿园工作规程》于1996年颁布，在2016年做了修订，我们看到幼儿园教育是在个体全面发展的框架下推进幼儿的全面发展的，幼儿园在落实这些目标的过程中，具体是怎样做的，或者说在落实的过程中有没有一些变化？

答 我们幼儿园一直以来十分重视国家和自治区各项教育政策的落实，其中，1996年版的《规程》应该是推动幼儿园发展的最重要的教育政策之一，比如我园办园目标就是根据1996年版的《规程》来进行方向性和规范性把握的，在2016年新的《规程》颁布以后，我园教育目标也相应地做了改变。

一是加强关注幼儿心理健康的工作，将幼儿的心理健康提到一个高度，为更好地关注幼儿的心理状况，给予正确的指导，幼儿园积极安排老师们参加心理学的培训，现在我园已有4名教师获得了国家二级心理咨询师，4名教师取得了心理健康辅导员证。近年来，幼儿园要求教师在班级对幼儿开展个案观察，建立特殊儿童档案，及时解决幼儿出现的一些心理问题，后期我园计划成立幼儿心理健康工作室，为加强幼儿心理健康提供支持。

二是根据老《规程》第五章第二十六条中的新修订内容，我园多次审议课程方案，更加注重幼儿的直接感知、实际操作、亲身体验。在幼儿园的教育教学活动中，一切从儿童发展的角度出发，充分给予幼儿自主的空间，例如在生活活动中，加强幼儿的自我服务管理，规范幼儿值日生的内容，在教学中为幼儿提供多层次的操作材料，满足幼儿的操作、感知、体验。加强教师的观察指导能力，在教育过程中支持幼儿主动探索、操作实践、合作交流。在后期我园计划成立幼儿志愿者团队，通过做小小志愿者，感受为他人服务的快乐！

三是老《规程》中提出“幼儿园应当因地制宜创设游戏条件，提供丰富、适宜的游戏材料，保证充足的游戏时间，开展多种游戏”，在三十四条中提出“有条件的幼儿园应当优先扩大幼儿游戏和活动空间”的内容。我园近几年创建了藏书 6 000 册的绘本馆、烘焙室、茶艺室，新改造了美术室、科技室、乐高墙，对幼儿玩沙玩水的空间进行了改造，建造了幼儿喜爱的树屋、木栈道，为幼儿提供了丰富的游戏空间，调整了幼儿一日生活作息制度，保证充足的游戏时间。

四是在幼儿园的安全方面，我园修订和完善了幼儿园各项安全制度，制订了一系列的安全预案，将幼儿安全工作融入日常的教育教学活动中，每月定期开展各项安全演练活动。

通过落实一系列的具体措施，进一步确立了我园的教育目标，将培养“中华传统文化背景下现代小公民”即“培养健康活泼、文明乐群、勇敢自信的儿童”，作为我园教育目标。

问 红旗幼儿园在落实这些目标的过程中，做了很多的探索和改革，包括您刚才谈到的各种课程形式。在这个过程中是如何充实课程教学资源的？

答 回顾红旗幼儿园70年的发展历史，老师在课程实施方面积累了很多丰富的教学经验。根据国家和自治区教育政策，结合本园的实际情况以及区域环境，我园的课程实践经验可以分为以下几个阶段：一是在 20 世纪 90 年代，我园编写出一套汉语教材，教师用书和幼儿用书各大中小三册，当时已经在少数民族幼儿中广泛使用，根据幼儿发展情况和家长反馈，整体还是不错的；二是 2000 年之后，我园使用《多元整合课程》《整合观基础下的科学教育》教材，同时立足教研编写了一套《园本课程的探索活动》，在幼儿园课程实施中结合起来使用；三是到了 2019 年，我园在长期教研积累的基础上编写了一套《园本课程资源》，形成小、中、大班的 24 个教学主题，这个资源包包括：《我们的家园》《中国礼仪宝宝》《中华美食香喷喷》《相亲相爱一家人》《我是中国娃》《神奇的汉字》等，这些主题内容以弘扬和传承中国优秀传统文化和中华礼仪等为主要目标，积极地在教育实践中落实习近平新时代中国特色社会主义思想进校园，增强幼儿“五个认同"教育,同时强调了培养幼儿尊师敬长、尊老爱幼、乐于助人的品质等。

问 您觉得在您从教的33年里,游戏在幼儿园教学中的地位有没有什么变化?

答 确实有一定的变化,甚至还挺大的。我记得是在1979年《城市幼儿园工作条例》中首次提出"游戏是幼儿的基本活动",一直到今天,说实在的游戏是幼儿园的一个难点。80年代的游戏活动以教师主导为主,主要游戏类型有模仿游戏,就是传统民间体育游戏,但游戏中缺乏幼儿的自发建构和自主游戏,主要是规则游戏,教师高控很明显。到了90年代以后,游戏在幼儿园教育中的地位就有一些变化,我们认识到幼儿早期的学习是以游戏为依托的形式,但幼儿园的重点仍然是学科和传统意义上的知识传授,游戏的地位还是相对比较低的,有时就变成知识教育后的一个调节环节。90年代后期,幼儿园表演、角色、建构三大创造性游戏占有一定地位。幼儿园在这一时期,教研活动基本在探索三大游戏的具体落实。到了2001年,《纲要》上重申了"幼儿园以游戏为基本活动"的理念,明确了要以各种游戏形式和内容让幼儿进行学习,其目的是让幼儿在自主自发的游戏活动中自主自发地构建,扩展自己的知识,提升自己的经验。

问 同时也想听听,在不同时期幼儿园教学活动组织形式有没有变化?

答 从我园来看,关于这个问题是在不同时期有不同的认识理解的。在20世纪80年代初期,幼儿园教育基本是小学模式,教师在黑板上写,幼儿认读;到了80年代后期仍是以老师为中心,以学科为中心,以课堂为中心,以教授为主,这种影响应该一直持续到90年代。当然发展到今天,我们对幼儿园的教学有了进一步的认识,也就是在达成幼儿园教育目标的过程中,能够从幼儿学习特点出发,强调以幼儿为主体,以游戏为基本活动的实践取向。例如,为幼儿创设各种区角,引导幼儿通过直接与材料交互作用,亲自去发现,探索知识和规律;重视师幼间的互动和合作学习,重视情感与认知的统一,重视学习能力的培养,重视教育评价;幼儿园创建烘焙室、茶艺室、科学发现室等功能室,目的就是让幼儿亲自动手体验、感知、获取经验;在户外活动中,我们将户外场地分成若干区域,如攀爬区、玩沙区、自行车区、球类区等,以班级为单位,老师负责本班区域,户外活动时间,幼儿自己选择场地,自己选择同伴,自己选择材料,自己选择内容开展活动,充分体现以幼儿为本的教育理念。

问 从幼儿园教育实践来看,除了游戏活动、教学活动以外,生活活动也是幼儿园非常重要的组成部分。那您能不能谈一下,在幼儿园不同的发展阶段,生活活动在组织过程中有没有什么变化?

答 生活活动是幼儿园课程的有机组成部分,我园在这方面也有比较大的变化,从早期的照顾、包办代替到现在生活活动成为幼儿园重要的课程环节,其实教师所秉持的教育理念变化是最大的。我们不断强调教师在组织教育活动过程中要转变观念,要以幼儿为本,充分挖掘一日生活各个环节中蕴含的教育契机,促进幼儿经验的发展。因此,时至今日我园仍然在强调教师要做到以下几方面:帮助幼儿在生活中发现,在生活中学习,优化幼儿园生活环节的组织方式,促进幼儿养成良好的生活习惯,提升幼儿的生活自理能力。

问 以前可能觉得生活活动就是去照顾他就可以了,满足他的基本生活需求,现在我们把生活活动作为幼儿园课程的一部分,就意味着生活活动也承担着相应的教育目标和价值。那么,在不同的时期,比如说就以您工作过的幼儿园为例子,我们教室的座位摆放方式有没有变化?

答 幼儿园的座位摆放是有变化的,20 世纪 80 年代幼儿园是按照小学的课桌摆放要求进行摆放的,现今根据不同的活动内容调整幼儿的座位摆放位置,比如:以组为单位或幼儿自主选择座位或摆成弧形等,方便幼儿学习、生活。这些变化,也说明了幼儿园教育越来越关照到幼儿发展特点、学习特点以及课程实施的需要。

问 目前,您所在的幼儿园有没有专门的功能室?都有哪些?

答 近些年,为了更好地满足幼儿的发展需要,支持幼儿的全面发展,我园非常重视功能室的建设,比如我园建立了科学发现室、美术室、幼儿玩水室、烘焙室、茶艺室等 9 个功能室,根据不同的教学内容选择功能室开展活动。

问 我想请您回顾一下在幼儿园发展的不同时期,幼儿园教师都是怎么备课或准备教育内容的?

答 从我的从业经历来看,在 20 世纪八九十年代,幼儿园教师备课就是备教材、备教学内容,由教师参加备课,备课时会考虑怎样教授内容,怎样传递相关的知识。而现在的备课具有了明确的指向性和框架,例如要备幼儿、备方法、备教材,在备课过程中要考虑不同年龄段孩子的特点、注重个体差异,要运用不同的教学方法,体现幼儿的主体地位。比如,前些年园里会定期举办集体备课,集体研磨教学内容等。现在我园基本形成了全体教师集体备课、年级组备课、师徒结合备课等学习共同体,集体备课时,有专家引领,园领导参与指导等相对规范的制度,促进了我园教师专业成长,提升了园本教学质量。

问 幼儿园经常开展一些教研活动吗?具体是怎么开展的,多长时间开展一次?

答 现在我们幼儿园组织教研活动的次数比较多也逐渐形成了制度,每个学期都会组织 4—8 次,如:一课三研,同课异构,讲座沙龙,学习讨论等。在开展教研活动时我们会进行前期问卷调查,依据教师的教育教学开展情况重点选取一个点,然后分析孩子的年龄特点，分析活动的内容，不断研磨教学活动的组织方法和策略，不断提升教师的教育能力和水平。

问 除了常规的教研活动，其他还有哪些教研活动？

答 除了教学方面的教研活动，我们还会集中研讨教师在教学中遇到的问题，比如教师提问的层次递进性问题，比如师幼互动问题，比如幼儿评价的问题等，凡是老师提出来的有价值的问题都是我们的研讨内容。

问 比如您刚说的师幼互动、教师如何提问，都是非常关键的一些问题。那么平时常规的教研活动，你们一个月会进行几次？

答 我园面向全体教师开展的教研活动最少每个月一次，一个学期开展至少四次，同时，我们每月的大教研活动要带动年级组的小教研活动，例如：针对集体教学活动中的师幼问题研讨，针对教师提问的研讨等，我们会先指导教师在每个年级组内开展研讨交流，教师结合教学实践活动经验反思师幼互动问题，研讨教师如何提有效的问题等，然后在大教研活动中全体教师再次交流，研讨科学合理的方法并在年级组观摩研讨活动中进一步探讨师幼互动问题等。此外，我园还会根据实践需要对教学中迫切需要解决的问题增加教研活动的次数，这些都是根据实际需要来调整的。

问 刚才我们谈到了教师这个层面，那么您所在的这个幼儿园，平时会不会对幼儿的发展做一些评价呢？

答 承认和关注幼儿的个体差异，避免用划一的标准评价不同的幼儿，在幼儿面前慎用横向的比较。以发展的眼光看待幼儿，既要了解现有水平，又要关注其发展的速度、特点和倾向等。

我园对幼儿的评价，首先是通过幼儿成长档案册，档案册中有幼儿的档案、成长故事、活动记录、作品及分析、亲子游戏、家园联系表等；其次每学期末从五大领域着手，依据课程内容，从情感、态度、知识、能力多方面对幼儿进行评价；在幼儿国家通用语言学习方面，我们从听词指图、看图说话（词汇、句子、语篇）等方面进行评价。现在，我们借鉴刘占兰老师的多维度评估体系，分析幼儿发展水平，从家长评估、发展性评估、主题评估等三个指标开展课程评价工作，每个指标根据幼儿年龄特点、不同领域进行细化。

问 您刚谈到了幼儿评价这一块，那么对于教师业务水平平时有没有做一些评价？

答 早期对教师的评价仅仅为教学能力的评价，会重点看教师组织集体教学活动的能力，或者以教师的美术、音乐等方面的技能掌握情况作为考核教师业务水平的普遍标准。2012年颁布的《幼儿园教师专业标准（试行）》，从3个维度、14个领域、62个标准对合格幼儿园教师提出了基本要求，是幼儿园教师开展保教活动的基本规范，是引领幼儿园教师专业发展的基本准则。我们将《幼儿园教师专业标准（试行）》作为教师培养、准入、培训、考核等工作的重要依据。我园每月会对教师进行评价，分为日常检视和抽查两个部分，日常检视占70%，抽查占30%，通过师德、安全、一日生活常规、教育教学、保教配合、重点工作等多方面进行评估，作为教师年终评优的依据。

现在我们的评价方式也比较多元，不仅评价教师组织教育教学活动的水平，还会评价教师对幼儿身体、心理发展的评估能力，评价教师在教研活动中的研讨交流能力，评价教师听课、评课的能力，还会综合评价教师手工、弹琴、跳舞等专业能力，此外，还会评价教师小课题开展能力。

问 您在幼儿园从教已33年，您能回顾一下不同时段您的工作状态吗？

答 我从事了33年的学前教育，因为爱孩子所以总觉得自己从事的事业是一项快乐幸福的事业，因为爱幼教所以也促使我能够始终保持着积极向上的工作状态。从毕业进入到幼儿园工作以来，从带班老师成长为园长、书记。在每个岗位每一个时期都有不同的工作任务，始终处于忙碌状态。在班级当老师时，主要围绕班级建设和管理做工作，包括环境的创设与利用、一日生活的组织与保育、游戏活动的组织、教学活动的计划与实施等等，这个过程为我后续成长奠定了非常坚实的基础，当时觉得很忙碌但也很充实。担任副保教主任时，主要协助副园长管理教育教学工作，从这个时候开始我就跳出班级管理来考虑幼儿园整体保教工作的安排和实施了。担任副园长时主要配合园长管理教育教学工作，抓好队伍建设，这时期与做保教主任又不一样，挑战更大，但是我的管理素养也在这个时期得到了提升。担任书记、园长时主要负责幼儿园的党支部工作和全面管理工作，抓方向、抓队伍、抓教育质量成为我的主要任务，可以说每一个时段都很忙碌但也很充实，让我对幼教事业的热爱之情就更加深了一层。现在红旗幼儿园是自治区示范性幼儿园，我们仍然在不断提升教育理念，提升幼儿园办园水平，提升教师队伍的建设，主动承担社会责任，比如开展送教下乡，去南疆支教等活动。此外，我们与内地名园签订了姐妹园，不断扩大合作交流，进一步学习它们先进的教育理念以及先进的管理模式。

问 在您从业期间有哪些人或是哪些事，或者哪些重要的法规文件，对您的工作有比较大的影响？

答 我认为对我影响比较大的是《纲要》，《纲要》指出了现阶段幼儿教育工作中的具体的要求，让我们在幼儿工作中有了目标和方向；还有《指南》，让我们教育教学活动有了一定的标准，虽然不能用一把尺子来衡量幼儿，但是它提出的标准，能帮助我们清晰地认识幼儿需要掌握的核心经验以及教师指导方面的策略。此外，前段时间发布的

《教师违反职业道德行为的处理办法》，让我们看到国家越来越重视幼儿教育，也有越来越多的人加入到幼教这个行业当中，在欣喜的同时我们也要警惕身边是否存在职业道德不端的教师，以文件的形式确定了对违反职业道德的行为的处理办法，也为幼儿的身心发展、健康成长提供了保证。

问 您在工作中坚守的基本信念是什么，能跟我们分享一下吗？

答 工作的信念就是一切以幼儿为本，努力将幼儿培养成体、智、德、美等全面发展，个性良好的现代中国小公民。办一所让家长放心、让孩子开心、让教师安心的示范性幼儿园。

问 在您33年的工作中，经历了很多的重要时刻，能分享一件最让您难忘的事情吗？

答 难忘的事情确实很多，值得分享的就是今年红旗幼儿园已经建园70周年了。在这一重要的庆典上，我们向社会各界展现了幼儿园70年来的发展成果和整体风貌。70年来，面对困难和挑战，一代又一代红幼人，秉承“艰苦奋斗，爱国爱疆”的优良传统。昔日的小平房如今已变成占地7 600平方米的综合性教学楼，办公设备、教学设施一应俱全，现可容纳600多名幼儿在这里学习生活；如今的红旗幼儿园是一所教育特色鲜明，享有良好社会声誉的示范性幼儿园。参加庆典活动的老园长、老教师及红幼的毕业生、家长朋友对幼儿园的发展给予高度评价和肯定。

问 红旗幼儿园与新中国同岁，确实具有非凡的意义，您觉得这其中最宝贵的精神财富是什么？

答 70年来，红旗幼儿园与新中国的成长一样，经历了很多的挫折，也遇到了很多的挑战。我到红旗幼儿园这19年，我们全体教师一直将红旗幼儿园的“艰苦奋斗、爱国爱疆”的精神传承了下来，并且不断发扬光大，这点的确意义非凡。红幼在不同时期勇于承担教育责任，攻克教育难题也是这种精神的体现。例如，在80年代，我们就致力于为少数民族创设国家通用语言环境，探究游戏化的教学法；进入到新世纪我们意识到培养中国心的未来小公民的重大意义，主动致力于“多元一体”文化的挖掘，努力创设弘扬中华优秀传统文化的环境，让孩子潜移默化地浸润在其中，涵养品行，学好国家通用语言，筑牢自己是中国公民的意识等，这些教育实践和研究其实就是对红旗幼儿园精神的传承和发展。

问 红旗幼儿园跟新中国同岁，它的发展历程从某种程度上也反映出了新疆幼儿教育的发展特点，请您回顾一下，红旗幼儿园的发展大致经历了哪几个阶段？

答 70年来，面对困难和挑战，一代代红幼人秉承着“艰苦奋斗，爱国爱疆”的优良传统，始终坚持“倾心于孩子的今天，着眼于孩子的明天，为孩子的终身发展奠定基础——健康、文明、乐学、创造”的办园理念，以“管理规范，创出特色，争取一流”为办园目标，按照“向管理要效益，以质量谋发展”的办园思路，以教研促教改，以教改促质量，致力于构建具有中华民族文化底蕴，接轨时代精神的幼儿园课程新模式，不断强化内部管理，加强教师队伍建设，全面提高保教质量，一步一个台阶不断超越自我。主要经历了 4 个发展阶段。

第一阶段：20 世纪 50 年代—80 年代，开启阶段。

红旗幼儿园建园起始于新疆解放初期（1949 年），原名为迪化市第二女中附属托儿所（又名第二托儿所）。当时收托婴幼儿 65 名，保育员 7 名，主要以保育、卫生工作为主，房舍及设备极其简陋。

第二阶段：80 年代—2000 年，稳步发展阶段。

1982 年自治区教育厅专项拨款“民族教育发展资金”，幼儿园修建了一栋三层综合教学楼，建筑面积 2477 平方米，1983 年竣工，同年 9 月投入使用。与此同时我们还吸纳 3 名专业毕业生充实教师队伍，教师队伍不断壮大，教育教学质量不断提高。

第三阶段：2001 年至今，跨越式发展阶段。

这一时期，幼儿园在上级各部门的关怀和直接领导下，师资力量不断壮大、硬件设施不断改善、幼儿园管理日益规范精细、教育教学质量稳步上升、园本课程特色明显，幼儿园各项工作稳步发展，为各族幼儿接受高质量的学前教育提供了保障，为各族幼儿学习国家通用语言创造了良好的氛围。

一代代红幼人心怀祖国、无私奉献、为祖国边疆教育事业担负着“培养未来中国公民”的使命。

问 您对新疆幼儿教育未来发展有一些什么样的期望呢？

答 首先，希望加快学前教育立法的进程，这样能从根本上解决学前教育的一些重点、难点问题。其次，希望提升幼儿教师的社会地位，留住优秀的学前教育人才，提升幼儿教师队伍的稳定性。第三，希望采取有效的方式提升幼儿园教师专业化水平。最后，希望能逐步缩小城市和农村，园际之间的差距。

访谈人 感谢张园长接受本次访谈，您的期望也是新疆幼教人的期望，相信新疆学前教育事业会发展得越来越好。

访谈对象 | **张慧和**（原南京市五台山幼儿园园长，南京师范大学教授）
访 谈 人 | 原晋霞

问 张老师，请您先简要介绍一下您的教育经历和工作经历。

答 我1951年考入苏州苏南幼儿师范学校（该校前身是景海幼师），一年后，这里要办工农速成中学，我们这届两个幼师班并入苏州新苏师范学校。当时报考幼师的学生，有很多同学是因为家中经济困难，考进师范学校不仅可以不交学费，而且吃饭也是免费的。这解决了很多家庭的困难，我也是因为这样的原因考幼师的。但是，也有部分同学是因为喜欢儿童教育事业而报考幼师的，我记得我班上有四位同学已经在普通高中读了一年，听说苏南幼师招生，她们放弃高中一年的学业，重新报考苏南幼儿师范学校。

我们考进师范学校后，给我们上课的老师，都是各学科的老教师，他（她）们都有深厚的学术素养和教学经验，讲课不仅深深吸引着每位同学，也给我们在学业上打下了较好的基础。

那时候学校的思想政治教育不仅抓得较紧，而且十分注意联系学生思想实际。如那时候引导我们阅读《钢铁是怎样炼成的》《把一切献给党》等书籍，观看苏联的电影《乡村女教师》等，这些教育对我人生观、价值观的形成有着深刻的影响！

1954年的初夏，在我们即将毕业时，国家建设和发展急需各方面的人才，我们这届毕业生有10名同学被学校推荐报考南京师范学院幼儿教育系，但还需要参加全国高校入学考试，只有考试通过了，才能进入南师院学习。我们10人为有进一步学习的机会高兴，同时也抓紧考前的时间，认真学习我们没学过而与考试有关的高中课本。经过考试，我们10人都被录取了！我们1954级共录取了32名同学，有4位同学因身体原因中途退学了，最后毕业时是28位。同学中有近一半来自各地幼儿师范学校，有少数同学是普通师范和高中毕业生，还有一部分是工作1至2年的幼儿园老师。1958年暑假我们毕业！我被分配在南师附属幼儿师范学校工作。

我在幼儿师范学校工作了五年，1958年秋季开学，没多久全国范围内开展了大炼钢铁运动，我们都积极地投入到运动中！1962年春天，我又被学校要求和另一位老师一起，参加校办工厂的筹建工作。五年中我担任过几门专业课的教学工作，但时间都不太长。1958年初冬和1962年春天，学校教育组老师分别带领幼师三年级学生去县里农村办幼儿园，我和学生们去了泗阳和靖江。1963 年因工作需要，我被调到五台山幼儿园①工作，这所幼儿园虽是南师附属幼儿园，但它是国家财政拨款，所有教师、行政人员和部分保育人员都是有编制的。1969 年暑假，南京师范学院的各个附属学校（包括幼儿园）都被南京市或区接管。五台山幼儿园由南京市鼓楼区教育局接管，我们幼儿园三位年纪较轻并有大学学历的教师分别到有初中班的小学任教。我被调入鼓楼区汉口路小学教初中一年级的语文、政治课，一年后初中班停办，我就教小学六年级的语文、政治课。1973 年五台山幼儿园又被南师院收回来，我也同时被调回幼儿园了。

问 张老师，您既是高校教师，也曾做过幼儿园园长，这次我们主要想请您谈谈 60 年代幼儿园的保教情况。

答 1963 年我被调去五台山幼儿园当执行园长，五台山幼儿园建于 1952 年，1958 年“大跃进”时改成了全托幼儿园。我是 1963 年 2 月份过去的，记得我上班第一天就碰上了小朋友晚上洗澡。当时条件不好，冬天洗澡都是烧煤炉的，用莲蓬头洗。洗完澡，怕孩子们冷，就直接抱到床上去，老师给他们讲故事。

全托幼儿园的工作很紧张，但是当时的老师很能吃苦。他们每天上班 9 个小时，上午班的老师早上 6 点半来，一直带班到 12 点半，持续 6 个小时，下午还有 3 小时备课。下午班的老师从 1 点半工作到 8 点半，他们上午还要来园两小时，进行备课或者配合上午班老师的活动。为什么上午班的老师 6 点半就要来呢？因为是全托幼儿园，七点多孩子就起床了，有时候遇上天气变化，老师要早来帮孩子找好需要换的衣服。晚上孩子们 8 点钟上床，8 点半后老师下班。那时全托是有夜班的，晚上有两位保育员值班，下午班老师会在下班前与夜班老师交接注意事项。我自己和一部分年轻老师住在幼儿园。每天晚上睡前我都会去看看孩子，交代晚上值班的注意事项，万一有事，（夜班老师）一喊，我和住在幼儿园的老师就能出来帮忙。那时候没有车，晚上如果遇到孩子生病，就用自行车载着孩子或者自己背孩子到（江苏省）人民医院去看病。人民医院也很好，儿科医生每星期都会义务到幼儿园来看两次门诊。小朋友一般不用去医院，除非发烧了。一般情况下，儿科医生开好处方，保健老师直接到医院去拿药，这些工作都是义务的。

问 那个时候五台山幼儿园有几个班？每个班的师幼配比情况如何？

答 一共只有 4 个班，就 3 岁到 4 岁、4 岁到 5 岁、5 岁到 6 岁、6 岁到 7 岁这几个年龄段，即小小班、小班、中班、大班，7 岁的孩子就上一年级了。当时大班是 32 个孩子，中

① 五台山幼儿园是现在的南师大附属幼儿园的前身。五台山幼儿园的经费来源是国家财政，教师有编制，但五台山幼儿园由南师院直接领导，人事权利归南师院人事处。

班是30个孩子,小班28个孩子,小小班25个孩子,配两教一保。

问 60年代哪些家庭会送孩子入园?

答 一般都是家里没人照顾的孩子才会来上幼儿园。如果家里有人照顾,有的孩子也不一定来上幼儿园。我们这里是全托,首先是为南师院职工服务,同时也会留出部分名额给外单位职工的孩子。

问 那当时的全托是什么样的情况呢?

答 那时候上班的家长都很忙,只有星期天一天休息,所以我们全托幼儿园的孩子就是星期一早上入园,星期六的下午才离园,孩子的理发和洗澡等生活上的事情一般都在幼儿园进行。需要理发时,我们就请师傅来理,钱从家长交的保育费里出。每个星期给孩子们洗一次澡,内外衣都换一次。换下来的衣服都要在幼儿园洗,但那时候没有洗衣机,我们专门请了一位洗衣服的中年大妈。碰到洗被子,就全园所有老师参加,因为不仅要当天洗完,而且要当天晒干翻好,晚上孩子还要盖这些洗好的被子。所以选择好天气很重要。晒干后,大家再一起来装被子,那时每位老师都要做部分的保育工作。五台山幼儿园地理位置高,卖煤炭的人是不送煤上去的,都是把煤堆在大门口,由我们自己搬上去。到了冬天,有时候水管冻了,我们还要下去拎水,所以条件非常艰苦。

那时,一到春天,传染病就很多,例如麻疹、脑膜炎、水痘等,孩子生了这些病就需要被隔离。小朋友被隔离时,如果家里有人,会送回家,直到孩子痊愈才能回来。如果家里没人,那就住在幼儿园里的隔离室。在隔离期间,有时家长会送来水果,但他们只能在幼儿园的院子里看看孩子,带来的水果让孩子在办公室里吃。我去五台山幼儿园工作的第一年就碰到了传染病流行。大概从2月底一直到5月1号,两个月的时间,孩子一直被隔离在幼儿园里。这段时间,幼儿园老师就更加忙碌了,老师们只能在星期天时轮流休息半天,其他时候都上班。在1964年春,幼儿园还碰到一件事情,就是发现有两位孩子得了脑膜炎。一个孩子是南师附中的一位老师的孙子,他的爸爸妈妈在西藏工作,还有一个孩子的爸爸是医生,妈妈身体很不好,也就只有这一个宝贝女儿。这两个孩子都是独生子女,他们得了脑膜炎,如果不及时治疗,是会有生命危险的。我和保健医生一起把患脑膜炎的孩子亲自送到传染病医院。接下来幼儿园就忙得一塌糊涂了,全园孩子都要做喉咙检查,看看是否带菌,要把带菌的孩子跟不带菌的孩子隔离开,所以孩子们又一下被分成两组,带菌的和不带菌的。带菌的孩子隔离成一个班,由一位老师带,不带菌的孩子由另一位老师带,夜班也是要分开的。这样分成两批,人手就忙不过来。我们就向系领导讲了这个情况,并请求能否在人力上给予我们一些支持,系领导很快就让一位老师来帮助我们,她来园工作了一个月,解了我们的燃眉之急。

回顾五台山幼儿园的那段全托的日子,虽然条件艰苦,但是我们的老师都很爱孩子，也能吃苦耐劳，虽然条件有限，但幼儿园各项工作开展得很好，家长对我们的工作也非常信任和满意。

问 在儿童体智德美几个方面，五台山幼儿园在哪些方面做得不错？

答 因为五台山幼儿园是全托幼儿园，所以老师们都很注意孩子们的身体健康和体育锻炼，同时也注意对孩子们的友爱教育和劳动教育。

第一，体育锻炼比较受重视。虽然五台山幼儿园的户外场地不够大，只有两个小院子，但是那时每天早上，大班孩子起床后，我记得都暂不洗脸，先跟上早班的老师到五台山体育场上锻炼。锻炼之后，再回幼儿园洗脸吃饭，这一做法一直坚持着。那时候小朋友们还会每天跟着保健老师学做眼保健操，这对幼儿的视力起了很好的保护作用。五台山幼儿园还接受市儿童保健所的指导，他们经常来园帮助我们提高保育工作质量。

第二，友爱教育做得不错。经常有大带小的活动，比如小班的孩子才三岁，还不太会自己穿衣服，所以下午常常会请大班小朋友轮流去帮忙。中大班的孩子也会互相帮忙系鞋带、扣纽扣。

第三，劳动教育做得也比较好。譬如，中大班孩子都有包干区，不同地方的卫生分别让不同的孩子负责，如抹小床、抹柜子，还有修补图书等，另外也会让大班孩子学习洗自己的手帕。因为地方有限，种植活动虽然不是很多，但也会利用院子里的边角种一些植物。

总的来说，当时重视体育锻炼、友爱教育和劳动教育。另外音乐、语言、数学等方面的教育也做得不错。这几方面都有系里老师的指导，有的班上老师还在系里老师的指导下进行了专题研究，如1958年在周南老师的指导下，对混龄儿童教育进行过专题研究。智育在当时也很受重视，但受重视程度和方式与今天有所不同。

问 五台山幼儿园用什么教材？

答 当时没有统一固定的教材，也没有成套的教材。工作中主要参考1956年的《幼儿园教育工作指南》的精神来实施保育教育，我印象中这是试行稿。我们也在南师院专家的指导下开展各项教育活动，系里方观容、吴璇仪、赵寄石、汪爱丽、唐淑等老师都指导过园内的数学、美术、自然、体育和音乐方面的教育，黄文奥和鲍贤琨两位都是园内的资深老教师，她们在语言和音乐方面造诣很高，在工作中给了年轻教师很多的指导和帮助。那时候幼儿园课程中，传统节日方面的教育也很受重视，会给孩子讲一些相关的节日故事，也会开庆祝会，师生都会表演节目。另外每周有一次晚间集体活动，老师会表演变魔术、木偶戏、手影戏等。

问 60年代也考虑幼小衔接吗?

答 嗯,这个也考虑到的,但并没有提前学习,而是自然衔接。我们的孩子大都会到五台山小学上学,我们会向小学了解孩子上小学后的情况,反馈的信息都强调我们的孩子在行为表现、学习和语言方面都很好,发展均衡。当时大部分家长都很重视孩子的教育,所以,孩子们在各方面的发展都比较好,能够自然地适应小学生活。

问 五台山幼儿园经常组织教研活动吗?

答 有的,我来幼儿园时,系领导就让黄文奥老师做幼儿园的业务指导,她定期主持园内的备课,和老师们一起讨论教材、各项教育活动的开展。

问 教育行政部门会管五台山幼儿园这类单位举办的幼儿园吗?

答 区里不管,学校(南师院)管。我基本上不去开区里或市里的会议,他们也不通知我。学校没有很多会议,我只参加党团组织生活。我还会参加系里的教研活动,但幼儿园老师们一般不参加,老师们将主要精力放在做与孩子相关的事情上,系里的老师都是直接来幼儿园和老师们讨论相关的教科研工作。

问 五台山幼儿园做课题研究吗?

答 有课题研究,但这是一种自发提出的研究,并在系里老师指导下开展,我们自己关注什么问题,就会做这方面的研究。比如前面提到的体育锻炼、劳动教育、语言、数学和自然等方面的教育,我们都开展过研究的,但当时没有项目立项一说,幼儿园研究的课题是在教育过程中自然而然生成的研究,没有太多的功利性。

问 那时需要布置教室环境吗?

答 环创也有,但没有像现在这么复杂。有自然角,如在自然角养点小金鱼、小蝌蚪等动物和其他植物,也有专门摆放图书的柜子,确实没有像现在幼儿园有这么多的区域。

问 那时幼儿园教育的主要形式是什么?

答 那时候既有集体教学活动,也很注意游戏活动的开展,有创造性游戏、体育游戏,还有表演游戏。集体教学活动主要在室内进行,而游戏基本都在户外。

问 那时幼儿教师评职称吗?

答 不评职称。我印象中工资主要根据工龄调整,也会看老师的表现。不过调整工资的机会在我工作期间不是非常多。

问 那时班上有特殊儿童吗?

答 多动儿童偶尔会遇到一些,但自闭的儿童基本没有。个别幼儿可能会有一点注意力不集中,或不是非常合群。

问 那时家长对幼儿园的期待是什么?

答 像我们这种全托幼儿园,家长的主要期待是将孩子的生活照顾好,解决好家长的后顾之忧。譬如,有时候家长忙了,幼儿园会主动将孩子留下来,星期天都不放假,班上的老师帮家长带孩子。家长对幼儿园最主要的期待就是孩子健康,其次是希望孩子的语言、行为、品德发展得比较好。

问 那时家园关系如何?

答 家园关系比较好,家长对老师都很信任。在孩子入园前,老师会去家访。在园期间,在接送孩子时,会告知家长孩子在幼儿园里的情况。我们还为每个孩子准备了家园联系本,这样我们就可以和每一个孩子的家长进行联系。我记得有一名小孩来幼儿园后非常不适应,哭闹不止。这个孩子中午午休都不在班级睡,而是睡在老师房间。班上老师每个星期天都带这个孩子到南师的草坪上玩,这样很快跟孩子建立了亲密关系。我们的老师全心全意地付出,家长都很安心、放心。

问 张老师,非常感谢您,通过刚才的交流,我们对60年代幼儿园的情况有了大概的了解。最后,请您谈谈对学前教育未来发展的期待。

答 祝愿在新时期,我国的幼儿教育事业有新的发展!希望各类幼教机构和幼儿园认真贯彻《规程》和《指南》的精神,让儿童在生活和游戏中快乐学习、健康成长!祝愿每一位小朋友都能有一个幸福的童年!

访谈对象 | **张馨予**（长春市人民政府机关第二幼儿园园长）

访 谈 人 | 原晋霞

问 您为何选择了幼教职业？

答 我是1982年初中毕业后考入长春师范学校幼师专业的。当时，国家给予师范类中专毕业生国家干部的待遇，这非常吸引人。由于报考人数较多，各学校学生报考都会有名额限制。我作为长春铁路子弟中学优秀毕业生被推荐参加考试，很珍惜这个机会，希望能到长春师范学校读书的心情特别迫切。另外，自己的性格活泼、开朗，很喜欢小孩子，从小就有教师梦，所以很坚定地选择了这个职业，并且一直都没有后悔过。

问 您哪年进入工作？哪年开始当园长？

答 我是1985年7月进入长春市人民政府机关第二幼儿园担任幼儿教师；1998年4月担任该园的副园长职务；2006年11月担任长春市人民政府机关第一幼儿园园长职务；2011年1月担任长春市人民政府机关第二幼儿园园长职务至今。

问 请您介绍一下新中国成立70年来，政府机关幼儿园在幼儿园课程建设与幼儿园管理等方面的重要探索与成就。

答 第一阶段是1948—1983年。1948年10月长春全面解放，市政府将一所孤儿院改建成托儿所，并将其迁至原日本新京神社内，这个托儿所就是我园的前身。成立初期，我园全部实行寄宿制，承担保教工作的都是保育员，直至1956年，才开始有师范毕业生来园工作，逐渐出现正规的教育活动。课程设置为语言、计算、常识、音乐、体育、美工六科，教师自行选择教学内容。“文革”期间，幼儿园停办近2年，恢复初期以德育教育为主，体育和智育也比较受重视。70年代末期，上级行政部门开始对幼儿园进行管理，安排一名行政人员兼职抓幼教工作，每年全市的备课工作由我园和市一园、东北师范大学附属幼儿园承担，编写的教材在全市统一使用，让课程走向规范。这一时期，我园曾荣获“全国三八红旗集体”“全国托幼工作先进单位”等多项荣誉。

第二阶段是1984—1997年。改革开放后，教育部颁布的老《纲要》引领学前教育走上规范之路。我园树立“一切为了孩子，为了孩子的一切”培养目标，积极改善办园环境，强化教师队伍建设。在课程建设上，沿用六科教学模式，按照学段编排课程计划。90年代末，我园开始探索“综合主题活动”课程模式，教材不断更新完善，教师有了教学参考资料，幼儿也有了操作手册和练习册。团体操是当时我园的特色活动，在每年的全市幼儿团体操比赛中，我园都获得了前三名的好成绩。在教师队伍建设上，越来越多的专业院校毕业生来到我园工作，他们的专业成长得到更多的重视。我园多次接待海内外专家学者前来参观访问，举办和参与各级、各类业务竞赛，利用这些平台助力教师的专业发展，使保教质量得到稳步提升，获得多项省市级荣誉，1995年被评为省级示范性幼儿园。

第三阶段是1998—2010年。2003年，国务院办公厅颁布《关于幼儿教育改革与发展的指导意见》，提出积极推进幼儿教育改革，全面实施素质教育。这个时期，国外众多教育思想和理论涌入，使我们在学习中开阔了视野，并通过积极反思更新了课程观念。期间，我园的办园条件进一步改善，新建了一栋现代化教学楼，全面改造了庭院，开通了校车，配置多台现代化办公设备，并利用信息技术提升管理水平。在课程建设上，我园开设省内第一个双语班，成立了“零点早教中心”。在教师队伍建设上，通过开展课题研究引领教师走上专业发展之路。在管理上，我园在全省率先创办了两所分园，把优质的学前教育送入更多家庭。我园与国内外的交流日益增多，驶入高速发展的快车道，成为引领全省学前教育发展的龙头园。

第四阶段是2011年至今。2011年以来，党和国家对学前教育给予前所未有的重视，让学前教育走进阳光地带。在新时代背景下，我园继续深化课程改革，不断探索新的管理模式，在传承和发扬二园阳光精神的基础上，逐步形成了多彩文化、和谐队伍、优质保教、科学管理、积极合作“五位一体”的阳光教育办园体系，凝练并践行了“沐浴阳光、乐享童真”的办园理念，创办了六所分园，办园规模不断扩大，办园质量不断提高。在各级领导的关心支持下，我园翻盖了办公楼，装饰了教学楼，实施了数字化校园建设，创设了凸显富有野趣、适合探究的庭院环境，形成了风格统一、功能完备、与阳光教育办园理念相匹配的整体教育环境。在课程建设上，构建了阳光教育课程模式，课程类别分成共同性课程和选择性课程，共同性课程分成主题课程、领域课程、区域课程，选择性课程为小社团课程。教师备课由背教材转向创设环境和准备材料。在教学活动中，教师由关注教材转向关注幼儿的兴趣和需要，自主性学习成为幼儿的主要学习方式。在队伍建设上，我园坚持以人为本的管理原则，以“让生命的成长成为一种幸福的过程”为教育愿景，重视师德师风建设和教师专业发展，有效实施阳光精粹管理，实现了职工职业幸福感和保教质量的同步提升，形成了“和谐、求实、包容、开放”的园风和“乐群乐业、善诱善思”的教风，培养出7名省级名师，12名优秀管理者。我园承担多项国家、省、市级科研课题，取得了丰硕的成果，公开出版《幼儿游戏支持与引导》等论著，发表论文近百篇，还应邀在国际学术论坛上交流管理工作经验。我园还参与教育部《园长专业标准》研制、省市学前教育部分政策法规的制定和修订。我们积极承担国培、省培的教学任务以及东北师范大学本科生实训课程的教学任务，成为首批教育部园长培训中心签约的实验基地。通过张馨予园长劳模创新工作室、名园长工作室，开展多个学前教育公益项目活动，为我省学前教育的健康发展做出了积极的贡献。

问 政府机关幼儿园在课程改革过程中，遇到了哪些问题？又是如何解决的？

答 一是人才短缺。建园初期，没有专业幼儿教师，班级工作人员基本上都是保育员，以照顾幼儿的生活为主。后来，我们将保育员分批送到长春中等师范专科学校接受培训，积极吸引专业教师来园工作，逐渐解决了人才短缺问题。

二是学前教育理论缺乏。90年代以后，国内外众多学前教育理论迅速冲击了我们的头脑，这些纷繁复杂的课程模式一下子喷涌而出，我们感到新奇，于是就跟风跑，不断将课程变来变去，没有思考实践的基础，只会生搬硬套。后来，我们学着凝练办园思想，学会用办园文化引领课程改革，逐渐找到了自己的发展路径。

问 您在课程改革过程中，最难忘的经历或感受是什么？

答 我们的课程改革大致可以分为三个阶段，这三个阶段的变革都给我留下了深刻的感受，因为这三个阶段也见证了我们国家学前教育事业的发展。

工作初期，幼儿园进行分科教学，所有的教育活动都是集体活动、分科教学，幼儿在教室里排排坐，活动的主动权掌握在教师的手里，属于高结构教育活动；主题活动刚兴起后的一段时间内，我们选择用主题活动代替分科教学，教师也通过不断的学习，逐渐从最开始不适应、不会开展转变为可以自如开展主题活动的“高手”；而现在，随着时代的发展与社会需求的转变，我们选择了将主题活动与集体活动有机结合，同时也将主动权全部还给了幼儿，以幼儿为中心，这也是目前最适合我们的课程模式。

问 在全面发展框架下，幼儿园教育实践的侧重点有变化吗？

答 过去，我们总是用成人的眼光、成人的标准去审视幼儿的成长，希望看到的是成人眼光下的美，希望展示的作品都是整齐划一的那种美，注重结果性的展示。现在，我们学会了用全面、发展的眼光看幼儿，注重幼儿的自主性，结果不再是我们评定的唯一标准。我们将更多的精力放在了培养幼儿的观察力、鼓励幼儿的好奇心、培养幼儿的想象力、树立幼儿的自信心、自主性和自我评价能力等方面。

问 不同时期幼儿园如何使用教材？如何看待教材的作用？

答 五六十年代，没有教材，都是教师自己找资料、自己画图片用于教学，还会借鉴上海、南京等地区的一些资料用于上课。

60 年代到 90 年代,分科教学时期,市教育局组织几所大园集体备课,将教学内容印刷成小册子作为教师用书,算作"市级教材"。

90 年代后期,综合主题活动时期,教师参考用书由省里统一编著出版,供各幼儿园使用。前期的综合主题活动指导用书都是预设活动,要求教师按步骤上课。

近年来,我园的主题活动课程的教材主要是教师参考用书,但更多的时候是作为活动的资源库使用,教学活动多数都是预设活动,教师可以自由选取适合本班级幼儿特点的活动进行教学,有一定自由度。

我认为教材对教师有很重要的指导、支持作用,幼儿则不需要教材,只需在生活中探究学习、通过游戏材料等互动构建新经验。

问 不同时期教师如何备课?

答 没有统一教材时期,各学年组教师在一起把自己搜集的资料拿出来,挑出适合本年龄段孩子的内容,最后全体教师在一起梳理全部内容,避免使用重复的教学内容。

"市级教材"时期,市教育局依靠东北师大附属幼儿园、市政府一园、二园等优秀大园,每园抽七八名骨干,按分科的领域备小小班、小班、中班、大班的领域课。最后,整个小组汇总一张备课表格,打印出来变成教师用书,让教师对照上课。带回去的"市级教材"由骨干教师负责给本园的教师按年龄组备课,这时教师再根据自己擅长的领域选择上课,而不是全领域都由一名教师上,这样减轻了教师的教学负担。经过梳理后的"市级教材"让我园的教学质量有了保证。

省编教材时期,教师有了更大的自由度,采用集体、学年组、教研组等多种方式备课。

过去备课很大程度上是所有教师写教案,备整个学期的课,通过备课对教师的教学提出具体要求。现在备课更多的是反思以往教学工作中的问题,改进完善未来的课程结构、内容、方法,研究如何观察和支持幼儿,如何评价幼儿的发展。

问 不同时期,教师如何评价幼儿?

答 过去,我们普遍用所学知识的完成情况评价幼儿,结果是评价幼儿发展情况的唯一标准,强调所谓的"规则""集体",看幼儿是否建立起好的习惯,是否听话,接受能力是否强,追求幼儿各方面出类拔萃。

现在,我们更多转向过程性评价,注重幼儿全面发展,关注幼儿能否进行主动学习,能否拥有积极乐观向上的心态;关注幼儿的社会性发展情况、艺术素养的培养状况、语言能力的发展、科学探索能力的养成、身心的健康程度等方面。我们也意识到,知识的获得情况并不是评判幼儿发展的唯一标准,而只是幼儿成长过程中很小的一部分,幼儿能否感受到成长的快乐，教育能否为幼儿一生发展服务，才是“阳光教育”最关注的问题。

问 不同时期，如何评价教师的业务水平？

答 过去，我园看中教师的“五项技能”是否良好，用各种比赛的方式检验教师专业技能是否娴熟，用排名评价教师的优秀程度，这使教师在各种竞争中产生了心理压力，教研活动变成了比拼“输赢”的管理工具。

现在，教师的业务技能依旧是我们评价教师水平的依据之一，但除此之外，我们还会对教师进行综合性评价，从教师职业道德水平、心理素质、专业发展程度、个人价值追求、教育观念等多个维度观察和评价教师。我们更关注教师的发展过程，关注教师的特质特长，用过程性评价代替结果性评价，通过教师撰写自己的小故事、同伴间互评、观察记录等多样化评价手段，以评价促进发展，成就教师成为一个完整的人。

问 不同时期您的工作状态如何？分别忙什么？

答 2006—2010年期间，我在市政府一园当园长，当时的幼儿园被征用改建市医院，我们被迫找新场地。我的主要工作任务是稳定教职工队伍、分流职工、重新找场地、装修和招生。当时的状态是焦虑、迷茫、着急、压抑、忙碌，觉得幼儿园不受重视，精力都放在“多方寻找援助，希望政府在政策上保住幼儿园，稳住教师”上面。

2011年至今，国家特别重视学前教育，政策很多，我主要忙于提升办园品质、夯实办园基础、扩大规模等工作上。作为省级劳模，我创建了“名校长工作室”和“劳模创新工作室”，通过项目研究承担更多的社会责任。我还承担一些“国培”“省培”授课任务，开展课题研究、撰写论文和编写专著等。

问 您工作以来，家长对幼儿园的期待有变化吗？

答 过去，家长对幼儿园的期待就是孩子在园里吃饱睡好，学会一些简单的知识。由于每个家庭都是多子女家庭，并且基本都是机关干部，还有很多工作，家长特别理解教师的工作状态，和教师之间建立了信任的关系，相对配合幼儿园的各项工作，家园关系和谐。

现在大部分家长都是独生子女，本身要求就高，很多时候用审视甚至是挑剔的眼光看待幼儿园和教师，有些信任危机严重的，每天交接时家长和教师都要“验伤”，有的家长动辄就要求查看监控，有的甚至要求看远程监控，给教师增加了心理压力，家园关系较以前没有那么和谐。

我园探求平等和谐、积极互动、全面细致的阳光家园关系。本着持久、依赖、和谐、平等的“阳光教育”原则，积极探索幼儿园与家庭、社区的沟通、联系及合作方式，与家庭、社区形成相互信任、相互支持、相互促进、资源共享的和谐共育关系，增进家园社区的深度融合，形成具有“阳光教育”特色的共育合力，更好地满足幼儿的发展需要。

问 哪些人、哪些事、哪些书或法律法规，对您的工作影响很大？

答 蒙台梭利的《童年的秘密》、卢梭的《爱弥儿》、周国平的《宝贝，宝贝》以及《论语》《颜氏家训》《道德经》对我的工作影响很大，《规程》《纲要》和《指南》对我的工作有直接支持。

问 您工作的基本信念是什么？

答 自我参加工作34载，经历了太多的风雨，可是我心中始终有一个信念和愿景，那就是“让生命的成长满载幸福”。正如阳光普照大地，带来勃勃生机一样，教育事业是生命成长中伟大的太阳，在漫漫人生路中，难免会有跌倒和彷徨，但是信念像一道光芒永恒持久，给生命投下了温暖，投下了力量，创造着多彩的生活与无尽的芬芳，指引着我走向光明的远方。34年来，就是凭着这种追求、这种抱负、这种责任、这种情怀，我默默耕耘在朝阳事业中，我相信只要我用这样的信念对待工作、对待生活、对待社会、对待人生，我的青春、我的生命就一定会在高速公路上迎风飞扬！

问 您工作以来最难忘的事情是什么？

答 在我担任市政府一园园长职务期间，一园经历了从有到无，又从无到有的过程。这期间，我经历了职业生涯中最严峻的考验，我用自己的情怀说服了上级主管部门的领导，保留了幼儿园的建制，留下了一部分热爱幼教事业的教师，将一园异地安置并不断发展壮大。

问 您在工作上有哪些创新？

答 一是探索了“探究式活动环境的创设和利用”的有效策略，并在全国范围内推广；二是创新了“0—3岁家庭教育指导模式”；三是创新了“阳光精粹管理模式”。

问 您对未来幼儿园发展有何展望？

答 持续走内涵发展的道路，不断丰富和发展“沐浴阳光、乐享童真”的办园思想，将我园办成省内一流、在国内具有一定影响力的名园。首先，要有完善的教师专业发展体系，园内教师都可以顺利成长为专家型教师，让我园成为大家都放心、安心的园所；其次要拥有更加便捷、舒适、安全的物质环境与更加丰富的精神环境；最后，要形成完善的、与实践紧密结合的办园理念与管理体系，并将“阳光教育”理念发扬光大。

访谈对象 | **陈 蕾**(广东省育才幼儿院一院党总支书记、院长)

访 谈 人 | 覃江梅

问 您为何选择幼教职业？当时幼儿园教师的社会地位如何？

答 我是学教育学的，当时是想到一线去，我觉得幼教是有很大的探索和研究空间的，幼教也需要高学历的有志于幼教研究的深耕者。

那时幼儿园教师的地位其实不太高，那时的家长也没有特别重视，《规程》出台后才逐渐重视的；到《纲要》出台，社会上起码的重视也是有了；在《指南》出台后，因为它有了指导家长的模块，家长的教育意识更强了，教育观和儿童观也发生了变化；所以幼儿园教师在整个社会的地位是逐步提高的。2010 年的“国十条”，就是针对当时出现幼儿“入学难”“入学贵”的问题的，政府和社会开始重视幼教了，加大了财政投入，几个“三年行动计划”实施后，幼教事业有了大的发展。

问 以前和现在，家长会择园吗？如果有的话，您怎么看待这一现象？

答 家长是会择园的，以前家长选择幼儿园主要看硬件，现在就越来越会觉得老师的爱心、教育理念和专业性是更重要的。这是很自然的，大家都向往好的教育，但现在我们的教育并没有达到一个均衡的状态，所以大家都会选择好的，这是一个社会现象，并不是一个幼儿园就能解决的。

我们肯定是希望整个社会更加均衡地发展，能够有更多的优质幼儿园。首先整个评估体系要健全。对于达不到规范的就应取缔，规范以后，还要向区一级、市一级、省一级逐步去优化。政府对幼儿园的管理应该每年都有一个动态的评价，经常去抽检，那些数据也要经常上传，不达标的幼儿园要随时淘汰，办得好的要及时宣传和鼓励，让办园者有一种危机感，并不断得到激励，办园质量就会不断提升。再有一个门槛的问题，不是谁都可以来办幼儿园的，审核要严。现在导向很好，办幼儿园不能以逐利为目的，不然一定是办不好幼儿园的。另外，对幼儿教师也要有门槛，不是谁都能来做，当然首先要提高教师的待遇，教师的待遇太低了，肯定招不来素质高的、有专业思想的。

问 家长对幼儿园的期待是什么？有发生过变化吗？

答 有变化。过去，家长会比较重视知识体系，比如学了什么歌、什么舞蹈、绘画、诗歌、算术等。现在我们通过家长学校引导家长，让家长明白知识体系只是孩子成长中的一部分，更重要的是孩子的心灵成长，它包括自律、学会爱等，自律又包括延迟满足、责任的担当意识、不断去探索周围的新鲜事物、学会平衡自己、不要随便发脾气等，这些都是非常重要的方面。

问 育才一院会通过哪些方式来使家长认可幼儿园教育并参与到幼儿园的教育中呢？

答 我们通过家长学校开展丰富多彩的家园活动，如：通过专家大讲堂让家长汲取先进的教育理念；通过家园同乐活动让家长在感受和体验中加深对幼儿园文化和教育理念的理解；通过家长助教活动让家长参与到幼儿园教育中来，并把社会资源带进幼儿园，让孩子们的学习有更多的拓展；通过参与式家长会和班级平台建设，让家长们互相引领，平台共建，资源共享。我们幼儿园现在在探索“家园共育品德教育”课程，很受家长欢迎。上次我们请了一个教育家来为全体家长讲了一个有关品德教育的大讲座，家长很受益。家长很认同幼儿园在课程的建构与实践中，遵循幼儿品格养成的方式和规律，以“品格感受与理解、品格体验与内化、品格实践与拓展”为逻辑架构和整合原则，构建“品格教育三位一体”课程模式。我们还开展了“享受炉边时光，塑造美好品格”系列家园联动与拓展活动，如开展打卡晒娃集章活动，只要孩子在哪方面做得好了，家长就给他一个小奖励，慢慢坚持下来，好的习惯就形成了。

现在家长的育儿意识也增强了，我们也会把一些好的东西放在公众号上宣传，开家长会来分享这些好的经验，所以现在家长也意识到了孩子品德培养的重要性。“学会生活、学会学习、学会创造、学会做人”，这是我们幼儿园倡导的教育理念，我们一直是把它贯穿在整个教育过程中的，同时在家长会、家委会上大力宣传，使家园共育呈现更好的景象。我们现在还有一个妈妈故事团，她们会排剧、排练绘本故事，到了节假日就演给全园的孩子看，像这次“六一”节她们演出的剧目，排了整整一个学期，她们用很多业余时间，下了班就来这里排，演得非常好，因为那个编导就是在剧团工作的，她贡献了自己的智慧，其他家长也贡献了自己的精力，所以我们的“六一”活动就更丰富了。

问 在体、智、德、美全面发展的目标框架下，育才一院教育的侧重点有变化吗？

答 我们一直都是注重全面发展的。《指南》中的五大领域目标是对孩子的成长的合理期望，这就是我们的指导思想。我们在制定幼儿园教育目标的时候，首先达到基本保底，为未来社会输送一个合格的人。幼儿园可以在某个方面研究得深入一点，能更加彰显自己的品牌。如果说办特色幼儿园，就单独搞某个方面而放弃其他，那就牺牲了孩子的全面发展，这是不可取的。在全面发展的基础上，我们有自己的特色，我们会在某些方面研究得更加深入，如研习新西兰的“学习故事”，这个就带动了我们在幼儿自主游戏方面的研究。虽然我们研究的时间比较短，从2015年才开始研习的，但我觉得我们是在突飞猛进地向前走。

问 幼儿园使用的教材是什么，如何选择教材？有变化吗？

答 2001年《纲要》颁布之后教育观念有了很大的变化，《纲要》倡导孩子自主发展，更加注重游戏、家园合作等，那个时候开始强调课程的内容要更加贴近孩子的生活，教学方法要更多的体验、感知、操作等。我们园一直做《纲要》试点园，我们开始改变自己，以前就是很重视那儿堂课，认为那儿堂课才是我们一日的课程。80年代的老《纲要》规定了具体内容，2001年的《纲要》就是弹性的了。在目标之下，内容可以因地制宜，所以我们选择教材的思路也开始发生变化，以前基本是把南京教材拿来直接用了。这个时候开始，我们逐渐从教材观走向资源观，正巧那个时候，我们参加上海一个教授的全国性的研究课题，研究学习资源，在《纲要》的大目标之下思考我要选择什么内容，我要怎么去做，因地制宜寻找各种各样的教育资源。除了参考一些教材，还可以在网上查找。我觉得那项研究对我们整个教育观念的改变是一个很大的推动，从以前的教材观念转变为现在的资源观念。课题研究中我们创建了一个个资源包、资源库。比如我们在学习"灯"这个主题的时候，建立的资源库包括"灯的发展史""灯的结构和种类""电灯通电小实验""灯的制作"等十几项内容，学习过程中还可以不断添加、扩容。我们还带孩子到工厂去参观，让他们知道灯是怎么被制作出来的。孩子走入了社区，视野也更加的广阔，这样和周围的人和事互动多了，孩子的认识也就更加全面宽广，像一棵树一样，有树干，有枝，有叶，孩子思维的建构也就不一样了。

《指南》颁布后，主要是以《指南》为指引，大的目标下具体选取哪个内容就可以自主了。像我们广东有自己的特色，在大的框架下，我们可以有岭南文化的体现等，彰显自己的文化。同时我们幼儿园有自己的历史基础和独特的社会教育资源，所以也有自己的东西。这些都可以是课程的来源，所以选取什么内容可以是因地制宜的，但一定是要跟国家的核心价值观相一致。教学形式既有集体教学，也有区域个别化学习。教学方法更多地提倡体验、感知、操作、探究等，我们强调一日活动都是课程，主要包括生成活动、体育活动、自主游戏和学习活动。

问 不同时期游戏在幼儿园教育的地位有变化吗？

答 有，变化很大。2001年《纲要》出台之前很强调集体的课，之后我们就逐步有活动区游戏了，每次半个多小时，小朋友可以去活动一下。那个时候的游戏是以工具性为主的，服务于我们的课程，比如说我们上了什么课，就有一些相应的材料，玩了之后就巩固了知识。但2012年《指南》颁布之后就更加强调自主游戏，它不是为了完成什么任务，而是以幼儿的心理愉悦和满足为目的，在环境中提供的很多都是低结构的，孩子自由选择到哪个区域，自由结伴，自由选择主题，可能他一开始没有主题，玩着玩着就形成了自己的主题，真正是“我的游戏我做主”。而老师主要就是观察幼儿、记录有价值的东西，支持孩子的学习并为生成课程做准备。比如小朋友玩沙，他把水放进去为什么会形成一个漩涡，带着这个问题在圆圈的时候就可以讨论了，这是不是因为某种力的作用等，他们就会往这个方向去研究。也就是说，过去是预设的多一点，现在是生成的多一点。

问 不同时期教学活动在幼儿园教育中的地位有变化吗？

答 没有变化。它一直是很有地位的，但教学的组织形式就跟以前很不一样，更早的时候是以老师的讲授为主，老师备课是备如何教；现在更多的是提供材料让孩子去探索和操作，在探索中学习。还有就是更多地带孩子到外面去体验，以体验式的学习为主，把多种感官都用上，而且在教学过程中非常注重同伴之间的讨论，就是让孩子分组去研究，研究完让他们之间有一个讨论，一个思想的交换，这也是一种学习，而且语言的梳理表达能力也能得到发展。

2015 年广东省出台了《广东省幼儿园一日活动指引》，把一日活动分成四大块，自主游戏（一个小时连续的）、学习活动、生活活动、户外体育锻炼，这四大块都很重要，不能因为现在倡导自主游戏，就舍弃了集体教学，所以这个指引是非常好的工作指南。当然也有一些现象让人担心，一些幼儿园像是在放羊，一点课都不上，老师好像也没发挥什么作用，像个警察一样在那里看着不出事就好了，这就是走极端了。一日活动中每个模块都是有它的价值的。我们培养的是未来的社会主义建设者和接班人，这是国家大的目标方向，社会主义的核心价值观在幼儿期就要扎根在心里，立德树人是核心。我们必须要有一个大的预设，当然在这个大框架之下，我们还要有一个空间让老师去发挥自主性，让孩子们有一个自主的空间。教学内容既有来源于五大领域的目标预设，也有来自孩子自主游戏中生成的。比如一小时的自主游戏，完全交给孩子。孩子玩的过程中其实有很多亮点，可以去生成课程。

问 不同时期教师如何组织生活活动？

答 这个也是有变化的，很早以前是以集体、统一的为主，比如统一喝水、上厕所等，所以过去洗手间需要有很多蹲位和洗手位的，因为以前的教学是统一上下课。现在就不同了，比如一个小时自主游戏时间，你随时都可以去上厕所、喝水，所以现在是更加自主，更加个性化了。还有在生活方面我们也更加强调自主管理，比如以前喝水是老师监控着孩子一定要喝够足量的水，但现在我们可以用一种方法，让他们自我管理，首先让孩子懂得自己多喝水才是健康的，那么要怎么记住自己到底喝了多少水呢？做一个小标记，每喝一次水就插一根小吸管，然后让小朋友知道自己喝的水是否达到了健康需要的量了。另外,过去是不允许孩子不睡午觉的,但现在也逐步改变了观念,一些孩子神经较兴奋,睡不着觉,那么我们也可以允许他慢慢过渡,如:先在一个地方看书,然后再慢慢培养他们的习惯,因为睡午觉始终对孩子是有好处的,但需要有一个时间节奏去培养,所以现在即使是生活活动也更加尊重孩子的个体生命,关注个体的需要,培养他们的良好生活习惯。

问 不同时期,幼儿的座位摆放形式有变化吗?当时教室环境怎么布置,幼儿园有专用功能室吗?

答 这个是有变化的。它跟教育的模式是相辅相成的,过去上大课,教室就都是桌子,如大班就是那些带有抽屉的桌子,中小班就是六人台。但后来就逐渐有活动区了,所以桌椅摆放的不同就可以看出一个幼儿园的教学模式是什么样子的。功能室我们也都是有的,在全面发展的基础上,我们在一些方面有一些更深的拓展,需要给孩子一个更好的环境,因为班上的环境毕竟是有限的,像我们的科学宫,它里面那些配备在教室是没法实现的,而科学宫的材料可以给全园的孩子使用,也可达到资源共享的效果,在那里还可以集中搞一些比班上更高端、规模更大的活动。我们的科学宫有两层楼,里面有力学室、光电室等几大主题活动室,非常受孩子们的喜爱。再如,虽然我们每个班都有一个图书区,但它们没有办法大规模地把各种各样的书都呈现在那里。我们就创设了三个图书馆,有两个是妇联帮我们建的,也是借助社会力量,我们提供了很多书给小朋友阅览,而且到那里看书,环境跟班上给人的感觉也是大不一样的。所以这些功能室都给孩子学习提供了很好的支持,让他们能更深入地学习。

问 不同时期,教师如何备课,哪些人参加备课,备课时通常会考虑什么?

答 过去的老师备课,是以考虑自己预设的目标如何达成为主;后来就逐步考虑到孩子,我的孩子有什么特点,我要怎么根据孩子的前期发展水平等去设计好这个课;现在就是孩子游戏中好的东西都可以变成一个课。所以现在老师更多的精力都会放在对每个孩子的观察、解读和支持上,像自主游戏的时候,你不用去预设好各种东西,你就只需要去看看孩子有哪些东西在呈现,有哪些学习在发生,解读孩子的学习,进而支持他们的学习。

问 育才一院经常组织教研活动吗?教研频次和教研内容是怎样的?

答 我们幼儿园每周都有教研活动,教研形式也非常多,有时是各个年龄组或领域组组织的教研,有时是请一些专家来做讲座,还有就是我们全园共同围绕一个中心主题进行研讨的,比如这阶段我们研究自主游戏,那么我们就会把更多时间和精力放在这个上面,如发现精彩的游戏、游戏过程中老师怎样去支持孩子、游戏怎样能生成课程等主题,都是让各个班把自主研究的心得或经验先在班级里面分享后选出一些好的再拿到全园教研讨论会来分享,然后再请一些专家来点评,所以老师教研的机会是非常多的。

问 不同时期,如何评价幼儿?

答 过去的评价非常的单一,就只是老师评价孩子,老师用单一的标准评价孩子,后来才逐步过渡到不能"一把尺子"衡量所有的孩子。

《纲要》实施后,我们评价的主体也不一样了,孩子自己也是评价的主体之一,家长、老师、同伴都是,所以我们就开始做孩子成长档案,有来自教师、家长的评价,有孩子在学习过程中留下来的印迹,如照片,绘画作品等,还有老师对孩子作品做的分析等。

现在我们又在尝试用"学习故事"的方式评价,这来源于我们对新西兰"学习故事"课程的研习和借鉴。它使我们对孩子的看法变了,儿童观变了,我们觉得孩子是有力量的。

学习故事的另一个好处就是老师在评价孩子这方面又获得了发展,让我们的评价更加的多元化,更具有沟通性、互动性、激励性。比如老师去写一个学习故事,在写的过程中她必须很深入地去研究这个孩子,把注意力放在这个孩子身上,再去识别这个孩子,这些表现背后的学习意义是什么,你要去解读,解读之后还要去回应他,支持他更深入的思考,或者在他遇到困难时给予必要的支持。还有就是孩子关注的问题,在形成圆圈的时候可以让他们进行个讨论,互相之间把他们的困惑一个一个解决,这都是一种支持。每一个孩子的学习故事,对孩子和老师的成长都是大有帮助的。写故事的过程,老师也在成长,更加相信孩子,更多地思考怎么去支持孩子。当你将学习故事跟孩子分享,孩子也获得一种力量;跟家长分享,家长也获得一种鼓舞和共识,所以这种评价也会更加多元化。

问 不同时期,如何评价教师的业务水平,重点评什么,用什么方法评?

答 这个是有变化的。早期的时候,评价模式也是比较单一的。比如每学期来一个业务考核,它可能是考核一个音乐活动的组织或某一个专项,还有就是学期末我们进行一个业务的综合评价。

现在评价的方式就更加多元了,体现在评价的主体多元了,有个人自评。我们老师是要写成长规划的,我们要求每三年要有一个规划,老师每一阶段都要有一个对未来成长的分析;然后再分解到每一年,每一年他们都要有自己的总结,这个总结也是对自己的一个评价,这是一个非常好的个人反思性评价方式,总结的时候她们就会知道自己的成长状态和有待努力的方向。还有一个同伴之间的评价。我们每个月都有考评,自评之后是小组互相评,最后是行政会评议。另外,评价的内容也是多元的,除了每学年的业务考核,还有许多日常的专项评比。现在即使是业务考核,也比以前自主了,以前是行政决定考核内容，现在都是跟老师商量着，考核跟成长是结合起来的，比如老师想在某个方面得到能力的提升，我们考核就在这些方面主抓，考核完，我们还一对一地反馈，这个是帮助教师成长的过程。再者，评价主体也是多元的，以前就是行政参与，现在教研组长和骨干都参与进来，共同帮助教师成长。我们每学期都会设很多的专项奖，有个人的、集体的，在集体方面我们有环境创设的，每个老师都可以发挥自己的专长，这就是提供一个自我提升、自我满足感实现的机会。在卫生方面，做得好的也是可以走上舞台的，哪怕奖励金很少，但这是被大家认可的成长的鼓励。除此之外，每学期还有公开课评奖、体能测试评奖等。评价模式多元，舞台很大，每个人都可以在不同的方向做出努力，获得认可。

问 幼儿园有几位园长？他们如何分工？园长如何对教师进行管理？

答 目前有五位，一正四副，我是园长兼党总支书记；其中一个副园长是管后勤的；一个是管保健的，幼儿园保教并重，保健的任务很重；一个是管教育教学；还有一个管人事、财务、办公室和教科研。一般幼儿园都是一正三副，一个管后勤，一个管保健，一个管教学教研。怎么对教师进行管理就是要给他们平台，我们幼儿园的理念就是“平台共建，协同发展”。人人都要去贡献，贡献你的智慧，人人都去享受这个平台带给你的成长的机遇。我经常跟大家说，每一个人都是一棵吸纳的树，不停地吸纳所有人身上的优点，但你不能只吸纳，也要做一个分享的源。你也要有好的东西给别人分享，因为你只是吸纳，那很快就会没了。而如果每一个人都是一个源，那好的东西就会源源不断。我在别人没做的方面做个深入的研究，我就可以在这方面引领别人，给别人带来一个很好的学习，这样大家就可以协同发展，携手共进，优势互补。我们不强调个人英雄主义，强调团队协同发展。

问 区县市等上级部门有幼教教研员负责教研工作吗？

答 一般每个区都由发展中心抓教研，有两个专职老师负责。但他们不光是抓教研，还要负责继续教育，和教育局是分开的。发展中心这两位老师要负责所有幼儿园继续教育的课程，组织区的教师展示、比赛等活动，还要到幼儿园去视导。每个区成立各种教研组，它们是按领域分的，这些领域的教研组长都是园长或幼儿园的教研主任担任。各个组的教研活动是由组长组织的，但教研员要做统筹、规划和组织汇报交流。因为他们毕竟精力有限，不能去到每个教研组，所以实行这种层级制的管理。他们抓教研组长，组长再去抓各个领域的教研组。教研内容各个领域都有，各个领域每个学期都要做汇报。另外，他们还抓片区管理，片长园除了要把自己的幼儿园带好，还要组织和带动片区幼儿园的研究和发展。所以这个管理是分教育领域和地域的管理，只要抓这个片长园和教研组长就能带动整个区，总体效果还是非常好的。希望教研员的工作能更加的细化，做得更加深入。也希望高校学前教育领域的专家能多来幼儿园指导，形成一个系统的力量一块来搞教研。

问 那时有专门的幼教行政部门吗？有的话他们是如何管理幼儿园的呢？您对此有什么希望呢？

答 区里有幼教行政部门，政府对幼儿园的管理主要是大的方向，每一学期开一次大的会，主管副局长会发表讲话，分管安全的、教研的、教育教学的等都进行工作总结和新学期工作布置，督导、评估中心等抓区内幼儿园规范化评估及区一级幼儿园评估，安全科会在学期中间进行指导和管理。在政府管理幼儿园方面，我希望要严把入门门槛，并做到动态管理，每年都要监督，哪些不合格随时都要淘汰；再者，一定要给足经费，做园长的除了管好幼儿园，还要操心怎么发足工资，我觉得这是一个非常大的问题。

问 不同时期您的工作状态如何？幸福吗，忙吗？不同时期分别忙什么呢？

答 我的工作状态是比较平稳的，我本来就是一个平和的人，不会大喜大悲，心理方面也比较健康，只是刚来的那四年比较辛苦，压力比较大，之后就都是一个目标接着一个目标，一个挑战接着一个挑战，不断去开辟新的天地，最后取得一些成就还是挺满足的，职业的幸福感还是有的。

我刚来的时候还没带班，是从每个岗位先走一圈，因为那个时候岗位非常多，幼儿园是全托的，班次有上午的，下午的，夜班的，我们老园长就让我全部都体验了一遍，包括那种要拿着大扫把扫园地的。再后来我就到了班上从配班的保育员做起，有些家长特别好心，说我再这样下去我的专业就都丢掉了，需不需要帮忙重新找工作，我说还是想要在这里继续做下去，就坚持在班上做了四年。那时，我每天都要做一些工作笔记或反思，包括今天孩子发生了什么事，我为什么没有办法把他们带好以及一些孩子哭了那么久到底是为了什么。周边的老师就会说我怎么那么努力，但我觉得这就是一个学习，一个成长。我说我比你们缺了一块，你们是幼师毕业，学了这些东西，而我是没有的，所以我必须现在补上，包括我去练钢琴，之前我都没有学过。

1993年，园里请专家团队来园指导开展教科研活动，需要有一个人出来做教研秘书，所以我就被调出来协助，可以发挥我的专长，大概一年后就担任级主任了。这又是一个新的挑战，需要凝聚整个团队的思想，只要把人的思想引领起来之后，很多工作才可以很顺，所以这个时候就学着去做人的思想工作，学着做管理。因为管理一个级包括很多内容，如卫生保健、教育教学、教科研以及安全等等。这些方方面面的挑战，以及大型活动的组织对我来说都是人生的第一次，我个人非常有自主成长意识，觉得就是要这样去锻炼自己。

到1995年底，我被提拔为副园长，负责教育教学和教研，刚好那个时候，我们要参加广东省首批省一级评估,这个迎评的过程对我来说是很大的锻炼。因为评估需要有档案这一块,但这之前我们在这一块又比较弱。所以当时要把档案按评估目录整个建起来也是很大的工作挑战,要去梳理很多的东西,同时还要抓每个班级的组织管理和课程,所幸最后我们顺利通过。之后同行都来参观学习,那我们必须有更好的姿态,所以就开始进行环境的大改造。我们园长特别有魄力,特别有眼光,通过翻天覆地改造后呈现出现在比较生态的环境。1996 年盖了科学宫,接着 1997 就是整个环境的园林改造,接着就不断上新的台阶,我开始搞一些课题研究,建立一些领域教研组,一开始很少但逐步发展到后来五个领域也就都全了,这是一个慢慢建设的过程。2001 年《纲要》颁布了,之后幼儿教育发生很大的变化,倡导孩子自主发展、更加注重游戏、家园的合作等,我们是《纲要》的试点园,那个时候进行了许多课改研究,常去汇报展示。

2010 年,我们园长退休了,我就开始担任正园长,这又是一个更大的挑战,特别是当时面临经费缺口大的问题,所以就要考虑很多开源节流的方式,而且要不停地跟上级领导互动,这不是一个上级领导能解决的,它是一个很大层面的问题,要去跑各种相关部门。其实园长精力应该是要放在管理上,但前几年就真的是放在筹措经费上面了。后来,我们慢慢找到一些渠道也就相对稳定下来,才有更多精力抓团队建设、园务管理。

2012 年《指南》颁布了,我们的发展也要一步一步跟上,这又是一个翻天覆地的变化,特别是课改和家园共育方面,原来的课程是以预设为主的,现在我们就要去研究怎样让孩子自主游戏,以前虽然也有游戏,但都是工具性的。而现在倡导的自主游戏都是孩子自发地、自愿地游戏,这在以前是缺失的,我们就开始要朝着这个方向研究,把缺失的补上。我们要做整体课程改革,我们研习新西兰"学习故事",吸收了它的一些好的理念,刚开始搞了六个实验班,一些开创性的事情必须是有些人走在前面。之后,大家都觉得很好,当你好好去倾听孩子的感受,知道孩子喜欢什么的时候,老师的状态也不一样了。以前,老师布置环境是因为行政要过来检查,现在做这些事情是为了孩子的需要。老师经常会讨论一个问题,我们班的小朋友喜欢什么,他们喜欢老师才去做。另外,管理上我们也来了一个大的调整,以前是行政人员检查环境,老师觉得压力很大。但现在不是,我们是用这种检查来推进他们的成长,这个年级的老师一块来,这是一个学习、交流、借鉴的过程,被检查的班级老师要介绍,投放的哪些东西是孩子喜欢的,他们怎样玩,状态是怎么样的。这样的话,老师心中就更有孩子的意识,大家在这个过程中就去发现、学习各个班的亮点。管理的模式上,你要求老师去多倾听孩子,那管理中就要多倾听老师,给老师一个成长的时间和空间,这样老师才能给孩子一个更加宽容的心态,去相信孩子的力量。

问 不同时期家园关系如何？您对家园工作有何建议？

答 家园工作方面也发生了很大的变化。过去就是家长要配合老师干什么，老师是不喜欢家园活动的，她们觉得家长一来就挑毛病，所以一要搞亲子活动就觉得压力大。后来我们搞了一些培训，关于怎样开好体验式家长会和家长助教活动，借鉴了同行一些好的经验。然后从小班开始尝试家长助教制，小班的家长每个人都要来体验一下孩子班级的生活，体验完之后家长的态度就变了，没有那么多挑剔了，而且非常理解老师。有一个家长，她做到十点钟就已经累得不行了，她就说我实在太佩服你们老师了，我是偶尔来一次，做了两个小时就累得不行了。在这个过程中，她看到了老师对孩子的爱，老师的爱感化了她，所以后来的亲子活动，家长主动帮着老师收集各种材料，协助老师顺利开展活动。在这个过程中双方就更加理解对方了，家园之间的关系也就更加和谐了。另外，很多家长会贡献他们的资源，如带孩子去某个地方参观等。对家园工作的建议就是希望能做得更好，当然有些家长很活跃，贡献了很多，我们是希望带动所有的家长，把班级文化发展得更好，深入到每个家长的心，让每个家长、孩子变得更好。

问 哪些人、哪些事或哪些法规文件，对您的工作影响很大？

答 对我影响最大的人是我前两任园长，是她们要求我从最基本的岗位开始，什么都要体验一下，这使我打下了坚实的基础。

特别是我的前一任园长，我一直在她手下工作，受她影响很大，像怎么去管理好这个团队，怎么克服困难，迎接挑战，怎么处理好人际关系等等，都是受她影响的，而且她也重用了我，我那时还那么年轻，刚来六年就敢任用我做副园长，非常大胆。她之前不是这个专业的，但在行政管理方面非常强，她很放手让我去干，我也就没什么束缚，非常自主。

法规文件方面，我刚参加工作时，老《规程》在实行，我们各个团队都在学习，因为要考试，所以都是要记在脑子里的。有了这个规范之后，大家做事情就有了章法，有了条理，而且它也是一个向导，我们制定园里的规章制度和总体计划肯定是要按照《规程》和省市区的要求做的。之后，《纲要》出台了，指导我们怎么弹性地制定课程框架，在大目标之下，我们可以自由地选择一些适合我们的内容，内容的数量和教学形式都有弹性，这又是一种改变。而且倡导幼儿自主发展、家园合作、利用社区资源及环境育人的理念，使课程改革进一步推进，家园、社区工作都上了个台阶。《指南》在对幼儿合理期望方面的研究做得更深入了，那是专家和一线实践者经过多年深入研究的结果，目标更加切合实际，切合孩子的天性和发展规律。这个时候，我们就以这个为蓝本，开展教师培训和实践探索。我们的教研都是围绕着如何贯彻实施《纲要》《指南》展开，包括区域的创设、课程的优化等研究。

问 您工作的基本信念是什么？

答 个人和团队都要不断地成长，我们单位的事业也要不断地发展，不断地向前走。

问 您最难忘的事情是什么？

答 最难忘的事情也就是对我影响最大的一件事。因为我这个人的自尊心非常强，从小到大都很爱面子，所有东西都要做好，而那件事让我觉得很没面子。2001年左右，在区教研员的推荐下，我园参加了一个全国范围的科技教育课题研究项目，是研究教育的资源开发和利用，我们是比较迟加入的，所以刚加入的时候我们还不得要领，第一次汇报时，每个幼儿园只限讲几分钟，本来是要求做成资源库网页，而我们做的东西都是像经验汇报一样。轮到我汇报时，磁盘放进去半天打不开，一个人只有几分钟，好不容易打开了，讲的东西还不对路，没讲完就到时间了。教授毫不留情地要求退出来，我都不知道自己是怎样走下来的，我和一起去参会的电脑员都丧气极了，从来都没有遭受过这样的打击，平时我们都是被别人请上去发言，现在突然有种被扫下台的感觉。后来，我们就下定决心要狠狠地去钻研，天天加班加点地干，终于攻克了难关。到第二次汇报的时候，教授表扬了我们，后来我们还成了典范，教授夸我们超强大。所以那时就觉得面子算什么，不断成长才是硬道理。

问 您在工作上有哪些创新？或您做过的最有成就感的事情是什么？

答 我在做副园长的时候，带领团队做了多个课题研究，每做一个都觉得非常有成就感。像参加全国科技教育研究项目，刚开始那么弱小，后来变得那么强大，这是一个不断进步的过程。这个课题也带动了我们整个幼儿园观念的转变，带动了我们幼儿园和老师团队的发展。后来，我们做的每个课题，如关于幼儿创造性发展研究、浸入式英语教学师资培养研究、幼儿园特殊儿童干预方法研究等等，都是在创新，因为都没有先例。

到了我做正园长的时候就开始进行团队建设研究，我觉得我挺有超前意识的，那时就已经抓幼儿园和谐建设了，紧跟时代发展的步伐。全园大会上我常说，和谐像一股暖流，是一个温暖的眼神、摔倒时的搀扶，是相互鼓励、携手前行，我们要有一个和谐的团队，家以和为贵，家和万事兴，幼儿园建设，人人有责。所以我一直都在强调团队的整体建设。那个时候我看了一本书，斯科特写的《少有人走的路》，作者是一位心理医生，他有几十年的从业经验，讲的是人的心理成长。这本书对我的影响很大，我也把它用在了我的工作中，更加注重文化滋养和教师心灵成长。每学期全园大会前，我都会利用寒暑假在家认真准备一个星期，各部门写来的材料有近两万字，很多的好人好事、成长故事、创新案例，我要去研读，读得我自己很感动，每学期全园大会我都要用两个多小时讲“育才人”的故事。开大会目的就是为了弘扬“育才人”精神，小到一个绿化工扭到脚怎样坚持工作，大到各种工作的创新突破，还有就是团队成长的故事。每次大会后面就是颁奖礼，这个时候大家的凝聚力真的是达到了高峰，整个会场洋溢着感动，大家被“育才”文化滋养着，又为文化的生成做出贡献。

问 您认为新中国成立以来幼儿园教育经历了哪些阶段？

答 从我工作后开始看，前一阶段非常注重知识体系，如规定每天一定要上多少的课，让孩子们在学龄前得到知识的武装。到了2001年《纲要》出台以后，它所强调的目标是非常全面的，既有知识点，又有情感体验和能力的发展，如科学活动，除了要学习某个知识点，还要有情感态度方面的升华，学会探索的方法，这样就更加全面均衡了；而且在选择内容的时候要更加贴近幼儿的生活，让他有更多的体验，在方法方面也更加注重探索操作，评价也更加多元。到了《指南》颁布的时候，家园共育走到了更高的境界，家长也要了解幼儿整个发展的过程，应该运用科学的方法育儿。教育不只是教了什么知识，它是一棵树摇动另一棵树，一个灵魂影响另外一个灵魂。只要成人和儿童相处，教育就发生了，所以家长这块非常重要，他跟孩子相处的时间比老师与孩子相处的时间更长，如果家长没有一个科学育儿的观念，没有一个好的引导，那很多东西就都抵消了。所以家长工作就进阶到更高的层面，这不是配合的问题，是共育的问题。除此之外，幼儿游戏，特别是自主游戏被凸显了，大家都着力探索游戏课程，并开始思考预设与生成课程的关系。

问 您对幼儿教育未来发展有何期待？

答 幼教发展不均衡，所以才有那么多家长焦虑，生了孩子之后，焦虑孩子怎样才可以进入好的幼儿园，所以就是希望能办更多优质的幼儿园，让每个孩子都可以享受到这个优质的教育，让家长更加放心，能够安心地工作。我们国家从2011年开始真的是加大力度，对学前教育投入了更多经费，但感觉就像在还欠账，原来在这方面欠的太多了，所以在这方面有这么多投入还是有很多东西跟不上来，包括师资队伍，幼儿教师是缺乏的，要加大力度培养好的幼师出来；另外办这么多幼儿园经费是不保障的，所以幼儿园遇到了很多困难，还需要自己筹集办园经费，这个过程很艰难；在监管机制上也要做得更加好，一定要严把入门关，并进行动态监管；在宣传方面也要有改善，不认可幼儿园一发生不好的事情就到处宣传，整个社会就以为所有幼儿园都是这个样子。其实大部分幼儿园老师付出了很多的爱，默默地奉献着，只是个别人坏了整锅粥。但其实这也是社会造成的问题，没有门槛谁都可以去搞幼教，这肯定是会出现问题的。整个社会的宣传要更加正面一点，多一点去弘扬宣传老师爱岗敬业等好的东西，媒体宣传是要有一个好的导向。总之，希望政府对幼教投入更足的资金，让幼儿园不再为办园经费不足而发愁，才能全力以赴把队伍建设好，办出优质的幼儿园。

访谈对象 | **陈国强**（南京市实验幼儿园原园长，江苏省特级教师）

访 谈 人 | 原晋霞

问 您进入幼儿园工作之后，遇到的最大挑战是什么呢？

答 我印象中最大的挑战就是不太管得住孩子，因为刚工作那会儿才从学生变成老师，但我们还是强调要尊重孩子，陈鹤琴先生是当时南师大的院长，很强调对孩子的尊重，所以虽然我觉得组织管理班上的孩子比较有困难，但我还是始终尊重孩子，然后就向其他老师学习管理班级和幼儿的方法。

问 当时老师们管理孩子的方法是什么呢？那个时候有没有提出来不准体罚孩子之类的规定呢？

答 也有这种规定。不能体罚孩子，这是大家一直都注意的。那时候正面教育更多一点，特别强调爱孩子。在很长一段时间，无论是行政单位还是各个幼儿园，都非常强调教师要爱孩子。那么“尊重孩子”这个说法应该是90年代老《规程》颁发后才提出来的。在此之前是非常强调要爱孩子，教师必须爱孩子，而且要大家拿出爱孩子的措施来，各个园都会抓这一点。此外也会有关于每个班级如何爱孩子的讨论，当然可能也会更多地关注孩子的生活，为家长解除后顾之忧，因为那时候更强调为家长服务。以前的幼儿园福利性很强，更强调关心孩子的生活。

问 实验幼儿园有几个班呢？

答 四个班，就叫小小班、小班、中班、大班，那时候还是7周岁入小学。我们当时幼儿园很小的，就是一排房子，每个班42个小朋友，“两教一保”。我接过来做园长的时候就是“一轨”，那时候老百姓并不想小孩子上幼儿园，也许就有老人带，后来就是大孩子带更小的孩子。反正那时候上幼儿园觉得很稀奇的，没有那么多人要求入园。

问 当时哪些人才会送孩子进幼儿园呢？存在“入园难”这一问题吗？

答 五六十年代的时候家长送孩子入园的意识其实并不强，来上幼儿园的基本上都是那些家长在上班，家里没人照顾的孩子。另外也有一些懂得幼儿教育的人，比如一些教师可能家里有人照顾但也会送来幼儿园。除了这两种情况外，家里只要有人看管孩子的老百姓即使幼儿园就在家门口，一般都不会送孩子入园，孩子就自己在小区玩儿，家长也没觉得不上幼儿园就输在起跑线上，那时候这种意识还不强。

当时卫生厅、公安厅、人民医院都强调为职工服务，都有自己的幼儿园，所以他们都解决自己职工的后顾之忧。自己的孩子就在自己单位的幼儿园上学，也不存在择园这么一说。

所以当时不存在“入园难”的问题，幼儿园也主要是为解决家长的后顾之忧服务的。

问 您还记得当时的保育费每月多少钱吗？家庭能负担得起吗？

答 保育费很便宜了，我记得从“文化大革命”后刚刚恢复的时候，一个月伙食费保育费一共就 5 块钱，就是保育费加伙食费一共 5 块多，好像 5 块 5 左右吧，家里头一般都能负担得起这个费用。但送孩子入园的一般还是那些家里没人照顾孩子的家庭，有人照顾孩子的就没有这个需求。

问 您还记得在 60 年代，小朋友几点入园、几点离园吗？

答 当时强调为家长服务，满足家长需要的背景下，入园都很早的。早晨大概 7 点一刻就有老师值班，7 点半到 8 点是入园高峰，不像现在 8 点半才有几个孩子。那时候爸爸妈妈都得上班，一般上班时间都是 8 点，家长把孩子送来幼儿园还得赶着去上班。所以我们那时候都是 7 点半就开始值班，晚上一般是 5 点钟放学，但是常常值班的老师都要到 6 点多才下班。我那时候就住在幼儿园，到了饭点家长还没来接的，我就把孩子接过来，在我们家吃晚饭。那时候真正体现了为家长服务，当然现在家长没有这个需要了。

问 那时候孩子入园的交通方式是什么呢？

答 走路、公共汽车、自行车，主要是这三种，走路的最多啊。幼儿园的孩子基本上也是周围的孩子更多一些，最多半个小时左右就能到幼儿园，一般的就是几分钟十来分钟，还有就是跟父母一起来。

问 那个时候幼儿园是几餐几点呢？

答 一般的幼儿园跟现在一样，就是一餐两点，“大跃进”的时候有三餐两点的。正常情况下都是一餐两点，后来才逐渐有了两餐两点。开三餐的幼儿园不多，开两餐的多，也就是晚上在幼儿园吃饭，这些可能在企业幼儿园更适合，孩子父母晚上下班晚，孩子在家不好好吃饭，家长就交点钱，让孩子在幼儿园把晚饭吃了，回到家孩子愿意的话再吃点菜，这样家长就不烦神了。现在还有幼儿园开晚餐，但公办园一般没有这样。

问 60年代幼儿园的教育目标是什么呢？

答 体、智、德、美全面发展，幼儿园还有一个目标是为家长服务，都是两条目标并行的。为家长服务这个目标在1958年前除了入园、离园时间上尽可能为家长提供方便外，其他的方面还好。到了1958年“大跃进”的时候就特别明显了，国家抓工业，大家去大炼钢铁，整个那时候就提倡要更好地为家长服务，我们幼儿园还办了一个全套班（也就是“五包三不计”），又办了一个全托班，孩子在幼儿园吃三餐，在幼儿园睡觉，就是用实际行动来为家长服务。

问 那个时候幼儿园会比较重视哪些方面的培养呢？

答 一开始我们还是全面发展，“美”虽然没有被单独拎出来，但在那个时候影响也不大，因为美术课是照常上的，而且美术品种也很多啊，画的、剪的、贴的、折的这些都有，课程是全面的。

70年代后期才特别重视智育，智力开发。强调智力发展在课程中的表现就是包括我们老师也强调有创造性，就是不一定全用死的课程，更多的就是让孩子动脑筋。80年代就是我读完大专以后，我回来就在大班开了一个叫“智力游戏课”，就专门一节课都是让孩子动脑筋去解决问题的，比如说我们有三个动物，要给它们盖房子，要用多少材料，最节省材料的方法是什么，房子盖成什么形状最省材料？类似的活动很多，主要就是让孩子去思考、去动脑筋。

问 60年代的时候，一日活动是怎么安排的呢？

答 应该说是跟现在安排差别不是太大，来了就是晨间游戏，然后就做早操，早操前或者早操后有个晨间谈话，毛主席那时候一直强调要晨谈。其实我们幼儿园当时就有的，一个活动完了以后要跟孩子来交流，所以要组织晨间谈话。然后上午连上两节课，第一节课一般就是计算或者语言常识。（最早苏联课程的时候那个语言和常识还是合起来，叫“语认”，语言和认识环境，认识环境包括社会环境和自然环境，后来才有了科学和自然之分）第二节课，一般就是音乐或体育或美术。上午两节课以后就是游戏。因为孩子来得早，他们的游戏时间也是充足的。然后是午餐午睡，午后散步，下午吃点心。我们幼儿园一直是下午有一次锻炼，持续好多年了。下午还有一个集体活动，集体活动就是老师自己安排去复习或者其他的，一般不是新授的，上午可能是新授的，下午不一定。

集体活动的话我们幼儿园是一天三次，也不是所有的幼儿园都这样，然后集体活动完了以后也有户外游戏，其实我们幼儿园那个时候游戏整个都在户外的，因为我们就四个班，每个班外面都有一个操场，一块草地，非常好的。我们每个年级只有一个班，也不存在平行班有什么互动，就是把游戏活动的领导权交给老师的，当然老师也不是乱来，一早老师和孩子就把玩具、桌子全部抬到外面去，尽量都在户外活动。

问 当时这种集体活动的形式是怎样的，全班的还是会关注到小组的呢？

答 更多的是全班。基本上都是全班性活动，但是老师知道要去关注个别儿童。所以比如这首儿歌某个孩子不会，那么老师经常用游戏时间去辅导，教他学会。集体活动为主也有个别辅导，在我印象里这个工作一直很受重视。

问 那时候孩子都玩什么游戏呢？

答 各种游戏，包括建筑游戏、创造性游戏、表演游戏都有的，课后主要就是建筑游戏和创造性游戏，还是很丰富的。

我们那时候户外场地很大，最开始十亩地，后来就少了三亩，只剩下七亩了。我们那时候班级人多，室内场地小，好在户外有一个山坡，山上种地、养猪什么都有，那时候还真养猪，孩子都可以去玩。因为养一头猪也不是吃，反正就是这么大的地方应该用起来，保育员也都是不识字的，但是她们的生活能力很强，种各种东西，包括养猪、养鸡什么都有。其实就跟生活是完全一体的，那时候从课程的角度去想的还不多，也没有把它作为课程资源去考虑，其实就是自己家养的鸡，然后小朋友就也会养鸡。

问 那个时候各个科目的基本情况是怎样的呢？比如课程目标、内容、实施这些。

答 美术，有绘画、折纸这些。绘画小班可能主要是图纸涂颜色，还有折纸、水彩画也已经有了，装饰画是中、大班的，就是绘画里头的品种应该说在幼儿园都很齐全的，小、中、大都有。那个时候语言和认知环境，实际上是后来的三门课，语言、社会、科学。我们目标也有，就是发音要准确，用词要比较丰富，还有表达的语句通顺，小、中、大班都有要求的，所以大班就有很多创造性语用讲述，就培养孩子的讲述能力，这个其实好像目标变化不是很大。音乐也是比现在更重视，唱歌、跳舞、音乐游戏、律动、器乐欣赏、舞蹈欣赏这些都有。比如器乐欣赏怎么上呢？在器乐欣赏课上，有的老师就会请老师相互上课，还有的就请家长进幼儿园帮忙，有的家长会弹琴，有的家长会吹口琴。我们那时候都有专门的一些发音课，因为确实有孩子发音是不准的，可以通过游戏儿歌来促进。体育的话就是走、跑、跳、投掷，体育游戏也是样样都有。我觉得那时候的孩子总体体质比现在好。

问 那个时候有没有什么课程特色，有的话是如何形成的呢？

答 每个园都会有自己的课程特色，语言和科学一直是我们园的特色。我们幼儿园特色的形成和南师大分不开，因为王志明老师、赵寄石老师都是比较早就到我们这里来做课程研究了。

其他幼儿园特色的形成跟研究关系比较大，还有就是跟园长、老师个人素质可能有关。比如有的幼儿园有的老师特长很厉害也就容易受到重视，形成幼儿园的特色，然后一代一代地发展下去，当然也可能变化。现在有些幼儿园搞体育，其实是因为觉得现在小朋友的体育动作发展比较弱，所以搞体育。那个时候的特色跟这个不一样，那时候更多的是老师有这方面的特长，所以表现出来形成特色。我们南京当时也有一些体育特色园，它的园长和老师就比较喜欢体育，然后就形成了一套比别的幼儿园更强一点的体育活动课程。

问 那个时候的教材，是用什么教材？

答 最早那时候确实是用苏联的教材（具体是哪一套还得找找），基本上全国都是，那时候没有那么多幼儿园。

“大跃进”的时候我们就自编教材，我们那时候经常编儿歌、编舞蹈教给孩子。

接下来就是80年代南师大编的教材。就70年代后期，南师大编了一套教材，江苏省又编了一套，我们都参加编写的，但是具体名字记不清楚了。我们实验幼儿园做课程研究是1982年开始的。所以是70年代后期，整个就是重视教材，南师大就研究教材教法了。

问 那时候的环境布置怎么样呢？

答 那时候布置环境，主要就是画点墙饰，然后随季节和课程内容的变化做一点改变。游戏材料那时我们是根据游戏区域来准备的，好像没有现在这么麻烦。60年代的环创跟现在绝对是有区别的，那时候只是美化环境，以及提供一些和教育相关的内容，比如我们要画几幅画，反映这个年龄段孩子会自己做什么，或者要有礼貌之类的内容。那时候这些布置的图画都买不到，但是我们都会自己画。而现在很多幼儿园的环创更多的是给参观的人看，那时候我们不会这样，我觉得“环创是给参观者看的”这种观点的出发点就是不对的。

问 那个时候教师怎么分工的呢，教师会分科上课吗？

答 刚开始是不分科的，就是像我们1950年前的时候是不分科的。后来是因为说要抓教育质量，好像分科教学的教育质量会高一些，教师就分科了，但是我们每个老师都是每门课都会的。分科就觉得好像研究的深度会深一些，就我们根据自己的特长，比如你教语言，可能我就教数学，就这样把班上的课分了。

所以到后来搞教材教法的时候，大家也觉得这样不等于孩子的发展，因为小孩子的教育是一个统筹的过程，而且互相是有联系的。当时我们就认识到这一点了，分科就有缺点。比如说认识鸡，常识课可能排在4月份，教儿歌可能排到3月份，或者说爱护鸡又在品德行为里的，你可以排到其他月份，就是人为地把教育割裂了。而且，教师分科后就各自教自己的科目，两个人配合得不那么紧，就是分科分家，各自为营，因为它不可能每一节课老师间都能够碰头交流教学情况、孩子学的情况。所以后来就又恢复到了一个老师整体教育，从教师分科目上课到按上下午班排课。虽然还是分科教学，按课表来上，但是如果一个老师去教，会联系得更好一些。

问 那时候教师怎么备课呢？

答 那时候国家都没有规定那么严格，就是有教材有大纲，然后开学前都有集体备课。那时候我们幼儿园一直是预安排的，不是随便抓教育重点，都是有计划地按月排下来的。

学期内的话，中午和星期天都是自己备课，晚上进行政治学习、业务学习、上夜大，我们至少有四个晚上是集体安排，所以晚上一般没有什么时间备课。

一起搭班的两个老师必须要一起备课，有些材料都是要老师一起准备的，主要是备教学内容，游戏玩什么、怎么玩，还要备教具。那时候也没有什么现成的教具，都是教师自己准备，有时候我们五点就起来画教具、做教具了。

那时候有班务会，我们幼儿园有班务会制度，一个星期要有一个中午，就是班级三个人，连保育员一起参加，分析班上的情况，讨论后面大家互相注意什么问题。全园每月一次园务会，虽然不会专门谈课程，但全园要布置这个月的工作重点或者注意事项，这个是园长主持的。

问 那个时候怎么评价教师，教师做课题吗？

答 当时没有课题，还没那么强调老师要做科研。教师做科研要到80年代后期从教师评职称以后才有的。五六十年代不评职称的，主要就是评工作，教师有机会升职，但不是人人都能升，比如说像我们属于幼师，我们的人事关系都在幼师，幼师会给我们指标，自己根据情况推选。你要表现好就可以升一级。但那个时候升级不需要课题，就是看你工作好就行，大家同意选你就行，你就上。大家互相听课，组织教研，都会有些对你这个人的印象，然后根据这些大家就投票。

问 那个时候的幼儿园和其他园相互之间的交流多吗？

答 非常多。一个是区里园长之间大家关系比较好，像我们鼓楼区每个园其实都是蛮棒的。我们就不怕人家讲我们的缺点，别人指出我们的缺点，我们就改进嘛，所以鼓楼区的有些老幼儿园之间都有自发的相互学习的活动。

除此之外，区里也有活动，有分管的幼教干部，每学期都会组织很多的活动，市里也有很多的活动。

问 60年代的时候有没有类似示范园的这种评估？

答 没有，60年代没有这些。"大跃进"就是忙生产、做教具、编教材这些事情。"大跃进"之后就做课程研究了，跟着南师大搞课程研究，那是实实在在地做改变教学的事情。

问 那个时候有没有兴趣班？

答 那时候没有兴趣班，绝对没有。以前都没有社会机构来办兴趣班、搞培训，这个大概是到90年代后期，或者是21世纪的初期才开始，后来就愈演愈烈。中国家长有个最大的特点，就是要比，生下来就比。

问 那个时候会考虑幼小衔接吗？

答 也有考虑，但真正提出幼小衔接，好像是要后一点，应该是80年代后期或者90年代初期才谈到这个问题。

在这之前幼小衔接不是一个问题，因为我们培养的孩子都很好，到小学都是骨干。现在这种幼小衔接学习问题其实是市场经济的产物，很多机构抓幼小衔接得到了家长的拥护。其实照道理幼儿园的三年，我们做的应该是学习习惯、责任心、自我管理的培养。

问 60年代那个时候幼儿园有没有来自家长的压力？

答 没有，而且应该说像我们鼓楼区本身公办园就很少，我们几所公办园也都比较好，所以压力不大。后来压力大，就是在市场竞争以后好像我家孩子如果不上辅导班的话，就比别人家落一步了。现在的孩子还是很苦的，没有时间玩，没有同伴互动，没有亲子时间。也就是在这种背景下，所以才有各种补习班，一些幼儿园特别是民办幼儿园，也会面临来自家长的压力，迎合家长的需求。而在六七十年代幼儿园几乎没有来自家长的压力。

问 60年代家长对幼儿园的干预多吗？

答 家长干预不多。家长没时间，除了幼儿园组织一些活动要求家长参与，家长会来，更多的是老师有时可以家访，那时我们更强调家访，不过很多时候我们也会把家长请到幼儿园。所以我们家园联系还是有的，比如说开学初我们要开一个家长会，给家长介绍这一阶段我们的教育要求，孩子长大了有什么新的要求，然后还有一次开放日，小、中、大班开放日的内容都不一样的。

那时候就有家长开放日，还有家长会就是小型交流会，比如这几个孩子，都比较调皮，那么这几个家长可以一起来谈谈是什么原因；还有的小朋友不好好吃饭，也请一些做得好的，或者有相同困难的家长在一起讨论。

那时候这些信息都是以书面通知的形式发出去的，通知内容可以包括幼儿园的教育重点；或者就某一个话题幼儿园的做法，希望家长配合的内容；还有就是有些教育内容，比如儿歌、故事、诗歌等给家长，让家长在家也知道自己孩子学了些什么，也检查一下孩子会不会表达这些诗歌、儿歌等，其实这就相当于让家长配合幼儿园教育一样的。

问 那个时候请家长进幼儿园做这种资源老师的多吗?

答 像现在这样请家长来做资源老师的情况不多，而且家长也没那么多时间。那时候还没有家长志愿者一说呢，但家长配合是有的。比如一个家长是警察，当幼儿园活动需要的时候就请这个家长来协助老师，需要医生的就请医生家长来协助，这种情况是有的。

所以总的来说，那个时候家长虽然忙于社会建设，进幼儿园做资源老师的情况不多，但是我们幼儿园还是有一些。

问 当时家长对幼儿园教育的主要期待是什么?

答 在五六十年代，家长是认为幼儿园解决了他们的后顾之忧，这是最主要的。

问 那个时候有没有特殊儿童?

答 有，特殊儿童确实也是一直有，现在是真的多了，比以前多了。以前可能多动的孩子会是比较常见的特殊儿童。

访谈对象 | **赵秀红**（绍兴市上虞鹤琴幼儿园园长）

访 谈 人 | 原晋霞

问 您为何选择了幼教职业？

答 说实话，当时对幼教并不了解，是班主任老师推荐我填报浙江幼师学校的。

问 您在鹤琴幼儿园工作多少年了？

答 我在鹤琴幼儿园工作整整30年了。

问 请您介绍一下上虞鹤琴幼儿园在传承与发展陈鹤琴幼儿教育思想方面做出的探索与贡献。

答 1992年春，浙江省纪念陈鹤琴先生100周年诞辰的纪念大会在陈老的家乡上虞召开，期间陈老家属及浙江省陈鹤琴教育思想研究会领导提议：希望陈老家乡上虞能有一所以陈鹤琴名字命名的幼儿园，同年10月，经上虞县人民政府批准，我所在的百官镇幼儿园更名为鹤琴幼儿园。当我接过"鹤琴幼儿园"这块沉甸甸的校牌那一刻，就代表上虞人郑重地表态：要把传承陈鹤琴"活教育"思想作为义不容辞的责任和义务，让陈鹤琴先生的"活教育"思想在家乡生根、开花、结果。二十多年来鹤琴人坚持不懈地探索，先后在唐淑、虞永平、王春燕等教授的指导下，根植陈老"活教育"思想，吸收国内外现代教育先进理念，以"活教育"课程研究为载体，经历了单元主题教学研究——"五指活动"课程体系建构——"五指活动"课程下艺术领域的研究——"五指活动"课程之环境资源的开发利用研究——生态式幼儿园"五指活动"课程的构建五个阶段的探索与实践。

第一阶段，1992—1996年，我们以陈鹤琴单元主题教学理论为指导，破除分科教学，率先在全市开展综合性主题教育研究，以陈鹤琴提出的圆周法、直进法、混合法为主要方法编制主题内容，围绕某一主题开展五大领域的活动，力求领域间的整合，幼儿经验的整合。教师组织活动形式由原先两位教师分学科、分时段组织转变为半天带班制，原来各执教三门学科转变为组织五大领域活动。1993年我们承办了绍兴市首届"综合主题性教学观摩活动"。

第二阶段，1997年起，我们有幸参加了南京师范大学唐淑教授主持的国家级重点课题“我国幼儿园课程体系的改革研究”的实践研究，并申报了“五指活动课程建构的实践研究”的子课题，在唐淑教授、浙江幼儿师范学校孙浣敬校长的指导下，以陈鹤琴的“五指活动”课程理论为依据，架构了比较完整的课程目标、课程内容编制、组织实施及评价体系，具有园本特色的“五指活动”课程初步成型。具体来说，我们构建了“以做人为基点，以生活经验为载体，以创新与实践为核心，培养健康、自主、探究、珍爱的快乐儿童”的总目标；课程内容包括显性课程和隐性课程两大类，显性课程以五大领域为核心，隐性课程包括师生关系、家园关系、校园文化、环境设置、社区资源；过程评价和终端评价构成评价体系，评价主体趋向多元，有幼儿园管理者、教师、家长和幼儿。1999 年，我园承办了浙江省首届园本课程研讨会。2004 年，我园就课程构建经验在首届“长三角幼儿园园本课程论坛”作专题介绍，相关教学成果获浙江省二等奖。

第三阶段，1997—2006 年，我们分别以音乐和美术为切入点，跟随南京师范大学许卓娅教授，开展“五指活动课程下音乐课程编制”的研究；聘请绍兴文理学院上虞分院艺术系主任李亦军老师为幼儿园客座教授，共同进行“情智和美的幼儿园美术教育研究”。研究内容包括主题背景下领域目标的纵向链接，音乐、美术教育内容的选择，教学策略的研究，教师艺术素养的提升等等，并以点带面探索“五指活动”课程与某一领域课程既融合又相对独立的关系。其课题成果分别获浙江省课题成果三等奖和省基础教育成果二等奖，并在此基础上出版了《线描乐园》和《情智和美——理想的幼儿园美术教育》两本书。

第四阶段，2001—2010 年，随着“五指活动”课程的深入实践，为更好地实践陈鹤琴“大自然大社会都是活教材”“环境是幼稚园的课程中心”等理念，先后进行“五指活动课程之环境设计”的研究和“五指活动课程之社区资源的开发利用”研究。2001 年，我们征地 55 亩，在城北新建鹤琴幼儿园总部，以陈老“活教育”的思想规划环境、开发利用环境，把自然搬进幼儿园，把社会融入幼儿园，打造以镶嵌性、动态性、参与性、潜在性、乡土性等为原则的别具一格的教育生态园，这也成了研究的课题。首先，完善课程内容，科学规划百花园、百果园、百草园、百乐园，将这些资源作为课程内容的来源，根据季节的不同设计“幼儿园的树”“丰收的农场”“我和笋宝宝比高”“播下希望的种子”等主题。其次是完善课程组织形式，在传统集体活动的基础上，将农场实践活动纳入显性课程，每周开展活动，让幼儿在实践中获得发展。第三，进一步厘清课程环境设计规划思路，为儿童创设探究的、游戏的、创造的、运动的环境，使儿童拥有强健的身体、合作的态度、服务的意识、建设的能力、创造的能力。2005 年，在南师大虞永平教授的指导下，我们对幼儿园方圆一公里资源进行调查，根据不同年龄段幼儿发展水平，择优选用资源，采用参观、访问、调查、体验等形式，拓宽幼儿视野，丰富感性经验，培养幼儿关注周围事物的兴趣及敏感性。“利用陈鹤琴‘活教育’思想，创设幼儿园生态环境”的经验在浙江省贯彻《纲要》阶段性成果报告会上做专题介绍，相关成果获浙江省二等奖。2002年，我园还承办了浙江省纪念陈鹤琴诞辰110周年纪念会暨幼儿素质教育研讨会。

第五阶段，2011年至今，进行“生态式幼儿园五指活动课程的建构”实践研究，在浙江师范大学杭州幼儿师范学院王春燕教授的悉心指导下，依据《指南》精神，进一步完善课程总目标，即：以做人为基点，以生活为载体，以创新为主线，以实践为核心，培养健康、自信、探究、珍爱、创造的和美儿童。课程设计核心理念更为突出，体现“四个一”理念和“四个真”的特点，即：根植一个基点——做人，围绕一个载体——生活，凸显一种意识——创新，强调一个核心——实践。让儿童在“真生活、真情境、真实践、真体验”中获得真发展。

课程组织形式依托日常生活、单元主题教学、游戏活动、农场和节日专项实践活动和环境整合五大途径，有效实施课程目标。同时，我们深入研究日常生活中幼儿行为习惯、卫生习惯的养成；优化生态式户外环境，开展户外混龄自主性游戏的研究；开展美术区域活动的研究。这些研究活动充分体现《指南》中一日生活皆课程，游戏是儿童学习的主要方式，给儿童更多自主、自由、自发的活动机会等理念。

评价方式更客观合理。我们遵循过程性、差异性、情景性、多元性、整体性等评价原则，力求科学合理、客观公正，通过建立个人档案，实施过程性评价；基于活动观察，实施情境性评价；注重纵向比较，实施差异性评价；评价主体多样，实施多元性评价。多种评价方式丰富和完备了课程的评价体系。“生态式幼儿园五指活动课程”和“开心农场，智慧成长”两项课程分获浙江省首届和第二届优秀精品课程，半日活动“小农场丰收了”获浙江省一等奖。2012年承办浙江省纪念陈鹤琴诞辰120周年纪念会及学术交流会；2015年承办浙江省陈鹤琴“活教育”课程思想研讨会，来自北京、上海、浙江、江苏、广东、陕西、湖南、湖北、山东等10多个省市400多位幼教专家同行，汇聚上虞鹤琴幼儿园，观摩、探讨陈鹤琴“活教育”课程思想。我园多次在省内外园本课程研讨会、中国园长论坛等专题介绍“活教育”课程实践经验；多次接待浙江省幼儿园园长园本课程高级研修班的观摩，慕名前来参观的同行络绎不绝。上虞鹤琴幼儿园的“活教育”足迹已遍布全国20多个省市，为弘扬陈鹤琴“活教育”思想做出了积极的贡献。

问 对于不断更新的教师团队，鹤琴幼儿园如何确保陈鹤琴幼儿教育思想得到落实？

答 陈鹤琴先生指出：活的教材、活的教师、活的教法，才能教活儿童。因此，要实践活教育，必须培育一批了解“活教育”理念和方法的“活教师”。为此，我们做了三方面的思考与探索。

思考一:"活教育"需要"活教师"——与高校攀亲,与名园结对。

1996年12月我带着当时的骨干教师团队,北上寻亲,在陈老先生小女儿陈秀兰的牵线下,结识了时任南师大学前教育系系主任唐淑教授,并与南京市鼓楼幼儿园结为"姐妹幼儿园",走上了全面实践陈鹤琴"活教育"思想之路。1997年3月,我园成为唐淑教授主持的国家重点课题"我国幼儿园课程体系改革研究"全国十六个科研点之一。"五指活动课程实践研究"和"五指活动课程中音乐教学的研究"两项课题成为子课题,在唐淑教授和孙浣敬校长的指导下,全面实施"五指活动"园本课程建构。我园先后邀请南师大唐淑教授、许卓娅教授来园指导讲学,多次派骨干教师赴南京跟随唐淑教授、许卓娅教授蹲点学习;邀请南师大附属幼儿园名师朱南松、周平等来园上示范课;也曾先后聘市教研室美术教研员李正火老师为我园的美术辅导员,聘请绍兴市教科所许炳松所长来园做课题研究专题讲座等。在当时还未出现"校本研训"一说的时候,事实上我们已经开启了实质上的园本教研,极大地促进了教师践行"活教育"的能力和"五指活动"园本课程建构的推进。

思考二:"活教师"需要"活"的教研——分层研训,生态式教研。

2001年为了创设更好的育人环境,新建幼儿园总部后,办园规模日趋扩大,从12个班逐步扩大到42个班,且教师组成多元、复杂,有教师,也有助教,还有专职教师;有正式编制的,也有合同制的。教师水平参差不齐,给园本课程的实施带来一定的困难。为了进一步实践陈老的"活教育"思想,将"活教育"理念创造性地落实在园本课程建设中,使教师正确树立幼儿发展观、课程整体观、环境育人观、师幼互动观,我们确立"分层研训,打造生态式教研新团队"的园本培训思路,开展生态式教研。从传统教研到生态式教研网络演变主要从以下几方面展开。

一是构建生态式研训网络,从传统教研向生态式教研网络转变。

1. 改变从上到下管理的模式。以前研什么,怎么研,更多由园长决定,考虑教师需求少,造成了高控制的,缺乏自觉性和针对性的统一弊端。

2. 建立自下而上教研网络。以园长为核心的决策中心是教师、孩子成长的肥沃土壤,园长充当思想的引领者、方向的引导者、成长的支持者、环境的缔造者;每片绿叶分别代表10个工作小组,由教师根据自己的兴趣爱好、特长自愿参加;新手组、胜任组、骨干组、引领组,则为不同层次的教师提供研训舞台,年段组则打破教师年龄界限,人人开展专题式研究;课程资源中心、专家小组为教师提供物质上的帮助及学习上的指导,努力体现尊重教师的需求及个体差异,体现生态的理念,服务支持教师发展的观念,使教师、孩子在共生、共融、和谐的氛围中成长。

3. 现阶段实施自下而上,全员管理的网络,变"要我研,要我学"为"我要学,我要研"。除了体现第一阶段教研网络的一些理念外,更体现了整体思维的理念,即:教职工人人都是教育工作者,凡是接触到孩子的人都是教育工作者。一片叶子代表一个项目教研组,可以根据教职工的需求增减,非常灵活。

我认为,生态式教研网络的核心价值是尊重、选择、等待。尊重是灵魂,尊重不同教职工的需求和差异;选择是手段,给教职工自主选择的机会和权利;等待是过程,等待年轻教职工成长,静待花开。

二是研训目标生态化。

研训目标生态化是指研训目标应指向教师的内部发展,每位教师的素质不相同,甚至千差万别,但他们必须处在一种动态平衡、和谐发展的状态之中,促进教师的持续发展。

鉴于这样的理解,我们按教师的兴趣、特长、年龄、实际水平分成了三类教研组,分别为特色教研组、成长互助组、年段组,并且分别制定了研训目标,例如:特色教研组中的"创意新工厂"研训目标为:探索陈鹤琴"活教育"思想下的现代幼儿美术教学多种途径,培育特长型教师。

三是研训方式生态化。

1. 寻症结,有问而研。

任何的研训均始于问题,查寻问题症结,促进教师幼儿和谐发展是我园一直努力的方向,我们的做法是:

① 围绕园本课程,自上而下确定问题范畴。

问题从何而来,我们回归"五指活动"课程的基本元素,从课程的目标、内容、方法等块面逐一分解,将其分解成7个小块面,让教师紧紧围绕7个块面查寻。

② 全员探寻,自下而上寻找各种问题。

在每学期期末,我们结合园本课程,通过"问题查找会",让教师根据班级幼儿发展水平、自身教学实际问题,在充分反思的基础上,收集相关困惑,并填写园本课程困惑调查表,从而为教研组长制订研训计划提供依据,实现研训针对性、有效性。例如:围绕学习性区域的环境创设,各班教师分别从材料、规则、评价等块面收集。

③ 层级梳理,聚焦核心问题。

各教研组长将教师提供的问题,根据问题的典型性、可行性、迫切性、方向性、价值性等原则,分别从问题类型、问题价值、难易程度进行梳理,然后递交业务园长。由园本研训领导小组结合幼儿园园务计划,再次梳理,辨别真问题,剔除假问题,将大问题简化,初步拟定出园本研训主题,再交各线各组讨论交流,完成园本教研课题的确定工作。

思考三:"活教师"需要"活"的机制。

调动教师工作积极性离不开好的制度的保障,为此,我们先后出台了《鹤琴幼儿园名优教师评审制度》《鹤琴幼儿园教科研成果奖励规定》,针对招聘教师我们在全区率先推出《鹤琴幼儿园自聘教师园内转正制》《鹤琴幼儿园自聘教师工资晋级制》《鹤琴幼儿园自聘教师专业技术职称评聘规定》，让各个层面的教师干得有方向、有动力。但时间久了，也会产生“船到码头，车到站”的惰性。

去年，我们引进自组织管理系统（PRG），创新管理机制，利用互联网积分排名游戏方式，引导教职工自我管理，体现管理自主即时、公开公平，逐步达到群智涌现的状态。实践证明，目前教职工的工作积极性明显增强，日常工作中教师的创新做法也不断涌现。

问 *在您带领鹤琴幼儿园传承鹤琴思想的过程中，您有哪些难忘的经历和感受吗？*

答 难忘的经历和感受有两点。一是主动寻找发展机遇，寻求外力支持很重要。所以我前面说过的，1996 年冬，北上寻亲的经历是我们实践陈鹤琴“活教育”思想的转折点，影响深远，至今难忘；二是幼儿园的管理者要有文化自信。近三十年来，随着改革开放的深入，幼教事业发展也发生了翻天覆地的变化，国内外的各种教育流派层出不穷，如：“瑞吉欧”方案教学、蒙台梭利教学法、法国的“做中学”，还有近几年流行的“STEM 课程”“安吉游戏”等等，百花齐放是好事，但盲目跟风不可取。我们很庆幸，二十多年来我们坚持不懈地探索陈鹤琴的“活教育”思想，尽管进展缓慢，但不管外面刮什么“东南西北风”，我们践行陈鹤琴“活教育”思想的初心不改，立足本地、本园实情开展“五指活动”园本课程实践研究的原则不变，以不变应万变。对于国内外先进的教育理念与方法，我们根植于“活教育”进行学习借鉴，丰富了我园“五指活动”课程的实践研究，让园本课程更富时代性。

访谈对象 | **赵春霞**(江阴市华士中心幼儿园园长)

访 谈 人 | 张伟琴 王 雪

问 在课程游戏化这个项目之前,华士中心幼儿园主要是什么状态呢?

答 我们幼儿园是一所乡镇中心幼儿园,于2014年成为江苏省首批课程游戏化项目建设园。在成为课程游戏化项目建设园之前,是一所师资水平一般、保教水平一般、园所环境一般的非常普通的乡镇中心幼儿园。

在师资方面,目前37%是在编教师(有编制的),其他63%都是非编教师。2010年开始,因代课教师清退政策和入园幼儿的不断增长等原因,我园经历了教师"大换血",大量没有学前工作经验的教师陆续加入进来,其中有刚毕业的幼师生、非幼教专业的师范生、中小学的转岗教师,至2013年,这类人员占比55%,怎样让这些教师尽快适应幼教工作是我们当时面临的严峻考验,当时的目标是保稳定。

在课程方面,课程游戏化之前主要选用的是幼儿园整合活动阅读课程《中国幼儿百科画册》教材文本,这套教材以主题形式展开,有主题说明、环境创设、教学活动等,教师实施起来很方便,那个时候的课程状态是安稳。

在环境方面,课程游戏化之前对环境的认识和理解是比较浅薄的,还没有资源意识,户外环境比较关注的是安全,室内环境得益于江阴市教研室组织的二轮游戏研究(一轮角色游戏、一轮区域游戏),已经开始重视幼儿游戏环境的创设,区域设置和材料还是比较丰富的,但基本都是教师主导、设计、控制的。

问 华士中心幼儿园在课程游戏化之前的教学活动主要是怎么进行的呢?

答 以前我们对教学活动的理解就是上课,上课一般有两种方式,集体教学和分组教学。教学内容基本出自教材文本,年级组审议时会考虑是否与当下主题相关,是否兼顾五大领域的平衡,是否符合幼儿的年龄特点,还会重点研讨教学活动设计,即怎么把课上好,最后修改完善成一个教学活动文本,年级组公用。当时我们年级组内的主题内容和教学活动都是同一版本的。

问 您觉得课程游戏化之前教师对课程的理解是什么呢?

答 我觉得那个时候教师把课程与上课等同起来,教师把教学活动,尤其是集体教学活动看得很重。所以之前的主题活动也是通过一个个教学活动完成的,而不是通过幼儿的探究与建构完成的。

问 您觉得您所在幼儿园课程的变化跟什么关系最大?

答 最大的变化就是教师观念的改变。第一个是儿童观,原来我们脑子里没有儿童是什么样的形象这个概念,我们原来不太会去思考孩子想要做什么。以前我们给孩子定位的就是学生,是学习者,我们教师想的都是我要让孩子学什么,怎么学,当然怎么学得更加有趣这个也有思考过,但是更多的是我要让你学什么,然后怎么让你学。但是课程游戏化之后,教师知道并开始学习放手和退后。教师认识到了孩子是一个有能力的、积极主动的学习者。教师会去观察孩子对什么感兴趣,他们在研究什么,然后思考给予孩子什么样的支撑;会和孩子讨论对一些事情的看法和处理办法,比如班级规则的制定等等;会在筹划某些活动时说:“等一等,我先和孩子们聊一聊,听听他们的想法。”教师这些行为的改变都是基于对儿童认知的改变,这个改变是最根本性的改变。

第二个是课程观,原来就觉得我作为老师今天没上课,好像不合格,因为今天的教学任务没完成。现在教师知道课程在一日生活中,或者说一日生活中包含了很多教育资源和教育契机。再看主题活动,我们现在基本从教材转向生成,因为教师意识到了孩子是有差异的,每个班的孩子所处的资源环境不太一样,感兴趣的事物不太一样,孩子与孩子之间的能力与经验也不太一样,是不能用同一个文本齐步走的,也知道了课程要基于孩子的兴趣和需要。另外,主题活动注重的不再是一个一个的集体教学活动,而是孩子的探究和表达,孩子的有益经验的主动建构和获得。所以现在再问我们的老师“课程等于上课吗”,老师们肯定会说课程不可能等于上课。

还有明显的改变是环境的改变。对比课程游戏化之前,我们的室内外环境都有了翻天覆地的变化。我们对环境有了重新的认识,环境中蕴含着丰富的课程资源,孩子在与环境和材料的互动中获得直接经验,引发学习可能。所以我们将原本成人化的、不太好玩的户外环境变得自然有趣、富有挑战与生命气息。室内的区域研究是我们课程游戏化建设的一个突破口,在这几年的持续研究下,我们的区域环境也变得丰富多元、开放自主。

问 您刚才提到,华士中心幼儿园课程游戏化是从区域开始的,那么区域有哪些变化呢?

答 区域空间的设置从方便教师的组织到方便幼儿的活动,尽可能利用空间设置多种区域来支持幼儿的多领域发展。在区域设置上,我们也有一些自己的想法,比如除了常规的一些区域,每个班级都会有沙水区、光影区,小班还必须有个涂鸦区,这些区域的设置都是基于我们对孩子兴趣和发展需要的了解和分析。

区域材料的设计上是从高结构的到低结构的再到无结构。一开始的区域材料是集体教学活动的延伸，后来是看到一些好玩的材料复制到自己班上，再后来是根据主题内容和《指南》发展目标来设计材料，现在我们大班有一个区域叫留白区是完全留给孩子的，里面没有材料，也没有教师设计的游戏，玩什么、怎么玩，全部由孩子自己说了算，就是完全地放手。进入到这个区域中的孩子可以选择教室里的任何材料自己发明游戏。这个区域开设前，教师也有很多顾虑，但通过一个学期的持续观察，教师发现孩子们非常喜欢这个区域，不仅都有能力发明游戏，还会持续改进自己的或别人发明的好玩的游戏。这个留白区也让我们对孩子的主动学习有了更多认识。

目前，我们认为自己现在的区域环境更像是材料超市，孩子是这些材料的使用者、创造者。当然，教师设计的有目的、有意图的游戏材料依然会有，但总体来说，现在的区域是从控制到淡化控制，从教师主导到幼儿主导。

问 *在课程游戏化之后，华士中心幼儿园的活动开展有发生什么变化吗？*

答 现在的教师眼睛里有孩子，也在努力看懂孩子，以前比较重视活动形式，现在比较重视活动内涵，关注活动中孩子的发展。拿游戏中的讲评环节来说，以前这个环节主要就是评价幼儿的活动情况，教师是主要评价者。现在这个环节主要是分享交流环节，是师幼学习和幼幼学习的一个很好的平台，也是孩子提升经验的重要途径。教师会抛出话题而不是进行评价，目的在于引发孩子对游戏中产生的问题和现象的思考和进一步探究，教师也会特别鼓励孩子的表达，通过表达，孩子就知道我在干什么，别人在干什么，我是怎么做的，别人又是怎么做的，或许他会对别人的活动和方法有兴趣。另外教师也不可能关注到每个孩子的游戏情况，通过这个交流环节，教师可以知道未关注到一些孩子的兴趣点，如果他以后还玩这个游戏，应该怎么样去有针对性地观察和支持。

问 *在课程游戏化之后，华士中心幼儿园的作息时间有发生什么变化吗？*

答 我们的作息时间还是有了很大变化的，首先是活动安排的变化，原来我们上午半天的流程是晨间来园、户外、点心和自由活动、集体教学、区域、午餐。整个上午的活动比较多，教师和孩子的状态会比较赶，集体教学活动占据着最好的时间段，为了保证集体教学活动，自由活动和区域活动有时会被压缩。课程游戏化让我们认识到游戏对孩子发展的重要价值，也让我们知道游戏不是去设计一个游戏教学活动，而是孩子自由、自主的探究，这样的探究需要教师给他提供足够的时间和空间。所以我们就理解了为什么课程游戏化一定要调整作息时间，把教学活动减少，保证充足的自主游戏时间。后来我们把上午的集体教学活动取消了，现在冬令时的流程是晨间来园、区域活动、户外游戏、午餐，点心在区域中完成，我们在区域中设置了点心区，孩子在规定时间里自己安排点心时间。整个上午孩子几乎都在游戏，环节比原来少了，孩子和教师的节奏都慢了下来，孩子有充分的时间去做自己感兴趣的事情，教师也有充分的时间去观察孩子。

这也让我们意识到作息时间不仅仅是一张时间安排表，也反映了我们的教育理念与人文关怀。一日作息安排首先考虑的不应该是管理的方便，而是尊重、支持并满足孩子的需要。此外，一日环节流程不应该是教师指挥的，而是孩子能明确感知并调整节律的，所以我们从小班开始，作息时间就转换成了孩子能看得懂的生活流程。一日生活的规则也是师幼共同制定的，是孩子自己需要、共同约定并内化的行为规范，而不是教师制定的管控要求。即使是小班孩子，也有能力和权利参与规则的讨论和制定。

问 *您提到课程要基于孩子的兴趣，那么您是如何捕捉孩子兴趣的呢？*

答 孩子的兴趣是有迹可循的，孩子的兴趣发生在一日生活中，发生在与环境、材料的互动过程中，也就是玩的过程中，会通过语言、动作、表情、眼神等多种方式表露。教师如果做到积极陪伴孩子、细心观察孩子，就不难发现孩子的兴趣。当然，直接与孩子讨论也是很好的方法，孩子会告诉你，他们对什么感兴趣。所以我们要确保老师有大把时间跟孩子待在一起。还有很重要的一点是要丰富环境和材料，因为我们发现孩子在与自然环境中的动植物接触最容易产生兴趣；开放性的、探究性的材料也容易引发孩子的兴趣。捕捉到幼儿的兴趣之后，教师还要进行价值判断和筛选，一般我们会从兴趣是否持久，是否具有普遍性，是否有利于孩子获得有益的新经验，经验建构的过程是符合幼儿的学习方式，是否有比较丰富的资源可利用等方面综合考虑。确定兴趣之后，教师还是要预设行动方案，在实际组织实施的过程中再根据孩子的兴趣和需要调整目标和方向。这是一个理想的状态，这个过程我们经历了很长时间，直到现在，我认为我们离理想的状态还是蛮有距离的。

问 *在教师发现孩子的兴趣进而生成课程的过程中，您觉得集体教学活动的地位有改变吗？*

答 很重要的改变就是集体教学活动不再是必需的，是有需要的时候才要组织实施的，比如在蚯蚓的探究活动中，孩子发现蚯蚓生宝宝了，他们很好奇蚯蚓是怎么生宝宝的？谁是爸爸？谁是妈妈？这个问题是几乎所有孩子都感兴趣的，而且仅凭孩子的自主探究无法解决，于是老师也去收集了信息，比如科普动画片等，然后组织了集体讨论，通过猜测、讨论和观看科普动画片等，孩子们了解了蚯蚓的繁殖方式，了解了蚯蚓的特殊身体结构，雌雄同体，既是爸爸又是妈妈。像这样的集体教学，是即时生成的，当然不是说集体教学都是生成的，主题活动中也会预设一些，教师根据对孩子兴趣和经验的判断预设一些认为必要的集体活动，比如在对幼儿园的树的探究主题中，教师就预设了树的测量、统计等集体教学活动。

所以集体活动要不要上，要看需不需要用集体的方式上。原来是通过一个集体教学活动，教师教给孩子某些知识、某些本领、某些技能，现在的集体教学活动，实际上是要通过这样一个集体的方式,解决和探讨一些孩子共同感兴趣的问题和发现,这是一方面;另一方面通过集体教学活动,教师对孩子各自原有的经验来做一次梳理和提升。所有的集体教学活动都是教师根据班级幼儿的需要和实际情况来进行的,不在乎时间多长、场地在哪里,只要孩子需要这样一个集体的形式来解决或探讨共同的问题和发现就成立。

问 幼儿园会对孩子进行"幼小衔接"吗?有的话,是如何进行的呢?

答 "幼小衔接"是我们大班教育活动的重要内容,每年5月份开始,大班年级组就以"幼小衔接"的主题实施为主。年级组在审议这个主题前,会深入探讨要帮孩子和家长做哪些准备,解决哪些问题,通过什么样的方式解决。所以,我们一方面会与小学教师、上一届大班家长了解情况,孩子进入小学后的主要问题有哪些。另一方面也会问孩子关于小学知道些什么,还想了解和知道些什么。这些调查就形成了主题实施研究的线索,我们会给孩子创造机会和条件让他们自己去发现。比如孩子想知道小学生是怎么上课的,课间十分钟干什么,我们就带孩子去小学参观、体验、调查、采访,让孩子获取直接经验。有些习惯、能力的培养,我们就通过区域活动、家园互动等来实施,比如小学老师和家长都反映孩子上了小学经常丢三落四,不会整理书包。为了培养孩子整理自己的书包的习惯和能力,教师设计了每日任务单,像家庭作业一样每天发给孩子,孩子根据任务单在家整理自己的书包,第二天背着来园后,同伴相互检验。幼小衔接阶段我们和小学、家长的互动是比较密切的,我们会借助小学的力量对家长宣传正确的入学准备,比如培养孩子良好的阅读习惯、生活习惯、学习习惯,而不是盲目地报拼音班、数学班。

问 园长和年级组会经常对主题活动进行审议吗?

答 当然。主题审议主要是在年级组内实施的,年级组课程审议时至少会有一名业务园长参加。主题审议很重要,我们的主题审议包括审选题、审方案、审过程,选题审议我是一定参加的,因为好的选题是好课程的起点,好的选题能让课程有很多生长可能,这个很重要。根据主题内容不同,审议重点也会有所不同。像"幼小衔接"这种年级组共性主题,年级组审议的重点就在审方案上,先形成共性的行动方案,在此基础上,各班具体实施时再做调整和生长。还有一些大活动,如节庆活动等也是如此。如果是各班的生成性主题,年级组审议的重点就在审选题上,审方案主要由业务园长负责。有时候,也会通过审议一个班的生成性主题方案引发组内教师的思考,提炼方法或发散思维,这种活动一般由园长或业务园长主持,借由年级组审议活动进行,实际上是小型教研活动。过程审议主要通过年级组内的课程故事交流来进行,这个活动两周一次,通过交流教师了解别人的组织实施策略,给彼此一些建议和意见,利于调整方向。应该说,我们的教师在课程开发和实施上有比较大的自主空间。

问 华士中心幼儿园环境创设是怎样的呢?

答 对于环境创设,我们的观点是环境是幼儿的环境。创设改造环境之前,我们就要思考,什么样的环境是能吸引幼儿的、能引发不同个体幼儿的主动探究、能满足幼儿多种经验建构的。比如户外环境,我们的第一个行动是把空间还给幼儿,原来幼儿的活动空间基本在塑胶场地上,后来我们把景观绿化等都进行了改造,让户外所有安全空间都是孩子能进入的。我们的第二个行动是让每一块空间都发挥其独特的价值,我们利用不同场地的特性,创设包含多种学习可能性、满足多领域发展需要的活动环境,比如有冒险、种养、建构、音乐、美术、扮演、阅读、沙水、骑行、综合器械等。我们的第三个行动让每个角落都富有挑战并充满活力。我们丰富自然元素,不断增添动植物,仅果树就有 20 余种,来支持幼儿与各种自然生命建立亲密联系。我们投放石头、砖块、水管等非常多种类的低结构材料,支持幼儿实现并丰富自己的游戏想法。我们觉得幼儿不仅是环境的享受者,也应该是环境的共建者。我们会让幼儿参与环境的管理,比如为沙池、种植地除草;会让幼儿参与环境的设计,比如一块荒草地最终变成冒险岛,幼儿参与了最初的规划和过程中的材料投放。我会经常提醒教师去了解幼儿对于环境和材料的需求,然后做出调整。所以我们的户外环境一直在改造。

同样,室内环境我们也很少有成人化的东西,特别是班级里,都是幼儿的东西,幼儿的活动材料、幼儿的表征作品、幼儿的活动照片,这些组成了班级的主要环境。这个环境是一个不断丰富、不断变化的过程。我们不会要求教师必须要设置一块主题墙,所谓主题墙不是教师去设计一块版面,放点照片和作品,它是幼儿在主题探究中的行动轨迹的呈现,它是通过幼儿的表征、通过教师对幼儿活动的记录自然生成的。我们也不会一月检查一次环境,要求教师必须更换环境,环境和材料是否需要更换,是要根据幼儿的兴趣和需要决定的,如果幼儿对某些材料不感兴趣了,那么就要换了,所以园长是没办法统一检查环创更换情况的。开学初,我们对教室环境的要求是留白,但会要求教师完成材料超市的基本创设,这个材料超市的材料来源有三个,一是幼儿园提供,二是幼儿收集,三是班费购买。另外幼儿园有资源室,幼儿和教师也可以去资源室找材料。后续材料超市还会不断丰富。

我们发现,当环境中的材料是孩子喜欢的、能自由取用的,当幼儿在环境中能处处找到自己的痕迹时,他才会有一种更强烈的归属感。

问 之前您是如何评价教师能力的呢?课程游戏化后对教师的评价有哪些改变?

答 以前我们评价教师的能力,通常会与他们的集体教学活动设计、组织和实施能力联系起来,一般都认为上课上得好的就是业务水平高的教师。我以前评价教师的日常工作情况，就是用推门听课的方式，检查教师的教学准备、教学状态、教学能力。我们现在对教师的评价，第一看班级里的环境创设，第二个看教师跟孩子的相处状态，更多的不是看教师怎么表现，而是看班级里的孩子呈现出一个什么样的状态。因为孩子的状态就说明老师的理念和行动，如果班里的孩子是一种很大方、自信活泼、探究性很强的状态，不管谁进去，孩子都能不受太大干扰，专注活动，那么我们就知道这个老师她跟孩子的关系是一种很开放、很民主、很平等的支持性关系。但是如果班里的小朋友都是畏畏缩缩的，一些游戏材料没经过教师同意是不能动的，这个教师肯定是高控的，这种情况我们是很介意的。第三就是看教师的课程生发能力，教师能不能看到孩子的兴趣，能不能有效地回应和支持孩子的兴趣，能不能积极主动地观察孩子，能不能运用相关理论依据客观、科学地分析孩子。

我们现在会从这几个方面来评价教师，更多的就是看教师是否会观察孩子，是否能支持孩子，然后是否能够很好地从专业的角度去评价孩子，这个就是我们现在对教师的评价。我们现在很少组织教学活动比赛，但是每个学期都会有课程故事会，我认为这是我们的专业引领的一种价值导向。

问 那么在2014年开始做课程游戏化的过程当中，华士中心幼儿园是怎么带动教师参与进来的呢，对于新教师又是怎样培养的呢？

答 2014年的时候，老师对课程游戏化只是一个概念，我们做了大量的培训，请专家来做讲座是培训的一方面，专家讲的很多东西是要内化成教师的东西才能生长出意义，否则就是听了一场讲座而已。所以除了请专家之外，更多的是我们幼儿园自己的培训。在这一方面我还是觉得一个园所的负责人非常重要，首先要园长自己理解了、认同了，才能引领教师去领悟课程游戏化的内涵。那时候我看了很多书，专家们推荐的书我都买过，基本上都看过。然后，我们会根据不同的情况设计不同的教研、培训方式，采取不同的策略来推进课程改革。

比如说区域环境的建设，区域环境教师怎么去改变？因为当时从上到下都没有经验，与其所有教师盲目行动，不如集中精力做样本班。于是选了一个实验班先进行改革研究，研究过程中，当实验班的区域环境有了较大改变时，我们就组织教师参观研讨，让教师们看到变化，感觉到好像不是很难，有些回去就跟着行动起来。业务管理者则要对实验班研究梳理方法，总结经验，形成操作框架，这是教师们非常需要的。新学期初，我们组织全园培训，实验班教师先来谈感受，然后是业务管理介绍方法，全体教师分组研讨练习并形成初步的调整方案，然后回去实施，各班实施过程中，业务管理者一直在跟踪指导，并定期组织教师相互学习。由此，区域环境创设全面推开。

我觉得带动教师进行课程游戏化建设的过程，就像教师与孩子的关系，作为管理者也要观察、了解、分析教师的想法、问题和困难,要找到教师的最近发展区,给予她们发展支架,让教师感觉到改变不是那么难,也要让教师感受到改变的价值。我们经常向教师强化一个理念:“课程改革不是让我们的工作变得更复杂,而是让我们的工作变得更专业,不是为了增加教师和孩子的负担,相反是以更从容的方式工作和学习。”我们也是这么做的。我们梳理了教师已有的笔头工作和会议活动,进行整合与删减,给教师留出大量时间。我们不断引导教师退后、孩子向前,当孩子能做的事情越来越多,教师就越来越得以解放,教师真切地体会到课程改革的幸福,就不会抗拒。

总结方法的话,我觉得一是加强对教师的理念建设,让教师知道这件事情很好。二是要给教师方法和支持,很多时候教师不是不愿意改变,而是不知道怎么改变。三是要持之以恒,任何一个研究内容的实践改革都不能虎头蛇尾,上面松懈了,下面很快就会不了了之。四是发现教师在课程改革中的亮点,哪怕是微光,用教师去影响教师的效果要比行政指令有效,管理者要做的是把这些好的做法、好的行为放大、扩散,为教师不断树立新的实践标杆。

对于新教师的培养,我认为是以老带新,这是最常用、最普通的方法,但是师傅选得好就是最有效的方法,这是一种卷入式培训。当然,我们也制定了新教师的专业发展策略,比如要求新教师做全天观察记录,每两周就观察记录进行研讨,这个举措在于培养新教师的观察意识和观察能力,因为我们认为观察是最重要的专业基本功。

问 您目前对课程游戏化有什么样的理解呢?

答 课程游戏化的理念很好,理念对了课程改革的方向就不会有太大偏差。

课程游戏化的理念跟国外的很多先进理念很相似,跟《指南》精神也是完全契合的。从 2014 年立项至今,我觉得课程游戏化是越做越有意思。我也听到过一些不一样的声音,我想这取决于对它的理解,如果把课程游戏化理解成一种外在的改革形式,那么就会觉得这个改革跟我原来的东西是相冲突的,然后我还要做很多额外的事情,就会觉得很苦恼,很折腾。但是当我们真正理解课程游戏化的内核的时候,我觉得这是一个非常有意义的事情,我和老师们都有改革的幸福感和成就感,因为我们在努力让孩子真正拥有一个有意义的童年,成为真正的有能力的主动学习者,这是未来的社会需要的。

课程改革改到现在,教师们也真切地感受到不是增负而是在减负。老师的劳动性工作其实是变少的,但专业程度提高了。教师也在享受这个过程,享受和孩子共同生活的过程,在共同生活的过程中,教师去发现孩子很多感兴趣的问题和现象,然后跟孩子一起去解决和探究,就这么简单,没有那么复杂。老师陪伴孩子,彼此共生共长,就是这样一种很和谐的状态。我认为课程最理想的状态不是变得越来越精致、越来越复杂,相反应该变得越来越平常,就是生活的日常状态。

对于我来说，课程游戏化不是终点，而是一个起点，通过这个项目的建设，我对什么是更有意义与价值的幼儿教育的认知是在不断加深与更新的，这也让我不断审视与反思自己幼儿园的教育现状、课程现状，然后慢慢地改变、改变。

问 华士中心幼儿园在推行课程游戏化这么多年以来，有没有遇到过一些困难呢，您是如何去解决的呢？

答 困难很多啊，最大的困难就是人和钱。

首先是人的问题，我们在编教师少，非编教师多，非编教师待遇不高，所以师资队伍并不稳定，已经培养好的教师流失，总会有不舍和惋惜，好在也会有新教师加入。另外，我们的生师比紧张，管理人员少，园区多、孩子多，管理压力非常大，有时候也会有心有余力不足的感觉，这个时候就只能整合条线工作，分轻重缓急，将时间尽量多地留给教育教学。

然后是钱的问题，课程游戏化项目立项以后省市都会给建设经费，但这些经费肯定是不够的。我们一方面寻求政府支持，动作稍大一些的改建都需要政府同意，好在我们镇政府还是很关心、支持我们的。另一方面把钱花在最需要的地方，我们孩子活动的地方，环境和资源是很丰富的，但教师办公区域是很简陋的。还有就是发动家长提供资源，我们会通过组织家长进行游戏观摩和讲座等，让家长了解游戏对孩子发展的意义，环境和材料在其中所起的作用，进而向家长发出倡议。教师会通过qq、微信群等向家长展示孩子的课程活动与游戏活动，让家长知道他们提供的资源和材料是如何被利用来促进孩子学习和发展的。

其实这两个问题到现在也没有解决，但并不是不解决就不能去做这件事了。努力总比不动强。

问 回顾“课程游戏化”推行了这么多年，您觉得幼儿园和您最大的改变是什么？

答 从内在来说，改变了我们幼儿园的师幼关系，从传统的师生关系变成了伙伴式的师生关系。改变了教师的教学方式，也很好地提升了教师的专业能力，现在我们的老师很自信。也改变孩子的学习方式，我们的孩子也非常自信和能干，他们在这个环境中的状态就是自由、自主、创造、愉悦的。

从外在来说，课程游戏化给了我们一个很好的平台，让我们被很多专家和同行认可，让我们从一所极其普通的乡镇中心幼儿园蜕变成有一定知名度的幼儿园。我们的办园品质提高了，家长的认可度也提高了，生源逐年增加。

从我个人来说，改变了我对幼儿教育的认识，也让我逐渐产生了为了孩子而努力的使命感和责任感，我觉得自己要向前辈们好好学习，不断学习和努力。

访谈对象	**胡家凤**（武汉市江岸区珞珈山街幼儿园原园长）
访 谈 人	王雅婧　苏日娜

问 胡园长，您能先简单介绍一下自己的工作经历吗？

答 1962年7月我成为江岸区黄陂路小学附幼教师，1966年1月任江岸区珞珈山街幼儿园教师、园长，1990年被评为湖北省特级教师，1994—1999年享受武汉市政府专项津贴，1999年获评“湖北省十大名师”，1999年12月退休，退休后任学前教育国培计划授课专家，曾任湖北省学前教育专业委员会理事、学术委员，武汉市学前教育专业委员会理事、学术委员，湖北省教材审定委员会委员。

问 您为什么选择幼教职业？当时幼儿园教师的社会地位如何？

答 我家里可以说是教育世家，我的爷爷、我的母亲都是教师，再加上我这一辈6个姊妹中又有3个从教的，我们的下一辈大部分也都从事教育工作。上初中的时候，我本人的性格很活泼，比较招人喜欢。当时学校有一个保送去幼儿师范学校的机会，老师们在征求了我母亲的意见以后问我，我说：“那很好！”

我为什么说很好呢？因为在那个年代，我的母亲是银行子弟小学的创始人，那个学校除了小学还设置有幼儿园。当时的我经常去那边玩，觉得特别有意思，老师和孩子们在一起非常天真可爱。不过那个时候，我对幼教职业还没有太多的认识，只是觉得快乐有趣。上了幼儿师范学校以后，我很努力，功课也很好。毕业实习的时候，我被安排在现在的湖北省第一保育院，实习后保育院希望我留在他们的幼儿园里工作。但是临近毕业之际，我的思想发生了很多的转变。因为周围很多同学都去上了大学，可我要去幼儿园工作，内心深处还是想跟大家一样继续去学习。正在我进退两难的时候，家庭教育的力量就凸显了出来。我的母亲、哥哥都是老师，母亲就跟我讲：“你自己选择了这个专业，作为一名幼儿园教师，国家培养了你三年，你现在说不工作就不工作，那是不可以的。不管你到底是怎么想的，都要去工作，而且还要认认真真地去工作。”于是，在这样的背景下我就走进了幼儿园，当上了一名幼儿教师。

我当时为什么还想去继续读书呢？确确实实是因为在那个时代幼儿园教师的政治、经济、社会地位都是很低的。例如：我们刚开始工作的时候，工资只有30.5元；社会上的人都称我们为“高级保姆”，说得好听一点就是个娃娃头，带孩子玩的。后来，我被分配到了黄陂路小学附属幼儿园。去了以后，我们老师每天做得最多的事就是倒痰盂，因为没有厕所，大班的孩子还可以去小学借用，但是小班、中班的孩子做不到，随时随地他们都有需要，该怎么办呢？只有在班级放置痰盂，但孩子们不愿意坐脏痰盂。于是，只要他们有生理需求，我们就要随时随地清洗和处理，每天的工作很繁琐，也比较辛苦；还有就是作为幼儿教师，自己对自身职业的价值也不理解。

但是当时的我有一定的底线。第一，家庭对我影响很大，一定要认真地工作。既然你学了这一行，国家需要这样的人，你就应该去奉献自己。第二，环境也是很重要的。我到了这个环境以后，尽管有的老师对自己的职业认识不清，但这些老师都有一个共同的特点，那就是非常认真。计划是怎样的就怎么去实施，不会去敷衍。这对我也有很大的影响。久而久之，我也被这些老师的态度所打动。

问 在当时哪些家长送孩子入园？哪些家长不送孩子入园？为何不送孩子入园？

答 一般父母都在工作家里又没有老人的时候，是会送孩子入园的。此外，城市的孩子只要有机会，还是愿意来幼儿园的。对于“哪些家长不送孩子入园？为何不送孩子入园？”这两个问题，可能我们这里还没有出现过。而且我工作的幼儿园非常好，历史悠久、师资力量雄厚，从来没有孩子不愿意来的情况，相反的是想送孩子进来还比较难。

问 当时家长对幼儿园的期待是什么？何时开始发生变化？您工作期间，家长择园吗？

答 60年代的时候，家长对幼儿园的要求就是要让孩子吃得好，长得胖，只要老师把孩子护理好就行了，没有像现在这样，想让孩子学算术、拼音之类的；到了80年代，尤其是社会上提出“不让孩子输在起跑线上”的口号后，家长对幼儿园有了明确的教育上的要求，希望孩子们学习一些基础知识。不过我们幼儿园在这一方面做得很好，一直都重视孩子能力的培养。尽管能力的培养是现在提出的，但是在过去我们就已经开始实施。家长都会有意识地择园，会把各种幼儿园放在一起比较。

问 不同时期家园关系如何？您对家园工作有何建议？

答 我们幼儿园家长与老师一贯是朋友关系，他们之间沟通良好，关系融洽。

幼儿园与家庭、社区之间必须围绕幼儿的学习和游戏活动保持相互沟通，加强幼儿园与家长之间的互动，充分利用家庭资源来开展教育工作。例如：有些家长在某些方面（像唱歌、弹琴等）比较擅长，那么可以发挥家长的优势共同促进幼儿的发展。

问 当时幼儿园使用的教材是什么？如何选择教材？在您工作期间，有变化吗？

答 我1962年参加工作的时候，幼儿园什么教材都没有，唯一的参考书目是苏联的《幼儿园教育大纲》。那我们用什么呢？用的是老师们积攒下来的教案或者工作笔记。一直到老《纲要》出来的时候，国家下发了全国统一的幼儿园教材。那个教材（人民教育出版社1982年出版的《幼儿园教材》）对我们幼儿园的作用非常大，很适合幼儿园的教育，直到那个时候才真正有了正规的幼儿园教材。另外，就是武汉市教育局组织编撰的教材。到了90年代，湖北省组织我们编写的教材，这套教材一直到现在还在用，非常的实用。现在就更多了，还有各种各样的幼教杂志可供教师参考。不过我觉得现在的教材有些良莠不齐，有的看起来很好，但实际上是存在问题的，该现象值得重视。另外，在现在教师队伍整体素质不太高的情况下，有时候教材还会误导我们的老师。

凡是适合孩子的教材，我们都会去选。站在教育的角度来看，教材还是有很大变化的。我刚开始工作的时候（20世纪六七十年代），大部分的教师在活动中重视的是活动的结果以及孩子对事物概念的掌握。例如语言活动，主要是看孩子能念多少数量的儿歌、讲多少故事，因此为了达到这个目标，教师都在数量上下功夫，让孩子去机械地记忆；再例如科学，也不是像现在这样，让孩子们亲身感知，而是重视概念性的知识，哪怕做实验也只是为了让孩子们记住某个概念。像是有关水的活动课，水是什么样的呀？只要孩子能够说出有关水的知识并且倒背如流，我们就认为他掌握了知识。《幼儿园工作规程（试行）》下发后，这个文件对我们思想观念的转变起到了很大的作用。此外，在华中师范大学杨爱华老师、李宁达老师、孙民从老师等的带领下，我们一起做了幼儿园教育的整体改革。这个实验对我的触动是最大的，对我专业成长的帮助也是最大的。

问 语言、数学、科学、美术、音乐、体育、社会等领域的主要目标是什么？主要采取哪些方法、手段进行？

答 以语言为例，过去我们认为孩子语言能力的发展是老师教出来的。怎么教呢？就是丰富孩子的词汇，让孩子学会用词去造句。把一个词变成一个句子，再把几个句子连起来说，这就是我们语言教学曾经使用的方法。但是现在，我们真正地认识到孩子的语言并不是教出来的，而是在使用的过程中不断发展的，而且也绝不仅仅只在语言活动中发展，它渗透到各个领域和活动之中。再比如科学活动，以前的科学教育就是教条主义，只要能背出概念，教师就认为他掌握了知识，现在就是给孩子提供实物，让他亲自去玩，在玩的过程中引导他们实现对事物的理解，让孩子将对事物的认识建立在原有的认知之上。通过活动环境的创设、教师提问的引导，把孩子已有的经验调动起来，让他在活动过程中主动地去建构，学习新的经验。那么他的观察能力、思维能力、语言表达能力，都将在活动过程之中获得发展。

问 不同时期游戏在幼儿园教育中的地位有变化吗？

答 游戏是学龄前儿童最基本的活动，游戏是儿童的生命，孩子在玩的过程里不断成长。在过去我们也会给孩子提供一定的玩具，但是没有像现在这样有很多的区角，当时许多教师对玩具、游戏都不太理解，传统的玩具甚至成了老师要挟孩子的工具。

不过《规程》《纲要》和《指南》下发了以后，游戏也越来越受到教师们的重视，只要集体活动结束后孩子随时可以和环境互动。

问 不同时期教学活动在幼儿园教育中的地位有变化吗？

答 幼儿园的教学活动是一种能有效促进幼儿学习和发展的重要活动，当然是保证质量和有效性的前提之下。如果老师能够优秀执教，将起到1+1>2的效果，它比孩子们在自由活动或与环境互动中所获的经验会多得多，甚至会翻一倍。

能设计和组织优质的教育活动是教师的基本功，教师们必须对幼儿园集体教学活动了如指掌，不仅能运用教育规律进行科学的设计，也应该能很好地执行，有智慧地引导儿童的学习，并有目的、有计划地培养幼儿自主学习的态度、能力和习惯，这方面特别重要。

最近几年，在幼儿园"去小学化"的过程中，有些幼儿园出现轻视，甚至忽视集体教学活动的动向，我个人认为这不妥，不能只是从形式上去理解"去小学化"。忽视幼儿园的集体教学，会直接影响幼儿的学习和发展，降低幼儿园的教育质量。相反，我们应该更努力地研究幼儿园教学活动的过程和规律，寻找更适合幼儿的教学方式和方法，更科学有效地引导幼儿的学习，促进幼儿学习能力的发展。

问 不同时期教师如何组织幼儿的生活活动？

答 现在强调游戏是幼儿园的基本活动。首先，要保证幼儿有自由选择游戏的机会；其次，教师必须认真引领；最后，做到非游戏活动游戏化。生活游戏化该怎么做呢？例如：起床叠衣服，可以组织小朋友们一边游戏一边整理；那么进餐要如何展开呢？我们老师也是挖空心思。游戏中有开餐馆活动，于是老师就把每天的进餐说成开餐馆。小班的小朋友无所谓，但是中、大班的孩子可就不一样了。说一次两次还行，次数多了孩子们也不买账。后来我们得出一个结论：生活的游戏化并不是把生活变成游戏，而是要针对儿童的年龄特点来设计，让他们有愉悦感、自主感和成就感。

问 不同时期，幼儿的座位摆放形式有变化吗？当时教室环境怎么布置？幼儿园有专用功能室吗？

答 变化还是很大的。六七十年代的时候，要么像小学座位一样摆三条，要么就是摆成马蹄形，位置都是固定的。除非上音乐活动，老师会把桌子挪开，摆成半圆形或者几行马蹄形。现在也有这样的摆法，但是会比以前灵活很多，例如就地而坐。现在这些在幼儿园是很常见的行为，但是在以前是绝对不会出现的。以前没有活动区域，也没有功能室，但毕竟是幼儿园，墙面上还是会贴一些适合幼儿的图画，玩具一般都锁在柜子里，而且主动权在老师手里。

问 不同时期，教师如何备课？谁参加备课？备课时通常会考虑什么？

答 以前注重知识的灌输，只讲究结果的掌握。现在的备课，首先要把握《指南》，心中要有目标。以前我们没有《指南》，只有一个《纲要》，内容是十分抽象的。而现在有了《指南》以后，它把幼儿应该学习的知识分为了五个领域，分别都有具体明确的目标，目标下又有不同年龄阶段下儿童应该达到的水平，比较细致。

今天我们在备课的时候，第一，要重视生活活动；第二，要重视游戏；第三，要重视户外运动；第四，教学也是其中很重要的板块。此外还包括环境的创设、家园互动，另外还要考虑到孩子原有的基础。虽然《指南》起到了引领的作用，但是《指南》是向全国发放的，地区之间有差异，甚至我们自己同一个区里的不同的幼儿园都有差异，那以什么依据来贯彻《指南》呢？首先是必须要了解你的孩子。现在我们一再强调，孩子不是被动接受老师的灌输，而是在主动地建构经验。是什么促使孩子主动建构？就是要了解孩子已有的知识经验。只有在这个基础之上，才能调动孩子的积极性，做到主动学习；其次是必须灵活地运用幼儿园的各种资源，根据幼儿园现有的情况，努力创造各种必要的条件，让幼儿的学习活动丰富起来，提升活动的效果。

问 教学活动是教师的主要工作，教研活动也是其中的工作，那幼儿园经常组织教研活动吗？教研频次是多少？教研内容是什么？

答 每星期组织两次，一次是教研，一次是业务学习，基本上以一日生活中的问题为主，有的是共性问题，有的是搜集整理出来的老师们在工作中的困惑。以前研究的是教学，现在比较多的是研究幼儿一日生活里的方方面面。

我认为现在最应该研究的是如何挖掘生活的教育价值，还有关注如何发挥幼儿自由活动的价值，幼儿在生活活动和自由活动中应该比在教室里学习收获的更多。

问 不同时期，幼儿园如何评价幼儿？

答 传统的评价标准重视知识掌握的结果。我们每个学期都会对幼儿的发展进行检查，那么具体到班级是要对每个孩子进行检查。过去我们着重知识技能的掌握，检查的内容也是与其相关的。例如：收集教师的备课本，看她这一学期教了些什么内容。然后从中随机抽一项内容，让班上的孩子念某个儿歌给我们听一下。如果孩子念得磕磕巴巴，我们就认为老师的教育质量有问题，孩子的发展也有问题；如果幼儿读起儿歌朗朗上口，并伴有表情，则说明幼儿发展较好。

现在，我们更多的是采用观察的方法，在孩子的实际生活中了解他们的发展。当然也可以采取面对面的问答，具体看考察的内容，但是总体来说，主要是在生活中观察幼儿的发展。

问 那么不同时期，如何评价教师的业务水平？重点评什么？用什么方法评？

答 过去的评价不像当前对教师的评价，可以参考教师论文的发表情况进行评价，过去重点评价教师的讲课质量，我们的评价方法是园长听课。我们的听课是非常严格的，经常是突击听课，不会与被听课的教师提前打招呼。这个随时听课的传统一直保留着，对教师的讲课也有很大的提升作用，讲课的质量是评价教师很重要的一方面。

第二个评价来自行政值班，每一学期都有行政值班，他们有巡班的任务，巡查内容包括生活中的每个环节，行政值班人员会对教师的表现做出评价。

第三个评价来自幼儿园保健医生，保健医生的评价一方面是孩子的进餐情况，一方面是孩子的午睡情况，这两个环节保健医生必须要了解清楚。例如：哪些班上的老师能够照顾孩子进餐，让孩子能把一份饭菜很好地吃到嘴里；哪些班上的老师在孩子吃饭期间反复催促，大声呼喊，这些都是评价的指标。

因此，从这些方面来看，我们对于教师的评价还是比较严格的，这种严格的方式主要是培养教师对待工作的态度，让他们更认真地对待每一个环节。大致上，我们是从这三个方面对教师进行评价。当然，我们也有其他评价，例如做操比赛，哪个班的精神面貌、队列队形好，根据不同的年龄段进行评比，还有运动会等活动的评价，这些都算作是对教师的评价。

问 除了我们已经谈及的幼儿和教师，幼儿园还有很重要的成员，那便是园长，幼儿园有几位园长？大家如何分工？园长如何对教师进行管理？

答 我担任园长时期，幼儿园有2位园长，一位园长，一位副园长，一般是副园长主持教育教学工作，但是我们幼儿园则不同，我是园长，我主要负责教育教学工作，副园长负责卫生保健工作。一个幼儿园的好与坏，取决于幼儿园园长之间的团结合作，相互支持。我的副园长对幼儿园工作做出了巨大贡献，我所取得的成就有很多是副园长（肖老师）的功劳。

我对教师的管理并没有特别之处，普通的管理便是每天的签到，这是对教师考勤的管理。最重要的是幼儿园的氛围，即人文环境，不需要对教师进行额外的要求，不需要条条框框的规定，教师之间相互影响最为重要。珞珈幼儿园的氛围非常好，每位老师都非常爱园里的孩子，爱园里的孩子胜过爱自己的孩子。每位老师都认真积极地对待工作，他们之间相互影响，共同营造出良好的幼儿园氛围，并且把这种良好的氛围一直传递下去。虽然现在都是年轻的教师，我已不认识，但是他们的工作态度仍然令我感动。

问 区县市等上级部门有幼教教研员吗？他们是专职还是兼职教研员？他们经常组织教研活动吗？教研内容是什么？您认为教研员组织的教研效果如何？您希望教研员如何组织教研活动？

答 武汉市教育局里有幼教科，并设有教育科学学院，教育科学学院里有学前教育研究室，其中有专职的幼教教研员，他们有责任组织全市幼儿园进行教研活动，所以会经常组织各种内容的教研活动。

另外，我们各个区里也有专职的幼教教研员。市里和区里的教研员主要进行的是集体教研活动，如分领域组织教师进行教学活动的比赛，每个时期进行一个领域的教学活动。集体教研活动对教师专业成长是一个非常好的途径，因为集体教研活动是在一个单位时间内有目的、有计划地开展活动，可以很清晰地反映这个教师的专业发展情况，如果教师在这一方面有所收获，便会将所获得的教育思想、教育理念迁移到其他相关的领域中去。

教研效果还是有的，大部分效果较好，但是也存在效果不好的情况，由于每个人的评价标准不同，所以最终的成果也不一样。所以，我现在做的最多的工作就是指导教师，帮助教师树立正确的思想观念，让孩子获得能够真正感受到的发展。

我觉得区里的教研员应该走进一线，摸清一线教师最需要的是什么，围绕最需要的问题想解决办法，例如：区角活动的指导，如何让幼儿在自由区域、自主选择中获得更好的发展，而且获得游戏性的体验（愉悦感、自主感、成就感等）。很多幼儿园注重区角活动的创设，创设了很多区域，至于区角活动有什么价值并不是很清楚，更不知道如何引领孩子与这些材料和环境互动，我觉得这些都是问题。所以我希望区里的教研员要下到基层，要深入了解基层的问题，了解基层最需要什么。解决教师的问题。

问 那时有专门的幼教行政部门吗？有专职幼教干部吗？那时行政会对幼儿园进行哪些方面的管理？如何进行管理？如何评估幼儿园？您希望政府如何管理幼儿园？

答 当时我们武汉市教育局里设置了幼教处，我们区里有专门的幼教行政部门，是幼教科。但是随着时间推移，幼教行政部门被拆分，管理职能附属到小学的小教科，也叫普教科，现在已没有独立的学前教育科室。虽然没有独立的幼教行政部门，但是我们区里有专职幼教干部。这些幼教干部主要是进行上传下达的工作，将国家开的会议中提倡的精神以及下发的文件传达给幼儿园。

当时的幼教科长非常好，由于自身力量不足，便组织专业较强的人成立视导小组，让区里的幼儿园自愿报名参加小组活动。这一活动不仅对幼儿园有好处，对于参加活动的人员也有很大的好处，他们可以相互学习，对教师的专业成长有很大的帮助。

对幼儿园评估主要是等级园评估，按照国家、市里的文件，根据具体的标准进行评估。区里应该是组织业务能力较强的园长对不同幼儿园进行评估。一级园下放到区里进行评估，市里进行抽查；示范园由市里进行预评估和正式评估；省级示范园由市里先预评估，然后省里再进行正式评估。

我认为政府对幼儿园的管理是最重要的，如果政府不重视，教育局也会不重视，曾经有一段时间教育局不愿意管理幼儿园，甚至要把幼儿园拆掉，不能放在教育系统中，因此我认为政府的管理是非常重要的。

问 不同时期您的工作状态如何？幸福吗？忙吗？不同时期分别忙什么？

答 无论是当幼儿园教师还是做幼儿园园长，我的整个工作状态是认真、积极的，爱每个孩子，对每个孩子负责。幼儿的变化成长让我感到幸福，感受到孩子对老师的爱是最大的幸福。

我每天工作都比较忙，即使生病了也依然坚守岗位，上到整个幼儿园的管理，下到幼儿园的清洁卫生，我都会亲力亲为，尽力做好每件事。

不同的时期我所做的事不同。第一阶段是教师时期，这一阶段我关心班级里的每个孩子，对每个孩子负责；第二阶段是园长时期，我要对全园的孩子负责；第三阶段是退休时期，参加省市的活动，包括省市等级园评定标准的制定和评估等工作，同时也会参加一些培训活动，如省市骨干教师的培训、园长的培训、园长教师资格证的培训等等，在这些培训活动中，通过讲座的形式把自己在幼教工作中积累起来的各种经验拿来和后起之秀们分享。

问 哪些人、哪些事或哪些法规文件，对您的工作影响很大？

答 华中师范大学的教师（如：杨爱华老师、孙民从老师等），以及与华中师范大学合作进行的教研项目对我影响最大，所有老师不是为做课题而做课题，而是全身心地投入到研究中，研究怎么转变教育思想观念，研究幼儿园教育到底应该是什么样的教育等等。

与华中师范大学进行的课题项目对我的专业成长有非常大的帮助，因此，我认为与华中师范大学合作期间的人与事对我的工作影响最大。

问 您工作的基本信念是什么？

答 我的基本信念比较多，如：幼儿教育必须培养全面发展的人。幼儿园必须对所有孩子负责，当老师就得对全班的孩子负责，当园长就得对全园的孩子负责。

问 您最难忘的事情是什么？

答 难忘的事情太多，其中有三件事让我印象最深，分别是“木偶戏事件”“作文事件”和“拍照事件”。

木偶戏事件：两位小朋友表演的木偶戏，荣获全国性的奖牌，他们的父母是运动员，也获得过很多奖牌，但是仍然觉得自己孩子所获得奖牌的分量要重于他们任何一个奖牌，而且幼儿园期间便获得国家级的奖牌，真是了不起。

作文事件：一位毕业于我园的孩子，在四年级作文中写到我的幼儿园老师胡老师，这说明幼儿园老师是铭刻在他心里的人，他才会写在小学作文中。

拍照事件：一位小朋友家里买了第一台照相机时，小朋友做的第一件事便是拽着爸爸到幼儿园找胡老师拍照。

难忘的事情太多，只是以这三件事为例。

问 您在工作上有哪些创新？或您做过的最有成就感的事情是什么？

答 游戏的创新，“六一”活动的创新，环境改造的创新，这些都属于创新。在教学方面也有创新，其实每节课都有创新，不走老路，不照搬原课程内容，每次上课都要将教材内容进行内化，或多或少进行改变，因此，我认为幼儿教师是一个创造性非常强的职业。幼儿园的运行和管理也是创造性的，任何一个幼儿园的经验是可以借鉴的，但是绝对不可以原封不动地移植，因为每个幼儿园的环境条件不同，人的自身条件也不同，所以不能去机械地照搬。

我主要的创新有改革课间操，操场环境布置以小班为主，全园课间操不要求一致，教师自己选择音乐，选择活动方式、活动内容，以游戏的形式进行课间操活动，促进幼儿的身体发展。

我最有成就感的是改造了幼儿园的环境，创设了打破环境的角色游戏场地，幼儿得到了最好的发展，而且我们幼儿园在湖北省首次评示范园中成为武汉市首批唯一一所省级示范幼儿园。

问 您认为新中国成立以来幼儿园教育经历了哪些阶段？

答 新中国成立以来学前教育大致经历以下几个阶段：

1949—1966 年，是全方位学习苏联的教育模式的时期。

1976—1978 年，学前教育处于教育思想空白时期，幼儿教育就是卫生保健工作。

1978—1996 年，是茫然时期，国外众多先进教育理念（瑞吉欧幼儿教育体系等）的传入，使得幼儿园教育处于茫然时期，不知道该如何运用这些教育理念。

1996 年到现在，学前教育的方向明确。《规程》和《纲要》出台，明确了学前教育的方向。还有就是《指南》的出台，它的内容更加具体，更便于教师工作的开展，使得教师们心中有目标。

问 胡园长，您不仅讲述了学前教育的发展情况，还讲述了很多生动有趣的事例，最后，请您谈谈对幼儿教育未来发展有何期待。

答 面对当前学前教育的总体情况，作为一名老幼教人，我是非常高兴的，幼儿园得到了发展，从“三年行动计划”以来，增加了很多新幼儿园，说明政府重视后，幼儿园获得了大发展。但是也存在一些问题，幼儿园发展太快，教师队伍跟不上，领导班子跟不上，这是最大的两个问题。目前很多幼儿园领导缺乏管理经验，教师专业程度不够，需要进一步提升，这是今后需要注意的问题。如果能够解决这些问题，便可以很好地引领幼教发展的方向，同时建设一支专业化程度高的队伍。

因此，园本培训是非常重要的，并且园所的引领者也很重要，需要一个引领者带动整个幼儿园的发展。这些便是我的期待。

访谈对象	**施立平**（南京市太平巷幼儿园原园长）
访 谈 人	原晋霞

问 施老师，您好！听说您50年代大学毕业后一直在幼儿园工作，能谈谈您当初这样选择的原因吗？

答 我直到1995年退休前，都在太平巷幼儿园工作。1954年，我考上了上海市幼儿师范学校，1957年毕业。我们那一届上海幼师约400名毕业生中，允许5%的学生报考高校，我很荣幸获得了报考资格。我们中有四名同学考入了南师院。那时候全国只有北京师范大学和南京师范学院两个高校有幼教系。由于上海幼师的很多专业老师都是南师院毕业的，我们跟南师院有渊源，对南师院有感情，所以就报考了南师院，并顺利被录取。1957年至1961年，我在南师院学习。毕业前，因为省幼师（江苏省幼儿师范学校）缺老师，我还去兼课将近一年。

从南师院毕业后，我就进了幼儿园工作。很多家长不解地问我："施老师，你是在学校犯错误了吗？不然一个大学生怎么会到幼儿园？"很多人同情我，并为我感到可惜，包括我的妈妈。因为我读初中的时候还在天津，后来我爸爸工作调到上海，我和我妹妹就先到上海，因为要考学校嘛，我两个弟弟跟妈妈在天津，那时候知道我报考幼师，我妈妈打了很多个电报过来，叫我不要考幼师。我在上海考学校的时候，可以考三个学校，公立学校、私立学校和师范学校。我三个学校都考取了，而且三个学校都是上海拔尖的学校，所以他们一定要我去上公立学校或者私立高中。实际上家里面也不完全指望着我，但我总想到我爸爸一个人工作要养活四个孩子，而且我还有个奶奶。我是老大，那个时候就会有比较大的担当，可能会有这种原因吧，就想着读完书工作可以减轻家里的负担了。

问 您刚进入幼儿园工作时，遇到过什么挑战吗？

答 我幼师毕业后，先在上海瑞金一路幼儿园工作。我报到后，园长就交给我一个中班，还直接让我去家访。我简直蒙了，我都不知道应该怎么去跟这些家长讲话。但是园长讲："你在学校当过班长和学习委员，这点事情能难倒你吗？"于是，我就只有硬着头皮去了。在没开学之前，我做了几十个孩子的家访，哭着去的，出门就抹眼泪，因为不知道该怎么办。后来再想想，反正就这么一回事，慢慢成长嘛。

问 您在太平巷幼儿园工作时，太平巷幼儿园的规模有多大，教师配备如何？

答 太平巷幼共有8个班，3到7岁四个年龄段，两轨制。因为那时孩子7岁才上学。每班大概三十多名幼儿，最多的时候甚至达到50名幼儿。那时，在太平巷幼儿园工作很辛苦，因为每个班只配一名老师，半个保育员（一个保育员负责两个班级），这种状况一直持续到20世纪70年代。

问 在20世纪五六十年代，哪些人会送孩子入园？

答 所有幼儿园附近的孩子都可以入园，但是不是所有家长都会让孩子入园。太平巷幼儿园也接收特殊儿童。我记得我的班上有一名有小儿麻痹症后遗症的孩子，走路有困难，我就让他天天在班上练习类似于用线滚滚子之类（穿线滚筒，双手拉线，脚踩滚筒滚动，类似于现在的康复训练活动）的活动，天天坚持锻炼两个小时，后来他就好多了。家长也非常满意。

问 那时候孩子怎么入园和离园？

答 幼儿园的小朋友自己走来上学。冬天孩子上学较早，天太冷，家长就用自己的棉袄包着孩子，到了幼儿园再把棉袄拿下来，他们自己穿着去上班。放学时，我们就将孩子按照家庭地址分成几队，每队有两名老师负责，护送孩子穿过几条马路后，孩子自己回家。

问 那时候孩子们午睡吗？

答 太平巷幼儿园是有午睡的，午睡由老师和保育员一起负责。那个时候条件差，孩子们睡通铺，几个人盖一床大被子，条件不好的家庭都不带被子来。也有睡不着的孩子，我反正要想办法，比如摸摸他们的头，轻轻讲一句话，或者稍微拍拍他们，让每个孩子都睡着。

问 当时太平巷幼儿园基本硬件设施如何？

答 每人一把椅子，两个班八张小朋友用的桌子，每张桌子可供六人同时用。所以现在很难想象，那个时候上美术课或需要用到桌子的课，两个班级都需要错时上，因为那个时候没有条件买桌子。太平巷幼儿园的孩子午睡都是打地铺，铺的是草垫子，草垫子是我们买稻草自己打的，一个草垫子40多斤重，每天睡觉的时候就把它铺在地上。

问 那个时候老师们做环境布置吗？

答 环创也要做的，全幼儿园有全幼儿园的环境布置，班级有班级的布置，反正环境要体现年龄特点，还要跟班级的活动有关系。那时候对环境的要求不是很高，所以老师们没觉得环创是一种负担。那个时候我们也要求布置的东西适合孩子的身高，不要让孩子仰着头看。但没有其他过多的要求。当时好的幼儿园也有参观者来参观，但是我们几乎不迎合参观者来布置环境。

问 当时在教育目标当中最强调什么？

答 那时候在幼儿园中提体智德美劳。我们把体放在第一位。那个时候条件很差，但孩子的锻炼很好。全幼儿园只有厨房有自来水，幼儿园拖地打扫都得用井水。门口有一口井，我们打水后，一桶一桶地拿到班上去给孩子进行"三浴"锻炼（音乐中进行）。夏天锻炼时，老师用喷水壶喷孩子，冷水淋浴。春秋天时，我们叫摩擦，即用毛巾给孩子锻炼，自己擦，前面的人帮后面的人擦，然后反过来，后面的人帮前面的人擦。到了大冷天，就进行日光浴。那时候班上有一个带烟囱的煤炉。但是太平巷幼儿园规定，气温低至零度才可以去生炉子，而且在那种条件下只要不刮风下雨，幼儿园孩子连吃饭都在外面葡萄架底下吃。因为太平巷幼儿园的老房子，进门就是一个大葡萄架，一直通到后面。所以当时的孩子很健康。

我们一直比较主张对孩子进行品德教育。那个时候，老师就讲"宝宝爱祖国"，我们做了"宝宝爱祖国"的系列活动，然后又做了一个"宝宝爱祖国"的展览。所以 80 年代（80 年代，不确定具体哪一年）的全国中小学德育工作会议的开幕式就是在太平巷幼儿园举行的。总的来说，我们在六七十年代就很重视品德教育和身体锻炼。70 年代太平巷幼儿园关于体育游戏的文章，在全国体育研讨会上还得过奖。

问 那个时候幼儿园的一日活动怎么安排？

答 那时候幼儿园一日生活差不多是上午两节课，下午没有课，就是玩。室内主要做集体教学，但是桌子并不是固定不动的。下午孩子们玩游戏时，可以敞开玩，既可以在教室里玩，也可以去教室外面玩。我记得（南京）长江大桥通车以后，我们就用那种中型（实木）积木，让小朋友在幼儿园搭桥，搭出下面的火车轨道桥和上面的公路桥。以前幼儿园就有这些游戏，也有体育游戏。我们也教孩子识字，比方说今天吃鱼，我就在黑板上写个"鱼"字，跟生活有关系的字，让孩子们学一些，也不进行考试，孩子们认得就认得，不认得也不强迫。我还喜欢给孩子读一些儿童文学作品。

问 那时候教师怎么分工？

答 虽然有的幼儿园当时主张老师分科，即根据教师的特长，语数外由一位教师教，音体美由另一位教师教（"文化大革命"后，缺老师，所以根据老师的特长选教）。但我一直不主张。我主张所有的老师都教全科。所以在太平巷幼儿园老师不分科，只分上下午班,带班时一人主班,另一人配班。这样,老师之间可以互相衔接。

问 那时候课表是怎么安排的呢?

答 课表是按科目安排的,各科目之间横向联系较少,在80年代后,科目间的横向联系才逐渐加强。所以后来老《纲要》也好,老《规程》也好,这些文件颁布以后,更加坚定了我的想法,就是不分科,要统筹安排,注重幼儿园的一日活动。关于幼儿园的一日活动,我主张把时间和空间留给孩子。比方说排队,要求小便要排队,喝水、拿茶杯要排队,吃点心要排队,其实可以让孩子更加自主一点。不一定都要排队,可视具体情况灵活运用,但该排队的时候还是要排队。

问 那时候教师们怎么备课?

答 20世纪六七十年代的备课很简单,不需要写太多东西,主要是在班上带孩子。从早上7点多钟开始,一直要到晚上5点多钟。中午孩子们午睡,保育员两边看着,但也不都是保育员值午睡,有些教师需要来值午睡班。教师多出来的时间就用来备课和学习。

问 那时候老师们也有集体学习吗?

答 那时孩子五点多钟放学,老师六七点钟就开始学习。当时样样都得学,学政治、学业务,我们自己还进修,上夜校。60年代初,我又进修了儿童文学和日语。后来我还和日本华侨老师一起翻译了两本介绍日本体育游戏的书。

问 那时候幼儿园老师的笔头工作多吗?

答 笔头工作也有,但不多,老师主要将时间和精力放在孩子身上。但我总觉得幼儿园老师应该写一些东西,不过流水账之类的最好少写。现在好像流水账越来越多,因为外部检查要看。幼儿园老师既要带班确保班级安全,又要写各种计划、总结、小论文,还是很辛苦的。试想老师写得太多,留给孩子的时间就会少了。我觉得这种变化与越来越多评估的出现可能有关。

问 那时候如何评价教师?

答 赛课、(自制)玩教具比赛有一些,但不单以这个来评,我们也看班级孩子的能力发展怎么样,家长的评价怎么样,这些一看就能看得出来班级管理怎么样。大多数是平行班之间互看,行政领导也会进班看。评价以现场为主,以访谈为辅。评比的主要目的是促进老师们之间相互学习和切磋,而不是一定要评出第一名。

问 那时候特殊儿童多吗?

答 我印象中一个就是我前面提到的患有小儿麻痹症后遗症的孩子。幼儿园带小朋友去看电影,我就背着他去。还有一个聋哑儿,在汪老师(汪爱丽)搞的音乐教育试点班上,每次开(教研)课的时候,我们从来没把他放到别的班上去,永远让他跟大家在一起。家长也非常满意,最后他在幼儿园里面多读了两年,还会跳新疆舞。虽然他根本听不见,但他会用眼睛看着别人做动作,能够跟着一道做。

我在月牙湖幼儿园(退休后工作的一个民办幼儿园)时还收过孤独症、自闭症儿童。我记得有一个患有孤独症的孩子,他有很多特长,我主张演出应让所有孩子都上台,为此还专门给了他一个角色,为他排了一个节目。那时候针对特殊儿童的心理研究很少。

问 当时幼儿园做幼小衔接吗?

答 那个时候不叫幼小衔接。我在太平巷幼儿园的时候,大班孩子一直都有幼儿园毕业前去参观小学的活动,为他们上小学做一些准备。小学老师跟幼儿园的老师讲:"你们(教孩子)认字可以,但不要教写字,因为中国的字有很多左右结构、上下结构,点、折、横、竖等。这不是幼儿园老师最擅长的方面,(万一)教错了,改起来更麻烦。"在幼儿园学不学汉语拼音都无所谓,只要孩子小学认真学,都能学会,所以我们那个时候好像没有幼小衔接这种压力。

在五六十年代,我曾经跟五老村小学的校长搞了一个研究课题。后来五老村小学的校长得出一个结论,就是说太平巷幼儿园出来的孩子,进到他们小学以后,一年级并不是很理想(这给园长当时的启示是:大班要帮助幼儿更多地树立规矩意识,以适应小学生活;小学一年级要向幼儿园靠拢),但是到后来越来越体现出自己的组织能力、求知欲、思维的方法,所以到了五六年级的时候,基本上太平巷幼儿园出来的孩子都是小干部,组织能力比较强。

问 您在职期间,太平巷幼儿园的课程发展经历了哪些主要阶段?

答 80年代前以分科教学为主,80年代后我们学习了陶行知先生的理念,没有继续做分科教学了,但是也没有全部进行综合主题活动,因为综合主题活动也不是幼儿园课程组织的唯一形式。那时候,太平巷幼儿园不能跟实验幼儿园和鼓楼幼儿园相提并论,因为"出身"不同。鼓楼幼儿园是陈鹤琴先生亲自创办的幼儿园,实验幼儿园是省幼师的附属幼儿园,是南师大的一个实验点,所以它们一个在省里有地位,一个在市里有地位,一个经费来源是省里,一个经费由市里拨款,只有太平巷幼儿园的经费由区里下拨,所以前面讲到太平巷幼儿园的条件有限。那么,在课程方面,鼓楼幼儿园按照陈鹤琴先生的单元教学来进行,实验幼儿园按照赵寄石老师和他们开发的综合主题活动来进行,太平巷幼儿园怎么办？那个时候，我就践行陶行知先生的理念，也符合当时太平巷幼儿园是一个平民幼儿园的定位。原来的太平巷幼儿园是一个不知名的幼儿园。我们也想搞一些自己的东西，比方说，我们带孩子到晓庄等地去，也有很多社会实践，这些都是受陶行知先生的影响。20世纪八九十年代，太平巷幼儿园已开始做第一次冬令营了。冬天，孩子们住在幼儿园。老师带着孩子，从幼儿园走到五台山；远足，去参观天文台，去看直升机军用机场等。这些在20世纪八九十年代一直都在做。

问 那时候，家长对幼儿园有何期待？

答 那时候，家长对幼儿园没什么不切实际的期待，更多的是照顾好孩子，他们比较关注幼儿园的保育工作。现在的家长对孩子的期待太高了，这种期待有一些就变为了家长对幼儿园的过高期待。整个社会在这方面的变化还是很大的。

问 那时候的家园关系怎么样？

答 我觉得家长都比较满意的，经常赞扬幼儿园老师。以前幼儿园也不跟家长提更多的要求，因为家长很忙，没有像现在一些幼儿园过度地利用家长资源。在家园沟通方面，那时候我们强调家访，每学期教师都去家访，面对面地跟家长沟通孩子的情况。现在科技发达之后，家访进行得少了，基本都是通过QQ或微信交流。现在一些家长对幼儿园不信任，当然个别幼儿园确实存在问题，但绝大多数幼儿园还是全心全意为孩子的。

问 我知道您退休后去办了一所民办幼儿园，能谈谈您的这段经历吗？

答 月牙湖幼儿园是在1998年我退休三年后办的。因为我做学生的时候就学过“两条腿走路，发展幼教事业”，我在读大学的时候，我们系就到（江苏）溧阳去搞教育革命，办幼儿园。我所在的幼儿教育专业跟学校专业两个专业一起下去，帮公社办幼儿园，我记得当时把我们自己的被子都背去了。所以我在教办幼儿园退休以后，就一心一意想办民办幼儿园试试，因为当时社会上关于民办幼儿园不好的声音很大，包括我在办月牙湖幼儿园的时候也一样。

月牙湖幼儿园开办以后，它的教育教学、教师培训、培养目标等，所有的这些几乎都是参照公办幼儿园，按照国家的方针政策来的。所以月牙湖幼儿园即使是在很困难的条件下，也跟太平巷幼儿园收一样的费用。开始时连老师的工资都发不起，老师们都跟着我一起吃苦。也是在那个时候，我才真正体会到要做好一个民办幼儿园的园长比做好公办幼儿园的园长要辛苦得多，所以要办好一个民办幼儿园，不是那么简单的事情。

问 民办园和公办园，除了经费来源不同外，从您的经历来看它们最大的不同是什么？

答 民办幼儿园比较难生存。民办园首先要考虑生存问题，一个是工作人员流动性大，因为民办园的教师没有跟公办园教师一样的保障，虽然后来我们也交“五险一金”，但是老师们有了更好的选择后，还是会想跳槽。招聘幼儿园老师，我都要看前学历（第一学历）的，不是看后来的学历。为了能够招聘到省幼师毕业的学生，我只能用我自己的办法。比方说省幼师以前毕业的学生当中，好的学生都被南京市的几个教办幼儿园选走了，那我就选非南京市户口的学生，这里面还有很多好学生，我为她们解决住宿，帮她们解决户口，就把这些人留在我的幼儿园。另外，我帮老师们办理职称，她们一样有职称，一样可以去进修，收入开始并不多，后来逐渐越来越多。我觉得民办幼儿园的老师一样要进修，所以现在每年在学期结束以前，我们把下个学期的课程都排出来，开学前我们就进行岗前培训。

问 施老师，您对未来学前教育的发展有什么期待吗？

答 首先是国家政策上，少一些繁琐的东西，抓大不抓小，要给孩子更多的天地，让他们健康活泼地成长。比如这一次中国学前教育研究会40周年的庆祝上有老师提到的伙食统一采购问题，还有就是怎么评估的问题，我们是要去评估，但怎么个评估法更合适，比如日本对孩子的评估是黑黑壮壮，不同于中国的白白胖胖。

其次是要少约束，多给（孩子）自由发展的空间。不要让孩子在成人的控制下成长。像我之前看到美国的孩子离园都是自己穿衣服，这种自理能力是好的。再比如我们以前教孩子学洗手帕，一个老师可以同时给几个孩子穿衣服……我暑假去加拿大看孙子，那里刚走稳的小孩能自己脱鞋运动。

再次，教师不只是一种职业，而应成为专业，要有业务能力和人品。我们要增加科研（课题）能力，如自主课题，但不局限于文字。虐待儿童的教师应该受到法律制裁。还要注意对男老师的管理，适当地增加幼儿园教师的工资待遇。幼儿园的工作是很辛苦的，不同于重复劳动，应该得到社会上的重视。

最后就是国家对民办园和公办园的拨款问题，因为民办幼儿园的教师流动性更大，所以对民办园的业务支持要重视。幼儿园自己也要注意不要一味地把钱只投在物质条件上，如是不是每班一定要有一架钢琴？钱要用在关键的地方，培训老师也是很重要的。其实，民办园发展好了，对国家也有帮助。

访谈对象	**郭宗莉**(上海市思南路幼儿园原党支部书记、园长)
访谈人	徐昭媛

问 郭老师,您好。您的工作经历非常丰富,您能给我们介绍一下吗?

答 我前后待过两所幼儿园。1975年毕业后分配到当时的卢湾区瑞金一路幼儿园,当时幼儿园里的老师年龄普遍偏大,园长也临近退休。老园长很重视青年教师的培养,给我创造了许多业务学习的机会。当时我还担任幼儿园的团支部书记,又是教研组长。我也参加了包括教育部委托上海编写的幼儿园教材和上海地方幼儿园教材的编写工作。由于我很热爱幼儿园工作,在业务上有进取心,带领青年教师一起做角色游戏的玩具,创编儿童故事,开展美术活动,总结了幼儿品德培养、幼儿语言讲述培养的经验,并在区里作交流,因此被评为教育系统的先进。老园长退休以后,两位副园长,也都是我刚入职时带我的师傅,他们说宁愿自己副职不转正,也要推荐我做正园长。这样,我从教研组长直接当了幼儿园的正园长。我初任园长很胆怯,不会做,是这两位师傅手把手教我,让我主持保教业务,而她们承担了大量的管理事务。她们这种执着于事业的无私奉献的精神一直影响着我。从时间上来说,1975年到1985年我是带班老师,然后1985年到1994年担任瑞金一路幼儿园党支部书记、园长。1994年的9月1号到(上海)思南路幼儿园,任党支部书记、园长一直到2012年12月。我正式退休是62周岁,已经延长了退休年龄,所以做了37年园长。而今虽然离开幼儿园工作岗位,但是没有离开幼教事业。2013年由上海市教委和黄浦区教育局市区联办了上海市学前教育研究所,我依然在从事学前教育现代化和提升幼儿园教育质量的工作,承担并主持学前教育发展改革项目和培养幼教人才等工作。

问 那您工作后又接受了哪些培训呢?

答 我1975年分配到幼儿园,接受了短期的培训。那么到1982、1983年的时候,各个区师资不够。上海幼儿师范虽然恢复招生,但培养的学生远远不能满足师资的缺口。与此同时各个区教师进修学院开办幼师中专学历班,那时候我们的幼师中专还是很强的。因为都是一些北师大毕业的教研员,还有一些幼教界很著名的资深教师、资深园长,对我们进行培训。文化知识培训那时候也很扎实,现在回想起来,当时专门搞教学理论的教师、搞学科理论研究的教研员给我们上课，人文学科的有儿童文学、历史、哲学等教授教教学方法。当时“三学六法”是我们的必修课：心理学、教育学、卫生保健学，六门教学方法是语言、计算、常识、音乐、美术、体育，当时的学习让我非常受益，也让我获得了国家颁布的幼师中专学历。到了 1988 年的时候，我已经做园长了，我一直呼吁园长自身的专业提升。当时幼儿园只有一个教育大纲，对于怎样实施幼儿园的保教任务，我们觉得还是有困难的，我也强烈地表达了自己想继续学习的意愿。当时幼儿园工作非常忙，区教育局领导不同意我脱产报考大学，而与我情况类似的园长也有一批，我多次呼吁园长要专业提升。当时市教育局的幼教处，就把我们的诉求在市教育局这个层面提出来，然后就由华东师范大学（以下简称“华师大”）来办第一个幼儿园园长在职行政管理班。

华师大选择专业最强的教授到我们这个班授课，潘洁教授讲儿童发展心理学，华师大教育系系主任讲教育管理，哲学系教授讲政治经济学，中文系教授讲儿童文学。像今天的幼儿园环境、区域学习，这些理论是放在幼儿卫生保健的科目里。那时候讲义都是印的，我都当宝贝的。还有一批当时华师大年轻的教师，像高文给我们讲比较教育，李季湄给我们讲学前比较教育，华爱华给我们讲儿童游戏等等。上课时有 150 名学员，真的都是全神贯注，如饥似渴地学习。学了这么多的大学课程以后，尤其是儿童发展心理学，我真的感觉到解决了很多的实践困惑。因为中专的课程只是给我们讲幼儿时期儿童的心理特征、心理现象，但对儿童心理如何发展我们还没有全面的认识，那在幼儿园教育中就不能真正了解教育对象。

那时候上海幼专（上海市幼儿师范高等专科学校）承担了全市各级各类幼儿园园长培训，因为上海一期课改是在 1988 年开始的，在 1994 年的时候幼专办了一期上海示范性幼儿园园长课程高级研修班。研修班又让我在专业上提高了一层，像自己的办园思想，包括我的教育观、儿童观和课程观的开始，也就是萌芽的阶段。幼专还把我们这个班带到南师大（南京师范大学）的课堂里学习了一个星期，由赵寄石、唐淑，还有黄人颂、许卓娅、王坚红等等，这些教授给我们授课。所以我也对很多问题有了一个比较综合的了解。当然正是因为自己实践中也有学习渴求，所以能学得进去。在学习结束时，需要递交论文。我花了大量的时间从大学、杂志、专著等多渠道收集文献，完成了《幼儿园课改和园长的思考》这样一篇文献研究综述。

问 您在职期间，哪些法规文件对您的工作产生了较大影响？具体影响是什么？

答 1989 年当时的国家教委颁布了《幼儿园工作规程（试行）》和《幼儿园管理条例》，我认为非常及时和必要。当时上海市教育局幼教处和上海幼专进行了一系列的集中培训。《幼儿园工作规程（试行）》提出了幼儿教育的理念就是以儿童发展为本，这一点在我们国家的学前教育政策中明确地提出来，这跟国际社会的《儿童宣言》是一致的。我是认真学习、反复领会，结合幼儿园实际，总想《幼儿园工作规程（试行）》颁布后怎么实施，幼儿园哪里发生变化？1990年我第一个在上海幼儿园制定了《贯彻〈规程〉幼儿园发展三年规划》，通过建立两个体系，一是幼儿园教育活动体系，二是幼儿园管理体系，使幼儿园教育走向“规范”和“科学”。那时候已经开始做研究了，因为《幼儿园工作规程（试行）》当中明确幼儿园的两项任务，其中一项是促进儿童身心和谐发展，另一项是为家长安心进行社会主义现代化建设服务，由于对《幼儿园工作规程（试行）》两大任务中家长工作还没有形成科学的认识，教师仅仅是与家长联系，配合幼儿园教育。我当时在做家庭教育的研究，那时上海普教所的所长叫李洪曾，他是中国教育学会家庭教育专业委员会副理事长，他一直研究家庭教育，家庭教育的科研方法我是从他那里学的。

那时候家庭真的不理解学前儿童的教育，认为儿童只要吃饱、不生病就可以，家庭对幼儿园也是这个看法。那时候经济在恢复当中，家庭主要的任务还是吃穿住行。当时我是上海市青联委员，在与台湾省的同行，还有澳大利亚的同行交流中，都回答不出上海小孩子的教育成本是多少。根本谈不上成本，最多买几本书。幼儿园的管理费就三块钱，后来到六块。我的课题研究，主要归纳了家长接受幼儿园指导过程中的心理变化和规律，大致意思是家长在幼儿刚入园的时候重视教育，到了中班基本忽视，到大班要进小学时又重视了，我就讲这三个阶段我们应该做什么，我们是怎么做的。当时这篇文章获得很高的奖，在上海召开第二届家庭教育研讨会时，卢乐珍老师说，上海瑞金一路幼儿园的经验代表了中国幼儿家庭教育的未来。1996年开始，我执着于老《规程》中“促进身心和谐发展”的保教任务如何落实，开展了相关研究，一研究就做了20年。

在我们的实践与研究过程中，教育部2001年颁布了《纲要》，上海出台了地方性的《上海市学前教育纲要》《上海市幼儿园课程指南》，正是这些政策和文件，使深化幼儿园课程改革和实践转型有了科学指引。

问 您进行幼儿园课程改革的原因是什么？

答 80年代幼儿园普遍还是分科教学，《幼儿园工作规程（试行）》颁布的时候提出综合的概念了，当时南师大和南京实验幼儿园开展综合教育研究，影响很大。上海的长宁区和上海首批特级教师赵赫老师也在探索综合主题教育。上海有一点很好，幼儿园之间的交流是频繁的，1985年的时候市教育局幼教处领导曾带我们到北京和天津去考察。考察回来后，我们就有一个非正规的专业研讨组织——示范性幼儿园联谊会。一个学期三次，频率很高的。大家就是要了解我们幼儿园到底怎么发展，幼儿园教育到底怎么做。

当时我们在联谊活动研讨中，一位园长就说我们现在搞综合了，但是怎么综合不知道，在这时候我调任思南路幼儿园园长，我想因为《幼儿园工作规程（试行）》带来了新的变化，就是以儿童发展为本。虽然当时对《幼儿园工作规程（试行）》中提出的“促进幼儿身心和谐发展”的保教任务反复领会，但对“发展是什么”“怎样才是身心和谐”并不明晰，教育的实践存在着观念上和行为上的落差，而这关系到“是什么”“为什么”的课改动因。《幼儿园工作规程（试行）》颁布后的 90 年代初，上海幼儿园的一期课程面临的普遍现实是教师往往重教材内容传授，轻幼儿学习方式；重自身直接指导，轻幼儿主动体验。也就是教师对幼儿游戏、活动的组织安排仍以要求控制为主，往往担忧幼儿发起的活动难以驾驭，这背后的原因在于教师不知道孩子需要什么。当时，在结合实践学习领会课改新理念的讨论中，聚焦的一个问题让我园的教师们触动很大：当我们每天面对着各种各样的孩子，每天面对着孩子各种各样的行为，如何寻找对孩子行为的恰当解释？如何从孩子的言行中辨别他们真实的需要？在这一问题驱动下，我和老师们将“幼儿发展为本”理念认识内化为对幼儿发展规律了解而开始探寻“是什么？”“为什么？”的动因。有了课改动因，才有了一系列扎根实践的研究问题。正是在探寻“是什么？”“为什么？”的动因作用下，从 1996 年起思南路幼儿园开始了对幼儿需要的研究。研究的出发点是为了让教师把教育的眼光放在孩子身上，不仅仅在情感上关注孩子、热爱孩子，更要科学地了解孩子。研究的实践落脚点是解决教师对幼儿行为判断没有抓手，更不清楚什么是幼儿身心发展和怎样才是和谐发展的问题。幼儿园保教任务的根本是促进儿童身心和谐发展，在幼儿生理、心理发展需要的深究过程中，我们归纳了儿童生活心理发展的许多客观因素，其中最活跃的是需要，它是儿童所有言行的动力。我们拿教师带班最不愿意看到的孩子的行为，做儿童需要分析，从尊重儿童需要开始研究课程。思南路幼儿园从问题着手建立逻辑线索，以四个连续递进的实验课题对积累的上万份幼儿观察记录资料进行分析，不断加深理性认识并在实践中印证，主要做了三件事：第一件事，揭示了幼儿园活动背景下 3—6 岁幼儿生理心理需要所表现的行为特征和活动倾向性，提出了幼儿活动需要的“三维结构”，成为摸索幼儿生理心理发展需要理论运用于幼儿教育实践的率先突破。第二件事，较系统地阐释了幼儿生理心理发展需要的独特性、规律性，并且提炼了满足幼儿需要的教育要素以及相互影响的逻辑关系，提出了具体的实践诠析。第三件事，确立了“儿童需要是合理的，儿童需要是要发展的”为先导的价值观，将每次读懂孩子行为、了解孩子需要的典型实例做了梳理分析，提取本质内涵。较好解决了课程改革理念的转化问题，将幼儿需要纳入教育过程，就有了实践转型上的两个“突破”、两个“建立”：突破幼儿在活动中处于被动接受的状态，突破幼儿活动在教师预定的模式中机械推进、固定不变的状况；建立幼儿发展与成长贯穿整个生活的“思优”教育体系，建立一个动态发展的不断改进和完善的关注幼儿需要、提升质量的课程保证机制。正是两个“突破”和两个“建立”，在实践层面上经历了从关注儿童需要、基于儿童需要到满足儿童需要的过程，可以概括为从“思幼”走向“思优”。

2001年的时候，上海首评市级示范幼儿园。园长要做评后答辩，事先不知道专家对你所在的幼儿园是怎样的评价意见，园长要根据评价答辩，其他幼儿园都可以来旁听。当时我说我们儿童需要的研究，也不敢说是理论突破，只是在实践当中我们怎么去理解儿童。我们带着这个问题，进入课改。我们的课改跟人家的不一样，因为一日生活都是课程，我们从儿童的进餐着手，吃喝拉撒睡，都是课程，带动所有的老师参与课改。结果评审专家说：“你们完全可以说这是在实践运用上的理论突破。”

问 在课程改革中园长需要思考的内容是什么？

答 今天我们讲到课程领导力，园长作为有思想的实践者，首先要解决“幼儿园每天拿什么来迎接儿童”这个问题，要考虑到儿童需要什么，课程能不能体现学前教育的价值。而体现学前教育的价值，一个是儿童发展为本，要顺应儿童的发展规律，满足儿童的发展需要；还有一个就是保教结合，这两点始终是要把握的。然后就是要考虑教育目标、内容怎么实施，才能使儿童获得体验和经验。为了研究怎么实施这个过程，我们连续15年四个课程园本化的课改方案都遵循这一主线。还要考虑儿童到底获得了没有，也就是要研究评价。幼儿园评价重要的是观察分析，对得到的幼儿活动信息进行分析，然后找到问题有针对性地改进。要关注过程，改进保教实践。2009年我在第一期上海课程领导力项目行动的时候就设计保教过程质量监测软件了，我们筛选了5000多份儿童观察记录，提炼了儿童需要满足的行为和儿童基本经验形成的行为，开发了行为检核表。然后输进软件就产生数据了，将观察产生的数据拿过来佐证儿童需要有没有满足，从而得知儿童经验形成的水平和占比以及班级的对比，然后教师们可以有实证地进行活动改进并关注质量的提高。

问 当时幼儿园教师社会地位如何？

答 我进幼儿园工作时幼儿教师的社会地位比较低，工资收入比工矿企业低多了的。90年代才开始职称评聘制度改革，幼儿教师才有了专业职称。应该说公办幼儿园教师都有幼师专业背景，但公办幼儿园很少，而社会对幼儿园教育价值和幼儿教师专业缺乏认识。所以教师也遇到带孩子外出参观、到外面活动，听到一些讥讽和嘲笑，有一些教师因为职业而找不到对象。我至今仍清晰地记住一位前辈教师说：“不管别人怎么看不起，但只要我们爱孩子，扎扎实实做出教育成绩，总有一天社会会改变这些看法的。”我很佩服当时我们的前辈对事业的这种挚爱。他们对我的影响，一直持续到今天。如今，幼儿教师都有高学历的专业背景，有了高级别的职称，收入普遍提高，幼儿教育也成为如今青年人所向往的事业。我对青年教师常说这样一句话,“把事业放在心上”,表明我们对事业的认可,也表明我们对事业的热爱和追求。但还有一句话,“把心放在事业上”,这个就表示你追求热爱的事业,还要有持续不断的追求行动,把心放在上面就行了。

问 当时幼儿园用什么教材呢?

答 80 年代用的是国家的统编教材,人民教育出版社出版的,语言、常识、计算等。后来我们《上海市学前教育课程指南》颁布了,规定了上海市幼儿园教育目标和内容,以及课程实施的“生活、运动、学习、游戏”四类活动形态,然后也编写了相应的四套教师参考用书,突出了课程的综合性并且以主题的方式呈现,为教师提供指引。2005 年上海幼儿园全面推进二期课改,要求幼儿园都以学前教育课程政策为指引,开展课程园本化的实践研究。我和教师们从 1998 年开始在研究儿童需要的基础上开始着手课程园本化建设。

问 当时那些语言、常识、计算也是集体教学吗?

答 对,当时是这样的提法,《幼儿园工作规程(试行)》颁布后,就像前面所讲到的,幼儿园活动内容的综合是通过主题活动的方式。有些幼儿园还在说“上课”,这是不符合幼儿园教育发展主流的。幼儿园应坚持生活是课程来源,游戏是基本活动。如今幼儿园的活动组织形式既有幼儿个体的学习、幼儿结伴学习、小组的合作学习,也有集体共同的学习等多种适宜于幼儿的活动组织形式,并且以游戏方式展开学习过程。

问 不同时期游戏在幼儿园教育中地位有变化吗?

答 可以说游戏一直是幼儿园坚持的,但我做老师的时候,老教师指导我们的还是苏联的那一套,就是创造性游戏、角色游戏、建筑游戏。后来我们进入一期课改,探索教学游戏化,同时也开展角色游戏等。我当时做了一个幼儿游戏的发言,然后全区老师都来看我的游戏。游戏名称是“到月球上去旅行”,用大积木、桌子拼起来搭,就叫 UFO,小朋友很喜欢,男孩子兴趣特别大。另外,我们幼儿园附近有个邮局,更换了自动化的装备,钱丢进去邮票出来,包裹自动分拣、传递。我带小朋友去参观邮局,回来就玩这个游戏了。那时候游戏一直受重视,今天游戏已经是幼儿园的基本活动了。

问 不同时期教学活动在幼儿园教育中的地位有变化吗?

答 以前可能教师讲得多,教师主导意识强,追求结果。现在我们注重活动过程,关注孩子对活动意义的体验和表达。实际上我归纳幼儿园的课改经历了三个发展时期:90 年代初内容为本,教师为中心,导致统一要求和追求结果;经历了十年后的活动为本，关注活动形式和活动结构，但是忽略了如何使幼儿有目的地、持续地学习；如今深化幼儿园课改中的关注幼儿经验统整和活动意义体验。

问 教师组织生活活动有什么变化吗？

答 最早的时候注重保教结合，在保育当中重视教育，还有幼儿生活内容的学习。但是对幼儿一日生活当中的吃喝拉撒睡，还是觉得这个就是日常生活，仅是一种生活安排。对幼儿生活自理行为和品德的养成没有明确的教育目的。上海有一部分幼儿园在研究幼儿的生活课程，将生活作为课程来源，这是近几年来上海幼儿园在课程改革中正在研究和探索的课题。以生活内容为核心的主题活动，现在都有了。我们幼儿园很多主题，贯穿一学期的生活，比如说"小能人俱乐部"，就是劳动教育。怎么能进入俱乐部？家里自己的生活能自理了，家里给你一个评价，几方面的事情会做了，就可以成为值日生了。我们有"值日生"主题、"小当家"主题，还有好多其他主题。尤其今天我们国家很强调劳动教育，我最近也在参加上海市大中小幼劳动教育一体化的纲要编制。幼儿园的劳动教育主要是以幼儿生活各个环节为教育契机，提供幼儿为班级、为幼儿园、为家庭做力所能及事情的条件，帮助幼儿形成生活自理的劳动能力和生活体验。

问 不同时期，幼儿园的座位摆放形式有变化吗？

答 有变化。这种变化跟我们对孩子活动的认识理解有关。过去教师们大多考虑按集体的形式摆放座位，摆放形式比较固定。后来20世纪90年代课改，我们研究幼儿，他们正处于身体发育期，要常常变换动作，调节身体也舒缓情绪。我们探索幼儿进入活动的方式和活动展开的形式，满足幼儿的活动需要，适宜幼儿的健康，也特别关注幼儿秩序感的建立，我们幼儿园每班都有小圆凳、小椅子、大沙发。座位的摆放和幼儿学习方式也有关系，个体学习、合作学习、共同学习时座位摆放形式也是不一样的。

问 不同时期，教师如何备课？谁参加备课？备课时通常会考虑什么？

答 20世纪80年代每天1—2节集体教学计划，随着幼儿园教育改革，幼儿园课程的综合性特点使单纯的学科内容的备课，转变为制订一日活动计划、阶段性的游戏计划和主题活动计划。我们编制了幼儿园课程实施方案，将保教计划管理放在幼儿园课程管理的首位。教师要制订学期保教计划、周（日）计划、主题活动计划和区域计划。幼儿一日活动计划制订体现的是教师的课程意识、课程设计能力以及对课程理解、驾驭的专业能力。教研组集体讨论，园长参加教师计划制订的讨论，计划的批阅是园长专业指导的责任。计划制订必须把握与目标的匹配性、学习内容的价值、幼儿前期经验、幼儿参与活动的可能方式及活动展开程序的一致性、为幼儿学习提供的活动条件。

问 不同时期，如何评价幼儿？

答 过去的评价，一学期由老师对幼儿做描述性的评定，从体智德美来描述他。90年代初，上海研制了上海市儿童身心发展指标，我们就依据这个指标对孩子评价，当然结果就是达标了和没有达标，然后再附上幼儿具体达到指标的行为表现，没有达到指标的，就对家长提一些家庭教育的建议，因为这份评定是给家长看的。经历了20年的课改，始终在研究评价幼儿。2009年我们幼儿园作为上海第一期课程领导力项目研究的基地幼儿园，开展了幼儿园保教过程质量监控研究，我们基于满足儿童需要的教育提出了质量观。什么叫质量？就是你服务的对象，他的需要有没有得到满足，满足了就有质量。并且儿童需要满足程度越高，表明质量越好。我们研究儿童需要的外在行为表现，1996年开始，一直到2009年，一直没停过，有1万多份儿童观察记录，并进行了论证，梳理了儿童基本经验形成的行为。因为我们感到幼儿园的评价主要是观察与分析，评价的目的是获取幼儿的信息，经过筛选、归纳、数据整理，得出结论来改进保教实践。当然今天我们也尝试运用神经系统功能的一些评价方式进行实践运用性研究，即整体了解、认识幼儿的学习与发展，同时也要对幼儿活动过程中的问题找到原因。例如同样是孩子不会拍球，但原因是不一样的。有的是手指、手掌不能控制球，有的是手掌、手腕、手臂的协调性不行，有的是视-空间机能的发育没达到。通过观察分析后根据不同原因为不同孩子提供适宜的条件和方法，促进孩子身体机能、神经机能更好的发育。

问 不同时期，如何评价教师的业务水平，重点评什么？用什么方法评？

答 教师的专业水平评价从90年代初教师职称评定开始就有了标准。教师的专业档案一个正本一个副本，一个记录教师任职以来的专业经历，一个记录幼儿园考评组织对教师专业水平的评估。但那时候评定主要是为了职级，方式也仅仅是评价一次活动。对教师的专业评价常常与工作态度挂钩，而没有触及教师业务水平的实质。我自己也担任上海市高级职称幼教评定的评委将近20年，始终研究幼儿园教师的专业评价。2008年的时候，我在全市的校(园)长培训当中介绍过。我是做了一个教师专业发展的指标，也是根据美国的教师专业协会提出的教育专业发展的几个维度，将教师的专业发展和专业提升捆绑在一起，这个载体就是我们所说的"三档"，一个是儿童成长档案，一个是教师本学期的专业研究档案，一个是班级保教质量档案，做这三本档案反映教师一学期的保教实践成效和专业表现。"三档"促进教师自我教育，更自觉、更理性、更主动地去关注并揭示自己的实践内涵，发现实践中的问题，将经验或问题内化到自己的认知结构中，转化为专业实践的自我调适能力。我们的做法是编制了教师民主讨论确定的"三档"专业评价指标，然后每学期把评好的"三档"集中在一起展示，教师自己查阅。

也可以查阅他人的“三档”评价，做自我比较。然后我会与每位教师做一次专业评价的交流，听取教师对于评价自己的看法和诉求。事实上，教师是自我教育，对“三档”的评价信息会反思内化到自我认识中，转化为再实践、再提高的专业学习能力。

问 您对幼儿园的教研活动怎么看？

答 今天的教研要发生变化。首先，有领导力的园长一定会突出教师的主体地位，哪怕新进来的教师，要有一个专业的主体定位，园长要尊重教师的专业地位，教师就会有存在感。不要在一个教研组里，就是有经验的人在说话，年轻教师没有机会说话。第二，我觉得今天的教研就是教师研究自己的实践，研究保教过程中的问题，没有问题的教研不是教研，这就应该把教师定位为幼儿学习发展的研究者，对幼儿的深度理解以及能提供佐证对幼儿进行分析。教研就是教师自我研究为主，是教师的直接经验。正是如此，我们幼儿园有班级每天的教研，有同一年龄段的教研，有跨年龄段的教研。另外还有研修，虽然教研和研修是教师专业发展的两个相关的条件，但是“研”与“修”的功能还是有区分的。“研”是讨论自己的问题，谈论我今天碰到困难了，怎么解决这个问题；“修”是借鉴别人。“研”是教师的直接经验，“修”是间接的，通过专家指导解决专业上的困惑，优秀的教师传播他的做法，提供比较与借鉴，只是间接的经验。教研应该是常态的，根据课程实施需要来的，当然也要和研修结合起来，才能提升教师的专业能力和水平。

问 您工作时哪些家长送孩子入园？哪些家长不送孩子入园？

答 原来是划分地段报名的，录取依据就是双职工家长，解决家长后顾之忧。以前的教师家访跑到晚上，通过家访了解到家庭中幼儿确实无人照顾，作为录取的条件。

关于哪些家长不送孩子入园，主要当时有些家长没有工作，那时候就业率不高的，家庭妇女带孩子，可能她就不送孩子入园。但是到后来改革开放以后，家庭几乎没有保姆，退休的爷爷奶奶又少，都是双职工家长，孩子到了年龄家长就来报名。上海在90年代的入园率(含大型国企、区属企业办的)已经达90%以上。

问 当时家长对幼儿园的期待是什么？何时开始发生变化？您工作期间，家长择园吗？

答 我刚任教时那个年代，家长就关注自己孩子吃什么、是不是可以晚点来接孩子、对孩子照顾得好不好。后来随着家庭生活水平的提高，家长对孩子的图书玩具投入多了，进幼儿园，他要选好的幼儿园，要关心孩子学了什么。90年代后，家庭的生活方式改变了，家长择优质园的需求强烈。2000年思南路幼儿园是上海首个报名采用抽号公示的幼儿园；2008年时各个区基本采用划片招生、对口录取，一些示范性幼儿园也采取电脑派位(抽号)这种公平录取的方式。上海的家长总体上进公办园的意愿很高。

问 不同时期家园关系如何?您对家园工作有何建议?

答 现在家园关系要从多个维度来看,一个是家园共育,幼儿园要指导家长科学育儿;还有一个是家园共商,家长要参与幼儿园管理。过去,可能普遍认为幼儿园就是解决家长的后顾之忧,只要能够进到一所相对好一点的幼儿园,家长已经觉得很满足了,那时的家园关系还是可以的。然后社会上逐渐兴起的抢学、早学等功利性风气,也影响到家长。有些家长会质疑幼儿园,担心幼儿园"不教",家长入学焦虑和"抢跑"心理造成了儿童学习与发展的处境不利。现今家园关系要从解决家长的教育之困入手,我的建议是:第一,幼儿园要从维护和保护儿童利益的角度向家长宣传国家学前教育的政策与幼儿园改革的成效,分阶段持续递进地提供信息和指导,这是家园共育的基础;第二,要建立家园的信任关系,将家园共商机制落实到班级层面,为每一位儿童建立呈现幼儿发展进程的儿童档案,并且要有定期和家长就幼儿发展作分析交流的机制,甚至与家长双方合力为幼儿制定个别化的保育、教育计划;第三,给予家长教育的主导机会,让家长介入幼儿园教育质量评估的过程,参与家园共育活动的设计与计划。

问 在您工作期间,你最难忘的事情是什么?

答 难忘的事情很多了。但主要还是聚焦在幼儿和家长,例如我的办公室总是设在孩子经常能经过的位置,常常听到孩子自由交谈的话语。有一次听到孩子说:"我最喜欢郭老师,她从不骂人的。"我从窗口探头问孩子:"你们老师骂人的吗?"孩子吱吱呜呜说不清楚,然后我就组织了教师的讨论,大家分析下来可能教师站着居高临下地对孩子提要求,给孩子带来不好的感受。于是我们就有了与孩子交流时半蹲跪或和孩子同时坐下、目光和孩子平视等师幼平等互动的行为。

还有一个例子,幼儿园规模扩大后,全园有700多个孩子、700多个家长,分为三个部。家长就会担心孩子有一些委屈,家长有一些疑虑,园长是不是第一时间知道?我就采用了一个最直接的办法,就跟全体家长开家长会,跟他们说,我有一个办法就是"不让孩子的委屈过夜",所以我把我的电话给你们,当时会场沉默,一位奶奶站起来,她说:"不行,郭老师已经很忙了,我们不要去打搅她。"这件事我很受感动,感动于家长对我的理解、对幼儿园的信任。这件事后,就开展了"每月承诺",教室门口设立"家长工作台"和"今日关注",班级家委会独立咨询日等活动,难忘的事情都是很有价值的,能触动我,影响到我的办园思想,影响到我改革的决策。

问 您觉得您做过最有成就感的一些事情是什么?

答 一个就是创建了思优教育体系,思优教育中的一些内涵也作为政府学前教育政策中的依据。第二,我担任了上海首届名校(园)长培养基地主持人,连续两届,目前仍担任市教委新一轮上海教育人才培养高峰计划的导师,培养带教的对象覆盖了上海各个区,培养了一批又一批的特级教师和特级园长,在上海市学前教育改革发展中发挥了领先作用。在不同场合她们叫我"师傅"时,看到她们的成长,心中确有成就感。

第二,在平凡的工作中做出成就是园长的应尽之义。我认为中国的幼儿园教育应该走向国际、面向世界,上海幼儿园应展现出课程改革中的经验,尤其是基于幼儿规律的实践研究。2003年美国教育人类学家约瑟夫·托宾主持了一项学前教育跨文化研究,邀请我园参与,中央电视台两次报道了这个项目。当时山西省的幼教干部打电话给我说:"郭老师,电视台在报道你们了。"这个研究成果《重访三种文化下的幼儿园》现在已经成为世界各国师范大学的教材,书中有这样一些评价:"在过去二十年间,中国的幼儿园变化最大,日本的幼儿园基本没什么变化,而美国的幼儿园似乎居中。"还有:"思南路幼儿园代表着中国幼儿教育改革发展的前沿。""思南路幼儿园是具有典范性的幼儿园,它已经把新的学前教育思想范式贯彻到实践中。"受采访的课题主持人美国教育人类学家约瑟夫·托宾曾说道:"思南路幼儿园老师们的做法并不是盲目效仿国外经验;相反,他们吸收了国际的理念,并把它转变成为自己的创新。"

问 您认为当前幼儿园工作中仍存在哪些挑战?

答 上海学前教育课程改革虽然取得了很多成果,但也遇到了一些瓶颈,我归纳了几点。第一,教育现代化。2016年重新修订的《规程》讲到要关注几件事情,尤其是儿童的学习方式,一个是强调身心健康;一个是注重儿童的学习方式和学习特点;还有一个是注重个体差异,实施个性化的保育,这个是提得很高了,是教育现代化的一个很重要的任务。问题就是幼儿学习发展的方式是怎样的,跟大脑发育有什么关系?现在比较模糊,理念和实践的科学性都不是很强。第二,学前教育成为社会热点,当中最明显的一个实质性问题就是幼小衔接。怎么样在幼儿园和小学低年级之间形成在儿童学习和成长方面前后一贯、目标连续、方法一致的统一整体。第三,就是教师。深化学前教育改革提升了幼儿教师的地位。幼儿园教育质量的提高,一定要信任教师、培养教师、依靠教师。那么我们会面临如何对优质的幼儿教师队伍进行确切描述,在教师专业培养内容、方式、专业自觉的文化和机制这些方面怎么做。第四,从更大的宏观层面,就是学前教育优质发展,还涉及能不能建立起整个社会对教育的信任,学前教育现代化发展需要改善当前的教育生态。

问 对于当前的挑战,您有什么样的建议吗?

答 展望上海学前教育的未来发展,首先指向教育现代化,要增强基于儿童的科学研究和实践,需要有实证来证明学前教育的价值和科学性。有两点很重要,一是"基于儿童"的实践内涵，就是让儿童在幼儿园生活当中能体验到归属感，就是让孩子感到幼儿园是今天来了，明天还想来的乐园，所以我们的课改就是从小孩子喜欢到幼儿园开始研究的。另一个就是教育过程中的公平和质量，就是对幼儿在一日活动中的外部言行表现进行一一诠释，要对幼儿的感知、经验和行动有深层的理解，或提供各种各样的方式，让每一位幼儿能有机会或条件参与活动表现自己。

关于幼小衔接，幼儿园要在幼小衔接困境突破上下功夫，一是幼儿园要开展长周期的跟踪实验，以具有说服力的科学证实幼小衔接的核心是高质量学前教育成效的延续，早期教育应该覆盖到8岁；二是幼儿园有必要制定幼小衔接长期规划，包括：深度衔接的制度设计，"为儿童准备"活动体系及安排，支持弱势家庭解决教育之困的系统设计。

关于教师队伍建设，教师发展要成为2035上海学前教育现代化的一个亮点。党中央和国务院颁布的《学前教育深化改革和规范发展的若干意见》中，对提高幼儿教师地位有明确措施。我认为政策措施的落实要有新的思考，要有与教师专业地位关联的新的设计，要强调与教师专业地位的关联，要突出教师的贡献。任何教师从不同起点都可以有很好的贡献，要探索以教师有效学习为重点的专业培养方式，这方面要有突破。

关于建立社会对教育的信任体系，社区要发挥作用。社区能够形成一种影响力，一方面幼儿园通过社区来获取家长对幼儿园教育的满意度的评价，同时也要为社区提供宣传学前教育政策的资源；另一方面社区应该成为平衡家庭中过早的、盲目的择校，提早学，而回归到遵循儿童的身心发展规律上的协调主体。在这方面社区要承担提高居民整体素质的责任，包括家庭教育素质。就是这样几点粗浅的想法和建议。

访谈对象 | **曹蕴瑜**(南京市北京东路小学附属幼儿园原园长)
访 谈 人 | 原晋霞

问 曹老师,请您介绍一下您的教育经历和工作经历。

答 我是南师附中的幼师班毕业的,南师附中的幼师班由陈鹤琴举办,它是江苏省幼师的前身。我1950年考入幼师班,本应该于1953年毕业,但由于新中国成立初期,为了顺应解放妇女劳动力的社会需求,解决妇女的后顾之忧,大办幼儿园。我们这一届只读了两年,就于1952年提前毕业了。

毕业之后,我被分到玄武区去创办一所幼儿园,这所幼儿园就是成贤街小学幼儿园。我一入园就做园长,那时候,我才18岁,从采购、定做所有的桌子板凳开始,什么都是我们自己干。不仅要采购设备,把设备弄到幼儿园来,还要接收教育局派来的老师。这些老师有的是经过短期培训的,有的是教师速成班培养出来的,都不是专门的幼师;有的是私立幼儿园的老师,她们多是家庭妇女,也未经过专业训练;有的就是小学转岗教师。此外,还要去接收私办幼儿园,把它公有化。为了接收私办幼儿园的老师和孩子,我们还要扩大班级。

我在成贤街小学幼儿园工作了三年,大概由于工作比较认真,做事追求完美,同时写了几个总结并且发表了,之后,我就被调到市里,当时市里准备办一所重点小学和幼儿园,就把原来的蓝家庄小学附属幼儿园改为和平路小学附属幼儿园,也就是现在的北京东路小学附属幼儿园。当时就派我去当园长。它这里本来就有一个幼儿园,园舍是之前机关首长的宿舍腾出来的,班级比较少,因为要建成市里面重点办的一个幼儿园,就得扩大。市政府里有行管局,他们给我们盖了一栋房子,地址就在现在北京东路小学附属幼儿园的位置,一直没换过。新中国成立以后,北京东路这边是市级机关的所在地,公教一村就跟我们幼儿园隔一个墙,市政府也跟我们隔一个墙,他们的宿舍都在这里,就要解决他们的子女入学问题。实际上我们大多数的小孩,就是机关单位工作人员的孩子。当时是拿不出教育经费的,最后是行管局,行管局相当于机关事务管理局,给我们又盖了一栋房子,一下就增加了4个班。所以一开始5个班,后来变成9个班了。

1977年,我被调到玄武区教师进修学校当教研员。领导原来希望我到区教育局抓幼教,我选择到教师进修学校,我喜欢人家喊我“曹老师”。我在幼儿园期间,老师们都喊我“曹老师”，而不是喊我“曹园长”。我刚到教师进修学校工作时，一开始没有大纲，没有教材，什么也没有。那么，我就从大纲、教材抓起。不仅抓教育系统办的幼儿园，还要抓部队幼儿园、机关院校幼儿园、工矿企业幼儿园和集体幼儿园等共五大系统的幼儿园。集体幼儿园就是所谓的民办园，那个时候，它主要由街道举办。

1988 年，我 55 岁，本已到了退休年龄，恰好玄武区教育局成立了教育督导室，要找一位懂幼教的督导。教育局认为我最合适，就安排我进了督导室。刚进去，督导室就搞幼儿园督导评估方案。时任南京市学前教育处处长的严善本就与我商量，由我来制定督导评估方案。后来就制定出了南京市《幼儿园督导评估方案》，定期到各级各类幼儿园进行督导，大概每所幼儿园一两年可以轮到一次督导。我在教育督导室干了五年半后退休。算起来，我在玄武区幼教领域干了 42 年半。

问 曹老师，当时幼儿教师的社会地位怎么样？

答 我觉得还可以。我二十多岁就当了政协委员，不仅是区的政协委员，而且是区政协常委，后来又是第九、十届市人大代表。对于普通幼儿园教师来说，因为公办幼儿园跟小学基本上是一致的，工资调整一起调，好像没有什么太大的差距。按照一定的教龄调整工资，80 年代末评职称时也是一起评。

只不过高级职称指标一般是不给幼儿园的，小学当时也很少。除非是已经评上了特级教师，否则，一般的老师基本不可能评上高级教师。1987 年第一批评职称时，我也是抱着试试看的心态，申请了高级教师职称，后来就有幸获批了。但在幼儿教育领域只有一个高级教师名额，只有等我退休了，这个名额才能给其他老师。现在就完全不一样了。不仅可以评副高，还可以评正高。但那时候名额很紧张。

问 那时候评职称的条件是什么？

答 看文章发表情况，看学历，看文章是否在省级以上刊物发表。我觉得这并不合理。因为有很多老师经验丰富，跟孩子相处得心应手，孩子的各个方面发展都很好，但他们不擅长写作，这类老师就很难评职称。而一些老师工作不怎么样，但花很多精力去写文章，却可以达到职称评审的条件。

问 您工作期间，幼儿园如何评价教师的工作成绩？

答 说老实话，我们以前工作跟工资、跟钱都不挂钩。好多年才搞一次工资调整，工资调整的时候，不可能给每个人都提高，会有一个调整比例，比方说 20%，这时候就要评教师的工作成绩了。班级教育质量高、家长反映好、孩子各方面发展得好的教师才可能获得调整工资的资格。老师们的工作，大家都是很了解的，因为互相观摩、互相交流是常态化的。

问 曹老师，您工作期间，经常会有诸如教师技能大赛、自制玩教具大赛等比赛吗？

答 50至70年代比赛还很少，主要是互相观摩多。80年代以后比赛比较多，主要是为了提高教师的业务水平。

问 曹老师，您工作期间，根据您的感受，您认为幼儿园教育发展经历了几个阶段？

答 新中国成立初期到1957年或1958年，属于幼儿园大发展时期，是第一次的高峰发展期。部队幼儿园、农村幼儿园、各单位机关幼儿园、工矿企业幼儿园在那个时期都有发展。

1958年到1976年，基本上是幼儿教育事业发展停滞期。

1977至1994年，幼儿教育基本稳定，但由于国家教育经费不足，重点发展义务教育都不够，幼儿教育更不用说了，所以也没有什么大的发展。

1994年后，幼儿教育又出现大滑坡。在我退休以后，幼儿教育的社会化改革，就将幼儿园推向市场了。一些工矿企业幼儿园等都停办，一些公办幼儿园也被并转了。

问 您工作期间，教师都有编制吗？

答 教师有编制。50年代我们幼儿园是没有保育员的，每个班级就两位教师。改革开放以后，才配备保育员的，而且保育员也有编制。

问 您在幼儿园工作期间，实际的教育重点有什么变化吗？

答 变化是刚开始的时候，因为我们受陈鹤琴老师的影响，完全改变了过去那种传统的、古板的、死记硬背的教育方式。幼儿园教育形式比较灵活，采用的是比较符合儿童身心特点的，新型的、现代的教育形式。孩子比较自由，跟旧社会完全不一样。

1952年，苏联专家来了以后，我们就开始学习苏联的教育。我认为，这个阶段对我影响非常大。苏联专家来了以后，整个的幼儿教育改变很大，特别是我所在的幼儿园是苏联专家编写的《幼儿园教养员工作指南》的重点试点园之一。那时我们很认真，逐字逐句地去揣摩、去研究、去领会。而且结合幼儿园的实际情况，我自己认为执行得非常好。

苏联专家的理念是重视孩子的全面发展，即体智德美全面发展，尤其重视体育，还提出幼儿园教育要贯彻保教结合的原则。所以那个时候，我们强调体育和保育。我们尽一切可能让孩子在户外进行体育活动，只要天气不是十分恶劣，我们都坚持在户外活动，甚至连上课都在户外上，让孩子接受阳光浴。在保育方面，给我印象最深的是强调培养孩子的生活卫生习惯。要求非常细致，比如孩子怎么洗手，怎么把手洗干净，都有一定的程序。卫生习惯、生活习惯等每一个环节，我们都很认真地去执行。所以家长感觉孩子回家后都变了。这是受益终生的好习惯。另一方面，苏联重视德育，其实也就是强调孩子礼貌行为、与同伴友好相处等文明行为习惯的养成。关于文明行为习惯培养的要求也是非常详细。教师一步一步地照做，孩子受益匪浅。

其次，对美育也比较强调。不仅包含音乐、美术，它还强调创造一个美的环境来熏陶孩子。大到建筑，小到孩子的餐具、茶具、桌布，苏联都很讲究，就是要给孩子一种美的感受和享受。但这也就在我们幼儿园能够做到，很多普通幼儿园是做不起来的。它着重培养孩子的注意力、观察能力、思维能力等学习能力。所以那时候上画画课时，我们都强调让孩子自己观察，观察了以后画，而不是临摹。我们经常把桌子搬到幼儿园后门口那边，远远地可以看到高高的山上的植物，孩子们把房子画下来，还有天上的云彩，可美啦！

幼教事业的发展跟国家的政治、经济、文化等的变化紧密相关。从1958年开始一直到"文化大革命"之前，一方面，幼儿园得跟随国家进行一些政治方面的活动，另一方面，幼儿园基础性的东西我们也会坚持。总的来说，这个阶段对游戏冲击很大。前面我漏讲了在苏联的学前教育里面强调游戏是幼儿园的基本活动，根据对游戏的要求，将游戏分成创造性游戏、角色游戏、结构游戏、体育游戏、音乐游戏、智力游戏等几类，尤其是对创造性游戏十分重视。我们幼儿园搞创造性游戏是出了名的。这类游戏强调让孩子自发地活动，对于老师来说恰当的引导最为困难。关于创造性游戏的指导，《幼儿园教养员工作指南》里面讲得可细了，实操性很强。我们依照它认真做，也不断地在实践中创新。所以每年总结时，创造性游戏始终是我们幼儿园的长项，孩子们是玩得非常好。也就是说，"文化大革命"之前，孩子们也玩游戏，但游戏内容为搭小高炉、敲石子、人民公社等，这些游戏内容也是反映当时生活的。

"文化大革命"期间，幼儿园的游戏没有了，大人学什么，小孩也学什么。

"文化大革命"以后的1977年和1978年这两年，主要是恢复正常秩序，把孩子的一日活动安排起来，做早操、游戏，用幼儿园自己的教材。我们就开始从教育大纲抓起，抓教材的选编，那时南师大的教材起了很大的作用。通过两年时间，基本把正常秩序恢复了。说实话，恢复也很不容易，因为老师把游戏丢掉容易，抓起来则很难。所以我就组织了创编游戏竞赛等一系列活动，好不容易把游戏又变成基本活动。幼儿园始终应遵循幼儿的学习特点，以游戏为基本活动，激发幼儿学习的主动性和积极性，说教是不行的。

1981年《幼儿园教育纲要(试行草案)》颁布了，我们继续先抓游戏，等游戏基本恢复正常化了，我们就找游戏、作业以外的教育，就去挖掘一日活动(包括就餐、睡觉、做操、晨间活动、晨间接待等)中的教育和各个环节里的教育因素。挖掘了各活动和各环节的教育价值以后，就要老师实施。幼儿园的工作水分很大，老师认真一点，它的每个环节就都抓得很好；老师不认真一点，各环节就马虎过去了。所以玄武区就做了件好事。我们把每一个环节对老师的要求、教育内容、要做到什么程度等，都提出了具体要求。例如如何进行晨间接待，如何组织晨间活动，要达到什么要求，如何满足个体的要求等。当时，我们搞早操观摩，钻研如何使早操更符合孩子的特点，如何给不同年龄班的幼儿选择好的音乐。也搞半日活动观摩，从晨间接待开始看，不仅看老师的课上得怎么样，而且看老师对每个环节是否处理到位。我们好多老师退休后，被福建等地请去当园长。他们把玄武区这一套做法带去，经过几个月，幼儿园就上轨道了。

80年代，随着独生子女增多，我们开始抓：第一，孩子吃饭困难了，要抓孩子的进食量。第二，自私任性是独生子女存在的主要问题，所以我们就要培养孩子无论什么时候，心中一定要有他人。我们跟家长的交流也强调这一点。第三，独立生活能力也比较弱，所以，我们也培养孩子的独立生活能力。当然，重视培养孩子的独立生活能力也是我们幼儿园的老传统。小朋友上幼儿园，到了班级以后，第一件事情就是搞卫生，抹自己的小椅子。这个抹小椅子，都是有要求的：从椅面抹到椅背到椅腿。抹桌子也有程序。所以小朋友首先要学会自己的事情自己做，然后还要学习为集体的卫生做服务。

问 曹老师，不同年代幼儿园使用的教材有什么变化？

答 像幼儿故事、儿歌、诗歌是有教材的，音乐也有，唱哪些歌，老师可以从中选择。美术有要求，如不同年龄班分别需要达到什么要求，但我印象中没有教材。语认（语言和认识环境）没有教材，具体教材由老师自己编，当然并不要求编成教材，教师可以决定让他认识什么树、什么花或者什么动物，图片也是由教师自己选。

问 教师分工是怎样的呢？

答 一直都是轮流带，一人主班一个星期，主班的老师带上午班，配班老师带下午班。

问 五六十年代孩子的游戏是在室内还是室外进行？

答 我们强调尽可能让孩子在室外游戏。让老师不要怕搬桌子搬椅子，大班小朋友可以自己搬，出来的机会更多；小班小朋友相对略少一点。

问 那时孩子玩的游戏中规则性游戏多还是创造性游戏多？

答 我比较强调创造性游戏，也会进行一些规则性游戏。体育游戏、音乐游戏和一些智力游戏都必须有规则。但是更多的是创造性游戏。在结构游戏中，幼儿需要去观察，回来后自己再创造。我们小朋友搭的长江大桥漂亮得不得了。喜欢玩结构游戏的小孩，他也学了很多，他的数概念强，空间方位感也强。实际上，七八十年代的幼教基本上把五六十年代的东西恢复了，能够恢复到那个样子已经很不错了。

问 我发现您刚才讲的一些研究话题还是满超前的，现在依然有很多幼儿园都在研究。

答 静心想想，我发现从事幼教几十年，我最受益的是学苏联的一套理论与实践。因为它符合孩子的发展规律和年龄特点的心理学基础。有了这个基础，我们就知道孩子这时候需要什么指导。虽然时代在变，但是儿童发展的规律没变。以前孩子们建长江大桥，现在孩子们建高铁，都是孩子们喜欢的建构游戏。

问 您工作期间有没有感受到幼小衔接的压力？

答 在我工作期间没有感受到任何这方面的压力，只有我们主动去做幼小衔接，带孩子提前参观小学，或请小学老师来幼儿园给小朋友上课等，但一点压力都没有。现在的压力来自孩子入学要参加选拔考试。这也与我们中国人的心理有关系，我们什么都要跟别人比，不管孩子什么样，也不管自己是什么样的家长，都要求孩子出人头地。孩子越来越苦，但究竟长大后能不能成才，还是要加一个问号。很多家长说，有很多东西孩子在幼儿园学不到，我说幼儿园都干这个事完蛋了。我觉得幼儿园有责任对家庭教育进行指导。家长不懂幼儿教育，不专业，但教师是搞这个专业的，教师懂，所以教师应指导家长。

家庭教育对孩子的影响很大。3 岁来到幼儿园时，孩子的差距已很大。所以父母是孩子的第一任老师，家庭是孩子的第一所学校，这是千真万确的事情。3 岁以前或入小学以前，家长对孩子的影响比什么都重要。所以如果家长懂得一点幼儿教育，那真是锦上添花。家长的一举一动、一言一行，都会渗透到孩子的血液里。其实，幼儿园也一样，我们如何要求孩子，自己就应该首先做到。苏联的《幼儿园主任手册》也是这样写的，这本书园长真要好好学学。它指出园长应以什么样的精神面貌来接待每位老师。我每天早晨都要见一见每位老师。如果教师脸色不好看，我就会询问她，尽量帮她解决困难，希望教师不把家里的问题带进来，不把家里的情绪带进来。

问 那时候，幼儿园如何评价幼儿？

答 我们不搞全班测试，一般选择部分孩子进行语言和计算测试。语言发展水平测试内容，一般由园长根据各个年龄班的要求确定内容。有的进行看图讲述，有的给故事续编结尾，有时候也用游戏的形式。通过评估，大概可以看出不同班级的差异。

问 那时，教研活动组织得怎么样？

答 教研活动一般每月一两次。那时候，区里没有教研员，主要是幼儿园内部教研，解决幼儿园自己的问题。

问 那时，幼儿园有专用活动室或多功能室吗？

答 80年代以后，幼儿园有条件了，才逐渐设立了各种活动室，如科学发现室、阅览室、音乐室、美工室、建构室等。我们区的科学发现室做得比较好，在长江路小学附属幼儿园进行试点。我们聘请了一些善于表达的中学物理老师、化学老师、生物老师等给幼儿园做指导。我们也会请在科学院工作的家长给我们讲讲他的研究里小朋友能接受的东西，带孩子做些活动。我们跟他们一起备课。

问 50—70年代的家园关系怎么样？

答 我们的家园关系相当好。但是，我有一条规定：教师绝对不许找家长为自己办任何私人的事情。一旦被我发现，直接批评。人家尊敬我们，我们必须自尊。

不管孩子家长是谁，我们都是一视同仁。每年新生入园前，我们都做家访。教师要了解孩子的家庭环境、家庭成员、周围环境，了解孩子所接受的教育影响。除此之外，还有一学期至少一次的家访。学期当中不能完成的，教师可以利用寒暑假完成。然后，还定期召开家长会。家长会是一个展现教育成果、报告教师工作的机会。教师会提前布置好，请家长来参观。家长可以看到孩子的作品、作业、游戏成果等。

问 那时，家长主要关心孩子的哪些方面？

答 家长对孩子的健康非常关心。孩子感冒了、发烧了，这个不行；体重没增加，也不行。所以我们每个月都要查孩子的体重。那时，孩子行为习惯方面的问题，家长跟老师要进行交流，讨论如何解决。家长好像不怎么关心孩子在幼儿园能学到什么。

问 现在幼儿园对家长有什么期待？

答 幼儿园对家长的期待就是希望家长能够配合我们对孩子进行教育，不要我们说东，他说西的，必须一致起来。那怎么能一致起来？我们经常物色幼儿园家长中教育孩子比较有经验的家长，在家长会上进行交流，这种形式家长最愿意接受。

问 那时，除了家长开放日外，家长参与幼儿园的活动多吗？

答 体育运动会的时候，会请家长参与。还有搞一些文艺活动的时候，也会欢迎家长来观看。

问 那时候，幼儿园有几位园长？

答 我们那个时候叫园主任，不叫园长。刚开始，幼儿园只有一位主任，管6个班。后来我们幼儿园扩为9个班时，也仍然只有一位园主任。我退休以前变为三驾马车了，一位管后勤，一位管业务，另一位全面管理。

问 您有何管理教师的经验与大家分享吗?

答 我当园长时,就明白园长做很多事情必须要靠老师。那时候,我每天进班,观察老师的每个环节、一举一动。我发现每个老师身上都有她的闪光点。我就把这些闪光点与其他教师分享,最后变成大家的闪光点。例如,春秋季节,小朋友们热了会脱衣服,有的老师会把衣服叠得整整齐齐,但小朋友穿衣服时,抽一件,其他衣服就会一起掉下来,乱成一团。有一位老师很聪明,她把孩子的衣服都打成卷,卷得紧紧的,一个一个地排列。无论谁先拿走衣服,也不会将其他衣服弄乱。哪怕是清洁工作,有些老师也有窍门。我作为园长,就注意发现各方面的经验,并发展成为全园的经验。

访谈对象 | **龚 敏**(上海市乌鲁木齐南路幼儿园党支部书记、园长)

访 谈 人 | 原晋霞

问 龚园长,您好。您为何选择了幼教这份职业?

答 因为喜欢,孩子们的眼神特别清澈与纯粹。

问 您是哪年进入乌鲁木齐南路幼儿园工作的?哪年开始做了园长?

答 我于 2007 年行政调动进入乌鲁木齐南路幼儿园(以下简称乌南幼儿园或乌南)担任副园长、副书记一职,2010 年 7 月,成为乌南幼儿园党支部书记、园长。

问 请您介绍一下乌南幼儿园在幼儿园课程建设、幼儿园管理与师资队伍建设等方面的重要探索与成就。

答 乌南幼儿园是上海市示范性公办幼儿园,是一所与新中国共同发展的园所,在特定的时代背景下,乌南幼儿园成为全国《规程》十所试点园,在 80 年代被特批可以招收外籍孩子随班就读,也经历了公办-公办转制-公办的发展阶段。

20 世纪 90 年代,乌南幼儿园就开始在课程建设方面做持续的努力和探索。

萌芽阶段:自主性概念的提出。(1997—2004 年)

1997 年起,前任园长傅坚敏引进西方的自主性概念,开展了“幼儿自主性培养”的课题研究,并以此为依托,研究与实践相结合,探索幼儿在园自主性发展的各年龄指标、内容以及培养方法等。乌南幼儿园产生了一些幼儿自主性培养的优秀经验和做法,例如“来园五件事”“幼儿自助餐”“亲亲小水杯”等。而这一阶段只是处于理论与实践的初步探索阶段。

起步阶段:幼儿自主性课程的开发。(2004—2009 年)

在持续的幼儿自主性培养的过程中,乌南幼儿园在梳理、统整、全面领会、理解课改精神的基础上,进行了课程园本化的探索,以国际化的视野,进行“中外文化背景下的自主性培养课程”的开发,倾力打造中外儿童乐园。2007 年,乌南完成了“幼儿自主性发展课程实施方案”,成为一份乌南幼儿园教师的系统的“可视化”的课程方案。

发展阶段:多元文化背景下幼儿园自主性课程的形成。(2009—2012 年)

随着二期课改的深化,2008 年 5 月上海出台了《保教质量评价指南》,让我们对现有的教学管理重新审视反思；2009 年上海市教委在全市范围内铺开，进行了为期三年的“课程领导力”的研究，这让我们从“保教质量”的沉浸中跳出来，继续思考课程领导力和教学管理、保教质量之间的紧密关联。乌南于 2009 年申报并实施了上海市市级课题《国际多元文化共生共长的幼儿园课程调适与创生的实践研究》，这也成为乌南课程开发与实施的有利助推器，同时依托市教委课程领导力课题进行整合、系统的课程建设。

具体举措为：设立教学研究日，通过顶层设计与每月监测报告，保证了课程的平衡与整体规划；调适统整文本，创设“乌南课程资源包”，夯实丰富主题内容；关注吸纳家长与社区资源，开展外出体验、园内大型义卖等活动。家长、社区资源的参与，都让以往的不可能变为可能。

完善阶段：多元文化背景下幼儿自主性发展课程的调适与创生。（2012—2015 年）

2012 年国家颁布《指南》，再次给我们以改革教育教学、助推园所发展行动的力量；2013 年上海市教委又投资千万，打造幼儿教师资源平台工程；2012 年开始，多方面的因素都促使着乌南对已有课程进行再次的调整和深化。乌南的自主性课程已然置身于多元文化的背景之下，文化的多元性、包容性、丰富性、创新性等必然会对自主性课程的构建和实施产生促进作用。因此，两者结合，确立“多元文化渗透的幼儿自主性发展课程”，体现了乌南课程的传承和发展，历史沿革和时代创新特征。乌南课程向着国际化、信息化方向发展。

具体举措有：完善课程管理机制，全面落实课程实施，使教研真正为课程有效实施服务，为教师专业发展服务；关注大小教研过程性的保障；运用信息化手段，丰富课程评价方式，采用多种评价的方式，重在自我标准的监测，以人人参与评价、大数据说明的指导思想，保证评价的公正与科学；项目引领，实现教师的差异化发展，打造出具有乌南课程特色的教师团队。

这期间开拓的项目有：2012 年，乌南成为英国 SAW（“科学·艺术·写作”）项目在亚洲的首家基地学校；乌南境外部引入美国 DLM 即低结构材料的主题活动融入课程使用；乌南全面实施每月幼儿评估；乌南的中英文微信公众平台成功运行等等。在一个个项目中，开拓的是国际视野，培养的是开放姿态，乌南在最大限度地给孩子、给教师一个发展空间。

深化阶段：多元文化课程的发展纵深。（2015 年至今）

承载乌南课题研究成果的《视野的启蒙》《前行的足迹》等书前后出版。乌南幼儿园“多元文化渗透的幼儿自主性发展课程”经过三年的实施、每年的调整和统整等举措，课程方案已经日臻完善。《视野的启蒙》一书，更是向社会展示了乌南的课程方案、实施细则与思考。

但是，乌南在推进课程实施过程中，不断面临着来自社会、家长及孩子等对于课程的高要求。品牌的辐射、多元的背景、成长的需求都要求乌南多元文化渗透的幼儿自主性发展课程向着目标、内容等的精致化、国际化、系统化发展。为此，我们对现有课程方案进行了理念的斟酌、课程目标的具体化，并基于大数据时代的社会背景，推出多元文化体验馆、中国文化电子读本、中国四馆等课程实施实体。

乌南幼儿园的课程向着课程理念的精准化、课程目标的具体化、课程构架的丰厚化等方面进行研究与实践。

问 在课改实践之初乌南幼儿园在课程改革过程中，遇到过哪些问题，是如何解决的？

答 在课改实践之初，我园曾提出“四个允许”，即允许教师根据实际自行选择教育活动内容、设计教育策略；允许教师根据幼儿动态的学习过程和兴趣变化调整活动进程；允许教师根据学习内容和教学需要灵活地安排活动时间和空间；允许教师根据自己对教育理念、目标、原则的理解，大胆探索实践，以激发教师的创新能力，赋予教师专业追求的空间。但随着课改的不断深入，隐藏在课程背后的各种深层次问题逐渐浮现出来。

一是对课程管理理念上的认识问题。对课程管理与课程领导、课程监控与全面质量保障的内涵及其相互关系认识不深，如放权后课程出现的不平衡、偏差已使我们认识到课程监控的重要。

二是教师专业自主的意识与把控能力之间的矛盾。我们既想让教师做课程管理的主人，又怕有的教师由于课程把控能力弱而形成课程的不平衡。如爱好音乐的教师会过多安排关于音乐活动的内容。

三是课程管理与教师自主的问题。当教师的自主与其专业不匹配时，当教师的个体差异与工作要求有距离时，又该如何开展管理等；还有诸如主题背景下，课程整合和各领域平衡点之间的把握度等问题。

那解决策略是什么呢？

第一，课程团队达成共识。园长是课程管理的第一责任人。园长把自己的职能从指令者、监管者转变为倾听者、指导者和服务者，并在行动中关注价值思想的领导，构建课程开发的教师共同体。

第二，各类计划重论证。由园方、家委会多方论证各层面计划，避免形式化的目标和计划，提高可操作性。

第三，课程实施抓内涵。发挥群体合作研究的力量、提倡分层把关；建立课程管理、分层保障责任制；扩大参与面，积极吸纳家长等外部力量的参与；加强培训与引导；在常规管理中突出人本管理和常规制度建设。

第四，多方评价真反馈。课程(教学)评价的目的是验证课程是否恰当有效地实现了幼儿园教育目标，然后采取改进的对策。评价中包含测量与反馈的功能。

第五，课程资源善积累。课程资源不再局限于教材、教具和教学参考用书，还包括对现有的自然、社区、人文等各方面资源进行梳理、开发、利用。

在形成园本化课程时乌南教师团队具备一定的多元文化素养，能够对课程进行深入思考和有效实施。但同样在园本化课程实施中也出现了一些问题。

一是课程实施中出现"大拼盘"和内容的"堆砌"现象；二是缺乏课程意识所导致的课程时间安排及内容选择的差异造成课程体系的不平衡；三是偏重于对课程以及跟课程有关的人、财、物方面的决策、指挥、创新，较少地考虑管理中的人文、价值和发展动力因素。

针对这几个问题，我们也进行了深刻的思考。

首先，在课程目标上，关注时代变化与国家政策。即对今天的孩子来说，社会对他们提出了哪些新要求？未来可能面临哪些新挑战？其次，在课程内容上，要反映幼儿当下生活与社会发展要求。幼儿的生活经验与社会发展现实中，哪些与原有的课程内容有差异？而这个问题是教师最易发现的问题，也决定我们如何调适与创生课程的微观内容。第三，在课程实施中，提出虚实结合，凸显文化自信。如何让教师在课程实践中把握传承与创新的原则，做出合理的改变？由于乌南的背景是国际多元文化，因此这是我们需要思考的关键问题，要永远将文化自信放在首位。最后，在课程保障上，应该建立机制。即如何建立有效的保障机制，凸显课程领导力，让教师敢于"变"，懂得"变"，反思"变"？只有建立了机制，发展创新才有了真正的空间与可能性，而且能反哺教师的专业成长。

那我们的解决策略是什么呢？

一种是"调适"，是对课程原有内容的微调，是通过课程的实施，搜集来自各方面(包括专家、教师、家长和幼儿)对课程的反馈信息，对已有课程进行改编的过程。

第二种是"创生"，是在遵循本幼儿园已有课程理念和多元文化背景的前提下，重新选择符合教育目的和幼儿年龄特征的内容进行设计，丰富原有课程体系。

2014 年，我们出版了《视野的启蒙》，公开了园所课程方案与实施要点；2018 年，我们通过"调适""创生"，再度修订出版了《视野的启蒙》，使家园、社会了解乌南课程的实施目标、内容、实施保障等，并予以监督。

问 您在参与或带领乌南幼儿园进行课程改革的过程中，有哪些难忘的经历或感受？

答 基于课程实施和管理日益凸显的真问题，我们采用了全员"卷入"、多方力量共同参与研究的方式。基于如何使我们的教师具备课程领导力，如何激发教师专业自主和自觉改革,管理如何从规范引领走向创新等问题进行深化课改,在三年一轮的课程领导力研究中,我园始终坚持依法办园和规范引领的底线,实现了已有课程实施方案"从有到优"的跨越,形成了"乌南幼儿园课程调适和创生"的策略。

我真切感受到我园教师在学习力、决断力、组织力、教导力、执行力和感召力方面发生着变化,园所原创的"红帽檐志愿者""古镇寻宝""爱在春暖花开时""学当一天兵""文化周"等活动凝聚集体的智慧,成为经典,并被媒体报道。从注重教师的预设到关注预设和幼儿生成之间的关系,在有效、规范的基础上不断创新,立足本园特质亲身实践"以幼儿发展为本",而作为园长,将自己视为服务者的角色发挥着领导、组织、协调、监控和保障的重要作用。

幼儿园的课程改革是随着时代的变化而变化的,具有一定的时代发展的痕迹,是社会发展变化的产物;此外,课程改革要充分体现自上而下和自下而上的相互结合,才能真正让广大一线的幼教实施者了解其内涵并运用于实践中,而不是高层的单方的"决策"和"口号";最后,要充分体现出课程领导力的发挥和指导作用,课程领导力,不仅仅是园长的课程领导力,更应该是班级教师的课程领导力。

问 您工作以来,在全面发展的目标框架下,在体、智、德、美、劳各方面,幼儿园教育实践的侧重点有变化吗?

答 应该说,幼儿园课程内容中一直重视"五育并举",只是在不同的阶段对于"五育"中不同领域重视程度不同。1990年,工作的第二年,我就被园长推荐到学区的德育组学习,这也是我进入的第一个学术团队,至今我仍保留着当年对中、大班孩子行为习惯等培养要求的文本,那是孩子成长的基础。

问 您工作以来,不同时期幼儿园如何使用教材?如何看待教材在幼儿园课程中的作用?

答 我1988年参加工作,幼儿园采用"语言、常识、音乐、图画、计算、体育"六门分科教学,其内容强调学科知识本身的系统性和逻辑性,大家一起备课,重难点也是趋同,那些经典的故事、数学语言至今印象深刻。

1988年也恰逢上海市一期课改启动,只是当时我在一所二级幼儿园工作,比较滞后地了解到其先进处:突破了学科教学模式,以"一日生活安排"为主线,采用综合型设计,形成了"生活、体育、歌舞与游戏、故事、讲讲做做"五门课程构成的综合型课程结构。那时课程样式除了有传统意义上的集体教学,还有游戏、运动、小组活动、外出参观活动等多种形式。我作为青年教师,在职初阶段更多的是跟着富有经验的老教师学习,从行政部署中践行了一期课改的内容,也会有机会进入区教研员引领的研究小组。这一阶段的教材编制建立在"大课程观"的基础上,将课程定义为"幼儿在园进行的一切活动”,并以综合的方式组织,使课程之间有融合、有关联,且具有较强的操作性。

一期课改经历了整整10年,在1998年,上海启动了二期课改,二期课改是在全国学前教育课改的大背景下和一期课改的基础上进行的。二期课改继承了一期课改综合课程的构想,从“以幼儿发展为本”的理念出发,而我入选了由华东师范大学朱家雄教授牵头的,由教授、特级教师、教研员和一线教师组成的上海市学前二期课改教师参考用书编写组。我主要参与《生活活动》参考用书的编写,在那本书中,将原来一期课改中有关生活的内容增加了“自我保护”“适应集体”等身心内容与安全教育,并增加了“家园共育”视角,看到了家长在家园共育中的坚实力量,努力构建具有启蒙性、整合性和开放性的课程体系。

在此期间,我感悟颇深,教材不仅是课程标准的代言人,更是集中了众多专家、学者的专业智慧和学科水平,它是学科知识的精华、智慧的结晶。教材不是一般的材料、读物,它是根据教育目的和学生身心发展规律和认识特点,专门研制和编写的文本,适合于相应特定阶段的学生学习。但是我们也要正确、辩证地理解教材。我们既要确立教材的中心地位、基础地位,防止把教材边缘化,又要防止矫枉过正,把教材“神圣化”;既要鼓励对教材的个性化(批判性)解读,又要防止和克服偏离教材主旨和主流价值观的随意解读;要准确地、深度地挖掘教材的内涵,充分地学习、领悟、吸收和内化教材的智慧,防止和克服浅化教材的行为,避免只在教材表面上做文章,导致对教材的认识只停留在记忆和简单的理解层面,使教材的功能和价值没有得到充分的释放。

问 不同时期,教师如何备课?谁参加备课?备课时通常会考虑什么?

答 改革开放初期,备课多是一本书一本本子,集体安排进度与备课,每天根据教材上的内容,无论是职初教师还是经验丰富的老教师在上某一活动时,都有规范的活动过程。

随着一期课改到二期课改,教育观念变革与电脑的普及,教师的备课发生了翻天覆地的变化。教师从最初的一本备课本到现在的一台电脑,从教师主体的备课走向师生共同备课,各班教师会根据班级情况进行各自的备课,备课时一般会考虑孩子发展需求、家长背景、现有资源、教师特色等,教师思维被不断地“打开”。

问 不同时期,教师如何评价幼儿?

答 无论是哪一个时期,对幼儿进行评价一直是一线教师们的难点。教师对幼儿的评价受到教师自身观察解读幼儿的专业能力的影响以及在一日活动中的时间、精力和资源配置的局限,但对每一个幼儿进行过程性和结果性的评价又是每一位幼儿教师的重要工作。

以前,我们每月用统一拟定的标准对幼儿表现进行打钩和描述。现在,随着时代的发展,也涌现出了一系列的评价工具来帮助教师对幼儿进行科学评价,学前大数据、信息化的推进支持教师成为有能力的评价者,如:每学期对幼儿发展的测评、幼儿运动手环的佩戴等,通过信息数据的采集了解幼儿的发展状态。

但仅凭数据是不够的,我们还鼓励教师对幼儿进行表现性评价。首先,教师可以在幼儿自由活动时,利用幼儿本身的活动进行评价;其次,通过语言互动来了解幼儿,不仅可以了解幼儿的认知和社会经验,还可以了解幼儿的表达能力、逻辑推理能力,甚至社会交往能力;最后,仅凭教师单一的评价是远远不够的,教师在评价幼儿时也要随机地向家长收集完整、丰富和准确的有关幼儿的信息,使信息立体化,从而更客观、更精准地评价幼儿。教师对幼儿的一次评价也是不够的,只有连续的、不间断的评价才能使我们的教师发现发展中的完整幼儿。

总之,对幼儿的评价由原来统一的评价标准向着注重幼儿个性化发展的评价标准转变。

问 不同时期,幼儿园如何评价教师的业务水平,重点评什么?

答 由单一的注重教师的"上课"水平向教师综合素养转变,例如除了考量教师集体教学活动的设计与实施能力,还会评价教师个别化活动、游戏、运动、生活活动等各个领域的组织与实施;除了单一的学科领域知识,还要注重教师多领域、跨学科知识的占有量,注重综合型复合型人才的培养。

问 用什么方法评?

答 一般会通过教师自评、教师团队他评、园部领导小组(含外聘专家)他评、家长评价等多种形式对教师进行评价。

目前乌南实施的是"多元化"的分类评价。第一,评价主体是多样化的。包括自我对话的自评、同行互助的互评以及引领发展的团队评价;第二,评价的内容是全方位的。有过程性评价,也有总结性评价;第三,评价指标采用分层式。分层式的教师评价能让每个阶段的教师明确自身的"最近发展区",达成不同的目标,在不同的水平上提高;第四,评价方式的动态化。如:评价某个时间点扩展到时间段。

值得一提的是2012年教育部颁布了《幼儿园教师专业标准(试行)》。这一政策文件的出台扭转了一直以来幼儿园教师的业务水平更多地依托外在的他评,或用由上至下的方式来检验。此文件的颁布不仅打破了我国这一政策文本领域里的空白,更有利于教育改革与大发展的新时期我国幼儿园教师队伍整体素质的提高,同时,也有助于促进幼儿园教师专业发展,最终实现幼儿园教师专业自觉。

问 不同时期您的工作状态如何？分别忙什么？

答 整体来说，工作状态始终是忙碌的。自我评定：三十二载，坚守初心，饱含激情。随着岗位的变化，工作覆盖面越来越广，责任也越来越重。

16年一线教师：努力夯实专业基础，积累教育教学经验，提升自身教育教学能力；在立足本职教育教学工作基础上潜心研究并承担教育科研工作；参加各类评比、研修与带教。

6年副职：兼顾教师与管理者两种角色；引领教育教学、教师培训、课题研究三项工作；既要自己上示范课，又要实施园所的市区级别课题。

10年正职：逐步从对“事”的关注转化为对“人”的关注，努力于凝聚团队（包括家长）、加强课程建设（含课程环境创设）、提高保教质量、提升教师队伍专业发展等，更多侧重“出思路、谋布局”，是统筹全局的掌舵者，也是100多名教工的“家长”。

问 在您工作以来，家长对幼儿园的期待有变化吗？发生了什么变化？

答 家长的期待随着时代的变化会产生一定的变化。从以往的关注孩子知识的汲取和储备量，到现在对孩子学习品质的关注，以及信息化时代背景下孩子对于新事物接受和学习的能力，例如人工智能、编程等的熟练使用。

问 不同时期家园关系如何？您对家园工作有何建议？

答 家园关系从以往的“师道尊严”到逐步对教师权威的挑战，家长对于教师专业性的要求越来越高。教师应和家长之间形成一种“教育共同体”，处理好和家长之间“伙伴”和“朋友”的关系。

在乌南，基于家长群体文化背景的多元性，东西方教育观念的差异性，乌南顺势而为，着力价值导向与制度完善，扎实课程推进与队伍建设，创新家园合作模式。如：建立两级家委会、家委会选举等制度，完善优秀志愿者选举、家长投诉等流程，设立家长护照等措施，让家长以合作者姿态参与园所共同管理与建设；同时以线上中英文公众平台、网站、乌南电子书等信息化平台，开启沟通的新途径。

问 您工作的基本信念是什么？

答 崇真尚实。“真”，代表着幼儿真实的发展轨迹与教育的真谛。尊重幼儿的“真实”发展，以幼儿的发展规律作为教育活动的设计和出发点；遵循教育的“真谛”，在质朴无华的教学中牢牢把握住教育的价值点，即将“育人”功效发挥最大化。“实”，指脚踏实地、朴实无华的工作作风。

问 您工作以来最难忘的事情是什么？

答 回首三十二年的工作历程，从一线教师到管理者，难忘的事其实还是蛮多的。我说几个故事吧。

第一个故事：2001年徐汇区评选"十佳青年"，我成了候选人。至今清晰地记得，孩子们自发地制作了广告牌，上面歪歪扭扭地写着"请选18号龚敏"；璐璐的外婆为了报纸上的一张选票，特意去邮局订阅了一整年的报纸；艾米的妈妈甚至跑去印刷厂要求加印报纸并全买了下来；每一位家长都发动身边的人为我投票……在孩子们和家长们"排山倒海"的阵势下，最终我以超出第二名两千多票的优势遥遥领先，位居该年度徐汇区"十佳青年"的榜首。是家长和孩子的信任、支持让年轻的我体验到了什么是职业的幸福，这一次的经历成为激励我不断前行的永久动力。

第二个故事：1997年入选上海市首届市级骨干教师的培训，对我而言那是一个"同道相聚，打开视界"的学习班。一共就11名学员，其中有应彩云、蒋静、徐则民、宋青等，每次轮流观摩彼此的半日活动及开展现场研讨，还有撰写课题、读书交流等多种学习形式。记得每一次观摩后研讨活动前，执教者都会说："来吧，向我开炮！"我们每个人都敞开心扉，就自己的教育观点畅所欲言。每每回忆那些日子，内心总有份坚定与温暖，我们至今仍保持着那种勇往直前、不断突破自我的精神。

第三个故事：1997年，参加市级骨干培训中，市教委指定带教师傅是当时乌南园长、"双特"傅坚敏；2006年，上海市首届市名师基地也是以傅老师名字命名的，而我再度成为她的徒弟。2007年，我调任乌南幼儿园，成为她的副手，2010年，我从她的手中接过幼儿园印章。我非常敬佩傅老师的学识与修养，也感恩师傅13年的带教。

问 您在工作上有哪些创新？或您做过的最有成就感的事情是什么？

答 第一个创新是"实践+研究"，夯实幼儿"语言教育领域"的底蕴。

在立足幼儿园语言教学的实践中，我不断梳理总结自己的语言教育经验，提炼幼儿语言教育规律。通过自己四个市区课题的研究，实现了"关注教学内容到关注生活内容""关注课堂教学到关注幼儿学习""关注幼儿本身到关注幼儿生活背景"的三个转变。其中《以幽默作品为载体，促进幼儿语言发展的实践研究》使我成为上海上幽默作品的第一位教师。

2014年起我带领乌南团队与华东师范大学周兢、张明红等专家联手进行了语言、社会课程的建设，亲自执教了"班级日记""民族服装""国旗的秘密"等教学活动，并形成了12万字的书《静待花开：回归幼儿生活的语言教育》。

很自豪，即使做园长16年，从未放弃过课堂教学。2016年，我成为上海市《讲台上的名师》唯一幼教人，开展现场教学与专题讲座。

第二个创新是“调适+创生”，提升对幼儿园课程的理论理解和实践打造。

依托我园市级课题《国际多元文化幼儿园课程调适与创生的实践研究》，以先行班组为课程调适与创生的领头兵，帮助教师厘清多元文化的概念，转变了研究初期的“拼凑式多元文化”的教学模式；提出了“教师的视野决定了幼儿视角”“团队分析以把握方向”“资源甄选适宜度”等鲜明观点；定期主持召开大小教研，进行每一个主题活动的课题统整，并在先行班组的引领下不断调整丰富我们的课程内容。撰写《视野的启蒙》书稿，该研究获得上海市基础教学成果一等奖；设计了全国首家幼儿园的多元文化体验馆、未来厨房、沙水世界等乌南课程环境。

第三个创新是“团队+个体”，实现园内教师差异化发展。

再次依托乌南市级课题《基于优秀幼儿教师团队的差异化发展研究》，针对目前教师队伍发展中的问题，进行“协调式”的管理推进，“泛研修”的体系建立，“多元化”的分类评价，“立体式”的保障夯实。从“求同存异”到“求异存同”的个体发展，到打造乌南“实践群”，夯实幼儿教师差异化发展的基础，一支有着鲜明特色的教师队伍成长起来了。并将实践研究的经验成果编著成了《前行的足迹》，2018 年获得上海市教科院成果评比一等奖。自 2010 年起，我们培养了 8 位中高级教师，输送了 8 名干部或教研员。

问 您对幼儿园未来发展有何展望？

答 2018 年 4 月，乌南第三个园区正式投入使用，至此，乌南出现了“一园三址”的发展局面。根据中共中央、国务院印发的《中国教育现代化 2035》，推进教育现代化，必须从实际出发，立足国情，尽力而为、量力而行，科学设计发展目标与路径。

一是坚守“幼有所育”的时代责任，肩负起老百姓对优质教育的呼唤需求。作为公办园的园长，建园所、拓资源，以孩子 3 年的幼儿园生活为原点，怀揣未来 30 年的发展格局，着眼于培育适应未来社会的完整的儿童。

二是全面实施课程建设，优化课程内涵。持续思考对今天的孩子来说，社会对他们提出哪些面向未来的新要求和新挑战；如何在课程实践中传承与创新地把握原则，做出合理的改革；在多元文化、人工智能等瞬息万变的背景下，幼儿生活经验与社会发展现实中，如何使孩子们实现更加全面、健康、和谐的发展这一系列问题。

三是加强教师队伍建设，夯实教育发展之基。致力于教师队伍建设，用差异化发展理念建起一支专业队伍，一步一个脚印，在国际视野中传递教育的自信，努力实现“一个具有中国心的世界小公民”的培养目标。

四是加强优质教育资源建设，打造教育生态圈。持续探索家庭、幼儿园、社会协同育人的教育模式，形成符合幼儿当下和未来发展的全新的育人空间，致力于打造家园、社会共育的文化土壤。

访谈对象 | **崔利玲**(南京市鼓楼幼儿园党支部书记、园长)

访 谈 人 | 原晋霞

问 崔园长,您好。鼓楼幼儿园在陈鹤琴幼儿教育思想哪些方面得到了继承?

答 从1923年陈鹤琴先生创办私立鼓楼幼稚园起,中国幼教开始摆脱"拿来主义"、照搬照抄的"外国病""花钱病""富贵病",幼儿教育在借鉴西方先进教育理念的同时,立足民族的土壤,开始了中国化、科学化、大众化的研究。

作为留美归来的学者,陈鹤琴以开放接纳的态度接受西方教育思想,强调进行中国化的实验与再创造,探索适合中国国情的幼儿教育理论与方法。三大目标、十五条主张、十七条教学原则、学习的四个步骤、"五指活动"……这些在教育实践中提炼出的教育主张与策略,构建了"活教育"完整的理论体系,引导着近百年中国学前教育的发展。"活教育"理论,不仅是鼓楼幼儿园坚守科学幼儿教育的基础性理论,更成为幼儿园理性思考、不断变革的实验火种。

对于鼓楼幼儿园来说,只有追寻幼儿园百年办学的历史,了解陈鹤琴教育思想及实践,领会"活教育"的精髓,我们才能找到灵魂、明确方向,沿着"活教育"的轨迹继续前行。鼓楼幼儿园的灵魂是什么?就是"活教育"。

陈鹤琴认为:"活教育"顾名思义,就是反对已经埋没人性的"死教育",反对读死书的"死教育",它要摧毁传统教育的枷锁,让新中国的主人,从淫威独断的痛苦深渊中解放出来。所以,"活教育"首先以三个目标坚定自己的信念,这三个目标即是:(1)做人,做中国人,做现代中国人;(2)做中教,做中学,做中求进步;(3)大自然,大社会,都是活教材。"活教育"是"前进的、活泼的、有生气的教育",教师要"一切为儿童""教活书,活教书,教书活",儿童要"读活书,活读书,读书活"。

从1985年的"活动教育"课程到小组教学,从1990年的"幼小衔接"研究到入学准备,从2000年的"瑞吉欧"项目教学到生成单元,从2005年的"华德福"教育到走出校园,从2015年的"活教育与主动性学习的碰撞"到单元课程的再出发,鼓幼的每个人,或是先行者,或是验证者,或是学习者,鼓楼幼儿园以科学研究的精神在民族性、世界性上找平衡点,在保持本色的同时,特色随社会、学前教育理论的变化而变化,与世界先进幼儿教育理论不断融合,实现一次次的提升。

在寻找幼儿园的灵魂、解读幼儿园历史文化图谱的过程中,我们不断反思:(鼓楼幼儿园,以下简称"鼓幼")在探索适合中国国情的、科学化、大众化的幼儿教育道路上,真的中国化、科学化、大众化了吗?我们发现仍有很大差距,但不影响将其作为理想。

问 鼓楼幼儿园又在哪些方面进行了创新与发展?

答 20世纪20年代,自全国《中小学、幼稚园课程标准》实施后,鼓楼幼稚园中心制的单元教学对我国早期幼儿园课程实践产生了重要的影响,成为中国化、科学化幼儿教育的先声。遗憾的是,20世纪50年代后,在社会大环境的影响下,陈鹤琴"活教育"思想受到批判,鼓楼幼儿园执行全国统一的分科教学模式,幼儿园失去了课程研究的主动权。20世纪70年代初,随着改革开放的推进,作为行业窗口单位的鼓楼幼儿园成为国际交流的接待单位。频繁的国际教育交流,引入了西方先进的教育理论,激活了鼓楼幼儿园教师教育改革的热情。人们重新审视陈鹤琴教育思想,对"活教育"有了新的认识。也就是从这时起,我们开始了单元课程的再构征程。

在课程建构中我们秉承了陈鹤琴的教育思想,保持了单元教学当年的雏形,以满足社会、家庭、个人多方需求的目标,强调教师对儿童的观察、分析与指导,通过丰富的教育环境的创设,让儿童在游戏与社会生活中亲身感受、主动学习,在原有基础上获得适宜的、最大化的发展。单元课程以环境为支点,以游戏为载体,遵循"预设为主、生成为辅"的编制策略,注重内容的"鲜活"、形式的"灵活"、效果的"激活",研究探索出"走出校园,生活在前""经验先行,探究在前""分层指导,儿童在前"的主动学习教育策略,提出的"半程示范法""家园共育101条主张""一日生活皆课程"等理念,让教育过程成为儿童自发生成、自愿参与、主动探索、自主建构的过程,体现了"活"的教育思想和改革精神,形成鲜明的园本课程特色,实现"让儿童活泼泼的成长"的教育追求。

1993年、2004年、2017年,我园教师编写了《幼儿园单元教育课程大全》《幼儿园单元教育课程》《幼儿园单元课程》教材并正式出版。每套书的出版,都受到幼教界同行的热烈欢迎,并先后获南京市哲学社会科学优秀成果一等奖、中国教育学会首届优秀成果二等奖、江苏省基础教育教学成果特等奖、国家级首届基础教育教学成果一等奖等。

问 对于不断更新的教师团队,鼓楼幼儿园如何确保陈鹤琴幼儿教育思想得到落实?

答 鼓幼早期实践中教师的理论功底、研究态度、实干精神,成为鼓楼幼儿园世代相传的"鼓幼精神"。他们在教育实践中形成的"教师教教师""科学实验"的主张,是鼓幼至今仍在沿用的教师发展策略。研究精神不断唤醒鼓幼的教师,引领幼儿园向着科学幼儿教育的方向行进,召唤着鼓幼人持续提升专业素养,承担科学幼儿教育的责任。鼓幼的教师牢记陈鹤琴"一切为儿童"的嘱托,在解读园所历史、追寻园所文化、传承科学研究精神的过程中，努力让自己成为“活泼泼的教师”，让“儿童活泼泼的成长”。

为了让更多教师成为“活泼泼的教师”，我们实施了三大教师助力成长计划。

计划一是职业生涯规划。

我们借助态势分析法（又称“SWOT分析法”），帮助教师进行个人的规划管理，帮助教师科学把握好工作中的机遇与挑战，根据自己所处的位置用特色发展的理念预设可能发展的方向，促进自我快速成长。

有了明确的目标，教师们可以自主把握机会：自己找寻个人特色、自己申报研究课题、自己选择研究小组、自己申报竞选岗位、自己计划各园所工作时段、自己选择合作伙伴……当然，更多的自主，是教学过程的自主：单元选择、内容安排、教学形式……“我想”“我准备”等主动性言语代替了“领导说”“规定要求”的被动词汇，“要我干”变成了“我要干”，教师们开始展现出独特的个性特征和风采。

计划二是“教师教教师”。

陈鹤琴认为，教师间相互了解易于相互激励，可以通过在各自群体中的互教互学而受益。我们以“教师教教师”的教学原则为指导，以破解教育教学难题、分享教育经验为内容，努力建立教师间合作研究的新机制。

每年，幼儿园的名特优教师都会领衔成立“领域教研组”，教师可以根据个人兴趣申报加盟。“课题研究团队”“名师工作室”也会随着幼儿园发展规划的节点，引导团队成员在创新性解决问题过程中实现自我突破。鼓楼幼儿园第四次单元课程的再构，就在“教师教教师”计划中完成。

计划三是特色项目研究所。

坐落在陈鹤琴故居内的“活教育”思想研究所，是江苏省首批特色项目研究所，它为教师们搭建了一个传承科学实验研究精神的平台。

“活教育”思想研究所以园内十多位研究生为团队核心成员，主要研究园史、梳理文化、收集资讯、拟定愿景及可实现路径，幼儿园其他老师则作为实践团队开展项目实验。这几年，研究所不仅完成了全国“十二五”教育发展规划课题“沿着活教育的轨迹寻找幼儿园历史文化图谱”，还先后出版了《沿着活教育的轨迹前行》《陈鹤琴与活教育》《小园子里走出的大教育家》《单元课程的实践建构》等带有鼓幼特有文化符号的书籍。研究所内的“琴声悠扬教师志愿者团队”，更是将陈鹤琴科学幼儿教育的思想送到千家万户。

问 您对幼儿园未来发展有何展望？

答 陈鹤琴说：“我们办幼稚教育就是要大田种麦，让全国城乡幼稚园都能受到科学的启蒙教育。我办鼓楼幼稚园就是要为大田提供中国麦种这个目的。”

在鼓楼幼儿园，有一支“琴声悠扬教师志愿者团队”，团队的成员，是鼓幼的全体教师；鼓幼还有名师工作室、全国“活教育”思想共同体……这些团队的共同心愿是：幼教人要有自己的思维，有基于儿童的思考，有科学的研究精神，有务实实践的态度，和坚定走适合中国国情的幼教道路的决心。我们将陈鹤琴故居变成“活教育”思想学习的活教材，将鼓楼幼儿园园史室变成中国幼儿教育发展的缩影室，将陈鹤琴纪念室变成弘扬科学研究精神的“麦加”地，将“活教育”思想研究所变成全国幼教同行研讨、分享、交流陈鹤琴教育思想的平台。

访谈对象	**章　丽**（南京市实验幼儿园园长）
访 谈 人	原晋霞

问 您为何选择了幼教职业？

答 因为喜欢，看到孩子不自觉地就会嘴角上扬，同时也受到来自家庭的影响。母亲曾经有一个阶段是一名幼儿园教师，幼教职业在我的童年印记中留下了美好的记忆。

问 您是哪年进入南京市实验幼儿园（以下简称“实幼”）工作的？

答 我是1991年8月到实幼工作的，也可以说是因为在实幼的实习经历被幼儿园“相中”的。

问 请您介绍一下20世纪80年代以来综合课程实验的背景、过程与取得的实践研究成果。

答 我园创办于1955年，是江苏省首批示范性实验幼儿园，也曾是原国家教委实施《幼儿园工作规程（试行）》十大试点园之一。1983年以来，我园通过探索综合课程来解决分科课程的问题，前后历经了四个阶段的研究。

第一阶段是综合课程体系的初步形成，时间为1983—1995年。

自新中国成立以来，我国的学前教育一直沿用的是苏联的分科教学模式。分科教学导致学科林立、相互割裂，缺乏对各科之间关系的整体性思考，不利于幼儿的理解和接受，难以使幼儿获得整体的、联系的经验。同时，由于没有清晰的幼儿发展目标体系，课程实施过程中存在“重内容轻目标”的现象。

1983年，我园与南京师范大学学前教育系合作，率先在全国开展了幼儿园综合课程的研究。分别以1983年、1984年入园的小班为实验班和验证班，采用行动研究法，针对学科割裂问题，借鉴系统论、陈鹤琴“整个教学法”思想，尝试从整体性入手，建立起教育内容、教育手段和教育过程“三个方面”的综合以及主题活动、一日生活和个别活动“三个层次”的综合课程框架。

作为原国家教委指定的《幼儿园工作规程（试行）》试点园，我园一方面将阶段成果从试点班向全园推广；一方面着重探讨将《幼儿园工作规程（试行）》提出的保教目标落实到所有儿童身上，改变“重内容轻目标”的现象，建立起多层次的幼儿发展目标（总目标、年龄阶段目标、主题目标)。同时,我园又与南师大学前教育研究室继续合作,开启幼儿发展评估的研究,创设了一种以标准参照为主、辅以本园常模对照的评估体系(5个指标领域84个项目的内容评估,每个项目又有6个层次的标准)。

在这一阶段,我们一是初步探索以"主题活动"为形式的综合课程,确立以"主题"的形式来建构每一个阶段的生活经验,使幼儿园教育更有效地发挥整体功能;二是初步探索出综合课程的结构,形成了涵盖目标、内容、组织与评价一体的综合课程体系。

第二阶段是将"自主创新"融入综合课程,时间是1995—2003年。

这一阶段,在课程实施中,存在"教师中心"现象,教师对"怎样教"考虑多,对幼儿"怎样学""学的效果怎样"考虑少,幼儿的积极性未能得到充分发挥。

针对"教师中心"现象,我园借鉴建构主义发展观和学习论等理论,以1999年入园的一个小班为实验班,2002年入园的两个小班为验证班,结合《幼儿园教育指导纲要(试行)》精神,采用专家引领,实践反思的方式,从儿童的角度来建构课程,进行以"自主创新性学习"为突破口的课程研究。

在这一阶段,我们的收获,一是更加尊重幼儿的主体地位和学习方式,坚持走课程生成与预成相结合之路,课程设计实现从关注文本到关注儿童的转变;二是改革一日活动组织形式,减少集体教学,增加一日活动中幼儿自由选择、自主学习的机会。

第三阶段是综合课程机制的研究,时间是2003—2015年。

在这一阶段,主题实施中存在"拼盘现象",即简单地把各个学科进行拼接和相加,片面追求内容的广而全,导致综合课程流于分科形式。本质是对综合的内涵不够明晰,课程要素间有机联系不够。

针对"拼盘现象",我园借鉴杜威经验课程观、项目活动等理论,建立了多形式、多层次的研究团队,采用专家引领、全员参与、每两周一次的方式,深入班级一线,从不同的角度丰富综合课程实践。同时,我园申报了教育部重点课题"幼儿园综合课程文化的再构",尝试从文化学角度对幼儿园课程问题进行初步的思考,引导教师关注课程行为背后的教育思想,形成基于综合课程实践的稳定的观念体系。

在这一阶段,我们的收获,一是明晰了综合课程的观念体系,凸显基本信仰和价值立场;二是进一步优化了课程的实践模式,从儿童的兴趣和需要出发,真正找到课程内在的有机联系,形成综合课程机制,实现主题实施从"知识逻辑"到"心理逻辑"的转化,确保课程知识结构与幼儿心理逻辑的适切性和吻合性;三是关注经验的连续生长,改变拼盘现状,使主题更具内聚力、更加适应儿童文化。

第四阶段是重视形成性课程评价的研究,时间为2015年至今。

在这一阶段,前期开展的幼儿发展评估和幼儿成长记录册等评价方式,更多关注终结性评价及儿童的个体发展。评价获得的信息未作为课程调整的重要依据,未建立评价与课程之间的关联性,影响了课程实施成效。

针对形成性课程评价关注不够的问题,我园借鉴布鲁姆教学评价理论,通过对幼儿学习过程的评价去了解课程实施的效果、探究存在的问题和改进的方向,及时修改或调整活动计划,以促进综合课程获得更加理想的实施效果。

为建立完整儿童与课程改进之间的紧密联系,我园依托国家社科基金"十三五"规划课题"完整儿童:30年幼儿园综合课程的深化研究",梳理归纳出完整儿童的内涵;结合子课题"基于大数据的幼儿发展评价体系的建构与应用研究",借助现代化手段采集幼儿学习过程的数据和信息,结合真实有据的观察,开展形成性课程评价的研究。

在这一阶段,我们重视形成性课程评价的研究,帮助教师从完整儿童目标的达成来反思课程实施的效果,从而调适课程,做出更科学合理的课程决策,让综合课程真正关照每一个幼儿,更适合并促进儿童的发展。

问 在实验幼儿园中您先是作为班级教师,后作为骨干教师,再作为园长,参与了实验幼儿园综合课程改革,能说说作为不同身份的参与者,您的经历和感受吗?

答 作为班级教师期间,主要将自己定位在课程的实施者上,重点是学习、把握综合课程的特质,组织和实施教育活动,将目标落实到儿童身上;作为骨干教师,尤其是承担课程实验班期间,课程的研究者、建构者的成分更多一些,围绕课程研究不同阶段遇到的问题,积极进行教育实践和改革,寻找和总结规律,不断地自我超越;作为园长,角色转变为课程改革的组织者和引领者,需要自己善于发现课程实施中的问题,调动资源、优化管理机制,在传承中创新、在坚守中前行,引领教师行走在综合课程可持续发展的道路上。

问 在综合课程的改革中,教师有何变化? 幼儿有何变化?

答 来过我园的同行和专家对我们的教师有个共同的评价:实幼的教师"课程意识"强!"课程意识"简单地说就是对课程的敏感性与自觉性。这就是综合课程改革带给教师的变化,教师的专业成长与课程建设与实施是一个相辅相成、相得益彰的过程。对于综合课程背景下的教师而言,除了需要具备基本的职业要求,还需有别于其他分科课程模式的课程素养,尤其需要具有一定的"课程整体建构意识和建设能力",包括具有坚定的综合课程信念;具备进行课程设计、课程组织、课程评价等方面的综合课程基本知识;具有课程审议、课程资源开发、随机展开活动、多主体和谐创生的综合课程动态实施能力。因此,综合课程中的教师是知识的传递者、课程设计的建构者、为幼儿创造机会的引导者。

在社会上流传着这样一句话:如果你的孩子比较胆小内向,那就送到实幼去! 不止一位家长反应，经过三年的幼儿园生活，孩子变得大方自信、思维活跃、乐于探索、勇于表达。我想，这是因为孩子们始终有教师爱的"滋养"，有爱的环境才是安全的、是释放天性的、是鼓励探索和创造的、是引发交往和表现的环境，在这样的环境下，才能孕育出身心健康、和谐发展的完整儿童，这就是实幼儿童的模样。

问 实验幼儿园综合课程研究成果获得了2018年国家教学成果(基础教育)一等奖的荣誉，您认为实验幼儿园有哪些课程管理的宝贵经验可以与大家分享的？

答 不同的课程模式往往有着与之相适应的不同的课程管理模式。综合课程的综合性和系统性要求管理者必须具备"统揽全局、统筹兼顾"的复杂性思维素养。在长期的摸索中，我园确立了"群体协作、自主创新"的课程管理理念，形成了以"民主赋权、对话交流、服务高效"为特征的课程管理方式。"民主赋权"是指将课程实施的决策权、弹性时间的调整权和备课方式的自主权赋予教师，凸显教师课程实施的主体地位；"对话交流"则是搭建了不同层级、不同维度、不同群体之间对话交流的平台，在相互碰撞中树立课程信念、完善课程知识、重塑课程行为；我们坚持"管理就是服务"的信念，针对幼儿园群体协作的工作特点，引领全园各岗位人员树立"为教学一线服务、为儿童发展服务"的意识，相互支持，通力合作，健全优质服务的管理网络，保障综合课程的有效实施。

问 在您工作以来，在全面发展的目标框架下，在体、智、德、美、劳各方面，幼儿园教育实践的侧重点有变化吗？

答 有变化。刚工作时，教育实践的侧重点是"上课"，每天最重要的事就是上好一天两节的集体教学活动；随着教育改革的深入，"重上课轻日常"的现象得以改观，开始关注一日活动中各类活动的组织与实施，如区域活动、生活活动，以及区域活动、生活活动与集体教学活动之间的有机联系；而现在教育实践的侧重点在于提高游戏质量，游戏就是幼儿的学习方式，游戏质量在很大程度上决定着幼儿园教育的质量。提高游戏质量需要教师给予幼儿充分的游戏自主权、并深入游戏现场观察幼儿的游戏行为、解读幼儿的兴趣和需要，基于幼儿的最近发展区给予适度挑战。

问 您工作以来，不同时期幼儿园如何使用教材？如何看待教材在幼儿园课程中的作用？

答 我1991年参加工作，使用的是我园自主创编的教材——《幼儿园综合教育主题活动》(1989年，南京大学出版社出版)，此教材前后更新、再版三次，目前，我园教师使用的是第四版教材(2013年，江苏教育出版社出版)。早期，使用教材的方式是"一园一本"，同一年级同一时期实施同一主题，现在，从"一园一本"到"一园多本"甚至是"一班一本"，每个班级都可以根据本班幼儿的兴趣需要制定、创生班本课程，课程实施更具灵活性和多样性。从中也可以看出,教材在课程中的作用,已从"教材=课程",转变为教材服务于课程,教材是为教师制定班本课程服务的,教材帮助教师明晰课程理念、把握课程特质、掌握课程组织的规律性知识。同时,教材为教师制定班级课程提供了思路,有助于教师更好地掌握、处理园本教材与当下实践之间关系的能力,使实际运行的课程更加关照儿童的兴趣、需要和已有经验,提高课程实施的有效性。

问 不同时期,教师如何"备课"?谁参加备课?备课时通常会考虑什么?

答 我踏进实幼之初就发现,教师的备课不是"单兵作战",年级组备课已经是我园教师工作、课程研究的一种常态。在每个学期、每个主题开展之前,年级组内的教师就会集中对即将进行的学期课程、主题活动进行讨论和备课,那时年级组备课的主要任务是通过群体的力量帮助教师熟悉教材,聚焦在对文本的理解和实施上。现在,"备课"已改为"审议",这不仅是名称改变,背后渗透的是理念的更新。课程审议的关注点已经从"文本"转移到"儿童"身上,聚焦在如何根据幼儿的兴趣和发展需要,对课程进行适宜性调整,包含对课程实施途径和实施方法等班级适宜性研究,也包括对课程目标、内容、资源及评价等全方位的班级适宜性研究。"备课"秉持的是忠实取向的课程实施观,而"审议"则是相互适应取向和创生取向的课程实施观。

问 不同时期,教师如何评价幼儿?

答 不同时期,教师评价幼儿标准经历了"乖孩子"(听话)到"好孩子"(聪明能干)到"完整儿童"(全面发展)的变化。

我园重视幼儿发展评价,以此作为改进和调整课程的依据。20世纪90年代初,我园与南师大学前教育研究室合作,开启幼儿发展评估的研究,创设了一种以标准参照为主、辅以本园常模对照的评估体系。这种体系主要是在学期结束时对幼儿进行多领域的测查来了解幼儿发展的水平,是一种终结性的评价方式,不足是不能动态发现幼儿的发展变化。

2001年,我园尝试为每一位幼儿建立"成长记录册",通过收集幼儿活动照片、作品、观察记录等与幼儿发展相关的多方面资料来记录、分析、评价幼儿的发展状态,将过程性评价与终结性评价结合起来,力求全面、动态的实施评价。不足的是对个体幼儿的评价未能有效地运用于课程改进。

随着信息化时代的到来,我园申报了课题"基于大数据的幼儿发展评价体系的建构与应用研究",通过借助现代化手段采集幼儿学习过程的数据和信息,结合真实有据的观察,开展形成性课程评价的研究,同时帮助教师从完整儿童目标的达成来反思课程实施,调适课程,做出更科学合理的课程决策。

问 不同时期，幼儿园如何评价教师的业务水平，重点评什么？用什么方法评？

答 刚工作的时候，评价教师业务水平的标准就是：这位教师"课"上得怎么样？关注的是教师的集体教学活动的设计、组织和实施的能力。

随着教育理念的不断更新，对教师业务水平的评价从重"上课"到关注"课程意识""课程实施能力"，表现为是否能根据教育目标整合教育资源，合理地组织一日活动、主题活动。

现在关注的重点集中在教师是否能"看得见儿童、找得到课程"，强调的是基于观察、追随儿童的适宜性课程的调整能力。

问 您工作的基本信念是什么？

答 我工作的基本信念是：一切以幼儿发展为本。促进儿童发展是教育的主旨，只要这件事有利于幼儿的健康发展，克服一切困难也要去做。

问 您工作以来最难忘的事情是什么？

答 工作以来，有困难、有遗憾、有成绩，都让人难忘，但最难忘的还是"发现儿童"带来的反思和惊喜。记得在关注幼儿的自主创新性学习阶段，我们尝试将教师安排的"编组"改为幼儿的"自主选组"，小班幼儿表现出来的学习的主动性、积极性和理解能力、创新能力让我们惊讶，也让我再一次理解了幼儿是主动的学习者，拥有成长和学习的深层力量源泉，孩子的学习不是成人"教"会的，而是其自主建构的结果。作为教育人，需要自己不断地走进儿童的心灵，遵循幼儿身心发展的规律，才能真正促进幼儿的发展。

问 您在工作上有哪些创新？或您做过的最有成就感的事情是什么？

答 做教师时，创新了许多教学方法、主题活动，如：自主选组、自主吃点心、图标教学法等；做业务园长时，创新了园本教研范式，通过聚焦课程实施的关键问题，开展多形式、多层次的园本教研，创新和总结出一条促进教师从课程理念更新到知识积累以及课程实施能力提升的系统成长路径。

最有成就感的是，作为园长，重视教育思想的引领。综合课程改革，实质上是一种"价值先行"的自觉的文化选择。作为教师，只有明晰了课程的理念，课程行动才不会偏失方向。我们立足学习、实践、不断反思、积累、生发，明确和提炼了综合课程的基本理念和信念；同时，帮助教师不断实现观念体系和行动体系的融通，让理论和实践互相联系、互为表里，培养了一支有思想、有方向、有信念、有行动跟进的教师队伍，孕育和弘扬了具有"自信、自新"特质的综合课程文化。也正是在正确的教育思想的引领下，36 年的综合研究始终是一个针对问题秉持反思和自我批判精神、不断修正和完善、出现新思想、新策略、新行为和新面貌的过程；也是对现有课程自我认同、自我肯定和不断转化为行动动力的过程。

问 您对幼儿教育未来发展有何期待?

答 “放眼全世界、走好中国路”,建构适宜中国儿童的学前教育课程,是实幼几代教师共同的追求,也是作为幼教工作者的一份爱的责任。我们要建构有中国底蕴、中国特色、中国风格、同时接轨时代精神的高质量的中国课程,要做的还有很多很多,希望通过理论工作者和实践工作者的共同努力,这个目标能早日实现。

PEDAGOGISTA

幼教教研员

教研，即教学研究，它与新中国成立初期各级各类学校建立的“教研组”和各级教育行政部门设立的“教研室”密切相关。而学前教育教研工作（幼教教研工作）则是学前教育实践体系中的重要组成部分，是提升教育质量的重要保证。它不同于中小学教育的教研工作，必须关注保教过程[①]；且其教研的方式、内容以及机制等是影响学前教育事业健康发展的重要因素，对学前教育质量的提升起着重要作用。此次我们对幼教教研员的访谈主要围绕教研机构设置、教研网络、教研内容、教研人员的配备、任职期间的工作重难点、成就以及对幼教教研工作的展望等几方面展开，力求展示出我国学前教育教研改革和发展的历程。通过对幼教教研员的访谈，我们发现新中国成立70年来，我国幼教教研呈现出教研机制逐渐发展完善，教研质量逐渐提升，教研事业逐步规范化、制度化的景象。

通过梳理现有的幼教教研员访谈资料发现，不同时期幼教教研的任务主要是依据国家颁布的与学前教育相关的政策文件，对幼儿园进行业务指导与管理，但由于不同省市学前教育的实际发展情况有所不同，各地具体开展的教研工作内容与形式不尽相同。“文革”结束后到20世纪70年代末期，由于我国幼教事业尚未完全恢复，这一时期幼教教研工作主要以讲座、培训的形式普及幼教基础课程与基本教学方法，使幼儿教育逐渐回到正轨。80年代，幼教教研主要关注分科形式下的教材教法研究，尤其国家教委于1981年颁布老《纲要》后，各地教研工作主要以其为行动指南，通过培训、讲座、评比的方式促进幼儿教师教学水平的提升。如：江苏省苏州市以老《纲要》精神统领教研工作，转变教师教育观念，加强游戏研究，重视日常生活教育，逐步克服重上课轻游戏的“小学化”倾向，同时汇编文章进行经验推广，并逐步开始进行“综合教育”研究；山东省依据老《纲要》上的具体目标对教师教学质量进行了细致、具体的评估，即关注教师如何“上课”。到了90年代，国家开始强调素质教育，并于1996年颁布了老《规程》。这一时期幼教教研工作主要围绕老《规程》开展了一系列培训、讲座等活动，并逐渐形成以课题研究的形式来促进幼教教研的发展，科研促教研的形式初现苗头。如：山西省幼教中心举办了学习、贯彻老《规程》的省级培训，进行了“适应山西省情，实施幼儿素质教育实验研究”的课题研究，在全省开展“优化幼儿一日生活”的活动，将幼儿教育的出发点和落脚点落实到幼儿素质的提高上，并编制了配套幼儿园教师指导用书，培养、锻炼了大批幼儿教师。进入21世纪以后，国家颁布了《纲要》《指南》等一系列纲领性文件，各地在贯彻落实这些文件精神的基础上开展教研活动以促进教师的观念转变，提升幼儿园保教质量，教研内容与教研形式发生根本性变化，园本教研逐步发展起来。如：江苏省常州市在贯彻《纲要》精神的基础上，教研工作重点转变为研究课程整合、转变

---

① 虞永平.幼儿园教研需要革命性转身[J].中国教育报，2017(11)

学习方式以及推行发展性评价。山西省幼教中心关注幼儿园教研工作常态化、常规化、经常化,以加强幼儿园园本教研制度建设。同时,在国家与地方文件的要求与影响下,这一时期各地幼儿园积极申报课题,开展研究,以科研促教研的形式逐渐走向高潮。

受经济、政治等各方面因素的影响,我国学前教育发展水平不均衡,从现有的访谈资料来看,各地幼教教研机制的发展存在着一定的差异,包括机构设置、教研网络的建立与完善、人员配备等几个方面。如:江苏省苏州市于1975年恢复幼教教研并不断完善其教研网络。而北京市幼教教研水平自新中国成立后便一直处于相对领先状态,其早在1954年便成立了北京市教育局幼儿教育研究室,虽然"文革"期间受到影响,但在"文革"结束后,北京市迅速恢复并建立起了非常完备的教研体系,2002年学前教研室与学前科研室合并,成立早期教育研究所,形成教研科研双肩挑的形式。在人员配备方面,北京市幼教教研员人数也在不断增加,从1994年的4—5人增加到2007年的十多人。

新中国成立70年来,我国幼教教研事业逐步得到重视并不断发展,在各级政府及多方力量的共同努力下取得了诸多成就。第一,逐步建立健全了幼教教研网络。虽然各省份幼教教研起步时间有所不同,但大部分省份自90年代后逐步建立起幼教教研网络并对其不断进行完善与健全。当前,各省份由于当地幼教事业发展情况不同,建立起了不同层级的幼教教研网络。如:江苏省建立了四级教研网络。幼教教研网络的不断完善与健全,使幼教教研工作的开展与实施路径更加顺畅,大大提高了各省份的教研工作效率。第二,幼教教研工作不断扩展与深入。随着课程改革的不断发展,幼教教研工作的内容与形式都发生了实质性的变化。教研工作内容从关注教师教学技能到加强教师教学研究能力,从提高课堂教学质量到开展课题解决教学实践问题,教研工作内容的广度与深度都在不断扩大。教研工作形式更是日益丰富,除常规的开展讲座、各类培训、评比等形式,逐渐发展出教研小组、教研共同体等组织,教研员深入一线的要求得到重视。第三,幼教教研机构的不断独立化。新中国成立初期,除北京市以外,绝大部分省份的幼教教研组织机构下设于中小学教研室(当前依然有部分省份仍下设于中小学教研室),无独立的幼教教研机构。在幼教教研事业不断发展的过程中,不少省份逐渐建立起不同的、独立的幼教教研组织机构,如厦门市拥有独立的幼教教研室,山西省建立了省幼教中心等。幼教教研机构的不断独立化,一定程度上体现了幼教教研地位的不断提升。第四,幼教教研事业逐渐规范化、制度化。我国幼教教研从一开始由各地教研员独自管辖,到各地教研组织出台相应的教研规范,再到部分省份在结合国家学前教育政策文件的基础上充分考虑当地幼教教研的实际情况出台了相关文件,如:江苏省于2017年出台了《江苏省教育厅关于加强学前教育教研工作的意见》。这也体现了我国幼教教研事业在规范化、制度化的道路上正不断前行。

综上可见,我国的幼教教研事业自新中国成立以来,虽历经波折,但也有所发展。各地幼教教研的发展步调虽不一致,但各自在当地的学前教育质量发展中起着不可替代的作用,并积累了宝贵的历史经验。多位访谈者提及教研员与行政人员的相互配合、领导的支持以及对自身角色的正确定位等都成为推动当地教研事业发展的重要因素。与此同时,我国各地的幼教教研事业还面临着不同程度的挑战,如教研机制不完善、教研经费不足、教研员无岗位职责要求、专业能力不足以及教研员兼职行政管理任务等问题。对此,访谈者提出了对幼教教研事业的美好愿景,希望各级教育行政部门能高度重视幼教教研工作,完善教研机制,建立相应的教研活动经费保障机制、教研员培训机制、区域教研联动机制,搭建教研员专业发展的平台,以促进幼教教研更好地发展。未来,我国加强幼教教研队伍的建设和培养应当成为趋势,汇同其他力量共同推动我国学前教育质量的提升。

访谈对象 | **方 明**(山东省教育科学研究院学前教育研究室主任)

访 谈 人 | 陈 莉

问 方老师,非常感谢您接受我们的访谈。首先,请您简单介绍一下您的工作经历。同时,也给我们讲讲是什么样的机缘让您成为一名幼教教研员。

答 我1986年毕业于曲阜师范大学,同年分配到枣庄学院,1989年6月,我调到了山东省教学研究室工作,该单位现在改名为山东省教育科学研究院。当年我刚到教研室是负责中等师范教研工作,和负责幼儿教育的两位教研员同在一个大组,当时叫"综合教研组"。两位幼教教研员,一位是徐秀源老师,她是中国学前教育研究会的第一届常务理事,是中国学前教育研究会发起人之一;另一位是王春英老师,现在是山东省教育厅负责学前教育的副处长。

1990年7月,山东省人民政府决定将学前教育由妇联移交教育部门主管。1991年3月,山东省教委(现为山东省教育厅)设立了学前教育处。为了加强学前教育处的专业力量,王春英老师由我们教研室调到了学前教育处工作。1992年徐秀源老师也退休了,省教研室的学前教育教研员出现空缺状态。当时的学前教育对教学研究这个领域还是不够重视,省教研室的学前教育教研员空缺了近一年,因我当时分管的教研工作也包括幼儿师范教研工作,对幼儿园的教育关注较多,感到幼儿园教育的教研工作是一项重要的工作,于是向当时的领导建议应补充幼教教研员。鉴于当时的条件所限,领导让我兼做幼教教研员,于是我既做师范教研,也兼做幼教教研。今天算起来,我做幼教教研员一晃也有28年了。

问 山东省幼教是从什么时候发展起来的呢?

答 我刚分管幼教教研工作的时候,山东幼儿教育整体的教研水平和办园质量与其他省市相比较还没有什么优势,幼儿园的教研和课程建设还处在起步阶段,只有青岛市的幼教发展还比较好,他们视野也相对开阔,在我省处在龙头地位。

山东省幼儿教育整体快速发展是在《纲要》颁布之后,从2001年起,我省各地市对幼教的重视程度不断加强,逐步加强了幼儿园教师的各种学习培训和交流,教师的教育观念也开始转变。随着信息技术的快速发展,我们省较早地办起了"山东学前教研网"

“山东幼教论坛”，利用互联网技术持续不断地支持教师的专业化提高。随着信息的快速传播，大家对提高幼儿园的教育质量也充满着紧迫感和自觉性，利用信息技术手段获取教育信息、交流思想和经验的积极性也在逐步提升。同时，在中国学前教育研究会专家们的指导下，山东省的幼教教研和管理开始步入科学、规范、专业发展之路。

问 《纲要》出台后，我们是不是重新编写了幼儿园教材？

答 山东省幼儿园教材都是依据国家的课程要求编写的。我1989年刚到省教研室正遇上编写山东省学前班教材，那时编写教材的依据是1981年颁发的《幼儿园教育纲要（试行草案）》，主要是分体育、思想品德、语言、常识、计算、音乐、美术等学科来编教材。现在看，那时编写教材相对简单容易，教材内容的要求主要就是“双基”：基础知识、基本技能，当时我负责学前班美术教材的编写，美术教材里包括绘画、手工、自制玩具和欣赏，《幼儿园教育纲要（试行草案）》对幼儿要学什么规定得很具体，所以编写教材也相对比较简单。

在2001年《纲要》出台后，我们的教育理念开始转变，2003年按《纲要》的五大领域内容要求编写教材，那时对《纲要》的理解还不到位，直到2007年我们才编写出真正体现《纲要》精神的主题式教材，教材体现出“关注生活、尊重文化、倡导行动、鼓励表现、力求整合”的课程理念。

随着《指南》的颁布，我们教材编写理念也在不断提升，省编教材又进行了补充与调整。教材作为体现课程建设的一种方式，也会随着我们对教育的理解、对幼儿的发现和认识而不断趋于完善，编写一套好的适宜的教材永远在路上。

问 这30年来基本上是您一个人负责山东省学前教育的业务工作。后来，咱们是不是又配备了新成员？

答 是的。4年前我们单位又招聘了一名学前教育教研员，现在是两名教研员。但从目前学前教育教研工作的需要看，还应该再多配两名学前教育教研员。

问 我们是不是一个独立的学前教育教研室？

答 是基本独立的。学前教育教研室是附设在山东省教育科学研究院的基础教育研究所里的。

问 教研员的准入条件是什么？

答 现在教研员招聘走考试招聘程序，完全按照省人社厅招聘要求规定，条件主要是学历和年龄。随着对教科研机构的重视和相关文件的出台，教研员的准入条件会越来越高，对专业人员挑选会更加有针对性。

问 您的工作职责主要是什么？

答 我们有一个《基础教育教研工作基本规范》，按照此《规范》，我的主要职责是研究教学、指导教学与服务教学，开展调查研究，组织全省或区域教学交流、经验总结与推广，同时还要为教育厅或其他行政部门的教育决策提供专业支持和服务。

问 从20世纪80年代至今，您在工作的各个时期都遇到了哪些问题？

答 80年代大众对幼儿园教育的要求都不高，那个时期看管幼儿是幼儿园的主要工作，幼儿园数量少、保教质量低。尤其是从90年代到2010年国务院发布《关于当前发展学前教育的若干意见》之前，企事业的改革也影响了幼儿教育，"市场化"对幼儿教育的冲击很大，企业办园纷纷下马或自负盈亏，政府办园不少被推向了"市场"，幼儿教育发展缓慢、滞后。2010年以来，党和国家对学前教育逐步重视，连续实施了"学前教育三年行动计划"，"入园难、入园贵"、办园质量不高的普遍现象逐步得到扭转。2018年《意见》印发，国家首次对学前教育的办园质量提出了明确而具体的要求，学前教育发展才真正步入了"春天"。现在遇到的最大问题就是教师的问题，高速发展的学前教育所需的专业教师队伍满足不了现实的需要，我作为一名学前教育教研员感到肩上的担子比以前任何时候都重。

问 20世纪80年代的幼儿园教师配备如何？

答 那时幼儿园不像现在这样普及，基本上是政府、企事业单位办园，把幼儿园当作给职工的"福利"，教师的准入制度也没那么严格。因"文革"前后幼师生的培养中断了10多年，幼儿园教师的配备"青黄不接"，断层较大，尽管1980年前后幼儿师范学校相继恢复幼师专业的招生，但根据当时的计划全省每年招收幼师生最多时都不足千人，幼儿园能配备正规院校毕业的幼师生的比例是很少的，更多的还是高中或初中学历的"幼儿教师"。

问 这些问题（幼儿园市场化带来的问题）有办法解决吗？当时是怎么解决的？

答 关于幼儿园市场化带来的问题，许多幼教人都在想办法要解决这个问题，比如当时的青岛市教育局学前处徐书芳处长，为解决企业关停幼儿园而造成大量幼儿无园可入的问题、小区配套幼儿园被开发商私自转让挪作他用的问题，她自己去找市长、找市委书记协调，毕竟办幼儿园不是教育一个部门可以解决的。幼教人呼吁得高、当地政府重视得强，相对来说幼儿教育的问题就解决得好一些，但是并不能从根本上解决这个问题。直到去年（2018年），中共中央、国务院印发《意见》，健全发展改革、自然资源、住房城乡建设、教育等部门联动管理机制，明确政府办园的主体责任，这个问题才算真正解决。

问 2000年以后您主要关注了哪些问题呢？

答 进入了21世纪，我关注最多的是幼儿园课程建设和幼儿园教师的专业发展，因为幼儿园的课程建设和幼儿园教师专业能力的提高是办好幼儿园最重要的因素。尤其是2001年《纲要》出台后，新的课程观、新的儿童观、新的评价观对幼儿园教师带来了猛烈的冲击。从《纲要》中我逐渐读出我们应该建构一个什么样的幼儿园课程，需要一种什么样的教师专业能力，但当时幼儿园的课程建设和教师的教育理念与《纲要》的基本精神还没接轨，构建普适的幼儿园课程和提高幼儿园教师的专业能力也成了我最关注的问题。

近年来，随着幼儿园课程建设不断完善，对幼儿教育的理解不断扩展，幼儿家庭教育方面也成为我关注的问题。

问 我们教研员具体是怎么做的？

答 落实《纲要》精神是我们教研员长期的工作，教研员就是研究教育教学为提升保教质量服务和支撑的职业，为了做好这项工作，最初我们采取的方式主要是参与式培训，省级教研员培训市级教研员和骨干教师（一级培训），市级教研员培训区县级教研员和骨干教师（二级培训），县级教研员和骨干教师再培训乡镇教师（三级培训）。

当时的分级培训虽然取得了一定的效果，但也不能完全解决教师的观念和幼儿园出现的实际问题，层层培训也出现培训效果层层衰减的现象。2006年，我们又开展了"园本教研制度建设"的培训工作，以期幼儿园教师能通过自己的力量解决自己在幼儿园教育教学实践中遇到的问题，并为这种研究方式建立了长效机制。园本教研工作在不少幼儿园取得了比较好的成效，那些能坚持下来的幼儿园现在都是当地在课程建设和教师专业发展方面起到示范作用的幼儿园。

除了培训工作，教研员还会采取会议经验交流、优质课评选、优秀论文评选、组织课题研究等方式提升幼儿园保教质量。

问 那么，省、市、县、园各级教研关系是怎样的？

答 省、市、县区一般都配有1—3个教研员或兼职教研员，乡镇配有幼教干部或兼职教研员，幼儿园就没有教研员这个职务了。简单地说，省、市、区县、园之间的关系是一种逐级业务指导、支持和合作的关系。

问 教研员对园所的业务指导体现在哪些方面呢？

答 不论是省级或者市级还是县级的教研员，他们研究、服务的对象都是基层一线教师，针对幼儿园的实际问题，幼儿园也会接受各级教研员或科研人员对他们的工作指导。教研员对园所的指导主要涉及课程建设和实施中所包含的诸多问题，如园本课程建设的问题、幼儿园教师专业发展的问题、园所的教科研与课题的研究等问题。

问 您如何看待教研员与幼儿园教师的关系？

答 在行内我们俗称教研员为“老师的老师”，教研员与幼儿园的关系主要体现在教研员和教师身上，教研员就像教练，教师就像学员。还有一种说法，教研员就是“为他人作嫁衣”的裁缝，教师就是“待嫁的新娘”，教研员就是为教师服务的。总之，教研员和幼儿园教师两者之间的关系既有指导和被指导，也有合作研究，是共生共存的关系，是朋友的关系。

问 在您的教研史上，有哪些文件、人或事情对您的工作影响比较大？

答 20多年来有3个文件对教研工作影响最大，它们是《规程》《纲要》和《指南》，这3个文件对教研工作有历史里程碑式的指导作用。当时教育部为了贯彻《规程》《指南》，先后组织了试点工作，全国10个试点园的探索经验和教育理念让我开阔了眼界，也引领我逐步走上了更专业的教研之路，避免了走弯路。

对我影响比较大的人和事情是比较多的，不论是幼教专家还是管理者，不论是园长还是老师，只要他们身上充满正能量都会影响我、激励我不断前进。比如1995年的“六一”，我陪同我们单位已经退休的幼教教研员徐秀源老师参加北京六一幼儿院50年院庆，在这次院庆活动中我认识了姚淑平老院长等老一代幼教人。那天晚上和我一个宿舍的是从新疆赶来参加院庆的一个老兵，他是烈士的遗孤，一个在延安第二保育院长大的孩子，一个喊姚院长为“院长妈妈”的老兵，他给我讲了一夜的延安第二保育院的故事，讲了保育院“妈妈们”的故事，那种一切为了孩子的崇高信念，那种马背摇篮的精神，用生命呵护生命的事迹深深地感染着我。院庆结束后，徐秀源老师带我分别拜访了她的好朋友，当时的中国学前教育研究会理事长孙岩老师和副理事长史慧中老师。我第一次到她们家中，心里既充满敬意又带有几分紧张，但是和蔼可亲的她们很快让我平静了下来，就如同回到自己家一样。在她们的笑谈中，我听到了许多至今让我感动的故事，如：在史慧中老师家中，她们回忆到当年中国学前教育研究会缺少经费，有许多政策研究、课题的研讨活动都是在史老师家中开展的，许多外地的老师还在她家打地铺住。

在我近10余年教研工作中对我影响最大的是虞永平老师。2017年，当我们在建构山东省幼儿园课程遇到困难时，他倾尽全力培训我们的老师、提升我们老师的课程理念，一字一句地修改我们老师设计的教育活动，为我们培养出一批专业骨干教师，这些教师在后来的山东省课程改革中发挥了极大的作用。

幼教领域始终有这么一批人，他们做人做事的品质一直影响着我，也让我决心要尽心尽力为幼儿园教师服务，为孩子们创造更好的教育环境。

问 您工作中遇到的最大困难是什么？有没有最有成就感的事情？

答 在开展教研工作中最大的困难就是全省教研队伍还比较薄弱，目前市、县区专职教研员的队伍人数不足，指导基层实践的能力还有待提升。目前个别的市、县区甚至连一个正式在编的学前教育教研员都没有，有的教研员在专业方面甚至还达不到本地优秀的园长或骨干教师的专业水平。教研员的幼教信仰、专业能力、组织能力、协调能力对一个区域的幼儿园的发展起着举足轻重的作用，所以，我也迫切期望今后我们省能建立起一支更加专业的学前教育教研员队伍。

最有成就感的事情就是，当回首我近30年的学前教育教研工作时，我们的教研引领道路一直是正确的，这么多年来山东省的学前教育没有走弯路，通过这些年的发展，山东也从一个在全国幼教知名度不高、经验较少的省份，发展到如今在全国各种会议介绍经验的发言人中几乎都有山东的园长或老师的身影。我最大的成就感就是看到了我们老师的发展和成功，看到了幼儿园的发展和变化。

问 这30年来，您在工作中有哪些宝贵的经验？

答 说经验我是没有什么的，但要做好一名教研员，一是要不断地学习学习再学习、思考思考再思考。教研员的工作应该体现引领作用，它是一项充满挑战的工作，是一项需要不断创新的工作，全国很少有针对教研员的培训，教研员的“师傅”就是一切可以提升你专业能力的人和事，抓住一切可以提升教研员专业能力的机会，你才能成为一名合格的教研员。二是教研员要摆正自己的位置，教研员是为教师专业发展提供服务与支持的职业，教研员是一种燃烧自己、照亮他人的角色，我们常常说教研员就像为教师“做嫁衣的裁缝”，教研员要有奉献精神，教研员的成就不只是自己发展，最主要的是在你的指导下教师的发展、教师的出彩。三是教研员要有时代发展的责任感和紧迫感，一个教研员的工作能力、责任心和奉献精神直接影响着一个地区的幼教水平和发展，教研员应该站位高一点、服务多一点，只要一个教研员真正地在长期努力，一个地域的学前教育的发展会在教研员的影响下发生由量到质的变化。

问 您能否展望一下我们未来的幼教教研工作？

答 2018年《意见》颁布后，我国的学前教育进入了更加规范发展的快车道，办优质的学前教育，幼教教研员肩负着不可推卸的责任，教研员要有“功成不必在我”的精神境界和“功成必定有我”的历史担当，未来的幼教教研工作一定是充满着艰辛和光明的，我相信未来的幼教教研工作一定比现在更受重视，更能发挥它应有的作用，取得更大的成效。

访谈对象	方　明(北京市西城区教育局原副局长,北京市教育科学研究所副研究员、原幼教室主任)
访 谈 人	李　颖

问 您是南师大艺术系毕业的,是什么样的机缘让您和学前教育结缘了呢?

答 我出生于1930年5月14日(农历),今年89岁了。1953年,我毕业于南京师范大学艺术系音乐组。南师大原名中央大学,新中国成立后改名为南京大学,50年代初院系改革,南京大学分成几个大专院校,艺术系属于南京师范大学。我在校时,艺术系系主任是著名音乐教育家陈洪(1907—2002年,我国著名的音乐教育家、音乐理论家、作曲家、翻译家),鲁兆璋老师是第二任系主任。

1953年毕业后,我被分配到北京,在北京第九女子中学担任高中班主任,同时主讲政治课。有一年,陈洪教授到北京开会,了解到学音乐的我在教政治,他就给有关单位写信…… 于是,1956年,我调到北京幼儿师范学校教声乐,搞起了本行并任班主任;1959年起任校教导主任。1972年调入北京市西城区教育局,先担任幼教科科长,后担任西城区教育局副局长,主管西城区全区的幼儿教育工作。1976年调到北京市教育科学研究所幼教室任主任。

问 西城区教育局一开始就有独立的幼教教研室吗?您的教研室共有几名教研员?

答 当时还没有幼教教研室,是我去了以后组建的。后来,陆陆续续有4名教研员和我一起工作。

问 您是北京市教育科学研究所幼教室的元老。您既从事过幼教行政管理工作,又从事过幼教教科研工作。您在任时主要的工作职责是什么?您是怎样组织开展研究工作的?

答 我主要是负责北京市的幼儿教育研究。我代表市级幼儿教育研究员去和各个区县的幼教科、教研室的教研工作者们联系,再通过各个区县的教研工作者们和各个幼儿园进行进一步的联系。

问 您教研室的4位老师有分工吗？您做教研管理工作时都有哪些组织形式？

答 我们科室的4位老师当时是不分学科的。我们做教研管理工作的组织形式一般有两种：第一种形式是“请上来”，组织各区县教研员到教育科学研究所进行集中培训——都是从基层收集各个区县教研员存在的问题，针对这些问题，对区县的教研员进行培训，一般都由我来主持。培训工作非常重要，把各个区的教研员培训好了，才能带动各个区的所有老师提升。第二种形式是“走下去”，我和科室的4位同事经常到幼儿园进行实地考察，进班听课，实地培训，针对教师的业务进行指导，运用多种方式提升广大幼儿教师的专业能力。

问 您在北京教育科学研究所幼教室任主任期间，关注过哪些问题？比如，您那个年代有没有“入园难、入园贵”的问题？

答 我们那个年代不存在“入园难、入园贵”的现象。我主要关注家庭教育方面的问题。个人出版了一本谈幼儿家庭教育的书《根深才能叶茂》，这应该是一本对家长和幼教工作者都有一定参考意义的读物；参与编写并制定《北京市学前儿童家庭教育大纲》（1996年6月）、《家长教育行为规范》（1997年3月），帮助广大家长和幼教工作者重视科学育儿。在当时那个年代，家长们往往忽视对幼儿的教育，不知道怎样去培养幼儿。我们从培养幼儿的良好习惯入手，从培养幼儿的自信心、社会交往能力、合作能力、责任感入手，带领家长和幼教工作者，了解幼儿心理特点，了解自己的孩子、尊重孩子。爱孩子不等于会教育孩子，我们着重从教育的科学性和艺术性上帮助家长和幼教工作者认识幼儿教育，帮助家长们认识到在孩子的成长过程中，要创造宽松的成长环境，家长要做好孩了的“教科书”。我还和教研员们一起深入幼儿园研究玩具、研究家庭教育。

问 您作为幼教界的老前辈一定有很多宝贵的经验，能不能跟我们说一说您的经验？

答 踏踏实实地做事，认认真真地学习，每天我都坚持看书，坚持学习，经常写写稿子。

问 您在职期间，哪些人或事对您的工作影响较大？

答 我在西城区教育局工作的时候，培养出特级教师康德英，还有后来的特级教师沈心燕和陈立，他们现在还在为幼教事业出力。我一直都记得我的系主任陈洪老师，还有南师大的黄人颂老师、赵寄石老师。

（访谈记录：吴薇）

采访后记

整个采访过程中，老人家都非常低调平和，因为年事已高，方老那个年代经历的一些幼教的事情已经不太能记得很清楚，甚至没有怎么谈及自己取得的成就，有什么经验，但老人家谦逊无华的品格让采访无声胜有声。从方明老师的《根深才能叶茂》一书中，摘录以下内容："作者方明同志是中国学前教育研究会副理事长、中国关心下一代工作委员会专家委员会委员、北京市家庭教育学会常务理事及中国家庭教育学会家教讲师团成员，全国三八红旗手，她从事幼儿教育科学研究数十年，做了大量幼儿家教知识的宣传普及工作。方明同志为我国和北京的学前教育事业，特别是学前教育研究做出了重要贡献"。这本书也是为了进一步普及科学育儿知识，由北京市妇联、市教委、市家庭教育研究会策划、组织编写的。

访谈对象 | **朱 清**（南京市鼓楼区教师发展中心教研员）

访 谈 人 | 程 晨

问 朱老师，请您讲一讲师资培训机构的发展历史。

答 南京市鼓楼区教师发展中心（原南京市鼓楼区教师进修学校），创办于 1960 年，是南京市首批区级教师进修学校。学校于 1999 年 9 月被评为江苏省示范教师进修学校；2012 年 11 月晋升为江苏省首批示范性县级教师发展中心；2013 年 4 月原鼓楼区教师进修学校和原下关区教师进修学校合并，沿用鼓楼区教师进修学校校名；2014 年 2 月学校更名为南京市鼓楼区教师发展中心，同期对内部机构重组整合，形成完善的教师教研部、教育质量监测部、教育资源部、后勤服务部和名师工作室“五位一体”的工作机制。

细说一下，我们教师发展中心主要有三个职能：第一个职能是关注园长、教师队伍发展，开展各级各类培训，储备人才。第二个是监控和评价园所教育的质量，尤其是对日常教育教学质量监控评估，保证学生健康地可持续发展与成长。另外我们还有引领与辐射职能。鼓楼教育之所以驰名，是我们鼓楼教育人长期积累的智慧结晶。这些经验如何宣传推广，与我们每个教研员乃至鼓楼教育人息息相关。

问 教研员的工作任务包括哪些？

答 我们的常态工作主要有视导、培训和研究。视导对象为区内管辖的幼儿园。视导内容是深入园所、深入班级，观察园长和教师工作状况以及幼儿生活状况，同时了解他们的需求和社区、家长的反馈。视导时间定期安排，保证一个月两次。每次视导完毕，都要整理出情况汇总，并提出建议与意见，形成视导报告。再次与园长老师交流反馈。（培训工作后面有详问，不在此赘述。）

我们教研员还要开展研究工作。目前，我有两块研究项目。一块是与高校教师团队合作成立本区域健康教育共同体和课程共同体，涉及区内 20 多所幼儿园。我们健康教育共同体成立 10 年了，课程共同体刚成立 3 年。我在共同体的任务是引领、监测和评估。在教研现场中，开展讲座、点评是我的家常便饭。观察教师教学情况和幼儿学习情况，及时发现问题，其实是我的重头戏，有时还要亲身示范教学，手把手扶持教师。另一块是课题研究,现在主持的两个省级规划课题在研究之中,涉及幼儿园健康教育和幼儿园融合教育方面。

还有另外一项工作是每年要协助本区教育局做好园所、教师评聘和考核相关工作,比如,申报等级园所的评审;教师论文、课题的评审;教师职称评定。还有新教师的录用、区级骨干教师考核,市级优青、学科带头人、优秀教研组推送工作等。凡是涉及教师队伍培养的工作,我们都会参与。此项工作时间不固定,比较琐碎,责任重大,不是一件简单的事情。

问 培训工作的现状如何?如每年开展几次培训工作?培训时间、时长如何安排?

答 目前我们有常规的培训服务、专项的培训服务,还有一部分零散的菜单式(个性化)服务。常规培训服务,我们以培训班的形式组织活动。分别面向刚入职或教龄一年的教师群体、教龄五年左右的教师群体以及教龄十年以上的教师,群体。对教龄一年的教师我们设立岗位培训班,主要进行岗前、岗位培训。对五年左右教龄的教师,我们设立学科培训组。拥有十年左右教龄的教师,我们设立教科研培训组或课程培训班。我们根据每类教师的特点与需求,给他们安排目标清晰、更为系统的课程和培训任务。常态培训服务是在正常的工作时间内培训,有需要就可以开班。一般是连续性的,持续时间较长。如,岗位培训班为期一年,一个月一次。学科培训班,我们通过每两年轮换一次人员的形式进行。

专项的培训服务具有一定标准。目前,我们尝试用"名师工作室""联合教研""网上教研"等多种形式开展。比如,我的名师工作室成员由区内挑选出来的部分业务园长和一些曾获得过市优秀青年教师、区学科带头人的教师组成。名师工作室均需要申报,经区教育局审核、区政府审批方可成立,自然也有经费支持。

专项培训服务中还包括一年一度的暑期教师培训,一般安排在暑期几天集中培训。培训目的、培训内容与常规培训有所不同,主要针对临时教育事件、政策变动和教师急切需求,开展的专项培训。

还有一种菜单式(个性化)培训服务,我们区从2006年开始施行。菜单式(个性化)培训服务针对临时组合的培训对象,可能是外地临时来学习的老师,需要专门针对他们的情况做一个比较符合他们需求的方案,还有就是区内临时性的教研项目。从常规性预案方式到个性化定制方式,这个变化还是蛮大的。比如说外地的青年教师,不能按照我们鼓楼区的青年教师培养,要根据他们的特点和需求进行内容定制。后来,我们还演绎出菜单式(个性化)培训服务的另外一种资源平台提供方式,具体做法是:我们把名特优教师的专长罗列出来放在网上,园所根据自身发展需要自由选择专家,让此平台上的专家直接与园所交流,省去我们中间的组织环节。当时我们的想法就是更好地发挥名特优教师的辐射作用，不光光让他们在本园起作用，还在全区、全市发挥作用。这个菜单式（个性化）培训服务是我们鼓楼区最早实施的，得到同行好评。最近，我们又开展了网络教研研究，利用平台拓展信息交流渠道，拓展培训范围，其中幼教的《鹤琴育儿在线》、《宝爸宝妈课堂》都是很有特色的。

问 贵单位共有几名相关工作人员？有相关专业背景或资质吗？彼此之间是如何协同工作的？

答 我们教研人员都是具有专业资质和背景的。比如说资源中心部成员肯定是懂教育装备、教育技术的老师。比如说质量监测部，一定是在这方面有长期工作经验的老师参与。再比如教研部成员，原则上都是在基层担任过校长、副校长职位的同仁，既有管理经验又有教学专长的才能进入这个部门，近期也有学历高的研究生、博士生先后入职。我们教师教研部是中学、小幼全面设置，而且划分很细，比如说高中全学科、初中全学科、小学全学科（小学还分学段）、幼教。从未来发展的角度来看，这种架构还是好的，齐全扎实。我们幼教教研室原来是三位成员，比较紧张。两区合并后，我们幼教教研室一共有七位成员，均为本科的学历，都是高级教师。每个人都有不同的分工和具体任务，但我们分工不分家。

问 培训的目的、内容、师资、对象、形式分别是什么？培训成效如何？

答 前面培训目的、内容均有所涉及，不再赘述。这里主要谈谈培训师资、培训对象和培训形式、方法方面。培训师资储备我们主要通过建立专家资源库来保证，这其中一部分来自于本区内中小学、幼儿园的名特优教师和教研员。另一部分是我们借助其他平台去寻找和邀请外省、市的特级教师、劳模、优秀工作者、教研员，以及部分高校教师等。符合专业资质、适当标准的专家，经区教育局审核后，方有资格入库。

就培训对象整体而言，教师培训比园长培训要多。在两区合并之前，我们有专门的园长班，分别是园长班、业务园长班以及后勤园长班，合并之后反而没有了。合并前我们对园长培训非常重视，例如，对业务园长的日常管理、教育科研管理、教师发展管理等都会进行专门的培训，有相应系统和课程。现在有很多新上任的园长不知道如何管理，不知道如何引领青年教师发展。实践告诉我们，其实对园长们的培训十分重要，因为园长管理水平的高低直接关系到幼儿教育质量。现在很多园长培训内容并没有真正深入园长职业特性的基本要求，培训存在散乱拼凑内容的现状。从某种意义上看，园长培训定位应该就是像爸爸妈妈陪伴孩子那样陪伴园长们不断成长，更要针对不同的时期分层培养，促进其职业发展。

老师们都喜欢参与我组织的教研活动，常常听到老师们反映，说“喜欢跟着朱老师一起研究，跟着她我们不觉得累”。细细分析，有两个原因：一个原因是跟我注重培训形式、策略如何较好地表达培训内容相关。教研是门技术,同时也是门艺术。我在撰写的《幼儿园优质教研活动设计方案》一书中,列举了多种教研策略和方法。值得一提的是,教研游戏是一个很重要的方法,如帮助老师们理解认识“儿童为本”的理念,我可能会通过一个教研游戏“原来是你”来告诉老师们儿童为本的涵义。在重温《指南》学习活动期间,我还创编教研儿歌,帮助老师们辨析背诵《指南》内容。图式运用也是我常用的教研方法,教研空间的安排、观察思路分析、回报点评等等,都会请学员们用框图形式表现、表达。

有时还根据不同的培训对象,不同培训的内容,采用不同形式、策略辅助。比如名师工作室的引领不一定只是观摩教学、点评活动的形式,应尽可能采用沙龙、调研和社会实践等策略,鼓励成员对问题进行讨论和研究。针对新教师的岗位培训班一定是讲解教授的基本内容更多,涉及工作的规范、带班的时间、每一个环节的过渡,甚至如何写教案等。培养特级后备,重点应是教学风格的塑造,鼓励他们梳理自己的特点、思想,提升文字功底,学习大数据统计等,帮助他们学会提炼经验,出书立说。

另一个原因是,我在每次培训之前都有前期调研。前期调研一般做得还是比较细致的,具体来说有几种形式:第一,去访谈园长们,询问他们老师们最近存在什么问题与需求。第二,主动与行政部门进行交流,或者通过行政层面将基层需求反馈告知我。第三,我直接面对培训班学员进行问卷调查,了解他们专业学习上的问题。有一次,我们到一个偏远地区培训, 前期进班听课,与教师座谈后,发现他们的教育理念跟教育行为完全脱节,追问得知这些教师基本资质还没有,大多数都是小学教师转岗当幼儿教师。这种情况下,培训首先就要把他们最基本的一些工作事项、班级规范进行讲解教授,于是当场调整培训方案和内容。一些幼儿园觉得比较难的教研培训项目都会来找我咨询,我始终坚持以上两个好的做法。

问 在培训工作的发展历程中存在阶段性的特点吗?

答 存在阶段特点。我们中心前身称为教师进修学校,后来更名,前面已介绍过。原先我们是科级单位,现在升格为处级单位,可以有资格参与省级、国家级的发展中心评估了。鼓楼区学前教育水平之高是强在教师的水平,强在我们教科研的水平,强在扎实的对教师的层级培养上。前面介绍过,我们幼教教研共有七位教师,人数在全南京市是第一名,即便在全省来说,人数也算多的。我们目前常规培训班达到 18—20 个,覆盖 30%的教师。

还有一个变化,近些年随着国家放开政策,社会办学机构、教师培训机构越来越多,都在到处抢人才,还会把正规单位的专家人员“挖走”。往往他们的管理灵活,工资待遇高,十分吸睛。如何留住现有教研人才或引进高质量教研人才,对于我们这种公办性质、体制内的单位是有挑战的。重数量还是重质量，重扩大还是重优化，重消耗还是重效能，是时候回答了。从我们中心发展历程上看，人员的发展、规模的发展、智能化的建设、质量的提升，可以见证70年来党对学前教育事业发展、教研工作的高度重视。

问 哪些文件、人或事对您的工作影响较大？

答 理所应当是国家、省市出台的相关法律法规，比如《幼儿园工作规程》、《幼儿园教育指导纲要(试行)》《3—6岁儿童学习与发展指南》《未成年人保护法》等等，都是我们工作的基础依据。另外，省市上级组织部门是引领指导工作的基本依靠。上级组织与部门更多的是从方向、管理角度，保障培训教研工作的正常运转。从个人专业发展角度上看，我首先感谢二幼团队、实幼团队，他们的呵护让我羽翼丰满；其次感谢省市教研员、师培中心领导，长期关心爱护，不断创设平台，让我信心倍增；更要感谢南师大的专家教授们，尤其是直接指导、让我受益良多的学前专业的张慧和教授、顾荣芳教授、邱学青教授、王海英教授，教管专业张新平教授、程晋宽教授，他们不仅给予我专业能力的提升，更浸润我专业品质的修炼。

问 在工作中遇到过比较大的困难吗？

答 有的。第一，现在培训的资金使用，受限了许多。不像原来的资金费用发放在一定范围内，可灵活自主掌控。现在资金费用申报审批环节繁琐，时间冗长。第二，缺失教研学术交流平台，虽然我们也有一些大教育或方向性的学习内容安排，但是针对小学、幼教基础教育教研的培训学习较少，专业提升的机会也缺乏。第三，不是我遇到的困难，只是担忧而已。听说有领导认为教研部门可有可无，行政决策不靠他们；有基层单位对教研工作、教研人员存在误解；也有些省市未设立专门的小学、幼教教研员岗位，甚至担任教研员工资减半。我庆幸自己是江苏教育人，是南京教育人，是鼓楼教育人。

问 您如何看待职前培养与职后培训工作间的关系？

答 是相辅相成的，有着紧密关联。有一次，我去参加一个座谈会，涉及高校师范生的培养，也被问到同样的问题。我觉得现在高校部分职前学习的课程、内容与职后的工作时间存在脱节现象，甚至某些学科还出现了比较大的断层。我了解过，很多刚毕业的老师对儿童卫生保育、安全保障、运动规范都不太清楚，幼儿出现问题时束手无策。询问后，方知有的高校没有设立儿童健康教育课程，有的高校有课程，但没有专职教师教授。其实在幼儿园里处理一些意外伤害，掌握基本的安全和卫生、防护等知识是非常重要的。职前培养中，还缺失社会领域的认知和行为教育，如何关注幼儿的社会性发展、如何进行社会教育等内容仍需要加强，其实，这也关系到师范生职后发展，如应如何与同事相处，共同学习；出现不同意见如何处理；如何应对家长，实施家园共育等等。

问 关于师资培训，您总结了哪些宝贵经验？

答 我认为一是培训机制的规范建立是非常重要的，像我们中心出台的《教研员工作规范实施意见》，定时、定点、定人的培训管理机制，对保障教研质量十分有效。二是整体的教研规划的制订与引领，是必需的。我们一直有制订幼教教研五年大规划、三年中规划、一年小计划的工作习惯。明确目标、步步践行、环环调适、时时监控。每每回头看，成效都会超越当初的预期，保质保量完成工作，值得欣慰。三是菜单式（个性化）培训服务的推广和辐射，比较领先，值得骄傲。至今为止我们已与28个省市建立专项学习与交流关系。四是我个人编写了学前大专教材共4本，涉及儿童健康教育、幼儿园班级管理、幼儿园玩具与游戏、幼儿园信息技术教学与教研，均由江苏教育出版社和南师大出版社出版发行；主编其他书籍4册，涉及幼儿园教研、幼儿园体育教学，均由南师大出版社和中国轻工业出版社出版发行。

问 您对师资培训工作有何建议？

答 要说建议，我有些个人的想法，不知对不对。第一，改变现有的人才培养制度，提升发展。我们培训师资（尤其是教研员）需要高层次的专家引领指导。建议可以在原有基础上，进一步加强与国外、外省组织合作，与高校老师或者优秀科研人员合作进行项目开发，还可以采取访学者、访学团形式，“走出去”培养培训师资。

第二，加强区本培训、园本培训的交流。我们可以收集与推广区本、园本教研中的优秀经验，提升优秀培训资源、培训经验的推进率，引领基层培训工作改进方法，呈现实效，最终提升幼儿园教育质量，提升儿童生活生存质量。

第三，改善现有的管理制度，优化细节。我们中心可以将优秀企业的培训管理思想引进到我们的教研培训管理中，进一步思考如何经营教研培训。比如说现在看到有些地区教研培训采用购买第三方服务的方式，通过第三方的服务做教研平台搭建，打通区域的联系，形式灵活多样。教研培训不仅具有社会教育价值，更具有社会流通价值。在教研人员的管理、教研资源管理上，更要完善一套弹性管理体系和制度。

访谈对象	**庄春梅**（常州市教育科学研究院幼教教研员）
访 谈 人	原晋霞

问 庄老师，是怎样的机缘让您成为幼教教研员的？当时有几名幼教教研员？后来数量有变化吗？

答 成为常州市幼教教研员是基于我是学前教育专业毕业的大学生，大学生在80年代比较稀缺。常州市教育局教研室在1982年配备了一名幼教教研员，因年龄较大，且是借用来的小学附设学前班老师，所以领导决定要引进专业的大学生，1985年我毕业后直接被分配到常州市教育局教研室担任幼教教研员。1985年至2018年的33年间，常州市教研室一直只有我一名幼教教研员（兼特殊教育教研员），到2018年8月增加了一人，目前有2名幼教教研员。

问 您听说过幼教辅导员吗？它与幼教教研员有区别吗？

答 在八九十年代有幼教辅导员，好像是区或者乡镇妇联部门主抓或指导幼儿园保教工作的人，一般是区或乡镇妇女干部兼的。辅导员与教研员是有区别的，教研员一般身份关系属于教育部门管理，而辅导员身份关系则属于妇联管理，管理部门不一样。因为80年代幼儿教育还没有归到教育部门主管。教育部门办有少量的公办幼儿园（实验性质），多数是附设在小学，当时叫小学附设学前班，街道办集体性质幼儿园的保教工作属于妇联管理，厂矿企事业办幼儿园的保教工作属于总工会管理。

问 不同时期的幼教教研员有什么准入条件？

答 不管在任何时期，幼教教研员准入条件都注重品德修养和专业能力，要有学前教育专业背景，有较强的教科研能力、组织协调能力和沟通能力，并要有奉献精神和团队协作精神，后来也注重实践工作经历。

问 常州市教学研究室的发展历程是怎样的？

答 常州市教学研究室1960年成立，隶属于常州市教育局。当时以中学教研为主，共设8个学科。1966年教研工作停止，1969年教研机构撤销，1977年恢复常州市教学研究室，1978年增配小学教研员，1982年开始配备了幼教教研员。2011年，常州市教学研究室更名为常州市教育科学研究院，目前共有62人。

问 那么常州市是什么时候形成省、市、区(县)、乡镇四级教研网络的？各级是否都有独立的幼教教研室和专职教研员？

答 常州大约在20世纪90年代初步形成省、市、区(县)、乡镇四级教研网络，当时常州市和所辖区都没有独立的幼教教研室，市、区相继配有专职或兼职幼教教研员。直至2018年8月，常州市新北区正式配备了专职的幼教教研员，才实现了常州市各辖区都配备专职幼教教研员的理想状态。

问 作为幼教教研员，您主要负责哪几类工作？

答 作为幼教教研员，我主要负责全市的学前教育的教研、科研和常州市学前教育研究会方面的工作。以前还要承担单位的杂志编辑和常州市教科所的有关工作。

问 不同时期，教研员对幼儿园的指导方式与指导内容有变化吗？主要的变化节点是什么？发生了怎样的变化？

答 教研员对幼儿园的指导方式与指导内容是顺应时代发展和国家基础教育改革要求的。在20世纪八九十年代，教研工作主要是研究幼儿园的教材教法，重视教师的技能技巧，关注课堂教学，此外，也进行幼儿园分级分类评定和保教水平评价。当时，还随机抽取幼儿进行智力测试，主要是偏向知识技能，如背故事、儿歌，统一要求画画，做加减运算……随着基础教育课程改革的推进，幼教教研内容和方式也发生了根本性的变化。

变化节点一是2001年中小学基础教育课程改革，教育部修订出台了新的中小学"课程标准"，2001年教育部颁发《纲要》。在基础教育课程改革的大背景下，开始重视素质教育，强调人本主义思想和学习方式转变，注重发现学习、探究学习和合作学习。教育目标关注知识技能、情感态度、价值观和幼儿的社会性发展，保教并重，以游戏为基本活动。教育内容注重学科综合渗透，注重幼儿的整体发展，体现在幼儿园课程从分科走向综合。教育评价推行发展性评价和过程性评价。21世纪初期，我们把贯彻《纲要》精神、研究课程整合、转变学习方式、推行发展性评价作为教研的重点。

变化节点二是2012年教育部颁布《指南》，提出科学保教，反对超前教育和小学化倾向，遵循3—6岁儿童学习与发展的规律和特点，既关注幼儿发展的整体性又关注差异性，重视学习品质的培养，对健康、语言、社会、科学、艺术五大领域中幼儿学习目标和发展要点、教育建议有比较具体的参照，《指南》成为教研工作的基本依据和"尚方宝剑"，我们一度把《指南》的学习培训与精神贯彻列为市、区、园三级教研工作的重点。

变化节点三是2014年江苏省教育厅、财政厅关于开展幼儿园课程游戏化建设项目以及2016年《规程》的施行。发生的主要变化是教研方式的改变和教师观念的变化，重塑儿童观、游戏观、环境观、资源观、课程观和质量观。以观察为导向研究儿童自主游戏、区域活动，加强幼儿园环境改造，在时间、空间上还儿童自主游戏的权利，加强资源的开发和利用，挖掘一日生活和游戏中的价值，真正创设以儿童为中心的环境，推进教学与游戏一体化，使幼儿园课程彰显游戏的本义、童年的意义。

问 1990年国家颁布《关于改进和加强教学研究工作室的若干意见》对幼教教研工作有什么影响？

答 这个意见更加强化了我们辖区幼教教研员的职责定位，幼教教研工作无疑得到了一定程度的重视，有利于区域教研机制的建立和教研工作的开展。

问 江苏省和常州市分别颁布过幼教教研的相关文件吗？哪个文件对幼教教研的影响最大？什么时期对幼教教研的重视程度最高？对幼教教研的重视，体现在哪些方面？

答 江苏省教育厅在2017年颁发了《关于加强学前教育教研工作的意见》，把教研工作提到了前所未有的高度。我们常州市主要是组织教研活动和建构一些教研制度，颁布教研方面的文件比较少。常州市颁布过有关教研方面的文件有：《常州市幼儿园教育教学常规管理办法》《关于常州市幼儿园课程改革的实施意见》《常州市以园为本教研制度实施办法》《常州市儿童发展性评价指标参考》《关于成立常州市“做中学”实验项目基地的指导意见》《关于建立常州市课程游戏化共同体的教研机制》等。

我个人认为对幼教教研影响最大的文件有两个。一个是《关于常州市幼儿园课程改革的实施意见》，2003年常州市教育局副局长向省教育厅争取到了常州市小学和幼儿园成为江苏省中法合作“做中学”项目实验基地，由我们教研员主抓项目，实验学校覆盖各辖区，紧密地进行长达10年的科学教育改革实践。另一个是2014年颁布的《省教育厅省财政厅关于开展幼儿园课程游戏化建设的通知》，依托于江苏省课程游戏化项目，常州市教育局基础教育处和教科院联手组建省课程游戏化基地园和市级课程游戏化基地园，每年组建8所，共34所幼儿园组成了“常州市课程游戏化共同体”。我们每学期都开展基于现场、问题诊断的教研活动。教育局领导对幼教教研的重视，基本体现在重大的项目研究、教研的介入和区域的推动上。

问 在不同时期，您重点关注过哪些问题？取得了哪些成就？

答 在不同时期，作为常州市幼教教研员，我一方面关注国家对学前教育的方针政策和基础教育课程改革的总体思路和要求，另一方面关注本地区幼儿园教育教学的现状和课程改革迫切需要解决的重点难点问题。具体落实到每学年、每学期制定教研计划，针对问题定重点、明方向，克服主观随意性，避免“眉毛胡子一把抓”。每学期都有新规划，有序推进、有效突破，市级教研有计划、有序列、有张力，形成了立体化、多元化的教研活动机制和教研活动内容的螺旋链条。作为大市教研员引领区域教研，我的定位是以点带面、点面结合、重点突破，分类指导、分步推进、分层研训。多年的实践形成“五结合”的教研机制：一是把常规教研与视导调研相结合；二是把现场教研与问题把脉相结合；三是把区域教研与研讨交流相结合；四是把园本教研与园际联动相结合；五是把主题教研与课题项目相结合，以教研员的微薄之力推动本地区幼儿园的课程改革。

具体来说，一是关注儿童观和学习方式的转变。2001—2003 年，我主持了常州市重点课题“重塑儿童观，转变学习方式的实践研究”，带领我们常州市 10 所幼儿园开展树立正确的儿童观和引导儿童主动学习的研究。

二是关注教师提问设计与幼儿创新精神培养。2004—2007 年，我主持了江苏省教研重点课题“教师提问设计与幼儿质疑精神培养”，研究幼儿园教师集体教学中的提问，如何通过开放性提问来培养幼儿的想象力和发散性思维，培养素质教育中的创新精神和质疑能力，也就是目前倡导的批判性思维。这个课题我们获得了省优秀课题。

三是研究探究性学习和幼儿科学教育新文化。2003—2013 年，我主持省教育厅中法合作的“做中学”项目的研究，带领常州市 10 所“做中学”项目幼儿园进行了为期 10 年的持续性研究，培育了幼儿园科学教育的典型，推动了儿童科学学习方式的转变，通过动手探究、猜想实验、操作发现、分享交流的学习方式引导教师观念的转变和幼儿园课程改革。

四是研究主题课程和主题活动与游戏的关联。2003—2006 年，我带领常州市幼儿园进行课程改革，倡导“动手做、游戏乐”的课程实践模式，围绕有关主题进行主动探索，要求老师围绕主题内容提供操作材料，引导儿童做做玩玩—动手动脑—表现表达，动手做的玩具材料要运用到游戏中去，把学习与游戏有机结合起来。我们还汇编了常州市幼儿园《动手做，游戏乐》，它是一本由 50 多个案例集结成的经典案例集。当时《早期教育》杂志还就这个课改实践向我们约稿，发表了我们的文章并进行介绍。

五是关注本土化地方性课程资源的开发利用。2006—2010 年，我主持了中国学前教育研究会的立项课题“主题活动课程资源的开发与利用”，带领 9 所幼儿园进行了为期 6 年的实践探索，系统地进行了主题课程内容架构、主题展开与环境创设、区域游戏拓展的研究，边研究边辐射，在全市范围推动了主题综合活动课程的深入实践，引导老师有机开发、利用本土和乡土的课程资源，汇编了小班、中班、大班三册《本土化主题活动课程资源》，并分发到常州市每所幼儿园作为地方性课程参考。该课题研究成果《幼儿园本土化主题活动课程资源开发》获得江苏省首届基础教育教学成果一等奖。

六是研究幼儿园科学探究活动的生活化、游戏化策略。2009—2012 年，我主持江苏省教育科学重点资助课题“幼儿科学探究活动生活化系列化研究”，把科学探究活动从课堂实验范式拓展到科学小实验—科学小制作—科学小游戏，内容生活化，方式游戏化，汇编了常州市幼儿园《科学探究系列案例集》。该课题研究成果被评为江苏省教育科学“十二五”规划精品课题，该科研成果《幼儿科学探究活动生活化系列化研究》获得江苏省第二届基础教育教学成果一等奖。

七是探讨幼儿园的主动发展、文化建设和园本课程。2008—2013年，我配合常州市教育局主动开展项目建设，建立园际联动的联校教研机制，积累课改典型经验，建立以园为本的教研制度，帮助幼儿园论证三年学校主动发展规划，加强品牌建设和幼儿园文化建设，提升内涵发展。

八是关注幼儿园环境改造和课程游戏化项目实施。2014—2019年，为了推进常州地区课程游戏化项目的实施，组建课程游戏化共同体，我们每学期组织30多个省、市课程游戏化基地幼儿园进行现场教研和学习交流。全市幼儿园从户外体育活动环境、自然生态环境和区域游戏环境的利用和改造入手，拓展儿童游戏的时空条件；通过户外体育游戏、建构游戏等研究区域游戏中的教师观察支持和幼儿深度学习；以省级课题“幼儿园绘本价值探析和游戏拓展”、市创新课题“园际联动的课程审议”、STEM项目和幼儿园主动发展等项目研究深化幼儿园课程改革，以教研的力量全面推进课程游戏化项目的实施。

问 常州是否有采取什么措施来促进幼教教研员的专业发展？

答 作为大市教研员，我努力营造政通人和、互帮互学的教研氛围，立足市级平台，注重打造市、区、园三级教研联动机制、协作机制、共享机制，营造和谐融通、求真务实的教研文化。把握教研工作的三有方略：有心规划、有序推进、有效实施；坚持三不原则：不盲从、不折腾、不懈怠；加强三个研究：研究儿童、研究课程、研究游戏。凝心聚力，吐故纳新，使幼教教研润物无声，教研活动有的放矢，一石激起千层浪。

问 在幼教教研员岗位上，您最难忘的是什么？

答 在幼教教研岗位上，我最难忘的是幼儿园孩子们专注于游戏的眼神、探究的喜悦和主动活动中的满足感；难忘我们教研活动过程中对农村、薄弱地区幼儿园教师关注后她们发自内心的感动；难忘园长们见到我一股脑儿讲自己幼儿园发生的点滴改变；难忘常州市教育局原局长丁伟明陪伴我们进行“做中学”项目研究的几年；难忘我们辖区教研员忘我地工作，忙碌穿梭在幼儿园的身影；难忘一年年、一次次我们组织常州大市教研活动的精彩片段和教师们专注执着的场景……这一切一切都是让人难以忘怀的。

问 您对幼教教研工作有何展望呢?

答 我希望各级教育部门对教研工作能高度重视。首先辖市区要配备专职幼教教研员,以发挥引领作用,还要建立相应的教研活动经费保障机制、教研员培训提高机制、区域教研联动机制,搭建教研员专业发展的平台。其次,教研工作要避免“一刀切”,各地有自己的实际情况和行进节奏,关键是教研员要明确课程改革方向,找准问题,寻求对策,善学善思,贴地行走,对学前教育改革要有敏感度,有学习力、行动力。最后,教研员要成为先进理念的践行者、推动者,善于把先进的教育教学理念转化到幼儿园的改革实践中去。一个教研员是一面旗帜,是教师队伍的集合。新时期的幼教教研员要一马当先,不负使命,不断创新教研方式,以爱的智慧引领区域教育改革发展,推进学前教育质量提升。

访谈对象 | **李　鸣**（苏州市教育局教研室原幼教教研员）

访 谈 人 | 庞剑敏　蔡彬彬　何小英

问 李老师，您能简单谈谈您的工作经历吗？

答 1962年我从江苏省新苏师范学校（幼师班）毕业后分配到苏州市平江区齐门小学附属幼儿园，担任负责人。1964年调到潘儒小学任大队辅导员，负责全校少先队工作。1970年调到拙政园小学，任校长。1975年调到苏州市教育局教研室，任幼教教研员，直到2002年退休。

问 您提到1975年调到了教研室开始做幼教教研员，当时是什么原因进行调动的呢？

答 我们苏州以前一直有幼教教研员的，但是并没有专门的教研室。那时候的市教育局有一个初教科，初教科里有几位教研员，"文化大革命"期间就被撤销了。1975年苏州市教育局要恢复教研室，就向各区抽调人员，苏州市当时是四个区，即沧浪区、平江区、金阊区和郊区。市里要求三个市区的文教科各推选一名教师去做教研员，分别担任语文、数学、幼教教研员。沧浪区是数学的，金阊区是语文的，平江区要出一名幼教的。当时文教科考虑人选的要求是幼师毕业，从事过幼教工作，而且有一定的工作能力。所以就选了我去担任幼教教研员。

问 1975年建立的教研室其实并不是专门的幼教教研室对吧？

答 嗯，不是专门的幼教教研室，直到现在我们也没有专门的幼教教研室。

问 就一直是下设在中小学教研室下面吗？

答 就是在中小学教研室里有一位幼教教研员。我刚去的时候，在苏州市教育局里有一间办公室作为教研室，中学的、小学的、幼教的十几名教研员都在这个大办公室里。一年以后我们就搬出了教育局，单独成立了"苏州市教育局教研室"。当时是一套班子两块牌子，还有一块牌子就是"苏州市教师进修学校"。因为在"文化大革命"当中，进修学校也被撤销了，此时开始恢复。一套班子两块牌子，也就是我们既是教研员，又要承担培训的任务。教研室把我们三个人组成初教组，有了单独的初教组办公室。

苏州市教育局教研室现在更名为苏州市教育科学研究院，在初教所里有一名幼教教研员。

问 您能和我们简单说说您这一段发展历程吗？

答 好的。随着1978、1979年下乡干部、教师返城，我们单位人员越来越多，我们单位原苏州市教师进修学校改名为苏州市教师进修学院。各个办公室人数逐渐增加，但分工是明确的，比如说即使我们坐在一个办公室工作，你是负责教研的，他是负责培训的。我们幼教教研员人数没有变化。一直到1979年，幼教来了一位负责培训的老师。两年以后，负责初教进修的这部分就归到新苏师范去了。大概是到1984、1985年，成立了专门的苏州市教育学院。这样，进修工作就和教研室正式分开了。

问 您听说过幼教辅导员吗？

答 辅导员是有的，一般是乡镇一级有辅导员。比如当时苏州郊区有四个公社，每个公社就有一个辅导员，由乡中心幼儿园园长或者副园长兼任。因为一个公社下面会有十几个大队（村），这些大队基本上没有成规模的幼儿园，只有幼儿班或混合班，那么中心幼儿园就要对村里的这些幼儿班进行带领。辅导员和教研员不完全一样，教研员是专职的，辅导员是兼职的。教研员是有导向性地在教学业务上开展教研工作，辅导员基本上就是进行日常联络，较少开展教研活动。

问 也就是幼教教研员的负责范围只到区，乡镇一级就由辅导员负责？

答 不是的。我担任苏州市幼教教研员以后，逐步地各个区也都有了一名幼教教研员，我负责到区教研员。各区教研员负责本区幼儿园，郊区教研员就负责抓好四个乡镇的辅导员，各辅导员负责本公社（乡镇）各大队的幼儿班。

1983年苏州市跟苏州地区合并。苏州地区从1979年起有一名幼教教研员，1983年地市合并后我们二人一起工作，半年过后，她就去新苏师范任教导副主任了，所以幼教教研员又剩我一个人，我的工作范围在原来四个区的基础上又增加了六个县。

问 不同时期幼教教研员的准入条件有发生变化吗？

答 其他地方我不知道。我们苏州的幼教教研员基本上都是要求幼师毕业的，有幼教实践经验，有一定的组织能力和研究能力的，一般都是从园长或者优秀教师中选拔的。当然，也有个别不是幼教毕业的，但一定在教育上是一位很好的行政领导。

问 苏州是什么时候形成省、市、区、乡镇四级教研网络的？

答 江苏省教育厅在1976年开始有专职的幼教干部，负责全省的幼教工作。

问 那个时候省里有没有像我们现在的省教研室?

答 省教研室是有的,但是没有专职的幼教教研员。1985年有刘华老师任省幼教教研员,大约过了2—3年他调走后,一度又没有省幼教教研员了。再过了几年毛曙阳老师来任省幼教教研员了,我省才正式健全了幼教四级教研网。

问 各级教研员的职责分工是怎么样的?

答 每年省教研员召开全省各大市教研员会议,提出要求、部署工作,我就根据省里的要求,结合我市具体实际情况,确定思路、制定教研计划,带领着县、区的教研员开展活动,然后县、区的教研员再根据市里的计划,结合自己地区的情况开展工作。

问 有明文规定教研员要做哪些工作内容吗?

答 当时没有明文规定。

问 不同时期教研员与行政的关系如何?

答 我们的教研员和行政一直就是两条线。行政干部是属于教育局的,是公务员;教研员属于教研室,是事业单位的老师。我们的关系就是有分有合,行政上的工作需要幼教干部出面部署,但是如果需要我们教研上配合的,我们也会尽力配合。我们开展教研活动,也可以请幼教干部一起来参加,了解我们的教研情况,也可以发表他们的意见,我们配合得非常好的。

问 您作为幼教教研员,主要负责哪些工作?不同时期教研员对幼儿园的指导方式与指导内容有变化吗?

答 我担任幼教教研员27年,主要负责教学研究和培养教师的工作。不同时期我对幼儿园的指导方式与指导内容会随着教育改革发展的要求有所变化。

我的指导方式与指导内容大致经历了三个阶段。

第一阶段从1975年到1980年。主要是组织培训,普及幼教基础理论和幼教基本教学方法,使幼儿园逐步恢复,走向正常。

“文革”期间,教育部门的公办幼儿园都被撤销了,幼儿园教师全部到小学里任教。1975年我刚做教研员的时候,根本没有公办幼儿园,我就先到基层了解情况。当时的幼儿园实际上就是街道或居委会办的托儿所,办得稍微好一点的叫“红小班”,即预备班。这些托儿所、“红小班”既没有专门的招生时间,更没有正规的幼儿教师和正常的教学计划。好一些的老师会弹弹琴,带着孩子唱唱歌,不少老师就是看看孩子,让孩子们自己玩。为改变这种情况,我要求他们尽量按年龄段分班,那时候小学是六岁、六岁半上学,我说你们可以推前一年就是大班,再推前一年就是中班,再推前一年就是小班。

这样可以对不同年龄的孩子进行不同的教育。另一方面我让他们跟着小学按学期招生，建立招生制度。当然有个别人插班是可以收的，但是不能没有专门的招生时间。那么这些幼儿园都非常欢迎我，因为有人来管了。

1976 年 12 月，江苏省召开了一个"妇幼保健三项工作会议"，当时教育局因为没有幼教干部，就由我去参加，会议强调了加强妇幼保健和儿童教育的重要性。回来以后，我就开始组织幼儿教师培训。1977 年 4 月份第一期培训，我邀请南师大教授来苏州讲课，她们非常支持，一下子来了 7 位老师，由陈岚书记带队，教授有王志明、张慧和、方观容、汪爱丽等等，时间足足有一个星期。内容有幼儿教育的重要性、幼儿的思想品德教育、幼儿园唱歌教学、幼儿舞蹈与教学，还有幼儿计算教育等等。同时我还请了苏州市青年宫的老师来讲儿童绘画，我把幼师的课程基本上都安排了。这期培训深受大家欢迎，培训结束以后，全市上下对学前教育开始重视起来了。为了加强组织管理，我把他们组织起来，工厂按系统、民办按街道建立幼教中心组。我每月跟他们开一次会，布置工作，明确要求。幼儿园教学材料奇缺，我就收集资料，翻印资料，编印资料，有时候也到外地去购买资料，骑着自行车一家一家去送。大家都非常欢迎、非常感动。慢慢地公办幼儿园也陆续开始恢复起来了。

南师大教授集体来苏培训，给我们开了一个好头，做出了榜样。接着，我组织了一系列的培训，带他们逐渐走上正轨。我这里还有一个数据——利用暑假为期半个月的培训班，组织了五期，参与人数 389 人；舞蹈培训班三期，参加人数 257 人；园长培训班一期，82 个人；另外还有全脱产（为时一学期的）培训班四期，共 299 人。1978、1979 年，许多知识青年回城以后充实到街道幼儿园，我觉得都是年轻人，是我们的生力军。幼儿教育是门科学，必须遵循幼儿年龄特点，掌握教育规律，才能收到良好的教育效果，所以要对他们进行全面系统的培训，提高他们的教育能力。妇联、教育局都非常支持，我就制定计划、安排课程，共开设了 11 门课程，包括舞蹈、唱歌、琴法、绘画、手工等技能以及"三学六法"，一共聘请了 24 名教师。我自己也兼任教育学或教学法的教师。第五期开始，这样的培训班就由进修学校承担了。这些年轻人后来在苏州市各街道幼儿园中大多数都担任了园长的重任。

另外，我还经常组织教育教学讲座。内容有：早期教育的重要性，幼儿认识事物的规律，幼儿游戏，幼儿一日活动，幼儿语言常识教育法，计算教育法等等。我还邀请了上海幼儿师范的老师来讲心理学、幼儿体育、美工等。1979 年全国幼教研究会在南京成立，我也是第一批全国幼教研究会的会员，会议结束以后，有些同志要到苏州来参观，抓住这个机会，我请天津市的两位特级教师做了"当前幼儿思想品德教育的主要特点""如何培养幼儿音乐节奏感"的讲座，以及西南师大教授关于"儿童相互关系"的学术报告。一年内我组织各种讲座 16 次，听讲老师达 3 200 人次。这些讲座的反响很好。上过幼儿师范的老师表示把原来的知识捡起来了,温故而知新;没有上过幼儿师范的老师,表示能从理论上认识幼儿教育,以后工作有依据了。

第二个阶段是从1981年到1990年。主要是以老《纲要》精神转变教师教育观念,加强游戏研究,重视日常生活教育作用,逐步克服重上课、轻游戏的“小学化”倾向,以及开始“综合教育”研究。

1981年老《纲要》颁布以后,我们以老《纲要》精神统领教研工作。首先,组织学习老《纲要》,宣传、贯彻老《纲要》精神;全国幼儿园统编教材出版后,我们根据新教材,举办教材分析讲座。同时,结合教改实际,围绕幼儿游戏、幼儿美工、幼儿数学、幼儿语言、幼儿园科学管理、幼儿德育等专题组织开展教研活动。主要通过集体备课、设计教案、组织观摩、总结经验来培养青年教师。另外,我们还从实际出发开展了一些调查研究,通过调研总结经验,以文章的形式来影响大家的理念,发挥指导作用。在这个阶段我写了《如何培养幼儿的学习兴趣》《加强基本训练、发展幼儿智力》《让幼儿积极主动地参加创造性游戏》等文章,分别发表在《人民教育》《幼儿教育》《早期教育》等杂志上。同时我也组织教师写文章,重点地开展游戏研究。老《纲要》上明确指出游戏是幼儿生活中的基本活动,是进行体、智、德、美全面发展的有力手段。所以我们苏州从80年代就开始研究游戏。市里成立游戏研究中心组,县、区级也建立游戏中心组,带动各幼儿园深入进行游戏研究,逐步纠正重上课、轻游戏的倾向,寓教育于游戏之中,促进幼儿发展。

问 李老师,您前面提到指导幼儿园老师写文章,这个文章是指什么?那个时候已经开始做课题写论文了吗?

答 没有,不是课题,90年代我们才做课题。那个时候我们主要是应用性、实践性的专题研究,写的文章是总结实践经验,不是正式的科研论文。十年时间,我们单单游戏方面的研究就有近两百篇文章,到1991年的时候,我们把它汇编成《苏州市幼儿游戏改革与研究》一书,共精选了33篇文章和自制玩具10例,这些都是正式发表或在省、市年会上交流获奖的。多篇文章到全国年会交流,有的还收录在全国年会论文集里面。

在这个阶段我们对“综合教育”也开始进行研究。1986年全国幼教年会在南京师范大学召开,强调课程改革要进行综合教育,回来后我们也开始了探讨。起先大家不理解,只是从形式上改,貌合神离,教学时仍旧互相隔离,俗话说像个大拼盘。通过学习我们逐步认识到,综合教育就是要强调整体性,教师必须要树立正确的教育整体观念和儿童发展观。即:一是,每个儿童的发展是个整体,不能只重视知识灌输,而应注重体智德美全面发展;二是,全体幼儿是一个整体,要全体幼儿共同发展。因为每个儿童的发展速度不一样，因此要注意个体差异性，面向全体幼儿就是要因材施教，让每个幼儿在自身基础上得到发展。

因为各个学科自身都有教育目标，要做到能渗透就渗透，能结合就结合。在这个过程当中，我们也通过交流备课笔记、说课、听课、评课、观摩活动等形式来促进教师观念上的转变。除此之外，我们邀请了一些能力强的老师先试上，一次一次修改，上得好了再向全市开课。开课以后必须要讨论评课：目标是怎么制定的？在这过程中哪些地方体现了整合的思想？所以老师们说喜欢听课，更喜欢参加听课以后的评课。

对教师的要求，我们强调提高综合教育能力。本来幼儿园教师都是分科教学，我教语言，你教数学，我教音乐，你教美术，教语言的只知道语言的要求，教音乐的不知道数学的要求，那整体性该怎么办呢？所以老师一定要是全科老师，幼儿园不同领域的目标都要知道，这对老师提出了更高的要求。从分科担任教学任务到变成全科老师，这也是综合教育研究中的一个内容，这个转变过程并不容易，我们是经过试点好几年之后才全面实行的。

综合教育还有一个研究内容是一日活动。以前老师备课只要备两节课，其他的什么计划都没有，《纲要》精神要求七种教育手段综合运用，树立了幼儿园一日活动都是课程的理念，所以幼儿园的每个活动都要重视。怎么抓好幼儿园的一日活动？我们进行了一日活动都是课程的研究。我们把晨间活动、课间游戏、生活环节等设计成表格全市通用。当时我们制定的这个计划还在《早期教育》上进行交流。我们提出要在日常生活中重视培养幼儿良好的习惯。对此，我们除了组织教研活动、提高他们的理念、组织教育检查活动等，还组织部分教师一起编写了《培养幼儿良好习惯》一书，由江苏教育出版社出版。这本书里收集了50个良好的习惯，包括生活习惯、卫生习惯、文明行为习惯、学习习惯和劳动习惯五个方面，供家长和教师参考使用。

问 您刚刚提到了评课观摩，当时的教研活动是不是已经形成了一个周期？

答 我们每个月都是这样的。大市范围内活动不会太多，主要是组织一些交流推广，但是中心组的教研活动是每个月一次。

问 当时您是否有提出一些相关的规定，有形成一系列的制度性文件吗？

答 相关的规定肯定是有的。当时我主要是根据老《纲要》、老《规程》的精神，规范了各类计划，包括学期计划、周计划、日计划，以及教师备课笔记、观察记录、游戏计划、游戏记录等。除了这些计划，我还设计了一些评估表格，以评估的标准引导教师向正确的方向努力。比如游戏评估表，分教师、幼儿两方面提出要求；听课评估表从教育目标、教育准备、教育过程三个方面来评估，在教育过程中要评教师的基本功、教育目标的掌握、随机教育中的整体思想、对儿童的尊重，以及儿童的主动性、创造性、儿童的情绪状态等。我还改革了幼儿报告单,设计了幼儿发展情况汇报单,要对幼儿整体发展全面进行评价。我设计的一日常规要求,教育局采纳后以教育局的名义在全市试行。

问 那么第三个阶段,就是1990年以后,您主要做了哪些事情?有什么成就?

答 我1990年以后主要做了三方面的事情。

第一个是90年代开始我们加强了教学科研,正式开始搞课题研究。当时国家颁发的老《规程》、老《纲要》都强调要发展孩子的创造性。针对当时美术教育中长期存在的让小朋友依样画葫芦的教学方法,幼儿的创造力受到压制的弊病,我们就以绘画教学为抓手,开展了省级立项课题——"幼儿园创造性绘画教学研究"。我带领着课题组,定期开展学习研究,我们聘请南师大屠美如教授作为顾问,多次来给我们作讲座、点评指导我们的展示课,屠教授强调一定要从孩子的实际出发,让孩子凭直觉大胆地表现,在评价时要让孩子把自己的想法讲出来,再引导大家一起来欣赏,指导孩子怎么样才可以做得更好。我们这个课题研究了三年,最后做了展板向全市展示,还上了示范课、公开课,把我们的经验推广了出去。通过引领推广以后,带动了我市整个幼儿美术教育的改革,幼儿的创造性、个性、审美情趣等都得到了良好发展。不少幼儿园也以美术为突破口开展了课题研究。

随着教育改革的不断深入,教育科研在我市蓬勃开展。不少幼儿园都承担了市级的、省级的,乃至全国级的立项课题。仅2001年,幼儿园在我们市教研室立项的课题就有29项。我市幼儿园已有一千多篇科研文章、经验总结在全国、省、市各报刊、杂志上发表,我市各幼儿园的课程改革方案、优秀教学活动设计、优秀论文汇编有200多本。苏州市机关民治路幼儿园、张家港梁丰幼儿园、金阊区阊西幼儿园、高新区实验幼儿园等被评为省、市教科研先进单位。当时省教研室组织教学活动方案的评比,按规定各市选送50篇教案,我市50篇教案全部获奖,当时平均获奖率是72%,我们是100%。还有到省里参加幼儿教师基本功竞赛,我市7名老师参赛,获一等奖2名,二等奖2名,三等奖3名。

第二个就是现代化教学的研究。随着社会主义市场经济的发展,人民生活水平日益提高,我市幼教大力推进现代化教育的实施。一是进行硬件建设,由初教处牵头通过分类评估验收,促进了园舍建设和教学设施设备现代化建设。二是在硬件建设的同时,我们教研室就进行现代化教学研究。首先是进行教育观念的更新,其次是在教学内容、教学方法、教学手段现代化方面开展实践研究。教育内容上各园都会自选一些现代社会的新内容补充进来,比如现代科技知识、环境保护知识、自我保护教育、心理健康等。这样就出现了新的问题:教育内容超载了。为解决这个问题,我们在每次教研过程中都引导大家讨论:新增的内容是否符合孩子的认知规律,是否对孩子终身受用?通过讨论把一些不合适的内容剔除,逐步学会选择新教材。专用教室的配备和“三机一幕”进入课堂,为改革教育手段创造了条件。我们通过举行运用现代化教育手段现场观摩活动、开展幼儿教师自制课件及电脑操作比赛等,推动幼儿园的电化教育和多媒体辅助教学。在这过程中,我们重点研究现代化教育手段怎样运用才更合适,要求做到既充分发挥现代化教育手段的优越性,又重视幼儿动手操作实践的必要性。

第三个是深入开展课程改革研究。1986 年全国幼教研究会在南京召开,会上对课程改革、综合教育进行了讨论。到 90 年代课程改革更活跃了,出现了各种各样的课程,比如综合课程、活动课程、游戏化课程、生活化课程、发展能力的课程等,大家都可以根据自己的特点来做课程。我们是在综合教育研究的基础上加强课程研究的。1989 年国家教委颁布了《幼儿园工作规程(试行)》,在贯彻、落实《幼儿园工作规程(试行)》精神的基础上,我们围绕课程改革展开的第一个教研课题,就是如何创设与教育相适应的良好环境,包括心理环境和物质环境。良好的心理环境,包括关心儿童、师幼互动、尊重儿童等等,所以课程里包含了心理环境、心理教育等内容。创设良好的活动环境,除了丰富游戏玩具、游戏材料,以及墙面上的环境布置外,还在空间利用上不断探索,为了便于幼儿自由活动和表现,教师变化活动室里玩具架、桌子的摆放形式,划分成美术角、音乐角、科学角等角落,小朋友可以在角落里自由地活动,利用走廊、午睡室等开发成活动区角,幼儿学习的时空扩大了。第二个教研课题就是研究教育目标问题。我们抓住整体教育观和儿童发展观来指导教研工作。首先研究教育目标的整体性。在一节课上要充分利用教材,组织活动,达到幼儿多方面发展的要求,包括孩子的认知发展、能力发展、情感态度、价值观等都要从整体上来考虑。其次,研究教育目标如何面向全体幼儿?以前我们的目标都是一刀切的,现在要求有一定的弹性,要照顾到个体差异,有一定的灵活性。还有,就是备课不只是备教材,还要备幼儿,课前准备不仅是材料准备,还要考虑幼儿的知识经验,教学延伸也是教学的组成部分等。

问 李老师,您刚在谈课程改革时提到一个教研课题,那么这个课题教科研其实是分开的吗?

答 科研是要立项的,要有规范的课题研究方案。教研课题是这学期我要开展教研活动,带领大家朝什么方向走的研究专题,也可称教研专题。我们教研室主任一直要求我们要有教研专题。我在每学期的教研员会议上都会明确一个要研究的问题。我会围绕专题做好充分准备工作,到开会时引导大家一起学习文章、发表意见、共同讨论。他们回去以后,再组织学习,上研究课、示范课。小范围研究课时我会去听,当场一起参与研讨,等到基本成熟了再到大市范围内展示公开课。大市范围开课基本上一学期只有 1—2 次。

每一次开会,我都会把一些新理念、新观点、改革动向介绍给大家,比如,介绍意大利瑞吉欧方案教学,有的幼儿园就尝试减少"预成"课程和探索"生成"课程。教研深入开展以后,改革的成果也很多,我们不跟风,不照搬他人的方法,各个幼儿园基本上都是在自己的基础上从实际出发进行研究的。2001年我们先后推出沧浪实小、新城花园两所幼儿园建构园本课程的理念和框架,让教研员、园长们学习。所以我的方法基本上就是抓典型,以典型引路,在新教育理念支撑下,各园走自己的路,逐步形成自己的办园特色。

问 那么国家或者是江苏省、苏州市有没有颁布文件来推动幼教教研工作?是什么文件?

答 我没有看到过。但教研室对我们教研员要进行考核,每年年终要对一年的工作进行情况汇报,所以我现在的这些资料也是得益于当时写的总结。一开始是写总结,后来形成了一个表格,比如说研究的重点是什么、开展了什么活动、本年度听了多少节课、如何深入基层、开展了哪些调查研究、指导了多少名青年教师、指导的内容是什么、开了多少讲座等等,就是教研工作情况需要我们汇报。

问 这些是从1990年颁布《关于改进和加强教学研究工作室的若干意见》这份文件后开始的吗?

答 不是的。1989年开始我们就填表格汇报了。

问 江苏省和苏州市分别颁布过有关学前教研的相关文件吗?

答 关于学前教研的专门文件我没有看见过。2010年《国家中长期教育改革和发展规划纲要》和《国务院关于当前发展学前教育的若干意见》颁布以后,我们苏州市和各区都有发展学前教育的文件,但这些文件基本上是行政内容比较多。

问 虽然没有专门的关于幼教教研的文件,但是《国家中长期教育改革和发展规划纲要》也提到说要充实教研力量。

答 这说明了领导对幼教教研的重视。

问 李老师,我们现在想问一下幼教教研员的专业发展,就像您刚刚提到教研室对你们教研员有考核,那您所在的地区有没有采取过哪些措施来促进幼教教研员的专业发展?

答 考核也是属于一种措施。另外,我感到促进我专业成长的因素也很多。第一,领导充分信任我、支持我,让我大胆去工作,我觉得这是促进我发展的一个因素。最开始我们的活动是妇联、工会、教育局一起组织的,教育局局长总能前来参加,支持我的工作。又比如说,我搞过一次苏州大市范围幼儿园的玩教具展览会,我们市长、市文教办主任、科长、教育局局长、教研室主任都来了,他们对我的工作也都是很支持的。第二,领导给我学习的机会。每次有省里(有时全国)幼教年会或培训机会,都让我去参加,如1984年暑假让我到北京中央心理研究所学习了一个月的儿童心理学,这对我的影响很大,所以在工作中我也特别重视儿童心理特点。第三,交流机会多。苏州教育局给我提供许多学习交流机会,凡是外面来的教育代表团,只要和学前教育相关的都叫我参加接待、座谈,我接待交流过日本、美国等国家和中国台湾、香港地区的教育代表团,在接待交流过程中我可以学习了解到许多国外、境外的新信息;省内外同行的交流更多,每一次的接待、交流中,我都能得到许多新的启示,学到不少好经验。我感恩领导给我教研员这个平台,让我在工作实践中不断学习、不断提升专业水平。

问 您在幼教教研员岗位上,最难忘的事情是什么?

答 我觉得有三件事最难忘。第一件事情是1976年我组织第一次培训,当时我刚到教研室不久,对教研工作非常陌生,对培训工作更是心中无底。我到南师大学前系请求帮助,唐淑老师立即表示支持。后来,南师大学前系一下子派来了7位教授,我真的非常非常感动!我感谢他们为苏州幼教事业的恢复发展做出的贡献,她们循循善诱、诲人不倦的教学态度让我永远难忘。第二件事情是1982年我的一篇文章发表在《人民教育》上。一天,教研室领导对我说,“这期《人民教育》上你发表了一篇文章,很好啊!”我很吃惊,因为我没有投稿啊!马上去资料室查阅当月《人民教育》杂志,果然有我的文章——《如何培养幼儿学习兴趣》。我心里非常开心但又很奇怪,我没有投稿怎么会登我文章的?这个悬念,直到在一次年会上,我遇到中央教科所的孙老师,我自我介绍:“我是苏州市教育局教研室的李鸣”,她马上说:“你就是李鸣?你在《人民教育》上登过一篇文章?”我说:“是的。”孙老师告诉我是她推荐的。她说,她在许多交流材料中看到这篇文章后,感到很好,就推荐给《人民教育》编辑了。我非常惊喜,我真心地感谢她!终生难忘!第三件事情,是1991年,我接受民进中央委员、民进苏州主任委员谢孝思的邀请到贵州去智力支边。我们苏州去了两位老师,上海去了一位老师,还有一位南京市教育局的幼教处长。我们四人组成一个讲学团,到贵州为他们山区的幼儿教师做讲座、组织培训。我做了两个讲座,一个是《当前幼教改革动态》,一个是《幼儿园的游戏》,我把我们录像交流的一些资料全部带去放给他们看,深受他们欢迎。课后老师们很激动地对我们说:“我们第一次听到这样的课,我们知道了外面的幼教是这样的。”我能够为贵州山区幼教老师传递教改信息,为山区幼教出一点力,我感到很高兴。

问 李老师您刚前面提到将幼儿教育作为一个部门而不是一个学科,您对幼教教研还有什么样的展望?

答 幼教没有专门的教研室,只是在中小学教研室里有一位幼教教研员,教研室的其他教研员都是负责一门学科,我觉得幼儿教育不能作为一门学科来对待。幼教涉及幼儿德、智、体、美、劳的全面发展,是教育的一个阶段,最好要成立专门的幼教教研室。学前教育是一个整体,包括公办幼儿园,民办幼儿园、企事业办幼儿园,成立了幼教教研室便于统一管理。随着改革开放的深入和社会经济的发展,幼教研究的氛围一定会更好的。

访谈对象 | **李志宇**(山西省幼儿教育中心原主任)

访 谈 人 | 贾宏燕

问 是什么样的机缘让您成为幼教教研员?

答 1995 年机构改革,原山西省教委撤销幼教处。当时全省在园幼儿有 120 多万,省教委党组向省编委申报成立山西省幼儿教育中心,于 1996 年 1 月 10 日获得《关于成立山西省幼儿教育中心的批复》(晋编字〔1996〕2 号)。1996 年 4 月,党组派我到省幼教中心工作,我开始从事幼儿教育的工作,也承担了幼教教研员的工作。

问 省幼教中心有独立的幼教教研室吗?共有几名幼教教研员?

答 幼教中心内的教研室、培训部是专门的业务机构,不同时期人员有变动。截止到 2018 年 12 月有专职教研员 6 人(不包括我),幼教中心专业技术岗位 34 人中有 32 人是教师(其中中小学正高级教师 1 人,中小学高级教师 6 人,中小学一级教师 21 人;省特级教师 2 人,省保教能手 11 人,省学科带头人 4 人,省骨干教师 2 人)。我们倡导和试行教师、教研员双肩挑。根据工作需要,专职教师承担教研员任务。

问 教研员的准入条件是什么?

答 有关教研员的准入条件,我们幼教中心有岗位任职条件。

1. 遵守宪法和法律,遵守单位各项规章制度。

2. 有良好的思想品德和个人修养,热爱学前教育事业,遵守师德规范,敬业爱岗,为人师表,团结同志。

3. 具有岗位所需的专业、能力或技能条件,有较系统而扎实的学前专业理论知识和较好的学科素养。

4. 有较好的组织协调能力和完成本岗位需要的语言文字能力,有反映文字能力的论文专著、教学参考资料、课题研究成果等。

5. 在六级岗位上工作满 3 年以上,年度考核均在称职以上。

6. 能够胜任指导全省学前教育教学、教研、科研等工作,能承担培训讲课任务。

7. 身心健康,能坚持正常工作。

此外,新入职教研员岗位的研究生先到实验园班级至少工作一年。

问 您的主要工作职责是什么？

答 关于教研员角色，我做的事情有这么几点。第一点，是深入一线。下园到班里和孩子、老师在一起，这个主要是通过观察了解和发现实践中的一些问题。像我不管是去哪个地方，包括请我去讲课，我都要先去幼儿园看看他们的情况，最好是在教育现场和园长、老师们进行研讨，当然这两个过程也许结合起来了。这样的好处就在于我们大家看到的现场活动都是一样的，研讨中说的就是人家的事情啊！第二点，是我们有两位特级教师，我们设立了特级教师工作室，以中心实验园为主，解决老师提出的问题。我们顺应班级的老师，他们提出困惑和问题，然后我们跟进。比如，大班老师设计了相关活动来培养幼儿的合作精神，但是孩子在游戏过程中有自己做自己的，也有相互合作的，但不是老师所希望的合作。所以我们就跟老师们分析这背后的原因，为什么老师预设的和孩子的实际表现差距这么大呢？问题由老师第一次教研时提出来，讨论后老师就回班级做，那么第二次教研的时候再试，这样连续跟进，就能看到这个效果。在这个过程中我们主要是引领老师要真正站在儿童的立场，从儿童的视角上来看这个合作，我们顺应教师，教师顺应孩子。第三点，就是组织教研活动，从教研的方式方法上来看，我觉得我们也是给大家起到了一个引领的作用，就是让参与的老师有亲身体验。我们做过参与式的教研培训，当时主要是进行头脑风暴，让每一个参与的人都能够进行积极的思考，发表一下自己的观点，反响很大。另外，我们也做过微格教研、工作坊。

问 在职期间，您关注过哪些问题？这些问题是如何解决的？取得的效果如何？

答 我自1996年4月担任山西省幼儿教育中心主要负责人到2018年12月退休，历经国家五个"五年规划"，不同期间关注的重点问题不同，概括起来主要问题有：一是如何贯彻方针政策，把握正确的办园方向；二是坚持科学保教，扭转"小学化"现象，推动农村尤其是乡镇中心园内涵发展；三是怎样帮助和促进园长、教师的专业发展；四是推进教研制度建设；五是提高幼教科研水平，还有幼儿在园每一天的生活品质，以及开展家园共育等问题。下面我主要谈谈我们解决上述问题所做的工作和取得的效果。

一是学习贯彻国家政策，坚持正确的方向。下地、市、县和幼儿园，到处都是"一切为了孩子""为了孩子一切"的标语口号，但教育环境和幼儿活动却反映出儿童观、教育观、价值观的问题，我们发现很多园长和教职工手头没有《幼儿园管理条例》《幼儿园工作规程》《托儿所幼儿园卫生保健管理办法》以及国家和省适时下发的有关文件，尤其是"九五"时期和"十五"前期，电脑不是每个幼儿园都有，多数教师不会使用电脑和上网。我们就编印《幼儿教育法规、文件汇编》《幼儿教育理论与实践学习资料》。我常和园长、老师们说：我们要认真学习国家有关幼儿教育的政策，这是我们的职责，是我们所有工作的依据，也是我们解决问题的武器。我们先把该做的事情做对了，幼儿园才能办好了。我们通过各种调研、培训、教研、现场指导和宣传月等形式及时将文件的理念精神传达和贯彻到我省学前教育的各个层面,自上而下地推动我省各级各类教育机构的教育理念与办学行为的规范,把握和引领了我省学前教育健康、正确的发展方向。

二是举办各类培训和评选活动,促进专业发展。20 多年来,山西省幼教中心始终将人才培养与促进我省教师专业发展作为一项重要工作来抓。贯彻"以德为先、幼儿为本、能力为重、终身学习"的培训培养思路,针对我省幼师队伍的现状,规划与实践我省幼儿教师培训路径。首先,我们高度重视省级培训对提升教师素质的作用,在每年做好园长岗位培训、幼儿教师全员培训等常规培训的同时,积极关注幼教的热点、难点、重点问题,针对不同类型幼儿园、不同层次幼教工作者的需求,包括专门举办乡镇中心园和民办园的培训,共举办各类省级培训班 111 期,先后聘请史慧中、刘焱、冯晓霞、虞永平、华爱华、王春燕、沈心燕、周洪飞、郭宗莉等全国知名专家 60 多人,省内专家 40 多人开设不同专题的讲座,参训人员达 32000 多人次。2011—2015 年积极配合省教育厅认真做好国家级农村幼儿教师培训的申报、运行、绩效考评、总结等工作,并承担了具体项目的国培任务。其次,通过开展各类评选、培养活动,在全省培养、选拔出一支素质高、业务强的教师队伍,并通过这支队伍的示范辐射作用,以点带面地影响与引领全省幼教队伍。20 年来,开展"省保教能手""省学科带头人、省骨干教师""省幼教教科研骨干"等各类评选培养活动,共计选拔和培养骨干园长、教师 1000 余人。我们通过培训与评选相结合的方式,将国家学前教育发展的新任务、新要求渗透进活动的评选标准、评价内容、评价形式、评选过程(如:以强调半日活动取代重视集体教学活动、以强调教研记录和观察记录代替技能技巧等),突出强调了我省幼儿园实践中需注意的关键性问题,直接或间接促进了我省教师理念向行为的转化。再次,应市、县、幼儿园的要求,每年派出教研员与骨干教师深入基层调研、培训、指导,通过集中讲座、观摩研讨、案例分析、实操练习、实践考察、送培下乡、提供课程资源包等多种形式,有针对性地解决各地幼儿教师的困惑与问题,全面提升我省幼教的专业水平。

三是加强教学教研,促进课程改革。针对我省各市、县没有专门的幼教研究机构和专职教研员的状况,"九五"期间由省幼教中心牵头组建了省级幼教中心教研组。随后,各市、县幼儿园也相继成立了教研组。通过构建省、市、县、园四级教研网络,初步形成专、兼职相结合的幼教研究队伍。"十五"期间,又成立了省直幼儿园教研组、省级民办幼儿园教研组,使我省教研网络更加健全,教研工作从原来的纵向管理指导进一步走向分层、分类管理和指导,教研活动的开展、教研内容的选择更具有针对性和实效性。近年来除了关注城市园的教研工作,还关注农村园和民办园教研工作的薄弱环节,探索了建立教研共同体、片区教研、盟区教研等新模式,更好地发挥了优质园的示范作用,打破了城市园和农村园的界限、公办园和民办园的壁垒,实现了教研水平的整体提升。

同时,针对我省幼儿园教研活动有效性不高的问题,我们开展了“如何增强幼儿园教研活动有效性”的系列研究与实践活动:通过编写关于教研的系列指导手册与案例指引帮助广大园长和教师明确了教研活动开展的各个要素;通过聘请专家进行专题讲座和实践指导,开展教研活动的系列观摩活动,还通过开展各种培训进行研训结合的尝试,帮助教师亲身体验什么是真问题、什么是真教研。目前在幼教中心的引领下,我省各级各类幼儿园均已自上而下建立了具体、详尽的园本教研制度,每周教研已经成为幼儿园的常态工作。许多幼儿园积极探索问题导向式教研、现场参与式教研、案例式教研、主题式教研、课题引领式教研等不同教研形式。广大教师通过亲身体验、同伴交流、专业引领等教研方式不断解决课程实践中的问题,更好地发挥了教研对教师专业成长的促进作用。

四是开展课题研究,探索和推进全省幼教科研工作。主要从自己承担课题研究和引导全省幼教科研来谈。

先说一下五个“五年规划”中,我承担了两项省教育科学规划重点课题,三项规划课题。

“九五”期间,为贯彻《幼儿园工作规程(试行)》,我申报研究了省规划课题“适应山西省情,实施幼儿素质教育实验研究”,研制了一套基本符合山西省情的《幼儿园中观教育目标》,出版了《幼儿园教育活动设计与指导》(分小、中、大班),打破了传统的六科教学,全省多数幼儿园基本实施了目标教育;承担了重点课题“幼儿教师在职培训的研究”,其研究成果为教育行政决策提供了依据,代省教委起草了《全省幼儿园园长岗位培训实施方案》和《山西省幼儿教师继续教育实施方案》,出版的《幼儿园法律问题案例评析》一书(知识出版社出版),填补了我国有关幼教法律问题著作的空白。

“十五”期间,为贯彻落实《幼儿园教育指导纲要(试行)》精神,承担了省教育科学规划课题中唯一的幼教重点课题“山西省幼儿园课程改革实验研究”。研制了《山西省幼儿园课程指南》,由省教育厅下发文件;建构了山西省地方幼儿园课程,出版了山西省幼儿园教师指导用书——《山西省幼儿园课程改革理论指导》《山西省幼儿园课程改革实践指导》及《幼儿活动材料》《幼儿发展评价手册》等(分小、中、大班,中国广播电视出版社出版),填补了山西省长期以来幼儿园没有本土化教师指导用书的空白。课题研究成果获山西省基础教育研究成果二等奖。

“十一五”期间,针对我省幼儿园教育质量不高的现状,承担了省教育科学规划课题“通过评价促进幼儿园教育质量提高的研究”。主要成果有《幼儿园集体教学活动评价指导》《幼儿园教研活动评价指导》2 个干预方案,《幼儿园教师实践操作手册》由南京师范大学出版社出版,成为我省幼儿教师案头必备书籍之一。

“十二五”时期,为了更好地贯彻落实《3—6 岁儿童学习与发展指南》,延续“十一五"课题研究成果，申请立项了省教育科学规划课题《山西省3—6岁儿童发展评价研究》，形成了《3—6岁儿童发展评估工具（试用版）》等多项研究成果。2018年3月《3—6岁儿童评估工具》及其应用探究获得了2017年度山西省教学成果奖（基础教育）特等奖。

下面谈一下引导全省幼教科研工作的开展。"十五"时期，确立了以科研促进教师专业发展和办园水平提高的理念，开始加强对幼教科研的引领和管理。"十一五"期间，我们积极争取，经省教育科学规划办同意，单列了省教育科学规划幼教专项课题，由省幼教中心统一管理。对我省幼教课题的申报、立项、开题、中期检查、结题鉴定和成果推广等工作进行了规范要求。还通过下发课题指南、召开课题培训会、深入课题研究单位等形式对课题的研究过程进行了有效的指导。"十一五""十二五"期间我省共申报课题179项，立项93项，"十三五"期间，仅2016年度和2018年度就有120项课题批准立项。这些课题研究涉及课程与教学、游戏与玩具、家园共育和教师专业发展等方面，涌现出一大批优秀的课题成果。逐步建立健全了与我省学前教育相适应的科研制度，促进了课题研究的实效性、规范性和科学性，科研成果得到积极推广。同时鼓励各地积极申报中国学前教育研究会的课题，2015年11月中国学前教育研究会立项的我省12个课题全部结题，其中4项课题评为一等奖，2项课题评为二等奖，4项课题在中国学前教育研究会会员代表大会交流，这是山西首次在全国会上进行学术交流，引起很好的反响，为山西学前教育争了光。

五是凝聚和整合省内学前教育各方力量，共促幼教质量提升。省幼教中心整合我省设有学前教育专业的各类高等院校、幼儿师范学校、教育研究机构、卫生保健机构和省级示范幼儿园等单位的专家力量，于2006年成立了山西省幼儿教育专家指导组。2010年筹备成立山西省学前教育学会（一级学会），并于2011年4月成功召开了山西省学前教育学会第一届会员代表大会暨学术报告会。2014年结合我省学前教育发展情况，又对专家指导组成员进行了调整，增加了幼儿园的特级教师、学科带头人和保教能手，让专家指导组的面更宽，指导更贴近幼儿园保教工作实际。2017年12月学会换届，设立了学前教育管理与评价专委会、幼儿园课程与教学、游戏与玩具、学前儿童发展、社会教育、民办教育、教师教育和0—3婴幼儿教育8个专业委员会。充分发挥了热爱学前教育事业的各界人士的作用，促进了学前教育学术交流和实践探索，带动院校与幼儿园的融合，为推动我省学前教育教科研和幼儿教师专业发展发挥了积极的作用。

六是启动帮扶机制，推动农村学前教育发展。2010年开始，国家大力发展学前教育，并在一系列重要文件中指出："要重视农村学前教育的发展。"我省在两期学前教育三年行动计划中加强农村园建设，并于2014年12月下发了《山西省教育厅关于建立优质幼儿园帮扶机制的指导意见》。省幼教中心认真领会文件精神，发挥山西省学前教育专家指导组、山西省学前教育学会以及特级教师、省学科带头人、省保教能手的作用，加强对省级示范园做好帮扶工作的培训与指导，以乡镇中心园为抓手，每年都深入全省各地对乡镇中心园，对其保教情况进行调研和指导，引领各市有效开展片区教研，解决帮扶实践中的困惑与问题。另外，我们还承担了每年召开一次帮扶推进会的筹备任务，总结交流我省各市、县（区）、园帮扶工作的先进经验，为帮扶工作的进一步开展提供专业支持。通过帮扶活动，各地把建立优质幼儿园帮扶机制作为提高学前教育质量的重要举措，形成了城乡一体化管理模式、幼儿园发展共同体模式、区县帮扶和园所帮扶相结合的模式、支教帮扶模式、盟区建设的模式、片区教研模式六大帮扶模式，创新了订单帮扶、分类跟岗、包园蹲岗、岗位结对等十余种帮扶形式，无论是优质园还是被帮扶园，都呈现出互惠双赢的局面。园容园貌得到改善，队伍素养得到提升，园所管理得到规范，以游戏为基本活动的原则进一步得到落实，各级各类幼儿园纷纷创设适宜幼儿主动学习的环境，注重幼儿直接感知、实际操作和亲身体验，积极开展各类游戏活动的探索和推广，“小学化”现象得到遏制，广大农村园尤其是乡镇中心园得到了明显的发展，城乡差距、园际差距进一步缩小，带动了区域的整体发展，保教质量得到提高。“十三五”时期，帮扶工作继续深化并取得了如下效果：一是探索出推进的两个基本路径，即“发现典型—培养典型—提升典型—推广典型”的工作路径。快速推广帮扶经验成果的路径：园内总结—片区交流—县级互访—市级提升—省级推广。二是提炼出帮扶成果推广的有效方法。三是凝练出帮扶工作中最有效的支持形式——专业引领。四是深入基层跟进指导，积极筹备，协助省教育厅基教处成功召开了“全省优质幼儿园帮扶工作现场推进会”“全省第三期学前教育行动计划部署会暨优质幼儿园帮扶工作会”与“山西省优质幼儿园帮扶工作经验交流暨内涵发展促进会”三个会议。其中，2017 年全省各市、县（市、区）教育局局长、幼教科科长，帮扶园的园长以及大专院校学前教育的专家等近 400 人齐聚运城，一同观摩了运城市芮城县、临猗县的 16 所县、乡、村幼儿园。省、市、县教育行政三级一把手看到幼儿在适宜的教育环境中自由自主地快乐游戏、活动、交流和学习，为之震撼，反响强烈，赞不绝口，纷纷表示要组织本市的园长教师前来参观学习。会后各市组织幼教干部、园长、老师，有的还选派家长代表一同赴芮城县、临猗县参观学习，扩大了会议的效应。

七是总结经验做法，注重内涵发展。上述工作及其成果也较为全面地反映在 2018 年出版的《山西省学前教育内涵发展成果经验丛书》中。《丛书》是由我省学前教育专家学者、教研员、优秀园长和骨干教师组成的编写委员会首次对“九五”至“十二五”期间我省学前教育改革与发展所做的全面梳理和总结，共 180 多万字，5 个分册，分别是《课题成果公告集》《学术论文集》《园长管理经验与专业成长故事集》《教师保教经验与专业成长故事集》和《幼儿园教育活动案例集》。获得了 2017 年度山西省教学成果奖(基础教育)二等奖。

20多年来,山西省学前教育事业发展取得了可喜成绩,保教质量不断提升,课程改革不断推进,广大幼儿园的教科研意识和能力明显增强,师资队伍专业化水平得到提高,城乡之间、区域之间、园际之间的差距进一步缩小,形成了一批又一批有借鉴意义和推广价值的成果和经验。学前教育发展到今天站在了新的历史起点,党和国家高度重视学前教育发展,相信山西幼教人会不忘初心,牢记使命,砥砺前行,由衷地希望山西学前教育稳步、健康、持续、积极地发展。

问 您在职期间,省、市、县、园各级教研工作的关系是什么?

答 主要是指导、交流、互动的关系。但它不是省、市、县、园这样的一个简单纵向的关系,我觉得不同时期背景不一样,它们的关系也是不同的。

从职能上来讲,幼教中心牵头建立的教研网络队伍职能是教学研究,并没有行政职能。幼教中心成立时,我们的工作职责主要是研究全省幼儿教育教学工作,幼教中心算是一个业务机构,幼教行政是在基教处。当时幼教没有专门的教研机构,只有个别地市把幼教工作放在教研室里面,大多数地市还没有什么专门的教研机构和教研员,所以长期以来(包括现在也是)到了市、县,是教研、行政双肩挑的,比如说各地市的幼教科,各个县有幼教股,在这个岗位上的同志,也就是咱们说的幼教干部,他们大多数都是双肩挑,既管行政又管业务,其中教研肯定也是一个方面(但当时是"听课",还没有专门"教研"的提法)。而幼教中心只有业务职能,做研究和指导,没有行政职能,不存在上下隶属关系。所以这涉及一个建队伍的问题,虽然幼教中心的职能是研究教学,但是没有专门的队伍,没有一个组织形式,实际上和大家关系是比较松散的。所以当时就由幼教中心牵头成立了山西省省级教研组,成员由各个地市的幼教科长、幼教干部组成,由幼教中心牵头在全省做起了教研,随后各地市也相继成立了市级的教研组,到了县里面,有的县是只放在市县教研室,市里面有幼教的教研人员,也兼做其他工作。幼儿园里面也没有专职的教研人员,就只有园长、业务园长,幼儿园大多数就是在园长或者业务园长的带领之下,由年级组长、骨干老师来搞教研,这样的话就形成了省、市、县、园四级的,我们把它称之为教研网络队伍。

所以我们更多的是和大家在教研上做交流互动。因为长期以来咱们幼教的教研都是主持人或者是专家领着大家学习一些文章之类的,老师们都是听,感觉也研不起来,而且其实那会儿大家都不知道教研该怎么做,包括我自己在内也是在摸索当中。我们后来有了教研网络,在组织活动中就发现了这个情况,所以那个时候我们就想,这是不是也应该要有工具性的东西来做支撑。于是我们幼教中心就设计、印发了教研笔记、教案,后来我们倡导关注儿童,于是增加了观察笔记。在教研培训中大家就认为这个挺好，所以后来各地市就仿照幼教中心的模板在市、县印发了，比如咱们每届评保教能手的时候所要求的教研笔记和观察笔记，都还是沿用那会儿的，当然随着发展也做了一些适当的调整。所以我觉得我们之间主要是指导、交流、互动的关系。

问 在您的教研史上，什么文件对您的工作影响较大？

答 在我的教研史上，对我的工作影响较大的第一个文件是1996年3月原国家教委正式颁布的老《规程》，1997年春节后，我去北京找到时任教育部学前教育处处长马建华，并于4月7—12日举办了全省学习贯彻《幼儿园工作规程》培训班，马建华处长作了修改《规程》报告，中央教科所方明研究员做了专题讲座。省幼教中心成立之初正值《规程》正式颁布，《规程》是我们牢牢把握正确的办园方向的重要文件之一。还有原国家教委下发的《关于颁发〈全国幼儿园园长任职资格职责和岗位要求（试行）〉的通知》《关于开展幼儿园园长岗位培训工作的意见》，我参加了国家级的培训，园长岗位培训从1998年开始至今成为省幼教中心制度性的培训，列入每个年度的工作计划。还有《纲要》《指南》是我们贯彻落实党和国家有关学前教育的方针政策，遵循学前教育规律，坚持科学保教，促进幼儿全面发展的指导性文件。党的十九大确立了两个“一百年”的奋斗目标，将“幼有所育”列入重要民生事项。2018年11月7日《意见》发布，学前教育事业发展的方方面面都能找到政策依据。

问 在您的教研史上，哪些人或事对您的工作影响较大？

答 在我的教研史上，对我的工作影响较大的，给我工作动力是孩子、园长和老师，还有专家和家长。那个年代幼教排不到议事日程上，我到了幼教中心以后，我什么时候都是去求人办事。那时候不像现在政策好，干啥都有依据，环境氛围好。我碰钉子的时候也挺多，不被理解，甚至受委屈，但是也是感觉最充实的时候。在这个过程中，我们这个单位也发展了，尤其是全省的学前教育内涵发展上，得到同行的认可，包括在全国来看，也有不少的人，一说起山西就知道有个李志宇老师，我就觉得自己很幸福。所以我觉得虽然自己现在退休了，但是真正让我知道了教育、学到了一点东西还是在幼教中心的时候。

在这个过程中，老师们和孩子们对我的影响挺大。当时我刚接触幼教，看这个专业的书，实际上我是不大理解什么叫儿童的发展潜能，不知道他们的潜能有多大。但是你一旦到孩子中间去，那才叫惊喜，我们真应该向孩子学习。还有当看到家长每天早晨把孩子送到幼儿园，她真的放心吗？和家长交流的时候，感受到家长内心的期盼，所以，是他们给了我工作的动力。

下面说说几位专家对我的影响，我最早接触的是陈帼眉老先生。她可以说是我们国宝级的专家，我很敬仰她老人家。她热情开朗，而且特别关心我们，让我感到非常亲切,没有任何心理上的负担。并且她给了我可以说是从专业理论方面的启蒙性知识。尤其是在我主编出版山西省幼儿园教师指导用书——《山西省幼儿园课程改革理论指导》《山西省幼儿园课程改革实践指导》(分小、中、大班)期间,陈帼眉、周洪飞都给予了我方向上、专业上的指导;还有一些著名专家给予了我支持指导,尤其是陈老的鼓励。

刘焱教授对我们的影响也特别大。在和她接触的过程中,同样也感受到刘老师特别理解我们作为一个地方基层幼教人员的难处。在刘焱教授的帮助下,我们编写了《幼儿活动材料》《幼儿发展评价手册》(分小、中、大班)和辅助材料《故事·儿歌》《歌曲·音乐》等,建构了符合《纲要》精神和山西省情的幼儿园地方课程。刘焱老师也多次来到我们山西,不仅从游戏方面还在观察与评价方面,做了一些讲座和指导,我们还参与过刘老师的幼儿园环境质量的评价研究,后来她又牵头做了"三研究",即研究玩具童书、研究儿童、研究教学,也是给了我们专业方面的引领,包括从实践层面怎样去做才能够从儿童的视角出发。

然后虞永平教授对我的影响也很大。我觉得我在虞老师身上学到了很多。在与他相处的过程中,以及虞老师为山西幼教做的事中,我能够感受到他对我们山西这种相对封闭保守的中部地区的极大关注和关心。所以我的感触是,我们山西最欠缺的就是这样的专家的引领,下面我举几个具体的例子。比如,在虞老师做了中国学前教育研究会理事长以后,每一次组织的各类学术活动给人的那种感受就和以往不一样,他是从国际视野,基于中国的国情,贯彻国家的《纲要》和《指南》精神组织活动,他在这个方面做了大量的工作。还有,虞老师在把我纳入到中国学前教育研究会理事的时候跟我说了一句:"李老师,把你作为常务理事的候选人吸收进来主要考虑你是个做事情的人。"这个话我听了也挺感动。也不是说因为虞老师说我李志宇是个怎样的人,而是因为他对山西学前教育的关心!还有件事,是虞老师在一开始做幼儿园课程故事研究会议的时候,就想到了山西,我觉得这个又一次让我很感动。咱们山西现在有几间幼儿园参与了,有虞老师这么大的一个专家、博导,带着大家从课程的最基本的单元做起,有张斌、原晋霞、丁海东等专家跟进指导,这个过程就让幼儿园能够看到、知道自己也可以做课程。现在,第一次课程故事会分享的故事已经在南京师范大学出版社出版了!和这些大专家接触,感觉到我们幼教人的情怀,远远不是说我只是做我分内的这点事情,而是能够带动我们更多的地方把幼儿园的课程做好,保教质量得到提高并最终落到儿童的学习发展上。

华爱华老师对我的影响也比较大。我们山西省2013年搞省级培训时,就请了华老师来讲了观察、了解儿童,活动区游戏的实施,《指南》和艺术领域的《指南》解读。这一次培训对我们省的影响也特别大,而且在会后,华老师也欣然将她的课件给我们,这对我们正确理解《指南》很有帮助。

联合国儿童基金会陈学锋主任对我的影响也比较大。之前我听过陈学锋的一个报告,听了她的报告后我特别有感触,报告结束后刚好我们一起吃饭,我就跟陈学锋主任说:山西有50个贫困县,其中国家级贫困县有35个,我注意到儿基会在中国资助的项目很多,如果有机会了是否可以考虑山西呢?过了一段时间后,陈学锋主任还专门来电话跟我说了一个儿基会资助国家多部门合作的“贫困地区儿童早期综合发展项目”(IECD),后来我和省里一些人加入了这个项目,由儿基会提供资金支持,在我们山西开启了不止三年的项目村早期儿童启蒙。在参加这个项目的过程中,我感受到国际项目的严格和规范。后来,儿基会还给山西提供了一些资源来解决我们的资源紧缺问题,比如《农村幼儿园教师培训资源包》,免费给我们提供联合国儿基会里她做的项目的一套故事书等。我觉得跟陈学锋主任,还有马郎、赵永鑫这些人在一起,自己需要做的事情很多,你更应该多做。说到这,我觉得我们幼教人的精神特别重要。虽然长期以来我们幼教队伍人数不足,质量不高,但是就是这些人支撑着我们幼教的发展。因此我觉得我们一定要有一个开放的胸怀,有这种大爱精神。

除了以上所说的几位专家,我、我们山西学前教育也还受到刘占兰、李洪曾等专家的影响和帮助。

问 您在教研工作中遇到的最大困难是什么?您做过的最有成就感的事情是什么?

答 教研工作的最大困难是缺乏政策保障。中小学有完备的组织机构和遵循的规范,而幼教教研体制机制自上而下基本为空白或为临时性的、松散的、自发的组织形式,且教研员没有岗位职责要求;没有经费支持,缺乏保障;还有,缺乏研究力量,身份不明确,教研员数量严重不足。可以说,教研员专业理论功底薄,研究指导能力跟不上,没有学术氛围,他们的地位、待遇也不高,得不到应有的尊重,甚至不被理解。国家层面又没有学前教育的业务指导管理部门,且行政管理任务繁重,比如,我们幼教中心自成立以来基本上跟随中国学前教育研究会学习、交流、提升,但近两年又因为公办园受纪检检查、审计不准报销而无法参加学会活动,虽然说财务严格规范是必需的,但是简单限制参加学会、研究会学术活动,并不利于教师的专业发展和学前教育的质量提升。

最有成就感的事情是,第一点,是“九五”开端时,在市县一级多数没有专门的教研机构和配备专职的人员的情况下,我们成立了省级教研组,启动教研,开展有关教研方面的活动。在这个进程中,逐步地形成了以兼职为主的教研队伍,并且我们也给教师提供了一些工具性、支架性的支持,带着大家有效地开展了不仅仅是对集体教学活动,还有对优化幼儿一日活动,包括环境创设等方面的教研活动。在我们的努力下,全省11个市都在开展教研工作。在国家从行政上发文件强调教研之前,我们就这样做了。

第二点，是我们山西省以评价为导向，对幼儿教育教科研骨干培养活动都有严格的要求。由于我们大多数是兼职的教研人员，比如说通过我们省保教能手评选从第四届开始，在报评审档案材料的时候，除了教案还加了一个教研笔记、一个观察笔记，我们要求做教研最基本的首先是先观察，发现问题。再一个就是在省学科带头人、省骨干教师评选，包括在我们教科研队伍的建设方面，就是省教育厅下文件对幼儿教育教科研骨干培养活动都有严格的要求。

第三点就是在教研的基础上，我们以科研为先导，这一方面是幼教中心的职责要求，另一方面也是我们在做教研的过程中，感受到以科研为引领的意义。以科研为先导，实际上也促进了教研。在"十一五"期间，我们在山西省教育科学规划课题里面开辟了幼教专项课题。此后，我们幼儿园层面有了幼教专项课题。这么多年来也获得了很多课题成果，到了现在，高校申报的课题也比原来多了，但是更多的是来自幼儿园层面申请的课题。还有一个成就，就是从"九五"一直到"十三五"期间，我们承担的一些课题都取得了不错的成绩，尤其是在"九五"承担的两个科研课题——"幼儿教师在职培训的研究""山西省素质教育研究"，素质教育这个研究主要是打破了过去六科教学的传统教学模式，也出了一套幼儿园活动初稿，对当时扭转学前教育"小学化"、把握方向起到了积极的作用。"十五"期间承担幼教唯一一个重点课题"山西省幼儿园课程改革实验研究"。还有一个课题是针对《指南》落实的山西省 3—6 岁儿童发展评价的实验研究，这个课题的成果也有具体书面材料，获了省基础教育特等奖。

所以我觉得如果要说最大的成就，我觉得一个是从面上对全省教研的推动，再一个就是我们关注到儿童的发展。

问 作为幼教教研员，您总结了哪些宝贵经验？

答 从我自己来说，我觉得首先，你必须是一个头脑清醒的人，若是头脑不清醒，就不能做出正确的判断。你知道什么事情该做，什么事情不该做，而且该做的事情你要信，还得想好了怎么去做成。做事关键是看能不能做成，遇到困难的时候，最重要的是心态。比如说，我到了幼教中心后虽然级别是上来了，但是实际上你是在到处求人，但我当时就觉得我的脸就像是"橡皮"，我不怕蹭，脏了以后蹭一蹭，就又出来新的一层了，但是你如果遇到挫折就退缩了，你不是就做不下去了吗？虽然我一开始来幼教中心时我的思想是被动的，而且有失落感，但是自从我真正接触到幼教实践后，我就觉得自己是在做自己喜欢的事情，我愿意去做，觉得特别充实。而喜欢是最重要的，你喜欢你就愿意做了，你不会了，你就去学，我反正是向任何人学习。这也就是我心态上的转变。

再一个，就是做事情一定要坚持，就是要执着一点。当你"碰钉子"了、受委屈了，有时候甚至是得罪人了，你也不能气馁，今天去了这个事没做成，明天再去，明天不行就后天，总归有一天能够做成。所以厅里面的这些主要领导都说没有志宇办不成的事情，而且我做了好多人做不成的事，比如说像盖教学楼，我们光守着地就守了十来年。

总之，在这些年的工作过程中，我越来越感觉到做教育就是一种情怀，你像咱们说的陶行知、张雪门、陈鹤琴，包括前面提到的陈帼眉老先生、华爱华教授、虞永平教授、刘焱教授、陈学锋主任等这些人，那真的都有一种情怀，我觉得正是这种不同时代中的情怀，赋予了我们精神内涵。而且有了情怀，有了信念，就要坚持下来，“不忘初心、牢记使命”，这实际上不仅仅是一种眼界，更是一种胸怀。

问 *您如何看待教研员与教育行政人员、教研员与幼儿与教师之间的关系？*

答 我认为三者之间关系密切。教育行政人员的态度、专业性和工作作风直接影响着教研员和教师的教育理念、工作状态与专业成长；教研员的理念、专业素养和指导能力也影响着教师的专业发展。这三者之间建构着一种尊重、平等、理解、信任、支持和互动的关系，且行政人员、教研员“两翼双轮”。

其实，我们能分清楚这三者里面谁重谁轻吗？分不清楚，它绝对是一个紧密的关系。但是角色不一样，它的职责也不一样，它所起的作用、功能也不一样。行政人员肯定是主导的，就算你是一个小干事，在别人眼里你也是领导，这就是与我们的在岗位上的这个人，个体关系很大。我感觉行政人员对幼教的态度和工作作风，包括专业水平直接影响着教研员和老师，因为毕竟他们有行政职能，行政的评价就是一个导向。

实际上行政人员的评价并不是说是有组织、有计划的，或者拿上标准去评价，更主要是日常中的一个眼神、一个动作或者一句话，可以说就影响到你的这个事情能不能做。所以我就觉得我们也应该把行政人员的培训纳入到学前教育队伍建设中来。在咱们山西，我们园长就经常说，让幼教干部们培训培训吧，他们的观念可落后了。这反映了什么？幼教干部不懂专业，或者观念没转过来。

总之，我觉得行政干部是起决定性作用的，他是一个导向。一方面，虽然中国学前教育研究会有幼教课题，但其实学会的课题不作为一级课题，科研课题从出处上来说应该得到教育行政认可，国家级的课题就需要全国哲学社会科学办公室的认可，中国学前教育研究会的课题只是从学术上专业上的一个引领和把握，带动基层做研究。另一方面，我们的课题成果要推广，没有行政的推广是很难的。比如说我们贯彻《纲要》的教师指导用书，我们是争取了教育厅领导的支持，后来经过省教材办审定，才在全省试用。这个过程其实也不容易。

访谈对象 | **梁雅珠**（北京教育科学研究院早期教育研究所原所长）

访谈人 | 李 颖

问 梁老师，请您先简单介绍一下自己。

答 我出生于1958年6月。我从1978年开始，一直在北京教育科学研究院早期教育研究所工作，至2013年退休，整整35年。

问 特别感谢您接受我们的采访。您可以说是北京学前教育特别资深的一位幼教管理者，我们特别想通过对您的访谈了解一下您亲历的北京学前教育发展历程。首先，请您讲一讲您与学前教育的缘分是从何而起的，可以从您的教育经历还有工作经历开始。

答 1977年11月，我经过面试和学校推荐，进入北京幼儿师范学校学习。刚开始的时候我对学前教育的想法很简单，真正接受了学校一年的职业教育后，才觉得当幼儿园老师特别光荣，幼儿园教师是被人尊重的一个职业。这一年当中，我记得有二十几门功课，教学教法、技能技巧等，挺丰富的。因为我们高中毕业又在社会上漂泊了一年多后才继续上学，特别珍惜学习的机会，因此我在学校学习还算不错，又当了学生会主席和团委书记，所以我在北京幼师上学期间就加入了党组织，是为数不多的学生党员。

1978年毕业的时候，我被分配到北京市教育局幼儿教育研究室。因为我刚学了一年幼儿教育又是中师毕业，是没资格做教研员的。当时那儿缺一个打字员，我年轻、功课又好，责任心强，又是党员，教研室准备让我当打字员。但是那个时候打字机得半年才能购置下来，那么这半年我干什么呢？在北京市教育局组织指导下，教研室编第一套幼儿园课程，让我也参加了编写工作，给我找了一位师傅，就是刘嘉敏老师，她也是非常专业的一位老研究人员，慢慢培养我。那个时候我积累了很多，还结识了北京市当时非常著名的特级教师：王继芬老师、李培美老师、王月媛老师。我天天去听她们的课。所以，我虽然学历低，但是工作上给了我一个特别高的平台，让我天天去聆听这些老师的课程，去研究教材和教法，我从中学习了很多，经过实践检验的这些教育理论又在实践当中生根。非常幸运的是我工作的起点就是直接从这些优秀教师身上感受到学前教育的神圣以及幼儿教育的专业品质。

我在工作的第二年主动申请到一所寄宿制幼儿园磨砺了一年，除了传达室我没干过，保育员、教养员、保健员、夜班员、厨房人员等各种岗位，我都干过，我觉得自己从学校毕业之后又进了一所实践性的大学。在这一年当中，我天天跟孩子们、家长们打交道，我吃、住都在幼儿园，星期六晚上才回家，星期天晚上又到了幼儿园。给孩子理发、剪指甲、洗屁股，我都会，因为那时候没有好的条件，我们都是用两个肩膀把一桶一桶的水打到班上，倒进一个大池子给孩子洗澡。历练了这一年，我不仅入党转正了，还体验了幼儿园老师的辛劳，这影响了我在后期做教研工作时的教师观。

1979年，我从幼儿园实习一年回来之后，先跟着中央教科所史慧中老师做4—5岁幼儿口语调研，然后又跟着中央教科所郑惠英老师搞幼儿园科学的教研课题，就是用一种行动研究，扎根在幼儿园，每天跟老师一起备课，跟小朋友一起走进大自然，在不同的季节，怎么样去观察动物，怎么样去观察植物，怎么样去搞自然角，研究孩子的整个学习过程。我跟着郑老师一直从1979年到1984年干了5年，这个阶段收获很大，学了很多教科研的方法，提升了自己的专业水平。所以，当时我也出了一本书，叫《认识社会与自然》，在幼儿认识自然的领域当中，我从目标、内容、方法三方面展开，分小班、中班、大班三册。我们又整理了当时北京市优秀教案100例，在这个过程中我又承担了北京市第一套农村学前班教材中当时叫自然常识现在叫科学领域的编写，这意味着我工作五年后就能挑大梁了。当时，我们主任说即使那个打印机来了，跟你也没关系了。可以说是命运的安排，实际上我就是中师毕业，有一份工作热情，有一份认真的态度，又有这么好的环境，渐渐地我就跟那些资深的老教师一起编教材了。所以我扎实的基本功主要来源于周围这片肥沃的土壤，我相当于读的是社会大学。我感到特别有幸的是我汲取人家多年积累的直接经验的精华，奠定了我的间接经验的基础，换言之，就是所谓的起点高吧，我有幸能在这样的环境中工作。

1984年，我考到北京教育学院时，我真的觉得我的功力不够了，因为中师毕业那个时候还没有要求我们必须得读大学本科，但我发现，从小学到高中毕业，我学的文化课的底子还是比较薄的，我觉得我一定要拓展学习，我们单位又特别明智，说你可以放弃工作，但是你得考，最后我以比较高的分数考到了北京教育学院，而且是北京教育学院唯一办的一届幼教大专班，完全脱产。我又特别有幸，这两年的课程特别高级，我们在中国医科大学协和医院学解剖学，大学语文是特别有文化知识的老师教我们。经过两年专业课的学习，我作为唯一的全优生毕业。学完这两年，职业的认同感就有了，我觉得幼教是神圣的，它的神圣来自于它是科学的，因此在那个时候对职业的敬畏、职业的认同，我觉得是一个提升。后来我又回到了研究的岗位，一直到1994年，这是我踏踏实实做教研员的这一段经历。

我做教研的那些年，我们国家的幼教经历了这样一个阶段，就是从无纲无本到了有纲有本，有《幼儿园教育纲要(试行草案)》，我们又系统地编写并完善了北京市“文革”之后的一套课程体系，我们叫“三学六法”(“三学”指的是心理学、教育学、卫生学，“六法”指的是语言教学法、常识教学法、计算教学法、音乐教学法、体育教学法、美术教学法)基础上的幼儿园各科教学大纲和教材，然后我们又在常识领域做了一系列的研究，也出了一本给老师们的指导书《幼儿认识社会与自然》，还拍了教学片子，获得了国家级的奖项。1994 年，我被破格提升为中学高级教师。这一年，老的领导要退休，我就接任了学前教研室的主任一职。这个学前教研室原来是北京市教育局幼儿教育研究室，底下有一个《学前教育》编辑部，就是现在的《学前教育》杂志社。1989 年机构改革就把刊物和教研分开，把教研纳入到中小学体系。当时这个单位的名称叫北京市教育局基础教育教学研究中心，我们属于这个单位的一个教研室，即学前教育研究室。当时从体制上把我们纳入了中小学教研的体制，我认为特别好是因为它真正地把学前教育作为基础教育的一部分，而且教育是相通的，我觉得在这个过程中我们就不是一个小的独立单位了。从教育的本质上来讲，纳入这个机构是有好处的，使学前教育成为基础教育的一个重要组成部分，所以就说幼小衔接也好，或者说从教育的规律来讲，我觉得我们的视野一下就开阔了。所以 1994 年当我接任学前教研室主任的时候，我觉得我们那 5 年跟基础教育更贴近了，也就是说从大的课程观、大教育观来讲，把学前教育纳入到基础教育当中，真正从教育的质量、教育的本质，包括教研工作的规律上，对我们学前是一个提升。

我当了主任之后，又经历了 1995 年北京市教委改组之后成立教科院，我们教研中心就算教科院的一个部门，1995 年机构改革之后领导就发现，教科院当时有基础教育教学研究中心，又有基础教育科研所，这两个部门里都有学前室，一个干科研的活，一个干教研的活。当时教科院就提出来一个整合的概念，所以 2002 年 10 月份教科院内部机构改革，两个教研室合并成立了北京教科院早期教育研究所，是一个独立的处级单位，承担北京市学前教育教研及科研工作，也就是说托幼一体的概念就从那时开始。2002 年成立早期教育研究所，通过民主推荐、竞聘上岗，我担任了早期教育研究所所长。2002 年 11 月，早期教育研究所挂牌成立。教研科研合一家，就是走到今天仍然还有北京教育科学研究院早期教育研究所，现在这个名字还没变。

问 让您分管学前教育是什么时候？

答 如果从责任担当来说，负责全北京市的教研工作是 1994 年，但是我们工作是相对独立的，比如说我们直接面对全北京市的，那时候叫 19 个区县的教研室，也就是说从 1980 年、1981 年开始，我们幼儿教研室已经健全了这样一个机制，就是各区都有教研室，有的是设在区县进修学校，有的是单独成立的，19 个区县都有这样一批专职的教研队伍。从那时起,北京市形成了比较完善的市、区、幼儿园三级教研网络。

问 *那也就是说,让您来分管学前教育的时候,经历了先是独立,然后又合并,然后又从合并分流出来,这样一个分合分的过程。*

答 是,所以我一般填简历的时候,就有不同的单位称呼,但其实我干的活就是这个岗位,这个单位一直存在,只不过就是它的归属单位不一样。从2002年教科院机构改革,早期教育研究所成立,我们就成了北京市教育科学研究院的内设机构。

问 *我就是有点费解,怎么才能算是教育行政机构当中有独立的学前教育科室?因为刚才听您说的您的工作经历,在1994年之前学前教育研究室就是独立的单位。*

答 1994年之前这个单位算是独立的科室,是负责北京市所有幼儿园教育教学质量的一个机构,从它的机构职责和定位来讲,它应该算是相对独立的,只不过从管理上来讲,1994年之后,幼儿教育研究室归属到基础教育教学研究中心后,就不是法人单位了,它是附属在一个大的团队里,但是从职能来讲没有任何一个单位可以取代它。

问 *有关于业务管理方面就是您负责的,我们可以这么理解吗?*

答 北京市教育局幼儿教育研究室成立于1954年,"文化大革命"开始后,这个机构就撤销了,直到1978年9月北京市正式恢复了这个机构。我正好是1978年12月份到的这个单位,从1978年至今,北京市学前教研怎么恢复、怎么发展,我觉得我是见证人。从1976年粉碎"四人帮"之后,北京市就有独立的学前教育处,各个区县都有学前教育科。北京市教育局有负责幼儿园专业发展的行政机构,有一个专职的教育研究机构,然后各个区县也有专职的教研人员。总而言之,"文化大革命"之后,北京市就有了非常完备的教研体系。那个时候的幼儿园教研组是以学科来划分的,比如说语言教研组、美工教研组等。幼儿教研室有6个学科,有语言、计算、常识、美术、音乐、体育6个学科的教研组,每个学科都有特别专业的教研员负责,他们指导各区,区里也有教研组带着幼儿园,北京的三级教研网络我觉得是非常完善的。首都作为首善之区,从机构健全来讲,我觉得在全国是率先的,所以各个省市的教研机构,包括大专院校,经常来我们教研室访问。

到2002年教科研合并之前,我们最大的优势是完善了幼儿园各科教学的课程体系、教学方法体系。在这个时期,我们推出了一批非常宝贵的、德高望重的特级教师,一共有11位。其中王继芬老师、李培美老师、康德英老师,她们都是学科带头人。王继芬老师有语言方面的专长,李培美老师有数学和思维方面的专长,康德英老师有品德方面的专长,卢珊珊老师、林静华老师和田毅然老师都有音乐方面的专长,王月媛老师有科学方面的专长,琚怡桐老师有德育和个性化的培养教育方面的专长,李玉英老师有数学方面的专长，梅永勤老师有音乐方面的专长，还有一个沈心燕老师她各方面都很优秀。因为她们都已经是各领域方面的研究者和专家，我觉得特别值得我敬佩。她们的教育教学经验，到今天来看一点都不落伍，因为她们的出发点是从研究孩子开始，从研究科学的幼儿教育的基本规律开始，再研究儿童的成长和发展，这真是工匠精神。她们的实践是我们国家学科教学方法的宝贵经验，值得我们后人反思学习，进行再提升、再加工。我很有幸大部分时间都跟随着她们，研究她们上的教学课。像当时王月媛老师在班上，我每周都去听她的课，我帮助她们总结教案。她们研究向孩子提问题，孩子如果听不明白，怎么用启发性的问题再去开发孩子的思维；看图讲述时，我怎么分析教材的重点难点，把孩子带到一个情境当中，让他们去观察，让他们去思考，最后他们能够形成完整的语言去表述这一段画面。所以那个时候看图讲述，孩子的口头语言非常标准。我从特级教师身上看到，她们研究儿童，所以她们在教学方面既有启发，又有创新，我觉得从现在的这种教育理念来讲，她们的这些经验一点都不落伍，甚至比我们现在做得还更稳健、更扎实，因此我觉得她们的教育生命力真的是持久的，她们是最早发现儿童和支持儿童学习的老师。我现在越琢磨她们当年的那种实践，越发现跟现在我们提倡的最先进的教育理念是一脉相承的，就如同现在我们再读陈鹤琴、张雪门的东西，就觉得非常亲切。实际上我觉得她们就是完全按照幼儿教育的科学规律、孩子成长发展的科学规律在教育孩子，所以她们的东西永远是鲜活的，永远不过时。

我说一个王月媛老师的故事，你看她当时教育孩子的理念有多先进。她们班上来了一个小姑娘叫小晶，因为是从农村来的，特别自卑。老师问："小朋友，春天到了，你们喜欢做什么？"小姑娘穿得比较土气，她在一个角落里举手又放下了手，然后又举起手。王老师说："今天我们的新朋友小晶也想说说她对春天的感受，欢迎！""春天到了，我喜欢睡觉。"所有的孩子都嘲笑她，当时有几个听课的老师悄声地说："人家说春天到了，我喜欢放风筝；春天到了，我喜欢看美丽的大好河山；春天到了，小草发芽了。这个孩子喜欢睡觉，这个回答太俗了……"王老师并没有一点点歧视，她用非常欣赏的态度回应道："小晶和我想的一样。"那个时候孩子们是崇拜老师的。"小晶，你怎么跟王老师想到一起了？"所有孩子的那种嘲笑就变为了一种崇拜。当时我觉得王老师表扬孩子，还是很由衷的。"经过了一个冬天，春天到了，随着气温的升高，暖暖的阳光下人就昏昏欲睡啊，人到了春天就有一种乏力感，确实是春天到了，春困秋乏，我也这么想！"所以王老师是很有依据地在表扬她，王老师说："今天小晶你这么回答问题，说明你是一个爱学习的孩子、爱思考的孩子。"王老师对孩子是言自由衷的爱，是言之有物的表扬。"因为你回答的是你最真实的感受。"孩子们的偏见嘲笑一下变成了由衷的赞同。一个好老师，能跟孩子产生精神上、心灵上的共鸣，能够在孩子最纯朴的心间，埋下一颗希望的种子，给孩子一份尊重，一份认可，给孩子一个创造性发展的空间。

问 每次我见到您，一谈起特级教师您都会滔滔不绝，刚才听您说您的这些经历，感觉您有机会结缘并分管学前教育是源于您对您心目中这些特级教师的感恩之心。

答 之所以我用这些特级教师的故事做铺垫，是因为我觉得我后面做管理工作，对幼儿园指导服务也好，我那个初心从哪来？我觉得就是党中央说的“不忘初心、牢记使命”，今天我谈学前教育，我觉得我们要从初心出发，追溯到今天，看待学前教育的质量、发展，我的思考点跟我的成长经历和我对这个事业的认同感有直接的关系。

问 听您说了那么多，我抓取到一个关键词就是“服务”。您受益于一线的这些工匠型的大师们，就是我们的特级教师。您对学前教育有一个很清晰的定位，我特别想问您，您觉得，那个时候有必要设置这种独立的学前教育科室吗？根据什么来配置管理人员？包括刚才那个问题，我还有点含糊。就是您说北京市有特别完备的学前教育体系，那学前教育科室有几名管理人员？我理解就是市里的这个是最上一级的，因为您刚才说各区县人员是不一定的，您在任期间，市里分管学前教育的科室有几名管理人员呢？

答 那个年代学前处有4、5个人，我们教研室有7、8个人。学前处是北京市教育行政机关，他们负责行政，我们是负责业务，当时就叫行政、业务两大块，其实还有第三块，叫培训，比如有园长进修学校，有北京教育学院，有各区职高，行政、教研、培训三大体系，北京市学前教育机构比较完备。2002年，早期教育研究所正式成立。早教所成立之后从开始的4—5人，到后来的10个人，主要负责全市教研、科研、培训、指导以及政策调研等工作。2004年年初，我申报了一个北京市的课题“0—3岁社区早教”，将业务拓展为0—6岁儿童早期教育。我们在2005—2006年结题，“面向社区0—3岁儿童早期教育指导”的研究课题2009年被评为北京市政府的优秀教育研究成果一等奖。根据学前教育的规模和任务，北京市有一个情况就是，学前教育办学机构的多样化。我为什么说科室设置特别必要呢？因为当时北京市的幼儿园不像现在就只有公办、民办，过去幼儿园的类型、办学体制多样化，有市立幼儿园、机关园、厂矿园、部队园、大专院校办园，光部门办园就很多种，还有街道幼儿园，还有农村园，农村园又分乡镇幼儿园、村办园。幼儿园办学体制的多样化，就造成了幼儿教育处在一个行政归属部门多元化的情况下，在办学上更需要统一管理。当时有一个文件，就是教育行政部门要对各类型幼儿园实行统一管理。所以当时，北京市教研室有三级教研网络，通过教研的网络，通过这个行政管理，我们就把北京市所有幼儿园从业务上、管理上组织起来了，从根本上去解决幼儿园教育教学的问题，就是让孩子接受科学的、正规的幼儿教育。从那时起，幼儿园开始规范起来，我觉得正是这些机构发挥了重要的职能作用。当时配备管理人员，我觉得一个是依据学前教育的规模，还有一个就是根据学前事业发展的需要。幼儿教育要纳入到科学的教育体系之内，所以，这些幼儿园必须得有分管的部门。

1978年全国科学大会召开，邓小平提出“科学教育要从娃娃抓起”，老百姓对教育需求的渴望也要求学前教育必须得有这样一个体制机制来保障，把我们学前教育真正地辐射到所有的幼儿园。在教育强国的大背景下，我们编写了“文革”后第一套北京市幼儿园教学大纲及教材，对于规范幼儿园教育教学起到了很好的指导作用。对那个时候的学科教研，我印象特别深。当时我负责常识教研组，有来自全市的各类型幼儿园的老师，都是我们的兼职教研员，有部队的，有大专院校的，有农村的，各种各样的体制，虽然体制多样化，但业务上有人管。北京市学前教育的质量在“文革”后很快进入正轨。

问 那么如果用两个词来定位您的业务管理，比如说一个是服务，一个是指导，那您觉得哪个词更贴近于当时的业务管理状况？

答 其实“指导”与“服务”这两个词我觉得是一回事儿，就是我们的指导是以服务的方式，为教师的专业成长搭建平台。比如说我们搞观摩教学，我们把老师组织起来看一位老师的课，有讨论，有点评，也有教学培训。我们所说的职业精神，就是既要有专业能力，又要有服务意识。首先，必须具备奉献精神，这肯定是第一。第二，我觉得一定要懂专业，要有开阔的视野，有敢于担当的责任感，有大局意识，还要有脚踏实地的工作作风。其实作为一个专业的服务者，教研人员更应该懂得学科的发展规律，同时还需要具备一些非专业的素质，比如说要有很好的心理素质，要有一定的承受力，因为他要跟不同的园长、不同的家长、不同的老师打交道，必须要有较好的沟通能力，不仅要身体健康，还要心理健康。

问 如果对上级领导来说制定教研员准入标准的话，您刚才说了这么多的素质，那您会把懂学前教育专业，作为教研员准入的第一要务吗？

答 我真是觉得幼儿教育既然是人生的一个最初教育阶段，而且它有自身的特点规律，负责管理的这个人一定要科班出身，必须要懂专业；同时，同理心、同情心非常重要；还要有管理、组织协调能力，才能在做决策上、在选人上、在管理上靠谱；此外，他还得甘心做绿叶，教研员就要天天跑到一线去，帮人家排忧解难，研究教师、指导教师、成就教师。

学前教育一个永恒的话题就是质量，从宏观来说，北京学前教育，令我们困扰的一个问题就是发展的不平衡，可能这是我们学前教育的一个尖锐的问题。每一个时期都有每一个时期的不平衡，正是因为体制的多元，这些年的发展受经济水平影响，你看北京不同地区的经济发展真的不一样，所以这种不平衡它是客观存在的。这么多年来，我们一直在追求怎么让我们学前教育落后的局面有一些改善，让我们好的学前教育往前有更好的发展。我做学前教育41年，我觉得我们始终没有解决科学办园的问题，聚焦的就是幼儿园的课程建设以及科学管理，其实现在想想，你说园本课程也好，现在引进的多元化课程、国际化的课程、特色课程，到目前为止还是没有解决一个幼儿园如何科学发展的问题，学前教育课程的建设与儿童发展的不相适应、与我们国家人才的发展不匹配的问题仍然存在。此外，我觉得就是师资问题，师资水平跟我们现阶段这种不平衡有关系，与学前教育质量不匹配的问题仍然存在。就是我们发展太快了，我们的师资跟不上学前教育发展的需求，师资缺位，所以什么人都进来了，我觉得幼教的乱象就体现在事业发展太快，而我们的规划跟不上，人力资源是一个瓶颈问题，当前事业发展与我们现阶段师资的数量、质量不匹配，所以我们的教研永远是从零开始的。幼教师资水平的参差不齐，使得我们幼教的发展水平始终处在一个低循环的阶段。还有就是入园难、入园贵的问题现在仍然没有解决，入好幼儿园更难。人民群众对优质教育的需求与现阶段幼儿教育发展不平衡的矛盾还是非常凸显的。

问 这些问题，有些是您任期内您主管的这个部门或者这项事业遇到的问题，有些可能就不见得是您这儿遇到的问题，您觉得任期内特别成功地解决了哪些问题？效果如何？有什么成功的经验？

答 我觉得早教所成立之后，我们重新定位了，原来我们只管幼儿园，现在要管0—6岁儿童发展，这是一个转变。第二个呢，就是从过去的学科研究变为更加关注事业发展了，2004年我们开始了政策调研。我们要为政府提供决策依据，所以当时教研、科研整合实际上也就是说我们的站位要高，我们要做宏观研究。

2004年教科院就给我们提了一个新的课题，要研究北京市学前教育事业发展战略规划。从研究教学法，到研究人口、研究政策、研究学位、研究供需关系、研究教育资源的配比，这对我们来讲是太大的挑战了。21世纪初叶，学前教育的一个大发展，实际上就是资源的短缺、发展不平衡、入园难等问题的出现。家长不惜一切代价让孩子入好园，所以入好园难，然后又出现了入园贵，一部分优质的民办教育开始发展了，价格是比较高的。这个阶段就要求我们为教育行政部门决策服务，所以当时我们提出一个“顶天立地的服务”。就是早教所要上为教育行政部门决策服务，下为基层幼儿园发展服务，细致入微到分级分类帮助幼儿园培训教师、提升质量。21世纪初叶，学前教育发展面临着优质资源短缺的问题。入园贵、入好园难的问题越来越严重。要解决这个问题，我们必须要从调查研究入手，为政府制定学前教育政策提供依据。我们当时就提出来要成为学前教育事业发展的智库，要求早期教育研究所要着眼于学前教育事业发展，要起到智囊团的作用。

比如说，我们首先对全市农村幼儿园的发展进行了全面的调研。我们在2004年，用了一个半月的时间，走遍了北京市的400多所农村幼儿园，做了大数据的调查，比如师资待遇、园舍条件、办园规模、儿童的生存现状、教师待遇的基本现状以及政府投入及收费状况。我们提供了一份特别有分量的北京市农村学前发展现状调研报告，提出了幼儿园大部分孩子还在使用旱厕的问题，即没有冲水设备的厕所。我们的调研报告引起了北京市政府和北京市市长的关注，政府当年就投资了 5 500 万，解决了北京市所有农村幼儿园的旱厕问题。通过我们这个调研，为农村幼儿园解决了旱厕的问题，真正改善了办园条件。所以我觉得我们给政府提供决策依据，政府的钱往哪投，让它产生效益，怎么给孩子一个基本的生存的空间，尊重孩子们的发展，真心对待一个生命的质量，我们的工作是非常有价值的，使农村幼儿园的办园条件得到了很大的提高。

紧接着到了 2005 年，我们走遍了北京市所有的民办园，开展了全方位的调研，然后 2006 年我们又走遍了所有的街道幼儿园，我们这几年的联合调研，为北京市从宏观上制定 2020 年首都学前教育发展战略规划奠定了数据基础，效果非常好。

我们的另一项工作是面向幼儿园的服务，具体来讲，就是要关注幼儿园的质量，规范幼儿园的管理。我们早教所就从参与制定北京市幼儿园分级分类验收标准开始，关注对幼儿园教育质量的管理，后来还制定了半日活动评价标准。它是我们规范幼儿园管理、提高质量的一个抓手。

我们一方面抓事业发展，一方面抓质量。2009 年我们组织了首届北京市教师基本功大赛，有 101 位老师参加。我们想看看我们好的老师什么样，我们出标准，我们有考试，有面试，有实践考察，最后把我们的教师队伍建设情况作了一个全面的分析，提出了队伍建设的发展思路，从队伍建设到微观的质量，做了一次较为全面的总结。

另外，我们还组织了课程研发，从 2004 年到 2006 年，我们组织北京市有经验的老师和教研员，研发了《幼儿园快乐与发展课程》。

问 您工作中最大的成就是什么？

答 所有的成就都是我们团队做的。我工作中最大的成就，也是我感到特别有幸的是，早教所纳入了教科院这个大家庭，我们当时就是教研、科研双肩挑。那么我当时作为早教所所长，也必须得承担课题研究。2002 年，《北京市学前教育条例》这个地方性的学前教育条例颁布了，条例明确提出了"在本市倡导开展三周岁以下儿童早期教育"的任务，它以立法的方式把 0—3 岁儿童早期教育明确出来，就是社区要开展早期教育，所以当时我就自己申报了一个课题，即"开展对社区 0—3 岁儿童早期教育指导的研究"。

2004 年该课题被批准立项为北京市科研重点课题，当时我记得政府还给了我们 4 万块钱的资助。我们用了两年半的时间，开展了"社区 0—3 岁早期教育的指导研究"，对社区 0—3 岁早期教育指导的策略进行研究。我们怎么从教育的角度，从服务的角度，怎么从创新模式上让社区承担起来，所以我们就提出来一个以社区为依托，以教育部门和医疗部门有机结合的创新模式。该项研究成果得到了全面的推广，全市社区早教轰轰烈烈开展起来，取得了非常好的社会反响，获得了政府及老百姓的一致好评。

我们建立了以社区为依托的模式，就是以多样化的模式适应不同社区需求，我觉得这是第一个创新。第二个创新，我们创建了一个不同于幼儿园教学的以服务0—3岁幼儿家长的早教指导课程，我们要改变家长的教育观念，帮助家长建立育儿的自信，给家长一些科学教育的方法，这个课程是这样定位的。第三个创新，我们对北京市所有的早教基地的教师进行了全方位的培训，把我们的成果进行普及，要让家长懂得教育孩子，懂得怎么看待他们的成长，家长提高了，科学育儿水平就提高了。所以我觉得我们没有走偏路，我们定位的是提高家长的素养，改变家长的观念，然后让他们用科学的方法去指导自己的孩子。我们培养了一支队伍，开发了一套课程，构建了一个模式，所以最后我觉得那个效果显现出来了，就是北京市多少万个孩子接受了这个早教，积累了很多有价值的案例。我们还有家长的教研工作，家长研究玩具怎么玩，怎么做宝宝营养餐。这项课题研究获得了北京市政府一等奖。2008年，我们早期教育研究所获得了北京市妇联颁发的“三八红旗集体”的称号。

2004年，我还承担了北京市名教师工作室的任务，全市共有15个区县的教研室主任加入了我的工作室。经过培养，其中有4名老师被评为北京市特级教师，有9名老师晋升中学高级教师职称，有1名被评为正高级教师。我的工作室为北京市培养了一批优秀的教研员，她们在全市教研岗位上发挥着巨大的引领、指导作用。这也是我最值得骄傲的一项工作。

问 刚才说了这么多的工作成就，那您的管理工作也要与一些政策有对接和协调，那么在您任期内，出台了哪些政策文件？这些政策文件出台的背景和意图又是什么呢？

答 从大的方面来讲，一个是2018年前后，北京市出台了《关于进一步加强学前教育管理的意见》，还有一个就是关于民办园考核标准的文件，此外，还有幼儿园半日活动评优标准，对民办园的管理指导意见。（具体参见北京市学前教育政策文件汇编）比如说在支持民办园发展上，对民办园考核上，在规范幼儿园管理上，在提升学前教育的质量上，我们早教所都提供了一系列政策依据，有的甚至是直接参与的。我们直接参与制定的文件有《北京市幼儿园分级分类验收标准》，我们参与的还有《首都2020年学前教育发展战略规划》，要解决影响北京市学前教育发展的热点难点问题。学前教育发展的不平衡，体现在质量的落差特别大。我觉得地区之间的差异和政府的重视程度有直接关系，每个区县政府重视程度不一样，投入不一样，发展就不一样，老师的待遇就不一样。办园质量不一样，老百姓对学前教育的满意度就不一样。所以这种发展的不平衡表现在重视程度、投入程度、发展水平、师资状况、师资待遇、老百姓满意度上。我觉得我们解决的重点难点问题最后聚焦的就是一个不平衡的问题。

2003年北京市教委学前教育处张晓红处长负责主管北京学前教育的行政工作。2003年到2013年是我特别难忘的10年，前面我们做了那么多实事，参与了那么多北京市重大决策的研究，要得益于我们有这样一个有胸怀、有气魄、敢担当的好领导。这10年真是北京幼教的春天。作为一个领导，一定要有胸怀，一定要有格局，有担当。历史把我们推到这儿，必须往前走。这也得益于学前教育发展的一些大的政策背景，就是国家更加重视学前教育，各级政府给了我们很多的投入和支持。这10年北京市非常重视学前教育，给了那么多前所未有的投入，所以我觉得我们必须努力工作，报答党和政府对学前教育的支持，我们内心充满了感激。北京市教委学前处张晓红处长让我特别感动的是，她给我们创造了非常好的工作环境，给我们政策上的支持、心理上的支持、经费上的支持，甚至智力上的支持，我们做事从来不分彼此。与此同时，我的工作特别得益于我们教科院的主管院长张铁道博士。我觉得他们是我生命当中、事业当中的贵人，他们总对我说，你放心大胆去做，有困难找我们。正是他们的开明和大度，以及他们对我的引领和一种新的管理模式，让我们这个团队能够在学前教育的风浪中冲浪，给了我们很多前进的力量。

其实我们是在创新一种教研文化，聚焦学前事业发展的重点难点问题，这是我们的切入点，我们聚焦的一定是问题，也是学前事业发展的大局，这个就是我们的目标。我们的工作是通过服务来指导。所以呢，我觉得教研不是指手画脚，教研也不是指点江山，是真诚的、专业上的指导与支持。调研也是如此，就是要急基层之所急，想教师之所想，这是一个创新。

第二个创新就是我们调研的工作内容或者叫科研的服务方面，我们从教学研究延展到师德，到社区，到家园共育，到幼儿园管理、课程等包含着所有有关学前教育质量的问题，研究怎么样给幼儿园赋能，实际上我们的落脚点是为教师的成长赋能，为园所发展赋能，最后是推动学前事业发展，其实我们是为这个事业的质量赋能。此外，我们还承担着北京市学前教育研究会的工作。（具体工作情况见文章《研究的力量——北京市学前教育研究会改革开放40年的发展历程》，已收录在《深情伴随共筑美好——中国学前教育研究会成立40周年回忆录》中）

问 结合您的经验，您能不能总结一下怎样做好学前教育行政工作？

答 我觉得第一个是观念先行，不管你是指导者也好，管理者也好，我觉得学前教育还是得观念先行。早期教育研究所从成立的那天开始，我们的定位就很明确，那就是为学前教育事业发展服务。第二个就是，你必须得研究社会发展的大形势，你不能坐井观天就看幼教，你得看清国家的大的政策背景和形势，有利于你做好行政服务工作，国家的发展、社会政治、经济政策，包括国家这个大的格局，就是看清形势。第三个要调查研究，这个调查研究就得是落地的，聚焦这个行业的重难点问题，要做实证研究，而且要潜心研究，要做积累的研究。最后一个就是科学规划，具有前瞻性地预测未来，我觉得这才是研究部门的本分，你不是全解释政策的，而是你要为决策部门提供依据，决策就是科学地规划，这来自于你的调查研究，只有这样你才能具有前瞻性和预测未来的能力。

问 最后您能不能给我们谈一谈，您四十年多来从事学前教育工作的感受？

答 人的一生能够专注地做一件事，是很幸运的，能够全力以赴做好这件事，的确需要天时、地利、人和，这些我都遇到了，我非常的满足。回顾自己的职业生涯，我无怨无悔。我深爱着这项事业！我非常喜爱孩子，尊重每一位教师，敬重每一位园长，他们是我最崇拜的人！我喜爱我工作的团队，钦佩他们的学识、做人的境界，他们是我学习的榜样。我们取得的每一个成绩都是这个团队的集体付出和奉献，我有幸成为这个优秀团队的一员，内心充满着感激和骄傲。为此我心怀感恩！我要说，我们赶上了好时代！直到今年，我在学前教育工作的岗位上奋斗了40多年，我的工作经历与祖国的改革开放是同步的，也因此见证了祖国学前教育事业发展的40年，真是太幸运了！太幸福了！

我由衷地祝福我们中国学前教育事业能够有更好的发展，走向美好的未来！

（记录人：杨晓彤）

访谈对象 | **葛晓英**(厦门市思明区教师进修学校校长助理、幼教室主任)

访 谈 人 | 林媛媛

问 葛主任,您好!您的教育经历和工作经历都非常的丰富,能否请您简单介绍下您的经历?

答 你好。在祖国华诞70周年之际,能够作为一个幼教工作者来谈谈我们学前教育的成就,我也感到非常荣幸和高兴。我在幼教领域耕耘了将近40年。我1977年从福建建瓯一中高中毕业,1977到1978年成为插队知青,1978年考入福州幼儿师范学校,两年后毕业。1980年到1989年,回到建瓯市实验幼儿园任教,1990年到1992年成为建瓯市教育局视导股幼教专干。1993开始担任建瓯市实验幼儿园园长,直到2002年。其中,1993年至1995年到福建师大学前教育专业学习,大专毕业。1996年至2001年兼建瓯市教育局党委委员。2000年至2003年又到福建教育学院教育管理专业学习,本科毕业。2002年调任厦门市第九幼儿园,担任党支部书记、园长,一直到2018年5月。后来受教育局的任命,2018年6月至今成为教研员,是厦门市思明区教师进修学校校长助理、幼教室主任,也是厦门市第九幼儿园名誉园长。

问 贵单位有独立的幼教教研室吗?一共有几名幼教教研员?教研员的身份是怎样的呢?

答 我们有专门的幼教教研室,目前有4位专职教研员、2位跟岗教研员,其中有1位是研究生,其他全部都是本科生。我们机构的力量是非常雄厚的,可能很多以往的教研员都是作为一个研究活动的召集者、组织者,现在我们是深入一线,到幼儿园去真正地指导园长教师构建课程、实施课程、审议课程。应该说我们现在是一个共生体。

问 您的主要工作职责是什么?

答 对厦门市思明区学前教育的发展进行整体规划与实施,具体来说,包括我们全区的幼儿园园长、教师专业素质的提升,幼儿的发展以及办园水平的提高。

问 您在这期间关注过哪些问题?为什么会关注这些问题呢?

答 因为我先在幼儿园工作,后来成为教研员,我在幼儿园的时候,就感觉厦门市第九幼儿园教师的素质已经是非常高了。但是在素质这么高的情况下,如何让我们的教师素质能够再有新的提高?所以当时我就申报了一个课题:“大数据时代幼儿园教师培训体系构建与支持系统的研究”,在2018年的时候被立项为教育部的重点课题。现在这个课题对于整个思明区来说,真正地能够起到一个很好的作用,对教师的培训、对如何提高教师的素质是有利的。应该说我目前在做的主要是以课题为抓手来提高我们全区的教学质量。

所以我也感觉到我们学前教育的发展有三个转变。一个是观念的转变。从幼师毕业到参加工作那个时期,就是让孩子“请你跟我这样做”,到现在的观念的转变,研究孩子怎么“学”,从教师的教,转为能真正地研究孩子的学习。第二个转变,是我们教师素质的转变。在我们幼师毕业时,大家觉得这样的学历在幼儿园已经是很高了,现在我们幼儿园有本科生,有研究生,我们教师的素质在不断地转变,而且在适应形势的发展,促进孩子的发展。第三个转变就是政府对我们学前教育支持的转变。学前教育在我们整个的教育领域里面应该说是基础的基础,原来政府对我们学前教育的投入是不足的,也不够重视。2010年,我有幸跟随我们当时的黄小晶省长去参加了全国的教育大会,中央第一次对我们学前教育做了三年的行动计划。所以我感觉我们幼教的春天从那个时候就到来了。

问 在您的工作中,有哪些文件、人或事对您的工作影响比较大?

答 在我的教育工作史上应该说《纲要》的颁布对我的影响非常大。当时有两个方面对我触动很大,一个就是让每一个孩子在原有的基础上有个性的发展,还有对我们教师的要求就是因材施教。这如何来做呢?我当时就借鉴了蒙台梭利的教育思想,开展了混龄教育,一年后,开始探索中国本土化的混龄教育。经过17年的研究探索,我们建构了幼儿园混龄教育的实施模式与实施策略,相关课题还荣获了首届基础教育国家级教学成果二等奖。再一个就是我们习总书记说的文化自信,即在我们幼儿园如何真正地做到文化自信。我们从2002年就开展了闽南文化进幼儿园的活动,从开始的挂文化、做文化,到现在的品文化,真正地让幼儿从小在闽南文化的熏陶下,成为一个闽南人,放眼世界。我们的课题“闽南本土文化教育课程的建构与实施”荣获了福建省基础教育教学成果一等奖和厦门市首届教学成果一等奖。还有一个对我的影响也很大,那就是我三次到北京参加活动,一次是参加全国教育系统劳模的表彰大会,一次是全国教育大会,一次跟着我们省教育厅基教处的处长和督导室主任到教育部参与关于幼儿园办园行为督导评估条例的征求意见和修改意见稿。参与这些高层次的活动,对我自己的帮助也很大,对自己的教育教研工作都有很大的促进与提升。

问 在教研工作中，您遇到的最大困难是什么？您做过的最有成就感的事情又是什么呢？

答 我遇到最大的困难，目前应该说就是私立幼儿园教师素质有待提高。目前我们思明区有一百多所私立幼儿园，有高端的，有普惠的，这些幼儿园目前都存在着教师的素质亟待提高的问题。这个问题是我遇到的最大的困难，如果能够尽快、有效地解决这个问题，应该说是最有成就感的事情。我原来作为一个园长，只有一个"教研个体"，充其量只是带动一个幼儿园，而现在作为教研员能够有效服务、指导、推动全区 160 多所幼儿园，2 000 多名幼儿教师，与这一大的"教研共同体"一起成长，共同提高，这是一件很有成就的事。

问 作为幼教教研员，您总结了哪些宝贵的经验？

答 因为我做教研员的时间不长，宝贵的经验谈不上，我就把我做的一些事情和大家分享一下。以往我们教研员在培训的时候，课程是零碎的，没有系统的，现在我有目的地进行系统的培训，有效地提高园长、教师的素质。比如说针对园长，我办了一个园长提高班，让我们每个园长建立自己的教育思想，或者是办园理念。建立了办园理念或者教育思想后，再构建自己的课程方案，以课程方案为抓手，再落实到幼儿的发展。另外对于民办幼儿园，我们进行了普惠性幼儿园的培训，用一年的时间，让我们每一个普惠性民办幼儿园的教师都参加通识培训，力争能够提高他们的素质，进一步促进思明区公、民办幼儿教育均衡发展。我们力图通过对全区幼儿园的质量监测，让幼儿园的办园水平得到提高。

问 您如何看待教研员与教育行政人员、教研员与幼儿教师之间的关系？

答 教研员应该就是为教育行政部门和领导出谋划策，提供政策上和专业上的服务。对于教师，我们教研员和教师应该说是一个共生体，一起研究幼儿的学习，真正地来构建我们的课程，真正地来实施我们的课程，使我们的幼儿得到最好的发展。

问 您对幼教教研员工作有何展望？

答 我对我们的学前教育工作最大的展望就是希望所有幼儿园的教育质量能够提高，让每一个孩子都能享受同样优质的教育。也希望通过我们的质量监测，真正有依据地说明我们是高质量的幼儿园。

TEACHER EDUCATOR

大、中专院校教师

学前教育师资培养是指培养学前教育教师的专业教育。发展学前教育事业要从培养和提升师资入手。提升师资水平，首先必须积极发展学前师范培养体系，以保证学前教育事业发展对幼儿师资的要求。对承担师资培养的大、中专院校教师的访谈主要围绕院校办学历史、学制、生源、招生条件、培养目标、课程教学、就业情况等维度展开，以期全面展示出学前教育师资培养机构的发展历程、重要成就、困难及愿景。本篇章访谈的师资培养院校办学历史悠久，经历了新中国成立、改革开放等历史变迁阶段，见证了新中国成立70年学前教育师资培养机构的发展历程。

新中国成立70年来，学前教育师资培养方面取得了突出成就，为我国的学前教育发展做出了突出的贡献，具体表现为以下方面。

在学前教育专业建设方面，经历了由无到有、由弱到强的发展历程。新中国成立初期，国内很多师范院校没有设置学前教育专业。当时包括北京师范大学、东北师范大学等国内主要师范院校在初创学前教育专业时由于缺乏经验，都在学习苏联的幼教模式。1961年教育部撤销幼教处，全国很多幼师院校紧缩招生指标。"文革"期间，高师学前教育专业全部停止招生，仅有极个别的高师学前教育专业被保留。1977年，国家恢复高考，教育部于1978年10月出台《关于加强和发展师范教育的意见》，幼儿师范学校和高师学前教育专业开始陆续恢复招生。2002年教育部《关于"十五"期间教师教育改革发展的意见》出台，我国教师教育机构办学层次开始由原先的"中师、师专、高师"的"三级"向"师专、高师"的"二级"过渡。当时全国各幼儿师范学校，如泉州幼专、苏州幼专都面临撤销、合并、升格等转型问题。进入2010年后，国家开始大力发展学前教育，许多高校增设学前教育专业，并扩大招生指标，学前教育迎来了快速发展的新时期。

在生源方面，报考人数逐渐增加、生源结构多元、报考原因趋向多样。新中国成立初期人们对于幼教的认识普遍不足，一些高师院校填报学前教育专业的考生数量较少，往往通过调剂的方式补充生源。随着国家大力发展学前教育带来的市场就业需求增加，人们对于学前教育专业的认识更加清晰全面，生源也逐渐增多。生源结构较为多元，五六十年代高师院校学前教育专业以高中毕业生为主，同时存在调剂生、中等幼师保送生等来源，如今增加了研究生教育和留学生教育层次的生源。一些幼高专的生源原本较为单一，但经历升格、合并后，由原先的单轨制变成双轨制，即同时招收初中毕业生和高中毕业生，生源逐渐丰富起来。考生的报考原因较为多样，除了对幼教专业感兴趣、喜爱儿童、想做教师等主观意愿外，还包括诸如免费政策、专业服从调剂或家长影响等客观原因。

院校的招生条件方面，秉持笔试优先、趋向综合考核的基本原则。高师院校的招生条件多是根据笔试分数，即以科学文化素质为第一要求，秉持"分数优先，遵循志愿"的原则择优录取。幼中专多是在结合笔试的基础上开展面试，面试环节的内容多结合幼儿教师的职业特点，涉及考生对儿童、学前教育专业的认识与看法，学生的语言表达能力和基本艺术素养方面的综合考核。

培养目标方面，趋向灵活多样。高师院校块面，从新中国成立至1979年中共中央、国务院转发《全国托幼工作会议纪要》的通知，我国高师学前教育专业的基本定位是培养幼儿师范学校师资、幼教科研人员和幼教行政干部。当时的培养目标以专业理论基础为主，实践操作相对忽视。2002年后随着三级师范向二级师范过渡改革、社会对一线幼儿教师的要求提升，原本由中师承担培养一线幼儿教师的任务开始转由高师承担。同时，随着国家研究生教育的发展，本科学历已难以满足幼儿师范院校的任教资格。高师院校的培养目标定位开始转变为培养一线幼儿园教师，重视教育教学技能，理论与实践结合的课程也相应增加。幼高专块面，1952年教育部颁发《师范学校暂行规程（草案）》，规定“培养幼儿园的师资”是师范学校的任务之一。自此，幼高专的办学定位主要是培养合格的幼儿园教师。但基于不同的历史阶段对教师的能力素质等要求有所不同，反映在专业人才培养的目标上也会有所差异。

课程教学改革发展方面，呈现出适时调整、凸显特色、重视实践的特点。很多院校一直在不断地进行课程教学改革。如五六十年代，学前教育领域开始全面引入苏联的学科教学法，按照语言、常识、计算、体育、音乐、美术六大学科开展活动。80年代后期，伴随着改革开放，欧美儿童中心主义思潮的全面回归和国内对学前教育学科特点的重新思考，很多院校开始改革苏联六法，学习日本、美国等国家的教育理念。2012年教育部颁布的《幼儿园教师专业标准（试行）》成为很多院校课程改革的参照依据。

在教学方法方面由单一趋向混合，从传统的课堂教学到逐步接受和适应媒体技术教学，包括PPT、视频录制、精品网络课程平台等资源的使用。各院校在结合政策背景的同时结合自身特点，开发了很多特色的课程教学改革，如陕西师大的小课题研究、内蒙古师大的“模拟教学”模式、辽宁师大的双元互动教学法。

毕业生就业方面，普遍来看，学前教育专业的就业情况较为良好。1982—1998年间处于国家分配时期，毕业生基本分配安排到各学前教育的相应岗位上；1998—2010年间不再进行国家分配，毕业生进入自主择业时期，这个阶段由于薪酬待遇、就业观念等原因存在部分教师流失的情况，但整体比例不高；2010年后，随着国家通过多种举措大力发展学前教育，幼儿教师的市场需求量增加，幼师待遇也得到一定的提升，越来越多的毕业生选择从事幼教岗位，就业形势好转。

通过访谈梳理我国大、中专院校在学前教育师资培养方面70年的发展变迁，我们发现，当前的师资培养中仍存在一些突出问题和挑战。在总结过去成就和经验教训的基础上，为了更好地建设高质量的职前培养体系，访谈对象对学前教育的发展愿景方面表达了一些想法，未来应着力从以下几个方面推进师资培养的整体建设：一是随着学前事业发展水平的提升，很多高校正在积极扩招，以满足未来的幼儿师资缺口。访谈对象普遍反映未来应把握培养规模，在增加幼儿教师“数量”的基础上注重“质量”的提升。应认真贯彻相关政策文件，准确定位学前教育师资人才培养目标，并细化毕业要求，建设足以支撑毕业要求、培养目标的课程体系。同时，要建立职前师资培养的评价标准，重视学生研究素质和研究创新能力的培养，重视理论与实践能力的结合，加强职业道德建设。二是随着国家开始重视五年制初中起点的幼师培养，我们需要发挥幼高专在培养幼儿教师方面的积极作用。但应该保证正规优质，把控人才培养的入口关，保证生源质量，可以通过提高笔试分数线、增加面试环节等方式进行选拔。三是目前的幼高专被统一划为职高管理系统，而幼师作为培养人的工作与职高的发展思路有所区别，未来需要思考如何调整幼师的管理制度。四是当前的职后师资培训开始倾向于与第三方机构合作，需要加强对第三方培训机构的监管与规范，加强职后培训及与职前培养的关系，建立一体化的培养培训模式，以利于幼儿教师专业的真正成长。

访谈对象 | **丁碧英**（原浙江幼儿师范学校校长）

访 谈 人 | 吕 苹

问 请您介绍一下浙江幼儿师范学校与新中国共成长的发展历程。

答 新中国成立伊始，中央政府十分关注幼儿师范教育，先后颁布相关文件，1951 年天津幼师、湖北幼师，1952 年上海幼师、济南幼师建立之后，批示我校于 1953 年成立，校名“杭州幼儿师范学校”，系浙江省唯一一所幼师。

学校建立之后，在其前行之路上有稳步或快速发展，也有困难挫折之时。1966 年“文化大革命”期间，在极“左”思潮的冲击下，全国幼师都遭遇撤校之灾，只有我校在省政府的关心下，坚持保留，成为全国唯一保存的幼儿师范学校。

由于学校的教师队伍、图书资料、仪器设备都全部保存，1978 年，省教育厅决定我校以招收初中毕业三年制幼教普通班和幼儿师资培训班为主，定名“浙江幼儿师范学校”（以下简称浙幼师）。浙幼师充分发挥老幼师的实力，恢复招生，快速前进。为适应社会主义建设发展，学校加快步伐，培养幼儿园师资的同时，关注全省幼教事业蓬勃发展的态势，扩大办学思路，推行新举措，在逐渐创造新业绩的历程中，形成了自己的办学特色，提高了学校影响力，站在全国幼师的前列。

2001 年学校并入浙江师范大学，改名为“浙江师范大学幼儿师范学院”。

问 请您谈谈浙江幼儿师范学校 60 余年来凝练秉承的办学特色。

答 1988 年，国家教委颁发奖状，表彰我校“为学前教育培养合格师资方向明确，成绩显著”，成为国家教委首批表彰的师范学校之一。回顾浙幼师办学历程，我认为有如下特色。

一是重视幼教文化的历史传承。

浙幼师从创建之初，就克服比较艰苦的学校环境条件，非常关注“团结互助、尊师爱生、爱业勤学”的校园文化营建，重视幼教文化的教育与继承。

文化中突出“专业”。在校内外，举办多种形式的学前教育家教育思想、理论学习宣传活动，并将陈鹤琴先生的名句“一切为了儿童”装塑在教学大楼正厅的墙上，树立以“一切为了儿童”为核心的教育精神，以培养优秀的幼儿园教师为已任，让师生熟视并日渐深领之意,并最终演化为师生的文化修养加以传承。

文化中突出“爱”。我于1962年到幼师任教,老教师会和我们诉说在临安初建学校时的艰难和教师关爱学生、为学生煎药的故事。由于初中学生首次离家,寄宿异地,会产生孤独感,学校老师要给学生以亲情与爱。多少年来老教师兼任生活管理指导师,坚持每晚巡视各寝室,帮助学生安静入睡,班主任与各学科老师会关注学生的学习情况与情绪变化,帮助学生稳定情绪,安心学习。在校园文化的形成过程中,学校还邀请优秀的幼儿园老师来校做报告,介绍她们的奋斗创业事迹,分享做幼儿教师之幸福与光荣。

二是浙江省培养幼师的旗舰。

为了满足浙江省对幼师的需求,培训呈多元化。很多工作是开拓性的,表现为以下几点。

1979年浙江省教育厅下达学校:面向全省,全面贯彻党的教育方针,培养又红又专的幼儿园教师,积极开展幼儿教育科研活动,大力培养骨干教师。从中可看出幼师专业的培养目标是明确的、一贯的,其内涵不断提高。怎么理解“优秀”“骨干”的含义?又如何落实?为此,浙幼师组织教师分队,赴地(市)县城乡幼儿园开展教育调查,了解幼儿园师资现状,一线幼儿园需要我校培养什么样的幼儿园教师等。

根据调查,组织教师讨论幼师课程教学改革方案。最后形成能达到以初中文化为起点的学生,具有中等文化水平以上和从事幼儿园教育和教学的基本能力为目的的课程方案。这个方案的亮点是幼儿园教师应具有对事业的爱心、热心、专心;有说、唱、弹、跳、画的技巧;能吸引儿童组织活动,进而积累经验,学习创新、探索研究教育实验。

在全面正确理解幼师培养目标的基础上,修改课程设置方案,成为全省幼师培养的旗舰。早在80年代浙幼师就尝试了综合课程改革,删除文化课中的数、理、化学科;合并幼儿园语言、常识、计算、音乐、美工、体育六门教学法为一门幼儿园教学法(采用大课讲座式教学);增设舞蹈、劳技学科;调整修改学科教学内容,如语文增加儿童文学、体育增加儿童体操、美工增加教学挂图等内容;调整学科教学时数,增加教育见实习时间等等。课程设置在实施进程中不断修正补充,如根据幼儿园教师的职业特点与学生入学三年认知能力发展水平,安排教育实践课程,大体分为三类:见习类课程、教育实践类课程、劳动实践课程。

我校高质量的办学,为我省培养优秀学前人才、涌现学前教育精尖端人才做出贡献。由于我校坚持正确的幼儿师资培养目标,严谨治学,为毕业生在幼教事业上奋斗拼搏打下了良好基础,为浙江省提高幼儿师资质量做好了基础工作。2001年调查显示,我省85%的省示范性幼儿园园长为本校毕业生,80%的幼教干部与教研员为本校毕业生。她们敬业爱岗并有良好的幼儿师资专业工作能力与技巧,深受孩子、家长、领导的好评,涌现了许多劳动模范、先进工作者与特级教师等。

在长期的专业实践研究中,探索出诸多创造性的研究成果,赢得国内外幼教专家的高度赞赏。如最近在国际学术评审中,德国专家对程学琴与安吉县创设的"生活化游戏化课程"给予很高评价;特级教师朱静怡与湖州第一幼儿园2003年创设的"发展能力课程";特级教师朱丽丽,1999年在杭州幼儿师范学校附幼进行"托幼一体化课程模式"的研究,2001年幼师并入浙师大之后,她开展了"学前教育本科专业课程设置和课程改革的研究""幼专生人格培养的实验研究";1982年的本校毕业生、特级教师王芳2006年完成"幼儿园情感能力的培养"课题研究;本校附幼现任园长、特级教师朱瑶,坚持多年的幼儿绘画研究并有专著成果出版……由于人才众多,在此不能一一叙述,我想借此说明,浙江幼儿师范学校办学成绩卓著,经验丰富,形成了自己的特色。

三是支持教师开展幼儿教育科研活动。

建校初期,幼教老师一般偏重校内上课,很少进行探索研究,但新时期政府有关部门带头探索我省幼教事业发展状况,下城镇、农村调研,解决实际问题,制定相关政策,进行顶层设计。

杭幼师老校长余礼海则带头研究幼师美工教材,编写了《美工》教材讲义。从苏联留学回来的心理学教师开展幼儿个性特征研究,编写幼师幼儿心理学讲义。教育组其他老师先后编写《幼儿卫生》《幼儿教育学》等各科教学法讲义。

伴随1979年改革开放的前进步伐,我校教师更关注我省各地幼儿园快速发展的新态势,老师们的教育研究课题,从偏于学科自身问题,逐渐扩大到和各地幼儿园合作研究。为了更好地服务幼儿园,提高教师的学术水平,浙幼师鼓励老师走出校门,进行幼儿教育专题研究,并取得显著成绩。例如教育组老师分赴各地区调查幼儿园发展之后,撰写《论温州幼教模式》《浙江省民办幼儿园发展之探究》《浙江省幼儿园发展》等课题文章,达成了提升幼教学术研究理念、扩大学术研究领域之目的,并为行政部门宏观部署、制定幼教政策提供了部分参政资料。

在学校逐步扩大幼儿教育研究步伐的实践中,学校先后加强附属幼儿园、校办工厂玩具制作中心的实验基地作用,并建立幼儿教研室实行专业指导管理,逐步形成幼儿教育研究体系。美术老师张友陶还与相关幼儿园合作建立实验基地,使实验基地在本校附属幼儿园的基础上扩张。

四是切合实际需求、开放办学。

第一,配合省教育厅,推进我省幼儿园业务建设项目的实施。我校教师在"文革"停课"闹革命"阶段,就已关注幼儿园缺乏教材的问题,1971—1972年,编写了《农村幼儿园教材》一书,受到欢迎。1981年浙江省教育厅领导组织幼儿园教材编写组。我校部分教师和省内各地区幼儿园教师代表合作，编写了《幼儿园教材（试用本）》，分语言和常识、体育、计算、音乐、美术（大、中、小班上下各一册），到1983年已第三次复印，全套教材印数近二十万册。1986至1993年，编委会又对这套教材进行修改同时还配套教参、幼儿用书、教学挂图、音像材料等共42种，由新时代出版社于1994出版，覆盖全省、辐射全国。本套教材从20世纪80年代一直沿用至今。

第二，创建幼儿教育信息交流平台，推进我省幼教发展。幼儿园园长与教师在长期实践工作中，积累了许多管理和教育教学经验，需要及时总结，扩大交流范图，为此，我校于1982年向省教育厅申报并获准创办《幼儿教育》杂志。自创办至今深受省内外幼儿园园长、教师的欢迎、好评。其办刊质量除获一线教师、高校教师的好评外，还荣获许多新闻办刊专家的称赞。几年来，已荣获华东优秀期刊、省一级期刊等级评定，为提高我省幼教水平做出了不少贡献与努力。

切实加强浙江省学前教育研究会管理工作。浙江省学前教育研究会是群众性学术团体，做好研究会的工作，有助于幼儿教师提高教科研学术水平，传播先进教育思想，增强科学研究能力。我省分会自1980年成立以来，除配合全国学会发展会员、举办专家学术报告、进行幼教专题培训、承办一些全国学前教育学会会议外，还逐渐引导我省幼儿园教师学习幼儿科学研究方法、深化课题研究。2001年我省学前教育研究会批准立项“十一五”课题研究项目96项，其中17项被中国学前教育研究会批准立项；2004年结题项目进行评奖，有8个项目获分会一等奖，其中“浙江省幼儿教育发展之研究”等课题获中国学前教育研究会优秀奖。（当时只设优秀奖）

第三，开阔视野，重视国际学前教育学术交流活动。在省教育厅领导与中国学前教育研究会关心下，我校重视并支持教师参加国际学前教育学术活动，帮助教师拓宽视野、深化我校教育教学改革。在20世纪80年代初，我校教师代表参加省教育厅组织的幼教访问团赴日本访问、考察幼儿园；1989年，在香港召开“21世纪幼儿教育国际研讨会”，我有幸作为浙江省代表参加研讨会活动，探讨新世纪幼儿教育发展新趋势。之后几年学校和德国、俄罗斯等国合作开展考察访问与教育专题实验研究。由于浙江幼儿教育发展与我校办学的影响力日增，联合国教科文组织三次派官员、专家前来访问考察。2001年6月，前世界学前教育组织主席柯蒂斯女士（英国）前来浙江考察我省幼儿园发展情况，我陪同她到温州市考察民办幼儿园发展情况，帮助她了解我国幼儿教育在改革开放历史进程中获得健康、蓬勃发展的实际情况，以形成正确、科学的结论。这些交流不仅拓宽了我们的视野，扩大了师资培养思路，增强了我省幼儿园和我校办学的影响力与地位，也促使我们在比较中增强推动力。

问 时光荏苒，如白驹过隙，作为新中国幼师学校发展的见证人，您一定对今后的幼教发展有诸多建议，请您谈谈。

答 我相信，也盼望浙江幼儿教育发展会有更辉煌的美景。希望在以下几方面能再跨大步。

一是希望省政府在宏观部署中，能加大管理力度，努力实现我省学前教育公共服务体系更加完善、优质、科学。让每个儿童都能从“幼有所育”进入“公平享受优质教育”。

二是希望政府与社会各方能加大宣传力度，展现我省各地学前教育事业发展的成就与特色，大力表彰具有奋斗精神、创业坚守、创新成就的先进集体与先进个人，促进我省学前教育发展的特色更显著、更光彩。

三是希望我省高校与高中职业学校学前教育专业的办学提高服务质量。重视面向社会实际，培养有科学教育理念、能践行创新、把握科学研究方法的优秀人才，推进我省学前教育学术研究的前进步伐，使我省学前教育事业发展水平迈向新高度。

在幼师培养方面，儿童是我们家庭与国家的未来，幼儿园教师的培养工作则事关幼教事业的整体水平，必须引起全社会的重视与支持。幼师生的培养工作是一项专业性很强的系统工程。幼儿师范院校与教育行政管理部门对幼儿园教师的培养工作应有全面、科学的管理理念，使其量和质都能符合社会发展的需求。根据当前情况，我简要提几点建议，仅供参考。

一要关心青年学生、年轻教师的生活需求与正确人生价值观的形成。认知并理解幼儿园教师职业的服务性质和科学育儿的特性，树立为人民服务的奉献精神。

二在国家进入快速发展的新时期，社会对幼儿园教师的要求越来越高，这是正常的、合理的。院、校有关部门应以此为动力，加强教育、教学改革的领导管理工作，提高教育质量，确保毕业生具有一定的幼儿教育科学理论知识、从事幼儿教育的专业能力与技巧，具备反思、总结的能力。在改革的进程中，尚需警惕片面追求高学历思潮的影响，如在办学项目方面，削减幼儿师资培训数量，而偏重培养“学考”“公务员”；在课程教学安排方面，则显示过于偏重理论科目，而削减培养幼儿园教师专业能力与才艺技能学科的设置与教学分量。作为幼儿园的一线教师，其劳动强度在智力和体力方面均有较多的要求，故不能过分强调高学历而忽视幼儿园教育实践经验的积累和情感体验。

三在国家努力构建学前教育公共服务体系的进程中，在国家宏观部署、法规政策的逐步完善，公、民办幼儿园合作协调发展，不断提高保教质量、形成办园特色等方面，都需要加强科学研究。师范院校的师生们要深入公、民办幼儿园，和他们合作总结经验，并注意提升科学研究能力，为推进我国学前教育科学化进程，增进国际、国内学术交流做出自己的努力和贡献。

访谈对象 | **成嘉文**（西南大学教授）

访 谈 人 | 陈世联 卢 静 陈 璨

问 成老师，非常感谢您接受我们的访谈。请您简要介绍一下您的教育经历和工作经历。

答 大约是在1941年抗日战争时期，16岁的我毕业于成都女子师范学校，毕业后就在成都茶店子的四川省立成都实验幼稚园（成都市第四幼儿园前身）工作。当时幼稚园的负责人是留美硕士陆秀先生，她将西方先进的蒙台梭利教学法与我国的幼儿教育相结合，让蒙台梭利教学法中国化。幼稚园的招生年龄从婴儿期至5岁，其中幼儿家长一部分是贫苦农民，一部分是离家服务社会的妇女，还有一部分是国民党军官，如著名爱国将领杨虎城将军的儿子杨城（4岁）就在我的班上。

我在四川省立成都实验幼稚园工作了近两年，大约于1943年调至华西实验区幼稚园工作。此幼稚园包含中外孩子，而我的英语就是在此时慢慢积累的。有时在与外国家长接触时，我会学习到一些英文；在带孩子时，我也会学习到英文。比如，在班上我会经常讲故事给孩子听，讲完以后有时我会邀请一些外国孩子用英语复述，这样我就掌握了一些英语口语。

工作了一段时间后，在彭莹华先生（四川大学华西医科大学前身华西协和大学家政系教授、系主任）的鼓励下我仍想继续学业，于是通过努力考入华西协和大学家政系。家政系有两个专业，一是营养专业；二是儿童保育专业，即学习儿童从出生至6岁的相应保教知识。在专业方面，我们的学习是十分踏实的，为什么这么说呢？因为我们会浏览胎儿期标本、实地观看学习如何接生、观察针对不同年龄段孩子的保育等，可以说实践性非常强。另外，在一、二年级时我们会和医学院学生一起学习解剖、做实验等。

毕业后，我选择了留校，担任一位教授纤维学的外国教师（中文名：白朗儒）的助教。一直到1952年，由于全国院系调整，包括华西协和大学家政系、复旦大学相辉学院教育系等9个高校教育类专业相继合并成西南师范学院教育系，于是我就到了西南师范学院教育系任教，教授幼儿美术课程，包括手工、绘画等。我在西南师范学院工作到1985年退休，当年正值西南师范学院改名为西南师范大学。后又返聘回西南师范大学继续任教至70岁左右。之后又在西南师范大学教育系创办的志汉幼儿园当顾问至近80岁。2005年,西南师范大学与西南师范学院合并为西南大学。

问 西南师范学院学前教育专业当时的招收对象是初中毕业生还是高中毕业生?

答 1979年的招收对象中,有一部分是高中毕业生,有一部分是知青,其中还有当时的全国"三八红旗手",他们都是经过高考进入西南师范学院学前教育专业的。

问 学前教育专业学制几年呢?

答 学生要读四年才能毕业。

问 当时来读学前教育专业的学生多吗?哪些学生会选择报考学前教育专业?

答 1952年至"文革"前每年大约有30名学生,"文革"后的学生数量就不太清楚了。

普通学校的高中生会来报考学前教育专业,他们毕业之后会被分配到幼儿师范学校当老师,也有的会到教委工作。

问 对这些学生的招生条件是什么?

答 他们必须通过正规高考,分数过线,当时我们的分数要求很高。另外这些学生还需要喜欢孩子、热爱学前教育专业。

问 当时学前教育专业的培养目标是什么?培养要求是什么?

答 主要培养能够到幼师工作的学生,还有能到各级教育行政部门有关妇幼方面工作的学生,当然还有些学生想做行政人员,我们也不反对。培养要求是要讲得出来、做得出来、当得下来。"当得下来"是指"管好"孩子的安全、健康、教育等。

问 学前教育专业设置了哪些课程?其中哪些是实践课程?如何安排实践课程?

答 学前教育专业要学习英语、幼儿卫生、幼儿心理、幼儿美术、幼儿语言、数学等课程。专业课程的实践性都很强。实践课程的安排,主要是四年级集体去幼师上课,也要去幼儿园上课,主要是为了不与孩子脱节,让学生更了解儿童。三年级要去幼师参观实习。

问 您那会儿有没有进行过课程改革?

答 进行过课程改革的,主要就是增加实践课程,比如到幼师实习的时间更长一些。

问 您研究的领域主要是幼儿美术方面,那么您对现在学前教育中的幼儿美术教育有什么建议呢?

答 目前学生理论知识的学习比较多,而在实践方面有所欠缺,所以我建议最好加强对学生的实践能力的训练,不要和现实情况脱轨,并且将自身的幼教理念、专业情怀贯彻到实际工作中。

另外,不论是高校教师还是幼儿教师,在幼儿美术教育上一定要具有创造性。只有你自己有创造性了,才不会限制孩子的想象力、创造力的发展。你看,我自己现在也仍在坚持做手工、拼乐高,这也是创造力的一种延续,不断发挥创造力价值。

问 目前个别幼儿园在开展美术活动时,老师仍然会展示示范画并教授绘画步骤与技巧,您如何看待这一现象?

答 这样不行,扼杀了孩子的创造性。比如,给孩子一根线,他可以有千万种变化,有的孩子就会做成花篮,而有的孩子会制作成青蛙,每一个孩子都是"哈姆雷特",这些是需要孩子的发散性思维的。所以要想从小培养孩子的注意力、想象力、创造力等本领,我个人认为美术活动是最好的方式之一。

我之前给学生讲授幼儿美术课程时再三强调:不要给孩子框框画。因为我认为天地万事万物都是由几何图形演变而来的。举一个例子:茶瓶。茶瓶的上面是一个小长方形、主体是一个大长方形,把角剪了就是圆圆的盖子和瓶身;将三角形变弯就是把手;一根线将它变弯,提手就出来了。所以幼儿美术一定是"教活"而不是"教死"。

问 您对幼儿园师资培养有何建议?

答 简单地说,实践很重要,理论和实践两手抓、两手都要硬,一定要踏踏实实。

问 您对幼教工作者有什么寄语或期盼?

答 第一,爱国。要去了解革命的艰苦,不要忘记是革命先烈为我们创造的幸福生活,我建议幼教工作者应该多看、多听、多读这方面的资料。

第二,"德"很重要。作为幼教工作者不仅仅是教知识,更重要的还要进行德育,并且注重自身的一言一行与自身修养,才能做到教书育人。

第三,做个有准备的人。具备从事幼教行业的各种能力,如了解、热爱、关心孩子,掌握基本的幼教知识,关注孩子的身心健康。最重要的依然是要认同这片领域,热爱这项事业,肩负这份责任!

访谈对象 | **杨丽珠**(辽宁师范大学教授)

访 谈 人 | 孙丽华

问 您是如何与学前教育结缘的?

答 我1981年来到辽宁师范大学(以下简称辽宁师大),被安排在心理学教研室。因为学前教研室的李秀菊老师退休了,剩下的年龄最大的老师是30岁,其余全是20来岁,后来大概在1988年时系里安排让我管学前教育,做学前教研室主任。我想学前教育与儿童心理学有很多相似的地方,有了心理学的基础,然后再将心理学基础研究应用到幼教实践中去。我做过近十年中小学校的副校长,现在我的工作范围又扩大到了幼儿园,虽然可能会累一点,但还是挺有意义的。所以我也就同意了。

问 那会儿咱们学前专业有多少教师?

答 人数不多,也就五六个人。

问 也就是说那会儿您当学前教研室主任的时候,也是咱们学前教研室刚创立时?

答 对,创立时间不长,开始有李秀菊、刘文、袁茵,接着有邹晓燕、李灵和谷忠玉。

问 能谈谈您为辽宁师大的学前教育专业发展做了哪些工作吗?

答 第一,是抓人才培养,培养高学历人才。我们辽宁师大大概在1998年时已经获得发展与教育心理学的博士点了。紧接着,在第一届、第二届就培养了三个从事学前教育工作的博士:刘文、邹晓燕、于松梅。这是我们自己培养的。另外我们把人才送出去定向培养,例如我们把谷忠玉送到北京师范大学,考教育史的博士。第二,就是全面布局。我们从外面引进人才,比如说我们学前教育专业中社会、健康、语言几大领域都有专门教师,但是艺术领域没有,所以我亲自到沈阳音乐学院找专门的音乐老师,又在南京师范大学学前教育系找到了美术专业的博士。由此我们这五大领域都有比较好的师资,所以在辽宁省来说,我们学前专业的老师应该是力量最强的。第三,把老师送到实践中锻炼。我觉得一个人光有学问不行,不能把理论用在实践中去,也没有多大用处。大概是90年代的时候,我负责管理辽宁师范大学幼儿园。当时的辽宁师大幼儿园是大连市最差的一个幼儿园。我就采取个办法,让刘文在那做了3年的副园长,还有后来的袁茵、李灵等老师都在辽宁师大幼儿园做过副园长,有实际的锻炼经验。这一下子就使得幼儿园变得规范起来,由全市最差的幼儿园变成了示范园。我们后来研究教学改革都在幼儿园实践。因为我觉得建设幼儿园不仅仅是为了培养老师,同时也要把它作为一个实验基地进行建设。

问 那会儿有没有学生到辽宁师大幼儿园去?

答 有的,我们当时是一个老师带十个学生分别到几所幼儿园定期见习、观摩。另外我们还让幼儿园给学生一些工作,完成科研任务。我们的学前教育就是这样一点一点发展起来的。后来辽宁师大学前教育系在大连一共建了11个实验基地,可以供我们学生去见习、实习和做研究。

问 您能说下在幼儿园制定政策的大概过程吗?

答 因为要建立一个团队就必须得有一些规范。我们就在幼儿园制定了近期计划、远期计划。近期计划里,包括调整幼儿园老师来源,还包括我们带着幼儿园老师一起做科研。例如我从1996年开始就主持了教育部的重点项目、"十五""十一五"国家社科基金项目和"十二五"国家社科基金重点项目,都是和这些幼儿园老师一起合作研究,带着她们成长。我们还和美国合作,在我们幼儿园楼上建立了一个儿童心理实验室,孩子们到我们的实验室很方便,就像在幼儿园里面一样。我们把一套蒙氏教具放在实验室,辽宁师大幼儿园的孩子们都可以在那活动,孩子们的见识也增多了。我们和澳大利亚开展幼儿延迟满足的实验研究,在实验中孩子们都经历了怎么样等待,怎么样选择。其实做实验本身对孩子也是一种帮助。那会儿学校也承认在众多的学科里边和实际结合最密切的就是我们教育系的学前教育专业。

这个可能和我重视实践的经历有关,我来辽宁师大之前是在建工部子弟学校里工作了十年,我除了要教高中语文课,还当副校长,主持学校全面工作。我们高校老师学的这些理论应该为实践服务,我常常说儿童心理学如果不能为实践服务就没有生命力。所以我现在把儿童心理学的知识研究应用到学前教育里面去。我在最初工作的十多年内,基本从事的都是幼儿人格发展与教育,现在这也一直是我关注的主要领域。

另外我觉得要重视教学改革,要以教学改革带动整个学前教育的工作。1998年我主持了一个教育部的重点项目,是教育部的"高等师范教育面向21世纪教学内容和课程体系改革计划",当时我就申请了一个叫"教育系儿童心理学教学和方法改革的研究与实践"的项目。我们进行了儿童心理学课堂教学与社会实践活动双元互动性教学改革,这个影响很大。首先它在学前教育学、学前卫生学、儿童心理学课程上使用,后来拓展到教育史等课程都尝试采用双元互动法。我们还在全校做了经验介绍,进行了展览。后来,我们在国家的学前教育研究会上做了报告,得到了高度的赞扬,在发展心理学会上我们也做了这个报告，还因此获得了国家级高等教育教学成果二等奖。

问 改革的背景是什么呢？

答 我最早是从 1984 年到 1989 年开始给学生上儿童心理学。在反思课堂教学过程中觉得课程需要针对传统教育弊端进行变革，我总结出了四结合：教书与育人结合，传授知识与培养能力结合，理论与实际结合，教学与科研结合。在此基础上，提出了一个 33 项的教改措施，当时叫“四三三”模式。在这个背景下，我们获得了辽宁省教学改革的二等奖。当时的教务处处长希望我把《儿童心理学纲要》那本书写出来，我说还不行，我们有些东西还没研究好，一直到了 1997 年，我们才出了《儿童心理学纲要》这本书。我们锲而不舍，深入探讨，创立了双元互动教学模式，获得了辽宁省高校教学成果特等奖、国家教学成果二等奖。

因为我在大学念书的时候就不喜欢仅仅是教师授课，我觉得学生自己主动学习也很重要，所以我就进行了一个变革。因为我们的学生将来是要当老师的，必须要具备讲课能力，所以我就开展了一个课前演讲活动，即在课前 15 分钟让学生自己选题，自己讲解，老师打分。学生讲课是提前 15 分钟，老师得提前半个小时到，不占用上课的时间，我们雷打不动一直坚持了很多年。另外还有一些课是学生上，把学生分组，每组选一个人代表小组上课，得分也是小组集体的，培养学生从师能力。

问 您当初做改革的目标或者初衷是什么？

答 我当时的目的就是通过教学，不仅仅让学生掌握儿童心理学的基本理论、儿童发展的规律等知识点，还要让学生有真才实学，能够把这些理论应用到实践。我们这里不光是学生讲课，还让学生在一个学期里定期到幼儿园去观察一个孩子，比如说我们做气质测评，就让学生去幼儿园尝试如何测小孩。还有一些操作性的、实验性的工作，这样能够提高学生的观察能力和实验能力。另外在这个过程中可以让学生从中找出研究点写开题报告。这种活动一个学期里面差不多有 16 天，两周得去一次幼儿园观摩和评估。

课堂教学和社会实践活动也是在不断地发展。比如在课堂教学里边，原来仅是老师和学生的双向互动，例如教师给学生介绍一个实验，从实验中会发现什么问题，这个结论就让学生自己来总结，这是一个师生的互动。但是后来我做了一个三向互动，就是有一名老师和两位同学。另外在社会实践活动里面，我们增加了咨询活动。例如在“六一”儿童节时，我们跟妇联一起带着学生到劳动公园跟家长咨询交流。活动内容一般是答疑解惑，给儿童测试各种量表。刚开始家长都不相信，后来都里三层外三层地围着我们提了很多问题。学生有些问题回答不了，就到图书馆查阅资料、积极学习。当时图书馆馆长都说：杨老师，我们图书馆都成了你们教育系的了。我说学生有了学习积极性，觉得需要学习来回答家长的问题。当时学校也积极支持这些活动。

像“六一”这种活动一般是一年一次，定期开展的。另外还有老师带着十个学生到幼儿园观摩的不定期活动，一个月去两次或者隔一周去一次。但是如果想要做研究，就可能要去得更频繁些。开展这些活动就是因为我们一直在思考学前教育怎么为实际服务，我们培养的学生怎么样能够把学到的知识运用到实际中去。坚持主体性教育，重视创造性、实践能力培养，使学生全面发展。

问 这种不定期去幼儿园的活动，它是如何具体开展的？

答 不定期去幼儿园主要是去了解幼儿园的整体状况。另外让幼儿园的老师根据需求把学生分配在不同的班级里面，布置一些工作任务。再有重要的一点就是让学生去幼儿园做研究。去幼儿园能够帮助学生发现问题，并且提供了一个实践的机会让他们去开展研究、解决问题。

问 最初的时候我们招收的是初中毕业生还是高中毕业生？

答 咱们这从一开始就是招高中毕业生，就是那种三年学制的高考生，一直就没有变化。

问 咱们当时的生源充足吗？

答 生源还行，挺好的。这主要是因为咱们辽宁师大的影响挺大的。那时候全都知道辽宁师大最团结的是学前教育系。当时我有一条规定，谁有什么困难都可以跟我说，我都会到学校去给你争取。但是如果我听着谁在背后议论谁，我绝不客气，这是我的一个基本准则。大家都知道我们这学前教育系全都是女教师，人家都说“三个女人一台戏”，但我们这个群体就是团结能干。

问 咱们招高考生有什么条件呢？

答 学前专业招生没有什么特殊的要求，就是按照分数。最初也没有什么面试，也不要求弹琴这些技能。我们一直是按一本分数线招生。

问 您之前谈到学前教育专业的发展过程跟国外的研究也保持着比较密切的联系，这些都是怎样打开局面的？

答 这个可能和学校有关系，比如说我们和日本福岗教育大学（这个学校是日本最好的公办大学之一）有合作，该校有一个研究儿童心理学的老师，是日本幼儿教育协会的理事，在日本影响很大。我们一起合作拿了两次日本文部省项目。第一次是“少子化时代中日儿童家庭环境比较研究”，第二次是“少子化、高龄化时代对应教育计划研究”。在合作中我们也学到了很多，例如利用探索性因素分析家庭方面的结构等。我们还和美国一位学前教育终身教授合作,从跨文化的角度研究游戏。我们还和澳大利亚开展合作,当时是莫尼卡的博士生张爱荣来苏州参加全国心理学年会,她在研究家长的自控对孩子的影响,而我关注的最核心领域也是自控,所以我们交流得特别好,也通过这个机缘得以合作。我们共同申请了一个澳大利亚的国家基金,研究澳大利亚和中国幼儿的自我延迟满足的发展特点。由此我在2002年申请了国家自然科学基金,当时全国才九项,与国外知名教授合作受益匪浅。

问 咱们本科专业的人才培养有没有什么创新?

答 在整个专业发展过程中,我觉得对于学生来说,最大的创新就是创立了双元互动教学模式,在课堂上该如何让学生掌握知识点,为实际服务奠定基础;在实践中如何将所学知识应用于实践,理解所学知识。我认为在高校里边,抓教改可以提高老师,也可以提高学生。还有一点就是要重视科学研究,才能体现出特色。我们学前教育这一块的特色就是幼儿人格和社会性发展与教育研究,我们积累30年,深入探讨幼儿人格的结构、评定工具、常模、发展特点、影响因素,在此基础上创立了幼儿健全人格教育模式。再一个是自我延迟满足方面的研究。就是我们的这些科研整个带动了学生的水平。同时还有社会实践活动方面的创新,帮助学生理论联系实际,我觉得这对培养学生的创新能力和实践能力是非常好的。

问 咱们有哪些实践课程呢?

答 我们请一些老师来教体操课。另外我们有选修课,像音乐,有钢琴课,还有提高老师艺术修养的欣赏课。再有就是带着学生到实际中去开展活动,比如"儿童心理科学"课程,会让学生到幼儿园去观察孩子,记录发展特点。我们规定一年要有一定的课时去见习。我那时候上儿童心理学,是两个学期的课,有一百多学时。我们会结合课程知识,适当安排实践内容。例如涉及幼儿思维的知识,我就带学生到幼儿园观察儿童,总之会不定期地根据教学内容进行实践活动。现在我们还有专门的集中实践活动,比如前面谈到的老师带着十个学生到幼儿园,学生一开始进校就分配对应的老师负责指导他们,一直到大四毕业。这里边既有教学与科研结合,也有理论与实践结合。

问 咱们的就业情况如何?

答 学前教育专业比心理学等其他专业的工作好找很多。比如说我们刚开始的时候和很多幼儿园、教师进修学校联系后,他们都要我们的学生。后来在我们学校学前教育专业开设招生五六年后,大概是一九九几年的时候,就感觉到当时国家特别需要学前教育专业的学生。我们的学生本科毕业就直接分配,分配情况很好,基本上都是直接到某个幼儿园,或者某个教师进修学校去工作了。

问 毕业的学生基本都是从事学前教育工作吗?从事其他行业的多不多?

答 大部分都是从事学前教育工作,但也有些转行的。例如后来有些公司看中了学生某些其他方面的能力,学生可能会换行业,但是比例不多。

问 您对幼儿园教师的师资培养有没有什么建议?

答 幼儿园教师的师资培养现在好像好一些。之前不太行,我觉得两个方面比较重要,一个是教师培训,另一个是让学生出去学习。辽宁师大幼儿园在我管理的时候,咱们幼儿园有十多个老师上函授,当时我们办了课程班在全省招生,后来我们又办大专班。另外还有函授班,函授班就是教育系的,不是专门学前教育专业的。但是现在有函授学前教育的了。我觉得这能够帮助老师提高他们的学历层次。另外我觉得经常搞科研也是很好的,我们大连市搞了一个"黄埔军校",就是王允庆当教育局副局长的时候,他们在整个大连市好像选了有七八个储备园长准备培养,请我和其他人定期去给他们上课培训。我觉得这也是一个非常好的方式。

问 那会儿咱们幼师培养的专业目标是什么?现在有没有变化?

答 我们当时的专业培养目标也不外乎就这几个方面。一个是要为幼儿园补充老师;一个是要为教育系统补充师资,比如说教师进修学校、教育学院这一类的;再一个是继续升学这一类。那个时候好像更追求一点是上大学的尽量不去幼儿园。现在我觉得本科生到幼儿园工作这是一个很正常、很好的现象,大家也慢慢认识到了幼儿园的重要性。

问 您从事学前教育工作有20多年,您能概括一下辽师大学前教育专业的发展历程吗?

答 咱们原来的力量还是不强吧。我们更多的都是些年轻老师,当时的老教师退休了以后,剩下的多数都是20来岁。应该说他们无论从教学的能力,还有培养学生的能力等这些方面都是一个很弱的群体。但是我们经过努力,到了2003年就获得了硕士点了。在这个过程里,首先需要保证人员的齐全,师资队伍需要不断扩大。有了师资队伍后就需要锻炼,例如我们那个时候去市里上课程班,我觉得这有利于提高老师的教学能力及社会影响。后来大概在1998年,我们拿到了国家的教学改革立项,提高了教师的教学教育能力,年轻教师突飞猛进地发展,刘文获"霍英东教师奖"、辽宁省特聘教授、辽宁省教学名师;邹晓燕获"陈香梅奖"、国家基础教育教学成果二等奖等。那个时候应该说学前教育专业在我们辽宁师大的影响力开始变大了。现在又增加了一些新鲜血液,为学前教育事业发展奋勇前行!

访谈对象 | **杨爱华**(华中师范大学教授)

访 谈 人 | 苏日娜

问 杨老师好!先请您简要介绍一下我们学校学前教育专业的发展历史。

答 我们学校最早是1903年成立的文化书院大学部,至今有116年的发展历史。在1953年改名为华中师范学院,1985年改名为华中师范大学。据我所知,早在1958年就有了学前教育专业,当时主要是以短期师资培训为主。

1959年,我被分配来到华中师范学院的教育系,参与筹办学前教育专业,在1960年,学前教育专业正式成立,1961年,正式开始招收学前教育专业学生。

但是到了1962年,学前教育专业被解散,学生被划分到其他专业,教师被调配到其他工作岗位,从事了普通教育学教师、幼师、资料室管理员等。

一直到1981年,在改革开放的社会背景下,我校又恢复学前教育专业,成立了学前教研室,并于1982年,开始招收专科生和进修生,主要对我国中南地区(包括河南、湖北、湖南、广东、广西、贵州等六省)的园长、幼教干部等人员进行培训。自此,学前教育专业正式成立。

1983年,开始招收第一批学前专业本科生,1987年,开始招收学前教育专业硕士生,2005年获得学前教育学专业硕士学位授予权,2010年成立学前教育学博士点,2011年建立学前教育学博士后流动站。

问 我们学校学前专业的招收对象是初中毕业生还是高中毕业生?如有变化,变化发生在什么时间呢?

答 最初招生对象主要是中南地区各省市选拔推荐来的园长、优秀教师、幼教干部等在职人员,并没有考虑学历。1982年开始招收学前教育专业专科生,主要以高中毕业生为主。1983年后一直是招收通过高考录取的本科生。

问 我们学前教育专业学制几年?有过变化吗?

答 进修班和专科生的学制是2年,到1983年本科生的加入,学制变为4年。招收的硕士研究生一开始是学术型,按国家规定学制3年。近十年来,也招收两年制的专业型学前教育硕士。

问 我们学校学前教育专业生源充足吗？哪些学生会选择报考学前教育专业？

答 因为我校是国家重点师范院校，学前教育专业的生源一直很充足，有幼儿教师、幼儿园园长、幼教干部等在职生源，更多的是通过了高考的高中毕业生。最近几年还有一些国外的留学生。我们的生源是多样化的，这个一直没变。选择报考幼师专业的学生一方面是对幼教事业感兴趣的学生，例如已经在幼儿园工作的教师、园长等；另一方面是普通的高中毕业生。

问 学前教育专业的招生条件是什么？

答 招录本科生与普通高等学校的招生条件一样，以高考分数为主，达到规定的分数便可以就读学前教育专业。硕士研究生也是在考生通过国家正式的研究生入学考试后，根据确定的分数线选择录取对象，然后进行面试，通过面试后才能录取。

问 当时学前教育专业培养目标是什么？后来发生变化了吗？具体的变化是什么？

答 最初以培养幼儿师范学校的专业课教师和教育行政部门幼教干部为主要目标。到20世纪80年代末，随着国家学前教育的发展，我校学前教育专业的培养目标就多元化了，我们在培养目标上增加了幼儿园研究型的骨干教师，这样就变为培养幼儿师范学校的教师、幼教干部以及幼儿园教师，而且幼儿园骨干教师的数量逐渐增加。

问 在您任教期间，我们学校进行过课程教学改革吗？改革的背景、目标和举措分别是什么？

答 在我任教期间，在学校的领导下，我们根据国家学前教育的发展需要持续地进行过学前教育专业的课程和教学改革。在20世纪80年代，我们在幼儿园调查中发现，不少的幼儿园教师只是简单把自己的工作当作一份职业，在教育教学中只是重视对幼儿进行知识的传授，甚至灌输，对于幼儿的身心发展不了解。我们针对这种状态，在课程的设计上注重提升学生（也包括进修的学员）的实践能力的同时，也努力提升学生的理论水平，增设和加强理论课程，如开设“教育心理学”“教育史”“教育名著选读”等理论性课程。

在20世纪80年代中期之后，随着我国幼儿教育思想的发展和幼儿园课程改革的推进，我们针对幼儿园课程改革的需要，一方面在幼儿园开展整体课程改革的教育实践探索，一方面调整本校原有的课程体系，原有的课程体系是从苏联学过来的，以“三学六法”为核心，在幼儿园课程改革中已经很难适应现实的需要了。于是我们就逐步将原来的“学前教育学”改成了“学前教育原理”“幼儿园课程”“幼儿游戏”三门课，将六门幼儿园教学法改成了具有整体性的五个领域的教育。

高校学前专业的这种课程和教学的改革一直在进行，据我了解，现在的学前教育专业的本科和研究生课程都特别重视实践类的课程，不仅增加了学生见习和实习的时间，也改进了学生实习和见习的各种条件。针对这种情况，我们提出：整体（综合）课程，将语言、数学、科学、艺术等内容综合起来，以促进幼儿的全面发展，培养幼儿探究和学习的兴趣，培养幼儿德、智、体、美等各方面的发展。首先，将传统的学前教育学改为幼儿园活动理论、学前教育基本理论和学前儿童游戏，在游戏里开展幼儿园课程，完成课程的任务；其次，新开设学前教育科研课程，主要明确如何进行学前教育科学研究；最后，开设学前教育动态课程，与形势紧密结合，紧跟时代步伐，学习国内外幼教动态。

问 我们专业在学前教育人才培养方面有何创新？

答 学生去幼儿园和幼儿师范学校实习期间，要与所在园所的幼儿和幼儿师范学校的学生有紧密的联系，了解教育对象，不仅仅只是教授几节课。

问 我们专业有哪些实践课程？具体如何安排？为何这样安排？

答 我们的实践课程主要有实习和见习，也包括学生的暑期调查等活动。二年级的学生会到幼儿园见习，见习没有固定时间安排，主要取决于不同授课教师根据课程学习的需要来做相应的安排，一般为每门课 2—3 次。四年级学生必须在院系统一安排下去不同的幼儿园以及幼儿师范学校实习，实习时间为两个月左右。

问 我们专业毕业生的就业情况如何？从事学前教育专业的毕业生多吗？

答 最初的几年，就业情况比较好，毕业生的工作以幼儿师范院校的教师为主。随着学前教育专业毕业生人数的增加，学前教育专业的毕业生有少量的从事师范院校的工作，有很多人从事幼儿园教师的工作。相对来说从事幼儿教师的人数多些。还有些找到了其他领域的工作，也一样为社会做贡献。

问 您对我国幼儿园师资培养有什么建议吗？

答 高等师范大学的学前专业，在专业发展中应该承担更多的责任，在培养学生方面不应该仅仅局限于知识、技能的培养，更要注重爱心、责任心的培养，还应注重学生的理论水平和理论研究能力的培养，要为学前教育的学科和实践改革发展贡献力量。

访谈对象 | **张春霞**（苏州幼儿师范高等专科学校高级讲师）

访 谈 人 | 程 晨

问 请您简单谈谈您的教育经历。

答 1978—1981年在徐州教育学院中文系，半脱产在职。1984—1986年，在南京师范大学学前教育专业。这是一个联合国项目计划，目的是为边远地区幼儿师范学院培养师资。参与人员必须是幼师专业的师资，且具有两年以上工作经验。因为我在徐州中等师范学校承担了一些儿童文学课程，具有一些相关的学科背景，所以就很幸运地参与进修学习了。

1989—1992年，在南京师范大学学前教育专业，函授形式。在高招体系中，1982年左右开始有本科函授。当时大部分没有合格学历的教师都会通过本科函授的形式获取。所以我是通过函授的形式获得本科的学历。

1992—1995年，在南京师范大学课程教学论专业，在职硕士课程班。由于是在职研究生，所以基本是在每年寒暑假进行集中学习。

问 请您介绍下苏州幼儿师范高等专科学校（以下简称苏幼师）的发展历史。

答 苏幼师是经教育部批准独立设置的一所公立高等专科学校。苏幼师不是省属高校，是市教育局管理。学校肇端于1976年创办的苏州地区幼儿师范学校，位于原吴县浒墅关镇四河口，是目前全省保留“幼儿师范”名称的历史最悠久的一所学校。学校在1976年创办时采取的是大区招生的形式。大区是指当时的苏州是由地区专属委员会（地委）管理，负责苏州和无锡两个市以及不同市区的下辖县。因此就由地区师范负责该地区的招生。当时的苏幼师就属于地区师范学校。后续随着学前教育专业院校开设得越来越多，每个学校的辐射范围开始逐渐减少。1983年更名为江苏省苏州幼儿师范学校，2005年挂靠原江苏教育学院，更名为苏州高等幼儿师范学校，增挂江苏教育学院苏州学前教育分院校牌。2014年7月，省教育厅同意筹建苏州幼儿师范高等专科学校。2015年9月，学校由虎丘山麓山塘街校址迁至阳澄湖畔华元路新校区办学。2016年1月，省人民政府同意建立苏州幼儿师范高等专科学校。

问 苏幼师幼师专业的招收对象是初中毕业生还是高中毕业生？

答 学校自1976年成立以来规模不大，一直招收的都是初中毕业生，三年学制。1994年开始实行招收初中毕业生的"3+2"模式，即前三年为中师阶段的学习，后两年为大专阶段的学习。1998年开始实行招收初中毕业生的五年一贯制模式，即连续五年，获得大专学历。2016年独立升格大专后，开始招收高中毕业生，但学校同时仍然招收初中毕业生，实行两轨制的方式。

问 苏幼师学制几年？有发生过变化吗？

答 学校自1976年创办至1994年一直是三年制中师学制，1997年至2012年实施五年一贯制，挂靠江苏教育学院发放文凭。2013年至2015年发放江苏职业技术学院文凭，2016年升格大专后，开始正式发放自己学校的大专文凭，同时招收初中与高中毕业生，学制也分别为三年制和五年制并轨。

问 苏幼师幼师专业生源充足吗？哪些学生会报考幼师专业？

答 生源一直很充足，没有经历过生源低谷。因为之前学前教育事业的发展指标较低，各个地区的入园率也较低，不存在非常大的师资缺口，所以生源补给较为充足。而且中等幼儿师范学校在当时采取的是在分数公布之前提前招生的形式，各个地方会根据分数线、指标名额来确定具体的招生比例。所以我们学校在前些年招收的学生的分数与质量都挺不错。但是后来随着高校扩招，越来越多的考生可以有机会上大学，考生的选择性也开始多样化，中等幼儿师范学校的竞争力便开始逐渐削弱了起来。尤其是随着学校于2016年升格大专进行高招之后，经过重点高校、普通本科等前几轮的筛选后，目前招收的学生的分数普遍较低。

前些年通过中招过来的学生多为对幼师专业感兴趣的，他们的文化课成绩往往较为一般，不想继续进行高中学习的学生也较多。同时由于当时我们学校实行五年一贯制的学制政策，使得学生在毕业后同样能够获得大专学历证书，因此便吸引了很多中招生选择幼儿师范学校。而高招过来的学生更多是以高考分数、学校的层次为选择指标，真正对于幼师专业感兴趣的比例较少。中招生的年龄较小，可塑性更强，也更活泼，有亲和力，思维更具有感性的特点，更加契合幼儿教师的职业特点。高招生由于经历过高中三年的应试学习与训练，整体表现不如中招生活跃。

问 幼师专业的招生条件有哪些？为什么要设这些条件？

答 由于我们学校现在同时招收初中毕业生和高中毕业生，所以在招生条件方面有些许的差异。在高招这部分主要是根据高考分数决定是否录取，不设置面试环节。而招收初中生这部分同时设置笔试与面试两个方面。初中毕业生的笔试成绩需要满足最基本的分数要求，即至少要达到中考的市职高中四星级分数以上。学生需要在达到笔试分数线的情况下才能被允许参加面试，面试的目的多为考察学生的基本情况。在形式上，会设置谈话、朗读、形体、绘画等环节来考察学生的心理状态、语言表达、肢体动作、节奏韵律等方面。在内容方面，多是以幼儿教师的职业特点为出发点，例如幼儿教师的语言表达能力非常重要，影响教育教学及与儿童的互动，因此在面试中会重点考察学生的口语表达等方面的能力。

问 幼师专业的培养目标是什么？

答 过去针对中专层次学生的培养目标，更多是倾向于培养实践层面的教师。所以在开设基本的教育学、心理学等专业课之外，重点强调艺术技能的培训。因此在比例上开设的弹唱说跳类课程更多，时长安排也更多。这在当时其实是一个非常普遍的现象。后来随着中等幼儿师范学校课程培养体系的调整，越来越多的人开始思考艺术课程的改革问题。如幼师生艺术技能的培养与艺术类学生的培养的差异是什么？幼师生艺术技能培养的程度应该是什么？是否需要按照艺术类学生的目标进行培养？因为毕竟幼儿园教育的性质不同于艺术类学院。我在1996年入苏幼师工作时就已经注意到了这个问题，当时看到哈佛大学加德纳的零点课程受到启发思考：艺术技能与艺术素养的关系是什么？我们对艺术教育如何理解？实际上幼儿教师并不是不会艺术技能就无法引导幼儿了解艺术。但是很多教育工作者在这方面的理解存在偏差。一方面可能是因为我们学生的艺术素养普遍较低，无法通过有效的方式进行艺术教育，因而只能将艺术教育狭隘地理解为掌握艺术技能。另一方面，强调艺术技能在园所、教师考核评估时容易出节目和成果，相对更能够直接展示。

但是在近几年，学前教育专业培养的目标开始由强调艺术技能转变为关注教育技能，诸如观察、游戏指导、活动设计等教育技能的比例增加了。这主要是由于国家出台了相关的上位政策文件，如《幼儿园教师专业标准》等对于幼师培养目标有了顶层的方向性设计。现在的情况相较于七八十年代，大家已经感受到纯粹艺术技能无法适应幼儿园课程改革方向，例如2014年江苏省推出的“幼儿园课程游戏化”项目，相对更加强调教育技能，如观察记录、活动设计等。但是目前仍有很多幼儿园的艺术教育水平很薄弱，甚至在一定程度上遭到了忽视。例如现在的幼儿园整体的课程设计中很少会专门设计艺术类课程，如幼儿园缺乏纯粹的儿童舞蹈，但是在艺术课程里面却有这类组成成分，如幼儿的集体舞等。主要原因还是对艺术教育的理解问题，缺乏从艺术素养的角度去思考，艺术素养不仅是教唱歌跳舞的问题，还需要渗透在很多日常活动中进行欣赏、陶冶。当前艺术教育面临的一个重要难题是教师不知道该如何支持儿童的艺术发展，过于想通过直接的方式教授孩子，但是却缺乏给予儿童欣赏、观察的时间与机会，反而显得太死板,缺失生活。同时,很多家长对于艺术的理解也更多停留在艺术考级的层面,并不是真正的艺术教育。

我们学校现在是同时招收高中生和初中生,培养目标一样是培养幼儿园教师,在设置培养目标时也区分了初中生与高中生的差异。学校在 2016 年升格大专时,就已经明确高招生既需要区别本科生,又要不同于初中生。当时设置高招生的培养目标需要有一些相关的研究能力,但是也不能定得过高,所以其实界定起来比较难。另一方面,我们中师在之前是有全国统一的教育大纲,但现在没有全国性的针对专科层次的教育大纲。所以我们自己通过对学生的分析发现,幼师保送的学生,在大学一年级时,在组织能力和人际交往方面,还是比较有优势的。但专业课开设以后,高考进来的大学生,他们在逻辑思维上的优势就逐渐凸显出来。因此在课程设置方面,高招层次的理论课相对中专层次的更多些,如教育史、课程论、教科研方法等课程,但其实效果并不是很好。而之前开设的强调教育计划制定等实践类课程的效果更好些。但其实中大专层次的培养目标都是强调应用型教师的培养,和本科以上学历层次的培养目标不一样。

问 您在校期间经历过哪些课程教学改革?

答 我在幼师工作期间,经历过两次大的课程设置上的调整,第一次是 80 年代末,国家教委颁布《三年制中等师范学校教学方案(试行)》,把"二年级开设心理学,三年级开设教育学"调整为"一年级开设心理学,二年级开设教育学,学时为两年"。

第二次变革是在 90 年代中期,教育部将原来的"六法",即语言、数学、常识、音乐、美术和体育教学法,合并为一门课,即"幼儿园教育活动设计和指导"。

后来中师被撤,中师的课程改革一直都是滞后的。一个重要原因是缺乏专门机构的管理。教育局设有基教科、初教科、中教科、高等教育科,中师原本应该由师范教育处管理。1996 年师范教育处还存在,但后续撤销合并入师资人事处后,这个部门关注的更多是待遇、职称、晋升等人事方面的行政管理内容,而非师范教育、教研方面的管理。直至现在,我们学校已经升格为大专,在市教育局层面里面被归纳入市属高校,但管理的都是行政领域,不涉及专业教学发展。在省教育厅层面的高等师范教育处管理本科层次,我们大专院校被纳入高等职业教育体系,高职教育的所有管理体系都是根据职业教育的方式进行,而不是师范教育的思路。师范教育的目标是培养人,而不是技术,二者本身就是不同的。另一方面,教研室有幼儿园、小学、初高中方面的教研管理,但是只涉及高中层次,不涉及中师层次。所以现在造成了我们这类师范专科学校的专业发展、学科建设在顶层设计方面是属于无机构管理的状态,陷入了本科高校不管理、职业院校管理,但是师范教育又不同于职业技术的尴尬境地。因此,现在管理我们学校的人员及理念全是职业技术技能的培养思路,因而在幼师方面的课程改革方面也是多关注技术技能,忽视了师范教育的本质特点。

问 人才培养方面有何创新?

答 当前的创新性不足,由于中师管理处被撤,中师的课程建设发展滞后,更多是职业技术教育的培养思路。

问 苏幼师开设了哪些实践课程?

答 我在中师教授教育专业课时,曾经对中师的教育实习进行过比较大的改革,我带的学生是从一年级开始就系统安排教育见、实习的。3年的实习始终伴随着专业课的开设而进行,基本每个学期,甚至每周都有去幼儿园的时间。这是当时学校特许我的,因为我做的课题研究就是关于师范的教育实践课程方面的。

问 学生毕业后就业情况如何?

答 就业情况一直很好,没有找不到工作的现象,每年都出现供不应求的现象。基本都是从事学前教育领域的工作,很少有转行的。

问 您对学前教育师资培养有何建议?

答 一方面,国家在师范院校的过渡调整时期太盲目地把中师学校撤销,原本中师主要培养小学、幼儿园教师,高师培养中学老师。师范培养格局完整,彼此间的界限也很清晰,也积累了很多的培养基础与经验,如课程设置、培养实践基地的网络化建设等,这些都有助于幼儿教师的培养。例如我在1986—1989年负责了一个中师教育实践的课题,就是专门研究中师教育的实践问题。但是在江苏省整个师范体系升格、合并后,很多中等师范学校的老师都面临流失的问题,因为他们的学历无法符合升格、合并后的高校门槛,转岗离开了学校教育系统。中等师范学校多年积累的师资与培养系统受到严重的挫伤。即便现在很多高校开始招师范专业,但是都处于一种摸索建设的阶段,缺乏经验和扎实系统的培养基础。

另一方面,在管理系统里原本存在师范教育处,专门管理全省各地的中等师范学校和进修学校的教学改革,会从人员、经费和课程各方面进行系统的研究管理。后来被撤后,中等师范和高等师范的最大困难就是没有专门的中、高师范管理机构,因而课程设置、教育培养非常混乱,也没有约束监督管理的条件,目前国家更多是关注本科高校层次。

访谈对象 | **陈　蘅**（东北师范大学副教授）

李淑贤（东北师范大学教授）

访 谈 人 | 于冬青　郝雅仙　王　蓉

问 陈老师、李老师，感谢您二位接受我们的访谈。陈老师，您能先给我们讲讲东北师范大学（东北师大）学前教育专业的历史吗？

答 东北师范大学（初创期还叫东北大学）学前教育专业组建时有8人，音乐系1人（是我），中文系2人，政治系2人，体育系2人，生物系1人，8个人上北京师范大学学习，学习的不仅仅是学前教育。当时聘请苏联专家讲学的有两个学校，一个北京师范大学，一个中国人民大学。一个老师因为身体原因不参加了，就剩我和其他6个人。

问 学习多长时间呢？

答 原计划1952年去的，学习两年后在1954年回。当时学前教育专家就是苏联的葛琳娜（音译），除了上葛琳娜的学前教育专业课外，还有普通教育学、普通心理学、哲学。那时候我们班里有幼教干部、幼师，还有北师大的学生，学了一年，一个是听专家讲课，一个是入园实践。葛琳娜老师是偏实践的，另外又请了一个苏联专家，她是赫尔芩师范学院（现在俄罗斯国立师范大学）教育系的主任，她是偏理论的，理论讲得十分详细。她们讲课采用的很重要的方式，特别是葛琳娜，会让我们下到幼儿园观摩实践。当时北京有部队的六一幼儿园、干部子弟的北海幼儿园、民间的分司厅幼儿园和北师大幼儿园这四所幼儿园，当时葛琳娜老师就亲自指导，按照苏联模式指导办的这四所幼儿园，像编制、行政机构层次、幼儿园一日生活制度以及教育内容。当然教育内容咱有民族特色，像音乐肯定是唱咱的音乐了。当时苏联的课程一个是常识、一个是计算、一个是体育、一个是认识环境。那会也没有课的概念，学龄儿童和学前儿童，学校教育和学前教育是有区别的。上课的时间呢小班就十分钟多一点，一天两节课，下午就户外活动。饮食方面小孩就每天喝牛奶加钙片，因为小孩要长身体啊。另外幼儿园还有保健医生，都是护士出身，还有行政管理，就在苏联专家亲自指导办的这几所幼儿园里。每周在幼儿园还有公开课，有幼教培训班的我们、幼教干部、幼儿师范的老师都来听课、评课。原计划1954年回东北大学，但1955年抗美援朝，经济困难，没有幼师了，办不起来，1955年我们七个人就解散分配了。我就留在北京师范大学了，当时最大的收获就是在幼儿园的听课评课，学习到很多。1958年回东北师大办咱学前教育专业，1959年招第一届学生。

问 办咱学前教育专业除了您还有哪些老师？

答 我和李凤英、冯志坚。冯志坚是当时北师大毕业的，学的体育教学法，当时北师大看我们七个人的专业各不相同，有音乐、生物、中文，还挺好的。1955年咱和苏联关系紧张，苏联专家就撤走了，我们就继续留在北师大培训。1956、1957年，我还在北师大，上了两年的学前教育学和音乐教法。1958年东北师大计划招生，成立学前教育专业。当时处于"大跃进"时期，各个学校都在农村办学，各个乡镇都办有幼儿园，所以东北师范大学意识到必须要办学前教育专业，发展幼教事业了。

问 当时招多少人呢？招生的条件是什么？

答 当时就我和李凤英俩人，就从生物专业抽一个老师现学现讲幼儿卫生学，还有把一个老师派到幼儿园做副园长两年，然后回来讲幼儿园行政管理，又从北师大调俩人，一个是冯志坚讲体育教法，一个是王序孙讲语言教法，就差美术了。第一年和第二年是基础课，第三年上专业课、教法课。1958年9月就开始招生了，叫短期培训班，都是一些幼教行政干部，但是没有高中生，学习一年，就回原单位了。

1959年春季招生，第一批学生，1959—1963年，学制四年，正规招生，都招高中生，有34个人。1960—1964年招第二届，就是李淑贤老师这一届，差不多有三十多人。到了第二届入学就正规化了，9月入学，7、8月放假。第三届1961—1965年，总共招了三届，中间因为"文化大革命"的原因停止招生，直到1981年那年开始继续招生。

问 当时东北师范大学学前教育专业培养的目标是什么呢？

答 当时培养的都是幼儿师范学校学前教育专业课的教师，不是幼儿园教师。

问 当时你们那三届学生有教育实习吗？

答 有啊，当时就照搬苏联的模式，三年级是到幼儿园实习，四年级是到幼师实习。

问 当时你们上课用的是汉语课本吗？

答 哪有课本啊，我们在北师大学习的时候，都是苏联专家讲课，我们自己记笔记，然后我们就根据笔记整理的，学前教育专业没有课本，其他专业有课本。这个《学前教育讲义》是我们自己编的，基础是苏联的，那时候苏联专家每年都回苏联，回来的时候给我们带一些教学计划、新编教材。

问 当时李老师(李淑贤)给我们上课就用的自编的课本,已经出成书了。

答 当时也有一些出版社过来找我出书,我呢就感觉自己水平不够,没敢答应。

问 这个时候全国的学前教育专业都一样吧?像北师大、南师大?

答 不不不,不一样。北师大什么情况呢,北师大原来有个保育系,新中国成立前就有个保育系,培养的是高级保姆。新中国成立后,苏联专家过来后,北师大的保育系才改成教育系里的学前教育专业,学前教育专业和普通教育学都设在一个系。所以说这个阶段我认为咱的收获还是挺大的,从无到有,以前高等院校就没有幼儿教育专业。像长春,新中国成立前是没有幼儿园的,但是沈阳呢,有所小学附设有一个幼儿班,我上过那个幼儿班,我就记得我们小孩跟着老师走圈哼唱,1 个老师领着 20 个小孩,其他我就记不太清了。

问 当时东北师大招了三届学前教育专业学生,在刚开始进行教学的时候是完全按照苏联的模式进行吗?您在教学过程中有没有加入自己的想法和创新呢?

答 这么说吧,不光是我,就像北师大等教育部直接管辖的五所高等师范院校都是在这个时候起步学习苏联,在这个之前南师大是陈鹤琴的活教育理论指导,是陈鹤琴学习美国杜威的实用主义然后再加上自己的思考;北师大原来是保育系后来改成的教育系里的学前教育专业;我们东北师大之前是一无所有,也按照北师大的模式在教育系里开设学前教育专业,我们当时的各行各业都是苏联专家来指导的。

问 你们当时三届毕业生的毕业情况怎么样,就业去向一般是什么?

答 大部分都到中学工作了。一个是因为幼儿园太少了,另一个是因为咱的毕业生都是大学生,直接派去幼儿园工作心里接受不了。学生会想“因为我是大学生啊,怎么可以去幼儿园当老师呢,降一等级似的”。因为苏联是这样的模式,高等院校主要为幼儿师范学校输送师资,幼儿师范学校主要为幼儿园培养师资。而欧美是大学毕业后直接去幼儿园,但是当时咱的幼儿师范院校很少,所以部分学生去中学了。

问 陈老师,那个时候幼儿园教师的社会地位怎么样?

答 幼儿园老师的社会地位不如小学、中学的老师。就说长春吧,当时基本上没有多少幼儿园,只有市政府、党政机关有一两所幼儿园;还有 60 年代国营企业厂矿,如六二拖拉机厂;还有些小单位的托儿所,职工上班没人看孩子,就找一些老太太看管,都不需要专业的教师。现在咱们国家承认学前教育是教育的起始阶段了,重视学前教育的发展了。

问 那当时有开设专门的游戏课程吗?

答 苏联非常重视自选游戏,游戏在苏联的教育理念中非常重要。所以我们当时在北师大学习时每周会安排一次到幼儿园看观摩课,体育课有体育游戏、音乐课有音乐游戏,游戏是包含在各个学科里的。另外像那个自选游戏吧,苏联也有,但那个时候的游戏不像欧洲那么多样和开放,一日生活制度中就是小班、中班和大班上午上完两节课后,下午安排自选游戏时间。

问 咱1981年已经开始了招生,是借鉴照搬的苏联模式。1981年之后咱又做了哪些改革?

答 这个是第二阶段,“文化大革命”后。咱先说第一个阶段,这个阶段学前教育的发展还是比较完善的,尽管当时存在很多的问题。我们的课程设置、教育实习、见习都有,因为就是学习苏联的这一套完善的体系,另外我们国家的幼儿教育发展是比较明显的,当时各个省市的高等院校都在开设学前教育专业。这个时候学前教育的发展已经初具规模了,但是被“文化大革命”一下破坏了,学前教育专业撤销,学校也关闭了。1978年是一个转折点,高考恢复了,百废待兴。我们学校开始先恢复教育系,教育系的老师也在1980年左右陆续回来,之前都是去中学当老师了。然后学前教育专业招生也恢复了,我们在1981年又开始陆续招生。1981后的课程开设的科目也多了,除了借鉴苏联的,也学习日本的、美国的。

(以下为李淑贤老师的访谈)

(李淑贤)我接着陈老师说的补充一下。从学前教育来看,我们的发展是和国家政治经济的发展情况相关联的,而且非常密切。我们东北师大有三个比较光辉的时期,而且一次比一次要好。

第一个阶段是学习苏联那五六年,我们把苏联的东西基本上都学来了,而且我们也得到了发展,学前教育专业由无到有,而且发展得非常快。那个时候很重要的原因就是我们学习苏联现成的东西。

第二个阶段是在国内成立了中国学前教育学会幼儿教育研究会(1992年更名为中国学前教育研究会)。苏联专家撤走以后,我们在1979年成立了中国学前教育学会幼儿教育研究会,在全国范围内把幼儿教育连接起来了,大家互相学习,互相参观,交流经验,并进行大规模的评议和分析,所以这个时期幼儿教育普及得非常快,很多经验也都是在这个时候积累的。

第三个阶段,这个阶段我们学习西方的东西,弥补了我们过去单纯学习苏联的不足。这个时候我们向外学习是比较全面的,比如说关于教师,过去我们强调教师的主导作用,但是我们那时候不懂得将儿童作为发展的主体,不懂得关注儿童的主体能动性。咱们就只重视教师的指导作用,很少涉及师幼的互动。但是教育教学的过程实际上就是一个互动的过程。

问 李老师，请您再谈谈东北师大学前教育专业的培养目标。

答 咱们学前教育专业的培养目标，从"文化大革命"之后到近些年，理念越来越先进了。不像以前只是学一个国家的理念。现在咱们除了出国学习外，也开始相互交流了起来，例如经常到南京师范大学或者北京师范大学参加一些国际会议。

东北师大学前教育专业的培养目标始终就是为幼师培养专业教师，提高幼师队伍的素质。一直都没太大的变化。后来在我退休之前，咱们学校申请到学前教育硕士学位的培养点，所以培养目标提高了，开始专门培养研究生和专业研究人员。

问 那您再给我们介绍一下当时东北师大学前教育专业的培养对象、培养层次。

答 咱们学前教育专业主要是大专、本科、研究生这三个层次，不过大专后来招的比较少了，主要以本科和研究生为主。本科的招生对象有两种：一是正规的高考生；还有一部分是幼儿师范学校的保送生，就是从幼儿师范毕业的那些优秀的学生中选一部分到学校学习。但是现在的研究生更多了，我还没退休的时候是本科生多。我们一直连续招生，中间没间断过。招的学生中除了女生以外，还有男生。有一年招来的男生最多，我记得好像是六个男生。这些男孩子学习都挺认真的，成绩也都挺好的。

我们还办了课程班，课程班的主要目标也是提高幼儿教师的专业水平，课程班办的主要是大专层次，所以招的人基本是幼师毕业的。这些幼师生毕业以后想提高自己的专业水平，通过在这个课程班的学习，提高到大专的层次水平。课程班是集中开课，寒暑假上课。咱们不仅培养吉林省的幼师，而且在黑龙江省也办过大专班。这个班大概办了五六年。这些老师主要是来学习理论的，就是按部就班地给他们讲理论，考试也正规，最后也给他们发毕业证书，不是那种学完了以后只有结业证书的，都有东北师大的毕业证书，但是学历是大专不是本科。在吉林省和黑龙江省，咱们办课程班的效果都比较好。

另外还办了成人教育的函授班、夜大，学前教育自考的课程班。主要是为那些已经工作了，还想提高一下专业层次的老师开设的。这类成人教育的开办形式是相当多的。其中，学前自考那个课程班办的时间最长。记得当时很多老师都在寒暑假去讲课。

成人教育，咱们也搞，像我刚才说的函授班、夜校。特别是函授班办的时间比较长。这个就属于多层次办学，咱们这个思想还算比较开放的。

问 当时你们怎么进行向外学习及向内宣传？

答 比如科学研究，尤其是南京师范大学、北京师范大学主办的会议比较多，因为这些学校出国交流的机会比较多，所以我们经常去参会学习。除此之外，咱们还学习过瑞吉欧。当时介绍了很多瑞吉欧的教育理念，也分析了和咱们国内理念的共同点和不同点。总的来说它是开放的地方比较多,因为当时咱们整个教育都是比较拘谨的,清规戒律比较多。

另外比如说科研问题,那个时候科研课题挺多,但是基本都是个人的。比如说心理学的科研题目、教育学的科研题目,都是每个老师根据自己的科目,确定科研题目。但那个时候的科研还是比较活跃的,经常开一些研讨会。

问 那你们如何进行内部提升?

答 就是加强教学。因为以前我们都是教得多,坐在教室里听老师讲完之后就回去背,考试也是背,基本是这个模式。后来随着时代发展,教学理念也越来越开放。咱们就开始加强实践课,表现在课堂上就是增加讨论课,经常出个题给大家讨论讨论。或者让我们下幼儿园实践,回来大家再谈一谈体会和收获。我觉得这些方式都挺好的,今后的教学也应该如此。我们应该到幼儿园当中直接去学习,经常观察反而更有帮助。因为咱们的理论学识要比幼儿教师高,所以分析能力会更强些。去幼儿园观察就能发现问题,分析原因并且提出建议。理论与实践这两方面要结合起来。我觉得实践挺重要,同时还要加强课堂讨论,增加下园参观的次数。

除了这个以外,那时候咱们自己没有实验基地,去幼儿园不方便。但是现在有实践基地了,学生和老师们可以经常下园观察。也可以给学生定一个主题,然后让学生带着问题去幼儿园观察。尤其是研究生的培养也需要注意这个问题。现在的研究生人数比本科生多,所以实践基地是更重要的,研究生也没有那么多课,主要是以研究为主,要加强实践。

我们后来是到贫困地区幼儿园去培训,因为咱们还有一项任务,主要负责东北贫困地区的幼儿教师培训,包括吉林省的贫困地区,一直到县级所有的幼儿教师基本都参加我们的培训。因为培训不仅是免费的,同时还提供补助,所以老师们都愿意参加。然后地方办学,他们的工作人员也有补助,所以这项工作挺有意义的。也是为咱们的幼儿教育做贡献,能够及时为基层的幼儿教师队伍传授一些新的教育观念和方法。

问 这一块儿现在也很受关注。

答 是的,这一块现在也是特别需要关注的,那时候咱们经常把这些教育观点、新的教育思想、教育理念及时地传授下去。老师们都根据自己负责的科目一科一科地去讲课,培训每次都是将近一个礼拜,大家都很认真。

访谈对象 | **陈雅芳**（泉州幼儿师范高等专科学校原校长）
访 谈 人 | 林媛媛

问 陈校长好，可否先谈谈您个人的教育经历？

答 好的。我1980年从泉州师范学院数学专业毕业。1979年到泉州幼儿师范高等专科学校（以下简称泉州幼师）实习，1980年正式入职到泉州幼师。1982年报考南京师大，攻读学前教育专业。1984年毕业后回到泉州幼师。2002年时在厦门大学读了硕士生课程班和博士生课程班。在南京师大时师从唐淑等幼教老前辈，在厦大时师从潘懋元先生等高等教育的前辈，奠定了比较扎实的学前教育专业理论基础及高等教育理论基础。2016年退休，退休后来到了泉州华光职业学院，创办学前教育和早期教育专业，继续培养幼儿教师。可以说培养幼教师资40载，不忘初心，矢志不移。

问 能否介绍一下我们泉州幼师的发展历史，或者是一些特殊的、有标志性的历史节点？

答 我们学校的发展史可以称之为"百年老校，参天大树，培育幼师，风雨无阻"。我1979年入校，与师生员工一起经历了学校从无到有、从小到大、从弱到强，由中专升格为大专院校的发展历程。学校刚复办时没有校舍，没有老师，没有教学仪器设备和教材。教职工只有10余人，学生100多人。如今学校教职工380人，学生7 300名人，校址也从市区的古街老巷迁到东海滨城，招生范围从一开始的闽西、闽南，现在已经扩大至全国。国际学术交流也比较广泛，培育的幼教师资已经遍布海内外，深受社会好评。

作为参与者，我想结合百年老校的发展情况谈谈三点感想。第一阶段是"枯木逢春，振兴幼教"。泉州幼师的前身是培英女校，创办于1890年，1956年更名为泉州幼师，1968年幼师停办，教师全部解散。1979年复办时，校园是满目疮痍，瓦砾遍地。当时老校长弘扬"艰难困苦、玉汝于成"的精神，带领大家一起艰苦创业，奋发图强。记得当时学校经常组织全校师生利用课余时间去清除瓦砾，改变学校破旧脏乱的面貌。当时办学条件很差，没有正规的美术室、琴房、舞蹈房，学生练琴都是用脚踏风琴，而且数量也不足。生活条件也很艰苦，每天清晨我们和学生一起打井水洗漱，共同经历了艰难的发展历程。

复办的时候,学前专业师资非常匮乏,所以1981年时学校就安排陈世明、刘碧莲及我三位新老师前往南京师大继续培训,师从赵寄石、唐淑等幼教前辈,系统学习专业理论知识。记得我毕业时,唐淑老师很深情地对我说:“雅芳你就像一团火,走到哪里就要燃烧到哪里!”毕业回校以后,我任职教务处副处长、副校长,几十年如一日为培养幼儿教师拼搏奋斗。1990年10月,我们学校隆重举办了建校一百周年的校庆,1 000多名校友从海内外集聚母校,共庆百年华诞。从1992年到2002年,随着学校声誉的不断提升,社会各界对泉州幼师办学也给予充分肯定和支持,捐资助学的胜举不断涌现。一栋栋的高楼拔地而起,当时的旧校区总建基面积扩大到7万多平方米,是复办时的十几倍,百年老校面貌一新。复办后的泉州幼师在改革开放春风的吹拂下,经历20年阳光雨露的哺育,可以说枯树逢春,茁壮成长。

第二个阶段是“枝繁叶茂,升格大专”。从1998年到2005年是专科层次培养阶段,这个节点正遇全国师范教育从三级向二级过渡,中专向专科层次升级,各级教育行政部门也开始重视对幼儿教师专科层次的培养。可是当时学校的硬件条件不足,占地只有39亩,学生1 000人左右,规模很小,同时内涵建设也不足以办专科。因此,学校在办学取向上经历了8年的艰难求索,可谓一波三折。当时有两种选择:一是并入本科院校作为一个系,但是会影响专业的自主发展,教师的培养也会受到限制;二是把学校转为普通中学或与中职学校合办。紧要关头,时任福建省教育厅厅长的朱之文提出,泉州幼师与福州幼师两所学校合并,因为两所学校规模小,合并后的硬件、软件更有助于升格。并任命我为临时负责人,泉州、福州两地兼顾,前往福州上班一星期左右,由于异地办学真是困难重重,后来教育厅考虑两校分别升格。包括校名问题,也经历了很多挫折。当时请教了潘懋元先生,他建议取名为“泉州儿童发展职业学院”和“福州儿童发展职业学院”,因为在校名里不能出现“师范”与“高等”两个字,所以就用这两个校名来过渡。校名的更改当时在全国是首创,也助力两所幼师得以生存。我们现在会很亲切地称呼两所学校叫“福儿”“泉儿”。2009年,在泉州市政府的重视支持下,学校在东海滨城建设新校区300亩,投入资金2.57亿元,百年老校告别古街老乡,入住新校区。2011年经教育部批准,学校再次成功转型为“泉州幼儿师范高等专科学校”。2013年建成“泉州幼高专东海湾附属实验幼儿园”,2014年永春师范并入我校,百年老树久旱逢甘雨,在新机遇中发展壮大,枝繁叶茂,绿意盎然。

第三阶段,树大根深,创办示范。一百多年的风雨历程形成了独具特色的办学精神,比如说“爱国爱校,爱拼敢赢,爱严相济”的“三爱”精神,比如说“敬业、拼搏、求实、创新”的办学精神,我们正是用这样的一种百年精神来增强师生的向心力和凝聚力。在学校办学最困难的时期,学校全体教职员工不离不弃,为了学校的发展同甘共苦。正是百年老校的这些精神,促使着泉州幼师继续前行。2015年底,学校很荣幸地入围福建省示范性现代职业院校的建设工程培育项目，在现任党委书记、校长的领导下，在全校教职员工的努力下，经过五年创建示范校的历练，久经沧桑的百年老树如今已经是满目葱茏、直插云霄了。

问 那么目前，我们幼师专业的招收对象是初中毕业生还是高中毕业生？

答 复办的时候，泉州幼师首届毕业生是从泉州师范学院转过来的，共计 40 人。所以我们首次招生的对象是高中毕业生，当时招收两个班，100 人。学校当时始终坚持社会主义办学方向，以德育为首，要求学生做到"十能十会"。"十能"就是学习能力、观察分析能力、表达能力、说保教能力、动手能力、社会活动能力、创新能力、科研能力、审美能力、自我发展能力。"十会"指会唱、会跳、会弹、会画、会说、会做，会听、会读、会写、会玩。为了提高训练的有效性，我们就举办了文化艺术节、创造节、教育节、体育节等活动，为学生提供展示自我、提升自我的各种平台。

问 泉州幼师学制几年？

答 复办的时候招高中毕业生，两年制。以后改成四年制，同样招的是高中毕业生。后来又改成三年制。还招收五年一贯制的初中毕业生。

问 学制的改变大概是哪几个时间节点？

答 刚复办时是两年制。两年制招收高中毕业生，那个时候读两年也是中专，两年以后就毕业，然后学制改成读四年，两年和四年都是中专。我们觉得两年时间很短，学生没基础的，但是他们会吃苦，这种精神还是很重要，有了这种精神就什么事情都能够做成。几年后学校在三年制的基础上，增加了五年制。五年制是招收初中毕业生来学校读三年高中课程，再读两年大专课程，所以我们采取的是一体化两段式的管理方式。后来又改成三年制的，因为学生经过高考的历练各方面比较成熟。现在学制，一种是招高中毕业生的三年制，一种是招初中毕业生的五年一贯制，还有一种和中职联办的三年中职、两年专科"3+2 学制"。

问 那我们幼师专业生源充足吗？哪些学生会选择报考幼师专业？

答 非常充足。当时招收四年制的时候，生源质量蛮好，都要有面试，且面试是有比例筛选的，而现在是大众化的教育。

问 现在有面试吗？

答 没有，现在不允许的。之前有过面试，大概是 80 年代招收四年制时，我们的面试最高比例是 1∶5，就是 5 个人来只录 1 个，竞争很激烈。

问 幼师专业的招生条件是什么?

答 招生的条件就是根据学生的报考志愿,然后根据分数从高分到低分录取的原则。

问 在您任职期间,泉州幼师进行过什么样的课程教学改革?

答 学校始终将专业建设作为我们办学的依托,提出了以学前教育专业为主,适度发展初等教育专业的思路。当时的考虑:一是做强做大学前教育专业;二是做优做好艺术教育专业、英语教育专业;三是适度发展初等教育专业、特殊教育专业;四是开设早教专业;五是建设学前教育专业群和艺术教育专业群。课程改革提出四大模块的新模式,分别是必修课、选修课、课外活动、实践课的有机结合。当时由我牵头研究的课题:"中职起点三年制专科学前教育师资培养的规格标准和课程设置",获得中国学前教育研究会课题评选一等奖。学校还将大专层次的教学科研作为转型升格的一个崭新的起点。我们还注重学校与幼儿园合作,共同设计,形成了理论、实践一体化的课程体系。

问 就是反过来从幼儿园出发,然后反推我们的课程构建?

答 嗯,从工作任务就是以学生以后工作岗位作为我们现在课程建构的方向,工作当中需要什么,我们加以理论的提升提炼。当时推行以能力为主线的培养模式。如:80年代我们要求学生做到"十能",那么在那个基础上,我们又提出新的"十能"的要求,包括具有观察了解并分析幼儿的能力、设计和实施活动的能力、挖掘和利用资源的能力、创设环境的能力、课程设计与评价的能力,以及评价幼儿的能力,等等,推行以能力培养为主线的课程建构和教学改革。当时还注意建立和完善教学质量的监控和评价体系,确保我们转型升格后的教育教学质量。

问 您对人才培养的模式有何看法?

答 创新专科层次人才培养模式,助推学生的健康成长,是学校转型发展的出发点和落脚点,一切都是为了专科人才培养。

2013年,我们学校就提出了人才培养模式,"校地融合,实践引领,德能一体"的改革思路。在我们的课程和教学过程当中,就融合了幼儿园教师的专业标准,还有教师教育课程标准和教师资格证考纲等等的内容。我们还提前实行"1+X"的证书制度,"1+X"我们加什么?"1"是毕业证书,"X"是指计算机等级考核、普通话、育婴师或者育婴员,有了这3证才能毕业。学生的培养是多元化的,不仅仅需要会唱会跳,那只是其中的一小部分。为了实践校地融合,我们还建立了和幼儿园的"五个对接"的合作平台,这"五个对接"一是目标对接,共建校园互通的人才培养方案。我们在制定人才培养方案时,肯定要叫几个园长一起来审核,是不是符合现在幼儿园对人才的要求。园长经常会提出很多宝贵的意见。二是课程对接,共同开发职业化的课程体系,就是教师职业的一个课程体系。三是资源对接,建立交互式的实践教学体系。四是师资对接。我们把园长请进来,然后我们自己也走出去。我们学前专业的这些老师们出去给他们办讲座,去提升幼儿园教师的专业理论水平,然后幼儿园教师走进来加强我们实践能力的培养。这样的交互式的师资对接,构建"双导双兼"的专业教学团队。"双导"就是双导师:学生德育的导师、就业的导师;"双兼"就是幼儿园老师去兼幼师的课程,像我们附幼的团长、副园长,他们都是正高,他们都是我们的兼职教师,他们既是我们学生的德育的导师,又是我们学生的就业的导师。五是服务对接,实现双赢互利的一种服务模式,实现幼儿园或者幼教机构和学校双赢。我不是说只有去实习实践麻烦你们,也把我们的专业理论带下去,把最新的一些科研成果带下去,去提高我们幼教师资的水平,所以是双赢互利的这样的一个模式,努力推进学校与幼儿园形成命运共同体。否则你一头热不行,我们当时开始注意去做这些工作。

学校还不断地完善实践教学体系,探索建立由先是课程实践,每一门专业课程都要求在课内边教边让学生尝试的实践,然后观摩见习就是下去看,还有两次教育实习,其中一次教育实习是半个月的游戏实习,再一次是毕业实习,最后是毕业综合素质的考核。从入学入教一直到综合素质考核合格了,就可以毕业。这样将教育实践贯穿教师培养的全过程,实现了就业的无缝对接,所以学生一出去,就基本上能够适应幼儿园的保育教育工作。

还有一个特色,我们努力构建"五化育人"的富有师范特色的育人体系。"五化育人",一个是师德文化培育人。我们在各专业人才培养方案中,将教师职业道德作为人才培养规格之一,学生的品德修养渗透在各课程当中。我们还建立健全优秀学生干部、优秀毕业生、"校园十大人物"等各种激励机制,塑造典型的师德风范。二是制度文化规范人。严格管理学生一日生活常规和行为规范,校、系均制定了学风建设方案和具体措施,再一个方面,我们提升学生干部自管、自理、自立的能力,学校成立自律委员会,这些学生干部一天到晚忙得团团转,但是他们的能力得到了培养。三是行为文化造就人。将幼儿教师职业操守作为我们学生行为文化的源头活水,用幼儿教师职业道德标准来影响我们现在的学生和塑造学生的良好行为习惯。四是艺术文化感染人。不断丰富校园文化,以艺载德,激发学生追求艺术的真善美。我们充分挖掘和发挥闽南文化的魅力,举办具有乡土特色的文体和美术作品展示来感染学生,让学生在浓浓的文化氛围当中健康成长。在艺术方面我们还坚持开展了"三操",天还蒙蒙亮就要求学生起来做早操,一日之计在于晨,早操完了以后就早读、练琴。然后举办"三节":校园书香文化节、科技艺术节、就业创业节等,让学生在浓浓的文化氛围中成长。五是环境文化熏陶人。我们利用了学校天然的地理优势和生态环境,美化校园、绿化校园,当时就投入 300 多万，所以现在绿树成荫。学生耳濡目染陶冶情怀，一走进去就能接受优美环境的熏陶。通过实施“五化育人”工程建设，我们培养了一批批重德重能、多才多艺、求实求新的特色人才。

问 刚才您其实也提到了很多我们的培养方向，如果说培养目标的话，有没有一个具体明确的一个标准或者是一个方向，或者说有没有经由历史阶段发生过一些变革变动？

答 有的，比如说我们的培养目标最早的是培养德智体美劳全面发展的幼儿教师。后来培养目标更新为：培养能够胜任幼儿园工作的有实践和反思能力、全面发展的幼儿教师，将具有实践、反思能力作为我们专科层面的一个培养目标。教育部制定的《高等职业学校学前教育专业的教学标准》颁布后，提出培养目标，首先具有良好教师职业道德，有较强的创新能力、就业能力和终身发展的能力，这些都是新时代的要求，还要掌握学前教育专业理论知识、具备较强的保教能力以及全面发展等。

问 泉州幼师有哪些实践课程？具体如何安排？为何这样安排？

答 关于实践课程方面，我们实施全程实践。为什么要秉承全程实践的理念？因为我们学生来了学校以后，他要非常清楚将来就是幼儿园教师。那么作为一个幼儿园教师，要动手动口，要非常熟悉孩子的身心特点，还要非常熟悉幼儿园的整个运作模式，一日生活活动，孩子入园的晨检，什么时候要吃点心，什么时候要给他擦擦汗，什么时候开展集体活动，什么时候开展区域活动，什么时候要午睡了，午睡完了以后是不是要有一个集中活动……如果所有的这些学生之前都从来没接触过，他就很生疏。所以要让他们在持续不断的实践当中学习。

问 泉州幼师毕业生的就业情况如何？从事学前教育专业的毕业生多吗？

答 学生的就业也是很折腾的。比如说我们当时设置专业是艺术教育（学前方向）、音乐教育（学前方向）、舞蹈教育（学前方向）。去参加入职考编考试的时候，电脑都不让他报名。所以现在的所有的这些都改成学前教育音乐方向、舞蹈方向、艺术方向，全部倒过来。当时艺术系一直要艺术在前面，方向在后面，但是几经波折了以后，他们也就服了。现在艺术教育和音乐教育专业毕业生不能到幼儿园去，因为我们当时在做标准的时候，很多的幼高专都是不得已而为之，因为它在转型的过渡期，专业设置都是比较凌乱的。比如说艺术教育（学前方向），它肯定培养的是幼儿园师资。当时尝试艺术教育同时培养学前方向或小学方向，我说绝对不可以，这是对人才的不负责任的一种模式，所以艺术教育现在就确定了，艺术教育、音乐教育、舞蹈教育全部是培养小学的师资。如果是学前的师资全部是带方向的，如：学前教育（舞蹈方向）等。这样更清晰了，学生就业什么的，一般很好的，一般民办幼儿园都要不到我们两所幼高专的学生，所以毕业就业率是非常非常高的，百分之百。你看像我自己在华光办了一个幼儿园，因为我一定要办一个幼儿园，所以开始招三个班，然后今年要再招三个班。幼儿园办起来了以后，学生见习、实习才有自己的一个基地。

问 我们就业好的情况是一直以来都是这样子的吗？

答 没有，而且招生也不是一直以来一样，可以说是一种波浪式的。比如说刚刚复办的时候，只有两个班。现在是十几个班，因为幼师的需求量太大，师资严重匮乏。现在的民办园的师资问题确实一个大问题，很多民办园招不到我们培养出来的学生。

问 您对幼儿园师资培养有何建议？

答 我觉得当前特别是我们学前教育的《意见》出来以后，幼儿园师资的实际培养得到了提升，因为师资是我们学前教育发展的一个关键，要靠正规的幼高专去培养。再有就是要靠一些职业院校来培养，因为现在全国有 600 多所职业院校在培养着这些幼儿教师。第一从培养数量来说，我们也是要循序渐进的，不可以像“大跃进”一样。现在好像不扩招了以后，大家的首选也是学前教育，招生一定要有一个分数线的控制，要适当地把控，要有序地、要健康地发展。第二在规模方面，也要有所控制，培养一个合格的幼儿教师必须是全方位的。它既要有理论知识结构，又要有基本素养和能力。国家给予我们这么好的一个发展前景，我们也要多一些冷思考，我们也要考虑渐进式地发展，否则我们就会对不起这个社会，对不起家长对我们的信任，我觉得这个是从数量上来看。第三从质量上来看，经过这么多年的幼儿教师的培养，要围绕立德树人，树立幼儿为本的理念。幼儿为本是我们幼儿教师最核心的教育理念，关爱儿童，尊重儿童，富有爱心、责任心、耐心，是我们幼儿教师培养的一个重中之重。再有一个就是我们质量培养现在很需要对接两个标准，一个是学前教育的教学标准，还有一个幼儿教师的专业标准，然后要培养学生各种能力，特别是虞永平理事长提出来的观察分析、了解幼儿的这种能力。在质量方面，深化课程改革，提高学生的专业水平，比如说我们以前专门弹奏就弹奏，唱歌就是去唱歌，跳舞就跳，我觉得现在应该有一种综合性的弹唱，就是唱跟跳结合的一些课程。再有就是要深入推动园跟校一体化的发展，中国学前教育研究会说要增强校际的合作，增强校企合作，助推我们学校专业和技能发展。因此，全国幼高专现在就是要发挥领头羊作用，然后带动本地区、本区域的整个职业院校学生专业发展。这样子我们培养出来的师资才能够适应当前的这种大众化培养的需求，把我们整个学生教育专业提升一个档次，大家互相学习，共同研究、共同发展。

访谈对象 | **林 茅**（原上海幼儿师范高等专科学校教育教研组组长）

访 谈 人 | 朱美玲

问 林老师，您好。请您简要介绍上海幼儿师范高等专科学校（以下简称上海幼高专）的发展历史。

答 上海幼儿师范学校发展的历史大致经历了以下几个时期。

1. 1952—1965年，建校初期。

上海市幼儿师范学校创建于1952年7月14日，这是新中国成立后上海市人民政府新建的第一所学校，也是新中国第一所培养幼儿教师人才的学校，因此也是教育界的一件大事，陈毅市长还亲笔题写了校牌。学生的来源是初中毕业生和原上海市立师范学校中的幼师班学生。教职工的来源主要是市立师范学校和原岭南中学，以及北京师范大学和南京师范学院学前专业的应届毕业生。我是1957年从南京师范学院幼教系毕业后到上海市幼儿师范做老师的。

1958年，为当时革命建设的需要和"为培养共产主义的幼苗，为解放妇女劳动力"的办学目标，学校开始探索并创造了"教养结合"的幼教模式，逐步建立了从事师资培训的培训部和幼儿教师职后培训的进修部，并成立了附属幼儿园，作为师资培养基地，初步形成了中国特色的幼儿师范教育体系。1963年，学校从郊区迁入市区宝山路584号。

2. 1966—1973年，被停办的十年。

1966年初夏，"文化大革命"爆发，学校不再招收新生。1968年，上海市幼儿师范学校遭遇停办。1968年至1971年期间，学校先后被改名为：新幼师附中、东方红五七学校和风华中学。当时，全市的幼教师资培养完全处于瘫痪状态，大批专业教师流失，我当时就留在风华中学做老师。同时，幼儿园也不再由教育局管理，转到了街道办事处管理，幼儿教师大量流失。

3. 1973年至今，幼教大发展。

1973年，在社会强烈呼吁下，上海市幼儿师范学校在愚园路460号原第一师范学校校址恢复，1976年，在愚园路460号原第一师范学校门口重新挂起了"上海市幼儿师范学校"的校牌。

1977年“文化大革命”结束，特别是1978年党的十一届三中全会召开，上海市幼儿师范学校重新焕发了青春。学校在落实知识分子政策的同时，拨乱反正，整治校园，修缮房舍，充实师资，组织教学。我又回到了上海幼师。

为了恢复并振兴遭受严重破坏的幼儿教育事业，教育部委托上海市幼儿师范学校负责起草全国《城市幼儿园工作条例(试行草案)》(教育部1979年11月颁发)和全国《幼儿园教育纲要(试行草案)》(教育部1981年10月颁发)，学校还受教育部委托，组织编写了全国第一套幼儿园教材，由人民教育出版社向全国发行。我有幸参加了文件的编制和教材的编写。

1982年9月，学校迁回宝山路584号原址。

1985年7月7日，上海市人民政府撤销原上海市幼儿师范学校的建制，建立了上海幼儿师范专科学校，是当时全国唯一一所培养大专学历幼教师资的高层次幼儿师范学校。招收初中毕业生，学制五年(三二分段)，前三年学习幼师课程，后两年学习大专课程。我有幸带了第一届的大专班，并担任了班主任。担任一年的班主任后，我被借调到上海市教育局课程改革委员会，参加幼儿园一期课改教材的编写。

1992年4月，调整学校名为“上海幼儿师范高等专科学校”。1997年9月，上海幼儿师范高等专科学校偕同南林师范学校一起并入华东师范大学。

问 上海幼高专的招生对象和学制是什么？

答 上海幼高专从1952年成立到如今归并入华东师大，每个时期招收的对象都有所不同。

上海市幼儿师范学校从1952年成立到1966年，初期学制三年，招收初中毕业生。1966年开始到1973年期间，学校被停办，没有招收任何学生。1973年恢复幼师，主要是进行幼儿教师的上岗培训和在职培训。1978年开始招收应届高中毕业生，学制两年。1981年7月开始恢复招收应届初中毕业生，学制四年，招收两届后又重新恢复成三年。1985年上海幼儿师范高等专科学校成立，上海市高教局批准学校设置学前教育专业，学制为中师阶段三年、大专阶段两年，“三二分段”，两段之间需经过筛选，招收的学生分别是初中毕业生，学制五年，同时也招收幼师中专毕业生，学制两年。1994年开始招收初中毕业生进行“五年一贯制”的大专培训，1997年开始招收高中应届毕业生，学制四年。

学制	招生对象	起止年份	学历层次
三年	初中女毕业生	1952—1966 1983—1994	中专
二年	高中女毕业生	1978—1983	中专
四年	初中女毕业生	1981—1983	中专
二年	幼师中专毕业生	1985—1998	大专
五年	初中女毕业生	1994—	大专

问 上海幼高专的专业培养目标是什么?

答 通过幼儿师范专科教育,培养能适应社会发展和经济发展,素质高,能力强,全面发展,学有专长的高层次的幼儿教师,最终使得幼儿师范毕业生能独立地开展幼儿园的保育工作,能胜任幼儿园各类教育的组织领导工作,能从事幼儿教育科学研究和教学研究工作,具有较强的带班能力和动手能力,会当幼儿园老师,爱当幼儿园老师。

问 上海幼高专生源充足吗?招生条件是什么?为什么?

答 每年报名的人数都是挺多的,总体来说生源是充足的。但从另一方面说,生源又是不足的,我们调研发现,作为第一志愿且真心愿意做幼儿园老师的仅占40%,因分配、家长要求、经济等各种原因报考的比例有60%,因此从这个角度看,生源又是不足的。

我们的招生条件首先要求初中或高中毕业,学业考试成绩合格。我们对新生的选择是认真的,无论招收二年制、三年制、五年制的学生,我们都有面试的环节,要观察她们的仪表,倾听她们的谈话,还需要展示跳舞、唱歌、画画等某一方面的技能。为何要设置这些面试环节,是因为我们的学生今后是需要面对3—6岁幼儿的,需要五官端正、口齿清楚,具有一技之长,且对教师工作有一定认识。

问 您任教期间,上海幼高专进行过课程教学改革吗?改革的目的、背景和举措是什么?

答 上海幼高专从开创以来,一直进行着课程教学改革,我认为其中很重要的一个改革就是游戏研究课程的设立。这门课程的创立是基于以下的背景。

首先,长期以来游戏不被重视。1981年教育部颁布的《幼儿园教育纲要(试行草案)》指出:“由于幼儿生理、心理发展的特点,幼儿最喜爱游戏,因此游戏成为幼儿生活中的基本活动。游戏在幼儿园整个教育工作中占有极为重要的地位,是进行体、智、德、美全面发展教育的有力手段。”当时在幼儿教育领域,长期以来占统治地位的教育观是以知识传递为价值取向的学科中心主义,幼儿园采用学校教育方式——以教师为主导、以学科为基础在运转,尽管《幼儿园教育纲要(试行草案)》提出了游戏应成为幼儿生活的基本活动,但在实际工作中,游戏并没有被重视。当时,各学科都有相应的教材教法课程,而"游戏"没有。

其次,幼师附幼的实践研究。大约在80年代后期,学校要求本校专业课老师去幼师附幼,帮助提高附幼的教学质量,由于当时游戏没有人研究,学校要求我去负责游戏的指导。围绕着角色游戏我们开展了三年的研究,收集了大量的实例,之后我们在这个基础上又进行了创造性游戏(角色游戏、结构游戏、表演游戏)和规则游戏(智力游戏、体育游戏、教学游戏)的进一步研究。我们和幼儿园老师一起分析、分享,我们都深切地体会到"不玩游戏的幼儿园不是好幼儿园""不会指导游戏的老师不是好老师"。

第三,国际会议的召开。1989年,幼儿教育国际研讨会在中国召开,这是国内第一次召开的幼儿教育国际会议,我当时的论文《幼儿园游戏课程初探》在大会上进行了交流发言,得到了国内外的一致认可。

由此,"游戏研究课"在1990年创立了,在"三二分段"中的四年级开始上课了。一个学期有34课时,同时也在全市的职后培训中开展。

"游戏研究课"分两个内容,一是游戏理论,二是实践操作。在游戏理论课中,我们打破教师讲、学生听记背的传授学习模式,学生通过调研、查阅资料、课题讨论、辩论、到实践中去探索等方式,明确了游戏理论中的重要内容,如:从"众说纷纭话游戏"中明确了游戏的概念,从游戏万能论、游戏无用论、游戏有害论中明确了游戏在幼儿园的作用和地位。

在实践操作课中,我专门编制了6本教材,分别是:《幼儿游戏与幼儿成长》《结构游戏》《智力游戏》《表演游戏》《体育游戏》《角色游戏与玩具》。我们开辟了一个游戏实验室,专门添置了数量充足、种类丰富的玩具,并有专人管理。学生们在这个实验室里根据这6本教材动手实践。我举"结构游戏"实践课这个例子来说明我们是如何上这种实践课的,学生们首先学习结构玩具的玩具分析,然后要掌握基本结构技能,并运用这些技能进行建构,还要学习结构分析,学习讲评和分享。以我们熟悉的胶粒、乐高等接插结构玩具为例,学生们要掌握单孔多孔连接法、可旋转方向的端点连接法、交叉连接法、间隔连接法、直接围合连接法、增加基本件的围合法等等,学生们运用这些技能进行搭建,如:动物园主题中,同一种动物学生设计出的形状各种各样,非常有趣。同样的,"表演游戏"实践课中,学生们要学习歌舞、戏剧、诗歌朗诵、故事表演、木偶戏、影子戏等,每一类都有具体的实践内容。

问 上海幼高专在人才培养方面有哪些创新?

答 上海幼高专是一个出人才的地方,人才的培养一直是我们学校的重点。人才的培养包括了对教师的培养和学生的培养。

第一,对教师的培养。学校把教师送出去学习,记得我们当时需要开一门“舞蹈与律动”的课程,学校就专门把我送到体育学院学习了一个学期的艺术体操。学校还提供机会让我们接触社会各领域,如:到妇联、到儿童医院等地去合作,去学习,学校让我加入了上海市儿童生活用品委员会,因此我了解到儿童生活用品的方方面面,更是对玩具有了进一步的认识,为后期游戏课程的产生打下了基础。学校还要求普通科目教师和专业科目教师深入到幼儿园第一线,深入到实践中去,如我就参加了市音乐组,并到附属幼儿园进行了为期一年的游戏研究。经过这样的学习实践培养,出了不少成果。

第二,对学生的培养。教师的能力是教师顺利地完成教育任务的基本条件,因此,在培养合格的幼儿教师的过程中,必须重视对他们的能力培养。若在学生时期能得到有步骤、有计划的培养,使他们达到较高水平,既能使他们较快地适应教师工作,同时对他们一生也会产生重大影响。

具体来说,首先是把对能力的培养和专业思想教育结合起来。我在对学生进行专业思想教育的过程中,介绍幼教专业,组织学生阅读早期教育资料,参观幼儿园,观察幼儿活动表演,参观幼儿作品展览,并组织学生开展“幼儿园在儿童入学中的地位与作用”的社会调查,对1954名一年级小学生的各科成绩、品德评语、健康卡等资料进行分析,通过这一系列调查分析使他们得出了幼儿园是令人喜欢和难忘的、幼儿是可爱的、幼儿教师的工作是有意义的结论。这使学生产生了对专业的兴趣和对教师工作的喜欢,提高了学习的积极性。我又结合教育学“教师”一章的学习,组织学生开展“幼儿教师应具备的条件”的社会调查,广大教师用自己的亲身体会和实例使学生认识到教师能力的重要,明确了对幼儿教师能力的要求,启发了学生培养自己能力的自觉性。

其次是结合各学科学习开展教育实践活动,发展学生能力。我结合教育学、心理学的学习,利用班级活动和课余时间组织学生进行“幼儿挑食行为的调查”“幼儿友好关系的调查”“幼儿注意力分析”等调查。配合语文课学习,组织班级“儿歌比赛会”和编写幼儿故事、儿歌教材的活动。配合音乐课学习,举行“钢琴演奏会”“幼儿歌曲演唱会”。配合美工课,组织“美术作品展览”,为幼儿制作教具、玩具。配合生物课学习,组织学生编写了“幼儿园自然常识教育参考资料”。配合体育课学习,组织“班级运动会”等。在活动中,我努力做到:凡有条件让学生看的,尽量让他们自己去看;凡是能他们自己动手的就让他们自己去做;凡是学生经过自己努力,可以解决的问题,就让他们自己去寻找解决问题的办法。例如:班级运动会,我要求学生自己设计、准备和组织,同学们访问了老师,收集资料,创编团体操节目,进行各项活动准备,动员整个班级,使学生的组织能力、创造能力得到很大发展。同学们高兴地说:“这是一堂生活的能力训练课,我们学会了组织运动会的本领。”又如,全班分组编写《幼儿园自然常识教育参考资料》时,他们根据生物课的学习内容,对幼儿园自然教学大纲中170种自然常识教学内容,写了教学参考资料,为此他们翻阅了150多本参考书,访问了植物园、西郊公园和公社社员,花了一个学期时间才完成。这本资料对幼儿园教学工作有很好的参考价值,受到幼儿园的欢迎。学生在活动中不仅得到关于生物学的广博知识,同时锻炼了从参考资料中选编材料的能力和创作教材的能力。

问 上海幼高专开设了哪些实践课程?

答 实践课是培养应用型人才的必修课程。主要有以下的形式:艺体实践课、见实习以及教学实践课。

首先,幼师必修课中艺体实践课有:“琴法”“声乐”“舞蹈”“美术”“艺术体操”,它们占总课时的21%(上学期)和72%(下学期),这些实践课由音乐组、美术组、体育组等各系的专科老师任教,有考核、评比、汇报演出。

其次,专业课中的见实习内容来自各科教学的要求,通过参观幼儿园环境、观摩幼儿园游戏和活动、参与幼儿的节日等,从而更好地了解幼儿教育,了解幼儿及幼儿教师,巩固师范生的专业思想。一般在见实习前,教师要和见习园共同制定计划、试教、创设环境及制作玩教具,到见习时师生以观察为主,在见习结束的大讲评时发表各自的意见。由于在实习期间,主要由基地园负责指导,所以,为了保证见实习的效果,上海幼高专建立了实习的基地并定期对基地进行培训,以保证见实习的质量。

第三,结合幼儿园的各种活动(如节日、旅游、演讲、比赛等)开展的幼儿教育、心理等学科实践课程。如:“六一”儿童节到了,《教育学》中的“节日教育”部分在六月份的时候按照原有教学计划是讲不到的,我们就把它提前,介绍各种“六一”活动,同时把心理和各科教学法也结合进来,然后要求学生在我们学校设计一个“六一”儿童节的活动,请幼儿园小朋友来参加。学生们充分发挥了她们的创造性,如:把舞蹈房设计成了水上乐园,把小礼堂变成了黑森林,把小小升旗台装饰成了一艘轮船,学生们还和幼儿园的小朋友一起唱歌、跳舞、游戏,仿佛进入了欢乐的海洋。还有结合各学科课程内容开展的实践课。如:《教育学》中讲到少数民族,要求向幼儿介绍少数民族,让他们认识和建立情感。我们除了按历来的方法,进行理论学习和看各民族的录像介绍外,还开展了实践课程。我们把学生分成4个组,每组学生选择一个少数民族,在教室的一个角布置这个少数民族的家来接待客人。学生全部被动员了起来,大家纷纷查阅资料,寻找材料,动脑筋想办法,如蒙古族的小组就用课桌椅堆起来,用床单围成了一个蒙古包,客人来了,请她们喝奶茶,看蒙古族的生活照片,唱蒙古族歌等等,这些实践课使学生收获良多。

问 您对幼师的师资培养有何建议？

答 我希望在今后的师资培养中加强技能学习，现在有的师资培养注重理论学习，使得技能学习弱化了很多，再加上很多非专业的学生成为幼儿教师，琴不会弹，歌不会唱，画不会画，保教质量势必受到影响。还有加强游戏课程的学习与研究，游戏是幼儿园的基本活动，要教会学生一些游戏的基本技能，如：学会搭积木、学会表演木偶戏、学会观察游戏等等。最后希望加强幼小衔接的研究，可以增设幼小衔接的课程，同步开展相关的见实习，了解小学低年级的学习方式和内容，能更好地克服“小学化”倾向。

访谈对象 | **杭　梅**（南京晓庄学院幼儿师范学院书记、正高级讲师，原南京幼儿高等师范学校副校长）

访 谈 人 | 程　晨

问 请您简要介绍贵校的发展历史。

答 南京幼儿高等师范学校的前身为南京市幼儿师范学校（南京市女子中等专业学校）。原南京市幼儿师范学校是1979年经省市政府批准成立的一所市属师范学校，著名教育家陈鹤琴先生曾亲临开学典礼，亲笔题词“祝贺幼师开学”。南京市女子中等专业学校前身可追溯至1884年由北美基督教长老会始建的明德女子书院，其历史沿革为明德私立女子中学、五女中、三十六中等。1986年4月经省人民政府批准，在三十六中基础上改建为南京市女子中等专业学校。1989年11月，南京市幼儿师范学校迁入女子中专校址。学校实行“一套班子，两块牌子，统一领导，分部教学”的管理体制，是江苏省唯一的综合性女子中等专业学校、省重点职业学校。

南京市幼儿师范学校与女子中专合并后，拥有百年办学轨迹的传统老校成为融师范教育和职业教育为一体的新型女校。学校设有学前教育、小学英语教育、小学美术、小学音乐、旅游管理、涉外文秘等专业。2006年3月，经江苏省教育厅、江苏教育学院联合评估验收，江苏省教育厅批准升格更名为南京幼儿高等师范学校，同时增挂江苏教育学院南京学前教育分院校牌。

学校在扬历史之长的同时，遵循“明德、尚美”的办学理念，重视创新开拓，形成“严谨、贤淑、勤奋、创新”的治学传统。经过多年努力，学校青春焕发、声誉鹊起，发展成为一所校园美丽、闻名遐迩的特色学校。

2014年4月，南京市委、市政府印发《南京市职业教育学校布局调整方案》，提出“南京幼儿高等师范学校学前教育专业办学职能并入南京晓庄学院”、“晓庄学院凸显师范教育品牌”。2016年8月，南京幼儿高等师范学校学前教育专业正式并入南京晓庄学院。同时成立南京市幼儿教师培训中心。

问 招收对象有哪些？

答 学校在2014年之前一直招收的是初中毕业生。并入南京晓庄学院之后，开始招收高中毕业生。

问 贵校学制几年?

答 我们学校从 1979 年初至 1998 年,一直都是三年的学制,中间也进行过一段时间的“3+2”模式。自 1998 年至 2014 年开始全部调整为初中起点五年一贯制。2014 年并入本科院校之后,开始调整为四年制学制。

问 贵校生源充足吗?哪些学生会报考幼师专业?

答 我们的生源一直都很充足。学生报考的原因多样,其中很重要的一部分是由于高中学习会涉及多个学科领域,有些学生不擅长英语、数学等科目的学习,考虑到选择幼师会轻松些,专业针对性也更强些。同时许多学生及家长,都认为女生非常适合当幼儿教师。

当时有这样一个社会背景,在 2003 年之前幼师毕业的专科层次学生可以直接考编工作。但是在 2003 年之后,开始提高了对幼师专业学生的学历要求,由原先的专科学历提升至本科学历,即没有本科学历不得参与编制考试。这一要求最先从鼓楼区开始,后逐渐扩大至建邺区、秦淮区、雨花区等南京主城区。这一要求导致了一个后果,就是咱们幼师培养出来的专科层次的学生无法参与进编考试。学校挂靠江苏教育学院后,学生毕业时可以参加省教育厅统一组织的专转本考试,如通过考试,可进入江苏教育学院再读两年获得本科学历。获得本科学历后,学生即可参与编制考试。根据用人单位反馈,专转本班毕业的学生非常受欢迎,因为他们既有技能基础又有理论功底。

其实,这种专转本的形式在时长上与高中毕业再读四年本科的时长一样。但是让我们的学生在获得本科学历的同时,建立了较强的专业基础与职业规划,也帮助学生避免了不擅长的科目学习。所以这在当时吸引了不少学生来报名幼师,曾经出现过在中考满分 740 分的情况下,很多 620 分左右的学生前来选择幼师专业。

问 贵校的招生条件是什么?

答 一般每年的 5 月份开展一次招生面试活动。招生的条件一直没有发生过太大的变化,基本上是考察学生是否适合幼儿教师行业,是否具备成为一名幼教工作者的潜质,都是围绕着最基本的合格性要求进行。一般会从作为一名教师的基本条件入手,例如普通话水平、语言交流能力、沟通能力方面。同时鉴于幼师的工作性质,还会考察学生的艺术技能,包括唱歌的水平、肢体的协调性等方面。同时,也会考察学生的心理状态、对幼儿教师的认知与态度等。

问 幼师的培养目标是什么？

答 培养目标一直就是围绕着培养一名合格的幼儿教师来进行的。即“一专多能”，“一专”是指要具备幼儿教师的专业特质，即胜任这一岗位所必需的任职资格和素质要求。“多能”是完成幼儿园教育教学工作职责的各种能力。

问 贵校课程教学改革的依据是什么？背景、目标与举措有哪些？

答 我们在不同的时期都制定了相关的“人才培养方案”，具体的课程教学改革也都是依据“人才培养方案”进行的，例如起初的“三学六法”。

由于学校幼师专业一直是以初中起点的五年制学制定位，因此较为强调学生理论与技能的协调发展，重视培养学生的综合专业素养。

在当下的人才培养过程中，学校仍旧以生为本，坚持教、学、做一体化，全面培养学生的综合素养与专业能力。

问 在人才培养方面有什么创新？

答 首先，我们一直把实践课程贯穿在我们对学生的培养过程中，从新生入学到毕业的时间内，一直以不同的形式安排学生实践、实习，帮助学生理论与实践相结合。

同时，我们在对男学生的培养方面进行了一些创新。创新的缘由是基于 2010 年江苏省教育厅针对全省的幼儿教师性别比例做过的一场调研，调查结果显示男女比例为 1∶99 左右。由于男女比例差异悬殊，为了吸引和招收更多的男生选择学前教育专业，扩大男性幼儿教师的比例，省教育厅专门出台了针对男学生的“免费幼儿师范教育”优惠政策。政策内容涉及对男生的一系列支持性措施，包括在校学习期间免其一切的学杂费、住宿费，提供生活费补贴，毕业后保障男生能够入编入岗，完善就业需求。不仅如此，我们南京幼师在支持该文件的基础上，在男学生的培养方案方面也做出了针对性的调整，除却常规课程外，专门开设了针对男生特点的体育课程、电教课程、科学领域课程等，因为这些课程对于男性具有更强的性别优势。

该政策先于 2010 年在江苏省试点 100 个名额，分配发放到南京幼师、徐州幼师、苏州幼师等学校，取得了热烈的反响，后来逐年增加名额，最多时达到 600 个名额。我们学校在 2010 年实施该政策期间报考人数骤增，在中考满分 740 分的情况下，录取分数线在不断提升，当年的录取分数线大概在 655 分左右，这些分数是原本可以达到重点高中的分数线。在当时的招生面试过程中，校门口排起了长长的队伍，面试人员从早忙到晚，连午饭的时候都没有停歇。这可以说是我们南京幼师发展多年中的盛况，当时媒体也进行了相关报道。

但是由于该项政策文件是由省教育厅颁布，文件中所涉及的毕业生可以直接入编制的内容与当时的人力社保部门的文件内容不相契合。因此，后来招生政策有所调整，招生分数线也随之下降。

问 学校有哪些实践课程?

答 实践课程是一直贯穿于我们对学生的五年制培养时期。从新生入学的第一年,学校就采取了“走出去”与“引进来”相结合的方式,“走出去”是指带领学生走出校园,包括一些入学教育、观摩幼儿园一日活动,帮助学生了解幼儿园究竟是什么样子;“引进来”是指邀请一些知名的园长、骨干教师来到我们学校给学生介绍幼儿园的工作、幼师职业发展的特点等内容,帮助学生建立对于幼师专业的第一印象。在二、三年级时期,实践课程多是辅以专业课程,通过开展实习任务的形式进行,一般为一周一次的全天幼儿园观摩活动,大概会持续一学期的时间。在四年级时期仍会开展一些专业性课程,主要是关于活动设计与指导这类与实践教学显著相关的课程,学校对于这类课程仍旧配以实习观摩的形式。同时,在大四下学期会开展专门性的教育实习,共计6—8周左右的时间。每周的具体实习内容安排会存在差异,如第一周多为见习活动,第二周为班级、人员的具体分工搭配,后续还会涉及试讲试课等,具体的实习内容会随着时间的推进不断调整与深化。

问 学生就业情况如何?

答 学校的就业情况一直不错,基本上是百分百就业。由于校园面积的限制,我们每年的招生人数受到限制,一般每年招200人,最多的一届是2014年招了7个班的学生,共计280人。一般正常情况下都是4个班到5个班。但有过人数非常少的时候,大概在1998年只招了两个班,1999年、2000年和2001年连续三年都仅招收一个班,才40名学生。可以看出,当时社会对幼教的重视程度较低。譬如在编制有限的情况下,国家会优先将编制补给小学、初中。如南京的一个区连续八年的时间幼教一个编制教师都没有进,缺口很大。所以现在带来的一个影响就是教师队伍青黄不接。但是像鼓楼、玄武等区每年都有安排编制,所以压力就小了许多。所以每个区域的发展情况与重点不一样。

早些年毕业生可以被分配工作,因此多是从事幼儿园教师工作。现在也基本都是从事与学前教育相关的行业,但形式更为多样,如幼儿教师、早期教育机构,或者自己创办幼儿园等,基本都是在学前教育的行业中工作。但是其实在幼师学这么多各种各样的课程,总体来说,如果学生毕业以后想改行做其他行业,也依然都能够掌握得很好,因为学生的各方面能力已经得到了很好的锻炼。

问 您对幼师培养有何建议?

答 我们之前一直是培养幼师生,所以对初中毕业过来学习幼师专业的学生非常熟悉,他们和高中毕业的学生各有优势。高中毕业生在独立思考能力、学习能力等方面更为擅长,初中毕业生由于年龄较小就过来接触幼师专业,亲和力更强、技能学习更为扎实。而且,随着国家的政策文件出台,也开始鼓励大力发展专科学校。所以希望未来能够保留初中起点的学生培养,以满足不同区域对于教师的需求。但是在南京这样的城市,专科学历达不到进编的要求,这其实也是一个比较难以解决的问题。

同时,目前的幼儿教师的需求缺口仍旧很大。我原来的那个学校,现在恢复了一个职教专业,叫幼儿发展与健康管理。虽然是职教专业,但是实际上是按照我们幼儿教师的基本要求来培养的。

这说明了幼教行业的需求形势。就南京市来说,培养幼儿教师的学校,只有南京师范大学、江苏第二师范学院、南京晓庄学院几个学校。实际上这些数量还是满足不了市场的需求总量。因此需要增加教师补给,扩大学前教育专业招生。

访谈对象 | **郑健成**（原福建幼儿师范高等专科学校校长）

访 谈 人 | 林媛媛

问 请您介绍下您的教育经历。

答 改革开放后学前教育发展很快，我也是其中的一个受益者。我是福建省福州幼儿师范学校77级学生，就是恢复高考以后的第一届学生。当时有本科和中专两种学制，我是插队青年，入学心切，保险起见就报考了中专。起初不了解学前教育专业，我也只是想着当老师，所以就报考了师范。那时了解学前教育的学生很少。我们省教育厅对学前教育师资培养非常重视，决定让福州幼师提前招生，在分数线之上有意愿报考师范的学生里挑选，挑完后组织面试后从高分开始往下录取。面试的老师问我，如果录取你学幼儿教育专业是否愿意？我想反正都是当老师，就同意了。从此我就与幼师结下了不解之缘。

当时是两年学制，一年半是以理论学习为主，最后半年是实践。毕业后就留校工作了。但是留校工作面临着学历层次不够的问题。到了1984年，南师大开展了一项教育部项目，招收在职的学前专业教员进行学历补偿教育，发放专科证书，得益于这个项目，我考进了南师大两年大专班。1987年又报考了华东师大的教育部项目，以专升本的形式插班到华东师大第一届学前教育本科班。1989年毕业，选择回校工作。在回到幼师继续工作的过程中，总觉得还是需要不断提升自己，于是在1998年又报考福建师大在职学位教育，2001年获得了硕士学位。

经过老前辈深耕的学前教育的多年孕育，一颗热爱儿童、以为谋儿童幸福成长为己任的种子破土而出，扎根于福建大地，为学前教育培养师资、为服务学前教育改革发展而不懈努力。

问 请您简单介绍一下福建幼高专的发展历史。

答 从幼儿师范办学历史看，我们学校是我国第二所独立设置的幼儿师范学校，第一所也在我们福建，是成立于1912年的厦门怀德幼稚师范学校。我们学校是我国留存下来中历史最久的、独立的幼儿师范学校，已有100余年的办学历史。

学校的创设是源于19世纪末先有的幼稚学校（实际上就是幼儿园），由于需要对幼儿教师进行培训，因而设立了幼师培训班，但后来发现岗位培训不足以满足师资发展需求，最好入职之前就经过系统培养，于是到了1915年，三家教会就联合成立了福州协和幼稚师范学校，与作为教学实践的幼儿园合属管理。当时校名中的"协和"与北京协和医院一样，是欧美传教士到我们国家创办的。在对学校历史的研究中发现，当时教会选派的第一任校长安毓明，就是美国本科毕业的学前教育专业教师，所以学校自创办起就是有专业背景的人员在管理，并开始了学前教师教育的专业化路径。

1949年新中国成立以后，省政府接管了福州协和幼稚师范学校。1951年与福建省立女子师范学校合并，1952年又与福州师范学校合并。1956年，福建省教育厅决定把原先的幼稚师范学校再分离出来，重新在白马河畔建校区办学。所以自1956年后，福建省福州幼儿师范学校就扎根在这块土地上。

1956年，我们学校从福州师范学校分离出来独立办学，当时的书记、校长是陈善明。她是新中国成立前陈鹤琴先生的"关门弟子"，南下来到了福建省。陈书记在职期间的工作非常专业，如今她每一次来学校，都要到陈鹤琴先生塑像前瞻仰，唱学生时代经常与陈先生一起唱的那首《我爱儿童》的歌曲。陈善明书记告诉过我们，幼师学校办学不能没有幼儿，除了要到幼儿园去，还要到农村、到工厂去，去服务那里的孩子。教育要与生产劳动相结合，教育要为广大工农群众服务，培养人就要在实践当中去锻炼成长。所以那个年代，学校就派老师到一些工厂、人民公社去办幼儿园，扶持幼儿园发展。一方面开展幼儿教育研究，一方面服务社会。所以我们学校在当时就开始送教到农村，因这一办学特色和人才培养质量高，被教育部列为重点师范学校。年仅25岁的先进教师代表王珏参加了"全国教育和文化、卫生、体育、新闻方面社会主义群英会"。

1966年"文革"开始，幼师学校停办，改为"五七"中学。

1977年，福建省福州幼师复办，省教育厅十分重视幼师办学，再次把陈善明书记从中学调回幼师抓学校的复办工作，她带领全校教职员工上下齐努力，仅用几个月的时间就对接了福建省恢复高考的工作部署，招收恢复高考后的第一届新生。省教育厅宋副厅长亲自协调，单独让我们学校提前录取，共招收206人。

1979年，中国幼儿教育研究会在南京师范学院成立。我们学校书记、校长陈善明当选为中国幼儿教育研究会第一届常务理事。陈善明书记带领学前教育专业人员赴南京师范学院参会，同时也带去了我校教师编写的一整套教材。当时刚刚恢复高考，全国幼儿师范学校还没有教材，我校编写的一整套教材吸引了大家的关注。后来，全国由人民教育出版社组织编写幼师教材时，我们学校好几位老师参与了编写。参会结束后，陈善明书记立刻向省教育厅汇报会议情况，接着马上组织成立福建省幼儿教育研究会，研究会设在我们学校，且始终结合省教育厅和中国学前教育研究会的部署，带领全省的幼教同行,发动、组织开展群众性、实践性的学前教育研究,共同推进我省幼儿教育的改革与发展。

融入学前教育、促进学前教育发展是福州幼儿师范学校的使命。当时,许多幼儿园是经“文革”十年停办后重新恢复的,我们学校想方设法引领幼儿教育。1980年,学校利用“六一”儿童节策划了一个大型游园活动来引领幼儿园学习如何开展游戏、游园活动。学校向福州市各幼儿园发出邀请,请小朋友们来参加“六一”儿童节的游园活动。让我们非常感动、难以忘怀的是,省委项南书记也来到我们的游园现场做指导,问候小朋友和老师们,并且赞赏有加。这一活动在社会上激起很大的反响,起到很好的宣传、示范和引领作用。次年开始,每年“六一”儿童节,福州市各个幼儿园也都为孩子开展了丰富多彩的庆祝活动。

我们一直很积极地为社会服务。通过调研社会需求,培养受社会欢迎的对口人才。1985年联合国儿童基金会的学前教育援助项目,我们首批获得援助。为了对接这个援助项目,福建省人民政府决定依托我们学校成立福建省幼儿教师培训中心,承担本省及全国幼儿教师培训的一些项目。有了联合国儿童基金会援助的电教设备、车辆,我们可以把最新的研究成果、培训课程等,送教到全省末端的那些农村、山区、海岛。1985年,我们就开始使用现代化的教育设备培训幼儿园教师,还启动了学前教育专业学历补偿教育,通过一批一批地送教下乡、选拔培训来帮助教师达到要求,发放上岗证书。

为了加强学前教育师资培养的研究与交流,我们于1991年发起了一个活动,当时全国幼儿师范学校只有30几所,我们希望全国幼儿师范学校能建立起一个机制来交流办学经验,探讨教育改革等等。后来在太原召开了全国第一届幼儿师范协作会议,再后来就加入了教育部马立司长领衔的教师教育委员会,下设的幼儿教师分会每年开展交流研讨活动。再后来,就加入中国学前教育研究会教师发展专业委员会。

到了90年代末,进入三级师范向二级师范过渡时期,我们开始准备升格,研制并入福建师大、并入教育学院、与其他师范合并升格为专科、自己独立升格等各种方案,但没能实现。2000年,学校开办“3+2”专科,后来又办“五年一贯制”专科,直至2005年经福建省高校设置委员会评审、省政府研究批准我们学校与福建省福州艺术师范学校合并升格。当时因校园面积达不到教育部升格师范专科需300亩以上校园面积的要求,就由福建省人民政府批准升格为福建儿童发展职业学院,招收高考生,继续培养专科层次的师资。2010年扩大了校园面积,2012年回归师范。

从2005年升办专科开始,学校从中师到高师办学转轨,学前教育专业团队以强劲的态势,围绕人才培养、教育研究、社会服务、文化传承创新,奋力拼搏。主动对接社会需求,发挥专业优势,于2010年启动服务我省学前教育事业的“五大工程”建设。比如,学前教育卓越师资培养工程、农村学前教育服务工程、白马校区幼教园区建设工程、闽台学前教育交流与合作工程等。

问 非常了不起的发展进程。那我们幼高专大概是在什么时候被批复更名为“福建幼儿师范高等专科学校”的?

答 在2012年,福建省政府上报,教育部同意设置为福建幼儿师范高等专科学校。

问 那么目前,我们幼师专业的招收对象是初中毕业生还是高中毕业生?学制几年?

答 学校在1977年复办后新招的三届都是高中毕业生,学制两年。其实当时的高中正逢“文革”,没学多少东西。第四届,也就是从1980年开始,招收初中毕业生,学制是三年。1982和1983年,学制改成招收初中毕业生,学制四年。1984年,招收初中毕业生,学制三年、四年并存。1985年开始,又恢复成招收初中毕业生,学制三年,一直持续到1999年。从2000年开始,我们对所招的初中毕业生启动“3+2”专科的学制,两年后又转办为“五年一贯制”专科。2005年,我们正式升专后就开始面向高考生招收三年制专科。从那时起,高教大规模扩招,考不上高中的初中毕业生才来报考五年专科,由于生源素质较低,我们就只办三年专,招收高中毕业生。

虽然国家政策还在倡导幼儿园、小学教师培养采用五年专科的学制,但我们的人才培养实践证明,现有报考五年专的初中毕业生,由于生源素质较低,并不合适培养师资。如果要五年制培养,需要借鉴像长沙第一师范学院那样有特殊的优惠政策支持,才能吸引较高素质的初中毕业生前来报考。但即使这样,我们还是认为招收高中毕业的学生,他们文化基础更好,经过三年专科培养或四年本科培养,才能提高幼儿园教师的整体水平,因为高中以上的文化科学素质基础和本科厚实的学前教育专业基础,对于提升幼儿园教育的质量,十分重要,学前教育行业十分期待。

问 那我们幼师专业生源充足吗?哪些学生会选择报考幼师专业?

答 我们的生源是充足的,很充足,但现在的生源基础素质较低。最火爆的时候,就是80年代、90年代中前期,报考我们学校的学生中考成绩都在各地重点中学分数线之上,从高分逐一往下按3∶1切线参加面试,处于指标难求的火爆状态。而到了办五年专科的时候,多是考不上高中的学生报考,生源也充足,但基础素质较低。三年专,对于专科分数那么低的学生来说,毕业后还能当个老师,也还是有吸引力的,所以生源也还充足。我们学校学前教育专业招生从来都是第一次录取就招满了,这与我校的社会声望高也有关系。有的学校往往第一批招不满,之后还需要补录。

问 幼师专业的招生条件是什么?为什么要设这些条件?

答 第一，如前面谈到的，科学文化素质就是一个很重要的条件，希望要提高到同龄人的40%以上。第二，身心要健康。除了身体健康外，心理方面的因素也要考察，最好也像飞行员一样，通过心理测试，排除不适合这一岗位的人员。第三，要有当学前教育教师所必备的核心素质基础和学习能力，可通过面试进行筛选。20世纪八九十年代时，我们招录学生就有面试，按3：1的比例择优录取。第四，总体上要符合男女比例要求，我们应该深层次、全局性地规划和建设这支队伍。

问 我们幼师专业培养的目标是什么？其间有没有发生过变化？

答 我们学校从100余年前创办开始到现在，学前教育专业就是培养合格的幼儿园教师，这是最主要的。同时，社会上有需要具有学前儿童心理、学前教育背景的工作岗位，也都很喜欢招聘我们的毕业生，比如被聘到小学教低年级、电视台少儿节目主持人、电台少儿频道播音员等等。这些毕业生也都发展得很好，有成为小学年段长、教导主任、校长的，也有成为电视台和电台少儿频道负责人、总监等的。当然，不同的历史阶段对教师的能力素质等要求有所不同，所以反映在专业人才培养的目标上也会有所不同。不同学历层次，如专科生和本科生的培养目标也会有层次上的不同、侧重点的不同等等。

在现阶段，我们是用学前教育专业认证的要求来优化培养目标的，使培养目标更符合《幼儿园教师专业标准》的要求和学前教育的实际，而且更加明确地指向毕业后大约五年时间的岗位上的专业状态。而且培养目标还要细化到毕业要求，要建设和优化能支撑毕业要求、培养目标的课程体系。毕业要求落实在培养过程，各门课程目标支撑毕业要求，课程教学对接相应的毕业要求，保证这些毕业要求能落地，把学生培养到位。

这些我们都在做，包括对所教的课程也是如此。一开始，就让学生了解培养目标，了解毕业时要达到的要求，各方面素质要达到什么水准。让学生了解现在所学的这一门课程要对接毕业要求里的哪几条，我们的课程教与学就应努力去实现。而且这一学期的学校生活过程、到幼儿园见习和实习等，都要去践行、自觉培养。比如说师德、教育情怀，都不能仅仅靠课堂教学，而是要在日常生活、参加各类活动的过程中思考师德应该怎么践行，为人师表应该怎么践行。

问 在您任教期间，贵校进行过课程教学改革吗？请谈谈改革的背景、目标和举措。或者在人才培养上，有没有什么创新之举？

答 在我任教期间，记得大概有过以下这么几次改革。

1980年，教育部颁发全国统一的《幼儿师范学校教学计划（试行草案）》，我们学校就围绕着贯彻这一教学计划，梳理学前教育教师培养的经验做法，研究和调整教学计划,使之符合我省实际,形成特色。学校建立了“政治思想教育与专业思想教育”“课程教学与课外活动”“教育见实习”和“就业教育与指导”的培养体系。

同时,还凝练、研制幼儿园教师的十项基本功,出台《学生基本功考核暂行条例》,这十项基本功都由相关的课程在教学过程加以培养。这一改革实施,大大提升了课程教学质量,突出了理论联系实际、运用于实际、理论知识转化为实践的能力。后来被省教育厅向全省中等师范学校推广,组织全省师范生开展专业基本功大赛。每一届福建省中等师范学校教学基本功大赛,我们学校的成绩都名列第一。

1986 年,学校进一步开展课程改革,一直持续到 90 年代中期。学校以研制、优化培养目标为导向,深入开展培养学生“基础扎实,学有所长”的教改实践研究,从专业建设的角度进一步构建必修课、选修课、课外活动和教育实践相结合的“四大块”课程体系。1987 年我考入华东师范大学学习两年,1989 年回来后又投身到教改中。我在与分管教学校长汇报学习情况并向校长建议开设“学前教育研究基础”这门课程时提出,幼儿园教师要知道观察、研究幼儿发展,研究自己的教育实践,这就需要学习学前教育研究的基本知识和方法。校长也非常重视并表扬了这个想法,就把这门课程的教学任务交给我。当时教务处已经把新学期的课程排好了,就让我面向毕业班开选修课,因为学生都想修,只好面向全年段开设。选修的学生毕业实习就用上了课程内容,他们到幼儿园结合对幼教实践的所见、所思、所想开展了一些观察研究、调查研究、个案研究。所开展的一些小研究,写出来的研究文章还不错。我从中选了二十多篇,校长看了,很高兴地说:“我们把它编成集子,我来写序,给以后的学生做参考”。第二年学校就把这门课程调整列入了必修课。这是全国幼师首创,1990 年就把“学前教育研究基础”列入必修课。后来全国中师开展的师范生小论文比赛,以及现时期《幼儿教育》杂志社组织开展的学前教育专业学生的论文比赛,我们学校获奖数均名列同类校第一。我编写的教材经过几轮的使用和修订,被福建教育出版社约稿,于 1995 年正式出版,书名是《幼教科研指南》。

1989 年,为了贯彻国家颁布的《条例》和《幼儿园工作规程(试行)》等幼教法规和规章,学校主动适应其改革与发展需要,又进行课程改革,重点改教育类课程。针对幼儿教育专业课程体系和内容已不适应贯彻《幼儿园工作规程(试行)》精神的现状,我们率先组织教师研究改革课程体系,构建综合课程,更新教学内容。研究成果入选参加第四届中国学前教育研究会年会交流,并入选研究会会刊《学前教育研究》发表。

1990 年学校附属幼儿园作为全国贯彻《幼儿园工作规程(试行)》10 个试点幼儿园之一,在教育部专家指导下开展幼儿园课程改革,取得了明显成效。1994 年曾秀卿园长在广东江门召开的“幼儿教育与发展——对九十年代的挑战”国际会议上发言。

1995 年,学校被教育部列为贯彻幼儿师范学校教学新方案全国 10 所试验校之一。

我们作为新方案研制的参与者，很深入地开展从课程设置到培养模式、各类课程教学改革等十多项课改研究，进一步完善并实施“必修课、选修课、课外活动和教育实践有机结合”的“四大块”课程体系，构建“理论与实践紧密结合、基础素质提升与幼师职业能力提升相融合”的人才培养模式，探索“基础扎实、学有所长”的人才评价。

2000年学校开始办“3+2”学制专科，2001年开办五年一贯制专科，2005年正式升格，开办招收高考生的三年制专科。这些年围绕着招生对象和修业年限，开展充分的调研，研制人才培养方案，继承发扬中师人才培养的成功经验，探索专科层次人才培养目标定位、学生专业学习与发展规律，建立相应的课程体系，创新人才培养模式，开展教学改革，取得了显著成效。我校学前教育专业被评为福建省高校“精品专业”“示范专业”，专业带头人被评为省级“教学名师”，教学团队被评为“省级教学团队”，学前教育专业有六门课程被评为省级“精品课程”，一门被评为国家级精品资源共享课程，国家级教学成果二等奖3项，省级教学成果特等奖2项、一等奖8项、二等奖3项，学前教育专业入选教育部“卓越教师培养计划”改革项目。

我们的课改，都基于教师团队与幼儿园协同开展研究、持续探索，包括公共课程教师、艺术课程教师也一起深入幼儿园开展研究。学前教育专业教师深入幼儿园，与幼儿园骨干教师合作开展研究。当涉及领域教育的研究，那就是由专业教师、学科教师和幼儿园骨干教师这三股力量构成的研究团队，在幼儿园开展相关领域教育的合作研究。例如，学前儿童科学教育这门课程，教育学、心理学的教师就会约同自然学科的教师和幼儿园的骨干教师一起形成研究团队。这种“三结合”的团队，优势互补，效果很好，研究成果更科学、更有说服力。这也是我们学校的优良传统，所以我们都一直坚持，而且教师团队的研究成果都会及时地反哺于课程与教学改革，反哺于对幼儿园在职教师的培训。总之，主动适应时代发展、主动呼应学前教育改革与发展的挑战，不断提高人才培养质量，是我们学校课程与教学改革的永恒课题。

问 贵校有哪些实践课程？具体如何安排？为何这样安排？

答 重视实践是我们学校的传统，各个课程的教学都跟实践联系紧密，我们的老领导陈善明书记，还有几位中层干部和骨干教师，也都来自南京师范大学和北京师范大学，大家都很一致地重视学生的教育实践。

学生的实践课程是成体系的，贯穿于在校学习的全程，这对学生理论联系实际、理解掌握专业理论知识、把知识转化为实践能力、培养职业道德与情感态度、保教实践的智慧十分重要。学生的教育实践从入学到毕业，都是按照学生专业学习与成长的规律，循序渐进，系统安排，贯穿全程。例如刚进校的入学教育，开展的是专业认同教育，请新老校友开设讲座，畅谈切身体会和专业发展追求，去参观幼儿园，然后由园长给大家讲幼儿园里的教育情况，教师应该具备的能力与素质等。与高年级的学生进行对口帮扶指导。而后每周都安排半天时间到幼儿园去，开展“交朋友活动”。每位学生都交一个小朋友，要学习如何跟孩子玩，试着给小朋友讲故事、一起游戏，观察了解孩子。例如讲故事，自己发现和分析所讲的故事孩子爱听吗？为什么？如何讲才能吸引幼儿？如何能启发幼儿思考？学生与幼儿交朋友，就可以全面观察、体验、做分析。得想方设法了解眼前的幼儿，让他喜欢你，跟你在一起会快乐、有收获。喜爱幼儿的情感就是如此培养起来的，学习观察和理解幼儿的能力、保教实践的智慧就要靠深入一线实践才能逐步地培养起来。各专业课程的教学，随着进程都安排有下园见习和实践，如“幼儿卫生学”教学，就让学生结合交朋友活动，了解幼儿生长发育情况，测量身高体重，了解幼儿在家的膳食，到食堂了解幼儿在园的膳食，计算营养，了解幼儿园的卫生保健工作，学习怎么与家长沟通等。

从一年级到三年级，我们的这种“全程贯通”教育实践，具体是按“小步递进”“阶段整合提升”“全面综合实践”往前推进的。例如幼儿心理发展课程的学习，需要到幼儿园观察幼儿心理发展的情况。儿童文学、幼儿教师口语等课程内容，也安排有观察幼儿语言发展情况的实践，在与幼儿聊天、讲故事的过程中培养有关的专业能力。“小步递进”容易被学生接受，他们可以一样接一样先学着做起来，一段时间后，再安排集中实践，把“小步递进”实践所学的串起来，开展“阶段整合提升”实践。比如说第一个学期结束后进入卫生保健实习，与原任老师一起带班，接替保育员的工作，给幼儿讲故事、一起游戏。开展“分阶段整合提升”实践，游戏实践、领域教育实践、两位学生轮流主配班实践等。后续，让学生在园、校老师的指导下，开展半日活动实习，4 位同学包班教育实践 6 周。到最后阶段，实践比例再加大，开展类似于顶岗形式的全面带班实践活动。总之，通过“小步递进”实践，通过“分阶段整合提升”实践，慢慢地串起来，且像滚雪球一样，整合性地全面培养学生各方面能力和综合素质。

我们始终坚持随着幼儿园的改革发展要不断优化我们的实践教学，现在我们还在不断加强双导师制。另外，对于实践性很强的专业课程教学内容，就把幼儿园名师、幼教学科教学带头人、骨干教师请到课堂上来授课，很受学生欢迎，效果很好。

问 贵校毕业生的就业情况如何？从事学前教育专业的毕业生多吗？

答 真是供不应求，学生毕业后基本上都在从事学前教育工作。最近，我参加省政府对市的教育督导时，有关市、县、教育局领导表示，幼儿园很多年都招不到我们的毕业生。情况确实是这样，因为学生还没毕业离校，就被学校所在地的用人单位抢光了。其实过去那种定向培养还是挺好的，保证能有教师充实到农村。目前坚守在农村工作的，都是我们过去八九十年代毕业的学生。但是现在该如何让年轻人回家乡、赴农村，这一问题确实需要好好研究。

问 您对幼儿园师资培养有何建议?

答 我想谈四点。第一,要把控人才培养的入口关,岗位入职的起点学历要尽快本科化。学前教育教师必须是学前教育专业专科以上学历。无论是招收初中毕业五年制专科以上,还是招收高中毕业三年制专科以上,生源的素质都应该是同龄人中较好的,要在40%以内切师范类专业的分数线,而且需要面试,招收适合从事学前教育的学生,而且至少要有三年的时间进行专业培养。

因为现在的五年制专科,面向初中生,都是那些没希望考上本科的孩子才来报考。高职高专招生要求招办五年专科招收中专生,对此我保留自己的意见。我跟教育厅有关同志说,我们学校的非师范专业,什么生源我都同意,但是师范生我校坚持只招高考生。原因是非师培养出来是跟物打交道、发生关系,是技能型的。我们学校会想尽办法帮助他们学好工作岗位所需要的技能,帮助他们掌握一技之长,培养成合格的技术人才。但是,师范类的专业则必须要有高中的科学文化基础和综合素质,学生今后是要当老师的,是要跟人打交道的,承担着培养下一代的重任。研究不了孩子的心理,怎么有智慧地促进孩子体智德美全面和谐而富有个性地发展?学前教师还要指导家长育儿,素质好一些的学生才能当得了这样的老师。

今年高考成绩出来了,各层次录取分数线切了,总分750分,福建省文科、理科高职高专切的线是220分,才是总分的29%,就可以上高职高专。生源的落差让我们体会很深,即便我们竭尽全力培养,但收效极其有限。照这样持续下去,幼儿园和小学教育的质量何以提升?说实在的,我们学校争取升本科,其中重要的一点就是要通过升本争取提升生源的质量。我们多么希望这一天快点到来!

第二,学校要认真贯彻《教育部关于实施卓越教师培养计划的意见》精神和《普通高等学校师范类专业认证实施办法(暂行)》。首先,要把握学龄前儿童发展规律及学前教育规律,准确定位学前教育师资人才培养目标,并细化毕业要求,建设支撑毕业要求、培养目标的课程体系。其次,培养模式上要借鉴医学临床医生人才的培养模式。加强专业学习,全程、紧密结合理论的实践教学,遴选优质幼儿园和一线骨干教师加强对学生的教育实践指导。再次,要建立高校与地方政府、学前教育机构"三位一体"协同培养新机制,加强学校与幼儿园的合作,携手共研、共建、共享、共育,实现互惠共赢,不断提高师资培养质量。高校教师要加强研究解决学前教育实际问题,能够引领一线教师,指导一线教师研究自己的教育实践,与幼儿园骨干教师携手研究,共同构建双师队伍。还有一点很重要,要建设形成闭合回路、螺旋上升的人才培养质量保障体系。

第三,进一步健全学前教育学科和专业体系,加大学前教育基础理论研究、跨学科研究、学科前沿研究以及高层次人才的培养力度。加强基础研究、跨学科研究、学科前沿研究,以增强学前教育的科学性和学科成熟度;定位在为专业培养精英,并为地方普通高校本科和专科培养学前教育专业师资。我们认为北京师范大学、华东师范大学这样的一流院校就应该多培养学前教育的高层次人才,而不要再用国家最高端的资源去做地方高校更容易实施的培养免费师范生。由地方院校培养免费师范生,其毕业生更容易下得去、留得住。如今,各地方院校都办学前教育专业,但都缺师资,人才培养质量堪忧。北京师大、华东师大等一流大学应该把主要精力用于培养高层次人才上,为地方师范院校输送高素质的学前教师教育的师资,这是当务之急。

第四,充分发挥优质师范院校品牌学前教育专业的师资培养排头兵、领头雁的作用。我校作为百年师范、教育部"卓越教师培养计划"改革项目学校,不忘初心,牢记使命,百折不挠地坚持为0—12岁儿童健康成长培养高素质师资而努力。我们在继承中创新、创新中继承,凝练形成了学校"崇真尚美　守正出新"办学理念系统。"崇真尚美"在于推崇求真至真做真人,两代师表崇尚美德。秉持大爱至美的文化传统,追求真理和高尚境界,致力远大理想与抱负。(这也体现了弘扬伟大教育家陶行知以德立教,"爱满天下""千教万教教人求真,千学万学学做真人"的理念和教育家陈鹤琴"我爱儿童,儿童爱我"的精神。)"守正出新"意在坚守百年师范的责任担当,服务基础教育、0—12岁儿童成长和民生需求。恪守办学正道,尊重客观规律,坚持真理,弘扬优秀传统。坚持开放办学与创新教育,推陈出新,追求卓越,创造未来。(这也体现了弘扬陶行知坚持真理的科学精神和"敢探未发明的新理,敢入未开化的边疆"勇于开拓的创造精神。)由此,以"崇真尚美　守正出新"为核心理念召唤下的校训"学高为师　身正为范"、校歌《师颂》以及校标、校园文化等彼此联系、相互制约、相互补充和渗透,整合构成了学校办学理念系统,引领着学校在以"儿童成长"为核心的办学定位、实施"区域联动"发展战略、"校政园(校)"共建共育共赢的人才培养机制建设和模式创新、卓越教师培养和多平台广覆盖服务学前教育等方面发挥示范、引领和辐射作用。

访谈对象 | **贺 琛**（江西师范大学教授）

访 谈 人 | 郑 洁

问 贺老师，您可以谈谈江西师范大学（以下简称江西师大）发展的历史吗？

答 江西师大的前身是江西师范学院，江西师范学院的前身是国立南昌大学，南昌大学的前身是国立中正大学。原来的南昌大学是综合性大学，后来由于全国高等院校调整，南昌大学的工学院、理学院等多个院系调整到省外去了。例如，我原来考取的是南京大学，1951 年全国院系调整以后，南京大学的师范学院就变成了南京师范学院。

1940 年，江西省政府主席熊式辉在庐山向蒋介石提出在江西办一所中正大学的请求，后来蒋介石同意了，中正大学因此而得名。当时全国有三个以"中"字命名的大学，南京的中央大学、广州的中山大学、南昌的中正大学，这三个"中"，在当时很有名。1940 年抗日战争爆发以后，日本人占领了江西省会南昌，学校搬到了吉安地区的泰和县。当时陈鹤琴和江西省政府主席熊式辉很要好，和江西省教育厅厅长程时煃也很要好，陈鹤琴提出是不是可以在江西南昌或泰和办一所幼儿师范学校，后来熊式辉、程时煃同意了，就在江西泰和县文江村办了全国第一所国立江西幼稚师范学校，后来又建成了幼专、附小、附幼等机构。

这在当时是全国第一所幼稚师范学校，被当时的教育部命名为国立江西幼师。陈鹤琴担任了江西幼师的校长，他被后人称为"中国的幼儿教育之父""中国的福禄贝尔"。他的"活教育"理论就是在泰和提出的。

问 后来国立幼师发展得怎样？

答 由于抗日战争爆发，国立幼师搬了好几次家。原来是在泰和文江村，后来搬到赣州茅店，再后来又搬到广昌县饶家堡村。抗战胜利后，国立江西幼专搬到上海去了。原计划幼专、幼师全搬到上海，但当时教育部不同意，所以决定把江西幼师搬回南昌，与南昌女师合并，合并之后的学校也就是南昌师范学校的前身，而国立幼专就搬到上海了。

问 江西师大的学前教育专业是怎么发展起来的？

答 在国立中正大学的时候就有教育系，后来 1953 年院系调整的时候就没有了。当时因为我们是师范教育,教育学和心理学是必修课,为了体现师范教育的特点,学校成立了教育教学教研室。教研室主要承担全校师范生的公共课,承担教育学、心理学的教学工作。我们现在说的教育学院的前身,就是江西师范学院的教育教学教研室。1981年经教育部批准,江西师范学院恢复了教育系,这就是现在江西师大教育学院的前身。

问 1981 年 6 月份恢复的教育系开设了什么专业?

答 两个专业,一个是教育理论,一个是教育管理。

问 那学前教育专业什么时候开设的呢?

答 1981 年恢复教育系,我们在教育系的两个专业开了学前教育的选修课。当时为什么会开这门课呢? 因为有一些教育管理、教育理论专业的学生,他们出去之后要管理幼儿师范学校,也要管幼儿教育,如果他们都不懂幼儿教育,怎么办呢? 系里就说我原来是陈鹤琴的学生,懂幼儿教育,就让我开选修课。于是针对教育管理、教育理论专业的学生,我开设了“学前教育研究”这门选修课。我自己编教材,介绍国内外专家的观点、教学形式,学生都很喜欢。1989 年经教育部批准成立了学前教育专业。

问 当时幼儿教育专业招收初中生还是高中毕业生?

答 招收应届高中毕业生。

问 学制是几年?

答 4 年,我们从来没开设过专科,从一开始就是本科。

问 当时幼儿教育专业生源充足吗?

答 生源不充足啊。那个时候不叫学前教育专业,叫幼儿教育专业。高考志愿有一条就是是否服从分配,因为我们没有招满,就把服从分配的学生调剂过来了,在这种情况下第一届好像招了 28 人吧。

问 当时哪些学生会报考幼儿教育专业?

答 真正第一志愿报考的不多,对幼儿教育有正确认识的考生也不多,一般都是调剂过来的。所以当时有些学生来了,不会唱歌、跳舞、绘画,有的学生五音不全。

问 当时幼儿教育专业招生要考核音乐、美术技能吗?

答 不搞面试。来了就行,主要看考分。有的学生又不会唱,又不会跳,但是文化学科还可以。后来我们加强了操作性、实践性环节,加强了音乐、美术、教材教法老师的力量。

问 我们幼儿教育专业招生还有其他条件要求吗?

答 男女兼收,没有什么特殊条件。刚刚说到服从分配,招不满的话,就招男生。当时就是考虑到男孩子的特性。按照陈鹤琴讲的,要掺沙子嘛。光有女的不够,幼儿教师应该有阳刚之气,陈鹤琴就是鼓励男的也来做幼儿教师。我之所以后来由教育系调到幼儿教育系都是受了陈鹤琴的影响。

问 当时幼儿教育专业的培养目标是什么?

答 培养目标就是厚基础、宽口径、高素质、强适应,我们就是按照这个目标来培养的。

问 当时学生毕业后的出路或走向怎样?

答 主要有三个出路:一个是为幼儿师范学校培养教师;第二个是从事教育科研,分配到教科所去,就是各个地方各个县的教科所和教研室;第三个是从事管理干部的工作,也就是幼教行政干部。当然还有一些其他的情况,例如,有一部分是留校任教,也有一部分当一线幼儿教师。现在我们还有89级毕业的学生在做一线教师,做了几十年了,她们是真正的幼教专家。

问 也就是说当时在我们的培养目标中不主要面向一线培养幼儿园教师?

答 当时社会上有一种看法,认为一个大学生到幼儿园工作是大材小用。因此毕业后主要是三个出路,一个是到幼儿师范学校当老师,一个是到教科所当幼教专业教研员,还有一个就是当管理干部。

当时还是分配制。一层层地往下分,省里分到地区,地区分到县。比如说抚州地区要人,那么教育厅的人事处就把你分到抚州去。抚州教育局根据需要,把你分到抚州下面的县。一直到最后才知道学生分到哪个单位。一般来说,当时分到了幼儿园或者行政部门后改行的比较多,没有几个真正从事幼儿教育的。主要是因为当时缺少老师,有的地区由于工作需要先派毕业生去做幼儿教师,考虑到是大学生,就分配到幼儿园锻炼几年,后来有的提拔做了园长或成为幼儿园骨干教师。总的来说,当时去一线的还是很少的。

问 学前教育专业成立后进行过哪些课程教学方面的改革?

答 我经历的课程改革就是加强实践环节,调了一批老师到学前教育专业来任教。音乐老师从音乐系调,美术老师从美术系调,如果调不过来的话那就去借,反正都是在一个学校里面。加强了实践环节后就让学生"文武双全",既有一套理论,又能唱,又能跳,又能画。具体的举措就是从大学一、二年级就加强见习,加强实践性环节,让学生经常和孩子接触，增加感情；另外给每个学生发一本观察日记，常跟孩子固定联系，和家长联系，和孩子培养感情，了解孩子的心理特点。陈鹤琴也是这样，他观察了自己的儿子陈一鸣八百多天，每天都写日记。我也学了这一套。每一个小朋友家住哪里？叫什么名字？男孩还是女孩？接触后发现他/她有什么特点？学生写好观察日记后交给我看。不这样的话，怎么了解孩子？怎么建立感情？所以这个实践环节也很重要。因为初等教育是整个教育体系的基础，幼儿教育又是基础中的基础，所以每个学生到了年终的时候，都要把观察日记拿给我看，我再进行评分。

问 我们在学前教育专业人才培养方面有哪些创新？

答 除了本科以外，我们还在全省各地市开设幼教专业函授教育，与省工会省妇联联合举办了幼教师资培训班。另外我们还开拓了实习基地。我们在全省建立了五个幼儿教学实践基地，一个是省八一保育院，一个是南昌市东湖幼儿园，一个是广昌县幼儿园，一个是新余市幼儿园，另外还有一个南昌师范附属幼儿园。

为了宣传陈鹤琴的教育思想，培养幼教骨干，扩大我校幼儿教育的影响和社会知名度，我们以陈鹤琴研究会为基础，吸收了部分专业教师成立了宣讲团。我们利用假期去讲课。一是宣传学前教育的特点、重要性；二是宣传陈鹤琴的教育思想；三是给老师们鼓劲打气，讲讲当前学前教育的动态，巩固他们的专业思想。这个宣讲团在全国来讲都很有名气，陈一鸣都表扬了我们，说江西这点做得好。因为陈鹤琴的学生在江西的比较多，有 40 多人。原来就利用这些老专家到附近的地方去宣讲，领导也很重视，无论到哪个幼儿园去宣讲，幼儿园都很热情地接待。我们分好了工，比如有人讲陈鹤琴的智力实验法，有人讲幼儿教师的职业道德，我就综合性地讲陈鹤琴的“活教育”理论。当时都是座无虚席，效果真的就这么好。我们星期五晚上坐车去外地，星期六和星期天讲课，星期天晚上坐晚班车回来，因为第二天学校要上课。当时都是义务的，也没有钱，就是凭着一股干劲。我们到新余、萍乡，都是利用大家休息的时间，但是大家都很有热情。

要充分发挥陈鹤琴研究会的作用。陈鹤琴教育思想最大的特点就是能结合中国实际，做到古为今用，洋为中用。他提出了“活教育”的理论体系，即“做人、做中国人、做现代中国人”的目的论，“大自然大社会是活教材”的课程论，“做中教、做中学、做中求进步”的方法论。陈鹤琴提出“活教育”理论三大目标，对当前来讲还是很有现实意义的。今后还是应该结合中国实际，把它继承下来发扬光大，不能都洋化、西化。要充分发挥我们原有的好的东西，建立有中国特色的幼儿教育。

问 当时我们有见习（实习）吗？

答 都有规定的。实习就是先到幼儿园，再到幼师任教。当时我们学生实习，教案都要经过老师审核。老师不事先听学生的课，试讲不签字同意，学生就不能上课，当时很严格。如果实习都不能保证效果，那该如何体现我们师范教育的特点呢？所以我每次开会都讲，江西师范大学不是综合大学，它是以师范为特点的，要突出这个特点，再来综合发展。我记得当年的实习真是轰轰烈烈，学校派车送下去，又派车接回来。实习生和学生在实习学校相处一两个月，感情非常亲密，平常切磋、交流、吃住都在一个学校里。实习结束的时候，学生都舍不得我们的实习生。火车开动了还追着火车看我们的实习生，那种依依不舍的情景仍然历历在目，感情多好啊！

问 您对幼儿园师资培养有什么建议？

答 第一点，要发展幼儿教育就要做到古为今用，洋为中用。即在我们的指导思想里面既要学习别国的经验，又要结合中国实际，继承发扬自己好的传统。按照现在的讲法，就是走新时期幼儿教育发展的道路，走中国化民族化的幼儿教育之路。不要一锅煮、一刀切。我们有自己的特点，要建立有中国特色的幼儿教育体系。

第二点，强化以人为本，要考虑全面发展。现在有的学校强调升学率，出现幼儿教育小学化、成人化的现象。过去我们的提法，对大中小学生来说是德智体美全面发展。对幼儿是体智德美全面发展，体是放在第一位的。现在有些幼儿园还搞入园考试，这样不好，按理来说是就近入学。所以我认为要体现幼儿教育的特点，就要热爱幼儿，反对幼儿教育小学化、成人化，寓教育于游戏之中、活动之中，促进幼儿体智德美全面发展。

第三点，还要考虑幼儿教育的发展光靠政府不行，要两条腿走路，大力发展公办园，同时积极扶持普惠性民办园。

第四点，要走出去、请进来，充分发挥老教师的作用。现在我们有那么多退休的老师，他们一辈子都做幼教工作。如果能够请他们到幼儿园现身说法，这也能起到很大的激励作用，要充分发挥老教师的余热。

总的来讲，我们的幼儿教育还是在发展、提高的，可以预测今后的发展会越来越好。你们重任在身，将来还要靠你们。

访谈对象 | **袁爱玲**(华南师范大学教授)

访 谈 人 | 覃江梅

问 袁老师,请简要介绍华南师范大学的发展历史。

答 我们学校(华南师范大学)始建于1933年,前身是广东省立勷勤大学师范学院,1982年正式更名为华南师范大学。1996年进入国家“211工程”重点建设大学行列,2015年成为广东省人民政府和教育部共建高校,同年进入广东省高水平大学整体建设高校行列,2017年学校进入国家“世界一流学科”建设行列。

1951年,经院校调整,华南师范学院教育系成立,后经多次院校调整易名,于2012年,成立新的教育科学学院。同年,学校与广东省残疾人联合会合作创办特殊教育学院,挂靠于教育科学学院。

我们学院是全国教育基本理论专业委员会理事长单位、广东省教育统计学会会长单位、广东省课程与教学论专业委员会理事长单位、广东省学前教育专业委员会理事长单位、广东省高等教育学专业委员会理事长单位、广东省教育政策与规划专业委员会理事长单位。广东省高校人文社会科学重点研究基地现代教育研究与开发中心、广东省教育科学研究所、广东省幼儿园园长培训省级基地、广东省幼儿园教师培训省级基地、《现代教育论丛》编辑部亦设在本院。

问 袁老师,华南师范大学学前教育专业的招收对象是高中毕业生吗?

答 我们学校的学前教育专业招收对象为高中毕业生,历年都没有发生变化。在招生数目上,有些新办学校一招就是上百人,但我们学校每年招生的数目始终控制在40个左右,从来没有扩招过,考虑到学生质量重于数量,所以一直招的是高中毕业生,而且必须是分数线达到华南师范大学录取分数线的优秀毕业生。另外,由于学前教育在这几年受到前所未有的重视,所以大部分学生都是第一志愿录取的。曾经,在幼儿园举办刚慢慢推向市场,幼教有些低迷的情况下,有出现过第一志愿不足的现象,当时我们就从考音乐学院、美术学院的学生中补录一些过来,这个现象大概持续了两届,后来发现这些学生的基础素质跟高中毕业考进来的学生没法比,所以之后就都是招直接从高中毕业考进来的学生。

问 学前教育专业学制几年？如有变化，具体变化是什么？变化发生的时间是什么时候？

答 我们是本科4年，研究生3年，博士生3年。本科学制一直没有过变化，研究生学制倒是有所改变，后来分了专业硕士和学术硕士，专业硕士2年，学术硕士3年。

问 学前教育专业生源充足吗？哪些学生会选择报考这个专业？

答 从研究生来看，我们的学生是百里挑一的，他们分数都是上了线的。例如前年，我们学校学术硕士名额压缩、专业硕士名额增加，所以学硕有一百多个人上线但最终只招了10个，后来觉得没招的这些人太可惜，专业硕士那边人又不太够，所以就把一部分人调剂过去。学前教育专业生源一直很足，得益于华南师范大学这个整体的牌子，几年前又实现了省部共建，在华南地区有着比较荣耀的背景，所以无论从地理位置还是从学校以往的光辉历程，大家报考我们学校还是挺积极的。也因此我们挑选学生的范围更大，我们学校的学生各方面的素质也都是不错的，在成绩、品质等方面都很优秀，算是双优学生。另外，他们既然来报考我们学校的学前教育专业，也确实是热爱这个专业，这也是为我们今后培养高师德、有温度、有爱心的老师做的初步选拔。本科招生我们是只看高考成绩，但从我们老师上课的感觉来看，毕竟是“211”高校，起点比较高，进来的学生真的是双优学生。社会用人单位反馈过来的信息甚至还说，我们的本科生比研究生还“好用”，所以我们本科生还是很令老师骄傲的，也挺被社会所认可的。也因此我们学生不到毕业的时候早就分配完了，如果用人单位再想要就只能等到明年了，毕竟我们每年就只有40多个学生。

问 学前教育专业的招生条件是什么？为什么要设这些条件？

答 招生条件是以考生高考成绩为基本依据，综合衡量德智体美，择优录取。设这些条件的原因是为了执行教育部规定的高校和省招生办公室“学校负责，招办监督”的录取体制，严格遵守教育部、省招生办公室的有关政策和规定，本着公平、公正、公开的原则，先按“专业志愿优先”，后按“分数优先，遵循志愿”的原则择优录取。同时，这也是为了培养出品行端正、全面发展、适应社会发展需求的幼儿教师。

问 当时学前教育专业的培养目标是什么？培养目标有过变化吗？

答 我们学前教育专业培养的总体目标是以幼儿园教师教育为办学特色，以深厚的学科素养、高尚的人文情怀、不懈的求索精神为追求旨趣，培养高水平、高素质的学前教育专门人才。

具体来说，我们学前教育专业有以下三个培养目标：一是培养专业基础扎实、教学技能熟练、实践能力较强的幼儿园教师；二是培养一专多能的复合型人才，为学前（早期）教育机构、出版、媒体、学前教育事业管理等各级各类机构培养多技能、高水准的应用型人才；三是培养具有深厚专业素养和较强创新能力的学前教育专业研究人才，为研究生教育层次培育优秀的人才资源。

我们在学前教育专业培养目标这方面确实有所变化。在90年代的时候，我们本科生是比较少的，基本毕业后都是在大、中专院校里，直接到幼儿园的是比较少的，那时我们的培养目标就是理论基础要厚，毕业后要能到这些学校再去培养幼儿教师，所以比较重理论，实践操作这方面相对来讲，虽然有开各种课，钢琴、舞蹈、美术等，但因为大家的去向都是到高校，学校的课还是以三学六法为主，学生的分配要和我们的定位相一致的。2003年之后，随着一线幼儿园对师资的要求越来越高，如广州从2000年开始下发文件要求幼师要专科及专科以上学历，我们学生也慢慢进入幼儿园了，直到现在几乎是百分之百都进入到了幼儿园，除非改行，不改行本科学历只能进幼儿园，因为大部分高等院校都要求硕士以上学历了。这种需求的变化造成了我们学前教育专业的本科毕业生将来的出路只能是幼儿园，所以我们就进行了培养方案的修改，根据用人单位的反馈、教学法的要求，对环境创设以及对家长工作和教育技能的要求越来越高，所以在课程安排的量上和结构上就更加注重实践操作了。另外，在实习和见习的时间上也有所改变，过去幼儿园见习是几周，再到幼师实习，实习是一个月，后来就没有了幼师实习，直接就是幼儿园实习，时间上也从原来的一个月延长了。

问 在您任教期间，学前教育专业是否进行过课程教学改革？如果有，那改革的背景、目标和举措是什么？

答 是进行过课程教学改革的。我们本科的培养方案3—4年就要有一次修订，改革的方向就是要和实践的需要结合得越来越紧，为了学生就业的需要，为了培养出更受社会欢迎的幼儿教师。

改革的背景是在2012年2月，教育部颁布了《幼儿园教师专业标准（试行）》，标志着我国幼儿园教师队伍建设从职业化进入专业化阶段。它规定了国家对合格幼儿园教师专业素质的基本要求，是幼儿园教师开展保教活动的基本规范，是引领幼儿园教师专业发展的基本准则，是幼儿园教师培养、准入、培训、考核等工作的重要依据。

在这样的背景下，我们的目标也转为了培养以幼儿为本、师德为先、终身学习、熟练掌握专业知识和专业技能的高水平人才。专业知识和专业技能的掌握一直是受到重视的，而现在对幼儿为本、师德为先的提及也越来越多，因为我们怕学生空有专业知识和专业技能但不爱孩子，不爱这份职业。师德这方面夹杂着情感态度、价值观，包括对孩子的热爱、对职业的敬畏等，是不能通过考试等传统方式去衡量的，因为这都只是认知层面上的。所以要看师德教育到底有没有效必须在他的工作过程当中去折射出来：首先要爱孩子,而且必须是大爱,不能只爱漂亮的、聪明的、家里有钱的小孩。其次,一定要尊重每个孩子的个性特征、学习差异等,这也是爱孩子的一个表现。尊重不只是对孩子和颜悦色,一定要走进孩子的心灵世界,让孩子喜欢你,跟孩子建立一种和谐、温暖的师幼关系。另外,孩子与孩子之间的关系是否健康、教师的为人处世和与家长的沟通等方方面面都可以折射一个教师的师德以及对这个职业的认知程度,他是单单把这个职业当成养家糊口的职业还是真正关心孩子的未来以及家庭与社会的未来,乃至整个人类的未来。因为每个孩子教育好了,家庭就幸福了;家庭好了,社会就好了;社会好了,我们整个中华民族就好了;中华民族好了,整个人类就好了,毕竟中国人口那么多,每五个地球人就几乎有一个中国人,所以只有中国人素质各方面都好了,整个人类才能更好。我很认同蒙台梭利的一句话,为幼儿教育事业奋斗的人实则就是为整个人类在奋斗。因此,一个幼儿教师如果能认识到如此高的高度,他就不会懈怠、亵渎孩子和幼师这个职业。

针对这个目标,我们采取了几方面的措施,主要有:第一,加强基础知识教育,进行课程改革。在设置课程的时候,以学生为主,以学生的综合发展作为课堂设置的根本目标,合理设置课程内容。首先,加强公共基础知识课与选修课的课时设置,培养学生们的综合素质,丰富他们的理论知识,提高学生们的文化修养。其次,对原有的课程进行整改。在进行专业课程改革的时候,以《幼儿园教师专业标准(试行)》为基础,既注重学生们的全面发展,又对内容相似的课程进行改革,优化课程体系,不仅培养学生们的基础技能,还加强了师德教育的培养,将专业课、实践课以及公共课这三类课程结合起来,并且与整体教育环境结合起来。

第二,加强公共知识课时比重。社会需要的幼儿园教师是拥有多方面知识与技能的全能型教师,因此在开设课程的时候要将公共课的课时比重适当增加,增设一些自然科学以及历史文学方面的知识,让公共知识与必修内容相互结合,发挥彼此的优点,使学生们在从事幼教工作的时候能够顺利地进行课程传授。并且加强公共知识课时的比重有利于学生树立正确的三观以及培养社会责任感,具备一名幼儿教师应该有的人文素养和精神。

第三,加强教育实习和实践研习的比重,增设微格教学。突出单一技能的训练,有助于提高学生理论联系实际的能力;创设真实的训练情境,帮助学生建立“能力为重”的理念;重视及时的反馈评价,有助于学生形成“实践、反思、再实践、再反思”的能力。注重实践课的课时设定,有针对性地设置实践课程,将提高学生们的实践能力作为教学的主要目标,在设置实践课程时,将理论技能与实践相结合,增加实践课时的比重,让学生们将所学到的知识应用到实践当中去。

问 那华南师范大学在学前教育人才培养方面对学生有什么具体要求?

答 我们注重培养具备优秀的教学和研究素质的学生,形成学前教育的研究创新能力。培养的总体要求:具备高尚的社会责任感,热爱儿童、热爱幼儿教育事业,培养拥有爱心、耐心、责任心的优秀幼儿教育工作者的品质,掌握扎实的教育学、心理学专业知识和系统的学前教育理论基础,熟练专业教学技能,能够独立进行教学与研究工作,具有探究精神和较强的创新能力。

具体来说,在知识结构方面,学生需要:掌握教育学和心理学的基本理论知识;掌握学前儿童发展的相关知识;掌握学前教育研究的一般规范和方法;掌握学前儿童生理和心理发展特点和规律;掌握幼儿园保教的有效方法。

在能力结构方面,学生需要形成科学观察和评价学前儿童的能力和方法;形成组织幼儿园教育教学活动的基本能力;形成幼儿园班级管理的能力;形成学前教育的研究创新能力;形成与家长有效沟通、整合利用社区等资源的能力。

在素质要求方面,学生需要具有平等博爱、尽职尽责的人文素养;具有优秀的教学和研究素质;具有问题探究和行动反思的创新精神;具有良好的团队合作精神。

我们学校现在本科生有研究课题,各院系会让学生选择自己喜欢的课题,并有老师辅导,也有少许经费来支持。另外我们也有社会实践,学生利用寒暑假了解社会并适应社会的要求。再者,在教学上我们有微格教学,学生可以通过回看自己的教学视频了解自己的优点和不足,提高教学经验。

问 学前教育专业有哪些实践课程?具体如何安排?为何这样安排?

答 我们的实践课程包括教育实习和实践研习。教育实习是必修课共6学分;实践研习又包括“访谈”“见习”“演练”和“创新”四个模块,要求至少完成40小时。

我们之所以这样设置,是想让学生在理论学习的基础上,熟练专业教学技能,进而能够独立进行教学与研究工作,并具有探究精神和较强的创新能力。

问 学前教育专业毕业生的就业情况如何?从事学前教育的毕业生多吗?

答 毕业生非常好就业,大部分学生毕业后都去了幼儿园、教育机构等,还有一部分选择继续深造。从事学前教育的毕业生越来越多。

问 您对幼儿园师资培养有何建议?

答 要重视研究素质和研究创新能力的培养,加强职业道德建设,重视实践能力的培养,在增加幼儿教师“数量”的基础上注重“质量”。就我们华南师范大学目前培养的学生的质量,根据用人单位的反馈以及学生的自我感觉等,还是比较满意的。但从全国的角度以及广东省的角度来看,目前出现了一些学校一直扩招的现象,一招就是好几百人,但是学校本身又缺乏学前教育的专业老师,就从其他专业调跟学前有点相关的老师过来,低门槛的招生导致不能够培养出充足合格的教师,这些学生毕业之后给一线幼儿园带来了很大的困惑,质量堪忧,这也是矛盾之处,因为现在规模盛大地发展学前教育,计划到2020年全国平均入园率要达到80%,这样的话,老师的缺口就有二十几万,所以这同时也是我的忧虑之一。

第二个忧虑之处是幼师流失率很大,因为这些学生的毕业水平比较低,加上某些民办园普惠降费,导致这些幼师的工资待遇低,职业压力大,从而加大流失率。这个流失率也是个恶性循环,本身这些学生的基础差,毕业之后的专业知识和专业技能也不怎么高,只要他们觉得没法维持一个比较好的生活,那么他们就会流失,所以说,如果一开始就能招收一些优质的学生,毕业之后又能有比较好的工作岗位和待遇,那它就会是一个良性循环。我记得我读硕士时在研究发达国家的学前教育的时候,我发现有些国家的幼儿教师的待遇比中小学老师要高10%,因为她们的工作量大,不像小学老师只要负责教学方面的就行,幼师工作性质比较特殊,既当"妈妈"又当老师,安全压力、保育压力比较大,因此工作待遇也会比较好,所以一些优秀的师资也愿意从事这个行业。人口政策放开了,孩子增多了,那就要为他们提供学位。那么就得相应增加幼儿园的数量,扩大幼师队伍,所以幼师的需求多了,那就要扩大招生,降低门槛,以致最后幼师的待遇也随之降低。所以我们从哪一个薄弱环节来打破,保证我们生源的质量,重中之重就是我们作为培养教师的这个机构,无论是中职还是高职,都要在这个方面要求质量,尽可能把他们培养成高质量的幼儿教师,避免给孩子造成不好的影响。毕竟孩子年龄越小越敏感,跟他接触越多对他的影响也越大,所以幼儿教师的质量一定不能低。他是全方位被老师渗透着、影响着,所以幼师的质量一定不能太低。

访谈对象 | **夏　力**（原重庆幼儿师范学校党委书记兼副校长）

访 谈 人 | 陈世联　卢　静　陈　璨

问 夏老师，请简要介绍一下重庆幼儿师范学校的发展历史。

答 我个人将重庆幼儿师范学校的发展历史归纳为以下两点：一为“你从哪里来？”二为“你走过什么路？你将向何处去？”总结一下，即不忘初心，牢记使命，才能方得始终。

从学校的整体来分析，我认为有以下三大特点，分别是历史的厚重、艰难的传承以及现代的发扬光大。

第一，历史的厚重。主要指办学历史悠久。1914 年，巡按使陈廷杰倡导创办四川省立第二女子师范学校，首任校长是吴季昌，这也是重庆市幼儿师范教育的起点。1915 年，成立保姆讲习科。1922 年，开设两个班，学制为六年，即前期师范三年与后期师范三年。1929 年，成立幼稚师范讲习科和重庆市成年妇女补习学校。1932 年，创办幼稚园。1935 年，改名为四川省立重庆女子师范学校。

第二，艰难的传承。“艰难”主要是指办学过程中经历了很多困难。比如，在创办初期学校选址为重庆市第二十九中学，抗日战争期间，一度迁往江津白沙镇，于 1946 年迁回原址。1954 年，与重庆市第一师范学校、西南师范学院附属中学师范班合并组建了重庆师范学校，校址也由重庆市渝中区迁往北碚区。1956 年，幼师科分设，成立重庆幼儿师范学校。直至 2001 年与重庆市艺术师范学校整体并入重庆师范学院，更名为重庆师范学院学前教育与艺术学院。2004 年，更名为重庆师范大学学前教育学院。2010 年，整体合并到重庆师范大学教育科学学院，设学前教育系。办学期间虽历经“文化大革命”，但本校却是“文革”后首批恢复办学的幼儿师范学校之一，这是源于我们拥有一支完整的师资队伍。

重庆幼师之所以发展如此长久，每一个幼教人骨子里之所以流淌着幼教情结，其实就源于“传承”二字，亦是一种历史的传承。它包含着多方因素，其中我认为蕴含最深的不外乎“文化传承”。如，第一任校长吴季昌提出学校的校训是“勤、朴、宏、毅”，训育标准为“自治、自立、俭朴、诚实、礼貌”，这些对学校的发展都产生了极其深远的影响。

除了文化传承，学校还传承了红色基因。1923年，萧楚女至四川省立第二女子师范学校担任国文教员，并兼任《新蜀报》主笔，开辟了重庆新文化运动阵地。这在学生中产生了广泛而深刻的影响，其中就包括中华人民共和国前主席杨尚昆的夫人、著名红色戏剧家李伯钊，她是1924年考入四川省立第二女子师范学校的。学校倡导“放开小脚，走向大世界”“男子能干的事情，你们也能干，千万不可自暴自弃”以及“独立自主，目光远大，看准目标，坚毅前行”的新女性精神，提出“课程以外尚有学问，家庭、学校以外尚有社会、国家”的新学风，充满着家国情怀。所以，传统文人的文化，加之新文化和革命文化，正是这些对学校的传承产生了重大影响。

说起重庆幼师的理念，令我印象最为深刻的即是刘作棠校长所强调的：“学前教育专业姓幼。”这句话是我们重庆幼师人人都记得的！刘校长作为中国首批苏联专家在北京师范大学培养的青年校长之一，他既传承了北京师范大学的传统文化，又借鉴了苏联教育经验，这使得学校办学具有规范性。刘校长说的这句话，体现了以幼儿为本、以幼教为本的思想，这有利于统一大家对幼儿教育规律的认识和研究，并以此为核心观念来构建教师的思维方式、教学理念以及课程。

我本身学的是物理专业，在刘校长的影响下，我教授的学前教育课程极力向“幼”靠拢、向常识教育靠拢，要求学生在课堂教学之外创编科学小故事、小实验、小知识以及小制作等。因此，重庆幼儿师范学校的每一位老师都围绕着同一个目标在战斗，这也使得凡是在重庆幼师工作过、学习过的人一辈子都拥有一个情节，那就是“幼教情节”！

第三，现代的发扬光大。正是由于对革命文化、传统文化、幼儿教育自身发展文化的不断传承，使得重庆幼师在多年的办学过程中，始终牢牢把握培养目标与方向，造就了大批具有高尚师德、作风严谨、大胆创新的幼教人才，培养的学生人数包括非全日制在内约五万余人，并且绝大多数毕业生都选择战斗在幼教第一线，学校也是重庆市学前教育专业人才培养的摇篮与重镇。这便是学校对于社会的贡献，这便是实现了学校的办学目标。

学校拥有完整的教育体系、教研机构以及校刊。当年四川省幼儿教育研究会设立在重庆，秘书长单位便是本校。校刊为《四川幼教》，在那时全国少有学校会有自己的校刊。学校也与联合国儿童基金会、中国学前教育研究会合作。这些都是是重庆幼师在四川乃至全国有一定影响力的原因所在。

回顾过往，最自豪的是，我们师生的基因里蕴含着以幼儿为中心、艰苦创业、团结奋斗、改革创新等因素，拥有较强的凝聚力与奋斗精神。

问 重庆幼儿师范学校学制几年？

答 建校初期为三年制,20 世纪 80 年代一度改为四年制到 1987 级止。

问 当时重庆幼儿师范学校的招收对象是初中毕业生还是高中毕业生?招生条件是什么?为什么要设置这些条件?

答 重庆幼师当时属于中等师范学校,招收初中毕业生,对于招收对象的要求十分严格。学校面向全四川省招生,每个区县 3—5 个招生名额,而报考人数为 300—400 人,并且有严格的面试进行选拔,其困难程度堪比高考。

通过面试进行选拔,第一了解报考学生对学前教育专业的认识与看法,例如通过询问"你为什么想当幼儿教师"等问题来初步了解学生的思想状态;第二考核学生的语言表达能力;第三考核综合素养,要求学生进行唱、跳等展示。

问 当时重庆幼儿师范学校的培养目标是什么?培养目标对学生的就业有什么作用?

答 学校的培养目标是为培养全面发展、热爱幼儿教育、具有较强理论基础和扎实专业能力的一专多能的幼儿教师或幼教工作者。其中"一专多能"是指以学前教育专业为基础,多种能力平衡发展。

学校的总体目标直指培养幼教工作者。当然随着社会的发展,培养目标也随之扩展,为学生提供更多的就业可能。

问 重庆幼儿师范学校如何实施培养计划?

答 从 80 年代末至 90 年代初,学校对培养目标及教学计划进行了研讨,使大家对其内涵有了更深刻的理解。为此,学校要求各任课教师按照培养目标及教学计划的要求,研究、制订、实施任教课程的年度教学计划。其中,年度教学计划需从培养目标出发,对任教课程的核心知识、核心理论、基本技能等进行全面规范和要求,以此防止教学随意性与弹性等问题出现。为确保教学计划的落实与实施,学校采取了定期组织教学检查、集中观摩、交叉考察等办法。

同时,学校坚持理论联系实际的原则,十分重视实践教学环节的育人作用,制定了三年不断线的教育实践活动。在开学初始,学校就会安排学生参观各类幼儿园,使学生对幼儿园形成初步认知。另外,在课程结束后,例如《卫生学》结束后,就会进行生理卫生调查;又如《心理学》结束后,会进行心理基础调查。学校也十分重视实践教育的认知与组织,包括半日活动实习、一日生活活动实习、毕业实习。在学生去往每个幼儿园实习前,老师会向学生交代实习工作目标。在实习过程中,必须安排老师驻园,这不仅帮助老师了解幼儿园与学生的实际情况,也便于指导学生的教育实习。

除此之外还有丰富的课外活动,如,语言领域就包含朗读、讲述、讲故事、小剧场表演、儿童剧表演、编写剧本等活动。正是基于平时的大活动量与大训练量,学生总能为学校赢得相应荣誉,这便是之前提到的"一专多能"。

问 学校毕业生的就业情况如何?

答 就业情况分为两个方向,一是幼儿园教师,二是相关社会机构的幼教工作人员。绝大部分学生会选择进入一线工作,甚至大部分学生能够成为幼儿园骨干教师。

问 在您任职期间,学校进行过课程改革吗?请详细谈一谈。

答 学校十分重视课程改革,主要可分为三个阶段。

第一阶段,规范期(80年代末至90年代初)。该阶段主要是规范课程质量,防止教学的随意性与弹性。学校组织教研室、教研组进行课程年段教学计划的研究,制定了18门课程的教学及考核标准与要求。特别值得一提的是,在90年代初,学校牵头进行了全国幼师文化基础类课程设置与标准制定的研究。

第二阶段,转型发展期(90年代中期至后期)。当学制从三年制到四年制,学校类型从中专转至大专,从单纯的幼儿师范学校发展为艺术师范学校,这期间不断伴随着改革。从人才培养方案到培养目标的改革都是系统性的,并形成了独特的教学风格。如,语言教育方面,先从普通话发音开始,到有感情地朗读、朗诵,然后是分角色讲述,再到幼儿语言游戏,最后创编儿童故事、儿童文学。这一列的发展变化是具有系统性的,是具有自身教学特色的。

第三阶段,深化期(2000年后)。针对专、本科教学,学校对课程改革的内容与模式进行了探索,并组织教师进行调研。由此形成了一批以"十一五"和"十二五"国家级规划教材为代表的优质教材和优质课程,培养了一批科研与教学能力较强的骨干师资队伍,为学校的进一步发展奠定了坚实基础。

问 您对幼儿园师资培养有何建议?

答 第一,专业思想上,应该牢固树立热爱幼儿教育、将其作为自己终身追求的事业的精神。

第二,本科及以上学历的学生要拥有比较宽厚的基础。除了知晓我国的学前教育理论外,还应了解国外的相应理论,做到中外结合,但不盲目跟风。并且,应该了解当前最新的理念,但不盲目追求,而是应该基于自身完整理论体系基础之上,进行消化、吸收、改造与发展。另外,还需注重学生能力的培养,尤其是终身学习能力的培养。

第三,注重个体专业特长、专业能力、专业素养的培养。

第四,一定要脚踏实地。

问 您对目前的幼教学子有什么寄语或期盼?

答 当前党和政府对幼教十分重视,这正是幼教发展的黄金时间,希望大家不负时代,自强不息,能够有明确的奋斗目标,坚韧不拔地向着目标奋斗。有“坐冷板凳”的精神,相信坚持数年必有收获。也要注重社会责任感、道德感、敬业心、责任心的培养。

访谈对象 | **唐　淑**(南京师范大学教授)

访 谈 人 | 原晋霞

问 唐老师,请您介绍一下您的学习与工作经历?

答 我于1950年考入南京市师范学校的幼师班。因为我的父亲是南京晓庄师范学校毕业的,是陶行知的学生,所以他知道幼师是干什么的,知道幼儿师范是培养幼儿园老师的,所以他让我报考了幼师。那时候,招生考试比较自由,都由各学校自己组织,招生对象既有应届生,也有许多往届生。各学校的招生通知不是由教育局统一发布,而是由各学校登报发布。那时候我住在常州乡下,我有一个老乡在南京,他看到《新华日报》登了南京市师范学校的招生广告,告诉我,我就来考了。那时候,我才15岁,一个人从乡下几经辗转来到南京市师范学校参加考试。考完试,我自己就回去了。后来到了开学的时候,我老乡又写了封信给我,说:“你怎么不来开学?学校老早就开学了,你被录取了。”(那时候,录取信息也是登在报纸上的,我在乡下没有看到)知道被录取的信息后,我又一个人来上学了,只是比别人稍微迟了一点。

那时南京市师范学校里有普师,也有幼师科。我报的是幼师科,写明学制两年,1949年9月开始招生,我于1950年进来,是幼教第二届,每届一个班。我们班上好像有接近五十名同学。1952年夏季我们毕业。毕业前,南京市把两个学校的幼师班(即南师附中的幼师班和南京市师范学校的幼师班)的学生组织在一起集中培训,然后就分配工作。我们这届毕业后,南京市师范学校就再也没招过幼师生了,也就是只有幼一和幼二两届学生,南师附中的幼师班则继续招生。1953年,南京师范学院附属幼儿师范成立,南师附中的幼师班随即并入,这是省幼师的前身。

1952年,全国高校院系大调整,这个对我国的影响非常大。像南大的师范学院教育学科是独一无二的,集中了许多知名的教育大师,当时就一分为二,一半到了华东师大。那时全国普遍需要大学生,于是国家出台了一些政策,如实行中师保送毕业生上大学(主要是上师范类大学);可以招录调干生(机关干部或有工作经验的教师等)。我非常荣幸地成为我国首届师范保送的大学生。1952年夏全国高校院系调整,老师学生变动都很大,所以那一年我们10月份才开学。

问 *当时那些老生是从南京大学(原来的中央大学)等学校来的,你们是南京师范学院的第一届学生,对吗?*

答 对,我们是南京师范学院的第一届学生。我们南京师院,特别是幼教专业,是由四个学校合并而来的,这四个学校分别是南大(南京大学)的师范学院幼教系,金大(金陵女子大学)的儿保、儿福、家政等专业,上海震旦大学的托儿专修科和广东岭南大学的相关专业。全国院系调整时,上海震旦大学和广东岭南大学就被撤了,它的各门专业分别被并入了全国各地相关高校。这两所都是教会学校,全国院系调整时,教会学校全部改为公立学校,例如南京师范学院就设立在了金陵女子学院的原址上。

我就是在这样的情况下被保送上大学的。1952 年只有师范生可以被保送(可能是因为当时需要大量的老师),1953 年开始就有中专生可以被保送了,但要参加全国统考。其实,以前师范学校的学生学习成绩都很好,特别是 20 世纪 50 年代的师范生。这主要因为师范生免费这个老传统——读师范不要钱,还提供伙食,所以很多家境贫困但比较上进的孩子都填报了师范,这些孩子自己懂得要好好努力,很多人毕业后就被分到幼儿园、小学和中学。南京市前几年很多优秀的校长、教育局领导等都是我的老同学。在那个年代,师范生真的很优秀。

问 *唐老师,那个时候是因为幼儿园很少,不需要很多人从事幼教,还是因为高学段学校更需要教师,所以幼师毕业的学生中有一部分人被分到了中学?*

答 对,应该是这样的。像我们幼师毕业的,真正分到幼儿园的学生是少之又少,多数都在小学甚至中学工作。后来也有又上大学的。还有一种情况是因为在幼儿园工作得好,被提拔到更高的学段或岗位上去的。那个时候,特别是 1955 年"向科学进军",各种机会都有,只要肯努力,追求上进,我们班上好多同学都获得机会继续深造,有的继续考幼教,有的就考了外语,有的则考了别的专业。

问 *唐老师,南师第一届本科毕业生就业去向如何?*

答 基本上都从事了幼教。那个时候全国很需要。像鲁洁老师那一届,她们班的毕业生大多被分到了北京中央直属机关幼儿园,如组织部幼儿园、铁道部幼儿园等。可能与 1953 年全国幼师不多有关,只有少数几个人被分派到幼儿师范学校,如京、津、沪等地的幼师。

到了 1955 年,幼师学校就多了,基本上大城市都逐渐有了幼师,所以后来的毕业生进入幼师、教育厅或教育局工作的人比较多。后来,每一届毕业生基本都被分配到省会城市的幼师学校了,如杭州幼师、重庆幼师、郑州幼师等。

问 唐老师，直到您退休前南师大的培养目标一直都包含为幼师输送师资吗？

答 对的。从高师教育来讲，院系调整以后，全国只有四所高校有学前教育专业。后来东北师大要招学前专业，他们就从其他专业中选一批教师到北师大学前教育专业进修，培养成为学前教育专业的教师。这种方式在当时很普遍。比如，福建师大打算开设学前教育专业，就从本校教育专业选了几名学生，送到南师大跟着学前教育专业学习了两年，毕业后回去任教。很多高校学前教育专业的老师都来南师大进修过。

问 后来学前教育专业发展如何？

答 全国学前教育专业实际上在1960年有个大发展，华中师大、山东师大等好多师范院校都已招或打算招学前教育专业。但是大概一年不到，1961年就全部停了。连国家教育部的幼教处也是那个时候被撤销了，全国好多幼师也紧缩招生。南师在1956年招了两个班。这两个班到1960年毕业的时候，因为有些师范没有办起来，有的中途就不办了，有的都被紧缩了，所以那一届好多学生毕业出去都改行了，教政治的、教俄语的都有。南师学前教育专业自1961年开始就不招生了，1964年学生毕业后，学校里就没有我们专业的学生了。

高校的学前教育专业发展也有个“马鞍”形起落。那时候，南师的学前教育专业教师队伍保存得最好，不仅没有减少，而且还不断增添。从1973年开始恢复专业工作，像张慧和、楼必生原来在幼儿园工作，1975年就被调到系里来了，然后卢乐珍、屠美如都是1978年才到系里来的。所以在没有恢复招生的时候，南师学前教育专业教师队伍已经有十多人了。

问 我们南师大为何能做到这样？

答 1973年全国实行“计划生育”，提倡优生优育。当时江苏南通市的如东县计划生育开展得较好，还办了许多幼儿园。中共江苏省委宣传部负责人看到了如东县办幼儿园的情况，就让南师学前教育专业的老师去指导幼儿园，所以1973年开始我们就下乡去了。首先到了如东县，我们做玩具、办玩具展览、搞培训。那时老师们不适应如东县的饮食，很多人都拉肚子。没办法，就在食堂里打点饭，想办法借到一个煤油炉，每天烧点番茄蛋花汤，煮点青菜什么的。这样，我们把如东县的幼教就搞起来了。不仅在如东县，然后我们就开始到“9424”工厂送教上门（“9424”工厂是上海在南京的钢铁基地）。当时工厂都有很大规模的幼儿园，我们就到工厂去送教上门。我们送教上门的足迹遍布大江南北，如武进、溧水、句容、丹阳以及洪泽、淮安等地。我们上山下乡进工厂送教上门，一直没停。

在如东县我们培养了一支很不错的幼师队伍。1975年，林佳楣（李先念的夫人，当时是卫生部的妇幼局局长）主持的全国优生、优育、优教三项先代会在如东县举行。为迎接参会代表参观幼儿园,所以我们就辅导当地老师开课,全部参会人员都观摩了幼儿园老师的教育活动,反映很好。在会上,我第一次听到了关于遗传工程学等精彩报告(如关于生理方面、神经方面、儿科方面等)。遗传工程学的专家讲,现在(即1975年,也就是20世纪70年代水平)发现1 500多种病是遗传来的,其中以血液系统和神经系统的遗传病最为严重,有的是代代传,有的是隔代传,有的是传男不传女,有的是传女不传男,有的是显性的,有的是隐性的。

总的来说,由于下乡进厂送教上门的需要,而原队伍中老年教师较多,所以我们南师学前教育这支队伍,不仅一个都没有散,而且还不断增添人员。

问 南师什么时候恢复了招生?

答 全校好像是1973或1974年恢复招生的,先开始主要招工农兵大学生。其他系科都有,许卓娅老师是音乐系的工农兵大学生。我们系没有工农兵大学生。我们当时要做半年一期或较长时间的培训班时,就去音乐系请老师来做关于音乐方面的培训,音乐系派的就是许卓娅老师。

1978年省教育厅要我们搞半年一期的培训班,为各地幼教师资培养准备教师。共办了两期,一期是面向11个直辖市的教师,另一期面向地区。每市和每个地区各有5个名额,这些学员有来自师范学校的,也有来自幼儿园的。培训期间,我们带学员出去实习(办培训班),还让他们写小专题文章等。那批学生也都十分出色,成为各地的幼教骨干。

1979年我们专业正式招生。刚开始每两年招一次,1979年、1981年、1983年、1985年都招了生,1985年之后好像每年都招生,再后来又是隔年招,现在又是每年招了。在恢复正式招生后,我们还办过高校助教进修班等。

问 正式恢复招生之后,我们学前教育专业的生源如何?

答 1979年我们招的学生大多数都是自己想要来的,因为南师幼教系很有名,陈鹤琴先生也健在,所以当时稍微有些知识的人,特别是南师毕业生,都把自己的孩子送回来考南师,女孩子就报考学前教育专业。当然也有一部分不是第一志愿报考的,有几个都是我从中文系挖过来的。刚开始招生时,我们也是有条件的,要看相关学科的成绩,主要是语文等文科成绩,还有看看他们一般的表现。那时候我们招生,特别是在南京的,我都会约谈的。每一份材料都要仔细看。我还为班上唯一的男生找个伴儿。比如当时班里只有郝和平一个男生,我就去中文系挑人,看中程晓明(原《早期教育》杂志主编)后,还把程晓明的妈妈约来谈话,给她说说幼教,说说陈鹤琴先生,说说幼教毕业后不一定要去幼儿园带孩子。最终,把程晓明招进来了。还有好几个人,包括肖湘宁、李玲玉等,都是我一个个找她们谈话,招进来的。

问 *您都怎么跟他们谈？*

答 因为他们没有学前专业的信息资源，我就给他们介绍我们的专业，包括讲我们的优势、专业前景，有人类的地方就有孩子，孩子是祖国的花朵，孩子代表着未来，这是一个阳光事业，等等。我参加的最后一届招生是在1989年。

问 *唐老师，前几天我去访谈施立平老师时，施老师提及她当年在南师读书时，还到医院儿科实习过。您退休前我们专业的实习工作是怎么开展的？*

答 20世纪50年代是这样的。我班进行过两次实习，一次在幼儿园，一次在幼师。那时候，培养目标很明确，就是为幼儿师范学校培养师资。但是苏联的学前教育培养计划中有第三次实习，主要是进行视导实习。南师1957届的学生就有视导实习，就是几个人到一所幼儿园去观察几天，写出一份关于幼儿园情况的视导报告来，报告内容包括物质环境、师资队伍、课程、教学情况、行政情况等。到张慧和这一班，也就是1958年毕业的这一班，就没有做视导实习了，而改为到民办幼儿园实习。之前，南师学生的幼儿园实习全部放在我们的附属幼儿园，如五台山幼儿园和南师附小幼儿园等。到了1958届，就安排到了几个民办幼儿园进行实习，因为1957和1958年“大跃进”期间，民办幼儿园大发展，所以我们就联系了几所民办园，安排学生去实习。

这里要提一下街道幼儿园。街道园在我们国家什么时候出现的？实际上就是诞生在爱国卫生运动期间。当时，朝鲜战争爆发后，美国扬言要搞细菌战，所以那时候全国大搞爱国卫生运动，很多家庭妇女都走出家门打扫卫生，这样就有了孩子看护的问题，所以最早是南京的武学园幼儿园，具体叫幼儿园还是托儿所，这个我不确定了，地点在现在淮海路幼儿园所在的地方，这算是我国第一所街道幼儿园。大嫂大妈们自己要搞卫生，那么就把孩子们集中起来，板凳、桌子等所有的东西都是自己家里带来的，都是义务性的。最有名的街道园是五老村幼儿园，它是全国的先进园，周总理还去视察过，一直到现在这所幼儿园还在。那时全国各地都到南京来参观。爱国卫生运动是从南京开始的，街道幼儿园也就从那个时候开始了。

再回到实习上来。1955年至1957年有视导实习，后来就没有了。从1958年开始，就走向社会了，那时候提出文科要走向社会大课堂。1958年春全国都搞扫盲运动，江苏省扫盲搞得好。吴厅长要我们派一支队伍去搞扫盲运动，就是张慧和老师这个班，我带队，除了幼师留了张慧和实习外，全班都下去扫盲。我们到了溧阳七个乡，四人一组，开展扫盲运动。他们班能干的人多，扫盲运动开展得好，省教育厅召开全省的扫盲积极分子会议时，就把我们全班带到会上做会务工作。在扫盲运动的后期，就开始转向办农村幼儿园。暑假，全省第一次江苏省民办幼教的现场会就是在溧阳开的。所有文字材料、开课、玩具展览等，都是我们帮助省厅幼教干部一起准备的。现场会开完后，还出版了一本小册子。1958年下半年开始,全体师生下乡,大部分到了溧阳,小部分到了昆山。1958年的工农班,是在溧阳上课,其他的全部下乡办幼儿园(日托或全托)、小学……直到红专大学,学生和老师也都住在那里。每个乡(镇)都有老师和学生,学生是大队长,老师是跟着去的。所以1958年这一年我们全部都在下面。1960年春天,幼师的师生和南师的师生混合编组到全省九个地方,这是我第三次到溧阳,所以溧阳就像我的第二故乡,很熟悉。

问 我之前听您和系里老师提到农村幼教时,总会提到溧阳,今天听了您的介绍,才知道了其中的历史渊源,那农村幼教发端于什么时候?

答 其实像刚开始土地改革那时候,都只有一些临时的托儿所,大人有集体活动了,不方便照看孩子,就把孩子集中到一起。像卢乐珍老师读大学时大概都帮助农忙托儿所照看过孩子。我自己没有做过,为什么?因为我在师范读书的时候没有暑假,第一个暑假学校送我们到市里的舞蹈培训班学习,所以我没下去搞土地改革,第二个暑假我就毕业了,准备考试,所以我没参加到。但是我知道大学生是去做过这些的。就我自己的经历,农村的幼儿园是随着高级社的产生办起来的。高级社时期,句容下蜀的全国人大代表邵凤娥老师一直都坚持办好农村幼儿园。从我听到的和了解的情况来讲,高级社的时候,农村是比较兴旺的,农民的生活得到改善,收入都比较好,很可惜没几年就"大跃进"了。农村的幼儿园很脆弱,禁不起风吹雨打,很容易发展起来,也很容易掉下去,今天可以村村都有,明天可能说没有就没有了。没有坚实的基础来保障农村幼儿园的发展。

问 您在职期间,南师大进行过课程教学改革吗?如有,改革的背景、目标和举措是什么?

答 20世纪50年代和60年代初,幼教系的课程基本上都是仿苏的,谓之"三学六法"。"三学"就是学前教育学、学前心理学和学前卫生学;"六法"指体、音、美、语、计、常六科,具体来说就是幼儿园体育教学法、音乐教学法、美术教学法、语言教学法、计算教学法和常识教学法。幼儿园开设这些课,幼师和高师就上这些课。这是因为新中国成立后,1950年就请来了苏联的葛琳娜专家。她是苏联幼师的校长,所以她带来的都是幼师的课程,而我们翻译的也都是幼师的教材,例如苏罗金娜的《学前教育学》,查包洛塞兹的《幼儿心理学》、萨古林娜的《幼儿园绘画教学法》等等。而且,整个20世纪50年代,教育部从全国的高校、中师、教育行政部门和幼儿园都抽调了一些人分期、分批到北京跟葛琳娜专家学习,所以全国的课程基本上都一样。并且,那时候西方的内容,如福禄培尔、蒙台梭利的理论等,全部不准讲。总的来看,不管幼师、高师,"三学六法"是主要的,大学只不过是文化课再加强一点,还要学外语(那时候,在师范学校不学外语的，只有进入大学，才要学外语），政治课也不一样，大学生要学政治经济学和哲学等课程。

1959年开始，我们系里自己想编教材，例如学前教育学，我们全教研组的教师都参加了。我还记得我参编的是第二章，关于学前教育事业的发展。我们还去参观孤儿院、福利院这类机构了解情况。但自60年代开始，教学秩序被打乱了，教师都下乡去搞社教运动，学校也没有学生了。一切教学工作停止了，所以编写教材的工作也就没有继续进行。

改革开放以后，1979年第一届招生，以前的培养目标比较明确，以培养幼儿师范学校的专业课教师为主要目标。改革开放后，南师将培养目标扩大为三个：培养幼儿师范学校的专业课教师，培养教育行政部门的幼教干部，培养教研室的教研人员以及教科所的科研人员。同时，学生的就业范围也不断扩大，如出版部门、电台部门、电视台等传媒系统。像虞永平老师班就有位同学被分配到江苏省电视台了，1979年入校1983年毕业的程晓明到了《早期教育》杂志社工作。

在课程方面，有三个较大的变化：其一是"三学六法"的内容有了很大改变；其二是吸收了很多西方的教育理念，如人类发展生态学等；其三是增加了新的课程。具体来说，以前我们只强调在幼儿园怎么教，比较强调教材和教法，后来把"六法"的名称都改了，改叫"学前儿童语言教育""学前儿童音乐教育""学前儿童健康教育""学前儿童数学教育""学前儿童科学教育"。这不仅仅是名称上的改变，最主要的是课程内容发生了较大的变化，吸纳了国外的理论、我们自己的研究成果，把新的观念和新的经验都吸纳进去了，所以这些课程在原课程的基础上有了质的变化，从研究的角度重新来审视目标是什么。与此同时，又增加了一些新课程，如之前提到过的"学前教育课程论""学前教育史""学前教育科研方法""家庭教育"等，后来又有游戏课等。这些课程的教学大纲、教学计划等，都经过了系里教研组的讨论。例如我要开一门课，我需要向教研组陈述这门课的主要教学目的、教学内容和教学体系是什么，每一节课的要求是什么，参考资料是什么等，然后系里教研组的老师进行讨论，发表意见和建议。同时，我们对新教师的要求是先到幼儿园去锻炼，像虞永平老师毕业后就先到幼儿园工作了一年，周兢老师是从中文系分过来的，也要到幼儿园去，还有郑荔老师等后来的新老师，都需要有到幼儿园积累实践经验的这么一个过程。

改革开放后，我们系还开设了一门新课叫"专业入门"，这是从1979级开始设的。因为改革开放以前，社会上对幼儿教育专业的认知有误，都认为幼儿教师是高级保姆，带带孩子而已，而且在"文化大革命"中，很多幼儿园都遭到了破坏，很多幼师都流失了。像在南京，南师附属幼儿师范办得很好，为江苏省培养了很多的幼教人员，特别是幼儿园老师，但是在"文化大革命"中被撤销了，全国的情况都差不多。当时，大概有十儿所幼师，发展得最多的时候有19所，每个省的省会城市都有一所幼师，如上海幼师、杭州幼师、天津幼师、北京幼师、南京幼师等都办得很好。“文化大革命”一来，18所幼师就全没了，只有浙江幼师没散。这跟高校的情况一样，其他高校的人马都散了，只有南师没散。因此，很多幼儿园房子没了、教学设备没了、老师没了，只能慢慢恢复。所以说，当时对幼教专业的认知很差。我们觉得学生如果对自己将来出去要干什么没有一个向往和追求，那会很影响他在校的学习，所以我们开“专业入门”课。当时第一次活动就是带学生到比较好的幼儿园，如南京实验幼儿园（那时不叫实验幼儿园，它是南师附属幼儿师范的附属幼儿园）去参观。像“国庆”这些节日，我们就把学生带到幼儿园，让他们留下幼儿园很可爱的第一印象。我们还带他们参观不同类型的幼儿园，例如工厂的幼儿园等。接着，我们就请在幼儿园、教育行政部门、教科所等不同岗位上的毕业生，来讲讲他们的体会。譬如太平巷幼儿园的施立平老师就是南师毕业以后一辈子都坚守在幼儿园岗位上的幼儿教师，我们就请她来分享。这样的作用蛮大的，可以让同学们知道将来自己会从事什么工作。另一方面，专业入门课在学习方法上也给了他们一些指导。譬如参观回来后，要写一份见习报告；通过实际参观，学习如何观察孩子，观察后如何记录，怎么分析等。专业入门课每周有一课时，开始的时候两周上一次，一次两小时，有时请毕业生回来讲，有时带学生出去参观。

同时，我们保留了“文化大革命”以前20世纪五六十年代南师的传统，很重视学生见习，将理论和实践结合得很好。像我读书时，每个星期都有一个上午到幼儿园，主要是到南师的两所附属幼儿园（五台山幼儿园和南师附小幼儿园）。那个时候人数比较少，我们都坐校车去。直到现在，南师大都很重视实习。每次实习都有开放日活动，院系的领导、老师都会参加，对学生实习进行指导，我退休以后，还受邀参加过几次。我认为这很好，教育理论课一定要结合实际，否则就是空的理论。在学校学习时，分别学心理学和教育学，但是到了班上都是综合的活动，分不出教育学和心理学，它都是综合性地呈现出来的，都是综合性问题。每个孩子都不一样，所以，不能机械地以为遇到什么情况就应该怎样处理，每个问题的解决都要靠自己思考。所以幼儿教育是一个创造性的工作。

问 课程改革的具体背景是什么？

答 最主要是改革开放以后，我们逐步走向国际化。以前只是学苏，即使苏联专家撤退了，但是影响还在，高校都使用的是苏联的学前教育体系。改革开放以后，西方的、世界各国的、各种流派的理论都进来了，在这样一个环境下，相互融合、吸收，真正地做到了洋为中用、古为今用。一方面我们坚持走自己的路，同时又不断吸收当代先进的各个流派的思想。所以整个的教学计划、课程设置都有了很大的改变。

问 南师大在学前教师教育方面有何创新？

答 我认为南师大始终坚持和发扬理论联系实际的优良传统，努力做到教学和科研相结合。说到创新，最主要是时代不同了，理论联系实际的具体做法可能有些不同。一个是老师们首先都有自己的研究团队和研究基地，以身作则地在进行自己专业方面的研究，同时带学生时也是既注意理论学习，又注意实践的观察、分析和积累。

问 听您讲历史永远像听邻家奶奶讲故事，非常亲切生动。今天从您这里了解了20世纪50年代至80年代师范教育和幼儿教育的许多往事，这些都将成为未来研究的宝贵资料。非常感谢您！最后，请您作为资深的幼教前辈，谈谈对未来学前教育发展或师范教育发展的期待。

答 我国现代幼儿教育的开拓者、奠基人是陶行知、陈鹤琴、张雪门、张宗麟，他们开创了现代幼教中国化、科学化的道路。这个道路十分曲折，但我们一直在前进着。

当今时代对幼教这么重视，国家和政府出台了很多政策文件，都非常有利于幼教事业发展和学科建设，应该说幼教的春天真正地来临了。政府为我们搭建了良好的外部条件，但这个平台上唱戏的主角应该是我们幼教人。我希望做我们该做的事情，始终围绕着目标，构建一个富有中国特色的社会主义幼教体系，努力从法规制度、师资培养到幼儿园的教育等全方面进行建设。总之，虽然要做的事情太多，任务十分艰巨，但是我觉得构建富有中国特色的社会主义幼教体系应是我们坚持不懈的追求。

访谈对象	**游秀英**（内蒙古师范大学教育系原学前教研室主任）
访 谈 人	王乃正

问 游老师，您好。感谢您接受访谈。您能先介绍一下自己的教育经历吗？

答 我1946年中学毕业后，考入福州协和幼儿师范学校，学制3年。1949年幼师毕业，被安排到福建省福清县渝溪镇创办幼儿园。1952年考入北京师范大学教育系学前教育专业，学制4年。

问 我们学校学前教育专业的招收对象是初中毕业生还是高中毕业生？学制是几年？如有变化，是什么时候发生变化的？

答 1960年，为帮助内蒙古地区公办幼儿园在职教师提高专业基础知识和基本能力，我们学校教育系招收了一个在职幼儿教师专科班，学制2年。

1984年，在教育系恢复本科招生三年后，开始招收学前教育专业本科生，学制为四年，招生对象为普通高中毕业生。

2006年，开始招收学前教育硕士研究生。学术型硕士研究生，学制是三年；专业硕士（教育硕士），学制是2年。

问 我们学校学前教育专业生源充足吗？哪些学生会选择报考这个专业？

答 我们学校学前教育专业的生源一直比较充足。

1960年，招收在职专科学生时，报名盛况空前，但由于师资和各种条件所限，只招收了一个班，人数约为50名。在性别比例上，都是以女生为主。

1984年，第一次招收学前教育专业本科生，报考人数很多。学生报考的原因大体分为几种：热爱儿童，喜欢与小朋友待在一起；自己有音乐、美术、舞蹈等方面的兴趣、爱好和特长；热爱学前教育专业，并且在性格方面比较适合与幼儿相处；还有一个重要原因是师范类院校可以免费上大学，这在当时吸引了大批家庭经济较贫困的学生选择报考；还有一些学生是因为期望毕业后能够到幼师或其他进修学校、职业高中等任教。

1996年前后，由于国企改革，大量企业职工下岗，师范类院校，包括学前教育专业报名人数直线上升。

2006年后，由于本校、本学院、本专业有硕士学位授予权，报考人数又出现了一个小高峰，本科毕业的学生可以直接报考本系硕士研究生。

2010年前后，随着国家对学前教育重视程度的不断提高，家长和考生都意识到学前教育专业将会是一个极有前程的专业，就业形势也会越来越好。

问 我们学校学前教育专业的招生条件是什么？为什么要设这些条件？

答 1960年，公办幼儿园数量极少，学前教育力量极其薄弱，师资水平很低。因此，招收了一个在职幼儿教师专科班。在职幼儿教师招生条件：(1) 本单位的骨干教师，政治上可靠，根正苗红；(2) 受教育程度在初中以上，分数达到录取的要求；(3) 学生的语言表达能力较好。

原因主要来自几个方面：第一，在20世纪五六十年代，政治因素是放在第一位的，特别是在教育领域，尤其是幼儿园教育中，教师的政治觉悟、思想境界、家庭出身等都是硬性条件。第二，毕竟是要到高等院校学习，所以在文化水平上至少须达到初中毕业的程度，否则很难跟上学习进度。第三，毕竟能够到高校进行系统的学习的幼儿园教师人数非常有限，因此，他们回到自己的工作单位后，必须对所在幼儿园的其他教师进行再培训，所以在语言表达上有一定的要求。

1984年开始招收学前教育本科生后，招生条件有了较大的变化：(1) 报考的学生必须参加全国统一高考，达到本校本科录取分数线的考生才能被录取；(2) 学生必须是品学兼优的高中或专科学校或职业高中毕业生；(3) 招生简章中明确提出学前教育专业考生，应当具备一定音乐、美术、舞蹈等方面的特长；(4) 对学前教育专业考生的性格也做了一些要求，如性格开朗、活泼等。

原因主要有：第一，针对当时社会上普遍流传的“学前教育、幼儿园教师主要就是哄孩子的”这一说法，我们对学生的高考成绩、学习能力和水平都是高要求的；同时，高校学生必须是经过正式高考并达到本科录取分数线的学生。第二，由于学前教育专业工作对象的特殊性，因此对录取的学生性格、品行等有一定的要求，主要是通过阅览学生的档案了解。第三，与中小学不同，在幼儿教育中，唱歌、跳舞、绘画、手工等，都是本专业学生必备的基本技能。在学生入学之后，由专业教师进行初步的测试，分层次进行专业技能的培训。

2010年后，由于学院教学计划的变化，大一学生不分专业，进行统一的专业基础课教学，大一结束分专业，学生可自由选择。

问 当时学前教育专业培养目标是什么？不同时期有变化吗？

答 1960年，对在职幼儿园骨干教师的培养，是希望通过培养具有较强学前教育专业素质、专业知识和专业能力的高水平幼儿园教师，并以他们为辐射点，带动全园、全区幼儿园教师整体水平的提高。

1984年开始，培养目标定位在为内蒙古自治区幼儿师范、专科学校学前教育专业、职业学校学前教育专业、职业高中学前教育专业、各盟市、旗县教师进修学校培养高素质、高专业能力的优秀师资、科研人员和行政管理方面人才。特别是培养蒙汉兼通的优秀师资、科研人员和行政管理方面的人才。同时，为学生本科毕业后继续深造奠定坚实的基础，鼓励本科毕业生报考硕士、博士研究生。

2000年，内蒙古师范大学开始面向全国招生，因此，在培养目标上不再是仅为内蒙古地区培养学前教育合格师资、科研人员和行政管理人才，同时也为包括新疆、青海、甘肃、宁夏等八区少数民族地区培养合格师资、科研人员和行政管理人才。同时，为学生本科毕业后继续深造奠定坚实的基础，鼓励本科毕业生报考硕士、博士研究生。

2006年后，随着学前教育专业硕士学位授予权的申请成功，本科毕业生的培养目标有了一些改变，主要培养适合在全国各地幼儿园工作的合格幼儿教师、研究人员及管理人员；特别是培养蒙汉兼通的优秀幼儿园师资、科研人员和行政管理方面的人才。同时，为学生本科毕业后继续深造奠定坚实的基础，鼓励本科毕业生报考硕士、博士研究生。

硕士研究生的培养目标则包括两个方向：一是学术型硕士研究生，培养学前教育学术方面的研究人员，专科学校、职业学校、职业高中学前教育方向的合格师资，并为他们奠定继续学习的基础，鼓励硕士毕业后继续报考博士研究生。二是专业（教育）硕士，培养方向是幼儿园教学、科研、管理方面的高级人才。同时，为一部分学生继续攻读博士学位奠定良好的专业基础。

问 在您任教期间，我们学前教育专业进行过课程教学改革吗？改革的背景、目标和举措是什么？

答 1960年，在职学前教育专科班学生，在学习期间，最突出的课程改革，就是要求学生必须将理论与实践相结合。要求学生经常到幼儿园去见习、实习，将理论运用到幼儿园的实际工作中。

1984年后，由于是第一次招收学前教育专业本科生，除了学习北京师范大学、南京师范大学、华东师范大学等兄弟院校的经验，参照他们的教学计划、课程设置之外，我们的课程和教学改革主要表现在：(1) 突出少数民族地区的特色和优势，鼓励蒙古族学生蒙汉兼通；(2) 与内蒙古师范大学幼儿园等单位协作，要求学生课余时间都到幼儿园进行见习；(3) 在课堂教学方面，在内蒙古师大首创“模拟教学”模式，以弥补见习、实习时间不够的问题，获得很大的成功；(4) 为尽快补充本校师资力量的不足，在教育系主任的极力倡导下，内蒙古师范大学采用“委托培养”的模式，选择一小部分在校优秀学生到北京师范大学教育系学前教育专业进行为期1—2年的专业学习，完成学业后补充到内蒙古师大学前教育师资队伍中;(5)陆续从国内知名师范大学引进学前教育方面的专门人才,包括引进本科毕业生和硕士毕业生。

2000年后,根据全国学前教育的发展需要,学校的"系"改名为"学院",原系中的各"教研室"更名为"系",最重要的是课程及课程改革有了重大举措:(1)特别重视对学生进行"实操"训练,加强学生的实践能力、动手操作能力等的培养;(2)特别重视突显民族性特点,在课程的设置和各门学科的教学等方面,都融进了民族教育。

2010年后,又开展了几次新的改革,主要包括:(1)近几年的课程改革,主要是依托教学研究项目进行,教学研究项目主要是自治区级精品课程建设;(2)申请了教育部的卓越幼儿园教师培训计划;(3)依托教学研究项目,在学前教育专业的培养方向、培养模式、培养目标、课程设置及内容、教材建设、师资队伍建设等进行了一系列的改革,并且取得了初步成效。

问 我们学校学前教育专业在学前教育人才培养方面有何创新?

答 我们学校在学前教育人才培养方面最大的创新,主要表现在几个方面:(1)在20世纪80年代,为了全面提高全自治区幼儿教师的整体水平,开始招收在职和高中起点学前教育专业的专科学生,以满足各幼儿园对高水平师资的需要;(2)1987年开始招收学前教育专业函授生,一直到现在;(3)从培养幼师、专科学校、职业学校、教师进修学校、职业高中学前教育专业师资、科研人员和幼教行政管理人员,向培养幼儿园优秀教师、卓越教师、高端教师转变;(4)从单一培养学前教育师资向复合型人才转变;(5)全力引进学前教育专业博士毕业生;(6)创造条件,派出优秀教师到国外进修、游学、参加国际会议等;(7)为培养各级各类幼儿教育蒙古语教学的人才,我系于2017年招收了蒙语授课学前教育本科班。

问 我们学校学前教育专业有哪些实践课程?具体如何安排?为何这样安排?

答 我校学前教育专业特别重视实践的工作,除了进一步加强一般性的幼儿园见习、实习工作,增加见习次数,增加实习时间外,近几年,更是增加了许多实践性很强的课程。之所以这样安排,是因为国家课程标准的要求和满足学生专业特色的需要。

(1)各科专业课程中,都蕴含着实践的要素,每位教师都会根据自己的授课内容、特色等进行实践方面的训练,取得了很好的效果。

(2)在内蒙古自治区及周边省区开辟见习、实习基地;见习活动由各任课教师自行安排;实习集中在大三第二学期。

(3)从全国著名高校和幼儿园聘请专家、学者和优秀专业人员为客座教授,定期或不定期为学生授课、搞讲座等。

问 我们学校学前教育专业毕业生的就业情况如何？从事学前教育工作的毕业生多吗？

答 我校学前教育专业的毕业生，在我院所有专业中就业情况是最好的。就近几年反馈回学校的情况，学前教育专业毕业生的就业率在94%左右；从事与学前教育有关工作的有70%以上。

问 您对幼儿园师资培养有何建议？

答 一是我觉得应该强调所招收学生的专业意向，尽可能招收第一志愿报考学前教育专业的学生。在校学习期间，要通过各科教学继续对学生进行专业思想、专业信念、专业理想等方面的教育，使他们真正地热爱学前教育事业，并愿意为这一事业奋斗终生。

二是特别要加强对学生进行专业思想方面的教育，培养学前教育专业学生成为有爱心、有责任心、有耐心、有细心、有恒心的“五心”教师。

三是希望招收的学生除了具有必要的学习能力之外，应当具备一定的音乐、舞蹈、美术等方面的基础、兴趣或特长，培养能够胜任幼儿园各项工作的优秀教师，并逐渐成为“百科全书型”“研究型”“专家型”教师。

四是由于学前教育专业的特殊性，特别需要对报考的考生进行面试。在校学习期间，要创造条件使学生在音乐、舞蹈、美工等方面有所进步和发展。

五是特别建议提高学前教育专业本科生、研究生、博士生的入学门槛，或者“宽进严出”。

六是进一步加强实践环节工作。例如幼儿园实习基地安排多一些、近一些，方便学生随时前往见习。实习最理想的是安排两次，即幼儿园实习和专科、进修学校、职业高中等实习。每次实习分为两段：第一阶段实习结束后回到学校，对前段实习进行总结、反思，找到自己的不足，然后再进行下阶段实习。这样的安排更利于学生专业能力的提升。

访谈对象 | **熊易群**（陕西师范大学副教授、原学前教育系主任）
程秀兰（陕西师范大学教授）

访 谈 人 | 高 游

问 请您简单介绍一下陕西师范大学的发展历程。

答 陕西师范大学学校前身是1944年成立的陕西省立师范专科学校，1954年更名为西安师范学院，1960年与陕西师范学院合并，定名为陕西师范大学，1978年划归教育部直属。

问 陕西师范大学学前教育专业的招生对象是本科、专科还是其他？学制几年？

答 陕西师范大学学前教育专业始建于1959年，前身是陕西师范学院学前教育系，学前教育专业1959年开始举办两年制专科班，两期共招生59人，为当时的各级幼儿师范学校培养了一批教师和学前教育管理干部。自1982年招收首届本科生至今，已为全国各地培养、输送了3 000余名学前教育工作者，在这期间，为适应学前教育发展的要求，于1985年开设了学前教育大专班，主要招收幼儿园在职园长、教师，在两年时间内使他们达到大专学历水平，提高了他们的整体素质及专业水平，成为各地幼儿园的骨干力量。我们还专门为新疆幼儿师范学校培养了第一批近10名专业课教师，解决了该校开办之初师资匮乏的困难。1996年专门为全国空军系统培养了一批具有高学历的幼儿园园长及学前教育骨干教师。

1997年9月份，陕西师范大学教育科学学院成立，当时学前教育系有四年制的本科和两年制的学前艺术专科两个方向，但是专科在2003年学校要求统一停办了，本科是一直都在招生。到了2003年9月，学前教育的硕士学位授权点就批下来了，当时陕西师范大学学前教育硕士学位授权点是陕西省第一个学位授权点，至今也是唯一一个学前教育硕士学位授权点。在赵琳、程秀兰、李少梅、刘建君等副教授的支持下，2004年陕西师范大学的学前教育系就开始了硕士研究生的招生。到了2006年学校接受教育部本科评估，学前教育专业也在评估之列，从此采取厚基础、宽口径的人才培养模式，学前教育专业的学生接受了全校通识课程以及学院相关学科平台课程，学生的大教育视野开阔了，经过评估，我们的人才培养体系更加规范化了。到2007年学校响应教育部号召开始招收免费师范生，从2007年至今，我们招收的都是免费师范生，2018年改为公费师范生。

2009年，学前教育方向的博士研究生开始招生，当时是赵微教授开始在教育学原理下面招收学前教育的博士。2011年学前教育专业硕士学位开始招生，2012年免费师范生专业硕士开始招生，这样，我们的硕士研究生有学术硕士、专业硕士、免费师范生硕士和在职硕士四个层次。2017年，程秀兰教授、李少梅教授获得博士研究生招生资格，2019年学前教育博士点成为教育学一级博士点下面独立招生的二级学科，至此，陕西师范大学学前教育专业的本—硕—博三级人才培养体系建立起来了。37年的发展，经过三代人的努力，饱尝了数不清的酸甜苦辣，终于完成了三级人才培养体系的建设。

2014年，陕西师范大学学前教育专业获批了教育部卓越幼儿园教师人才培养项目。这个项目从2015年开始招生，学校专门成立了卓越教师实验班，实验班每年30人，实验班学生是从正规的免费师范生进来之后再通过学校和学院的选拔和筛选后进来的，这是按照全校卓越教师培养计划安排进行的。陕西师大有两个卓越教师项目，一个是卓越中学教师项目，一个是卓越幼儿园教师项目，卓越中学教师项目是在九个学院实行，卓越幼儿园教师项目就在教育学院实行，所以我们每年就有了卓越幼儿园教师项目实验班。

问 陕西师范大学学前教育专业生源充足吗？哪些学生会选择报考学前教育专业？

答 陕西师范大学学前教育专业从1982年开始招收本科生以来直到2007年之前，生源都不是那么的充足，第一志愿报考本专业的学生不是很多，有相当一部分学生是从其他专业调剂过来的，因此学生的专业理想、信念就不够坚定，学习的动力不足也是自然的了。自2007年我们开始招收免费师范生以来，学前教育专业生源开始转好，有越来越多的学生第一志愿报考学前教育。但是最明显的变化是2010年国家开始重视、大力发展学前教育之后，我们第一志愿的生源明显增多，这是一个非常明显的变化。可以看到高师学前教育专业的招生、发展受到国家相关政策的影响很大。

问 幼师专业的招生条件是什么？为什么要设这些条件？

答 从2015年开始，为了更好地选择到无论在文化基础课还是在艺术能力方面更优秀的学生，我们也向学校争取来了部分学生的自主招生权，因为一直以来陕西师大学前教育系学生的招生都是通过高考进来的，从来没有面试的资格，所以招进来的几乎所有学生在艺术能力方面都是零基础，在这样的情况下我们向学校提出了让学前教育专业的部分学生参加自主招生的申请，最终我们就争取到了部分学生的自主招生权。所以从2015年开始我们每年大概有十名左右的学生是通过自主招生进来的。对于这些自主招生学生的要求是他必须在高考中达到所在省份的一本线，然后还要通过陕西师范大学单独组织的专项能力考核,然后才有资格进入。如果达不到本省份的一本线,那是不能被招进来的,所以我们的自主招生是在保证学生有良好文化基础课的前提下才进行招录,因此这些学生进来之后,可以很明显地发现他们在艺术课程的学习方面比其他同学优异得多,对一般同学也能起到引领和带动作用,这是我们招生的条件。直到2019年,我们每年招收的学生大概是80人左右,其中30人通过笔试和面试的层层考核进入卓越教师实验班,另外的50人成为一个班,这就是我们目前招生的情况。

问 当时学前教育专业培养的目标是什么?

答 学前教育专业的培养目标,也是经历了几次的变迁。从1982年招收本科生开始到2000年之前,我们的本科生培养主要是为幼儿师范学校培养师资,当然也有小部分毕业生进入大专院校以及幼儿园。那么2000年之后,大概在2002—2003年的时候,全国大量的幼儿师范学校被撤并了,在这样的背景下,我们的培养目标也有了改变。我们的培养目标就改为:培养幼儿园教师以及管理者,就是在幼儿园开展保育教育、教育教学工作以及管理工作的人员,同时也为与学前儿童相关的社会服务机构和教育机构培养人才。这一培养目标得以真正的落实是在2006到2007年开展本科生评估和2007年开始招收免费师范生的时候。近两年就是2018、2019年,经过2010年以来近十年我国学前教育事业的快速发展,幼儿园越来越需要专业师资进行内涵式发展。在这样的背景下,我们的培养目标也略作了一些调整。现在就调整为:立足西部、面向全国,培养师德高尚,具有以“幼儿为本”为核心特征的深厚人文情怀和非凡幼师气质;保教科学,掌握扎实的保教理论知识和精湛的保教能力;育人有效,具备从事幼儿园班级管理和综合育人的知识和能力;发展出众,具有终身学习的意识和能力,拥有开阔的国际视野以及发现问题、反思问题、研究问题的意识和能力,擅长交流和合作的德、智、体、美、劳全面发展,具有成为卓越幼儿教师潜质的“实践—研究型”优秀幼儿教师。这是培养目标在这样一段时间里的变化。

问 在您任教期间,陕西师范大学是否进行过课程教学改革?改革的背景、目标和举措是什么?

答 关于课程教学改革,可以分为这样几个时期,2000年之前,我们陕师大学前教育专业的课程教学基本上是按照传统的模式,有固定的教材,也有固定的大纲,采用传统的教师讲、学生听的上课方式。自2000年之后,媒体技术逐渐进入人们的生活和工作,在1997、1998年的时候,学院就给大家配备了电脑,那个时候使用PPT上课逐渐就成为一种要求和趋势。从2000年到2010年,这十年可以说是大家从传统的课程课堂教学到逐步过渡到接受和适应媒体技术辅助教学的一个阶段和时期。

更大的变化应该是在2010年之后,2010年之后媒体技术更多地渗透到我们生活的各个方面，当然高校的课堂教学也被强烈地冲击。2008 年我们的学前教育学被评为省级精品课程，2011 年学前心理学等课程也获批为校级精品课程，2014 年获批省级精品课程。作为精品课程，就要求必须有对这门课程完整的视频录制，要把课程资源放到网站上，要让同学们能够通过视频自主学习并利用拓展资源更多、更丰富地学习课程。

我们学校从 2013 年、2014 年开始在课程教学方面有了很多的改革要求，要求更多的专业、更多的课程、更多的老师要应用 BB 平台进行教学，这个平台比之前的精品课程网络平台更强大，可以使用更多、更丰富的资源，师生对话与交流更为便捷，学生提交作业也能在网上完成，很多的问题都能在网上解决，所以 BB 平台的使用也给我们学前教育专业的课堂教学改革带来了新的生机。2013 年李少梅教授主持的“学前教育学”已经申请到了国家级精品资源课程。同时，2013—2017 年间，学前教育专业的几门课程像“儿童心理学”“学前教育学”“学前教育科研方法”“学前儿童社会教育”等均已申请了学校的 BB 平台课程并运用这个平台进行教学。随之，微课在高校风起云涌，大家又忙着把之前放在网络平台上的精品资源视频课程变成微课，让知识点更细小化以便于学习。变成微课，这也算是课程教学的一个变化。

当然，经过 5—8 年的课程教学改革，学校今天又要求大家实行混合式教学，为什么要实行混合式教学？我本人认为通过精品网络课程到 BB 平台课程再到微课，我们发现很多东西通过单纯的网络学习是有弊端的，教师在课堂上还需要通过现场教学的方式来帮助学生解决一些问题，现在我的“儿童心理学”课程教学也在实行混合式教学，同时我们还发现精品网络课程、BB 平台课程、微课这样的课程教学方式对于一门课程的体系化和系统化也是存在不足的。因此我们现在的课程教学又转向采用混合式的教学方式。

问 陕西师范大学在学前教育人才培养方面有何创新？

答 如果说陕西师范大学学前教育人才培养方面有什么创新的话，我认为应该是体现在这样几个方面。

一是能够根据社会的变革、不同时期社会对学前教育专业人才培养的要求，来调整自己的培养目标和课程设置。我们的人才培养目标是四年一大动每年一小动，每一个变动都一定是根据社会的需求来进行调整的。

二是我们在课程内容和教学方法方面的创新。从 2008 年学前教育专业的几门课程申请了校级和省级的精品课程之后，我们就在课程内容和教学方法上不断创新。尤其在教学方法上，从一般使用 PPT 多媒体的教学，到能够运用 BB 平台，通过网络进行师生互动、交流和讨论，然后再到微课的应用，再到今天这种混合式教学，我们这十多年来一直在不断地改革和创新。

三是我们的实践教学还是很有新意的。虽然之前也是一直按照国家的要求实行两个月的教育实习,但是今天我们已经做到了教育见习常态化、教育实习规范化,我个人觉得这应该算是实践教学中一项比较好、比较新的做法。

问 陕西师范大学有哪些实践课程?具体如何安排?为何这样安排?

答 陕西师范大学学前教育专业的实践课程一直做得非常不错。实践课程的内容和形式主要有这样几种。

第一是教育见习。现在我们做到了教育见习常态化,教育见习分集中见习和分散见习,集中见习是指每个学生从大一开始每个学期都有一周固定的时间入园进行教育见习,并且从大一到大三分别跟小班、中班、大班,所以每一个学生的见习都能把小朋友从小班到大班成长的过程完全经历了。集中见习是由学院来统一安排的,由任课老师专门跟着指导并来安排这一周的见习,把学生分配到我们的各个实习基地里。而分散见习是根据学生的需要和每一门课程的要求来安排学生见习。我们的卓越教师实验班除了刚才说到的常规的教育见习以外,从2015级开始我们还开展了省外见习,也是一周时间,由我们专业的教师亲自带队到上海、南京、成都、深圳等这些学前教育发达的省市进行见习。因此每一个学生从大一到大三的六个学期见习都是不间断的。

第二是教育实习。我们的教育实习一直以来都是严格按照教育部的规定来做,所以也是非常规范的。之前是每个学生在第七学期进行两个月的教育实习,近几年来我们一直都实行的是进行一个学期的教育实习。我们从实习目的、内容、任务等方面都对学生教育实习提出了明确的要求。实习任务包括保育实习、教育教学实习、教育调查报告撰写、班主任及家长工作见习等方面。每个实习生在一学期的实习过程中,要独立上课的时间不少于20学时,其中上新课不少于10学时,实习生还要互相听课、评课,听课至少12学时,并且都要有听课的记录。在实习期间,我们除了对实习的内容严格要求,对实习中的监管也是非常严格的。一个方面是高校派实习带队教师负责与实习基地对接、实习计划的安排、实习小组的组织管理、定期或不定期进入实习班级检查实习生的情况,协助幼儿园指导教师做好实习生教育教学工作的准备、指导实习生教育调查工作的开展及调查报告的撰写、实习日记和实习总结的撰写、解决实习生在实习期间遇到的各种问题,为实习生的实习成效做出最后的评估等。这些驻扎在实习基地开展实习指导的教师都是师德师风高尚、专业态度端正、教育教学能力过硬的专业教师。另一方面是幼儿园,实习生最直接的管理者是班主任老师,通常一位班主任老师管理1—2名实习生,负责对实习生的保育教育实习、班主任及家长工作见习等实习任务进行具体而细致的指导。

第三是学生的小课题研究多样化。虽然之前的师范生培养也强调和推进学生开展“国家大学生创新创业”，但是因为这个研究能够申请到的学生数量不多，只有小部分学生才能申请到，因此我们就在卓越教师实验班开展了小课题研究，鼓励五人左右成立一个研究小组，并由一位专业老师来进行课题研究指导。因为在我们的卓越教师实验班，我们是有班主任的，而且是由教授来兼任卓越教师实验班的班主任，所以每一个卓越教师实验班的小课题研究的小组，都是由我们专业的老师来具体指导学生开展研究的。

第四是学生的专业阅读方面。在专业阅读方面，陕师大一直有四年八个学期的基本阅读要求，要求学生在四年八个学期的时间段里从文、史、哲、艺术、教师教育五大类143种图书中选读至少10种，每一类书籍不得少于两种，每读完一种书籍，要认真撰写不少于3 000字的读书笔记或小论文。所以学生在八个学期要写八篇读书笔记，同时到最后一个学期还要写一个总的读书笔记，而且是不少于5 000字。在这个学校统一要求的基础上，我们学前教育专业又对卓越教师实验班的学生提出了更高层次的要求，一是增加阅读专业类图书30种，其中至少精读10种，每读完一本撰写不少于5 000字的读书笔记或小论文，二是阅读《学前教育研究》和《幼儿教育》两本专业领域核心期刊。在这样的一个专业阅读的要求下，同学们阅读的兴趣、范围、能力都得到了很大程度的提升。

问 陕西师范大学毕业生的就业情况如何？从事学前教育工作的毕业生多吗？

答 陕西师范大学学前教育专业学生的就业情况总体上来看还是不错的。因为它面向全国招生，招生量不大，所以分摊到各个省份学生的数量就不是太多。

大致的就业情况可以分成三个阶段。第一个阶段就是从1982年开始招收本科到大概1998年之前这段时间，国家包分配，所以我们的学生不管是分到幼师还是幼儿园，都有固定的编制和岗位。

第二阶段是1998—2011年这段时间，国家不再包分配，学生们开始自主择业。这一时间段的学生在自主择业的时候有个别同学就到小学去当老师了，甚至也有个别学生可能不从事教育了。

第三阶段是从2011年开始，我们2007年开始招生的免费师范生就毕业了，他们每一个人都带有国家给的编制。因此从2011年以来，我们的学生就业是非常好的，因为他一工作就带着编制，而且这些学生95%以上都选择在各省的大中城市比较好的幼儿园就业，在县城就业的学生比例非常小。也有一小部分学生到幼师、中职或高等专科学校就业。

问 您对幼儿园师资培养有何建议？

答 首先，我觉得从师资培养这个角度来讲，我们建议一定要培养专业的师资。最近十年来，随着国家和社会对学前教育的要求越来越高，对幼儿师资的数量需求逐步增多，但是对学前教育质量的要求也在提高。我们的硕士生和免费师范生大量都走进幼儿园任教。从这个角度来讲，我们特别主张，要按照国家的相关政策文件，比如《专业标准》《指南》来培养职前学生，提升职前学生的综合素质和能力，不但要加强对学生理论素养的学习提升，还要注重对学生实践能力的培养，让学生一入职就能够尽快地适应幼儿教师这个角色。这样的话才能够提升学前教育的综合质量，让学前教育走内涵发展才有保障。

第二，我们也反对盲目扩招。近十年来学前教育快速发展，国家和社会对幼儿教师数量的需求增大。在这样的情况下，我们能够看到有些跟学前教育，甚至跟大教育都关联不大的学校，也开始招收学前教育专业。这些学校专业的师资数量很少，一年招收几百上千名学生，这样根本就培养不出合格的、高质量的幼儿园师资。

第三，我们建议持续进行幼儿园职后培训。现在国家编制名额紧缺，国家不能够解决更多老师的编制问题，所以几乎全国各地的幼儿园都招聘了大量的聘任制教师。那么这些聘任的教师，很多是不具备学前教育专业能力的，甚至在理念、知识方面都是有欠缺的，所以对这些新入职老师的职后培训非常必要。这样可以尽快地帮助他们适应。另外就是已经从事学前教育多年的教师，他们要想更好地做到专业化，让学前教育真正地走内涵发展之路，我觉得这些老师也需要持续地进行职后培训。因为学前教育的欠账实在太多了，学前教育三年行动计划不能停下来，国家应该继续给力，来持续加强幼儿园教师职后培训。只有学前教育的职前培养和职后培训能持续得到国家的重视，学前教育师资的数量和质量才能得到非常好的改善，高质量的发展学前教育才更有希望。

访谈对象 | **潘　洁**（华东师范大学教授，原上海高等幼儿师范专科学校校长）

访 谈 人 | 杜雨茜

问 潘老师，能否介绍一下您的教育和工作经历？

答 我 1956 年毕业于南京师范大学幼儿教育系，之后就在南师大的心理教研室工作。1978 年调入华东师大心理学系，1983 年 5 月份左右从心理系调入教育系学前教育专业。当时的背景是中央教育部感觉到上海的幼教非常不错，但是全国部属大学中只有华师大没有幼教专业。筹建学前教育专业时真是“三无”，没有老师，没有房子，也没有学生，更没有任何的教材。当时师资是大问题，我们学校就把教育学科、心理学科、生物学科、电化教育等本校的优质资源来充实学前教育，开设教育学、中外教育史、心理学、人体解剖生理学等基础课程。我们非常感谢北师大、南师大真挚无私的支持，他们把最先进的思想理论知识教给我们的学生。当时那些老师都住在学生宿舍，生活也非常艰苦。

问 是请他们到华东师大来上课吗？

答 是的，请过来住在我们华东师大，系统地讲完一门一门的课。比如当时的学前教育学、音乐教学法、美术教学法、科学教学法，还有语言教学法，都是由北师大和南师大的教师来讲课。1983 年到 1985 年是一个开创阶段，当时的师资来源非常丰富，一是充分利用了本校的优质资源，二是有来自北师大、南师大的鼎力支持，也有来自国外的支持，如美国著名学者丽莲·凯兹（E. L. Katz）。还从教育系调了两名教师直接加入学前专业，同时也招收了部分的优秀应届毕业生。1983 年成立学前教育专业后，1985 年就开始招收本科生。第一批招生是来自上海市的优秀教师，他们是大专学历，然后进行培训。第二年又招了 50 多个大专生。当时我们还送了两位教育系转过来的老师到北师大进修，先后又派出 4 位教师到美国学习学前教育专业理论。

问 您也做过上海高等幼儿师范专科学校的校长，您能讲讲这一段经历吗？

答 1991 年至 1997 年，我在上海高等幼儿师范专科学校担任校长。在那里工作得非常愉快，因为能够根据自己的想法来发展学前教育，过程中学校有教师荣获高等教育教学特等奖，在当时上海没有其他高等教育院校获得过该项荣誉。1997年全国高校合并，上海幼高专的200多师生员工并入华东师大。在1985年时我们申请到了联合国儿童基金会的学前教育的资助项目，接受了40万美金的资助，同时还接受了很多的先进录像设备及一大批的资料。这些资料包括儿童读物、各种西方前沿理论的教育方案。这项资助项目使得我们接触到当时比较先进的教育理论，对我们影响很大。

1985年到1991年是一个比较稳定的阶段，1985年就已经开始招收研究生，当时主要是吸收优秀师资。因为虽然上海幼高专合并进来了200名师生，但都分配到不同的部门学院了，所剩无几。改革开放前的培养目标是为幼儿师范学校、教研室、政府教育部门等培养幼教人才。改革开放后培养目标转变为培养幼儿园老师。

目前华东师大在发展过程中招收了很多海归，师资队伍跟以前相比结构更加多元化。我从南师大毕业，南师大在培养学生方面理论联系实际做得很好。我们读书的时候，基本上每门课程都要结合幼儿园实践。例如音乐、舞蹈、戏剧表演等，都应该通过理论与实践的结合来进行系统学习。我自己作为一名幼师生，结合多年的大学工作经验，认为应该根据不同学历层次学生的特点，进行区分性培养。过去的大专教育其实是非常成功的，学生对于技能的掌握及教育理论知识的积累都很不错。现在很多有资历的优秀教师在过去都是大专毕业生。

问 我们现在也会去幼儿园，是一个老师带我们一起去观察讨论。

答 这个不错。教育应是一个培养人的实践活动。它的实践性非常强，做与不做差异很大。师范教育关注最多的就是如何培养一名合格的学前专业的教师。学前教育专业，了解孩子是基础。我们第一个问题就是容纳了各种理论，充分发挥一个学生实践工作的主动性，通过实践达到对于知识的真正理解。所以我觉得这个阶段中国的幼儿教育方面的变化还是蛮大的。过去我们是“三学六法”，还是以学科为中心的。现在上海地区园本课程的兴起，是我们整个教育理念的更新。以儿童为中心其实就是说以儿童发展为中心，帮助儿童要向好的方面发展。有不少清华北大、海归，在写文章时单纯强调要发挥儿童潜能，发挥儿童的天性，认为老师是无足轻重的。这种观念在现在是非常流行的。但是我觉得儿童的发展必须在一个社会当中体现，符合社会需要。所以我一般赞成要以儿童发展为中心，而且在事实上师生关系很重要的，游戏当中的发展、生活当中的发展，教师指导也不一样。

问 华东师大学制几年？

答 开始是大专两年制，1985年就开始收本科生了，基本上四年为主，后来还招收了研究生。1997年，华师大先是成立学前教育和特殊教育学院，后变成了教育学部。学前教育系始终是二级的。我感觉做幼儿园老师可以，但是我们学前教育的研究，还是需要硕士和博士这一类学生。我非常赞成硕士和博士去幼儿园积累实践经验,有助于理论与实践相结合。

问 哪些学生会报考上海幼高专幼师专业?

答 我在当校长的时候,确实有一部分考生是由于喜欢孩子,对学前教育感兴趣的学生前来报考。我当时选择报考学前教育,完全是命运安排。我是师范生,报考大学时没有考学前,因为我不喜欢唱歌跳舞。报考了物理系,录取后教务处说我是师范生,应转到幼教系去。我读书期间很少去幼儿园,大概在四年级时参与了两个月的实习。这段经历让我体会到学前教育的价值和家庭、社会发展的需要。同时我也发现,兴趣是可以培养的,其实当我们在幼儿园工作后会越来越爱这个专业,会发现这个专业对个人的修养,对各个方面都是很有帮助的,对社会的贡献也很大。

直到现在我们学前专业也无法跟心理学、脑科学比,因为需要确定各个学科的系统性、基础性知识,才能在此基础上进行创造,创造力很重要。我们现在还存在一些问题就是很多理论、知识概念是不清的。例如很多一线教师对于游戏、幼儿园课程的概念尚不完全清楚。

所以你们这一代在发挥创造性的时候千万不要受这些影响。在明确理念的核心和价值后,自己通过实践发现新东西。例如我发现很多老师来讲课,每一门课都讲全面发展的意义,但原因是什么很少有人深究,实际上人的发展它都是德智体美经常纠缠在一起,共同发展。所以好多事情要深究下去,要思考每个理论是在什么条件下产生的,科学性在哪里。我们当时学习的时候课堂讨论很多,我们可以自由发表自己的意见。而且当时我的教育学老师非常鼓励我们表达自己的想法。有一次因为我发表了一点与书上不同的想法,给了我一个 102 分的成绩,这也对我的一生产生了影响。

问 上海幼高专的幼师专业生源充足吗?

答 我们学生的平均考试成绩是重点高中的水平,这说明上海幼高专的时候还是可以招到比较好的学生。我们专业实际上涉猎很广,包括基本的教育理论、心理学理论、教学论、艺术教育等方面。我认为可以找音乐方面、艺术方面、语言文字方面、数学理化方面的人来考我们这个专业。这个想法是从我们那位全国优秀教育特等奖的老师身上看到的。他是一个数学系毕业生,教数学教学法。我们的学生是 80 个人,有 70 多个人都选他的课。他喜欢在做数学教育的时候,把数学因素融入教育活动设计,然后再看孩子掌握的程度。所以他积累了好多经验,创造了独特的数学教育法,并编写了书籍,内容包括数学美、数形结合、数学游戏,受到了教师、家长的普遍欢迎,有的幼儿园到现在还在使用。如果这些孩子受到这样一种熏陶,就为我们将来培养数学人才真的打下了很好的基础。所以我觉得综合是需要的,但是这个综合不是指囊括所有,而是综合发挥各自优势。园长要根据每个人的优势综合发挥利用。所以我的思维偏向于有数理化背景的这些人，他们设计的游戏是不一样的。我看到一个交大毕业生，在幼儿园教2到3岁的孩子教得很好。

问 但他懂孩子吗？

答 开始的时候不太懂。但是做了几年就很好了，这是一个需要不断学习的过程。

问 幼师专业的招生条件是什么？为什么要设这些条件？

答 高中毕业自己来考的，是自由选择。所以现在不存在这个问题。但是也有些是受到家长的影响，如有的妈妈从事幼教工作，会鼓励子女选择该专业。这门学科我觉得应该放宽条件，有志于搞儿童教育的人都可以来，更应该鼓励那些理科生。现在国家大力发展学前教育，幼教专业变成热门，工作也比较好找。另外一个我是非常赞成招收在实践岗位上的，又能够在理论思考方面做一些成就出来的人来参加考试。只有实践经历的人，才能真正体会到幼教的价值，才能够很自觉地去关心幼教事业。

问 当时幼师专业的培养目标是什么？

答 在50年代，我们有好多几百所、上千所的幼儿师范学校，上海就有三所，教育学院还有一些班。幼儿园老师的来源都是初中毕业生。上海幼师专当时的培养目标就是幼儿园的老师，也有一部分到各个区去做教研员，但是到科研单位很少。后期合并到华师大后，就变成培养一些教育学院的老师、教育行政干部，不包括科研人员。

问 在您任教期间有进行过课程教学改革吗？背景、目标、举措是什么？

答 我们的课程改革说实话，比如说苏联的“三学六法”现在还是有痕迹的。就从上海来讲现在我们变成了游戏、运动、生活和学习活动课程，“学习”其实就是主题教学。幼儿园的学习事实上在生活中学习、在游戏中学习、在运动中学习。如果把它改成主题活动的话，那么上海的课程就应是一个活动性课程。这个跟联合国教科文组织曾经提过四个学会（学会生活，学会共存，学会做，学会学习）的精神一致。生存主要是指生活能力，学会生活，学会学习，还有学会共存，儿童以后进入社会要合作，要分享，要互动等，所以我觉得在幼儿园事实上是要形成幼儿一系列的良好习惯。一是培养孩子良好的生活习惯；二是培养孩子良好的学习习惯，会学习，主动学习；三是培养孩子良好的社会性行为习惯。

现在我觉得德智体美劳这个“劳”与联合国教科文组织的“学会做”相契合。光说不练做不成任何事情。实际上在实践中去学是最能学到东西的。幼高专课程改革的时候，我们的数理化生的老师就到幼儿园指导科学活动，他们只有下幼儿园，教学才能教得更好。例如语文教师需要知道幼儿园里最好的儿歌、最好的读本是什么，为什么好，孩子什么年龄读什么。这些问题如果能够解决,教学质量真是会提高很多。所以我感觉到教学改革我们有几样东西值得注意:一个我们要有自己的学前教育学,要编本中国的学前教育学。这么多年了,从学习日本到学习苏联,再到现在全面开放西方的,但是我们把我们做得最好的东西都丢了,这些东西没有加进去;第二个很重要的、关于0到6岁儿童的发展与教育,应该写一本这样的书,现在都是分开的;第三个是幼儿园的活动设计,这个活动设计就不是指美术设计、音乐设计,而是指整个一日活动的设计有哪些原则及内容。

另外就是中外学前教育发展,这是可以借鉴的。我记得我们学苏联教育学的时候,"创造性游戏"的内容大概就占了三章的分量。所以对游戏,说实话,我有发言权的话,还都是那个时候学的。以色列有个专家,他把幼儿园的游戏都称为社会性游戏,都带有社会性,认为儿童扮演的很多角色及游戏的内容,都是社会现实的反映。我们在开国际会议时候跟他交流过,我觉得他非常有见解。所以社会文化理论就很重要,光有生态学的理论还不够,还必须有社会文化领域。另外我们选修课要加强,把国外的前沿理论、中国的经验都加入进去。所以要加强理论学习,另外要深入实际,还要有人综合性地来思考学前教育发展,诸如政策研究等方面。

问 你们在学前教育人才培养方面有什么创新吗?

答 依据华东师大的有利条件,我们可以根据课程内容请到各个不同系科的优秀老师来给学生开课。例如涉及学前科学一类知识时,可以邀请动物学、植物学的老师给学生讲专题。因此,在人才培养方面我们拥有广泛的资源支持,靠一己之力很难。这样的方式可能对于一个系科的设置、教师的选择运用都有较大的灵活性。甚至有助于我们整合资源、改善薄弱环节,进而提升整个学前教育的教育质量。从这个角度来说,是非常具有创新性的。

问 实践课程具体是怎么安排的?为什么这样安排?

答 幼高专时期比较简单的,因为很多助教都不了解幼儿园,我规定他们每周安排一天时间带领学生去幼儿园,不过也很难实施。还有当时的六门教学法,都安排了相应的实践课。另外有见习、实习,但变动不大,没有做多少改革。

问 相当于实践课程是包含在教学法里面的吗?

答 对,每个学期有多少时间实践课程都要记录的。

问 大概每学期有多少次?

答 大概是五分之一,不是太多。同时,也因为实践安排可以集中也可以分散,所以并不非常确定。不过教务处有针对该问题做过一些规定。

问 最后就是想问一下您对幼儿园师资培养有何建议。

答 致力于培养高水平的教师才可以很快地带动学前教育的发展水平。一定要有好的教师，才会有好的学校，教师是学校的核心，领导需要思考如何培养优秀的幼儿教师。当前的幼教队伍中太缺乏真正的人才。可以尝试把一些优秀骨干教师集中起来，创办几个试点的大学来专门培养师资。也可以充分发挥上海地区一些比较好的区县幼教，成为地区的学前教育培训中心来培养师资，拓展单一在大学里接受培养培训的方式。

致　谢

历经 8 个月紧张的访谈、转录、核对、修改和定稿,《新中国学前教育 70 年大型访谈录》终于要面世了!

感谢承担本次访谈任务的 39 名师生及受访者家属,他们是:华东师范大学张明红副教授、钱雨副教授、李玉华老师和研究生徐昭媛、朱美玲、杜雨茜,西南大学陈世联教授和研究生卢静、陈璨,华中师范大学孙民从副教授和硕士生王雅婧、苏日娜,内蒙古师范大学王乃正副教授和硕士生庞悦,朱大勇,东北师范大学于冬青教授和研究生郝雅仙、王蓉,陕西师范大学程秀兰教授和陕西学前师范学院高游老师,江西师范大学裘指挥教授和郑洁博士,《学前教育》张月红编辑,童心派(北京)教育咨询工作室李颖老师和北京工业大学幼儿园吴薇老师、北京市东华门幼儿园杨晓彤老师,浙江师范大学杭州幼儿师范学院吕苹教授,天津师范大学梁慧娟副教授,山东师范大学陈莉副教授,新疆师范大学闵兰斌副教授,广州技术师范大学覃江梅副教授,福建省普通教育教学研究室幼教科林媛媛教研员,西北师范大学王冬兰副教授,太原师范学院贾宏燕副教授,辽宁师范大学孙丽华副教授,沈阳师范大学王小溪博士,苏州高新区文昌实验幼儿园园长助理禹莉沁老师,苏州高新区新升幼儿园庞剑敏园长和湖州实验幼儿园许芳芳园长。南京师范大学博士生张帅和程晨,硕士生张伟琴、王雪、蔡彬彬和何小英,也参与了访谈,并撰写了篇前语。感谢他们为本次访谈所做的大量工作和辛苦付出!

感谢百忙之中接受访谈的 70 位领导、专家、园长、校长、教研员和教师们,特别是多位已至耄耋之年的幼教前辈。聆听他们分享不同年代里各自独特的工作经历和对中国学前教育的浓浓情怀,访谈者深受感动和鼓舞!

期待这 70 位幼教人的精彩故事,能够春风化雨,启迪智慧,能够明亮如炬,点燃信念,更好地推动中国学前教育事业健康优质发展! 祝愿祖国幼儿的明天更加幸福美好!

虞永平　原晋霞

2019 年 12 月